普通高等教育应用型本科系列教材

冲压工艺与模具设计

主　编　成　虹
副主编　慕　东　胡志华
参　编　江秉华　谢　建

机械工业出版社

本书是普通高等教育应用型本科系列教材。全书除绪论外共分9章。内容包括：冲压变形的基本原理；冲裁、弯曲、拉深、其他成形工艺及模具设计；多工位精密级进冲压工艺及模具设计；汽车覆盖件成形工艺及模具设计；特殊冲压成形技术；冲压工艺规程的编制等。本书在内容上注重理论联系实际，案例主要取自模具生产和使用企业，所选案例、标准、数据资料新，具有较强的实用性。

为了便于教师的教学和读者的学习，每章后均有与课程内容紧密相关的习题与思考题，在附录中还提供有本课程建议的教学指南。

本书是大学应用型本科材料成型及控制工程专业（模具方向）的教学用书，也可供机械制造类其他专业使用，还可供从事模具设计与制造的有关工程技术人员和自学者参考。

本书配套有电子课件和习题参考答案，凡选用本书作为教材的教师可登录机械工业出版社教育服务网 www.cmpedu.com 注册后免费下载。咨询电话：010-88379375。

图书在版编目（CIP）数据

冲压工艺与模具设计/成虹主编. —北京：机械工业出版社，2017.8（2025.1重印）

普通高等教育应用型本科系列教材

ISBN 978-7-111-57183-4

Ⅰ.①冲… Ⅱ.①成… Ⅲ.①冲压-工艺-高等学校-教材②冲模-设计-高等学校-教材 Ⅳ.①TG38

中国版本图书馆CIP数据核字（2017）第169130号

机械工业出版社（北京市百万庄大街22号 邮政编码100037）
策划编辑：于奇慧 责任编辑：于奇慧 责任校对：樊钟英
封面设计：马精明 责任印制：李 昂
北京捷迅佳彩印刷有限公司印刷
2025年1月第1版第10次印刷
184mm×260mm · 20.75印张 · 509千字
标准书号：ISBN 978-7-111-57183-4
定价：49.00元

电话服务	网络服务
客服电话：010-88361066	机 工 官 网：www.cmpbook.com
010-88379833	机 工 官 博：weibo.com/cmp1952
010-68326294	金 书 网：www.golden-book.com
封底无防伪标均为盗版	机工教育服务网：www.cmpedu.com

前　言

本书是根据普通高等教育应用型本科材料成型及控制工程专业（模具方向）的教学计划和“冲压工艺与模具设计”课程教学大纲编写的，是应用型本科材料成型及控制工程专业的教学用书。

模具作为特殊的工艺装备，在现代制造业中越来越重要。从人们日常生活中接触到的汽车、手表、手机、各种电器产品，到装备制造、国防军工产品，都离不开模具成形加工零件。模具质量的高低决定着产品质量的高低。

冲压技术是在工业生产中应用极为广泛的材料成形技术。特别是随着《中国制造 2025》向制造强国推进的战略实施，传统的冲压生产工艺，冲压模具设计的方法、典型结构、设计参数，已不能满足技术发展的需要。本书收集了近年来国内外冲压工艺及模具在实际应用的成熟技术和科研成果，吸收了国外的先进技术、资料、标准与方法，力求既适应当前我国国情又能与国际接轨，满足冲压技术转型升级发展的要求。

全书除绪论外共分 9 章。第 1 章为冲压变形的基本原理。该章介绍了金属塑性变形的基本概念，变形毛坯的力学特点、应力与应变之间的关系，板料冲压成形性能和常用的冲压材料。第 2 章至第 5 章分别介绍冲裁、弯曲、拉深及其他冲压成形工艺，叙述了这些基本成形工艺的变形特点及在生产中的应用；讲述了其工艺计算、工艺设计、模具结构设计、模具材料等技术问题。第 6 章为多工位精密级进冲压工艺及模具设计。多工位精密级进模是近年来冲压工艺及冲压模具发展较快的一种高效率、高精度、低成本的冲压生产方式，广泛地应用于大批量生产的电子电器产品零件和汽车各种钣金零件冲压生产。该章较详细地叙述了多工位精密级进模排样设计方法，凸模、凹模的设计要点和技术要求，各种使用在多工位级进模中的机构或装置、安全保护措施和级进模结构设计。第 7 章为汽车覆盖件成形工艺及模具设计。该章简要介绍了大型覆盖件冲压成形的特点、覆盖件冲压成形工艺设计、覆盖件成形模具的典型结构和主要零件设计要点。第 8 章为特殊冲压成形技术。该章针对汽车轻量化技术的要求，介绍了目前汽车零部件生产应用的热冲压成形和内高压成形技术。第 9 章为冲压工艺规程的编制，介绍了其主要内容和编制步骤。

全书的各章既相互独立又相互联系，既有理论分析又结合生产实际，书中选编了一些典型设计案例。本书内容力求适应应用型本科教学要求，注重学习者工程能力的培养。

本书由成都工业学院成虹担任主编，并编写绪论及第 6、8、9 章；慕东编写第 4、5 章；胡志华编写第 2 章；江秉华编写第 1、7 章；谢建编写第 3 章。成都宏明双新科技股份有限公司、重庆平伟科技集团为本书提供了大量的生产案例。

本书在编写过程中，得到了机械工业出版社的大力支持和帮助，参考了一些兄弟院校的反馈意见，在此表示诚挚的感谢。同时还应感谢所引用文献的作者，他们辛勤研究的成果为本书增色不少。

由于编者的学识水平有限，疏漏与错误之处在所难免，敬请读者不吝赐教，并致以衷心的感谢。

编　者

目　录

绪 论

冲压加工是利用安装在压力机上的模具，对放置在模具里的板料施加变形力，使板料在模具里产生变形，从而获得一定形状、尺寸和性能的产品零件的生产技术。由于冲压加工常在室温下进行，因此也称为冷冲压。冲压成形是金属压力加工方法之一，它是建立在金属塑性变形理论基础上的材料成形工程技术，冲压加工的原材料一般为板料或带料，故也称为板料冲压。冲压工艺是指冲压加工的具体方法（各种冲压工序的总和）和技术经验；冲压模具是指将板料加工成冲压零件的特殊工艺装备。

板料、模具和冲压设备是构成冲压加工的三个必备要素，如图 0-1 所示。

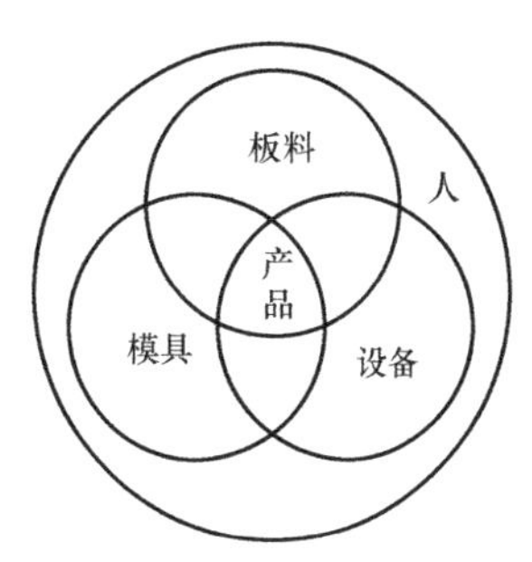

图 0-1　冲压加工的三个必备要素

0.1　冲压加工的工艺、模具、设备和材料

冲压工艺可分解为冲裁、弯曲、拉深、翻边、胀形、局部成形等基本工序，形状复杂的冲压件往往需要通过多道单工序或组合工序顺序加工完成。冲压工艺是研究如何根据零件的材料性能、形状特点、技术要求和成形规律，制订既经济又科学的工艺方案。

冲压模具是执行冲压加工的特殊工艺装备。根据工序的组合方式，可以分为单工序模、复合模、级进模；根据不同的用途和要求，又可以分为普通冲模、简易冲模、精密冲模、高效自动冲模（多工位级进模、多工位传递模等）、高寿命冲模（如硬质合金模）等。冲压模具结构方案的选择和模具设计，必须综合考虑冲压件的生产批量、技术要求、生产条件和经济成本等要素。

冲压设备是为安装在其上的模具提供执行冲压加工的运动和动力的设备。常用的有：机械压力机（冲床）、摩擦压力机、液压（压力）机（适用于中、小批量生产中的大型厚板件的成形工序）、高速压力机（适用于大批量生产的冲压件）、数控冲模回转头压力机、折弯机（适用于多品种、小批量弯曲件）、精冲压力机等。

冲压加工的材料主要是金属及其合金（如钢、铝合金、铜合金等），也可以是非金属材料（如塑料、皮革、纸板等）。金属材料主要是板材、带材、线材、型材。

0.2　冲压加工的特点及其应用

冲压生产靠模具和压力机完成对材料的成形加工，与其他加工方法相比，在技术和经济方面有如下特点：

1）冲压件的形状和尺寸精度、表面质量取决于模具精度，不受冲压工人的技术水平影响，在大批量生产中，产品可获得稳定的加工质量，互换性好。

2）由于利用模具使材料产生塑性变形成形制件，所以可获得其他加工方法所不能或难以制造的壁薄、重量轻、刚性好、表面质量高、形状复杂的零件。

3）冲压加工一般不需要加热毛坯，也不像切削加工那样大量切削金属，不但节能，而且节约金属。

4）普通压力机每分钟可生产几十件零件，而高速压力机每分钟可生产数百件零件。所以它是一种高效率的加工方法。此外，冲压加工所用原料为板料或带料，通常又是在室温下加工，易于实现机械化与自动化。

由于冲压加工具有上述突出的特点，因此在国民经济各个领域得到广泛应用。例如，航空航天、机械、电子信息、交通、兵器、日用电器及轻工等产业都有冲压加工。冲压可制造钟表及仪器中的小型精密零件，也可制造汽车、拖拉机上的大型覆盖件。冲压材料可使用黑色金属、有色金属以及某些非金属材料。

冲压也存在一些缺点，主要表现在冲压加工时的噪声和振动。这些问题并不完全是冲压工艺及模具本身带来的，而主要是由于传统的冲压设备落后所造成的。随着科学技术的进步，这些问题一定会得到解决。

0.3 冲压工艺的分类

为满足冲压生产中各种冲压零件的形状、尺寸、精度、批量大小、原材料性能的要求，冲压加工的方法是多种多样的，通常冲压工艺分类如图 0-2 所示。

概括起来，可以将冲压工艺分为分离工序与塑性成形工序两大类（按变形的性质来分）。分离工序又可分为落料、冲孔和切断等，目的是在冲压过程中使冲压件与板料沿一定的轮廓线相互分离，见表 0-1。塑性成形工序可分为弯曲、拉深、成形（各种不同性质的局部变形，还可进一步细分，如翻边、胀形、缩口等），目的是使冲压毛坯在不破坏的条件下发生塑性变形，进而得到所要求的零件形状，见表 0-2 和表 0-3。

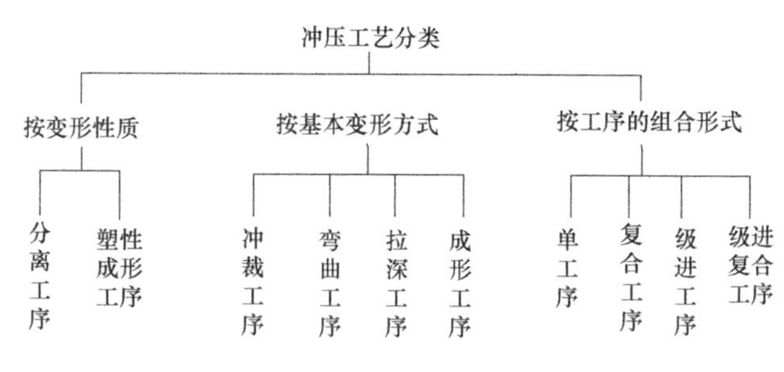

图 0-2 冲压工艺分类

表 0-1 分离工序

工序名称	工序简图	工序特征	模具简图
切断		用模具将材料沿不封闭的曲线分离	

（续）

工序名称	工序简图	工序特征	模具简图
落料	工件	用模具沿封闭轮廓曲线冲切板料，封闭曲线内冲下的部分是工件	
冲孔	工件 废料	用模具沿封闭轮廓曲线冲切板料，封闭曲线内冲下的部分是废料	
切舌		利用模具将板料局部切开，而不完全分离，切开部分材料发生弯曲	
切边		利用模具修切成形件的边缘，使成形零件的边缘修切整齐或切成一定高度、一定形状	
剖切		利用模具将成形工件一分为几，主要用于不对称零件的成双或成组冲压成形后的分离	

表 0-2　塑性成形工序

工序名称	工序简图	工序特征	模具简图
弯曲		用弯曲模使材料产生塑性变形，弯成一定形状和角度的零件	

（续）

工序名称	工序简图	工序特征	模具简图
拉深	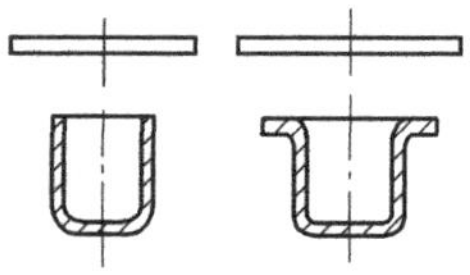	用模具将平板毛坯冲压成形为任意形状的开口空心件	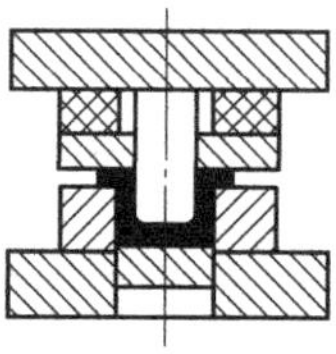
起伏（压筋）	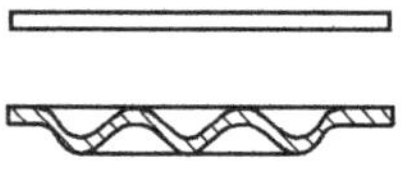	用模具在板材表面局部压制成各种形状的凸起与凹陷	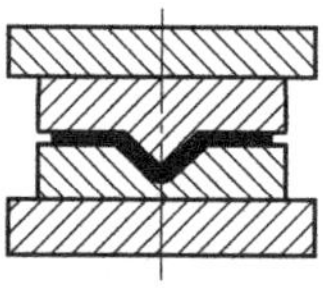
翻孔	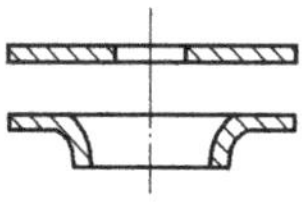	用模具将板料上的孔冲制出竖直边缘，其直径比原内孔大	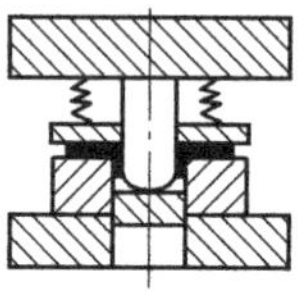
翻边	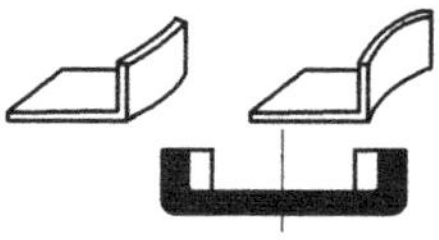	用模具将板料边缘翻成竖立直边，分外缘和内缘翻边	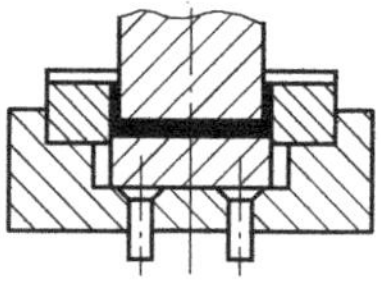
缩口	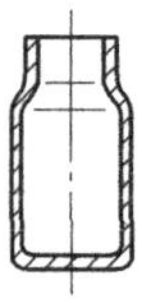	用模具对空心工件或管状件口部（局部）加压，使其局部直径缩小	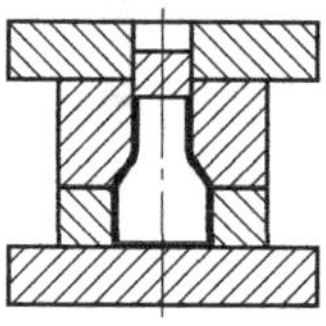
胀形	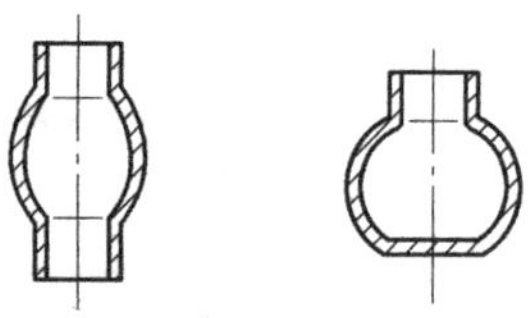	用模具将空心工件或管状件沿径向往外扩张，形成局部直径增大	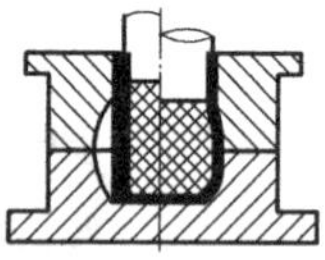
卷边	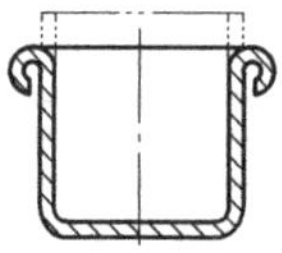	将空心件口部边缘卷成接近封闭的圆形，如口杯	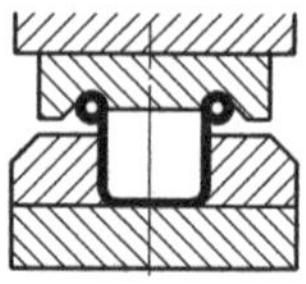
扭曲	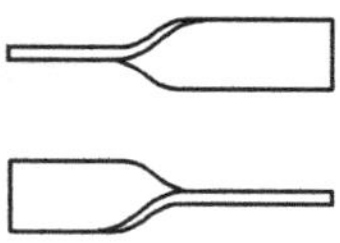	将平直或局部平直工件的一部分相对于另一部分扭转一定角度	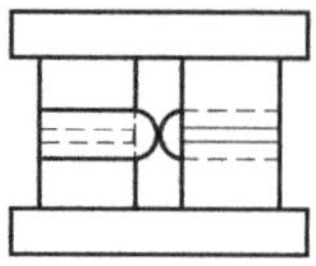

（续）

工序名称	工序简图	工序特征	模具简图
校平、整形		利用模具将形状、尺寸不够准确的工件校正到准确形状和尺寸	
旋压		用旋轮使旋转状态下的坯料逐步成形为各种旋转体空心件	

表 0-3　立体塑性成形工序

工序名称	工序简图	成形特点及应用范围
挤压		对放在模具型腔内的坯料施加强大压力，使冷态下的金属产生塑性变形，并将其从凹模孔或凸、凹模之间的间隙挤出，以获得空心件或横截面积较小的实心件
冷镦		用冷镦模具使坯料产生轴向压缩，使其横截面积增大，从而获得螺钉、螺母类的零件
压印		压印是强行局部排挤材料，在工件表面形成浅凹花纹、图案、文字或符号，但在压印表面的背面并无对应于浅凹花纹的凸起

0.4　冲压技术的发展

随着科学技术的不断进步和工业生产的迅速发展，冲压工艺和冲模技术也在不断地提高和发展。冲压加工技术的发展方向，主要有以下几个方面：

1）工艺分析计算的现代化。冲压技术与现代数学、计算机技术结合，对复杂曲面零件（如汽车覆盖件）进行计算机模拟和有限元分析，可预测某一工艺方案对零件成形的可能性与成形过程中将会发生的问题，供设计人员进行修改和选择。这种设计方法是将传统的经验设计升华为优化设计，缩短了模具设计与制造周期，节省了昂贵的模具试模费用等。

2）模具计算机辅助设计、制造与分析（CAD/CAM/CAE）的研究和应用，将极大地提高模具制造效率，提高模具的质量，使模具设计与制造技术实现 CAD/CAM/CAE 一体化。在模具数字化制造、系统集成、逆向工程、快速原型/模具制造及计算机辅助应用技术等方面形成全方位解决方案，提供模具开发与工程服务，全面提高企业水平和模具质量。

3）冲压生产的自动化。为了满足大量生产的需要，冲压生产已向自动化、无人化方向发展。现已利用高速压力机和多工位精密级进模实现单机自动冲压，其每分钟可冲压几百次。大型零件的生产已实现了多机联合生产线，从板料的送进到冲压加工、最后检验，均由计算机控制，极大地减轻了工人的劳动强度和提高了生产率。目前冲压生产已逐步向无人化生产形成的柔性冲压加工中心发展。

4）冲压模具重点发展技术是中高档轿车大中型覆盖件模具，高强度板和不等厚拼焊板的冲压模具，大型多工位级进模和多工位传递模；发展电子信息精密级进模以及高精度、高效率和多功能精冲模。

5）为适应市场经济需求，适应大批量与多品种小批量共存的生产模式，发展适宜于小批量生产的各种简易模具、经济模具和标准化且容易变换的模具系统。

6）模具加工的重点是发展高速加工和高精度加工。高速加工主要是发展高速铣削、高速研抛、高速电加工及快速制模技术。高精度加工主要是发展模具零件精度达 1μm 以下和表面粗糙度 $Ra \leqslant 0.1\mu m$ 的各种精密加工。

7）重点发展模具表面的各种强化、超硬处理等技术，提高模具使用寿命。

0.5 学习要求和学习方法

通过本课程的学习、课程设计和实验的训练，将使学生初步掌握冲压成形的基本原理；掌握冲压工艺过程和冲压模具设计的基本方法；具有拟定一般复杂程度冲压件的工艺过程和设计一般复杂程度冲压模具的能力；能够运用已学习的基本知识，分析和解决生产中常见的冲压产品质量、工艺及模具方面的技术问题；能够合理选用冲压设备和自动冲压的辅助设备；了解冲压成形新工艺、新模具结构及冲压工艺的发展动向。

由于冲压工艺与模具设计属于应用技术科学，是一门实践性和应用性很强的课程，它以金属学与热处理、机械设计基础、金属塑性成形原理以及许多其他技术学科为基础，与冲压设备、模具制造工艺密切联系。因此在学习本门课程时，应注意与这些课程的衔接，注意综合运用基础学科知识和专业知识。要认真参加课程实验、实习、设计等实践教学环节，参与冲压生产现场实践，才能在学习时联系生产实际，从而加深理解。

第1章 冲压变形的基本原理

学习目标

了解金属塑性变形的基本概念，了解影响金属塑性与变形抗力的主要因素，了解点的主应力、主应变状态图和塑性变形时应力与应变的关系；熟悉冲压变形时毛坯的分区与变形区的应力应变特点；掌握伸长类变形和压缩类变形的特点及影响其极限变形程度的因素。

1.1 金属塑性变形的基本概念

金属在外力作用下产生形状和尺寸的变化称为变形。变形分为弹性变形和塑性变形。冲压加工就是利用金属的塑性变形成形制件的一种金属加工方法。要掌握冲压成形加工技术，首先必须了解金属塑性变形的一些基本原理。

1.1.1 塑性变形的物理概念

绝大部分金属具有晶体结构，原子在晶体所占的空间内有序排列。在没有外力作用时，金属中的原子处于稳定的平衡状态，金属物体具有自己的形状与尺寸。施加外力，就会破坏原子间原来的平衡状态，造成原子排列畸变，引起金属物体形状与尺寸的变化。假若除去外力，金属中的原子立即恢复到原来稳定平衡的位置，原子排列畸变消失和金属物体完全恢复原始形状和尺寸，则这样的变形称为弹性变形。增大外力，原子排列的畸变程度增加，移动距离有可能大于受力前的原子间距离，这时晶体中的一部分原子相对于另一部分原子产生较大的错动。外力除去以后，原子间的距离虽然仍可恢复原状，但错动了的原子并不能再回到其原始位置，金属物体的形状和尺寸则发生了永久改变。这种在外力作用下产生不可恢复的永久变形称为塑性变形。

金属物体受外力作用时，原子总是离开平衡位置而移动。因此，在塑性变形条件下，金属物体总变形既包括塑性变形，也包括除去外力后消失的弹性变形。

1.1.2 塑性变形的基本方式

1. 晶内变形

塑性加工的金属绝大部分是多晶体，每个微观上的晶体的变形表现为金属在宏观上的弹性或塑性变形。就单个晶体的塑性变形而言，又表现为滑移和孪生两种形式。

（1）滑移　当作用在晶体上的切应力达到一定数值后，晶体的一部分沿一定的晶面、沿一定的方向，与另一部分之间做相对移动，这种现象叫滑移，如图 1-1 所示。金属的滑移面，一般都是晶格中原子分布最密的面，滑移方向则是原子分布最密的结晶方向，因为沿着原子分布最密的面和方向滑移的阻力最小。金属晶格中，原子分布最密的晶面和结晶方向越多，产生滑移的可能性越大，金属的可塑性就越好。晶格的滑移可通过位错理论来解释。滑移时并不需要整个滑移面上的全部原子一齐移动，而只是在位错中心附近的少数原子发生移动。

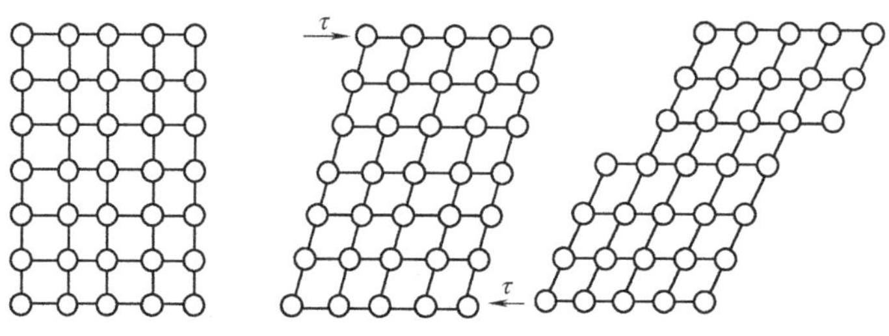

图 1-1　单晶体的滑移

（2）孪生　孪生也是在一定的切应力作用下，晶体的一部分相对另一部分，沿着一定的晶面和方向发生转动的结果，已变形部分的晶体位向发生改变，与未变形部分以孪晶面对称，如图 1-2 所示。

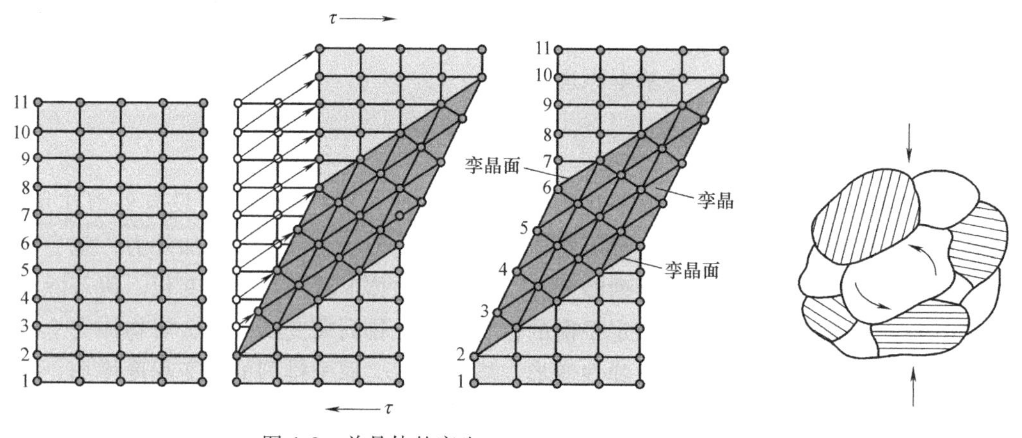

图 1-2　单晶体的孪生

图 1-3　晶间的相互作用

孪生与滑移的主要差别是：①滑移过程是渐进的，而孪生过程是突然发生的；②孪生时原子位置不会产生较大的错动，因此晶体取得较大塑性变形的方式主要是滑移作用；③孪生后，晶体内部出现空隙，易于导致金属的破坏；④孪生所要求的临界切应力比滑移要求的临界切应力大得多，只有滑移过程很困难时，晶体方可发生孪生。

2. 晶间变形

多晶体中的每个单晶体（晶粒）要受到四周晶粒的牵制，变形不如自由单晶体单纯，可塑性也不易充分发挥，会造成变形不均匀。多晶体的变形方式除晶粒本身的滑移和孪生外，还有在外力作用下晶粒间发生的相对移动和转动而产生的变形，即晶间变形，晶间的相互作用如图 1-3 所示。凡是加强晶间结合力、减少晶间变形、有利于晶内发生变形的因素，均有利于晶体进行塑性变形。当多晶体间存有杂质时，会使晶间结合力降低，晶界变脆，不利于多晶体进行塑性变形；当多晶体的晶粒为均匀球状时，由于晶粒界面对晶内变形的制约作用相对较小，则多晶体具有较好的可塑性。

1.1.3　金属的塑性与变形抗力

1. 塑性及塑性指标

所谓塑性，是指固体材料在外力作用下，发生永久变形而不破坏其完整性的能力。塑性不仅与材料本身的性质有关，还与变形方式和变形条件有关。所以，材料的塑性不是固定不变的，不同的材料在同一变形条件下会有不同的塑性；而同一种材料，在不同的变形条件下，会表现不同的塑性。塑性反映金属的变形能力，是金属的一种重要加工性能。

塑性指标是衡量金属在一定条件下塑性高低的数量指标。它是以材料开始破坏时的塑性变形量来表示的，它可借助于一些实验方法测定。常用的塑性指标（拉伸试验）有：

断后伸长率

$$\delta=\frac{L_u-L_o}{L_o}\times 100\% \tag{1-1}$$

断面收缩率

$$\psi=\frac{S_o-S_u}{S_o}\times 100\% \tag{1-2}$$

式中　L_o、S_o——拉伸试样原始标距长度（mm）和原始截面积（mm^2），见图1-4；

L_u、S_u——拉伸试样断裂后标距间长度（mm）和断裂处最小截面积（mm^2）。

除了拉伸试验外，还有弯曲试验（测定板料胀形和弯曲时的塑性变形能力）等。需要指出，各种试验方法测定的都是相对于特定的状况和变形条件下材料的塑性变形能力，它们说明在某种受力状况和变形条件下，金属塑性的相对高低；或者对某种金属来说，在什么样的变形条件下塑性好，而在什么样的变形条件下塑性差。

2. 变形抗力

塑性变形时，使金属发生变形的外力称为变形力，而金属抵抗变形的反作用力称为变形抗力。在某种程度上，变形抗力反映了材料变形的难易程度。它的大小，不仅取决于材料的流动能力，而且还取决于塑性变形时的应力状态、摩擦条件以及变形体的几何尺寸等因素。

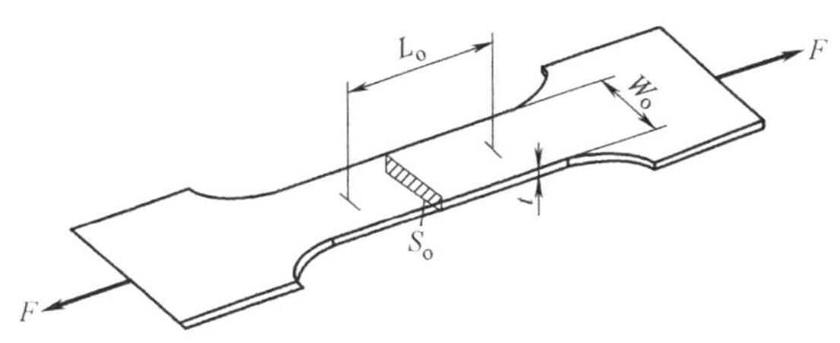

图1-4　板料冲压类试样

塑性和变形抗力是两个不同的概念，前者反映塑性变形的能力，后者反映塑性变形的难易程度，它们是两个独立的指标。人们常认为塑性好的材料，变形抗力低；塑性差的材料，变形抗力高，但实际情况并非如此。如奥氏体不锈钢在室温下可经受很大的变形而不破坏，说明这种钢的塑性好，但其变形抗力却很高。

1.1.4　影响金属塑性和变形抗力的主要因素

影响金属塑性和变形抗力的主要因素可分为两类，其一是变形金属本身的晶格类型、化学成分和组织状态等内在因素；其二是变形时的外部条件，如变形温度、变形速度和变形的力学状态等。因此，只要有合适的内、外部条件，就有可能改变金属的塑性行为。

1. 化学成分和组织状态对塑性和变形抗力的影响

化学成分和组织状态对塑性和变形抗力的影响非常明显也很复杂。下面以钢为例来说明。

（1）化学成分的影响　在碳钢中，铁和碳是基本元素。在合金钢中，除了铁和碳外还包含有硅、锰、铬、镍、钨等。在各类钢中还含有某些杂质，如磷、硫、氮、氢、氧等。

碳对钢的性能影响最大。碳能固溶于铁而形成铁素体和奥氏体，它们都具有良好的塑性和低的变形抗力。当碳的含量超过铁的溶碳能力时，多余的碳便与铁形成具有很高硬度的化合物 Fe_3C，金属的抗拉强度得到提高，但塑性指标下降。

合金元素加入钢中，不仅改变了钢的使用性能，而且改变了钢的塑性变形能力，其主要表现为：塑性降低，变形抗力提高。这是由于合金元素溶入固溶体（α-Fe 和 γ-Fe），使铁原子的晶体点阵发生不同程度的畸变；合金元素与钢中的碳形成硬而脆的碳化物（碳化铬、碳化钨等）；合金元素改变钢中相的组成，造成组织的多相性等，都造成钢的变形抗力提高，塑性降低。

杂质元素对钢的塑性变形一般都有不利的影响。磷溶入铁素体后，使钢的强度、硬度显著增加，塑性、韧性明显降低。在低温时，造成钢的冷脆性。硫在钢中几乎不溶解，与铁形成塑性低的易熔共晶体 FeS，热加工时会出现热脆开裂现象。钢中溶氢，会引起氢脆现象，使钢的塑性大大降低。

（2）组织状态的影响　钢在规定的化学成分内，由于组织的不同，塑性和变形抗力亦会有很大的差别。单相组织比多相组织塑性好，变形抗力低。多相组织由于各相性能不同，使得变形不均匀，同时基本相往往被另一相机械地分割，故塑性降低，变形抗力提高。

晶粒的细化有利于提高金属的塑性，但同时也提高了变形抗力。这是因为在一定的体积内细晶粒的数目比粗晶数目要多，塑性变形时有利于滑移的晶粒就较多，变形均匀地分散在更多的晶粒内。另外，晶粒越细，晶界面越曲折，对微裂纹的传播越不利，这些都有利于提高金属的塑性变形能力。此外，晶粒多，晶界也越多，滑移变形时位错移动到晶界附近将会受到阻碍并堆积，若要位错穿过晶界则需要很大的外力，从而提高了变形抗力。

另外，钢的制造工艺，如冶炼、浇铸、锻轧、热处理等都会影响金属的塑性和变形抗力。

2. 变形温度对塑性和变形抗力的影响

变形温度对金属和合金的塑性有很大的影响，就多数金属和合金而言，随着温度的升高，塑性增加，变形抗力降低。可以这样来理解：①温度升高，发生回复和再结晶，再结晶能完全消除加工硬化，变形抗力降低；②原子热运动加剧，使临界剪应力降低，可能出现新的滑移系，滑移系的增加，提高了变形金属的塑性；③原子的热振动加剧，晶格中的原子处于不稳定状态，此时，如晶体受到外力作用，原子就会沿应力场梯度方向，由一个平衡位置转移到另一个平衡位置，使金属产生塑性变形；④晶界强度下降，使得晶界的滑移容易进行。

就大多数金属而言，其总的趋势是：随着温度的升高，塑性增加，但并不是简单的直线上升，在某些温度区间由于晶粒边界的变化或相变而出现脆性。

如图 1-5 所示，在-200℃时；钢的塑性几乎为零；在 200~400℃时，出现了塑性降低，该区间称为蓝脆区；在 800~950℃时，也有塑性降低的现象，这个区间称为热脆区。温度的变化对塑性指标的影响相当复杂。

3. 变形速度对塑性和变形抗力的影响

所谓变形速度，是指单位时间变形物体应变的变化量。塑性成形设备的加载速度，在一定程度上反映了金属的变形速度，它对塑性有两个方面的影响。

1）变形速度大时，要同时驱使更多的位错更快地运动，金属晶体的临界剪应力将提高，使变形抗力增大。当变形速度大时，塑性变形来不及在整个变形体内均匀地扩展，此时，金属的变形主要表现为弹性变形。根据胡克定律，弹性变形量越大，则应力越大，变形抗力也就越大。另外，变形速度增加后，变形体没有足够的时间进行回复和再结晶，从而使金属的变形抗力增加，塑性降低。

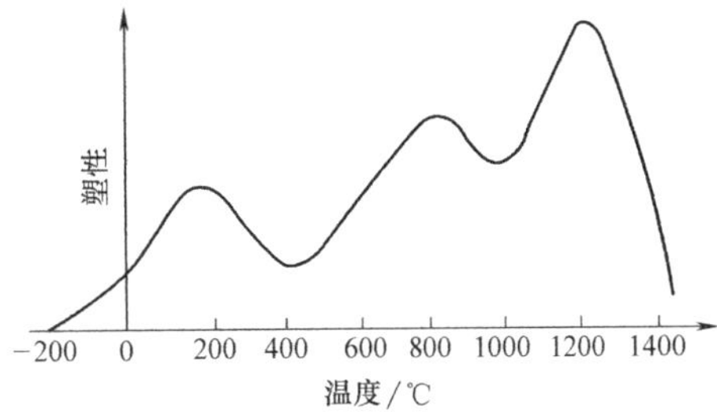

图 1-5　温度变化对钢的塑性指标的影响

2）在高变形速度下，变形体吸收的变形能迅速地转化为热能（热效应），使变形体温升高（温度效应）。这种温度效应一般来说对塑性的增加是有利的。

常规的冲压设备的工作速度都较低，对金属塑性变形的性能影响不大。考虑变形速度因素，主要基于零件的尺寸和形状。对于大型复杂的零件成形，变形量大且极不均匀，容易局部拉裂和起皱，为了便于塑性变形的扩展，有利于金属的流动，宜采用低速的压力机或液压机。对于小型零件的冲压，一般不考虑变形速度对塑性和变形抗力的影响，主要考虑其对生产效率的影响。

1.2　金属塑性变形的力学基础

金属板料冲压工艺的目的，是使毛坯的形状和尺寸发生变化并成为成品或半成品零件。在这个过程中，毛坯的变形都是模具对毛坯施加外力所引起的内力或由内力直接作用的结果。一定的力的作用方式和大小都对应着一定的变形。为了研究冲压时毛坯的变形性质和变形规律，为了控制变形的发展，首先必须了解金属塑性变形时力的作用性质和力的大小。

引起毛坯变形的内力有强弱之分，它的作用集度用应力表示。应力就是单位面积上作用的内力。应力应理解为一极小面积上的内力与该面积比值的极限，即

$$\sigma = \lim_{\Delta A \to 0} \frac{\Delta F}{\Delta A} = \frac{\mathrm{d}F}{\mathrm{d}A} \tag{1-3}$$

式中，ΔF 为极小面积 ΔA 上的总内力，应力的单位用 MPa 计量，$1\mathrm{MPa}=10^6\mathrm{N/m^2}$。

在金属塑性变形过程中，塑性加工过程能否实现，加工过程的效率及加工产品的质量都与应力和应变有关。因此，了解塑性加工过程中成形工件内各点的应力与应变状态，以及产生塑性变形时各应力之间的关系、应力与应变之间的关系是十分重要的。

1.2.1　点的应力应变状态

板料冲压时，毛坯变形区内各点的受力和变形情况都是不同的。为了了解毛坯的变形规律，就必须研究变形体内各点的应力状态、应变状态以及产生变形时它们之间的关系。

1. 点的应力状态

点的应力状态是指通过变形体内某点的微元体所有截面上的应力的有无、大小、方向等

情况。图 1-6a 所示为受力物体中任意一点 Q，用微分面切取一个正六面体，微六面体各面素与坐标平面平行，每个面素上的应力矢量可以分解为和坐标轴平行的三个分量，一个正应力和两个切应力。三个微分面上共有九个应力分量，如图 1-6b 所示。因此，一点的应力状态可用九个应力分量（三个正应力，六个切应力）来表示。由于微元体处于平衡状态，没有转动，根据切应力互等定理有 $\tau_{xy}=\tau_{yx}$，$\tau_{yz}=\tau_{zy}$，$\tau_{xz}=\tau_{zx}$，实际上只需要六个应力分量，即三个正应力和三个切应力就可确定该点的应力状态。

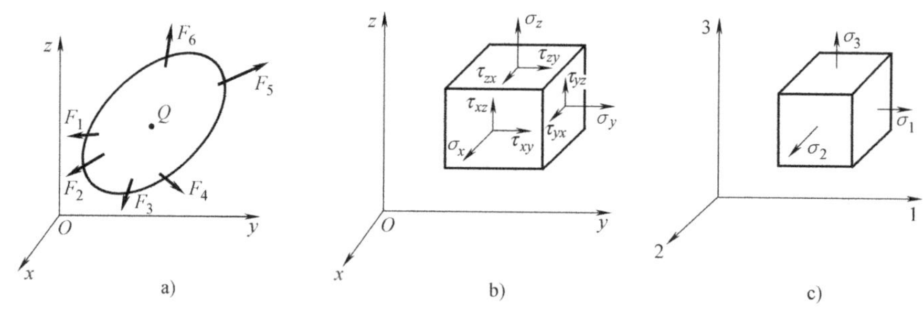

图 1-6　一点的应力状态

a）受力物体　b）任意坐标系　c）主轴坐标系

图 1-6b 中的坐标轴 x、y、z 的方向是任意的，如果坐标系统选取的方向不同，那么，虽然该点的应力状态并没有改变，但是用来表示该点应力状态的九个应力分量就会与原来的数值不同。可以证明，存在这样一组坐标系，使得微元体表面只有正应力、无切应力的作用。这样的坐标轴称为应力主轴，沿应力主轴作用的正应力称为主应力，主应力所作用的面和作用的方向分别称为主平面和主方向，如图 1-6c 所示。它们一般按代数值的大小依次用 σ_1、σ_2和 σ_3表示，即 $\sigma_1 \geqslant \sigma_2 \geqslant \sigma_3$。以主应力表示点的应力状态称为主应力状态，定性说明一点应力作用情况的示意图，称为主应力状态图。主应力状态图共有九种，如图 1-7 所示。主应力状态图虽然只有九种，但主应力的数值可以是任意的。

在一般情况下，微元体的三个主方向都有应力，这种应力状态称为三向应力状态，如图 1-7 所示。但在板料冲压成形时，厚度方向的应力与其他两个方向的应力比较，往往可以忽略不计，因而可以把厚度方向的应力看作零，此时应力状态可视为平面应力状态。平面应力问题的分析计算比三向应力问题简单，这就为研究板料冲压成形问题提供了方便。

如果三个主应力大小都相等，即 $\sigma_1=\sigma_2=\sigma_3$，则称为球应力状态，习惯上常将三向等压应力称为静水压力。静水压力的大小对材料变形时的极限塑性应变值有很大的影响，静水压力越大，材料越能充分发挥其塑性。

除主平面不存在切应力外，微元体其他方向截面上都有切应力；在与主平面成 45°角的截面上，切应力达到极大值，称为主切应力。当 $\sigma_1 \geqslant \sigma_2 \geqslant \sigma_3$ 时，最大切应力为 $\tau_{max}=\pm(\sigma_1-\sigma_3)/2$。最大切应力与材料的塑性变形的关系是十分密切的。

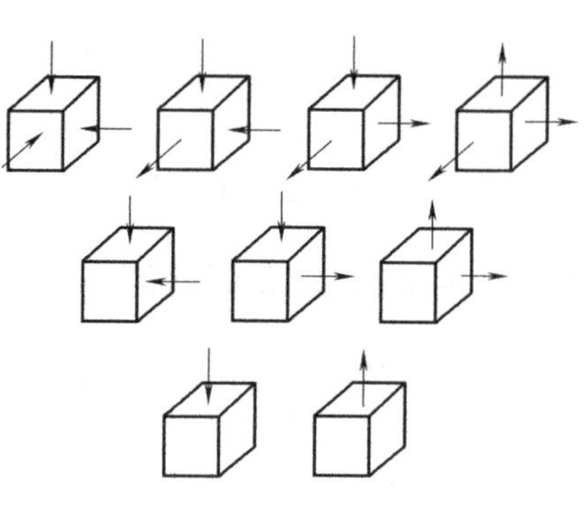

图 1-7　九种主应力状态图

2. 点的主应变状态

应力产生应变，应变也具有与应力相同的表现形式，即微元体上的应变也有正应变与切应变，也可找到一组坐标系，使单元体各表面上的切应变为零，这时的坐标轴称为应变主轴。沿应变主轴方向上的正应变为主应变，一般用 ε_1、ε_2、ε_3表示。根据塑性变形时体积不变的规律，假设微元长宽高分别为 l，b，h，应遵从如下公式

$$d(lbh)=d(l_0b_0h_0)=0 \tag{1-4}$$

即

$$dl\times(bh)+db\times(lh)+dh\times(lb)=0$$

两边同除以 lbh 即可得

$$\frac{dl}{l}+\frac{db}{b}+\frac{dh}{h}=0 \tag{1-5}$$

如在应变主轴方向通常也可表达为

$$\varepsilon_1+\varepsilon_2+\varepsilon_3=0 \tag{1-6}$$

根据该方程可以得出：不论应变状态如何，其中必有一个主应变的符号与其他两个主应变的符号相反，该主应变的绝对值最大，称为最大主应变。当已知两个主应变的数值时，第三个主应变即可算出。

根据上述结论，对于任何一种几何形状物体的塑性变形，其变形方式只有三种，与此相对应，可能的主应变状态图也只有三种，如图 1-8 所示。

1.2.2 屈服准则

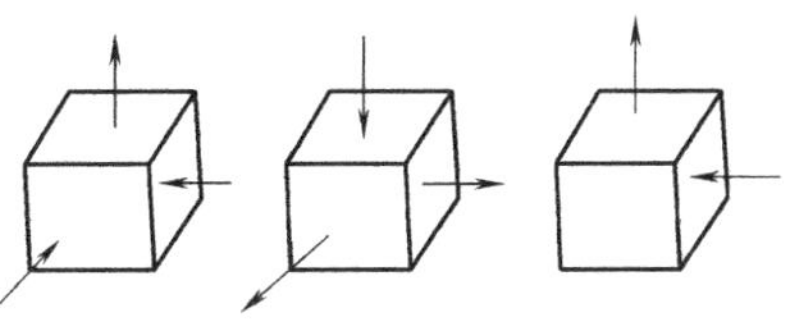

图 1-8 三种主应变状态图

当物体受单向应力作用时，只要其主应力达到材料的屈服极限，该点就进入塑性状态。而对于复杂的三向应力状态，就不能仅根据某一个应力分量来判断该点是否达到塑性状态，而要同时考虑其他应力分量的作用。只有当各个应力分量之间符合一定的关系时，该点才开始屈服，这种关系称为塑性条件，或称屈服准则。

1. 屈雷斯加（H · Tresca）屈服准则

屈雷斯加于 1864 年提出：当材料中的最大切应力达到某一定值时，材料即发生屈服。因此，该准则又称为最大切应力屈服准则。其数学表达式为

$$\tau_{max}=\frac{1}{2}(\sigma_{max}-\sigma_{min})=K \tag{1-7}$$

当 $\sigma_1\geqslant\sigma_2\geqslant\sigma_3$时，上式可写成

$$\tau_{max}=\frac{1}{2}(\sigma_1-\sigma_3)=K \tag{1-8}$$

需要注意的是，屈雷斯加准则中并未考虑中间主应力的影响。

2. 密席斯（Von Mises）屈服准则

密席斯于 1913 年提出了另一屈服准则：当材料中的等效应力达到某一定值时，材料就开始屈服。由单向拉伸试验可确定该值，该值为材料的屈服点 σ_s。其数学表达式为

$$\sigma_i=\sqrt{\frac{1}{2}[(\sigma_1-\sigma_2)^2+(\sigma_2-\sigma_3)^2+(\sigma_3-\sigma_1)^2]}=\sigma_s \tag{1-9}$$

或表达为

$$(\sigma_1-\sigma_2)^2+(\sigma_2-\sigma_3)^2+(\sigma_3-\sigma_1)^2=2\sigma_s^2 \tag{1-10}$$

大量实验表明，对于绝大多数金属材料，密席斯准则较屈雷斯加准则更接近于实验数据。这两个屈服准则实际上相当接近，在有两主应力相等的应力状态下两者还是一致的。为了使用上的方便，工程上常用屈服准则通式来判别变形状态，即

$$\sigma_1-\sigma_3=\beta\sigma_s \tag{1-11}$$

式中，β 是与中间主应力 σ_2 有关的系数，$\beta=1\sim1.155$。

当单向拉伸（$\sigma_1>0$，$\sigma_2=\sigma_3=0$）、单向压缩（$\sigma_1=\sigma_2=0$，$\sigma_3<0$）、双向等拉（$\sigma_1=\sigma_2>0$，$\sigma_3=0$）、双向等压（$\sigma_1=0$，$\sigma_2=\sigma_3<0$）时，$\beta=1$；纯剪（$\sigma_1=-\sigma_3$，$\sigma_2=0$）、平面应变［$\sigma_2=(\sigma_1+\sigma_3)/2$］时，$\beta=1.155$；在应力分量未知的情况下，可取平均值 $\beta=1.1$。

注意，上述两个屈服准则都是假设材料在各向同性的状况下得出的。而实际状况要复杂得多。后续推出的 Hill48、Barlat91 等各向异性材料的屈服准则，请参考相应的资料。

3. 屈服准则的几何表示

在平面应力状态时，屈服准则可用屈服轨迹来表示，如图 1-9a 所示。在主应力空间中，屈服准则的数学表达式表示一个空间曲面，如图 1-9b 所示。

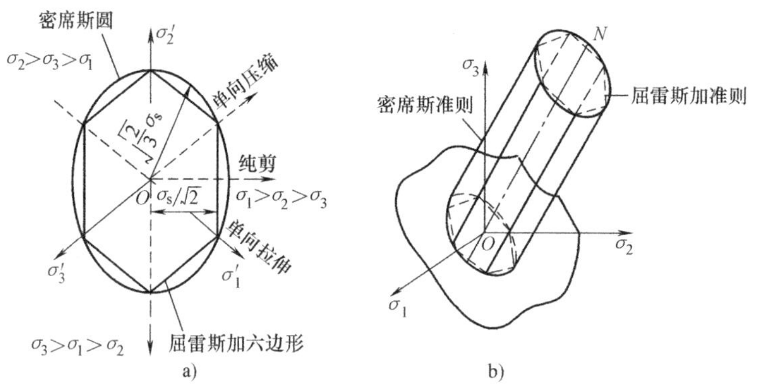

图 1-9 屈服准则的几何表示

a）平面上两屈服准则的表达 b）主应力空间中两屈服准则的表达

对比两准则屈服轨迹，在六个内接点的应力状态下，两个屈服准则是一致的，在其他情况下，两者有差别，最大的差别为 15.5%。

1.2.3 塑性变形时应力与应变关系

物体受力产生变形，所以应力与应变之间一定存在着某种关系。物体在弹性变形时，应力与应变之间的关系是线性的、一一对应的，弹性变形是可以恢复的，与加载历史无关。即一点的应变状态仅仅取决于该点的应力状态，而与经历的变形过程无关。塑性变形时，应力应变关系是非线性的、不可逆的，应力应变不能简单叠加。如图 1-10 所示为材料单向拉伸应力-应变曲线。材料屈服后，应力与应变不再是线性关系。加载时，应力与应变沿 ABC 曲线变化，而在 C 点卸载时，则沿 CD 线变化。卸载后再加载时，应力与应变沿 DC 线上升，而与初始加载时的 $OABC$ 路线不同，变形过程是不可逆的。且在同一应力 σ' 时，因加载历史不同，应变也不同，可能是 ε'，也可能是 ε''。反之，对应于同一个应变 ε_p，应力可能是 σ'_p、σ''_p，它们之间的关系不再是一一对应的。

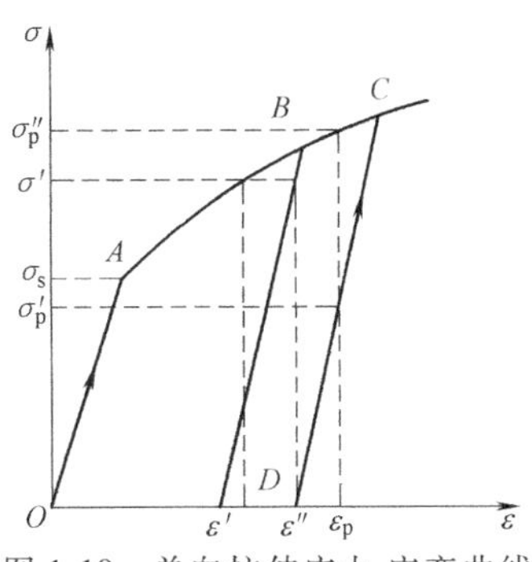

图 1-10　单向拉伸应力-应变曲线

为揭示塑性变形时的应力应变关系，塑性加工理论中通常考虑用增量理论来建立起每一瞬间的应变增量与相应应力的关系。其表达为（β 为常数，不表达具体数值）

$$\frac{d\varepsilon_1-d\varepsilon_2}{\sigma_1-\sigma_2}=\frac{d\varepsilon_2-d\varepsilon_3}{\sigma_2-\sigma_3}=\frac{d\varepsilon_3-d\varepsilon_1}{\sigma_3-\sigma_1}=\beta \tag{1-12}$$

上式也可用塑性变形时应变增量正比于应力偏量表示

$$\frac{d\varepsilon_1}{\sigma_1-\sigma_m}=\frac{d\varepsilon_2}{\sigma_2-\sigma_m}=\frac{d\varepsilon_3}{\sigma_3-\sigma_m}=\beta \tag{1-13}$$

式中　$d\varepsilon_1$、$d\varepsilon_2$、$d\varepsilon_3$——主应变增量；

σ_m——平均应力，$\sigma_m=(\sigma_1+\sigma_2+\sigma_3)/3$。

增量理论在计算上的困难很大，尤其材料有冷作硬化时，计算就更复杂了。为了简化计算，在简单加载的情况下（各应力分量都按同一比例增加），可得出全量理论，其表达式为

$$\frac{\varepsilon_1-\varepsilon_2}{\sigma_1-\sigma_2}=\frac{\varepsilon_2-\varepsilon_3}{\sigma_2-\sigma_3}=\frac{\varepsilon_3-\varepsilon_1}{\sigma_3-\sigma_1}=\beta \tag{1-14}$$

上式也可改写成

$$\frac{\varepsilon_1}{\sigma_1-\sigma_m}=\frac{\varepsilon_2}{\sigma_2-\sigma_m}=\frac{\varepsilon_3}{\sigma_3-\sigma_m}=\beta \tag{1-15}$$

由式（1-14）可见，全量理论表达的应力应变关系为主应力差与主应变差成比例（比值为正）。全量应变理论仅仅表示了塑性变形终了时的主应变与主应力之间的关系，但它不能反映出变形过程中应力与应变的变化过程。增量理论表示塑性变形的某一瞬间应变增量与主应力之间的关系，经过积分可把变形过程的特点反映出来，它更接近于实际情况。增量理论具有普遍性，但在应用上不够方便。全量理论是在增量理论的基础上得到的，对于简单加载是正确的。对于非简单加载的大变形问题，只要变形过程中主轴方向的变化不是太大，应用全量理论也不会引起太大的误差，再加上使用上的方便，因此在冲压工艺中常常应用全量理论。

全量理论的应力应变关系式（1-14）、式（1-15）是塑性加工中各种工艺参数计算的基础。除此之外，还可利用它们对某些冲压成形过程中毛坯的变形和应力的性质进行定性的分析和判断。例如：

1）在球应力状态下，有 $\sigma_1=\sigma_2=\sigma_3=\sigma_m$，则 $\varepsilon_1=\varepsilon_2=\varepsilon_3=0$。这说明在球应力状态下，毛坯不产生塑性变形，仅有弹性变形存在。

2）在平面变形时，如设 $\varepsilon_2=0$，根据体积不变规律有 $\varepsilon_1+\varepsilon_2+\varepsilon_3=0$，则 $\varepsilon_1=-\varepsilon_3$，利用式（1-15），可得 $\sigma_2-\sigma_m=0$，即有 $\sigma_2=\sigma_m$。这说明在平面变形时，在主应力与平均应力相等的方向上不产生塑性变形，而且这个方向的主应力即为中间主应力，其值是另外两个主应力的平均值［$\sigma_2=(\sigma_1+\sigma_3)/2$］。宽板弯曲时，宽度方向的变形为零，即属于这种情况。

3）平板毛坯胀形时，在产生胀形的中心部位，其应力状态是两向等拉，厚度方向应力很小，可视为零。即有 $\sigma_1=\sigma_2>0$，$\sigma_3=0$，属平面应力状态。利用式（1-15）可以判断变形区的变形情况，这时 $\varepsilon_1=\varepsilon_2=-0.5\varepsilon_3$，在拉应力作用方向上为伸长变形，而在厚度方向为压缩变形，其值为伸长变形的二倍。由此可见，胀形区变薄是比较显著的。

4）当毛坯变形区三向受压（$0>\sigma_1>\sigma_2>\sigma_3$）时，由式（1-15）可知，在最大压应力 σ_3

（绝对值最大）方向上的变形一定是压缩变形，而在最小压应力 σ_1（绝对值最小）方向上的变形必为伸长变形。

由3）、4）可见，判断毛坯变形区在哪个方向伸长，在哪个方向缩短，不是单纯根据应力的性质。换句话说，拉应力方向不一定是伸长变形，压应力方向不一定是压缩变形，而应根据主应力的差值才能判定。

当作用于毛坯变形区内的拉应力的绝对值为最大时，在这个方向上的变形一定是伸长变形（如胀形、翻边等），一般以变形区板材变薄为特征；当作用于毛坯变形区内的压应力的绝对值为最大时，在这个方向上的变形一定是压缩变形（如拉深、缩口等），一般以变形区板厚增加为特征。

1.2.4 硬化与硬化曲线

1. 硬化

在冲压生产中，毛坯形状的变化和零件形状的形成过程通常在常温下进行。金属材料在常温下的塑性变形过程中，由于冷变形的硬化效应引起的材料力学性能的变化，结果使其强度指标（σ_s、σ_b）随变形程度加大而增加，同时塑性指标（δ、ψ）降低。因此，在进行变形毛坯内各部分的应力分析和各种工艺参数的确定时，必须考虑材料在冷变形硬化中的屈服强度（或称变形抗力）的变化。材料不同，变形条件不同，其加工硬化的程度也不同。材料的加工硬化不仅使所需的变形力增加，而且对冲压成形有较大的影响，有时是有利的，有时是不利的。例如在胀形工艺中，板材的硬化能够减少过大的局部集中变形，使变形趋向均匀，增大成形极限；而在内孔翻边工序中，翻边前冲孔边缘部分材料的硬化，容易导致翻边时产生开裂，则降低了极限变形程度。因此，在对变形材料进行力学分析、确定各种工艺参数和处理生产实际问题时，必须了解材料的硬化现象及其规律。

2. 硬化曲线

表示变形抗力随变形程度增加而变化的曲线叫作硬化曲线，也称实际应力曲线或真实应力曲线。它可以通过拉伸等试验方法求得。实际应力曲线与材料力学中所学的工程应力曲线（也称假象应力曲线）是有所区别的。假象应力曲线的应力指标是采用假象应力来表示的，即应力是按各加载瞬间的载荷 F 除以变形前试样的原始截面积 A_o 计算的（$\sigma = F/A_o$），没有考虑变形过程中试样截面积的变化，显然是不准确的。而实际应力曲线的应力指标是采用真实应力来表示的，即应力是按各加载瞬间的载荷 F 除以该瞬间试样的截面积 A 计算的（$\sigma = F/A$）。实际应力曲线与假象应力曲线如图1-11所示。实际应力曲线能真实反映变形材料的加工硬化现象。

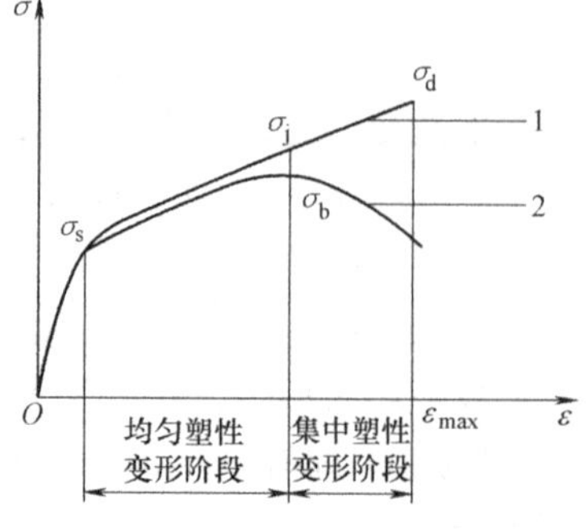

图1-11 实际应力曲线与假象应力曲线

1—实际应力曲线 2—假象应力曲线

图1-12是几种常用冲压板材的硬化曲线。从曲线的变化规律来看，几乎所有的硬化曲线都具有一个共同的特点，即在塑性变形的开始阶段，随变形程度的增大，实际应力剧烈增加，当变形程度达到某些值以后，变形的增加不再引起实际应力值的显著增加。也就是说，随变形程度的增大，材料的硬化强度 $d\sigma/d\varepsilon$（或称硬化模数）逐渐降低。

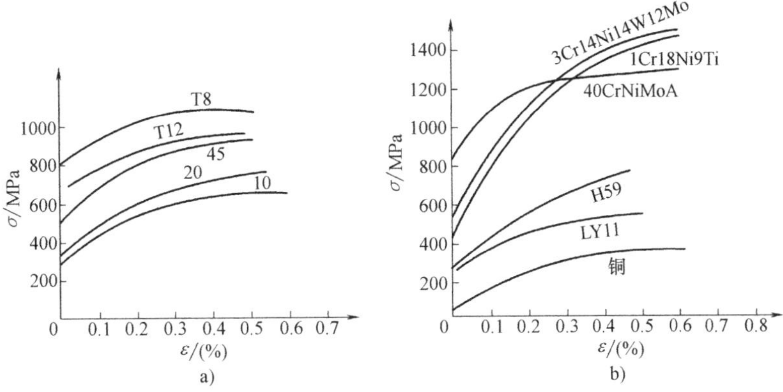

图 1-12　常用冲压板材硬化曲线

a）某些钢的硬化曲线　b）某些不锈钢和有色金属的硬化曲线

不同的材料硬化曲线差别很大，而且实际应力与变形程度之间的关系又很复杂，所以不可能用同一个数学式精确地把它们表示出来，这就给求解塑性力学问题带来了困难。为了实用上的需要，必须将实际材料的硬化曲线进行适当简化，变成既能写成简单的数学表达式，又只需要少量实验数据就能确定下来的近似硬化曲线。在冷冲压成形中常用直线表示硬化曲线或指数曲线表示硬化曲线。表达式为

$$\sigma=\sigma_s+D\varepsilon \tag{1-16}$$

式中　σ_s——近似的屈服极限，也是硬化曲线在纵坐标轴上的截距；

D——硬化曲线的斜率，也称硬化模数，它表示材料硬化强度的大小。

$$\sigma=C\varepsilon^n \tag{1-17}$$

式中　C——与材料有关的系数；

n——硬化指数。

硬化指数 n 是表明材料冷变形硬化的重要参数，对板料的冲压性能以及冲压件的质量都有较大的影响。硬化指数 n 较大时，表示冷变形时硬化显著，对后续变形工序不利，有时还必须增加中间退火工序以消除硬化，使后续变形工序得以进行。但是 n 值大时也有有利的一面，如对于以伸长变形为特点的成形工艺（胀形、翻边等），由于硬化引起的变形抗力显著增加，可以抵消毛坯变形处局部变薄而引起的承载能力的减弱，因而可以限制变薄处变形的进一步发展，而使之转移到别的尚未变形的部位，这就提高了变形的均匀性，使变形的工件壁厚均匀，刚性好，精度也高。表 1-1 为部分板材的 n 值和 C 值。

表 1-1　部分板材的 n 值和 C 值

材料	C 值/MPa	n 值	材料	C 值/MPa	n 值
08F	708.76	0.185	Q235	630.27	0.236
H62	773.38	0.513	10	583.84	0.215
H68	759.12	0.435	20	709.06	0.166
QSn6.5-0.1	864.49	0.492	5A02(LF2)	165.64	0.164
08Al(ZF)	553.47	0.252	5A12(LF12M)	366.29	0.192
08Al(HF)	521.27	0.247	T2	538.37	0.455
1Cr18Ni9Ti	1093.61	0.347	SPCC	569.76	0.212
1035(L4M)	112.43	0.286	SPCD	497.63	0.249

注：ZF—拉延级别为最复杂；HF—拉延级别为很复杂；SPCC—一般用冷轧碳钢薄板及钢带；SPCD—冲压用冷轧碳钢薄板及钢带。

1.3 冲压成形时毛坯的力学特点与分类

正确掌握毛坯变形时的力学特点，能够根据产品的特点进行定性分析，有助于掌握毛坯变形规律，根据毛坯变形特点及变形规律对成形产品进行合理分类，逐步积累成可利用的冲压经验。

1.3.1 变形毛坯的分区

板料在进行各种冲压成形时，可以把毛坯分为变形区和不变形区。变形区是正在进行特定变形的部分；不变形区可能是经历了变形的已变形区，或尚未参与变形的待变形区，也可能是在冲压成形的全过程中都不参与变形的不变形区；还有在变形过程中起传递变形力作用的传力区。图 1-13 所示为拉深、翻边和缩口变形过程中毛坯各区的分布，具体划分情况见表 1-2。

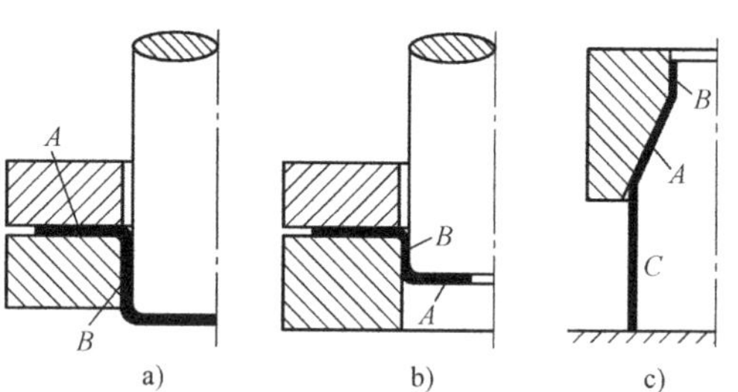

图 1-13 毛坯各区划分举例

a）拉深 b）翻边 c）缩口

表 1-2 冲压变形毛坯各区划分情况

冲压方法	变形区	不变形区		
		已变形区	待变形区	传力区
拉深	*A*	*B*	无	*B*
翻边	*A*	*B*	无	*B*
缩口	*A*	*B*	*C*	*C*

从本质上看，各种冲压成形过程，就是毛坯变形区在其主应力作用下产生应变的过程。所以，毛坯变形区的受力情况和变形特点，是决定各种冲压成形根本性质的主要依据。

1.3.2 变形的应力应变特点

绝大多数板料冲压变形都处于平面应力状态。一般在板料表面上不受力或受数值不大的力，可以认为在板厚方向上的应力数值为零。使毛坯变形区产生塑性变形的应力是在板料平面内相互垂直的两个主应力。除弯曲变形外，在大多数情况下都可以认为这两个主应力在厚度方向上的数值是不变的。因此，可以按毛坯变形区的受力情况（应力状态）和变形特点，从变形力学的角度把所有冲压变形方式归纳为以下四种情况。

1. 冲压毛坯变形区受两向拉应力的作用

轴对称变形时，可以分为以下两种情况：

$$\sigma_r>\sigma_\theta>0,\quad 且\ \sigma_t=0$$

$$\sigma_\theta>\sigma_r>0,\quad 且\ \sigma_t=0$$

这两种情况在冲压应力图（图 1-14）中处于 *GOH* 和 *AOH*（第Ⅰ象限）范围内，而且在冲压变形图（图 1-15）中则处于 *AON* 及 *AOC* 范围内，与此相对应的变形是平板毛坯的局部胀形、内孔翻边、空心毛坯的胀形等。

2. 冲压毛坯变形区受两向压应力的作用

轴对称变形时，可以分为以下两种情况：

$\sigma_r<\sigma_\theta<0$，　且 $\sigma_t=0$

$\sigma_\theta<\sigma_r<0$，　且 $\sigma_t=0$

这两种情况在冲压应力图（图 1-14）中处于 *COD* 及 *DOE*（第Ⅲ象限）范围内，而在冲压变形图（图 1-15）中则处于 *GOE* 及 *GOL* 范围内，与此相对应的变形是缩口变形等。

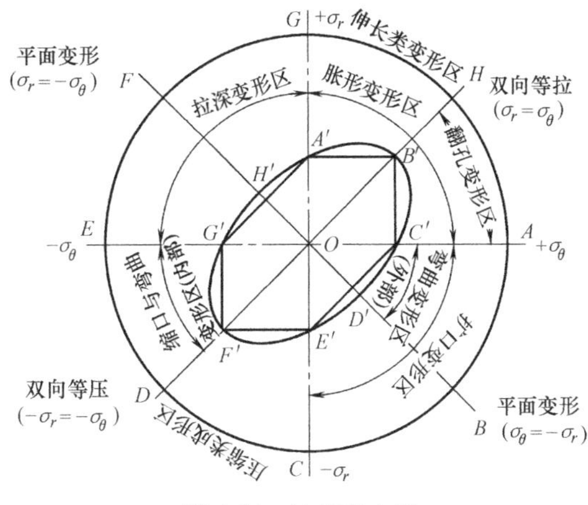

图 1-14　冲压应力图

3. 冲压毛坯变形区受异号应力的作用，且拉应力的绝对值大于压应力的绝对值

轴对称变形时，可以分为以下两种情况：

$\sigma_r>0>\sigma_\theta$，　$\sigma_t=0$ 且 $|\sigma_r|>|\sigma_\theta|$

$\sigma_\theta>0>\sigma_r$，　$\sigma_t=0$ 且 $|\sigma_\theta|>|\sigma_r|$

这两种情况在冲压应力图（图 1-14）中处于 *GOF* 及 *AOB* 范围内，而在冲压变形图（图 1-15）中处于 *MON* 及 *COD* 范围内，与此相对应的冲压变形是扩口等。

4. 冲压毛坯变形区受异号应力的作用，且压应力的绝对值大于拉应力的绝对值

轴对称变形时，可以分为以下两种情况：

$\sigma_r>0>\sigma_\theta$，　$\sigma_t=0$ 且 $|\sigma_\theta|>|\sigma_r|$

$\sigma_\theta>0>\sigma_r$，　$\sigma_t=0$ 且 $|\sigma_r|>|\sigma_\theta|$

这两种情况在冲压应力图（图 1-14）中处于 *EOF* 及 *BOC* 范围内，而在冲压变形图（图 1-15）中处于 *MOL* 及 *DOE* 范围内，与此相对应的冲压变形是拉深等。

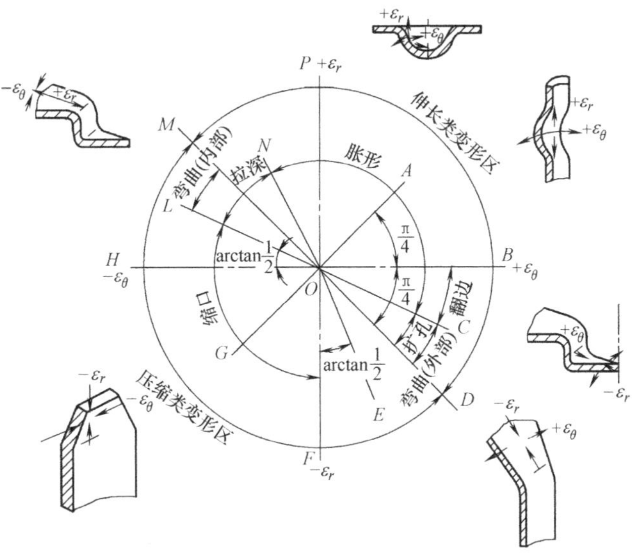

图 1-15　冲压变形图

综合上面四种受力情况的分析结果，可以把全部冲压变形概括为两大类别：伸长类变形与压缩类变形。当作用于毛坯变形内的拉应力的绝对值最大时，在这个方向上的变形一定是伸长变形，称这种冲压变形为伸长类变形。伸长类变形包括冲压变形图（图 1-15）中的 *MON*、*NOA*、*AOB*、*BOC* 及 *COD* 五个区。当作用于毛坯变形区内的压应力的绝对值最大时，在这个方向上的变形一定是压缩变形，称这种冲压变形为压缩类变形。压缩类变形包括冲压变形图（图 1-15）中的 *MOL*、*LOH*、*HOG*、*GOE* 及 *EOD* 五个区。

伸长类变形的极限变形参数主要取决于材料的塑性，并且可以用板材的塑性指标直接或间接地表示。例如多数实验结果证实：平板毛坯的局部胀形深度 、圆柱体空心毛坯的胀形系数、圆孔翻边系数、最小弯曲半径等，都与伸长率有明显的正比关系。

压缩类变形的极限变形参数（如拉深系数等），通常都是受毛坯传力区的承载能力的限制，有时则受变形区或传力区的失稳起皱的限制。

由于两类成形方法的极限变形参数的确定基础不同，所以影响极限变形参数的因素和提高极限变形参数的途径和方法也不一样。

1.3.3 冲压成形的变形趋向性及其控制

在冲压过程中，成形毛坯的各个部分在同一模具的作用下，有可能发生不同形式的变形，即具有不同的变形趋向性。利用这种趋向性完成预期变形，同时排除其他一切不必要的和有害的变形等，是获得合格的高质量冲压件的根本保证，也是对冲压过程中变形趋向性及其控制方法进行研究的目的所在。

变形区发生塑性变形所必需的力，是由模具通过传力区获得的。而同一个毛坯的变形区和传力区都是相毗连的（图 1-13），所以在变形区与传力区的分界面上作用的内力的性质与大小一定是完全相同的。在同一个内力的作用下，变形区和传力区都有可能产生塑性变形。由于它们可能产生的塑性变形的方式不同，且变形区和传力区之间的尺寸关系不同，通常总是有一个区需要比较小的塑性变形力而首先进入塑性状态，产生塑性变形。因此，可以认为这个区是相对的弱区。为保证冲压过程的顺利进行，必须保证在该道冲压工序中应该变形的部分——变形区成为弱区，以便在把塑性变形局限于变形区的同时，排除在传力区产生任何不必要的塑性变形的可能。根据上述的分析，可以得出一个十分重要的结论：在冲压过程中，需要最小变形力的区是个相对的弱区，而且弱区必先变形，因此变形区应为弱区。

在工艺设计过程中，选定工艺方案、确定工序和工序间尺寸时，也必须遵循“弱区必先变形，变形区应为弱区”的原理。如图 1-16 所示的零件，当 $D-d$ 较大、h 较小时，可用带孔的环形毛坯采用翻边方法成形；但是当 $D-d$ 较小、h 较大时，如用翻边方法成形，则不能保证毛坯外环是需要变形力较大的强区，以及翻边部分是变形力较小的弱区条件，即在翻边时，毛坯的外径必然收缩，使翻边成形成为不可能实现的工艺方法。在这种情况下，就必须改变原工艺过程为拉深后切底和切外缘的工艺方法，或采用加大外径的环形毛坯，经翻边成形后再冲切外圆的工艺过程，如图 1-16 中双点画线所示。

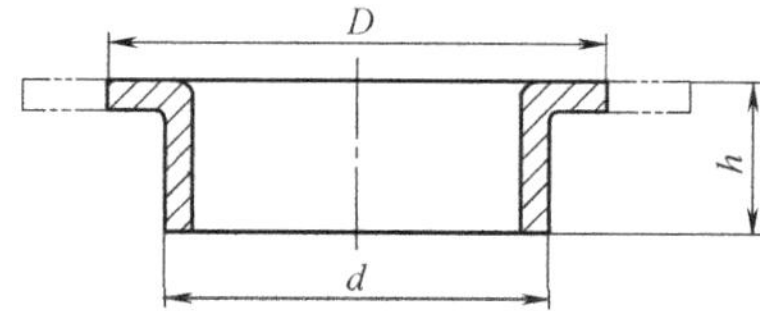

图 1-16 变形趋向性对冲压工艺的影响

在实际生产当中，用来控制毛坯的变形趋向性的措施，包括下列几个方面。

1. 合理确定毛坯尺寸

变形毛坯各部分的相对尺寸关系，是决定变形趋向性的最为重要的因素，所以在设计工艺过程中，一定要合理地确定初始毛坯的尺寸和中间工序件的尺寸，保证变形的趋向符合工艺的要求。图 1-17a 所示毛坯，由于其尺寸 D_0 与 d_p 的相对关系不同，具有三种可能的变形趋向，因此必须根据冲压件的形状，合理地确定毛坯的尺寸，用以控制变形的趋向，以获得所要求的零件形状和尺寸精度。

改变毛坯的尺寸，可得到图 1-17 所示三种变形中的一种。当 D_0/d_p 与 d_0/d_p 都较小时，宽度为 D_0-d_p 的环形部分成为弱区，于是得到毛坯外径收缩的拉深变形（图 1-17b）；

当 D_0/d_p 与 d_0/d_p 都比较大时，宽度为 d_p-d_0 的环形部分成为弱区，于是得到毛坯内孔扩大的翻边变形（图1-17c）；当 D_0/d_p 很大，而 d_0/d_p 很小或等于零时（不带内孔的毛坯），虽然毛坯外环的拉深变形与内部的翻边变形的变形阻力都增大了，但是毛坯的内部仍是相对的弱区，产生的变形是内部的胀形（图1-17d）。胀形时，毛坯的外径和内孔的尺寸都不发生变化，或者变化很小，成形仅靠毛坯厚度的变薄实现。图1-17中所示毛坯的相对尺寸与变形趋向之间的关系见表1-3。

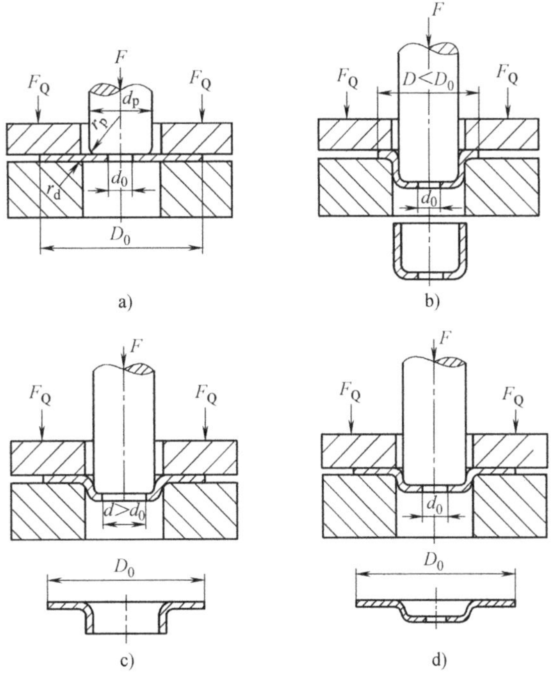

图1-17　平板环形毛坯的变形趋向

a）变形前的工具与毛坯　b）拉深　c）翻边　d）胀形

通过变形毛坯尺寸关系实现变形趋向性控制的实例很多，如图1-18所示为钢球活座套的冲压工艺过程，包括落料、拉深、冲孔、翻边四道冲压工序。在第二道工序拉深时，毛坯的外形是弱区，所以塑性变形发生在毛坯的外形部位，使其外径由 $\phi59$mm 减到 $\phi52$mm。冲 $\phi24$mm 内孔以后，毛坯的中间部分由强区变成弱区，并使原来是弱区的外缘部分转变成为相对的强区，其结果是变形区由毛坯的外部转移到毛坯的中间部分，从而保证了第四道工序内孔扩翻边变形的进行。

表1-3　平板环形毛坯的变形趋向

尺寸关系	成形方式(变形趋向)	备注
$D_0/d_p<1.5\sim2, d_0/d_p<0.15$	拉深	
$D_0/d_p>2.5, d_0/d_p>0.2\sim0.3$	翻边	要得到图1-17c所示的零件，d_0/d_p 的值必须加大，否则内孔会开裂
$D_0/d_p>2.5, d_0/d_p<0.15$	胀形	$d_0/d_p=0$ 时，是完全胀形

2. 正确设计模具工作部分形状和尺寸

1）改变模具工作部分的几何形状和尺寸，也能对毛坯的变形趋向性进行控制。例如，增大凸模的圆角半径 r_p，减小凹模的圆角半径 r_d（图1-17），可以使拉深变形的阻力增大，并使翻边的阻力减小，有利于翻边变形的实现。反之，增大凹模圆角半径 r_d 和减小凸模的圆角半径 r_p，则有利于实现拉深变形，而不利于实现翻边变形。利用模具工

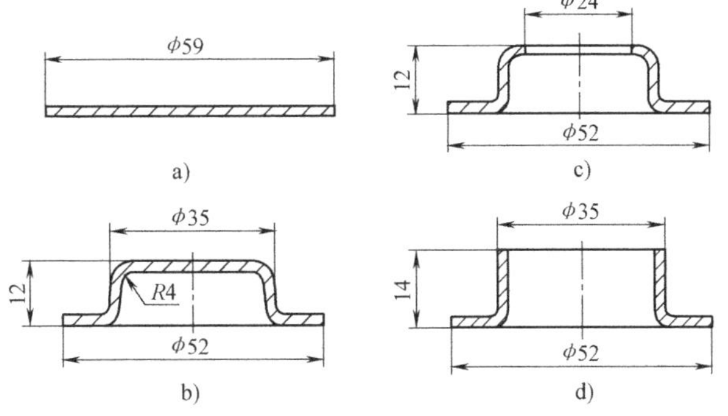

图1-18　钢球活座套的冲压工艺过程中的变形趋向性的控制

a）落料　b）拉深　c）冲孔　d）翻边

作部分的圆角半径控制毛坯变形趋向的情况，在生产中是常常见到的。

2）对于异形件的拉深，为了使得拉深材料流动沿各个方向尽量均匀，达到均匀变形的目的，常常会在拉深面上或产品的补充部分人为添加各种凸起或凹陷形状，目的是让这个区域成为整个成形区域的强区（使之不发生破裂或起皱）或弱区（保护产品部位材料不发生破裂或起皱）。

3. 改变毛坯与模具表面的摩擦条件

改变毛坯与模具接触表面之间的摩擦阻力，借以控制毛坯变形的趋向性，这也是生产中时常采用的一个方法。例如，加大图 1-17 中所示的压边力 F_Q 的作用，使毛坯和压边圈及凹模面之间的摩擦阻力加大，则不利于拉深变形，而有利于翻边和胀形变形的实现。反之，增加毛坯与凸模表面的摩擦阻力，减小毛坯与凹模表面的摩擦阻力，都有利于拉深变形。所以，对变形毛坯的润滑以及润滑部位的选择，都会对毛坯的变形趋向起相当重要的作用。例如拉深毛坯的单面润滑就是很好的应用实例。

4. 其他工艺措施

采用局部加热或局部深冷的办法，降低变形区的变形抗力或提高传力区的强度，都能达到控制变形趋向性的目的，可使一次成形的极限变形程度加大，进而提高生产效率。

1.4 板料冲压成形性能及冲压材料

在现实生产中，同一套模具对不同的冲压材料进行生产，得到的产品质量是不一样的，有的甚至不能成形。这主要与板料的冲压成形性能有关。

1.4.1 板料的冲压成形性能

板料的冲压成形性能，是指板料对各种冲压加工方法的适应能力，如便于加工，容易得到高质量和高精度的冲压件，生产效率高（一次冲压工序的极限变形程度和总的极限变形程度大），模具消耗低，不易产生废品等。板料的冲压成形性能是一个综合性的概念，冲压件能否成形和成形后的质量，取决于成形极限（抗破裂性）、板料的贴模性和形状冻结性（定形性）。

成形极限，是指板料成形过程中能达到的最大变形程度，在此变形程度下材料不发生破裂。可以认为，成形极限就是冲压成形时材料的抗破裂性。板料的冲压成形性能越好，板料的抗破裂性也越好，其成形极限也就越高。

板料的贴模性，是指板料在冲压成形过程中取得模具形状的能力。形状冻结性，是指零件脱模后保持其在模内获得的形状的能力。

影响贴模性的因素很多，成形过程中发生的内皱、翘曲、塌陷和鼓起等几何缺陷都会使贴模性降低。

影响形状冻结性的最主要因素是回弹，零件脱模后，常因回弹过大而产生较大的形状误差。

材料冲压成形性能中的贴模性和形状冻结性，是决定零件形状精度的重要因素，而成形极限是材料开始出现破裂的极限变形程度。破裂后的制件是无法修复使用的。因此，生产中以成形极限作为板料冲压成形性能的判定尺度，并用这种尺度的各种物理量作为评定板料冲压成形性能的指标。

1.4.2 板料冲压成形性能的试验方法

板料冲压性能试验方法通常分为三种类型：力学试验、金属学试验（统称间接试验）和工艺试验（直接试验）。常用的力学试验有简单拉伸试验和双向拉伸试验，用以测定板料的力学性能指标，而这些性能与冲压成形性能有着密切的关系。金属学试验用以确定金属材料的硬度、表面粗糙度、化学成分、结晶方位与晶粒度等。工艺试验也称模拟试验，它是用模拟生产实际中的某种冲压成形工艺的方法测量出相应的工艺参数，试件的应力状态和变形特点与相应的冲压工艺基本一致，试验结果能反映出金属板料对该种冲压工艺的成形性能。例如 Swift 拉深试验可测出极限拉深比 LDR；TZP 试验可测出拉深潜力指标 T 值；埃里克森杯突试验可测出杯突值 IE（胀形性能指标）；KWI 扩孔试验可测出极限扩孔率 λ 等。有关的试验方法可参见金属板料试验标准。

1.4.3 金属板料的力学性能与冲压成形性能的关系

金属板料的力学性能是用板料试样做单向拉伸试验求得的。由于试验的目的不同，该方法和材料力学中评审材料强度性能的拉伸试验有所不同。具体的试验方法和步骤可参照国家标准（GB/T 228.1—2010）执行。图 1-19a 所示为标准试样图，图 1-19b 所示为拉伸曲线。利用该试样的单向拉伸试验，可以得到与金属板材冲压成形性能密切相关的试验值。这里，仅对其中几项指标说明如下。

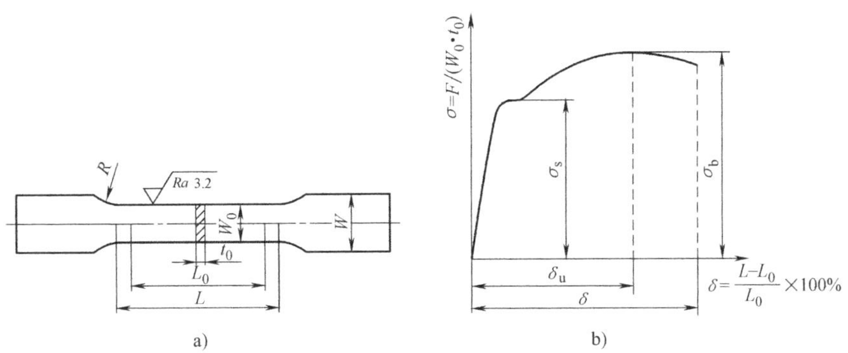

图 1-19 拉伸试验用的标准试样和拉伸曲线

1. 屈服强度 σ_s

许多试验已经证明，屈服强度 σ_s 小，材料容易屈服，变形抗力小，成形后回弹小，贴模性和形状冻结性好。但在压缩类变形时，容易起皱。

2. 屈强比 σ_s/σ_b

屈强比 σ_s/σ_b 对板料冲压成形性能影响较大。σ_s/σ_b 小，板料由屈服到破裂的塑性变形阶段长（变形区间大），有利于冲压成形。一般来说，较小的屈强比对板料的各种成形工艺中的抗破裂性有利，而且成形曲面零件时，容易获得较大的拉应力，使成形形状得以稳定（冻结），减少回弹。故较小的屈强比，回弹也小，形状的冻结性较好。

3. 总伸长率 δ 与均匀伸长率 δ_u

在拉伸试验中，试样破坏时的伸长率，称为总伸长率，简称伸长率。在拉伸试验开始产生局部集中变形（刚出现缩颈时）的伸长率，称为均匀伸长率。它表示材料产生均匀的或稳定的塑性变形能力。当材料的伸长变形超过材料局部伸长率时，将引起材料的破裂，所以δ_u也是一种衡量伸长变形时变形极限的指标。实验证明，伸长率或均匀伸长率是影响翻边、扩孔成形性能的最主要指标。

4. 硬化指数 n

大多数金属板材的硬化规律接近于幂函数 $\sigma = C\varepsilon^n$ 的关系，可用指数 n 表示其硬化性能。n 大，材料在变形中的加工硬化严重，真实应力增大。在伸长类变形中，n 值大，变形抗力增大，从而使变形均匀化，具有扩展变形区、减少毛坯局部变薄和增大极限变形参数等作用。尤其是对于复杂形状的曲面零件的拉深成形工艺，当毛坯中间部分的胀形变形较大时，n 值对冲压性能的影响更为显著。

5. 板厚方向性系数 γ（塑性应变比）

板厚方向性系数 γ，也叫作 γ 值，它是板料试样拉伸试验中宽度应变 $\varepsilon_b\left(\ln\dfrac{\Delta b}{b}\right)$ 与厚度应变 $\varepsilon_t\left(\ln\dfrac{\Delta t}{t}\right)$ 之比，其表达式为

$$\gamma = \varepsilon_b / \varepsilon_t \tag{1-18}$$

γ 值的大小，表明板料在受单向拉应力作用时，板料平面方向和厚度方向上的变形难易程度的比较。也就是表明在相同受力条件下，板料厚度方向上的变形性能和板料平面方向上的差别。板厚方向性系数，也叫塑性应变比。$\gamma>1$ 时，表明板料在厚度方向上的变形比较困难。在拉深成形工序中，加大 γ 值，毛坯宽度方向易于变形，切向易于收缩，不易起皱，有利于拉深成形。由于板料轧制时的方向性，在板料平面各方向的 γ 值是不同的，因此，采用 γ 值应取各方向的平均值，即平均塑性应变比

$$\overline{\gamma} = (\gamma_0 + 2\gamma_{45} + \gamma_{90})/4 \tag{1-19}$$

式中　γ_0、γ_{90}、γ_{45}——板料在纵向、横向和45°方向上的板厚方向性系数。

6. 板料平面各向异性系数 $\Delta\gamma$（塑性应变比平面各向异性度）

板料经轧制后，在板平面内也出现各向异性，因此沿各不同方向的力学性能和物理性能均不同，冲压成形后使其拉深件口部不齐，出现“凸耳”，$\Delta\gamma$ 越大，“凸耳”越高，如图 1-20 所示。沿 45°方向与轧制方向形成的差异更为突出。

板料平面各向异性系数 $\Delta\gamma$，可用厚向异性系数 γ 在 0°方向的 γ_0、45°方向的 γ_{45} 和 90°方向的 γ_{90}（分别取其试样试验）的平均差来表示，即

$$\Delta\gamma = (\gamma_0 + \gamma_{90} - 2\gamma_{45})/2 \tag{1-20}$$

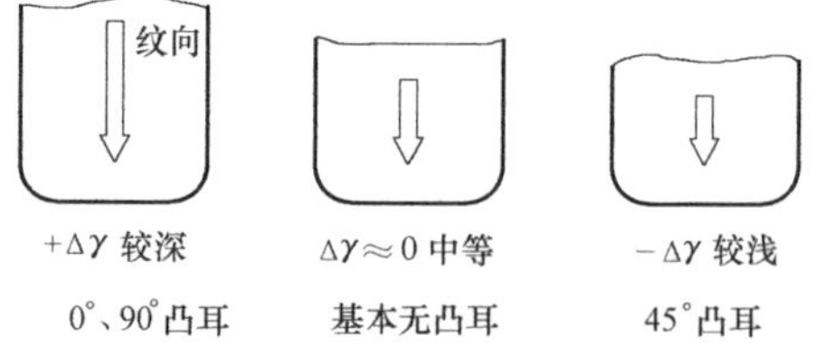

图 1-20　$\Delta\gamma$ 对拉深件质量的影响

由于板料平面各向异性会增加冲压成形工序（切边工序）和材料的消耗，影响冲压件质量，因此生产中应尽量设法降低 $\Delta\gamma$ 值。

7. 应变速率（$\dot{\varepsilon}$）敏感指数 m

对于绝大部分材料，在常温小变形速度条件下，速度变化对成形的影响可以忽略，但在部分材料应变速度急剧变化的时候，观察拉伸标准试样的力-伸长曲线可以发现这个过程中力有个跳跃，如图 1-21 所示，这说明材料在这个过程中应力与应变速率相关，应力可以通

过如下方程式表达

$$\sigma = k\varepsilon^{n}\dot{\varepsilon}^{m} \tag{1-21}$$

应变速率为

$$\dot{\varepsilon} = v/L \tag{1-22}$$

速率敏感指数为

$$m = \frac{\log(F_1/F_2)}{\log(v_1/v_2)} \tag{1-23}$$

对于普通金属材料，一般 m 值为 0.02~0.2。对于许多超塑性材料，m 值为 0.3~0.9。在式（1~21）~式（1-23）中 k 为与材料有关的常数，L 为试样长度，v 是变形速度，F 是加载力。

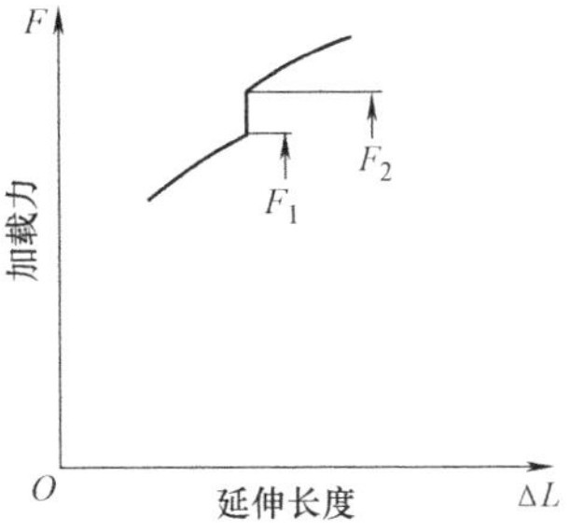

图 1-21 力-伸长曲线

1.4.4 常用的冲压材料及性能

1. 冲压常用的材料

冲压常用的材料，多为各种规格的板料、带料等。其尺寸规格均可在有关标准中查得。在生产中常把板料切成一定尺寸的条料或片料进行冲压加工。在大批生产中，可将带料在滚剪机上剪成所需宽度，以便用于自动送料的冲压设备加工。

冲压常用材料有：

（1）黑色金属 普通碳素钢、优质碳素钢、碳素结构钢、合金结构钢、碳素工具钢、不锈钢、硅钢、电工用纯铁等。

（2）有色金属 纯铜、无氧铜、黄铜、青铜、纯铝、硬铝、防锈铝、银及其合金等。在电子工业中，冲压用的有色金属还有镁合金、钛合金、钨、钼、钽铌合金、康铜、铁镍软磁合金（坡莫合金）等。

（3）非金属材料 纸板、各种胶合板、塑料、橡胶、纤维板、云母等。

部分常用冲压金属板料的力学性能见表 1-4。

表 1-4 部分常用冲压金属板料的力学性能

材料名称	牌号	材料状态	抗剪强度 τ/ MPa	抗拉强度 σ_b/ MPa	伸长率 δ_{10}(%)	屈服强度 σ_s/ MPa
电工用纯铁 w_C<0.025%	DT1、DT2、DT3	已退火	180	230	26	—
普通碳素钢	Q195	未退火	260~320	320~400	28~33	200
	Q235		310~380	380~470	21~25	240
	Q275		400~500	500~620	15~19	280
优质碳素结构钢	08F	已退火	220~310	280~390	32	180
	08		260~360	330~450	32	200
	10		260~340	300~440	29	210
	20		280~400	360~510	25	250
	45		440~560	550~700	16	360
	65Mn		600	750	12	400
不锈钢	12Cr13	已退火	320~380	400~470	21	—
	1Cr18Ni9Ti	热处理退软	430~550	540~700	40	200
铝	L2、L3、L5	已退火	80	75~110	25	50~80
		冷作硬化	100	120~150	4	—

（续）

材料名称	牌号	材料状态	抗剪强度 τ/ MPa	抗拉强度 σ_b/ MPa	伸长率 δ_{10}(%)	屈服强度 σ_s/ MPa
铝锰合金	3A21(LF21)	已退火	70~110	110~145	19	50
硬铝	2A12(LY12)	已退火	105~150	150~215	12	—
		淬硬后冷作硬化	280~320	400~600	10	340
纯铜	T1、T2、T3	软态	160	200	30	7
		硬态	240	300	3	—
黄铜	H62	软态	260	300	35	—
		半硬态	300	380	20	200
	H68	软态	240	300	40	100
		半硬态	280	350	25	—

2. 冲压用新材料及其性能

汽车、电子、家用电器及日用五金等工业的发展，极大地推动着现代金属薄板的发展，许多具有不同新特性的冲压用板材不断出现。当代材料科学的发展，已经能做到根据使用与制造的要求，设计并制造出新型材料。因此，很多冲压用的新型板材便应运而生。例如，高强度钢板、耐腐蚀钢板、双相钢板、涂层钢板及复合板等。新型冲压板材的发展趋势见表1-5。

表1-5 新型冲压板材的发展趋势

内容	发展趋势	效果与目的
厚度	厚 → 薄	产品轻型化,节能和降低成本
强度	低 → 高	产品轻型化,提高强度
组织	单相 → 双相,加磷、加钛	提高强度、伸长率和冲压性能
板层	单层 → 涂层,叠合,复合层,夹层	耐蚀,外表外观好,冲压性能提高,抗振动,减噪声
功能	单一 → 多个,一般 → 特殊	实现新功能

（1）高强度钢板　高强度钢板是指对普通钢板加以强化处理而得到的钢板。通常采用的金属强化原理有：固溶强化，析出强化，细晶强化，组织强化（相态强化及复合组织强化），时效强化，加工强化等。其中，前5种是通过添加合金成分和热处理工艺来控制板材性质的。高强度钢板的高强度有两方面的含义：

1）屈服强度高，σ_s 在270~310MPa范围内，比一般铝镇静钢的屈服强度要高50%~100%。

2）抗拉强度高，σ_b>400MPa，日本研制的用于汽车零件的高强度钢板的抗拉强度可达600~800MPa，而对应的普通冷轧软钢板的抗拉强度只有300MPa。

高强度钢板的应用，能减薄料厚，减轻冲压件的重量，节省能源和降低冲压产品成本。由于高强度钢板的强化机制常常在一定程度上要影响其他成形性能，如伸长率降低，回弹大，成形力增高，厚度减薄后抗凹陷能力降低等。因此，必须开发先进的板料成形技术，以适应不同冲压成形（不同冲压件）要求的高强度钢板品种。

（2）耐腐蚀钢板　开发新的耐腐蚀钢板的主要目的是增强普通钢板冲压件的抗腐蚀能力。它有两类：一类是加入新元素的耐腐蚀钢板，如耐大气腐蚀钢板等。我国研制的耐大气腐蚀钢板有10CuPCrNi（冷轧）和09CuPCrNi（热轧），其耐蚀性与普通碳素钢板相比可提高3~5倍。

另一类耐腐蚀钢板是涂覆各种镀层的钢板，如镀铝钢板、镀锌铝钢板及镀锡钢板等。

(3) 双相钢板　双相钢板也称为复合组织钢板。它也属于高强度钢板中的一种。一般而言，双相钢板的抗拉强度与伸长率基本上成负相关关系，而与屈服强度基本上成正相关关系。国产冷轧07SiMn双相钢板（$w_C=0.08\%$，$w_{Si}=0.39\%$，$w_{Mn}=1.19\%$，$w_P=0.03\%$），厚度为1mm，实际测出其材料特性值与08Al（ZF）钢板性能对比见表1-6。这种钢板已开始试用于汽车零件的生产。

表1-6　07SiMn双相钢板与08Al钢板性能对比

钢种	σ_s/MPa	σ_b/MPa	σ_s/σ_b	$\delta(\%)$	杯突值/mm	n	γ
07SiMn	335	540	0.624	33.5	10.35	0.23	0.96
08Al	180	330	0.454	43	11.8	0.234	1.7~1.8

(4) 涂层钢板　在耐腐蚀钢板中提及的镀覆金属层的钢板属于一种涂层钢板。因为传统的镀锡板、镀锌板等已不能适应汽车工业、电器工业、农用机械及建筑工业的需要，故一些新品种的镀层钢板不断被开发出来。在涂层钢板中，各种涂覆有机膜层的板材有更好的防腐蚀、防表面损伤的性能。因此，正被大量用作各类结构零件。

涂覆塑料薄膜钢板还有一优点，即可以提高冲压成形性能。例如用双面涂覆0.04mm聚氯乙烯薄膜的08F钢板拉深，其极限拉深系数m_{min}比08F钢板降低12%，拉深件的相对高度提高29%。为了更有效地提高塑料涂层钢板的冲压成形性能，塑料涂层在基体钢上应有单双面之分，以适应不同成形工艺与变形特征的要求。

(5) 复合板材　涂覆塑料的钢板是一种复合板。叠合在一起（如冷轧叠合等）的板材也是一种复合板，或叫叠合复合板。这类复合板材破裂时的变形比单体材料破裂时变形要大，它的某些材料特性值（比如n值）变大。

以钢为基体、多孔性青铜为中间层、塑料为表层的三层复合板，特别适用于汽车、飞机及核反应堆氦循环器中的轴承零件等。这类复合板材的冲压成形性能取决于基体钢；摩擦磨损性能取决于塑料；钢与塑料间通过多孔性青铜层为媒介，获得可靠的结合力。故其性能大大优于一般涂层板材。

现今，重点开发的复合板材是在两层薄钢板之间用黏弹性材料（树脂）夹层，形成所谓“三明治”型复合板材。这种复合板材是为适应汽车在质量与性能上的“轻量化”及“抗振动”的要求而开发的，它们的优点和性能是单体材料所不能达到的。

习题与思考题

1-1　弹性变形与塑性变形有什么不同？简述塑性变形的机理。

1-2　当$\sigma_1>\sigma_2>\sigma_3>0$时，利用全量理论和体积不变定律进行如下分析：

1）σ_1方向上的变形是什么变形？σ_3方向上的变形是什么变形？

2）每个主应力方向与所对应的主应变方向是否一定一致？

1-3　扼要说明变形温度和变形速度对塑性和变形抗力的影响。

1-4　什么是硬化？板料硬化的出现对成形是有利还是有害的？

1-5　什么是变形趋向性？如何控制变形趋向？

第2章 冲裁工艺与冲裁模设计

学习目标

了解冲裁变形规律；熟悉影响冲裁件质量的主要因素；熟悉冲裁模间隙对冲裁工艺的影响；掌握冲裁模刃口尺寸计算方法和排样设计；掌握冲裁工艺性分析、工艺设计和工艺计算。

掌握冲裁模分类及典型结构的特点；掌握冲裁模及主要零部件的结构设计与标准选用。

了解精密冲裁工艺及模具的特点。

冲裁是利用模具使板料沿着一定的轮廓形状产生分离的一种冲压工序。从广义上来说，它包括落料、冲孔、切断、修边、切舌等工序。但冲裁工艺主要是指落料和冲孔工序。若使材料沿封闭曲线相互分离，封闭曲线以内的部分作为冲裁件时，称为落料；而封闭曲线以外的部分作为冲裁件时，则称为冲孔。例如，冲制平面垫圈，制取外形的冲裁工序称为落料；而制取内孔的工序称为冲孔。图 2-1 所示垫圈，即由落料与冲孔两道工序完成。

根据变形机理的差异，冲裁可分为普通冲裁和精密冲裁。通常说的冲裁是指普通冲裁。冲裁所使用的模具称为冲裁模，如落料模、冲孔模、修边模、剖切模等。冲裁工艺和冲裁模在生产中使用广泛，它可直接制作零件，也可为弯曲、拉深、成形、冷挤压等工序准备毛坯。图 2-2 所示为冲压板状零件的冲裁模典型结构。

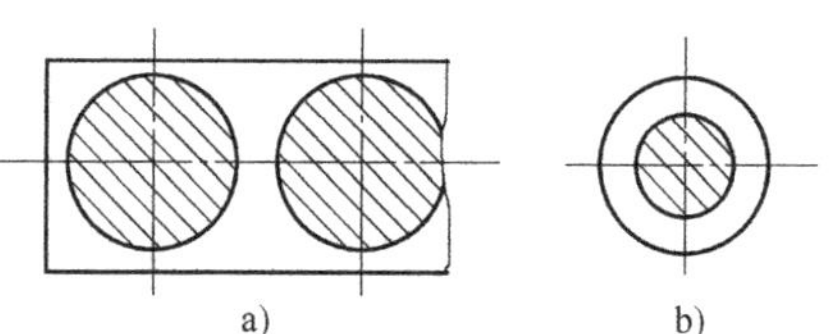

图 2-1 垫圈的落料与冲孔
a）落料 b）冲孔

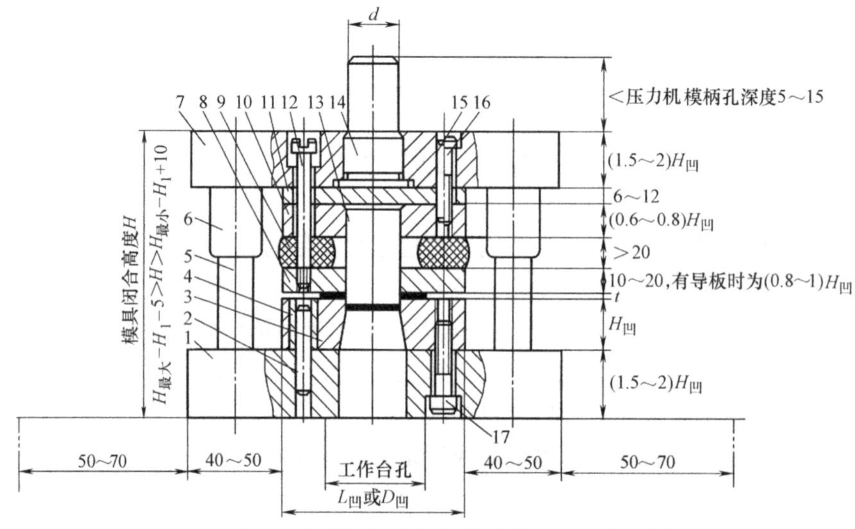

图 2-2 冲裁模典型结构与模具安装尺寸关系图
1—下模座 2、15—销钉 3—凹模 4—套 5—导柱 6—导套 7—上模座 8—卸料板 9—橡胶 10—凸模固定板 11—垫板 12—卸料螺钉 13—凸模 14—模柄 16、17—螺钉

2.1 冲裁变形分析

冲裁变形分析对了解冲裁变形机理和变形过程，掌握冲裁时作用于板材上的受力状态，应用冲裁工艺，正确设计模具，控制冲裁件质量有着重要意义。

2.1.1 冲裁时板料的变形过程

冲裁是使材料产生分离的冲压工序。当凸模、凹模之间的设计间隙合理时，工件受到冲裁力后必然开始弹性变形，进而塑性变形，裂纹延伸，最后以断裂分离告终，如图 2-3 所示。

1. 弹性变形阶段

由于凸模加压于板料，使板料产生弹性压缩、弯曲和拉伸等变形，板料底面相应部分材料略挤入凹模孔内。此时，凸模下的板料略有拱弯（锅底形），凹模上的板料略有上翘。间隙越大，拱弯和上翘越严重。在这一阶段中，若板料内部的应力没有超过弹性极限，当凸模卸载后，板料立即恢复原状。

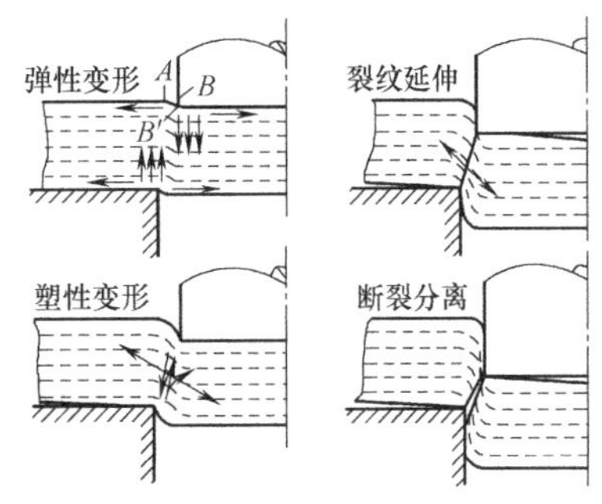

图 2-3　冲裁变形过程

2. 塑性变形阶段

当凸模继续压入，板料内的应力达到屈服极限时，板料开始产生塑性剪切变形。凸模切入板料并将凸模下方板料挤入凹模孔内，形成光亮的剪切断面。同时，因凸模、凹模间存在间隙，故伴随着弯曲与拉伸变形（间隙越大，变形亦越大）。随着凸模的不断压入，材料的变形程度便不断增加，同时硬化加剧，变形抗力也不断上升，最后在凸模和凹模应力集中的刃口附近，达到极限应变与应力值，材料就产生微小裂纹，这意味着断裂分离开始，塑性变形结束。

3. 断裂分离阶段

裂纹产生后，此时凸模仍然不断地压入材料，已形成的微裂纹沿最大切应变速度方向向材料内延伸，呈楔形发展，若间隙合理，上下裂纹则相遇重合，板料就被拉断分离。由于拉断的结果，断面上形成一个粗糙的区域。当凸模再下行，凸模将冲落部分全部挤入凹模孔内，冲裁过程到此结束。

图 2-4 为冲裁时冲裁力与凸模行程曲线。图中 *OA* 段相当于冲裁的弹性变形阶段，凸模接触材料后，载荷急剧上升。当凸模刃口一旦挤入材料，即进入塑性变形阶段后，载荷的上升就缓慢下来，如 *AB* 段所示。虽然由于凸模挤入材料，使承受冲裁力的材料面积减小，但只要材料加工硬化的影响超过受剪面积减小的影响，冲裁力就继续上升，当两者达到相等影响的瞬间，冲裁力达最大值，即图中的 *B* 点。此后，受剪面积减少的影响超过了加工硬化的影响，于是冲裁力下降。凸模继续下压，材料内部的微裂纹迅速扩张，冲裁力急剧下降，如图中 *BC* 段所示，此为冲裁的断裂阶段。

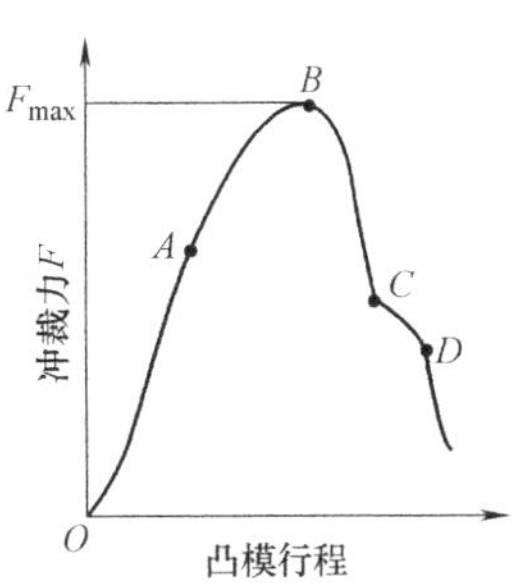

图 2-4　冲裁力与凸模行程曲线

2.1.2 冲裁变形区应力状态分析

图 2-5 所示为模具对板料进行冲裁时的情形，当凸模下降至与板料接触时，板料受到凸模、凹模端面的作用力。由于凸模、凹模之间存在冲裁间隙，使凸模、凹模施加于板料的力产生一个力矩 M，其值等于凸模、凹模作用的合力与稍大于间隙值的力臂 a 的乘积。在无压料板压紧装置冲裁时，力矩使材料产生弯曲，模具与板料仅在刃口附近的狭小区域内保持接触。且凸模、凹模作用于板料的垂直压力呈不均匀分布，随着向模具刃口靠近而急剧增大（见图 2-5）。其中，F_{P1}、F_{P2}分别为凸模、凹模对板料的垂直作用力；F_1、F_2分别为凸模、凹模对板料的侧压力；μF_{P1}、μF_{P2}分别为凸模、凹模端面与板料间的摩擦力，其方向与间隙大小有关，一般指向模具刃口；μF_1、μF_2分别为凸模、凹模侧面与板料间的摩擦力。

冲裁时，由于板料弯曲的影响，其变形区的应力状态比较复杂，且与变形过程和变形位置有关，在剪切断面上，不同点的应力状态和变形是不同的。图 2-6 所示为无压料板冲裁时板料的应力状态。

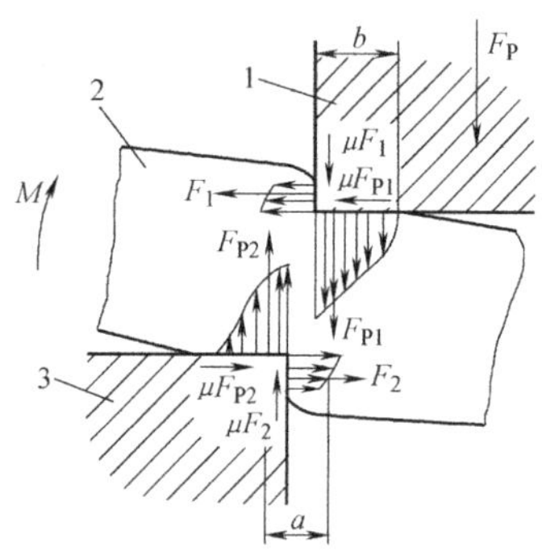

图 2-5 冲裁时作用于板料上的力

1—凸模 2—板料 3 —凹模

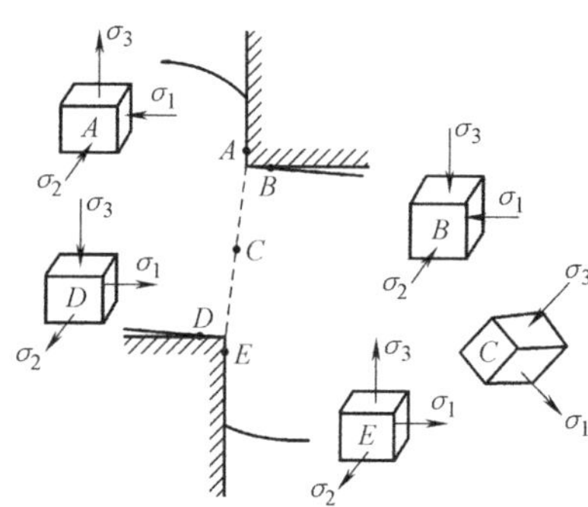

图 2-6 冲裁时板料的应力状态图

对于图 2-6 中 A 点（凸模侧面），凸模下压引起轴向拉应力 σ_3，板料弯曲与凸模侧压力引起径向压应力 σ_1，而切向应力 σ_2为板料弯曲引起的压应力与侧压力引起的拉应力的合成应力。

对于图 2-6 中 B 点（凸模端面），凸模下压及板料弯曲引起三向压应力。

对于图 2-6 中 C 点（断裂区中部），沿径向为拉应力 σ_1，垂直于板平面方向为压应力 σ_3。

对于图 2-6 中 D 点（凹模端面），凹模挤压板料产生轴向压应力 σ_3，板料弯曲引起径向拉应力 σ_1和切向拉应力 σ_2。

对图 2-6 中 E 点（凹模侧面），凸模下压引起轴向拉应力 σ_3，板料弯曲引起的拉应力与凹模侧压力引起的压应力合成产生应力 σ_1与 σ_2，该合成应力可能是拉应力，也可能是压应力，与间隙大小有关。一般情况下，该处以拉应力为主。

2.1.3 冲裁件断面质量分析

1. 断面特征

普通冲裁分离后的冲裁件断面，由圆角带、光亮带、断裂带和毛刺四个特征区组成，如图 2-7 所示。

（1）圆角带　该区域的形成主要是当凸模刃口刚压入板料时，刃口附近的材料产生弯

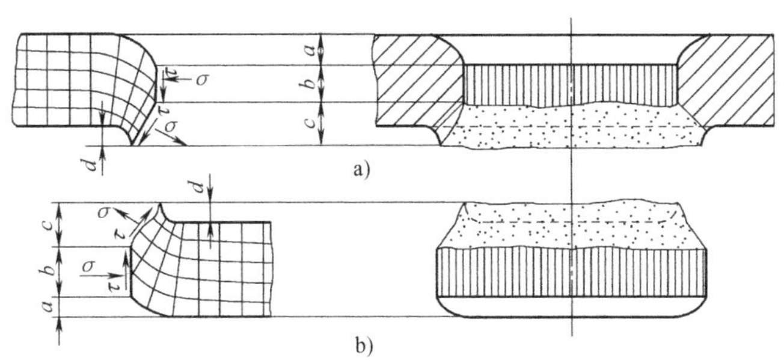

图 2-7 普通冲裁件的断面特征

a—圆角带 *b*—光亮带 *c*—断裂带 *d*—毛刺

曲和伸长变形，材料被带进模具间隙的结果。

（2）光亮带 该区域发生在塑性变形阶段，当刃口切入金属板料后，板料与模具侧面挤压而形成光亮垂直的断面。通常占全断面的1/3~1/2。

（3）断裂带 该区域是在断裂阶段形成，是由于刃口处产生的微裂纹在拉应力的作用下，不断扩展而形成的撕裂面，其断面粗糙，具有金属本色，且带有斜度。

（4）毛刺 毛刺的形成是由于在塑性变形阶段后期，凸模和凹模的刃口切入被加工板料一定深度时，刃口正面材料被压缩，刃尖部分处于高静水压应力状态，使微裂纹的起点不会在刃尖处发生，而在模具侧面距刃尖不远的地方发生，且在拉应力的作用下，裂纹加长，材料断裂而产生毛刺。在普通冲裁中毛刺是不可避免的。

圆角带、光亮带、断裂带及毛刺在冲裁件断面上必然存在。在四个特征区中，光亮带剪切面的质量最好。各部分所占的比例随材料的力学性能、凸模和凹模的间隙、模具结构等的不同而变化。要想提高冲裁件断面的光洁程度和尺寸精度，可通过增加光亮带的高度或采用整修工序来实现。增加光亮带高度的关键是延长塑性变形阶段，推迟裂纹的产生，这可以通过增加金属的塑性和减少刃口附近的变形与应力集中来实现。

2. 材料的性能对断面质量的影响

对于塑性较好的材料，冲裁时裂纹出现得较迟，因而材料剪切的深度较大，得到的光亮带所占比例大，圆角较大，断裂带较窄。而塑性差的材料，当剪切开始不久材料便被拉裂，光亮带所占比例小，圆角小，而大部分是带有斜度的粗糙断裂带。

3. 模具冲裁间隙大小对断面质量的影响

冲裁单面间隙，是指凸模和凹模刃口横向尺寸的差值的一半，常称冲裁间隙，用 c 表示，如图 2-8 所示。

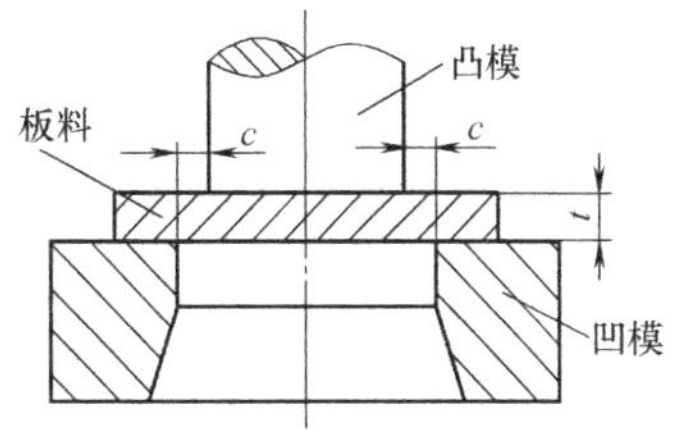

图 2-8 冲裁间隙示意图

间隙值的大小，影响冲裁时上、下形成的裂纹会合；影响变形应力的性质和大小。

当间隙过小时，如图 2-9a 所示，小间隙会使应力状态中的拉应力成分减小，挤压力作用增大，使材料塑性得到充分发挥，裂纹的产生受到抑制而推迟。产生的上、下裂纹延伸后互不重合，裂纹之间的材料随着冲裁的进行将被第二次剪切，在断面上形成第二光亮带，该光亮带中部有残留的断裂带（夹层）。所以光亮带宽度增加，圆角、毛刺、斜度翘曲等弊病都有所减小，工件质量较好，但断面也有缺陷，如中部的夹层等。

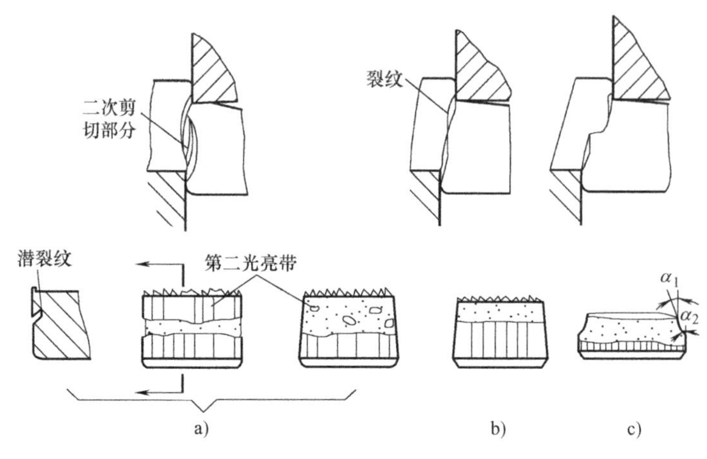

图 2-9　间隙大小对冲裁件断面质量的影响
a）间隙过小　b）间隙合适　c）间隙过大

当间隙过大时，如图 2-9c 所示，冲裁产生的上、下裂纹仍然不重合。变形材料应力状态中的拉应力成分增大、材料的弯曲和拉伸也增大，材料容易产生微裂纹，使塑性变形较早结束。所以光亮带变窄，断裂带、圆角带增宽，毛刺和斜度较大，翘曲现象显著，冲裁件质量下降；并且拉裂产生的斜度增大，断面出现 2 个斜度，断面质量也不理想。

当间隙适中时，冲裁产生的上、下裂纹会合，零件分离。尽管断面有斜度，但断面较平直，圆角和毛刺均不大，有较好的综合断面质量。这是设计选用的合理间隙，见图 2-9b。

当模具间隙不均匀时，冲裁件会出现部分间隙过大、部分间隙过小的断面情况，这对冲裁件断面质量也是有影响的。模具制造和安装时必须保持间隙均匀。

4. 模具刃口状态对断面质量的影响

模具刃口状态对冲裁件断面质量有较大影响。当模具刃口磨损成圆角时，挤压作用增大，则冲裁件圆角和光亮带增大。钝的刃口，即使间隙选择合理，在冲裁件上将产生较大毛刺。如图 2-10 所示，凸模磨钝时，落料件产生毛刺；凹模磨钝时，冲孔件产生毛刺。

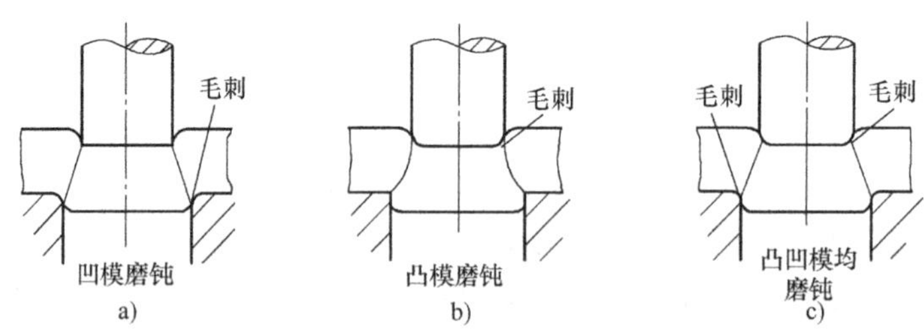

图 2-10　模具刃口状态对断面质量的影响

2.2　冲裁模具的间隙

从上述的分析可知，冲裁凸模和凹模的间隙，对冲裁件断面质量有极其重要的影响。此外，冲裁间隙还影响着模具寿命、卸料力、推件力、冲裁力和冲裁件的尺寸精度。因此，冲裁间隙是冲裁工艺与冲裁模设计的一个非常重要的工艺参数。

2.2.1 间隙对冲裁件尺寸精度的影响

冲裁件的尺寸精度，是指冲裁件的实际尺寸与基本尺寸的差值，差值越小，则精度越高。这个差值包括两方面的偏差，一是冲裁件相对于凸模或凹模尺寸的偏差；二是模具本身的制造偏差。

冲裁件相对于凸模、凹模尺寸的偏差，主要是冲裁件从凹模推出（落料件）或从凸模上卸下（冲孔件）时，因材料所受的挤压变形、纤维伸长等产生弹性恢复而造成的。偏差值可能是正的，也可能是负的。影响这个偏差值的因素有凸模与凹模间隙，材料性质，工件的形状与尺寸等。其中主要因素是凸模、凹模之间的冲裁间隙值。当凸、凹模间隙较大时，材料所受拉伸作用增大，冲裁结束后，因材料的弹性恢复使冲裁件尺寸向实体方向收缩，使落料件尺寸小于凹模尺寸，冲孔孔径大于凸模直径（图 2-11）。当凸、凹模间隙较小时，由于材料受凸、凹模挤压力大，故冲裁后，材料的弹性恢复使落料件尺寸增大，冲孔孔径变小（图中曲线与 $\delta=0$ 的横轴交点表明冲裁件尺寸与模具尺寸相等）。尺寸变化量的大小，与材料的性质、厚度、轧制方向等因素有关。材料的性质直接决定了材料在冲裁过程中的弹性变形量。软钢的弹性变形量较小，冲裁后的弹性恢复也较小；硬钢的弹性恢复量则较大。上述因素的影响是在一定的模具制造精度的前提下讨论的。若模具刃口制造精度低，则冲裁件的制造精度也就无法保证。所以，凸、凹模刃口的制造公差一定要按工件的尺寸要求来确定。

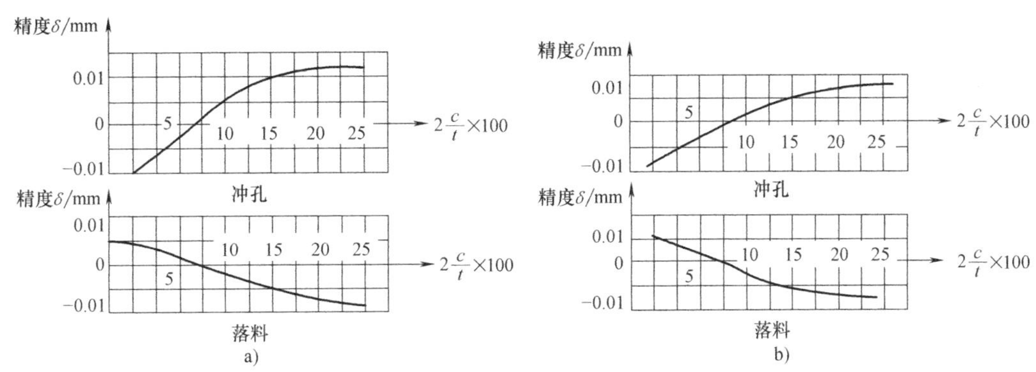

图 2-11　凸、凹模间隙对冲裁件精度的影响

a）15 钢，$t=3.5$mm　b）45 钢，$t=2$mm

2.2.2 间隙对模具寿命的影响

模具寿命受各种因素的综合影响，间隙是影响模具寿命诸因素中最主要的因素之一。冲裁过程中，凸模与被冲的孔之间、凹模与落料件之间均有摩擦，而且间隙越小，模具作用的压应力越大，摩擦也越严重。所以，过小的间隙对模具寿命不利。而较大的间隙可使凸模侧面与材料间的摩擦减小，并可减缓间隙不均匀的不利影响，从而提高模具使用寿命。

2.2.3 间隙对冲裁工艺力的影响

随着间隙的增大，材料所受的拉应力增大，材料容易断裂分离，因此冲裁力减小。但冲裁力的降低并不显著，当单边间隙为材料厚度的 5%～20%左右时，冲裁力的降低不超过

5%~10%。间隙对卸料力、推件力的影响比较显著。间隙增大后，从凸模上卸料和从凹模里推出工件都省力。当单边间隙达到材料厚度的15%~25%左右时，卸料力几乎为零。但间隙继续增大，因为毛刺增大，又将引起卸料力、推件力迅速增大。

2.2.4 间隙值的确定

冲裁间隙是冲压工艺和模具设计中的重要参数，由以上分析可见，间隙对冲裁件质量、冲裁工艺力、模具寿命都有很大的影响，应根据实际情况和需要合理地选用。冲裁间隙有双面间隙和单面间隙之分，本书中用 c 表示单面间隙，$2c$ 表示双面间隙。

考虑到模具制造中的偏差及使用中的磨损，生产中通常只选择一个适当的范围作为合理间隙，只要间隙在这个范围内，就可冲出良好的工件，这个范围的最小值称为最小合理间隙 c_{min}，最大值称为最大合理间隙 c_{max}。考虑到模具在使用过程中的磨损使间隙增大，设计与制造新模具时要采用最小合理间隙值 c_{min}。

确定合理间隙的方法有理论确定法与经验确定法。

1. 理论确定法

理论确定法的主要依据是保证冲裁变形过程中产生的上、下裂纹会合，以便获得良好的断面。图2-12所示为冲裁过程中剪切裂纹产生的瞬时状态。根据图中三角形 ABC 的关系，可求得合理间隙值 c 为

$$c=(t-h_0)\tan\beta=t\left(1-\frac{h_0}{t}\right)\tan\beta \tag{2-1}$$

式中 h_0——凸模切入材料的深度；

β——最大切应力方向与垂线方向的夹角。

从式（2-1）可以看出，间隙 c 与材料厚度 t、相对切入深度 h_0/t 以及裂纹方向角 β 有关。而 h_0、β 又与材料性质有关，材料越硬，h_0/t 越小。影响间隙值的主要因素是材料性质和厚度。材料越硬越厚，所需合理间隙值越大。理论确定法在生产中使用不便，故生产中间隙值的确定广泛使用的是经验公式与图表。

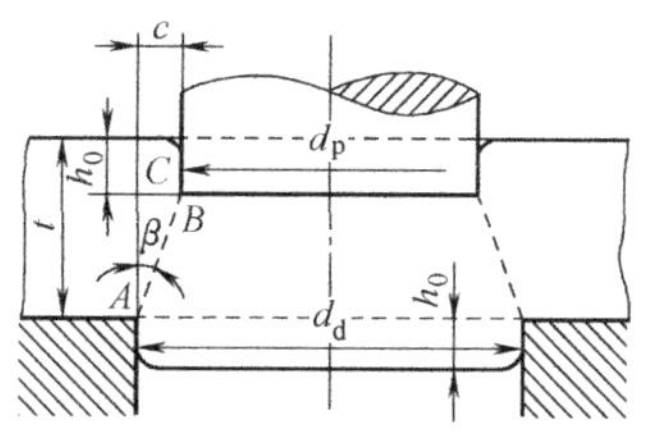

图2-12 冲裁过程中产生裂纹的瞬时状态

2. 经验确定法

根据相关研究与使用经验，在确定间隙值时要按要求分类选用。应当指出，满足所有要求的合理间隙是不存在的，必须经过综合分析有所取舍。当工件的尺寸精度和剪切面要求高时，采用小间隙，宁可模具寿命低一些；当工件的尺寸精度和剪切面质量要求一般时，宜采用中等间隙，既可满足工件质量要求，又能获得较高的模具寿命；如果工件的尺寸精度和剪切面质量要求不高，应优先选用大间隙，其突出的优点是模具寿命长，可改善模具工作条件，经济效果显著。

间隙值可按下列经验公式和实用间隙表选用：

软材料：$t<1\text{mm}$，　$c=(3\%\sim4\%)t$

$t=1\sim3\text{mm}$，　$c=(5\%\sim8\%)t$

$t=3\sim5\text{mm}$，　$c=(8\%\sim10\%)t$

硬材料：$t<1\text{mm}$，　$c=(4\%\sim5\%)t$

$t=1\sim3\text{mm}$,　　$c=(6\%\sim8\%)t$

$t=3\sim8\text{mm}$,　　$c=(8\%\sim13\%)t$

表 2-1 和表 2-2 是汽车、装备制造业与电子信息、仪器仪表行业推荐的间隙值。

表 2-1　冲裁模初始用双面间隙 2c（汽车和装备制造业的普通冲裁）（单位：mm）

材料厚度	08、10、35、09Mn、Q235		16Mn		40,50		65Mn	
	$2c_{min}$	$2c_{max}$	$2c_{min}$	$2c_{max}$	$2c_{min}$	$2c_{max}$	$2c_{min}$	$2c_{max}$
<0.5	极小间隙							
0.5	0.040	0.060	0.040	0.060	0.040	0.060	0.040	0.060
0.6	0.048	0.072	0.048	0.072	0.048	0.072	0.048	0.072
0.7	0.064	0.092	0.064	0.092	0.064	0.092	0.064	0.092
0.8	0.072	0.104	0.072	0.104	0.072	0.104	0.064	0.092
0.9	0.090	0.126	0.090	0.126	0.090	0.126	0.090	0.126
1.0	0.100	0.140	0.100	0.140	0.100	0.140	0.090	0.126
1.2	0.126	0.180	0.132	0.180	0.132	0.180		
1.5	0.132	0.240	0.170	0.240	0.170	0.230		
1.75	0.220	0.320	0.220	0.320	0.220	0.320		
2.0	0.246	0.360	0.260	0.380	0.260	0.380		
2.1	0.260	0.380	0.280	0.400	0.280	0.400		
2.5	0.360	0.500	0.380	0.540	0.380	0.540		
2.75	0.400	0.560	0.420	0.60	0.420	0.600		
3.0	0.460	0.640	0.480	0.660	0.480	0.660		
3.5	0.540	0.740	0.580	0.780	0.580	0.780		
4.0	0.640	0.880	0.680	0.920	0.680	0.920		
4.5	0.720	1.000	0.680	0.960	0.780	1.040		
5.5	0.940	1.280	0.780	1.100	0.980	1.320		
6.0	1.080	1.440	0.840	1.200	1.140	1.500		
6.5			0.940	1.300				
8.0			1.200	1.680				

注：冲裁皮革、石棉和纸板时，间隙取 08 钢的 25%。

表 2-2　冲裁模初始用双面间隙 2c（电子信息与仪器仪表行业）　（单位：mm）

材料名称		45 T7,T8(退火) 65Mn(退火) 磷青铜(硬) 铍青铜(硬)		10、15、20、30 钢板,冷轧钢带 H62、H65(硬) 2A12(LY12) 硅钢片		Q215、Q235 钢板 08、10、15 钢板 H62、H68(半硬) 磷青铜(软) 铍青铜(软)		H62、H68(软) 纯铜(软) 5A02~5A12 硬铝 2A12(LY12)(退火)	
力学性能	HBW	≥190		140~190		70~140		≤70	
	σ_b/MPa	≥600		400~600		300~400		≤300	
厚度 t		$2c_{min}$	$2c_{max}$	$2c_{min}$	$2c_{max}$	$2c_{min}$	$2c_{max}$	$2c_{min}$	$2c_{max}$
0.3		0.04	0.06	0.03	0.05	0.02	0.04	0.01	0.03
0.5		0.08	0.10	0.06	0.08	0.04	0.06	0.025	0.045
0.8		0.12	0.16	0.10	0.13	0.07	0.10	0.045	0.075
1.0		0.17	0.20	0.13	0.16	0.10	0.13	0.065	0.095
1.2		0.21	0.24	0.16	0.19	0.13	0.16	0.075	0.105
1.5		0.27	0.31	0.21	0.25	0.15	0.19	0.10	0.14
1.8		0.34	0.38	0.27	0.31	0.20	0.24	0.13	0.17
2.0		0.38	0.42	0.30	0.34	0.22	0.26	0.14	0.18
2.5		0.49	0.55	0.39	0.45	0.29	0.35	0.18	0.24
3.0		0.62	0.65	0.49	0.55	0.36	0.42	0.23	0.29
3.5		0.73	0.81	0.58	0.66	0.43	0.51	0.27	0.35
4.0		0.86	0.94	0.68	0.76	0.50	0.58	0.32	0.40
4.5		1.00	1.08	0.78	0.86	0.58	0.66	0.37	0.45
5.0		1.13	1.23	0.90	1.00	0.65	0.75	0.42	0.52
6.0		1.40	1.50	1.00	1.20	0.82	0.92	0.53	0.63
8.0		2.00	2.12	1.60	1.72	1.17	1.29	0.76	0.88

冲裁件公差等级低于 IT14 时，推荐用的冲裁大间隙见表 2-3。

表 2-3 冲裁件公差等级低于 IT14 时推荐用的冲裁大间隙 （单位：mm）

料厚 t	材料		
	软料 08、10、20、Q235	中硬料 45、2A12、1Cr18Ni9Ti、40Cr13	硬料 T8A、T10A、65Mn
	间隙(双面)		
0.2~1	(0.12~0.18)t	(0.15~0.20)t	(0.18~0.24)t
>1~3	(0.15~0.20)t	(0.18~0.24)t	(0.22~0.28)t
>3~6	(0.18~0.24)t	(0.20~0.26)t	(0.24~0.30)t
>6~10	(0.20~0.26)t	(0.24~0.30)t	(0.26~0.32)t

2.3 冲裁模刃口尺寸的计算

2.3.1 冲裁模刃口尺寸的计算原则

冲裁件的尺寸精度主要取决于模具刃口的尺寸精度，模具的合理间隙值也要靠模具刃口尺寸及制造精度来保证。正确确定冲压模具刃口尺寸及其制造公差，是设计冲裁模主要的工艺计算内容。由于凸模、凹模之间存在间隙，使落下的冲裁件或冲出的孔都带有锥度，并且落料件的大端尺寸等于凹模尺寸，冲孔件的小端尺寸等于凸模尺寸；在测量与使用中，落料件是以大端尺寸为基准，冲孔孔径是以小端尺寸为基准，即落料与冲孔都是以光亮带尺寸为基准的；冲裁时，凸模会越磨越小，凹模会越磨越大，结果使凸模、凹模的间隙越来越大。

考虑到上述情况，在决定模具刃口尺寸及其制造公差时需要考虑下述原则：

1）落料件尺寸由凹模尺寸决定，冲孔时孔的尺寸由凸模尺寸决定。故设计落料模时，以凹模为基准，间隙取在凸模上；设计冲孔模时，以凸模为基准，间隙取在凹模上。

2）考虑到磨损，冲裁过程中凹模会越磨越大，凸模会越磨越小，设计落料模时，凹模基本尺寸应取尺寸公差范围的较小尺寸；设计冲孔模时，凸模基本尺寸则应取工件孔尺寸公差范围内的较大尺寸。这样，在凸模、凹模磨损到一定程度的情况下，仍能冲出合格工件。

3）凸模、凹模初始间隙应选择最小合理间隙值。

4）确定冲模刃口制造公差时，应考虑工件的公差要求。凸、凹模的制造公差一般比冲裁件的精度高 2~3 级。若零件没有标注公差，则对于非圆形件，按国家标准“非配合尺寸的公差数值”的公差等级 IT14 处理；对于圆形件，可按公差等级 IT10 处理。模具公差等级与冲裁件公差等级对应关系见表 2-4。

表 2-4 模具公差等级与冲裁件公差等级对应关系

模具公差等级	冲裁件公差等级											
	材料厚度 t/mm											
	0.5	0.8	1.0	1.5	2	3	4	5	6	8	10	12
IT6~IT7	IT8	IT8	IT9	IT101	IT10	—	—	—	—	—	—	—
IT7~IT8	—	IT9	IT10	IT10	IT12	IT12	IT12	—	—	—	—	
IT9	—	—	—	IT12	IT12	IT12	IT12	IT12	IT14	IT14	IT14	IT14

5）冲裁模刃口尺寸公差及冲压件的尺寸公差均应按“入体”原则标注。对于模具刃口，凹模刃口尺寸偏差标注上偏差，为正值；凸模刃口尺寸偏差标注下偏差，为负值；孔心

距以及不随刃口磨损而变的尺寸，取双向偏差。对于冲压件，落料件上偏差为零，下偏差为负；冲孔件下偏差为零，上偏差为正。

2.3.2　冲裁模刃口尺寸的计算方法

由于模具加工方法不同，凸模与凹模刃口部分尺寸的计算公式与制造公差的标注也不同，刃口尺寸的计算方法可分为以下两种情况。

1. 凸模与凹模分别加工计算模具刃口尺寸

采用这种方法，凸模和凹模分别按图样标注的尺寸和公差进行加工。冲裁间隙由凸模、凹模刃口尺寸和公差来保证。要分别标注凸模和凹模刃口尺寸与制造公差（凸模 δ_p、凹模 δ_d），优点是具有互换性，但受到冲裁间隙的限制，它适用于圆形或简单形状的冲压件。

要保证初始间隙值小于最大合理间隙 $2c_{max}$，必须满足下列条件

$$|\delta_p|+|\delta_d|\leqslant 2c_{max}-2c_{min}$$

也就是说，新制造的模具应该满足 $|\delta_p|+|\delta_d|+2c_{min}\leqslant 2c_{max}$。否则，制造的模具间隙已超过允许变动范围 $2c_{min}\sim 2c_{max}$，影响模具的使用寿命。

若 $|\delta_p|+|\delta_d|>2c_{max}-2c_{min}$，则可取 $\delta_p=0.4(2c_{max}-2c_{min})$，$\delta_d=0.6(2c_{max}-2c_{min})$，作为模具的凸模、凹模的制造偏差。

（1）落料　设工件的尺寸为 $D_{-\Delta}^{\ 0}$，根据计算原则，落料时以凹模为设计基准。首先确定凹模尺寸，使凹模基本尺寸接近或等于制件轮廓的最小极限尺寸，再减小凸模尺寸，以保证最小合理间隙值 $2c_{min}$。各尺寸分配位置见图 2-13a，凹模偏差取正偏差，凸模偏差取负偏差，其计算公式为

$$D_d=(D_{max}-x\Delta)_{\ 0}^{+\delta_d}$$

$$D_p=(D_d-2c_{min})_{-\delta_p}^{\ 0}=(D_{max}-x\Delta-2c_{min})_{-\delta_p}^{\ 0} \tag{2-2}$$

式中　D_d——落料凹模基本尺寸（mm）；

D_p——落料凸模基本尺寸（mm）；

D_{max}——落料件最大极限尺寸（mm）；

Δ——制件公差（mm）；

$2c_{min}$——凸模、凹模最小初始双面间隙（mm）；

δ_p——凸模制造偏差（取下偏差），可按 IT6 查标准公差表选取（mm）；

δ_d——凹模制造偏差（取上偏差），可按 IT7 查标准公差表选取（mm）；

x——系数，使冲裁件的实际尺寸尽量接近冲裁件公差带的中间尺寸，与工件制造精度有关，可查表 2-5，也可按下列关系取值。

表 2-5　系数 x

材料厚度 t/mm	非圆形			圆形	
	1	0.75	0.5	0.75	0.5
	工件公差 Δ/mm				
<1	≤0.16	0.17~0.35	≥0.36	<0.16	≥0.16
1~2	≤0.20	0.21~0.41	≥0.42	<0.20	≥0.20
2~4	≤0.24	0.25~0.44	≥0.50	<0.24	≥0.24
>4	≤0.30	0.31~0.59	≥0.60	<0.30	≥0.30

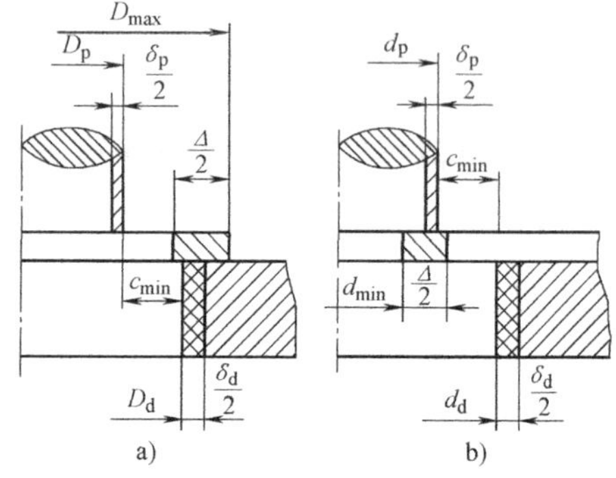

图 2-13　凸、凹模刃口尺寸的确定

a）落料　b）冲孔

当制件公差为 IT10 以上，取 $x=1$；

当制件公差为 IT11～IT13，取 $x=0.75$；

当制件公差为 IT14 以下时，取 $x=0.5$。

（2）冲孔　设冲孔尺寸为 $d^{+\Delta}_{0}$，根据以上原则，冲孔时以凸模设计为基准，首先确定凸模刃口尺寸，使凸模基本尺寸接近或等于工件孔的最大极限尺寸，再增大凹模尺寸以保证最小合理间隙 $2c_{min}$。各部分尺寸分配位置见图 2-13b，凸模制造偏差取负偏差，凹模取正偏差。其计算公式为

$$d_p=(d_{min}+x\Delta)^{\ 0}_{-\delta_p}$$

$$d_d=(d_p+2c_{min})^{+\delta_d}_{\ 0}=(d_{min}+x\Delta+2c_{min})^{+\delta_d}_{\ 0} \tag{2-3}$$

式中　d_d——冲孔凹模基本尺寸（mm）；

d_p——冲孔凸模基本尺寸（mm）；

d_{min}——冲孔件孔的最小极限尺寸（mm）。

在同一工步中冲出制件两个以上孔时，凹模型孔中心距 L_d 按下式确定

$$L_d=(L_{min}+0.5\Delta)\pm0.125\Delta \tag{2-4}$$

式中　L_d——同一工步中凹模孔距基本尺寸（mm）；

L_{min}——制件孔距最小极限尺寸（mm）。

例 2-1　如图 2-14 所示零件，其材料为 Q235，料厚 $t=0.5$mm。试求凸模、凹模刃口尺寸及公差。

解：由图可知，该零件属于无特殊要求的一般冲裁件。ϕ36mm 由落料获得，2×ϕ6mm 及 18mm 由冲两孔同时获得。查表 2-2，$2c_{min}=0.04$mm，$2c_{max}=0.06$mm，则

$$2c_{max}-2c_{min}=0.06\text{mm}-0.04\text{mm}=0.02\text{mm}$$

由标准公差表查得：$\phi6^{+0.12}_{\ 0}$mm 的公差等级为 IT12，取 $x=0.75$；$\phi36^{\ 0}_{-0.62}$mm 的公差等级为 IT14，取 $x=0.5$。设凸模、凹模分别按 IT6 和 IT7 加工制造（偏差 δ_d、δ_p 查标准公差表选取），则

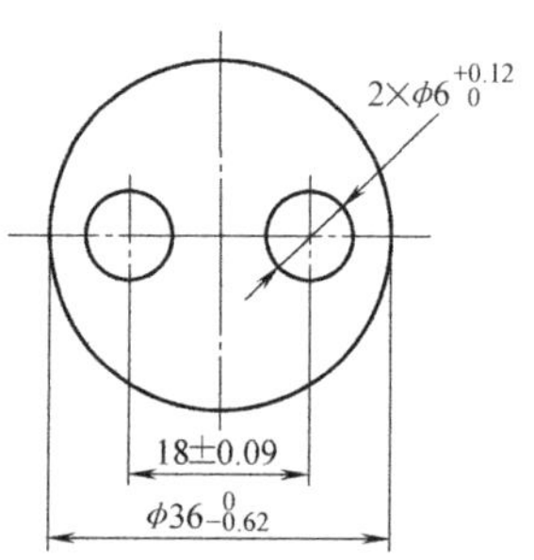

图 2-14　零件图

（1）冲孔（$\phi6^{+0.12}_{\ 0}$mm）

$$d_p=(d_{min}+x\Delta)^{\ 0}_{-\delta_p}=(6+0.75\times0.12)^{\ 0}_{-0.008}\text{mm}=6.09^{\ 0}_{-0.008}\text{mm}$$

$$d_d=(d_p+2c_{min})^{+\delta_d}_{\ 0}=(6.09+0.04)^{+0.012}_{\ 0}\text{mm}=6.13^{+0.012}_{\ 0}\text{mm}$$

校核　$|\delta_p|+|\delta_d|\leqslant 2c_{max}-2c_{min}$

$|\delta_p|+|\delta_d|=0.008\text{mm}+0.012\text{mm}$　　$2c_{max}-2c_{min}=0.06\text{mm}-0.04\text{mm}$

$|\delta_p|+|\delta_d|=2c_{max}-2c_{min}=0.02\text{mm}$（满足间隙公差条件）

（2）落料（$\phi36^{\ 0}_{-0.62}$）mm

$$D_d=(D_{max}-x\Delta)^{+\delta_d}_{\ 0}=(36-0.5\times0.62)^{+0.025}_{\ 0}\text{mm}=35.69^{+0.025}_{\ 0}\text{mm}$$

$$D_p=(D_d-2c_{min})_{-\delta_p}^{0}=(35.69-0.04)_{-0.016}^{0}mm=35.65_{-0.016}^{0}mm$$

校核 $|\delta_p|+|\delta_d|\leqslant 2c_{max}-2c_{min}$

$$|\delta_p|+|\delta_d|=0.016mm+0.025mm=0.04mm>0.02mm$$

由此可知，只有缩小 δ_p、δ_d，提高制造精度，才能保证间隙在合理范围内，此时可取：

$$\delta_p=0.4(2c_{max}-2c_{min})=0.4\times0.02mm=0.008mm$$

$$\delta_d=0.6(2c_{max}-2c_{min})=0.6\times0.02mm=0.012mm$$

故

$$D_d=35.69_{0}^{+0.012}mm$$

$$D_p=35.65_{-0.008}^{0}mm$$

（3）孔距尺寸（18±0.09）mm

$$\begin{aligned}L_d&=(L_{min}+0.5\Delta)\pm0.125\Delta\\&=[(18-0.09)+0.5\times0.18]mm\pm(0.125\times0.18)mm\\&=18mm\pm0.023mm\end{aligned}$$

2. 凸模和凹模配制加工计算刃口尺寸

对于形状复杂或料薄的冲压件，为了保证冲裁凸、凹模间有一定的间隙值，必须采用配合加工。此方法是先做好其中的一件（凸模或凹模）作为基准件，然后以此基准件的实际尺寸来配制加工另一件，使它们之间保持一定的间隙。这种加工方法的特点是：

1）模具的冲裁间隙在配制中保证，不需受到 $|\delta_p|+|\delta_d|\leqslant 2c_{max}-2c_{min}$ 条件限制；加工基准件时可适当放宽制造公差，使制模容易，成本降低。根据经验，普通冲裁模具的制造偏差 δ_p 或 δ_d 一般可取 $\Delta/4$（Δ 为制件公差）。

2）尺寸标注简单，只在基准件上标注尺寸和制造公差，配制件只标注基本尺寸并注明配制所留的间隙值。

3）此方法制造的凸模、凹模不能互换。

在计算复杂形状（或异形）的凸模、凹模工作部分的尺寸时，模具刃口不同部分在模具工作时磨损性质不同，一个凸模或凹模会同时存在三类不同磨损性质的尺寸：

1）凸模或凹模刃口磨损后会增大的尺寸。

2）凸模或凹模刃口磨损后会减小的尺寸。

3）凸模或凹模刃口磨损后基本不变的尺寸。

在计算基准件的刃口尺寸时，需要根据磨损情况按不同方法计算。

（1）落料件　如图 2-15a 所示为落料件；图 2-15b 所示为落料凹模刃口轮廓图，虚线为凹模磨损后的情况。根据设计原则，落料以凹模设计为基准。其中 *A* 类尺寸是磨损后增大的尺寸；*B* 类尺寸是磨损后减少的尺寸；*C* 类尺寸是磨损后不变的尺寸。在设计凹模刃口尺寸时，必须根据其磨损情况分别采用不同的计算公式分类计算，见表 2-6。

表 2-6　以落料凹模设计为基准的刃口尺寸计算

工序性质	凹模刃口尺寸磨损情况	基准件凹模的尺寸	配制凸模的尺寸
落料	磨损后增大的尺寸	$A_j=(A_{max}-x\Delta)_{0}^{+0.25\Delta}$	按凹模实际尺寸配制，保证双面合理间隙 $2c_{min}\sim2c_{max}$
	磨损后减小的尺寸	$B_j=(B_{min}+x\Delta)_{-0.25\Delta}^{0}$	
	磨损后不变的尺寸	$C_j=(C_{min}+0.5\Delta)\pm0.125\Delta$	

注：A_j、B_j、C_j 为基准件凹模刃口尺寸；A_{max}、B_{min}、C_{min} 为落料件的极限尺寸。

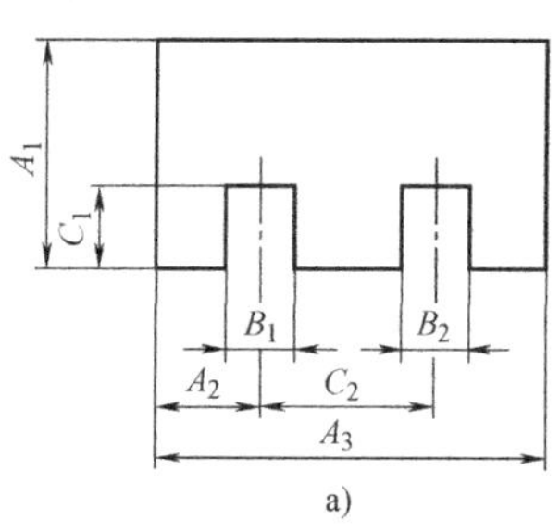

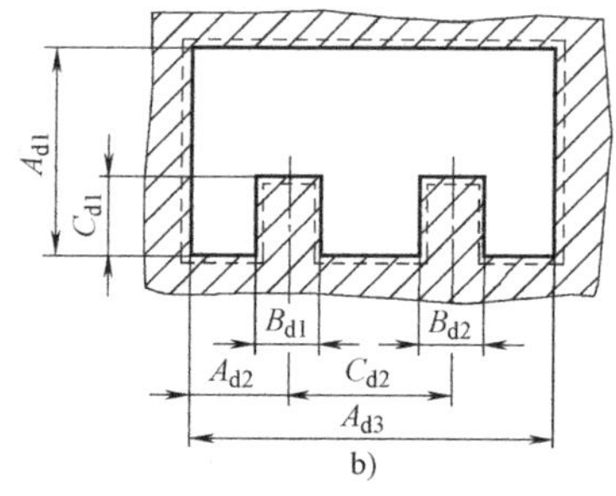

图 2-15　形状复杂落料件的尺寸分类及凹模磨损情况

（2）冲孔件　如图 2-16a 所示为冲压件的孔；图 2-16b 所示为冲孔凸模刃口轮廓图，虚线为凸模磨损后的情况。根据设计原则，冲孔以凸模设计为基准。其中 a 类尺寸是模具刃口磨损后增大的尺寸；b 类尺寸是模具刃口磨损后减少的尺寸；c 类尺寸是模具刃口磨损后不变的尺寸，表 2-7 是以冲孔凸模设计为基准的刃口尺寸计算。

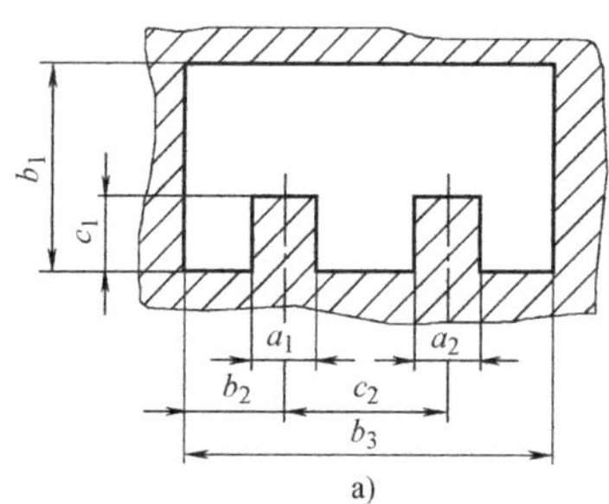

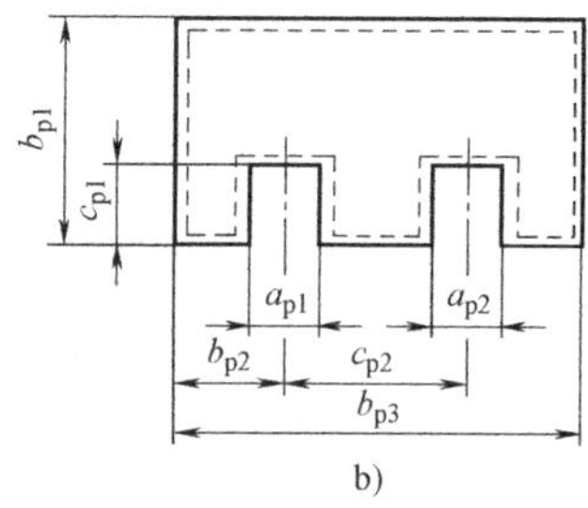

图 2-16　形状复杂冲压件孔及冲孔凸模磨损情况

表 2-7　以冲孔凸模设计为基准的刃口尺寸计算

工序性质	凸模刃口尺寸磨损情况	基准件凸模的尺寸	配制凹模的尺寸
冲孔	磨损后增大的尺寸	$a_j=(a_{max}-x\Delta)^{+0.25\Delta}_{0}$	按凸模实际尺寸配制，保证双面合理间隙 $2c_{min}\sim2c_{max}$
	磨损后减小的尺寸	$b_j=(b_{min}+x\Delta)^{0}_{-0.25\Delta}$	
	磨损后不变的尺寸	$c_j=(c_{min}+0.5\Delta)\pm0.125\Delta$	

注：a_j、b_j、c_j为基准件凸模刃口尺寸；a_{max}、b_{min}、c_{min}为冲压件孔的极限尺寸。

例 2-2　图 2-17a 所示零件，材料为 20 钢，料厚 $t=2$mm，按配制加工方法计算该冲裁件的凸模、凹模的刃口尺寸及制造公差。

解：该冲裁件属落料件，选凹模为设计基准件，图 2-17b 中虚线为凹模轮廓磨损后的情况。按配制加工方法，只需计算落料凹模刃口尺寸及制造公差，凸模刃口尺寸由凹模的实际尺寸按间隙要求配制。

1）根据图 2-17b，凹模磨损后变大的尺寸有 A_{d1}（$120^{0}_{-0.72}$mm）、A_{d2}（$70^{0}_{-0.6}$mm）、A_{d3}（$160^{0}_{-0.8}$mm）、A_{d4}（$R60$mm）；其中 A_{d2}（$70^{0}_{-0.6}$mm）、A_{d4}（$R60$mm）为半磨损尺寸，制造偏差 $\delta=0.25\Delta/2$；为保证圆弧 $R60$mm 与尺寸 120mm 相切，故尺寸 $R60$mm 不需用公式计算，直接取 A_{d1} 计算值的一半。

刃口尺寸计算公式　$A_j=(A_{max}-x\Delta)^{+0.25\Delta}_{0}$

由表 2-5 查得，以上要计算的尺寸，其磨损系数均为 $x=0.5$。

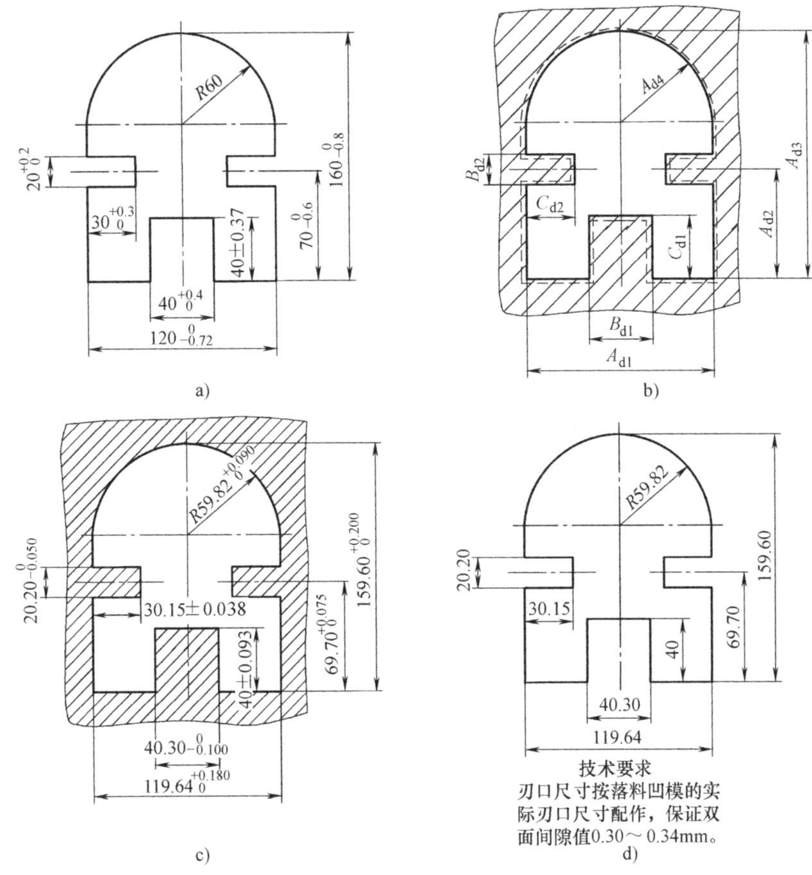

图 2-17　冲裁件与落料凹模、凸模刃口尺寸计算

a）落料件　b）落料凹模刃口轮廓磨损图　c）落料凹模刃口计算尺寸图　d）落料凸模配制尺寸

$$A_{d1}=(120-0.5\times0.72)^{+0.25\times0.72}_{0}\text{mm}=119.64^{+0.180}_{0}\text{mm}$$

$$A_{d3}=(160-0.5\times0.8)^{+0.25\times0.8}_{0}\text{mm}=159.60^{+0.200}_{0}\text{mm}$$

$$A_{d2}=(70-0.5\times0.6)^{+0.25\times0.6/2}_{0}\text{mm}=69.70^{+0.075}_{0}\text{mm}$$

$$A_{d4}=A_{d1}/2=59.82^{+0.180/2}_{0}\text{mm}=59.82^{+0.090}_{0}\text{mm}$$

2）根据图 2-17b，凹模磨损后变小的尺寸有 B_{d1}（$40^{+0.4}_{0}$mm）、B_{d2}（$20^{+0.2}_{0}$mm）

刃口尺寸计算公式　　　　$B_j=(B_{min}+x\Delta)^{0}_{-0.25\Delta}$

由表 2-5 查得，B_{d1}、B_{d2}的磨损系数为 $x_{d1}=0.75$、$x_{d2}=1$。

$$B_{d1}=(40+0.75\times0.40)^{0}_{-0.25\times0.40}\text{mm}=40.30^{0}_{-0.100}\text{mm}$$

$$B_{d2}=(20+1\times0.20)^{0}_{-0.25\times0.20}\text{mm}=20.20^{0}_{-0.050}\text{mm}$$

3）根据图 2-17b，凹模磨损后不变的尺寸有 C_{d1}[(40±0.37)mm]、C_{d2}($30^{+0.3}_{0}$mm)

刃口尺寸计算公式　　　　$C_j=(C_{min}+0.5\Delta)\pm0.125\Delta$

$$C_{d1}=[(40-0.37)+0.5\times0.74]\text{mm}\pm0.125\times0.74\text{mm}=40\text{mm}\pm0.093\text{mm}$$

$$C_{d2}=(30+0.5\times0.3)\text{mm}\pm0.125\times0.3\text{mm}=30.15\text{mm}\pm0.038\text{mm}$$

4）凸模刃口尺寸确定。查表 2-2，冲裁合理间隙 $2c_{min}=0.30$mm、$2c_{max}=0.34$mm，凸模

刃口尺寸按凹模相应部位的尺寸配制，保证双面最小间隙为 $2c_{min}=0.30\text{mm}$。该冲压件落料凹模和凸模的刃口尺寸标注如图 2-17c、d 所示。

2.4 冲压力和压力中心的计算

2.4.1 冲压力的计算

计算冲压力的目的，是为了合理地选用冲压设备、设计模具和检验模具的强度。冲压力包括冲裁力、卸料力、推件力、顶件力等。

若采用平刃冲裁模，冲裁力 F_P 按下式计算

$$F_P=K_PtL\tau \tag{2-5}$$

式中 τ——材料抗剪强度（MPa）；

L——冲裁周边总长（mm）；

t——材料厚度（mm）；

K_P——考虑到冲裁模刃口的磨损、凸模与凹模间隙的波动（数值的变化或分布不均）、润滑情况、材料力学性能与厚度公差的变化等因素而设置的安全系数，一般取 1.3。当查不到材料抗剪强度 τ 时，可用抗拉强度 σ_b 代替 τ，此时 $K_P=1$。

当上模完成一次冲裁后，冲入凹模内的制件或废料因弹性扩张而梗塞在凹模内，模面上的材料因弹性收缩而紧箍在凸模上。为了使冲裁工作继续进行，必须将箍在凸模上的材料刮下；将梗塞在凹模内的制件或废料向下推出或向上顶出。从凸模或凸凹模上卸下材料所需的力，称为卸料力；从凹模内顺冲裁方向推出制件或废料所需的力，称为推件力；从凹模内逆冲裁方向顶出制件所需的力，称为顶件力（图 2-18）。

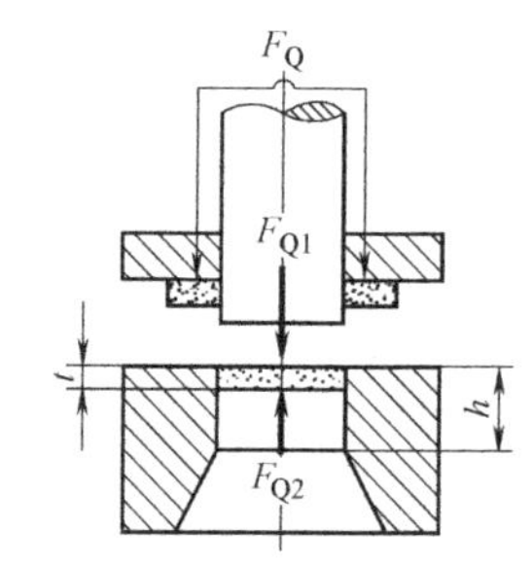

图 2-18 冲压工艺力示意图

影响卸料力、推件力和顶件力的因素很多，要精确地计算是比较困难的。在实际生产中常采用经验公式计算。

卸料力：
$$F_Q=KF_P \tag{2-6}$$

推件力：
$$F_{Q1}=nK_1F_P \tag{2-7}$$

顶件力：
$$F_{Q2}=K_2F_P \tag{2-8}$$

式中 F_P——冲裁力（N）；

K——卸料力系数，其值为 0.02~0.06（薄料取大值，厚料取小值）；

K_1——推件力系数，其值为 0.03~0.07（薄料取大值，厚料取小值）；

K_2——顶件力系数，其值为 0.04~0.08（薄料取大值，厚料取小值）；

n——梗塞在凹模内的制件或废料数量；$n=h/t$，h 为直刃口部分的高（mm）；t 为材料厚度（mm）。

卸料力和顶件力，还是设计卸料装置和弹顶装置中弹性元件的依据。

此外，还有压料力与侧向力。压料力是为了提高工件表面的平整度以及工件的断面质量，而在凸（或凹）模表面与被冲材料接触的上表面施加的压力，通常采用弹性可动压料板来实施压料力。压料力可按近似公式计算，即

$$F_{压}=(0.10\sim0.20)F_P \tag{2-9}$$

侧向力是指当冲裁周边不封闭时，如冲缺口、冲槽时，凸模会受到侧向附加力的作用，致使凸模变形，或模具走动。设计这类冲裁模时，凸模和凹模上应有后导向支撑，以平衡侧向力，如图 2-19 所示。侧向力可按近似公式计算，即

$$F_{侧}=(0.30\sim0.38)F_P \tag{2-10}$$

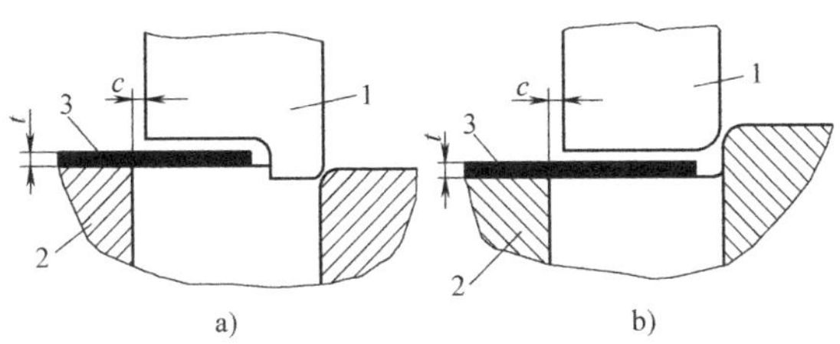

图 2-19　侧向力平衡导向结构示意图

a）凸模带平衡导向结构　b）凹模带平衡导向结构

1—凸模　2—凹模　3 —板料

2.4.2　压力机公称力的选取

冲裁时，压力机的公称力必须大于或等于冲裁时各工艺力的总和 $F_{P总}$ 的 1.3 倍。采用不同模具结构时，卸料力、推件力、顶件力并不一定同时出现，则只需要计算与冲裁力同时出现的工艺力即可。

采用弹压卸料装置和下出件的模具时：

$$F_{P总}=F_P+F_Q+F_{Q1} \tag{2-11}$$

采用弹压卸料装置和上出件的模具时：

$$F_{P总}=F_P+F_Q+F_{Q2} \tag{2-12}$$

采用刚性卸料装置和下出件的模具时：

$$F_{P总}=F_P+F_{Q1} \tag{2-13}$$

2.4.3　降低冲裁力的措施

在冲压高强度材料、厚料和大尺寸冲压件时，需要的冲裁力较大，生产现场压力机的吨位不足时，为不影响生产，可采用一些有效措施降低冲裁力。

1. 凸模的阶梯布置

如图 2-20 所示为凸模的阶梯布置，由于各凸模工作端面不在一个平面，各凸模冲裁力的最大值不同时出现，从而达到降低冲裁力的目的。当凸模直径有较大差异时，一般把小直径凸模做短一些，高度差 $H=(0.5\sim1)t$。凸模的阶梯布置会给刃磨造成一定困难，仅在小批量生产时采用。

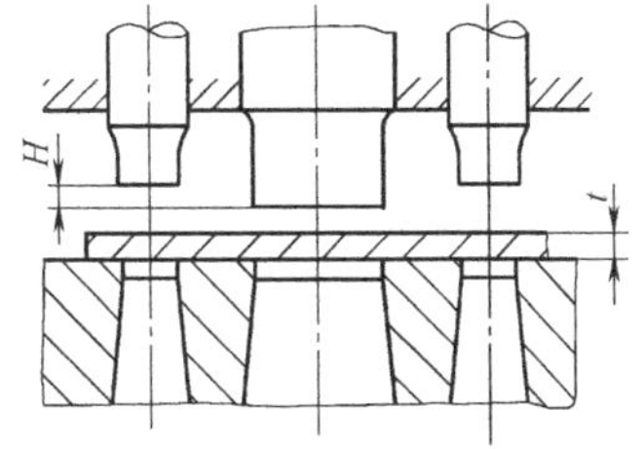

图 2-20　凸模的阶梯布置

2. 斜刃冲裁

如图 2-21 所示，将冲孔凸模或落料凹模的工作刃口做成斜刃，冲裁时刃口不是全部同时切入，而是逐步地将

材料分离，能显著降低冲裁力。但斜刃刃口的制造和刃磨都比较困难，刃口容易磨损，冲件也不够平整。为了能得到较平整的工件，落料时斜刃做在凹模上；冲孔时斜刃做在凸模上。

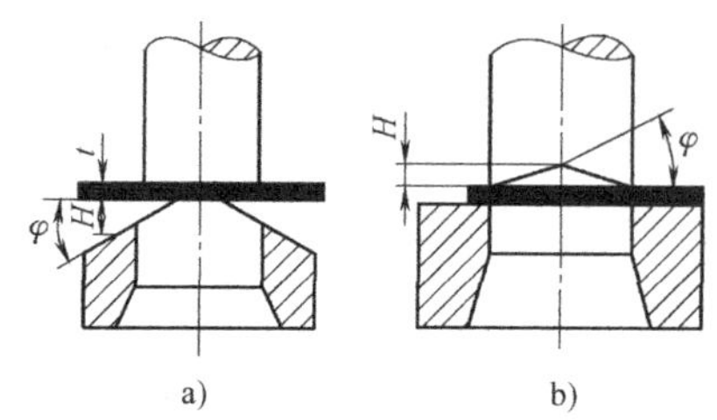

图 2-21　斜刃冲裁

a）落料模　b）冲孔模

3. 加热冲裁

利用板料加热后其抗剪强度显著降低的特点，使冲裁力减小。一般碳素结构钢加热到 900℃ 时，其抗剪强度能降低 90%。所以在冲裁厚板、精度不高的制件时，常将板料加热以解决压力机吨位不足的问题。但加热冲裁板面有氧化，工人操作环境较差。

2.4.4　冲压模具压力中心的确定

模具的压力中心，是指冲压时诸冲压力合力的作用点位置。为了确保压力机和模具正常工作，应使冲模的压力中心与压力机滑块的中心相重合。对于带有模柄的冲压模，压力中心应通过模柄的轴线。否则会使冲模和压力机滑块产生偏心载荷，使滑块和导轨之间产生过大的磨损，模具导向零件加速磨损，降低模具和压力机的使用寿命。

冲模的压力中心可按下述原则来确定：

1）简单形状（如三角形、扇形、圆形等）单个冲裁件，冲模的压力中心就是冲裁件的几何中心，其计算公式可参考相关设计手册。

2）异形复杂冲裁及多凸模冲裁的压力中心，可用解析法计算求出。

解析法的计算依据是：各分力对某坐标轴的力矩的代数和等于诸力的合力对该坐标轴的力矩。求出合力作用点的坐标位置 O_0（x_0，y_0），即为所求模具的压力中心（图 2-22）。

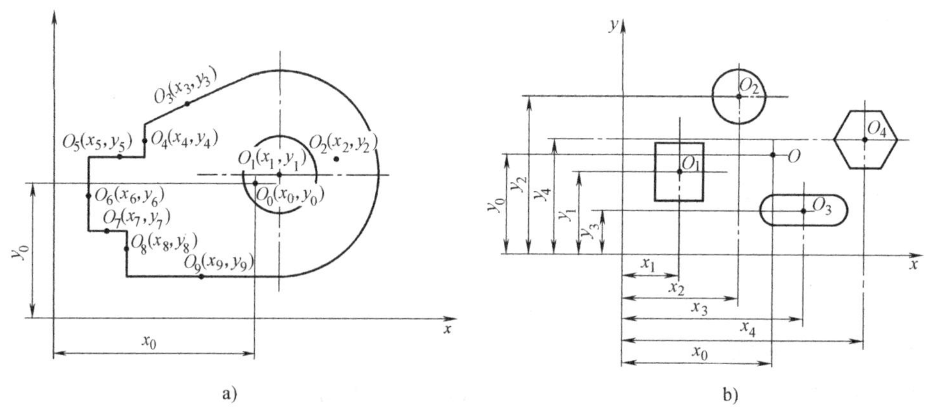

图 2-22　解析法求压力中心

a）异形复杂零件冲压时压力中心求解图　b）多凸模冲压时压力中心求解图

计算压力中心坐标位置（x_0，y_0）的公式为

$$x_0 = \frac{F_{P1}x_1 + F_{P2}x_2 + \cdots + F_{Pn}x_n}{F_{P1} + F_{P2} + \cdots + F_{Pn}} = \frac{\sum_{i=1}^{n} F_{Pi}x_i}{\sum_{i=1}^{n} F_{Pi}} \tag{2-14}$$

$$y_0 = \frac{F_{P1}y_1 + F_{P2}y_2 + \cdots + F_{Pn}y_n}{F_{P1} + F_{P2} + \cdots + F_{Pn}} = \frac{\sum_{i=1}^{n} F_{Pi}y_i}{\sum_{i=1}^{n} F_{Pi}} \tag{2-15}$$

因冲裁力与冲裁周边长度成正比，所以式中的各冲裁力 F_{P1}、F_{P2}、F_{P3}、…、F_{Pn}可分别用各冲裁周边长度 L_1、L_2、L_3、…、L_n代替，即

$$x_0 = \frac{L_1x_1 + L_2x_2 + \cdots + L_nx_n}{L_1 + L_2 + \cdots + L_n} = \frac{\sum_{i=1}^{n} L_ix_i}{\sum_{i=1}^{n} L_i} \tag{2-16}$$

$$y_0 = \frac{L_1y_1 + L_2y_2 + \cdots + L_ny_n}{L_1 + L_2 + \cdots + L_n} = \frac{\sum_{i=1}^{n} L_iy_i}{\sum_{i=1}^{n} L_i} \tag{2-17}$$

式中　(x_1, y_1)、(x_2, y_2)、…、(x_n, y_n)——分别为每条边或每个凸模的压力中心坐标；

L_1、L_2、…、L_n——分别为每条边或每个凸模的周长；

x_0，y_0——总压力中心的坐标。

2.5　冲裁件在材料上的排样设计

2.5.1　材料的经济利用

在冲压件的成本中，材料费用约占 60%以上，因此材料的经济利用具有非常重要的意义。冲压件在条料或板料上的布置方法，称为排样。不合理的排样会浪费材料。衡量排样经济性的指标是材料的利用率，可用下式计算

$$\eta = \frac{A}{A_0} \times 100\% = \frac{A}{sB} \times 100\% \tag{2-18}$$

式中　η——材料利用率；

A——工件的实际面积；

A_0——冲压件所需材料面积，包括工件面积与废料面积；

s——送料步距（相邻两个工件对应点的距离）；

B——条料宽度。

从上式可看出，若能减少废料面积，则材料利用率高。

废料可分为工艺废料与结构废料两种（图 2-23）。结构废料由工件的形状特点决定，一般不能改变，可以利用；工艺废料是与排样形式及冲压方式有关的废料，如搭边、料头、料尾余料。设计合理的排样方案，可减少工艺废料，提高材料利用率。

排样合理与否，不但影响材料的经济利用，还影响到工件的质量、模具的结构与寿命、生产率和模具的成本等技术、经济指标。设计排样时应考虑如下原则：

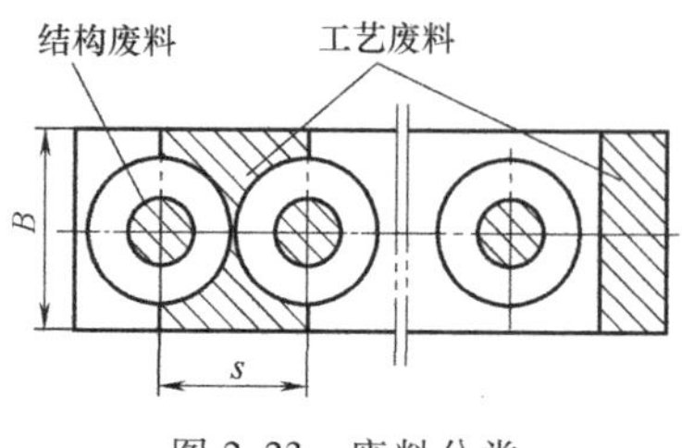

图 2-23　废料分类

1）提高材料利用率（不影响工件使用性能的前提下，还可适当改变工件形状）。

2）排样方法应使冲压操作方便、安全，尽可能降低劳动强度。

3）按排样设计的模具结构简单、寿命长。

4）保证工件质量和工件对板料纤维方向的要求。

2.5.2　排样方法

根据材料经济利用程度，排样方法可分为有废料、少废料和无废料排样三种。根据工件在条料上的布置形式，排样又可分为直排、斜排、对排、混合排、多排等多种形式。

（1）有废料排样法　如图 2-24a 所示，沿工件的全部外形轮廓冲裁，在工件之间及工件与条料侧边之间，都有工艺余料（称搭边）存在。因留有搭边，所以工件的质量和模具寿命较高，但材料利用率降低。

（2）少废料排样法　如图 2-24b 所示，沿工件的部分外形轮廓切断或冲裁，只在工件之间（或工件与条料侧边之间）留有搭边，材料利用率有所提高。

（3）无废料排样法　无废料排样法就是无工艺搭边的排样，工件直接由切断条料获得。图 2-24c 所示为步距为两倍工件宽度的一模两件的无废料排样。

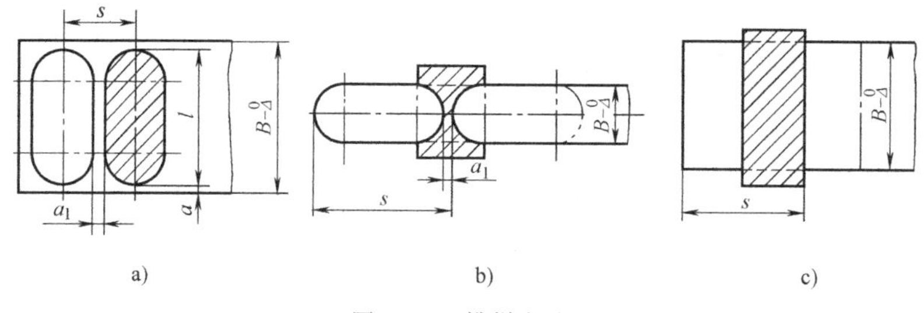

图 2-24　排样方法

采用少、无废料排样法，材料利用率高，有利于一次冲程获得多个工件，且可以简化模具结构、降低冲裁力。但是，因条料本身的公差及条料导向与定位所产生的误差，将直接影响冲裁件，所以冲裁件的尺寸精度较低；同时，因模具单面受力（单边切断时），不但会加剧模具的磨损，降低模具的寿命，而且也直接影响冲裁件的断面质量。为此，设计排样时必须统筹兼顾、全面考虑。表 2-8 为排样形式示例。

表 2-8　排样形式示例

排样形式	有废料排样	少、无废料排样	应用范围
直排	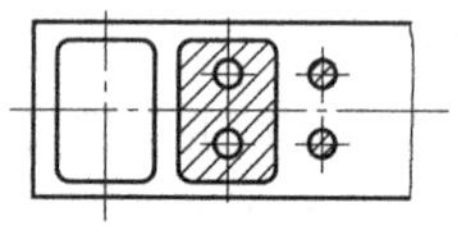	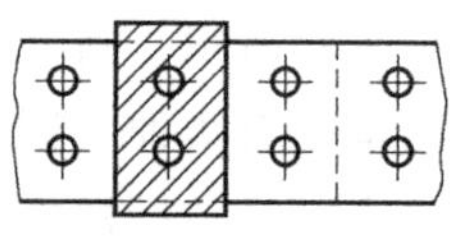	方形、矩形零件
斜排	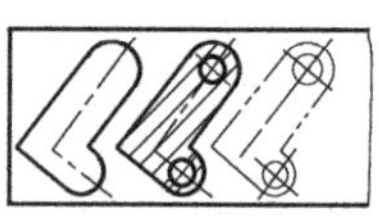	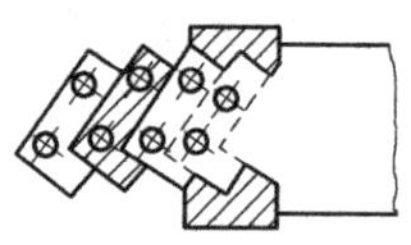	椭圆形、L 形、T 形、S 形零件

（续）

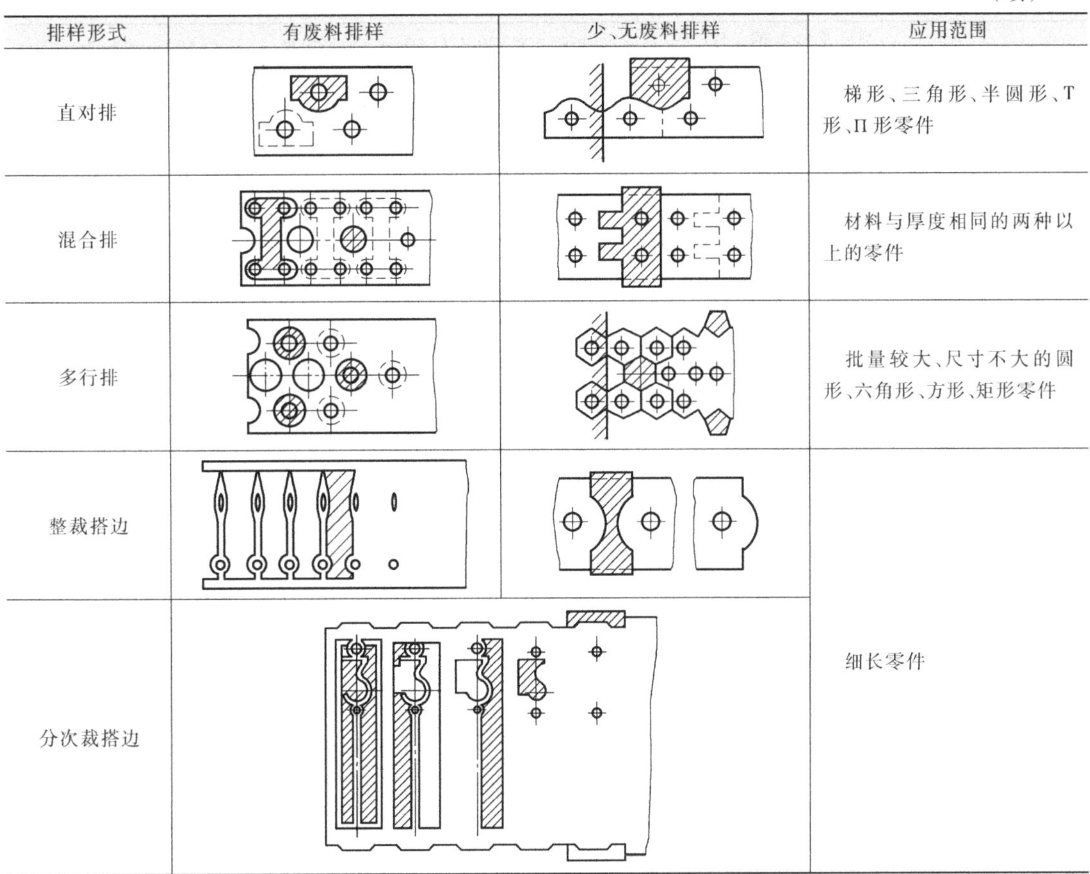

排样形式	有废料排样	少、无废料排样	应用范围
直对排			梯形、三角形、半圆形、T 形、Π 形零件
混合排			材料与厚度相同的两种以上的零件
多行排			批量较大、尺寸不大的圆形、六角形、方形、矩形零件
整裁搭边			细长零件
分次裁搭边			

2.5.3　搭边和条料宽度的确定

1. 搭边

排样时，工件之间以及工件与条料侧边之间留下的工艺余料，称为搭边。搭边的作用有两个：一是补偿定位误差和剪板下料误差，确保冲出合格工件；二是增加条料刚度，便于条料的送进，提高生产率。

搭边值需合理确定，搭边过大，材料利用率低；搭边太小，冲裁时板料容易翘曲或被拉断，不仅会增大工件毛刺，有时板料还会被拉入凸、凹模间隙中而损坏模具刃口，降低模具寿命，或影响送料工作。

搭边值通常由经验确定，表 2-9 所列搭边值为低碳钢普通冲裁时的经验数据。其他材料的搭边值可将表中数值乘以相应系数，中碳钢：0.9；高碳钢：0.8；硬黄铜：1~1.1；硬铝：1~1.2；软黄铜、纯铜：1.2；铝：1.3~1.4；非金属（皮草、纸、纤维板）：1.5~2。

2. 条料宽度的确定

排样形式和搭边值确定后，即可确定条料的宽度和送料步距。步距是每次将条料送入模具进行冲裁的距离。步距与排样方式有关，是决定定位销位置的依据。条料宽度的确定与模具的结构有关。确定的原则是：最小条料宽度要保证冲裁时工件周边有足够的搭边值；最大条料宽度能在冲裁时顺利地在导料板之间送进，并有一定的间隙。

表 2-9　搭边 a 和 a_1 数值（低碳钢）　（单位：mm）

材料厚度	圆件及 $r>2t$ 的工件		矩形工件，边长 $L<50$mm		矩形工件，边长 $L>50$mm 或 $r<2t$ 的工件	
	工件间 a_1	沿边 a	工件间 a_1	沿边 a	工件间 a_1	沿边 a
<0.25	1.8	2.0	2.2	2.5	2.8	3.0
0.25~0.5	1.2	1.5	1.8	2.0	2.2	2.5
0.5~0.8	1.0	1.2	1.5	1.8	1.8	2.0
0.8~1.2	0.8	1.0	1.2	1.5	1.5	1.8
1.2~1.6	1.0	1.2	1.5	1.8	1.8	2.0
1.6~2.0	1.2	1.5	1.8	2.0	2.0	2.2
2.0~2.5	1.5	1.8	2.0	2.2	2.2	2.5
2.5~3.0	1.8	2.2	2.2	2.5	2.5	2.8
3.0~3.5	2.2	2.5	2.5	2.8	2.8	3.2
3.5~4.0	2.5	2.8	2.5	3.2	3.2	3.5
4.0~5.0	3.0	3.5	3.5	4.0	4.0	4.5
5.0~12	0.6t	0.7t	0.7t	0.8t	0.8t	0.9t

注：t 为工件厚度。

（1）有侧压装置时条料的宽度（图 2-25）　有侧压装置的模具，能使条料始终沿基准导料板送进，因此条料宽度可按下式计算

$$B_{-\Delta}^{\ 0}=(D+2a)_{-\Delta}^{\ 0} \tag{2-19}$$

式中　B——条料宽度的基本尺寸；

D——条料宽度方向零件轮廓的最大尺寸；

a——侧面搭边，可查表 2-9；

Δ——条料下料剪切单向偏差，可查表 2-10 或表 2-11。

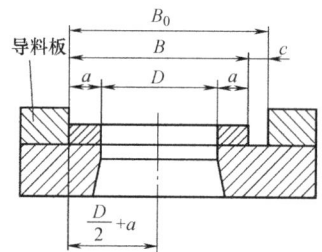

图 2-25　有侧压装置时条料宽度的确定

表 2-10　滚剪机剪切的最小公差（负偏差）　（单位：mm）

条料厚度 t	条料宽度 B		
	≤20	>20~30	>30~50
≤0.5	0.05	0.08	0.10
>0.5~1.0	0.08	0.10	0.15
>1.0~2.0	0.10	0.15	0.20

（2）无侧压装置时条料的宽度（图 2-26）　无侧压装置的模具，其条料宽度应考虑在送料过程中因条料的摆动而使侧面搭边减小。为了补偿侧面搭边的减小部分，条料宽度应增加一个可能的摆动量，故条料宽度为

$$B_{-\Delta}^{\ 0}=[D+2a+c]_{-\Delta}^{\ 0} \tag{2-20}$$

式中　c——条料与导料板之间的间隙（即条料的可能摆动量），可查表 2-11。

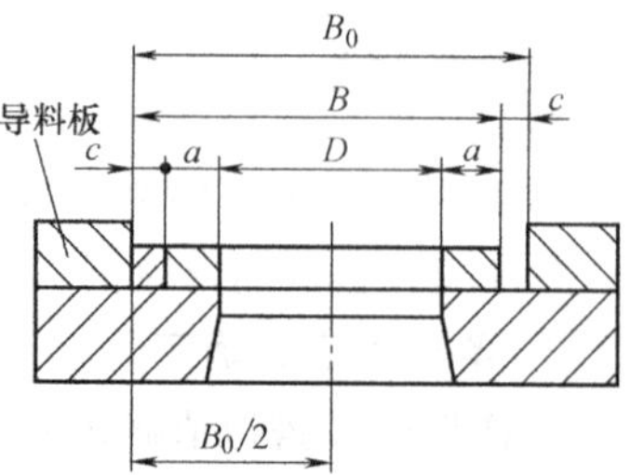

图 2-26　无侧压装置时条料宽度的确定

导料板之间的距离，应使条料与导料板之间保持一定的间隙，以保证送料畅通。

表 2-11　剪板机剪切公差及条料与导料板之间的间隙　（单位：mm）

条料宽度 B	条料厚度 t							
	≤1		>1~2		>2~3		>3~5	
	Δ	c	Δ	c	Δ	c	Δ	c
≤50	0.4	0.1	0.5	0.2	0.7	0.4	0.9	0.6
>50~100	0.5	0.1	0.6	0.2	0.8	0.4	1.0	0.6
>100~150	0.6	0.2	0.7	0.3	0.9	0.5	1.1	0.7
>150~220	0.7	0.2	0.8	0.3	1.0	0.5	1.2	0.7
>220~300	0.8	0.3	0.9	0.4	1.1	0.6	1.3	0.8

（3）有定距侧刃时条料的宽度　当条料用定距侧刃定位时，条料宽度必须考虑侧刃切去的宽度（图 2-27）。此时条料宽度 B 可按下式计算

$$B_{-\Delta}^{\ 0}=(B_2+nb)_{-\Delta}^{\ 0}=(D+2a+nb)_{-\Delta}^{\ 0} \qquad (2\text{-}21)$$

导料板之间的距离为

$$B_{01}=B+c;\quad B_{02}=B_2+y=D+2a+y \qquad (2\text{-}22)$$

式中　b——侧刃余料，金属材料取 1~2.5mm，非金属材料取 1.5~4mm（薄料取小值）；

n——侧刃个数（取值为 1 或 2）；

y——侧刃冲切后条料与导料板之间的间隙，常取 0.1~0.2mm（薄料取小值）。

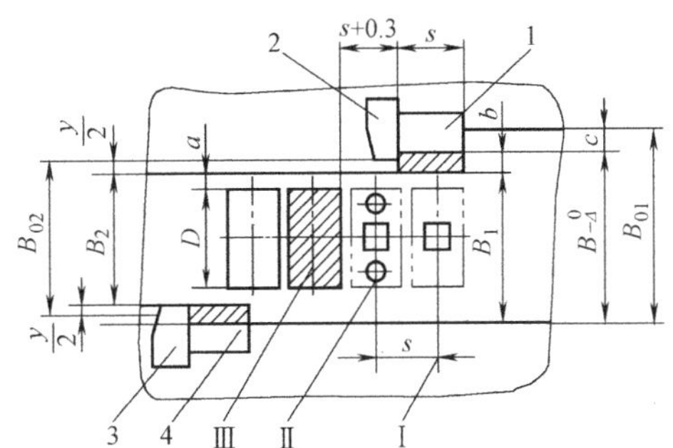

图 2-27　侧刃定位的条料宽度

Ⅰ—冲方孔　Ⅱ—冲圆孔　Ⅲ—落料

1—前侧刃　2—前侧刃挡块　3—后侧刃挡块

4—后侧刃

2.6　冲裁工艺设计

冲裁工艺设计包含冲裁件的工艺性分析、冲裁工艺方案的确定和技术经济分析等内容。良好的工艺性和合理的工艺方案，可以用最少的材料，最少的工序数量和工时，并使模具结构简单，且模具寿命高。合格的冲裁件质量和经济的工艺成本，是衡量冲裁工艺设计的主要指标。

2.6.1　冲裁件的工艺性分析

冲裁件的工艺性，是指冲裁件对冲压工艺的适应性，即冲裁件的结构、形状、尺寸及公差等技术要求是否符合冲裁加工的工艺要求，难易程度如何。工艺性是否合理，对冲裁件的质量、模具寿命和生产率有很大的影响。

1. 冲裁件的形状和尺寸

1）冲裁件形状应尽可能简单、对称，力求排样废料少，材料利用率高。在满足质量要求的条件下，把冲裁件设计为少、无废料的排样形状。如图 2-28 所示，采用无废料排样，材料利用率明显提高。

2）冲裁件的外形和内孔应尽可能避免尖锐的角，在各直线或曲线连接处，除少、无废料排样或采用镶拼模结构外，都应有适当的圆角过渡，最小圆角半径 R 的值见表 2-12。

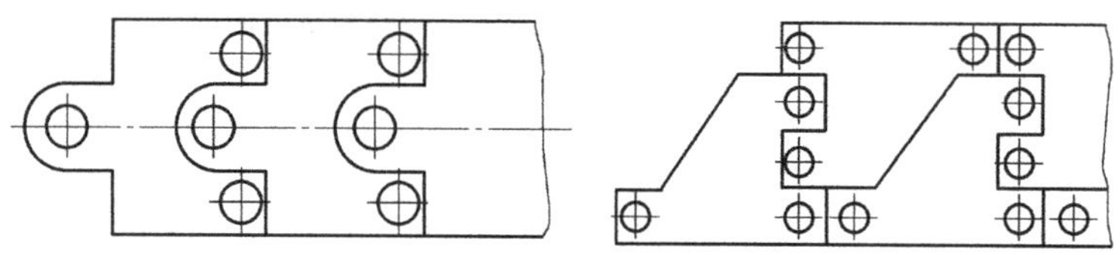

图 2-28　少、无废料冲裁件的排样

表 2-12　冲裁件最小圆角半径 R

连接角度	落料 $\alpha \geqslant 90°$	落料 $\alpha < 90°$	冲孔 $\alpha \geqslant 90°$	冲孔 $\alpha < 90°$
简图				
低碳钢	0.30t	0.50t	0.35t	0.60t
黄铜、铝	0.18t	0.35t	0.20t	0.45t
高碳钢、合金钢	0.45t	0.70t	0.50t	0.90t

注：t 为板材厚度。

3）尽量避免冲裁件上出现过长的悬臂与窄槽（图 2-29），其合理数值可参考表 2-13。

4）冲裁件的孔与孔之间、孔与零件边缘之间的壁厚（图 2-29），因受模具强度和零件质量的限制，其值不能太小。一般要求 $c \geqslant 1.5t$，$c' \geqslant t$。若在弯曲或拉深件上冲孔，冲孔位置与零件壁间距应满足图示尺寸（图 2-30）。

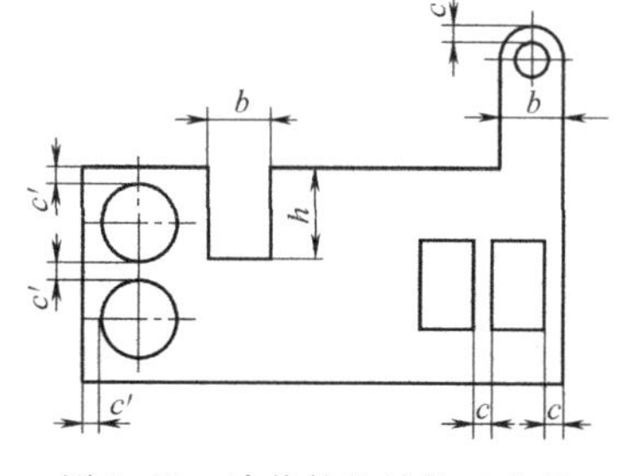

图 2-29　冲裁件的结构工艺性

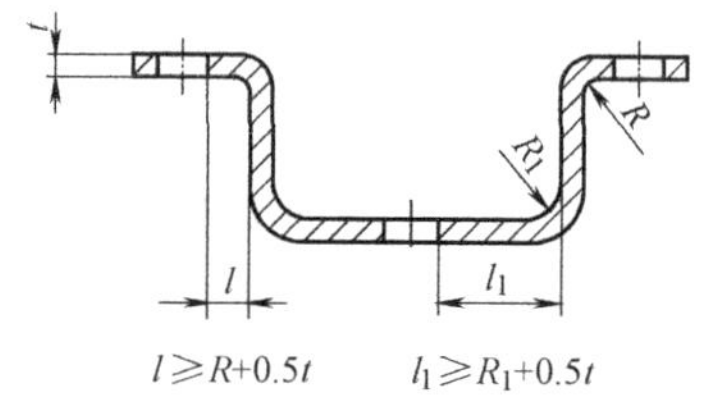

图 2-30　弯曲件的冲孔位置

表 2-13　冲裁件的凸出悬臂和凹槽的最小宽度 b

材料	宽度 b
硬钢	$(1.5 \sim 2.0)t$
黄铜、软钢	$(1.0 \sim 1.2)t$
纯铜、铝	$(0.8 \sim 0.9)t$

5）冲裁件的孔径，因受冲孔凸模强度和刚度的限制，不宜太小，否则凸模容易折断和压弯。孔的最小尺寸取决于材料的力学性能、凸模强度和模具结构。采用自由凸模和带护套的凸模所能冲制的最小孔径分别见表 2-14 和表 2-15，孔距的最小尺寸见表 2-16。

表 2-14　自由凸模冲孔的最小尺寸

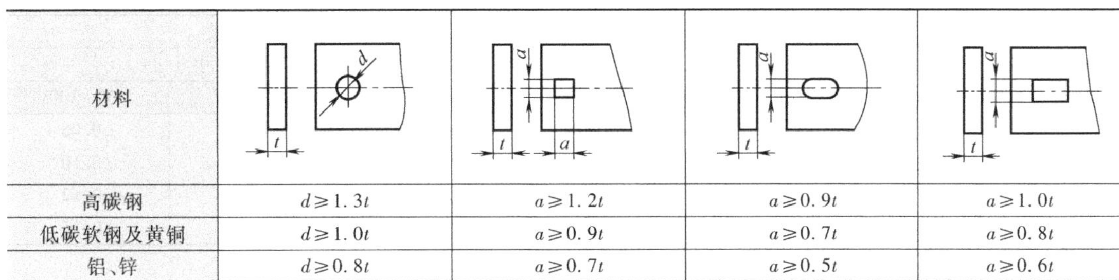

材料				
高碳钢	$d \geq 1.3t$	$a \geq 1.2t$	$a \geq 0.9t$	$a \geq 1.0t$
低碳软钢及黄铜	$d \geq 1.0t$	$a \geq 0.9t$	$a \geq 0.7t$	$a \geq 0.8t$
铝、锌	$d \geq 0.8t$	$a \geq 0.7t$	$a \geq 0.5t$	$a \geq 0.6t$

表 2-15　带护套的凸模的最小尺寸

冲压件材料	圆形孔(直径 d)	矩形孔(孔宽 b)
硬钢	$0.5t$	$0.4t$
软钢及黄铜	$0.35t$	$0.3t$
铝、锌	$0.3t$	$0.28t$

注：t 为板材厚度。

表 2-16　最小孔距

孔型	圆　孔		方　孔	
料厚 t/mm	<1.55	>1.55	<2.3	>2.3
最小孔距	$3.1t$	$2t$	$4.6t$	$2t$

2. 冲裁件的尺寸精度和表面粗糙度要求

冲裁件的精度一般可分为精密级和经济级两类。精密级是冲压工艺技术所允许的精度，经济级是可以用较经济的手段达到的精度。冲裁件的尺寸精度要求应在经济精度范围以内，对于普通冲裁件，其经济精度不高于 IT11，冲孔件比落料件高一级。冲裁件外形与内孔尺寸公差见表 2-17。如果零件精度高于上述要求，则需在冲裁后整修或采用精密冲裁工艺。

冲裁件两孔孔心距所能达到的公差见表 2-18。

冲裁件断面的表面粗糙度和允许的毛刺高度分别见表 2-19 和表 2-20。

表 2-17　冲裁件外形与内孔尺寸公差　　(单位：mm)

料厚 t	冲裁件尺寸							
	一般精度的冲裁件				较高精度的冲裁件			
	<10	10~50	50~150	150~300	<10	10~50	50~150	150~300
0.2~0.5	0.08/0.05	0.10/0.08	0.14/0.12	0.20	0.025/0.02	0.03/0.04	0.05/0.08	0.08
0.5~1	0.12/0.05	0.16/0.08	0.22/0.12	0.30	0.03/0.02	0.04/0.04	0.06/0.08	0.10
1~2	0.18/0.06	0.22/0.10	0.30/0.16	0.50	0.04/0.03	0.06/0.06	0.08/0.10	0.12
2~4	0.24/0.08	0.28/0.12	0.40/0.20	0.70	0.06/0.04	0.08/0.08	0.10/0.12	0.15
4~6	0.30/0.10	0.35/0.15	0.50/0.25	1.0	0.10/0.06	0.12/0.10	0.15/0.15	0.20

注：1. 分子为外形尺寸公差，分母为内孔尺寸公差。

2. 一般精度的冲裁件采用公差等级为 IT8~IT7 的普通冲裁模；较高精度的冲裁件采用公差等级为 IT7~IT6 的高级冲裁模。

表 2-18　冲裁件两孔孔心距的公差　　（单位：mm）

料厚 t	普通冲裁模			高级冲裁模		
	孔距基本尺寸			孔距基本尺寸		
	<50	50~150	150~300	<50	50~150	150~300
<1	±0.10	±0.15	±0.20	±0.03	±0.05	±0.08
1~2	±0.12	±0.20	±0.30	±0.04	±0.06	±0.10
2~4	±0.15	±0.25	±0.35	±0.06	±0.08	±0.12
4~6	±0.20	±0.30	±0.40	±0.08	±0.10	±0.15

注：表中所列孔距公差适用于两孔同时冲出的情况。

表 2-19　冲裁件断面的表面粗糙度

材料厚度/mm	≤1	>1~2	>2~3	>3~4	>4~5
表面粗糙度 Ra/μm	3.2	6.3	12.5	25	50

表 2-20　冲裁件断面允许的毛刺高度　　（单位：mm）

冲裁件材料厚度	≤0.3	>0.3~0.5	>0.5~1.0	>1.0~1.5	>1.5~2.0
新模试冲时允许的毛刺高度	≤0.015	≤0.02	≤0.03	≤0.04	≤0.05
生产时允许的毛刺高度	≤0.05	≤0.08	≤0.10	≤0.13	≤0.15

3. 冲裁件的尺寸基准

冲裁件孔位尺寸基准，应尽量选择在冲裁过程中始终不参与变形的面或线上，切不要与参与变形的部位联系起来。如图 2-31a 所示是不合理的，尺寸 L_1、L_2 必须考虑到模具的磨损，孔心距公差会随着模具磨损而增大。改用图 2-31b 所示的标注，两孔的孔心距不受模具磨损的影响，比较合理。因此，考虑冲裁件的尺寸基准时，应尽可能与模具制造及使用时的定位基准重合，避免产生基准不重合误差。

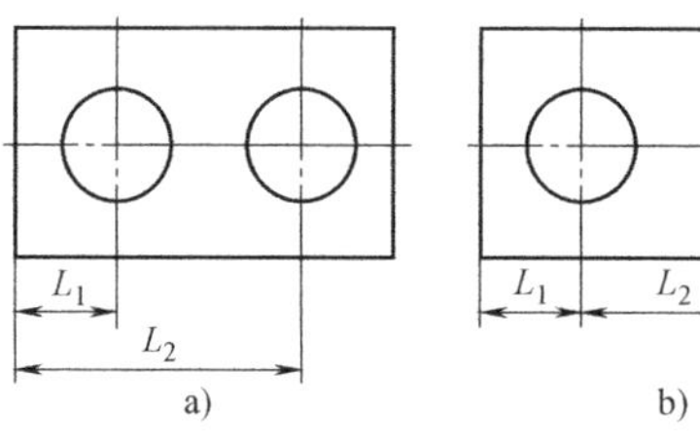

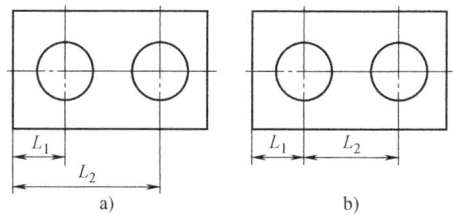

图 2-31　冲裁件的尺寸基准

2.6.2　冲压加工的经济性分析

所谓经济性分析，就是分析在冲压生产过程中，如何采用尽可能少的生产消费获得尽可能大的经济效益。在进行冲压工艺设计时，应该运用经济分析的方法找到降低成本、取得优异经济效果的工艺途径。冲压件的制造成本 C_{Σ} 可表示为

$$C_{\Sigma}=C_{材}+C_{工}+C_{模} \tag{2-23}$$

式中　$C_{材}$——材料费；

$C_{工}$——加工费（工人工资、设备折旧费、管理费等）；

$C_{模}$——模具费。

上述成本中，模具费、设备折旧费、加工费中的工人工资和其他经费在一定时间内基本上是不变的，因此叫作固定费用。而材料费、外购件费等，将随生产量大小而变化，属可变费用。产品制造成本由固定费用和可变费用两部分组成。设法降低固定费用或可变费用，都能使成本降低、利润增加并积累资金。

总的固定费用不随产量的增加而增加，而单件产品的固定费用（单位固定费用）却由于产量的增加而逐渐下降。总的可变费用将随产量的增加而增加，但对产品单件费用而言，

其直接耗费的原材料费、外购件费、外协加工费等则基本不变。

增产可降低单件产品成本中的固定费用，相对地减少消耗；通过节约可以直接降低消耗，两者都是降低成本的重要途径。冲压件的成本包括材料费、加工费、模具费，降低成本就是要降低上述各项费用。降低成本有以下几种措施：

（1）降低小批量生产中的冲压件成本　试制或小批量生产时，降低成本的有效途径是降低固定费用，这样能取得较好的经济效益，其中降低模具费用，是降低成本的有力措施。如冲压件质量要求较高，须采用正规模具，一般情况下应尽可能分散工序，选用结构简单、制造方便、价格低廉的简易模具，如薄板模、组合冲模、聚氨酯橡胶模、锌合金模、低熔点合金模等。

（2）工艺合理化　冲压生产中，合理的工艺是降低成本的可靠保证。新产品投产前，应通过试生产，对工艺可行性进行验证，然后再正式投入生产。当产量改变、发现模具早期损坏或事故频繁，以及更改产品设计而需改换模具或更换设备等生产条件时，都要对产品工艺进行认真讨论和研究。在制订零件的冲压工艺时，处理工序的分散与集中是比较复杂的问题，它取决于零件的批量、结构形状、质量要求、工艺特点等。通常在大批量生产情况下，应当尽量采取工序集中的方案，采用复合模或级进模进行冲压，这样既能提高生产率，又能做到安全生产。但小批量生产时，则以采用单工序模、用工序分散的冲压方式为宜。实践经验表明，对于复合模，集中到一副模具上的工序数量不宜太多，一般为 2~3 个工序，最多 4 个工序。对于级进模，集中的工序数可以多些，因为其模具结构的布局范围自由度比前者大得多。

（3）多件同时冲压　产量较大时，采用多件同时冲压可使模具费、材料费和加工费降低，在成形工艺方面也有利于材料变形时的应力、应变对称均匀，如图 2-32 所示。

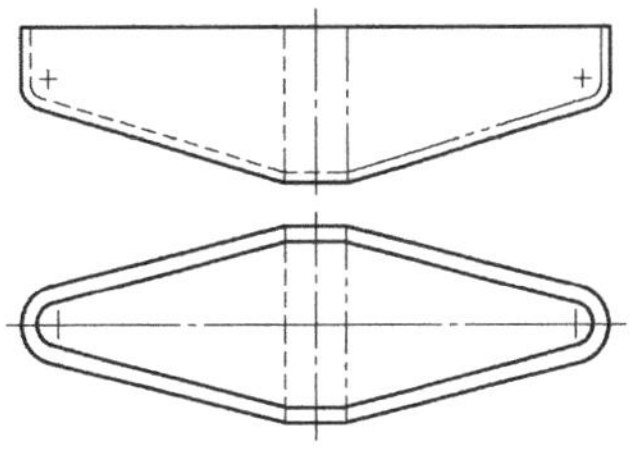

图 2-32　左右同时成形后再切割

（4）冲压过程的高速自动化　自动化生产对安全和降低成本都有利，是冲压加工的发展方向，今后不仅大批量生产中应采用自动化，在小批量生产中也倾向于采用自动化。

（5）提高材料利用率　降低材料费，特别是材料价格较高时，是降低成本的有效途径。降低材料费主要可从材料的经济利用入手。其方法已在前述排样设计中进行了研究。

（6）节约模具费用　模具费用在冲压件的制造成本中占有相当比重，尤其是模具折旧费，随着产量的减少增大较快。因此，小批量生产时，要降低冲压件加工的费用，必须减少模具费。近年来，对各种简易模具的研究表明，由于其结构简单、制造迅速、价廉，适用于小批量生产，能节约模具费；而在大批大量生产中，应尽量采用高效率、长寿命的精密级进冲压的硬质合金冲模。硬质合金冲模的刃磨寿命和总寿命比钢模具长得多。据统计，其刃磨寿命为钢模具的 10~30 倍，总寿命为 20~40 倍，但模具制造费用只为钢模具的 2~4 倍。

2.6.3　冲裁工艺方案的确定

在冲裁工艺分析和技术经济分析的基础上，根据冲裁件的特点即可确定冲裁工艺方案。冲裁工艺方案可分为单工序冲裁、复合冲裁和级进冲裁。

单工序冲裁是在压力机的一次行程中，在模具单一的工位中完成单一工序的冲压。复合冲裁是在压力机的一次行程中，在模具的同一工位同时完成两个或两个以上工序的冲压。级进冲裁是把冲裁件的若干个冲压工序排列成一定的顺序，在压力机的一次行程中，条料在冲模的不同工序位置上分别完成工件所要求的工序，在完成所有要求的工序后，以后每次冲程都可以得到一个完整的冲裁件。组合工序的冲裁比单工序冲裁生产效率高，获得的冲裁件精度等级高。

1. 冲裁工序的组合

冲裁组合方式的确定，应考虑以下因素。

（1）生产批量　小批量与试制采用单工序冲裁，中批量和大批量生产采用复合冲裁或级进冲裁。

（2）工件尺寸公差等级　复合冲裁所得到的工件尺寸公差等级高，因为它避免了多次冲压的定位误差，并且在冲裁过程中可以进行压料，工件较平整。级进冲裁所得到的工件尺寸公差等级较复合冲裁低，在级进冲裁中采用导正销结构，可提高冲裁件精度。

（3）对工件尺寸、形状的适应性　工件的尺寸较小时，考虑到单工序上料不方便和生产率低，常采用复合冲裁或级进冲裁。对于尺寸中等的工件，由于制造多副单工序模的费用比复合模昂贵，也宜采用复合冲裁。但工件上孔与孔之间或孔与边缘之间的距离过小时，不宜采用复合冲裁和单工序冲裁，宜采用级进冲裁。级进冲裁可以加工形状复杂、宽度很小的异形工件（图 2-33），但级进冲裁受压力机台面尺寸与工序数的限制，冲裁工件尺寸不宜太大。

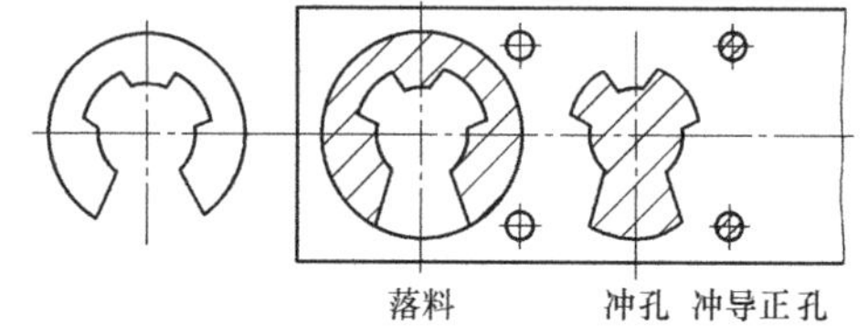

图 2-33　级进冲裁

（4）模具制造、安装调整和成本　对于形状复杂的工件，采用复合冲裁比采用级进冲裁更适宜。因为模具制造、安装调整较容易，成本较低。

（5）操作方便与安全　复合冲裁时出件或清除废料较困难，工作安全性较差。级进冲裁则较安全。

综合上述分析，对于一个工件，可以得出多种工艺方案。必须对这些方案进行比较，选取在满足工件质量与生产率的要求下，模具制造成本低、寿命长、操作方便又安全的工艺方案。表 2-21 是三类模具的特点比较，可供确定工艺方案时参考。

表 2-21　单工序模、级进模和复合模的特点比较

项　目	单工序模	级进模	复合模
冲压精度	较低	较高（IT10～IT13）	高（IT8～IT11）
工件平整程度	一般	不平整，高质量工件需校平	因压料较好，工件平整
冲模制造的难易程度及价格	冲模制造容易，价格低	简单形状工件的级进模比复合模制造难度低，价格也较低	复杂形状工件的复合模比级进模制造难度低，相对价格低
生产率	较低	最高	高
使用高速自动压力机的可能性	有自动送料装置时可以连冲，但速度不能太高	适用于高速自动压力机	不宜用高速自动压力机
材料要求	条料要求不严格，可用边角料	条料或卷料，要求严格	除用条料外，小件可用边角料，但生产率低
生产安全性	不安全	比较安全	不安全，要有安全装置

2. 冲裁顺序的安排

（1）级进冲裁的顺序安排

1）先冲孔或切口，最后落料或切断，将工件与条料分离。首先冲出的孔可用于后续工序的定位。在定位要求较高时，则可冲出专供定位用的工艺孔（一般为两个，见图 2-33）。

2）采用定距侧刃时，定距侧刃切边工序与首次冲孔同时进行，以便控制送料步距。采用两个定距侧刃时，可以安排成一前一后，也可并列布置。

（2）多工序工件采用单工序冲裁时的顺序安排

1）先落料，使毛坯与条料分离，再冲孔或冲缺口。后续各冲裁工序的定位基准要一致，以避免定位误差和尺寸链换算。

2）冲裁大小不同、相距较近的孔时，为减少孔的变形，应先冲大孔，后冲小孔。

2.7　冲裁模的结构设计

冲裁模是冲裁工序所用的模具。冲裁模的形式很多，其分类见表 2-22。

表 2-22　冲裁模的分类

序号	分　类	模具名称
1	按工序性质	分为落料模、冲孔模、切断模、切边模、切舌模、剖切模、整修模、精冲模等
2	按工序组合程度	分为单工序模（俗称简单模）、复合模和级进模（俗称连续模）
3	按模具导向方式	分为无导向的开式模和有导向的导板模、导柱模等
4	按卸料与出件方式	分为固定卸料式与弹压卸料式模具，顺出件与逆出件式模具
5	按挡料或定距方式	分为挡料销式、导正销式、侧刃式等模具
6	按凸、凹模所用材料不同	分为钢带模、硬质合金模、钢带冲模、锌基合金模、橡胶冲模等
7	按自动化程度	分为手动模、半自动模和自动模

尽管有的冲裁模很复杂，但总是可以分为上模和下模。上模一般固定在压力机的滑块上，并随滑块一起运动；下模固定在压力机的工作台面上。下面以工序组合方式，分别分析各类冲裁模的结构及其特点。

2.7.1　单工序模

单工序模指在压力机的一次行程中只完成一道冲压工序的冲模，不论冲裁的凸模或凹模是单个还是多个。单工序模有落料模、冲孔模、切断模、切口模、修边模等。

1. 落料模

落料模常见有三种形式。

（1）无导向的敞开式落料模（图 2-34）　其特点是上、下模无导向，结构简单，制造容易，冲裁间隙由压力机滑块的导向精度决定。可用边角余料冲裁。但模具的安装调试比较困难。常用于材料厚且精度要求低的小批量冲压件的生产。

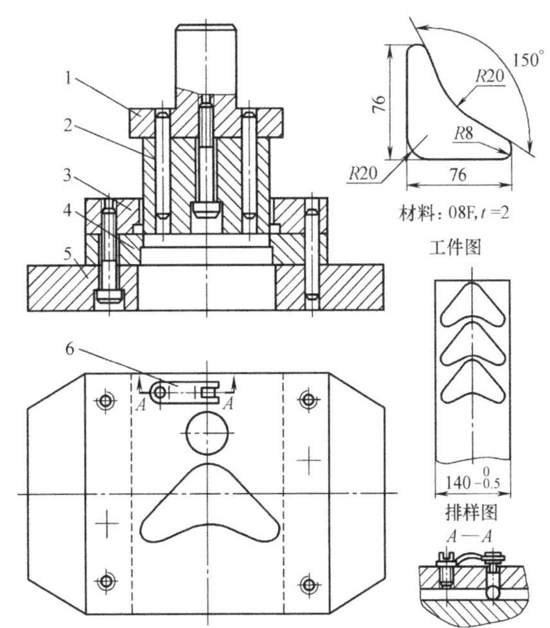

图 2-34　无导向固定卸料式落料模
1—模柄　2—凸模　3—卸料板　4—凹模
5—下模座　6—回带式挡料销

（2）导板式落料模　模具中的导板与凸模之间采用 H7/h6 的小间隙配合，冲压时起到上、下模的导向作用，且该间隙值小于冲裁间隙。上模回程时，导板起固定卸料板作用；回程时不允许凸模离开导板，以保证对凸模的导向作用。与敞开式落料模相比，其精度较高，模具寿命长，但模具制造要困难一些，常用于料厚大于 0.3mm 的简单冲压件（图 2-35）。

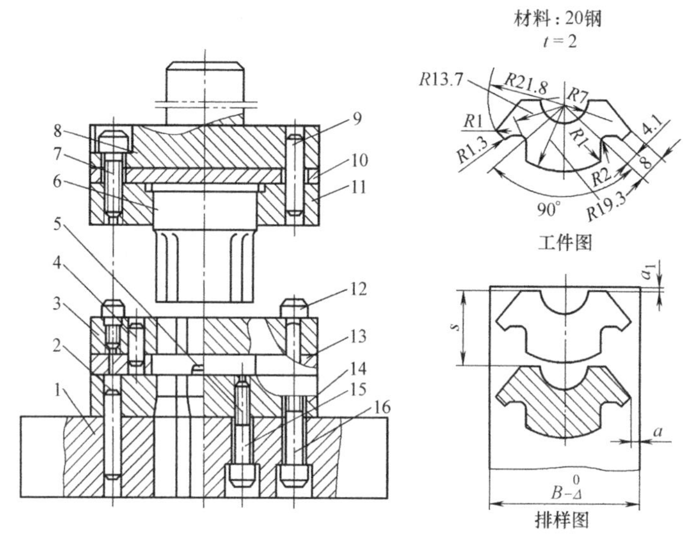

图 2-35　导板式落料模

1—下模座　2、4、9—销　3—导板　5—挡料钉　6—凸模　7、12、15、16—螺钉　8—上模座　10—垫板　11—凸模固定板　13—导料板　14—凹模

（3）带导柱的弹顶落料模（图 2-36）　上、下模依靠导柱导套导向，间隙容易保证，并且模具采用弹压卸料和弹压顶出的结构，冲压时材料被上下压紧完成分离。零件变形小，平整度高。该种结构模具广泛用于材料厚度较小，且有平面度要求的金属件和易于分层的非金属件生产。

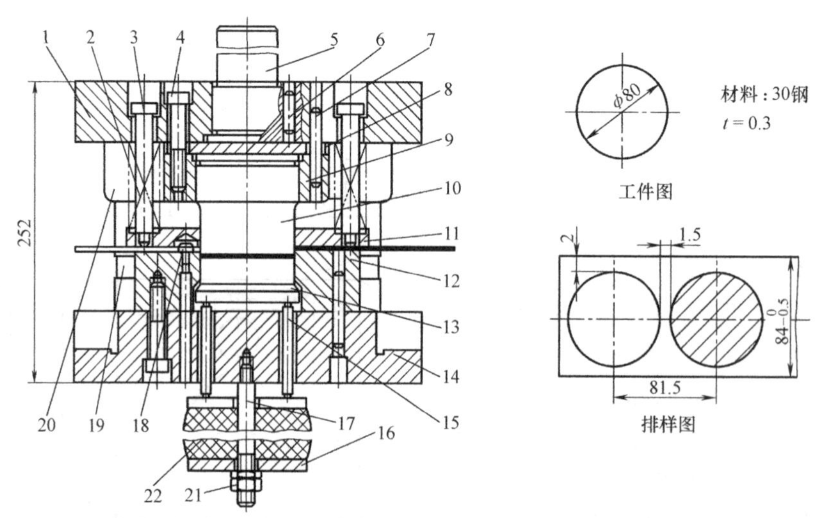

图 2-36　导柱式落料模

1—上模座　2—卸料弹簧　3—卸料螺钉　4、17—螺钉　5—模柄　6—防转销　7—销　8—垫板　9—凸模固定板　10—落料凸模　11—卸料板　12—落料凹模　13—顶件板　14—下模座　15—顶杆　16—托板　18—固定挡料销　19—导柱　20—导套　21—螺母　22—橡胶

图 2-37 所示为一副翻转送料的落料模。根据排样要求，顺序送进一段条料长度后，需要翻转后再顺序送进一次。为了确保翻转后条料的位置正确，条料翻转后首件需用活动挡料销 2 初定位，而后用定位销 1 定位。

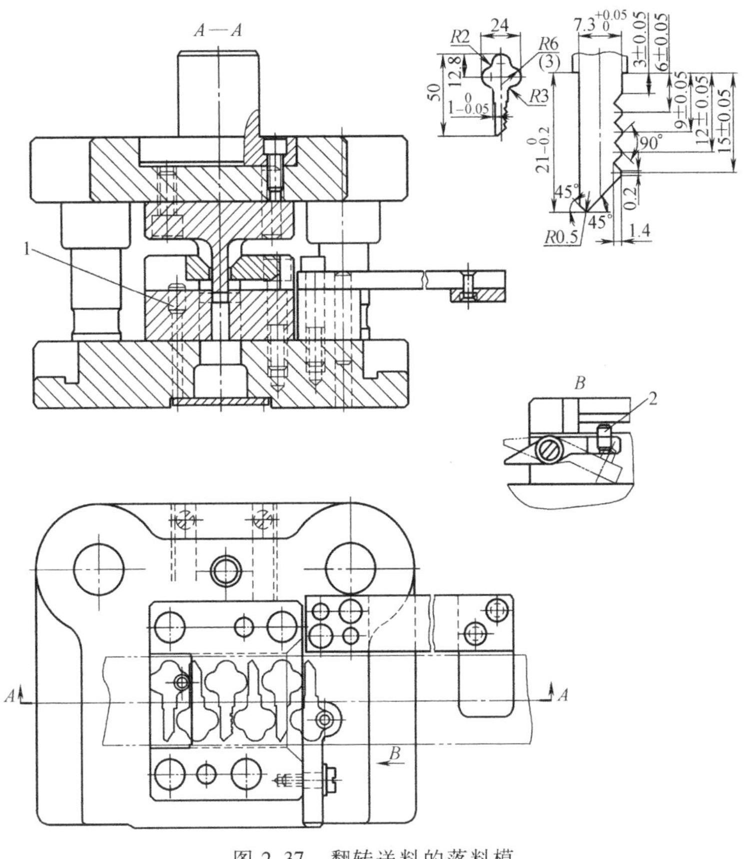

图 2-37　翻转送料的落料模

1—定位销　2—活动挡料销

2. 冲孔模

冲孔模的结构与一般落料模相似。但冲孔模有其自己的特点，特别是冲小孔模具，必须考虑凸模的强度和刚度，以及快速更换凸模的结构。在已成形零件侧壁上冲孔时，要设计凸模向水平方向运动的转换机构。

（1）侧壁冲孔模　图 2-38a 所示模具依靠固定在上模的斜楔 1 来推动滑块 4，使凸模 5 做水平方向移动，完成零件侧壁冲孔（也可冲槽、切口等）。斜楔的返回行程运动靠橡胶或弹簧完成。斜楔的工作角度 α 以 40°~45°为宜。40°的斜楔滑块机构的机械效率最高；45°时滑块的移动距离与斜楔的行程相等。对于需较大冲裁力的冲孔件，α 可采用 35°，以增大水平推力。该类结构的凸模常对称布置，最适宜壁上有对称孔的冲裁。图 2-38b 所示模具采用悬臂式凹模结构，可用于圆筒形件的侧壁冲孔、冲槽等。毛坯套入凹模体 9，由定位环 7 控制轴向位置。该结构可在侧壁上完成多个孔的冲制。在冲压多个孔时，结构上要考虑分度定位机构。

（2）单工序多凸模冲孔模　图 2-39 所示为单工序多凸模冲孔模，电机转子片的 37 个槽孔全部在一次冲程中完成。冲孔前，将毛坯套在定位块 14 上，模具采用双导向装置。模具靠导柱 6 与导套 7 对上、下模导向；卸料板同时通过导套 8 与导套 7 滑配，使卸料板以导套为导向，增加了工作的可靠性与稳定性。推件采用推件力较大的刚性装置，对于多孔冲模或卸料力较大的工件，能可靠地卸下冲件。

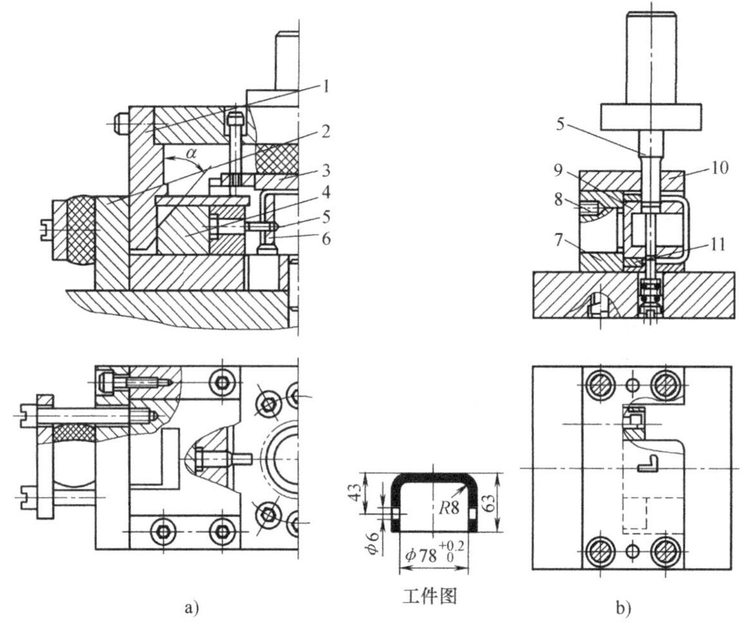

图 2-38　侧壁冲孔模

1—斜楔　2—座板　3—弹压板　4—滑块　5—凸模　6—凹模
7—凹模支架　8—销钉　9—凹模体　10—导板　11—定位环

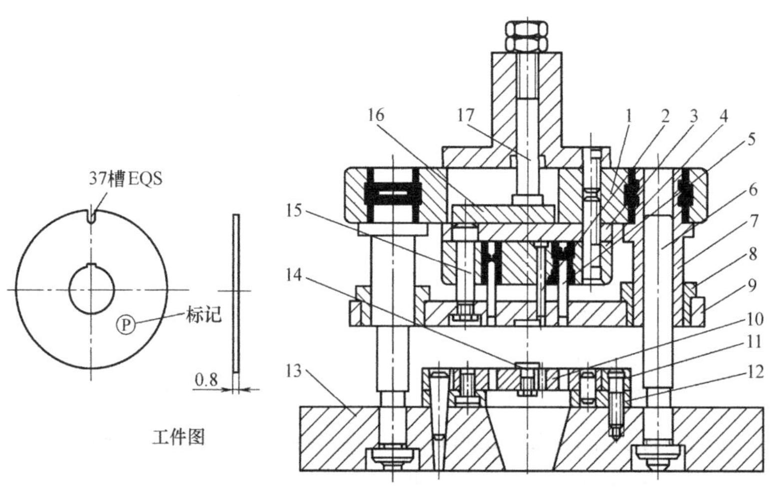

图 2-39　单工序多凸模冲孔模

1—上模座　2—标记槽凸模　3—凸模垫板　4—凸模固定板　5—槽形凸模　6—导柱　7、8—导套　9—卸料板
10—凹模　11—凹模套圈　12—下垫板　13—下模座　14—定位块　15—推杆螺钉　16—推板　17—打杆

（3）冲小孔模　如图 2-40 所示，工件板厚为 4mm，最小孔径为 2.03mm。模具结构采用缩短凸模长度的方法，来防止凸模在冲裁过程中产生弯曲变形而折断。采用这种结构模具制造比较容易，凸模使用寿命也较长。模具采用冲击块 5 冲击小凸模进行冲裁工作。小凸模由导板 7 进行导向，而导板由两个小导柱 6 进行导向。当上模下行时，压板 8 与导板 7 先后

压紧工件，小凸模 2、3、4 上端露出导板 7 的上平面；上模压缩弹簧继续下行，冲击块 5 冲击凸模 2、3、4 对工件进行冲孔。卸件工作由压板 8 完成。厚料冲小孔模具的凹模孔口漏料必须通畅，防止废料堵塞而损坏凸模。冲裁件在凹模上由定位板 9 与 1 定位，并由后侧压块 10 使冲裁件紧贴定位面。

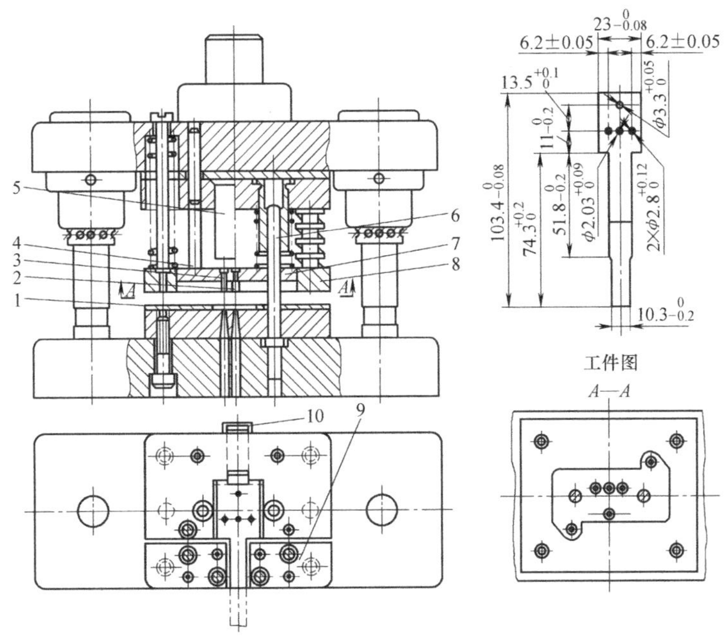

图 2-40　超短凸模的小孔冲模

1、9—定位板　2、3、4—小凸模　5—冲击块　6—小导柱　7—导板　8—压板　10—后侧压块

2.7.2　复合模

在压力机的一次工作行程中，在模具同一工位同时完成数道冲压工序的模具，称为复合模。复合模的设计难点是如何在同一工作位置上合理地布置好满足冲压要求的几组凸、凹模。

图 2-41 所示为落料冲孔复合模的基本结构。模具的下模是落料凹模，且凹模中间装着冲孔凸模；而模具的上模是凸凹模，其外形是落料的凸模，内孔是冲孔的凹模。由于落料凹模装在下模，该结构为顺装复合模；若落料凹模在上模，则为倒装复合模。复合模的特点是：结构紧凑，生产率高，工件精度高，特别是工件孔对外形的位置公差容易保证。但是，复合模结构复杂，对模具零件精度要求较高，模具装配精度要求也较高。

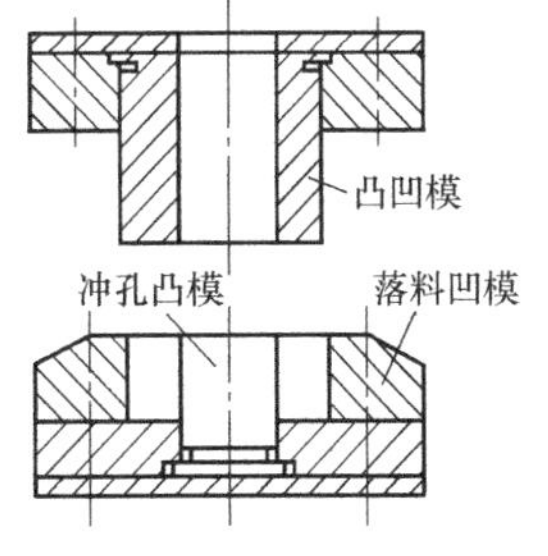

图 2-41　落料冲孔复合模的基本结构

1. 倒装复合模

图 2-42 所示为冲制垫圈的倒装复合模。落料凹模 2 装在上模，件 1 是冲孔凸模，件 14 为凸凹模。倒装复合模一般采用刚性推件装置将卡在凹模中的工件推出。刚性推件装置由推杆 7、推块 8、推销 9 和推件块 10 组成。废料直接由凸模从凸凹模内孔推出。凸凹模孔口若采用直刃，则模内有积存废料时，胀力较大，当凸凹模壁厚较薄时，可能导致胀裂。倒装复

合模的凸凹模的设计，要注意最小壁厚。凸凹模的最小壁厚值，目前一般按经验数据确定，可查表 2-23。

采用刚性推件的倒装复合模，条料不是处于被压紧状态下冲裁，推出时有冲击力，因而冲裁件的平面度不高，适宜于材料厚度大于 0.3mm 的板料。若在上模内设置弹性元件，采用弹性推件，则可冲较软且料厚在 0.3mm 以下、平面度较高的冲裁件。

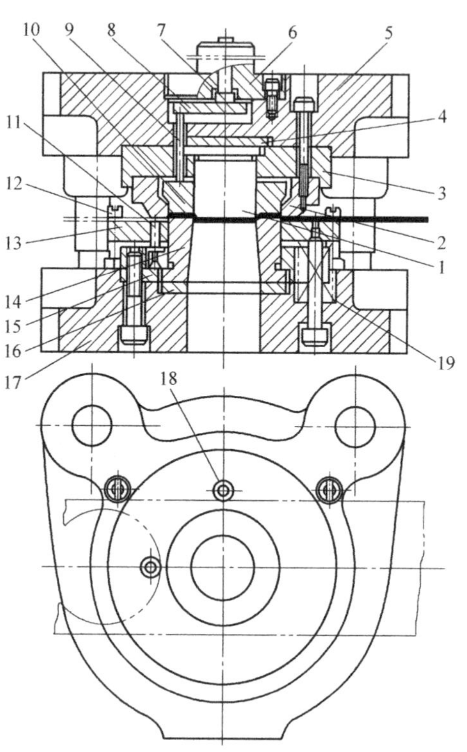

图 2-42 冲制垫圈的倒装复合模

1—凸模 2—凹模 3—上模固定板 4、16—垫板 5—上模座 6—模柄 7—推杆 8—推块 9—推销 10—推件块 11、18—活动挡料销 12—固定挡料销 13—卸料板 14—凸凹模 15—下模固定板 17—下模座 19—弹簧

2. 顺装复合模

图 2-43 所示为顺装复合模结构。它的特点是冲孔废料可从凸凹模中推出，型孔内不积聚废料，凸凹模胀裂力小，故凸凹模壁厚可比倒装复合模的最小壁厚小。冲压黑色金属等硬材料时，凸凹模壁厚约为冲裁件板厚的 1.5 倍，但不小于 0.7mm；冲压有色金属等软材料时，凸凹模壁厚约等于板料厚度，但不小于 0.5mm。顺装复合模冲裁时，条料是在压紧状态下冲裁，冲裁件平面度较高。

图 2-44 所示为山字形铁心与一字形铁心组合冲压的工件图。通过对零件设计尺寸的调整，用两个山字形铁心中间冲槽的废料，冲压出两个一字形铁心，可以大大地节约较昂贵的硅钢材料，从而降低生产成本。采用复合模一次冲出图 2-44 所示的山字形铁心和一字形铁心，再切断即可，零件的设计废料只有冲几个圆孔的废料。

表 2-23 倒装复合模的凸凹模最小壁厚 δ （单位：mm）

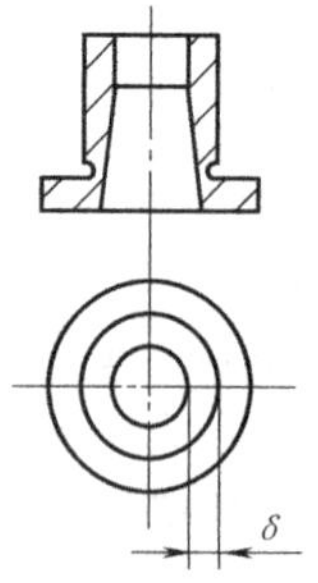

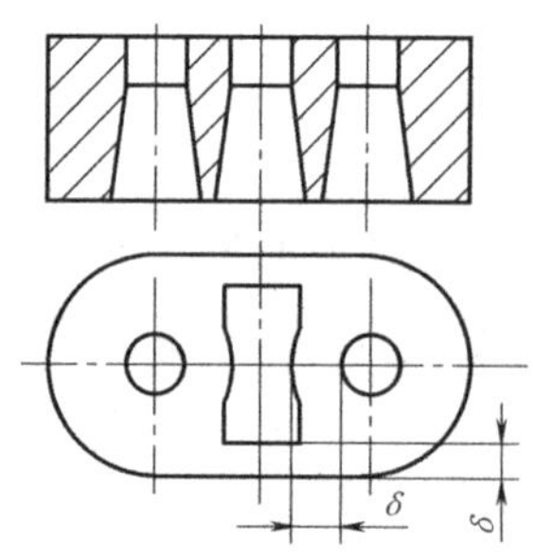

材料厚度 t	0.4	0.6	0.8	1.0	1.2	1.4	1.6	1.8	2.0	2.2	2.5
最小壁厚 δ	1.4	1.8	2.3	2.7	3.2	3.6	4.0	4.4	4.9	5.2	5.8
材料厚度 t	2.8	3.0	3.2	3.5	3.8	4.0	4.2	4.4	4.6	4.8	5.0
最小壁厚 δ	6.4	6.7	7.1	7.6	8.1	8.5	8.8	9.1	9.4	9.7	10

图 2-45 所示为冲制图 2-44 所示铁心的双复合模结构形式。上、下模都设置凸凹模是双复合模结构的特征。在完成工件内外轮廓的冲裁后，工件和废料都由上模的打料机构和下模

的顶出机构顶出，并全部落在下模的上工作面上后清理出模。工件材料为厚 0.35mm 的硅钢片，冲裁双面间隙为 0.04mm 左右，要求模架导向精度高。顶出工件的顶板（件 4、15）与凹模内侧的配合间隙要小；工件投影面积大（150mm×200mm），因此对顶出工件的可靠性要求高，顶杆位置的设置要合理，且装配后顶杆的顶出动作要一致，顶杆的歪斜、长短不一，都会造成顶板顶出时不均衡，容易卡住，出现顶不出件的现象，加之每次冲压顶出的工件、废料数量多，稍有不慎即有损坏模具的危险。

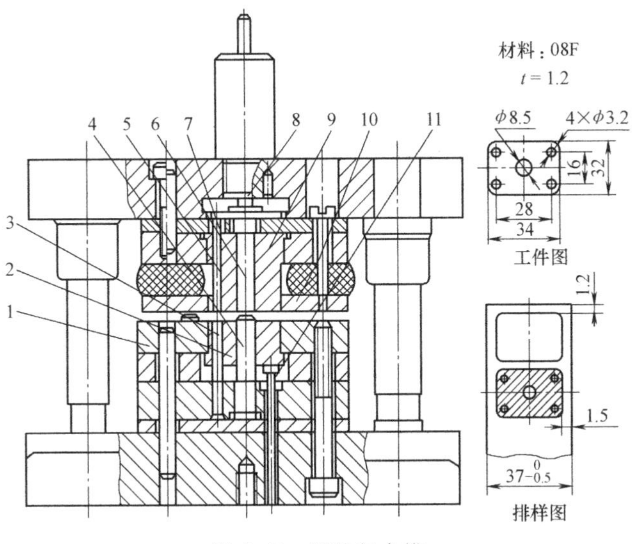

图 2-43　顺装复合模

1—落料凹模　2—顶板　3、4—冲孔凸模　5、6—推杆　7—推板　8—打杆　9—凸凹模　10—弹压卸料板　11—顶杆

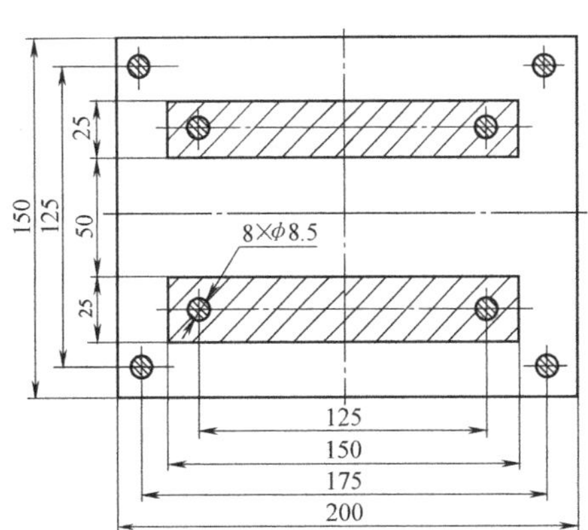

图 2-44　山字形铁心与一字形铁心组合冲压的工件图

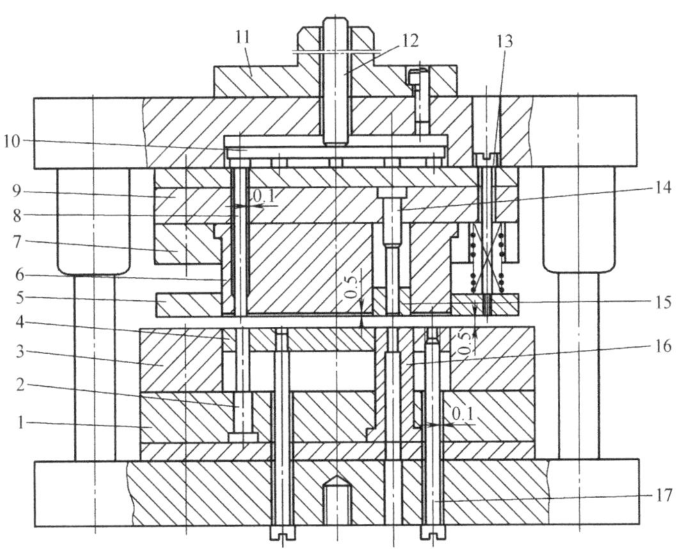

图 2-45　双复合模结构图

1—下固定板　2—下凸模　3—凹模　4—下顶板　5—卸料板　6—上凸凹模　7—上固定板　8—上顶杆　9—上凸模固定板　10—推板　11—模柄　12—打杆　13—卸料螺钉　14—上凸模　15—上顶板　16—下凸凹模　17—下顶杆

2.7.3 级进模

级进模又称连续模、跳步模，是指压力机在一次行程中，在送料方向连续排列的多个工位上同时完成多道冲压工序的冲模。整个工件的成形是在送料过程中，在模具上设计的不同工位逐步完成。级进成形属于工序集中的工艺方法，它可使切边、切口、切槽、冲孔、塑性成形、落料等多种不同性质的冲压工序在一副模具上完成。本节仅讨论工位数不多、零件形状简单的级进模设计要点。本书第 6 章专门讨论精密、复杂零件多工位精密级进模的设计。

采用级进模冲压时，冲压件依次在几个不同位置上逐步成形，因此要控制冲压件的孔与外形的相对位置精度就必须严格控制送料步距。控制送料步距常用的基本结构有：用导正销定距、用侧刃定距或二者同时使用。

1. 用导正销定距的级进模

图 2-46 所示为用导正销定距的冲孔落料级进模。上、下模用导板导向。冲孔凸模 3 与落料凸模 4 之间的距离就是送料步距 s。材料送进时，为了保证首件的正确定距，采用始用挡料销首次定位冲两个小孔；第二工位由固定挡料销 6 进行初定位，由两个装在落料凸模上的导正销 5 进行导正，纠正初定位的误差，实现精定位。导正销与落料凸模的配合为 H7/r6，其连接应保证在修磨凸模时的装拆方便。导正销头部的形状应有利于在导正时插入已冲的孔，它与孔的配合应略有间隙。始用挡料销安装在导板下的导料板中间。在条料冲制首件

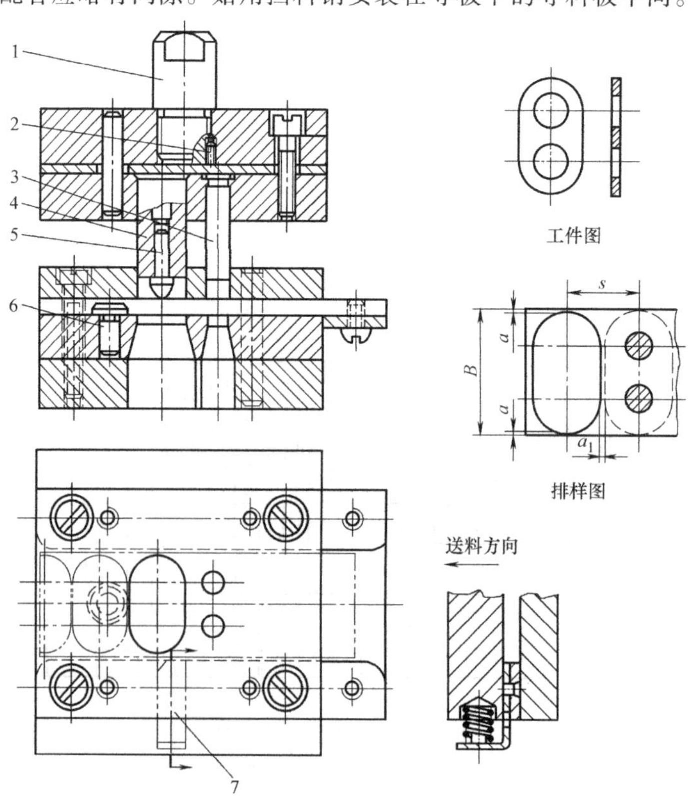

图 2-46　用导正销定距的冲孔落料级进模

1—模柄　2—螺钉　3—冲孔凸模　4—落料凸模　5—导正销　6—固定挡料销　7—始用挡料销

时，用手推始用挡料销 7，使它从导料板中伸出来并抵住条料的前端，即可冲第一件上的两个孔。以后各次冲裁由固定挡料销 6 控制送料步距，进行初定位。

用始用挡料销与导正销结合定位、定距结构简单。当两定位孔间距较大时，定位也较精确。但当板料厚度 $t<0.3$mm 或板料较软时，导正时孔边可能有变形，则不宜采用。

2. 采用侧刃定距的级进模

图 2-47 所示为冲裁接触环双侧刃定距级进模。与图 2-46 相比，其特点是：用成形侧刃 12 代替了始用挡料销、挡料钉和导正销；用弹压卸料板 7 代替了固定卸料板。本模具采用前后双侧刃对角排列，可使材料尾部余料全部利用。弹压卸料板 7 装于上模，用卸料螺钉 6 与上模座连接。当上模下降、凸模冲裁时，弹簧 11（可用橡胶代替）被压缩而压料；当凸模回程时，弹簧回复并推动卸料板卸料。

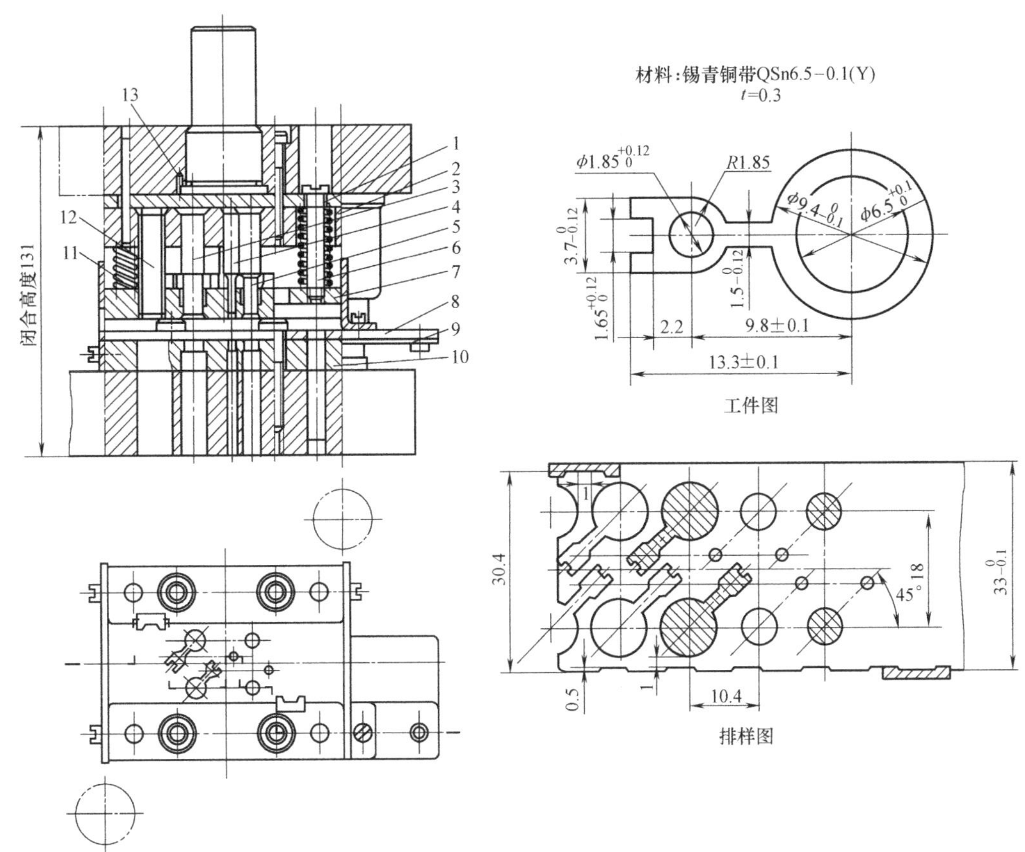

图 2-47　双侧刃定距的冲孔落料级进模

1—垫板　2—固定板　3—落料凸模　4、5—冲孔凸模　6—卸料螺钉　7—弹压卸料板　8—导料板　9—承料板　10—凹模　11—弹簧　12—成形侧刃　13—防转销

图 2-48 所示为弹压导板级进模。此类模具的特点是：各凸模（如件 7）与凸模固定板成间隙配合（普通导柱模多为过渡配合），凸模的装卸、更换方便。模具工作时，凸模在弹压导板内导向，弹压导板与凸模的配合间隙小于冲裁间隙，导向精度高。弹压导板 2 由安装在下模座 14 上的导柱 1 和 10 导向，导套安装在导板上，导板由六根卸料螺钉 5 与上模座连接，因此能消除压力机导向误差对模具的影响，模具寿命长，零件质量好。

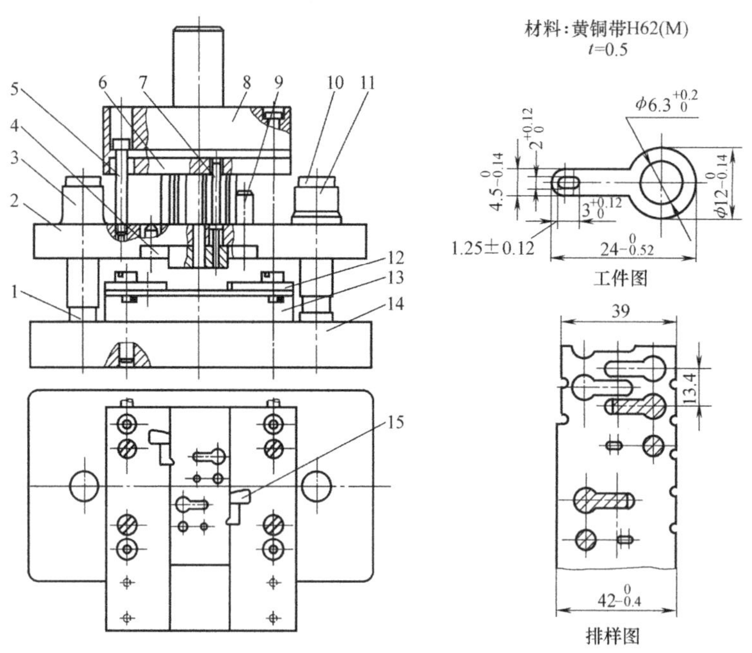

图 2-48　弹压导板级进模

1、10—导柱　2—弹压导板　3、11—导套　4—导板镶块　5—卸料螺钉　6—凸模固定板　7—凸模　8—上模座　9—限制柱　12—导料板　13—凹模　14—下模座　15—侧刃挡块

2.8　冲裁模主要零部件的结构设计与标准选用

2.8.1　冲压模具零件的分类与冲模标准

1. 模具零件的分类

按模具零件的不同作用，可将其分为工艺零件和结构零件两大类。

（1）工艺零件　这类零件是指在完成冲压工序时，与材料或工件直接发生接触的零件，包括成形零件（工作零件）、定位零件、卸料及压料零件。

（2）结构零件　这类零件是指在模具的制造及装配中对工艺零件起装配、定位作用的零件，或在模具使用过程中的安装、定位零件，包括导向零件、支撑固定零件、紧固件及其他零件。

冲压模具零件的详细分类如图 2-49 所示。

2. 冲模标准化的意义

冲模标准是指在冲模设计与制造中，应该遵循和执行的技术规范和标准。冲模标准化的意义有以下几个方面：

（1）可以缩短模具设计与制造周期　因为模具的结构及制造精度与冲压件的形状、尺寸精度以及生产的批量有关，所以冲模的种类繁多，而且结构十分的复杂。例如精密级进模的模具零件有时上百个（甚至更多），这样使得模具的设计与制造周期很长。而实现模具标准化后，所有的标准件都可以外购，从而简化了模具的设计，减少了模具零件的制造工作量，最终缩短了模具的制造周期。

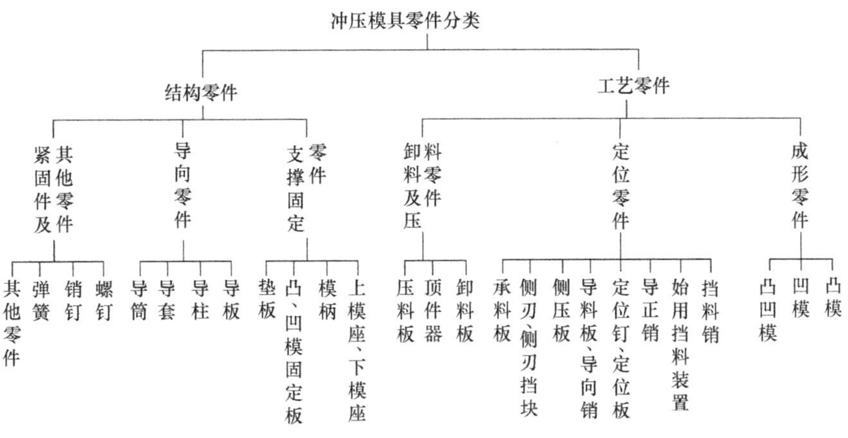

图 2-49　冲压模具零件的分类

（2）有利于保证质量　可以稳定和保证模具设计质量和制造中必须达到的质量规范，以保证冲压件的质量。

（3）有利于模具的计算机辅助设计与制造　模具技术标准是实现模具计算机辅助设计与制造的基础。可以这样说，没有模具标准化就没有模具的计算机辅助设计与制造。

（4）有利于国际国内的交流与合作　技术名词术语、技术条件的规范化和标准化，将有利于国内、国际的商业贸易和技术交流，增强企业、国家的技术经济实力。我国在模具行业中推广使用的模具标准包括国家标准（GB）和机械行业标准（JB）。另外，还有国际模具标准化组织 ISO/TC29/SC8 制定的冲模和成形模标准。同时，在我国还广泛使用一些先进的企业标准，如 Face、Punch 等。

我国已颁布的冲模技术标准可参见表 2-24。

表 2-24　我国已颁布的冲模标准（部分）

分类	标准名称	标准号
基础工艺质量	1）冲模术语	GB/T 8845—2006
	2）冲压件尺寸公差	GB/T 13914—2013
	3）冲压件角度公差	GB/T 13915—2013
	4）冲压件形状和位置未注公差	GB/T 13916—2013
	5）冲压件未注公差尺寸极限偏差	GB/T 15055—2007
	6）冲裁间隙	GB/T 16743—2010
	7）冲模技术条件	GB/T 14662—2006
	8）金属冷冲压件　结构要素	JB/T 4378.1—1999
	9）金属冷冲压件　通用技术条件	JB/T 4378.2—1999
	10）精密冲裁件　通用技术条件	JB/T 6958—2007
	11）金属板料拉深工艺设计规范	JB/T 6959—2008
	12）冲压剪切下料　未注公差尺寸的极限偏差	JB/T 4381—2011
	13）高碳高合金钢制冷作模具显微组织检验	JB/T 7713—2007
	14）冲模用钢及其热处理技术条件	JB/T 6058—1992
模架	1）冲模滑动导向模架	GB/T 2851—2008
	2）冲模滚动导向模架	GB/T 2852—2008
	3）冲模滑动导向钢板模架	JB/T 7181.1～7181.4—1995
	4）冲模滚动导向钢板模架	JB/T 7182.1～7182.4—1995
	5）冲模模架零件技术条件	JB/T 8070—2008
	6）冲模模架精度检查	JB/T 8071—2008
	7）冲模模架技术条件	JB/T 8050—2008

（续）

分类	标准名称	标准号
零部件	1)冲模滑动导向模座	GB/T 2855.1~2855.2—2008
	2)冲模滚动导向模座	GB/T 2856.1~2856.2—2008
	3)冲模模板	JB/T 7643.1~7643.6—2008
	4)冲模单凸模模板	JB/T 7644.1~7644.8—2008
	5)冲模导向装置	JB/T 7645.1~7645.8—2008
	6)冲模模柄	JB/T 7646.1~7646.6—1994
	7)冲模导正销	JB/T 7647.1~7647.4—2008
	8)冲模侧刃和导料装置	JB/T 7648.1~7648.8—2008
	9)冲模挡料和弹顶装置	JB/T 7649.1~7649.10—2008
	10)冲模卸料装置	JB/T 7650.1~7650.8—2008
	11)冲模废料切刀	JB/T 7651.1~7651.2—2008
	12)冲模限位支承装置	JB/T 7652.1~7652.2—2008
	13)冲模零件技术条件	JB/T 7653—2008
	14)冲模　圆柱头直杆圆凸模	JB/T 5825—2008
	15)冲模　圆柱头缩杆圆凸模	JB/T 5826—2008
	16)冲模 60°锥头直杆圆凸模	JB/T 5827—2008
	17)冲模 60°锥头缩杆圆凸模	JB/T 5828—2008
	18)冲模　球锁紧圆凸模	JB/T 5829—2008
	19)冲模　圆凹模	JB/T 5830—2008

设计冲压模具时，还应该执行和采用的国家基础标准有公差与配合标准；几何公差标准；表面粗糙度标准；机械制图标准；尺寸及尺寸系列标准。

2.8.2　凸模结构设计与固定方法

1. 凸模的结构形式

凸模的结构通常分为两大类，即镶拼式和整体式。

（1）镶拼式凸模　如图 2-50 所示。

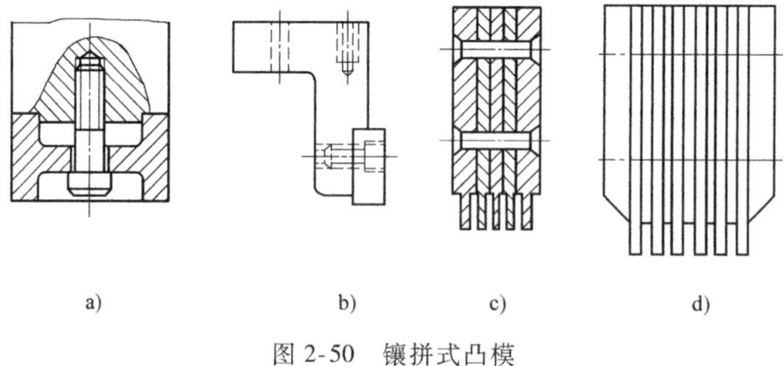

图 2-50　镶拼式凸模

（2）整体式凸模　有圆形凸模和非圆形凸模。最为常用的是圆形凸模，主要结构形式如图 2-51 所示。

1）圆形凸模。图 2-51a 所示为带保护套结构的凸模，可防止细长凸模折断，适用于冲制孔径与料厚相近的小孔。图 2-51b 所示凸模适合冲制 $\phi1.1\sim\phi30.2$mm 的孔，为了保证刚度与强度，避免应力集中，将凸模做成台阶结构并采用圆角过渡。图 2-51c 所示凸模适用于冲制 $\phi3.0\sim\phi30.2$mm 的孔。图 2-51d 所示凸模适用于冲制较大的孔。

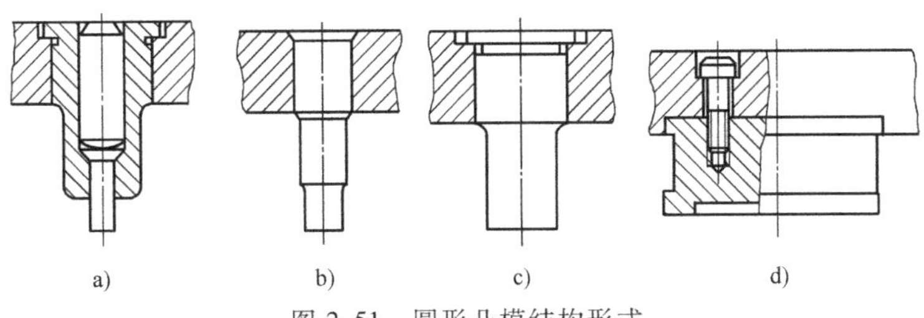

图 2-51 圆形凸模结构形式

2）非圆形凸模。对于非圆形凸模，与凸模固定板配合的固定部分可做成圆形或矩形，如图 2-52a、b 所示；也可以使固定部分与工作部分尺寸一致（又称为直通式凸模），如图 2-52c 所示。这类凸模一般采用线切割方法加工。

2. 凸模的固定方式

中、小型凸模多采用台肩或铆接固定，将凸模压入固定板内，采用 H7/m6 配合，如图 2-51b、c 所示。平面尺寸比较大的凸模，可以直接用销钉和螺钉固定，如图 2-51d 所示。对于大型冲模中冲小孔的易损凸模，可以采用快换凸模的固定方法，以便于修理与更换，如图 2-53 所示。

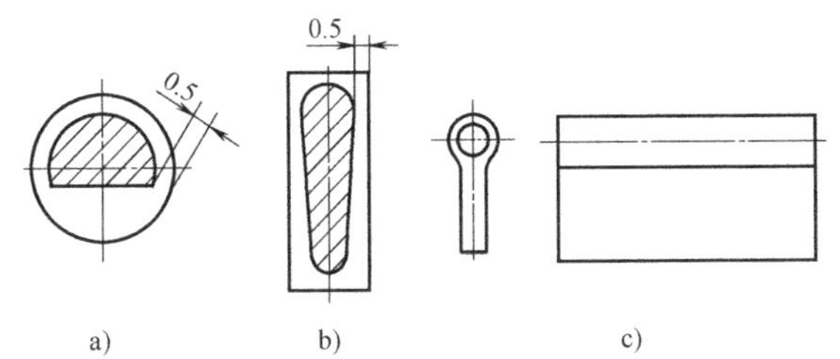

图 2-52 非圆形凸模形式

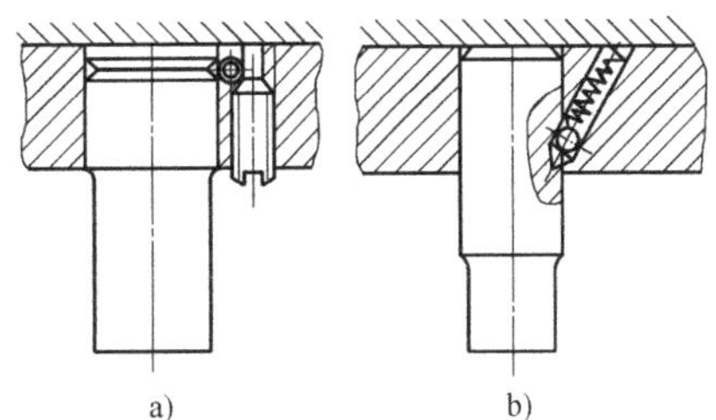

图 2-53 快换式凸模的固定方法

a）螺钉压钢球固定 b）弹簧压钢球固定

3. 凸模长度的确定

凸模长度应根据冲压要求和模具结构的需要来确定。

若采用固定卸料板和导料板结构，如图 2-54a所示，凸模的长度可由下式确定

$$L=h_1+h_2+h_3+(15\sim20)\,\text{mm} \tag{2-24}$$

若采用弹压卸料板，如图 2-54b 所示，凸模的长度可由下式确定

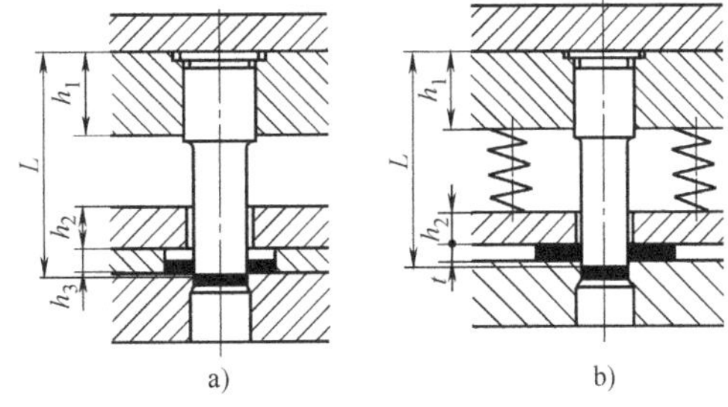

图 2-54 凸模长度的确定

$$L=h_1+h_2+t+(15\sim20)\,\text{mm} \tag{2-25}$$

式中 h_1——凸模固定板厚度；

h_2——卸料板厚度；

h_3——导料板厚度；

t——材料厚度。

15~20mm 为附加长度，包括凸模的修磨量，凸模进入凹模的深度以及凸模固定板与卸料板间的安全距离。

4. 凸模材料

模具刃口要求有较高的耐磨性，并能承受冲裁时的冲击力。因此，应具有高的硬度与适当的韧性。形状简单且模具寿命要求不高的凸模，可选用 T8A、T10A 碳素工具钢制造；形状复杂且模具有较高寿命要求的凸模，应选 Cr12、Cr12MoV、CrWMn 等合金工具钢制造；要求高寿命、高耐磨性的凸模，还可选硬质合金材料或高速钢制造。凸模刃口淬火硬度一般为 58~62HRC，尾部回火至 40~50HRC。

5. 凸模承压能力和失稳弯曲极限长度校核

在一般情况下，凸模的强度是足够的，不必进行强度计算。但对于细长的凸模，或在冲压毛坯厚度比较大、凸模断面尺寸又较小的情况下，必须进行承压能力和抗纵向弯曲能力两方面的校核，以保证凸模设计的安全。

（1）凸模承压能力校核　冲裁时，凸模最小断面承受的压应力 σ，必须小于凸模材料强度允许的压力 $[\sigma]$，即

$$\sigma = F_P / S_{min} \leqslant [\sigma] \tag{2-26}$$

对于非圆形凸模，

$$S_{min} \geqslant F_P / [\sigma] \tag{2-27}$$

对于圆形凸模，

$$d_{min} \geqslant 4t\tau / [\sigma] \tag{2-28}$$

式中　σ——凸模最小断面的压应力（MPa）；

F_P——凸模纵向总压力（N）；

S_{min}——凸模最小断面积（mm^2）；

d_{min}——凸模最小直径（mm）；

t——冲裁材料厚度（mm）；

τ——冲裁材料抗剪强度（MPa）；

$[\sigma]$——凸模材料的许用压应力（MPa）。

（2）凸模失稳弯曲极限长度　凸模在轴向压力（冲裁力）的作用下，不产生失稳弯曲的极限长度 L_{max} 与凸模工作端有、无导向的方式有关。图 2-55a、b 是无导向的凸模工作结构图，图 2-55c、d 是有导向的凸模工作结构图。卸料板对凸模不起导向作用时（图 2-55a、b），凸模不发生失稳弯曲的极限长度为

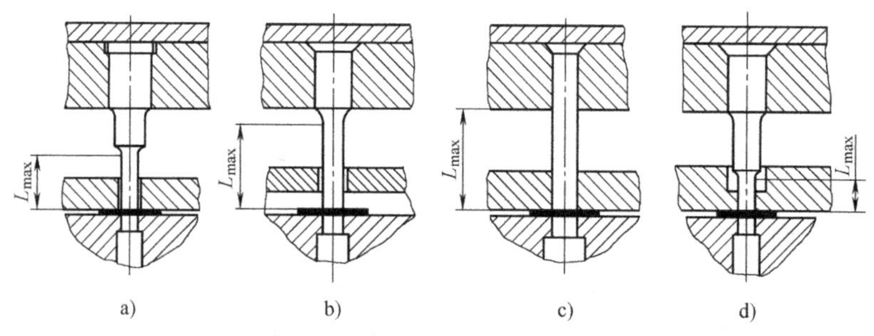

图 2-55　有、无导向的凸模结构

圆形截面的凸模

$$L_{max} \leqslant 30d^2 / \sqrt{F_P} \tag{2-29}$$

非圆形截面凸模

$$L_{max} \leqslant 135\sqrt{I / F_P} \tag{2-30}$$

卸料板对凸模起导向作用时（图 2-55c、d），凸模不发生失稳弯曲的最大长度为

圆形截面凸模

$$L_{max} \leqslant 85d^2 / \sqrt{F_P} \tag{2-31}$$

非圆形截面凸模 $$L_{max} \leqslant 380\sqrt{I/F_P} \tag{2-32}$$

式中 I——凸模最小横截面的轴惯性矩（mm^4）；

F_P——凸模的冲裁力（N）；

d——凸模的直径（mm）。

据上述公式可知，凸模弯曲不失稳时的最大长度 L_{max} 与凸模截面几何尺寸、冲裁力的大小、材料的力学性能等因素有关。同时，还受到模具精度、刃口锋利程度、制造过程、热处理等的影响。为防止小凸模的折断和失稳，常采用如图 2-56 所示的结构进行保护。

6. 凸模护套

图 2-56a、b 是两种简单的圆形凸模护套。图 2-56a 所示护套 1、凸模 2 均用铆接固定。图 2-56b 所示护套 1 采用台肩固定，凸模 2 很短，上端有一个锥形台，以防卸料时拔出凸模，冲裁时，凸模依靠心轴 3 承受压力。图 2-56c 所示护套 1 固定在卸料板（或导板）4 上，护套 1 与上模导板 5 采用 H7/h6 的配合，凸模 2 与护套 1 采用 H8/h8 的配合。工作时，护套 1 始终在上模导板 5 内滑动而不脱离（起小导柱作用，以防卸料板在水平方向摆动）。当上模下降时，卸料弹簧压缩，凸模从护套中伸出并冲孔。此结构可有效地避免卸料板的摆动和凸模工作端的弯曲，可冲厚度大于直径两倍的小孔。图 2-56d 是一种比较完善的凸模护套，三个等分扇形块 6 固定在固定板中，具有三个等分扇形槽的护套 1 固定在导板 4 中，可在扇形块 6 内滑动，因此可使凸模在任意位置均处于三向导向与保护之中。但其结构比较复杂，制造比较困难。采用图 2-56c、d 两种结构时，应注意两点：当上模处于上死点位置时，护套 1 的上端不能离开上模的导向元件（如上模导板 5、扇形块 6），其最小重叠部分长度应不小于 3~5mm。当上模处于下死点位置时，护套 1 的上端不能受到碰撞。

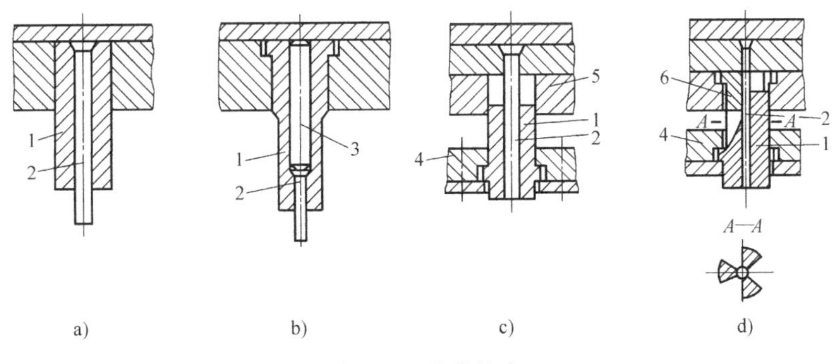

图 2-56 凸模护套

1—护套 2—凸模 3—心轴 4—卸料板（或导板） 5—上模导板 6—扇形块

2.8.3 凹模结构设计与固定方法

1. 凹模孔口的类型

常用凹模孔口类型如图 2-57 所示。

（1）直筒式刃口 图 2-57a、b、c 所示为直筒式刃口凹模。其特点是制造方便，刃口强度高，刃磨后工作部分尺寸不变。广泛用于冲裁公差要求较小、形状复杂的精密制件。但因废料或工件在孔壁内的聚集而增大了推件力和凹模的胀裂力，给凸、凹模的强度都带来了不利的影响。一般复合模和上出件的冲裁模采用图 2-57a、c 所示结构，下出件的采用图 2-57b

或 a 所示结构。

（2）锥筒式刃口　图 2-57d、e 所示为锥筒式刃口，在凹模内不聚集材料，侧壁磨损小，但刃口强度差，刃磨后刃口径向尺寸略有增大（如 $\alpha=30°$时，刃磨 0.1mm，其尺寸增大 0.0017mm）。

凹模锥角 α、后角 β 和孔口高度 h，均随工件材料厚度的增加而增大，一般取 $\alpha=15'\sim30'$、$\beta=2°\sim3°$、$h=4\sim10$mm。

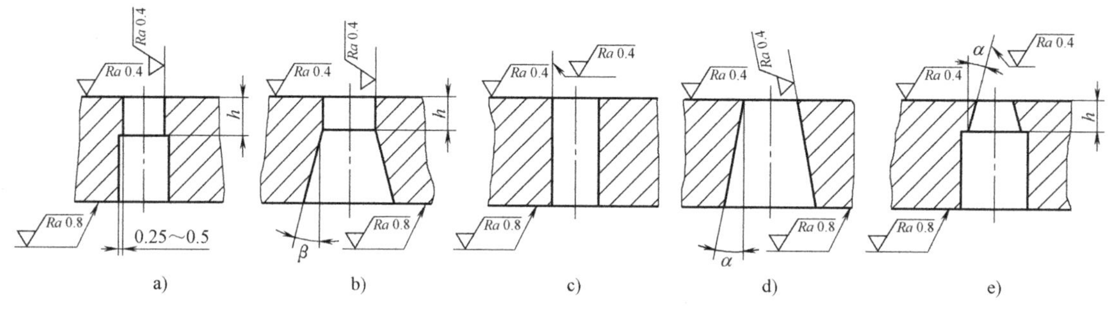

图 2-57　凹模孔口的类型

2. 凹模的外形尺寸

凹模的外形一般有矩形与圆形两种。凹模的外形尺寸应保证有足够的强度、刚度和修磨量。凹模的外形尺寸一般根据被冲压材料的厚度和冲裁件的最大外形尺寸来确定，如图2-58所示。

凹模厚度：　$H=Kb(H\geqslant15\text{mm})$　　(2-33)

凹模壁厚：　小凹模，$c=(1.5\sim2)H$

　　　　　　大凹模，$c=(2\sim3)H$　　$(c\geqslant30\sim40\text{mm})$　　(2-34)

式中　b——冲裁件的最大外形长度（mm）；

　　　K——考虑板料厚度的影响系数，可查表 2-25。

应注意复合模中凸凹模的最小壁厚问题。凸凹模的内、外缘均为刃口，内、外缘之间的壁厚取决于冲裁件的尺寸。为保证凸凹模的强度，凸凹模应有一定的壁厚。对于内孔不积存废料或工件的凸凹模（如正装复合模，凸凹模在上模），最小壁厚 c 为

冲裁硬材料：$c=1.5t$　且 $c\geqslant0.7$mm

冲裁软材料：$c=t$　　且 $c\geqslant0.5$mm

对于积存废料或工件的凸凹模（如倒装复合模），由于受到废料或工件的胀裂力大，c 值应适当再加大些，一般 $c\geqslant(1.5\sim2)t$ 且 $c\geqslant3$mm。

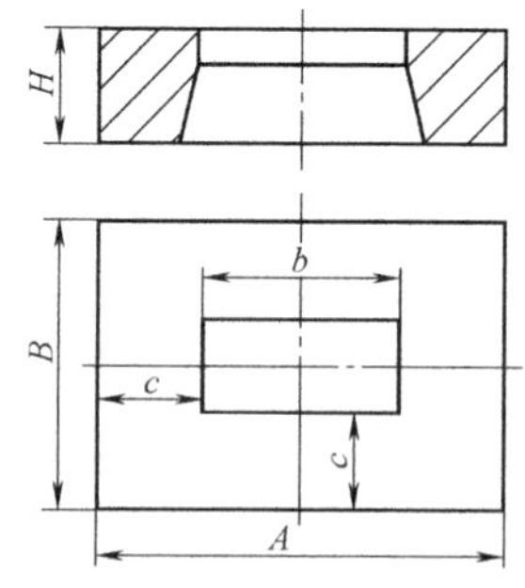

图 2-58　凹模的外形尺寸

表 2-25　系数 K 值

最大外形尺寸 b/mm	材料厚度 t/mm				
	0.5	1	2	3	>3
≤50	0.3	0.35	0.42	0.5	0.6
>50～100	0.2	0.22	0.28	0.35	0.42
>100～200	0.15	0.18	0.2	0.24	0.3
>200	0.1	0.12	0.15	0.18	0.22

根据凹模壁厚，即可算出其相应凹模外形尺寸的长和宽，然后可在冲模国家标准中选取标准值。

3. 凹模的固定方法和主要技术要求

图 2-59 所示为凹模的几种固定方式。图 2-59a、b 所示为两种圆形凹模的固定方式，这两种圆形凹模的尺寸都不大，直接装在凹模固定板中，主要用于冲孔。图 2-59c 所示为凹模用螺钉和销钉直接固定在模板上，在实际生产中应用较多，适用于各种非圆形或尺寸较大的凹模固定。螺钉和销钉的数量、规格以及它们的位置，应根据凹模的大小确定。位置可根据结构需要做适当调整。螺孔、销孔之间以及它们到刃口和模板边缘的尺寸不能太小，否则会影响模具寿命。图 2-59d 所示为快换式冲孔凹模的固定方法。镶拼式凹模的固定方法见表 2-26。

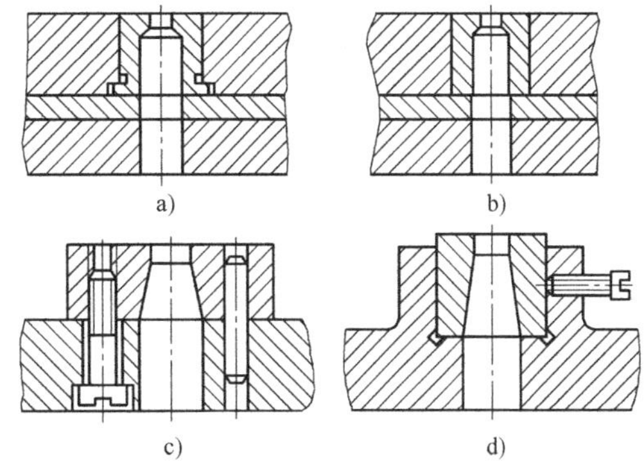

图 2-59　凹模的固定形式

表 2-26　镶拼式凹模的固定方法及应用范围

固定方法	简　图	特点及适用范围
平面固定		1. 将拼块用螺钉、销钉直接固定在固定板上，加工调整方便 2. 主要用于冲裁料厚大于 2.5mm 的大型模具
嵌入固定	H H/2	1. 将拼块嵌入固定板内定位，采用基轴制过渡配合 K7/h6，然后用螺钉紧固，侧向承载能力较强 2. 主要用于中小型凸、凹模拼块的固定
压入固定		1. 拼块较小，以过盈配合 U8/h7 压入固定板孔或槽内 2. 常用于形状简单的小型拼块的固定
浇注固定	3～8 10～15 3～8	1. 将拼块用低熔点合金浇注固定，浇注后调整困难 2. 适用于浇注前易于控制拼块的拼合精度、不宜用其他方法固定的小型拼块的固定

凹模孔的轴线应与凹模顶面保持垂直，上、下平面应保持平行。型孔的表面粗糙度要求 $Ra0.8\sim0.4\mu m$。凹模材料的选择与凸模一样，但热处理后的硬度应略高于凸模。

2.8.4 定位零件的设计

为保证条料的正确送进和毛坯在模具中的正确位置，冲裁出外形完整的合格零件，模具设计时必须考虑条料或毛坯的定位。正确位置是依靠定位零件来保证的。单个毛坯定位用定位销或定位钉。保证条料送进的导向零件有导料板、导料销等；保证条料送料步距的零件有挡料销、定距侧刃等。在级进模中，使用导正销可保证工件孔与外形的相对位置。

1. 定位板和定位销

定位板和定位销是用于单个毛坯的定位元件，以保证前后工序相对位置精度或对工件内孔与外轮廓位置精度的要求。图 2-60a 所示为毛坯外轮廓定位，图 2-60b 所示为毛坯内孔定位。

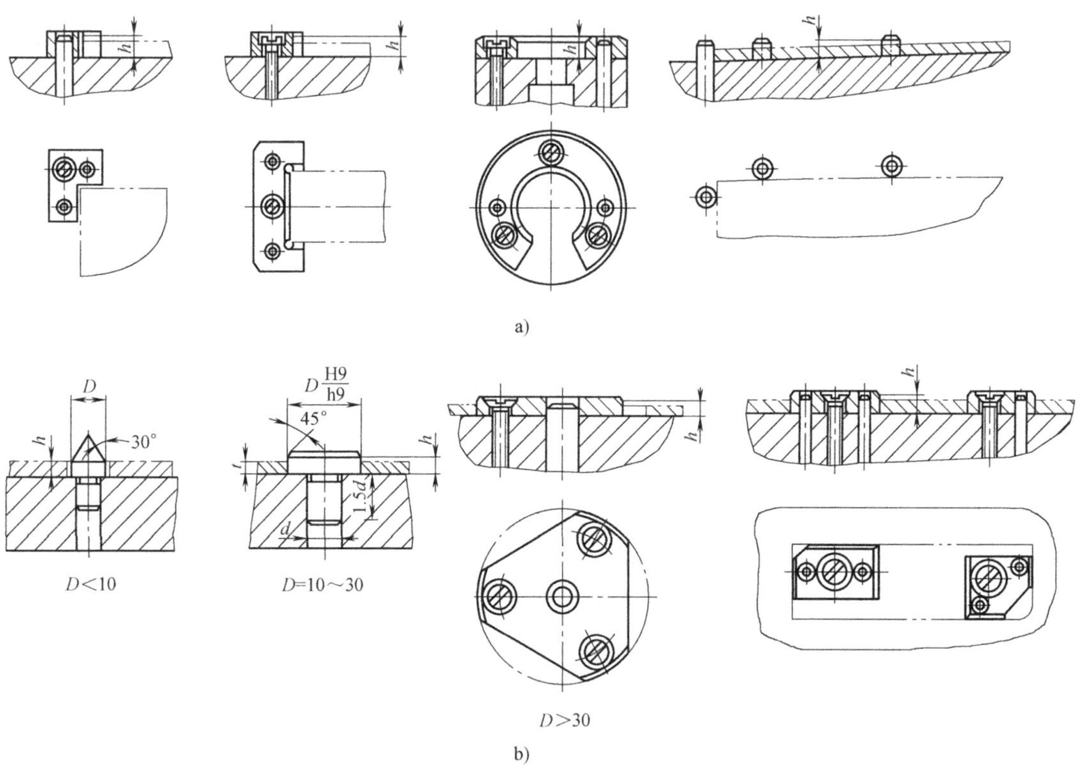

图 2-60 定位板和定位销

定位板厚度或定位销的头部高度，可按表 2-27 选用。

表 2-27 定位板厚度或定位销的头部高度 （单位：mm）

材料厚度 t	<1	1~3	>3~5
定位板厚度或定位销的头部高度	t+2	t+1	t

2. 导料板（导尺）和导料销

在条料的送进过程中，条料靠着一侧的导料板，沿着设计的送料方向导向送进。为了操作方便，从右向左送料时，与条料相靠的基准导料板（销）装在后侧（图 2-61）；从前向后送料时，基准导料板（销）装在左侧。如果采用导料销导料，导料销一般为 2~3 个。导料板的具体结构尺寸可参考冲模相关设计手册。

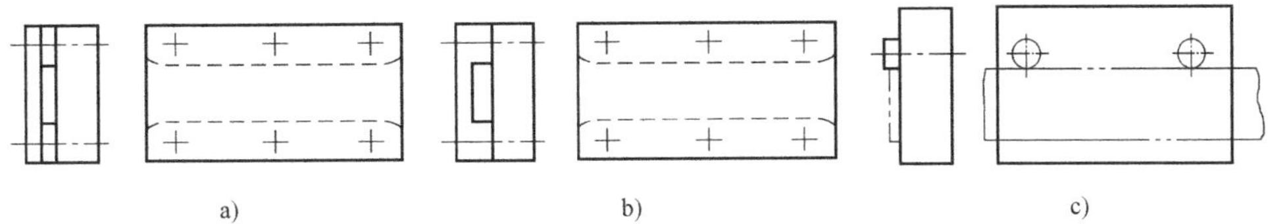

图 2-61 导料板和导料销

a）分离式导料板 b）整体式导料板 c）导料销

为使条料紧靠一侧的导料板送进，保证送料精度，可采用侧压装置，如图 2-62 所示。图 2-62b 所示为簧片式，用于料厚小于 1mm、侧压力要求不大的情况。弹簧压块式和簧片压块式用于侧压力较大的场合，一般设置 2~3 个。图 2-62d 所示为弹簧压板式，该结构侧压力均匀，它安装在进料口，常用于侧刃定距的级进模。簧片式和压块式可同时使用。

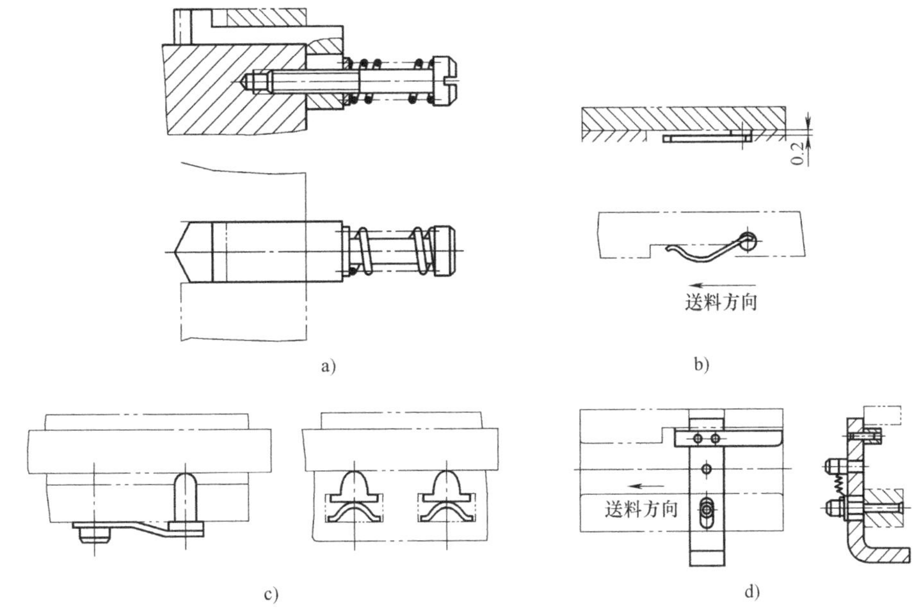

图 2-62 侧压装置

a）弹簧侧压块式 b）簧片式 c）簧片侧压块式 d）弹簧压板式

3. 挡料销

挡料销的作用是挡住条料搭边或冲压件轮廓，以限制条料的送进距离。冲压模具标准件中常见的挡料销有三种形式。

（1）固定挡料销（图 2-63） 固定挡料销安装在凹模上，用来控制条料的进距，常用的结构有圆形和钩形挡料销。图 2-63a 所示为圆形固定挡料销，其特点是结构简单，制造方

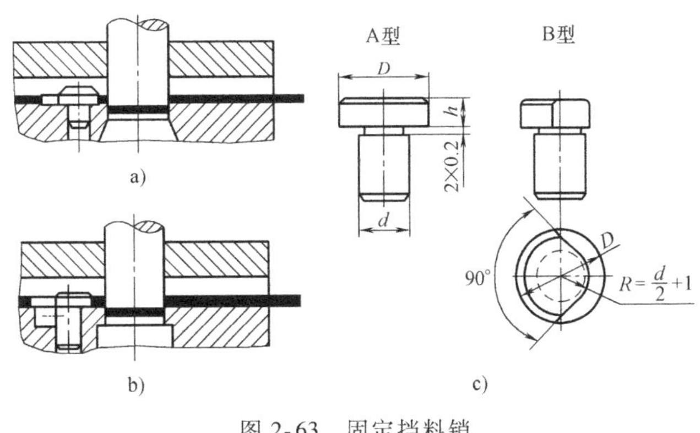

图 2-63 固定挡料销

便，但由于安装位置距离凹模刃口较近，容易造成凹模强度的削弱。图 2-63b 所示为钩形挡料销，其固定部分的位置可离凹模刃口稍远，有利于提高凹模刃口强度。但由于此种挡料销形状不对称，为防止转动，需另加定向装置。图 2-63c 所示为行业标准规定的固定挡料销结构。

（2）活动挡料销　活动挡料销常用于倒装复合模中，如图 2-64 所示。

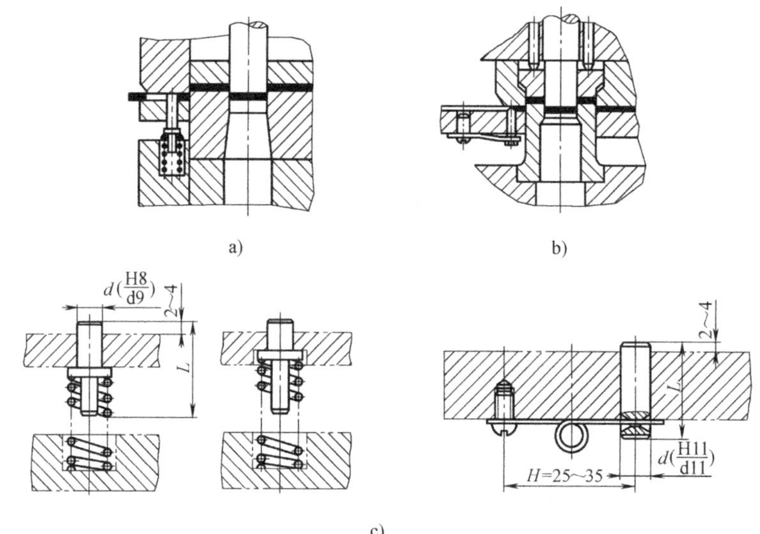

图 2-64　活动挡料销

（3）始用挡料销　始用挡料销一般用于级进模中对条料送进的首次初始定位，如图 2-65 所示。使用时，用手压出挡料销，完成首次定位后，在弹簧的作用下挡料销自动退出，不再起作用。

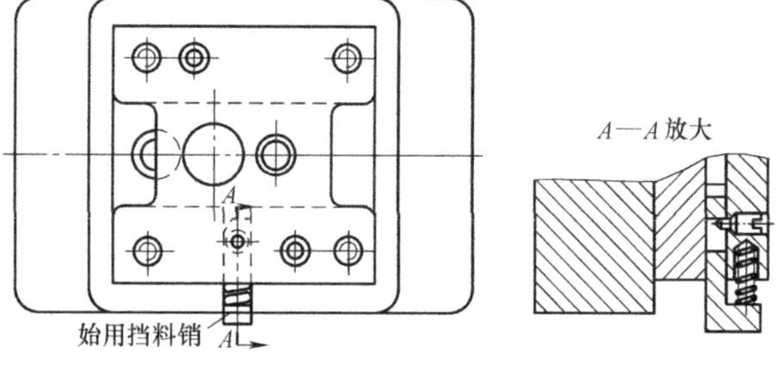

图 2-65　始用挡料销

4. 侧刃

在多工位级进模中，常采用侧刃控制送料步距，从而达到准确定距定位的目的。侧刃实质是裁切边料凸模，通过侧刃的两侧刃口切去条料边缘部分材料，形成一台阶。条料切去部分边料后的宽度才能通过侧面导料板送入凹模，送进的距离为切去的长度（送料步距）。当材料送到台阶位置时，侧刃挡块便阻止材料继续送进。

图 2-66 所示是冲压模具标准中推荐的几种侧刃结构。

上述两类侧刃又可根据断面形状分为多种，其中ⅠA、ⅠB、ⅠC 为平直型，ⅡA、ⅡB、ⅡC 为有导向台阶型。A 型断面为矩形侧刃，其结构简单，制造方便。但侧刃角部因制造或磨损原因，使切出的条料台肩角部出现圆角和毛刺，造成送料时不能使台肩直边紧靠侧刃挡块（图 2-67a），致使条料不能准确到位。因此，矩形侧刃定距定位误差 Δ 较大。出现毛刺，也会使送料工作不够畅通。矩形侧刃常用于料厚为 1.5mm 以下且要求不高的一般冲压件冲裁的定位。

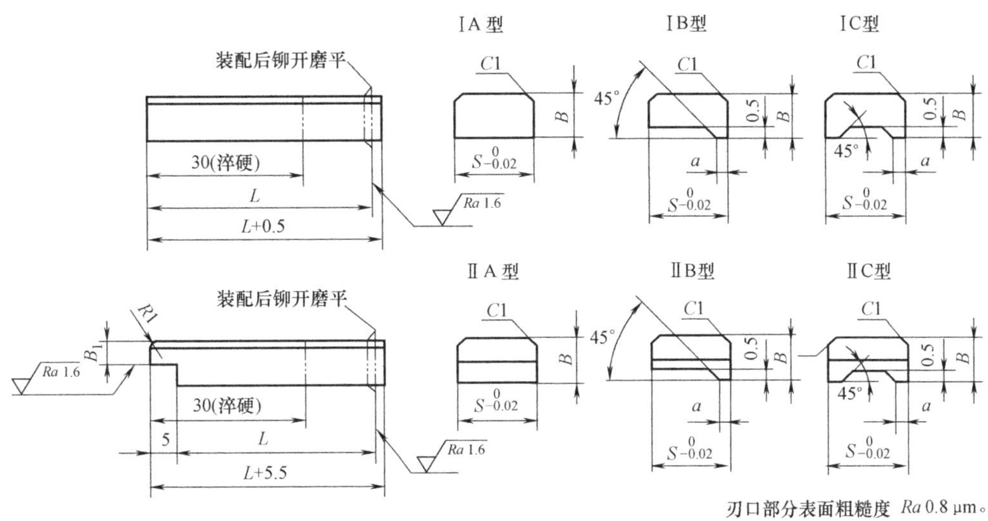

图 2-66　侧刃

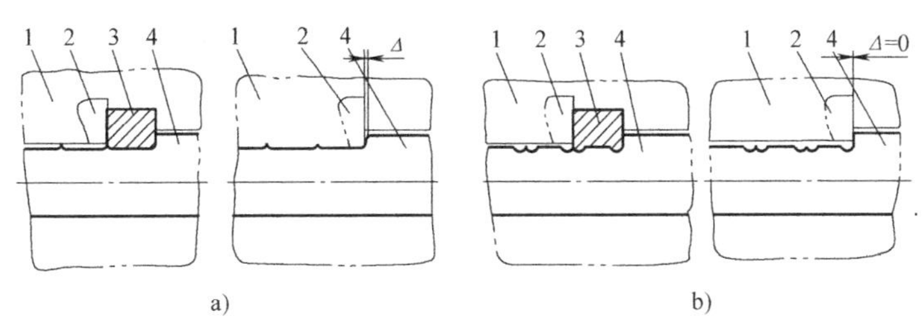

图 2-67　侧刃定位误差

1—导料板　2—侧刃挡块　3—侧刃　4—条料

B 型和 C 型为成形侧刃，从图 2-67b 可知，尽管侧刃角部因制造或磨损原因，在条料上仍然有圆角或毛刺的产生，但是因圆角和毛刺离开了定位面，所以定位准确可靠。但侧刃形状较 A 型复杂，且切除边料较大，增加了材料的消耗，常用于冲裁厚度在 0.5mm 以下或公差要求较严的工件。在高速冲压时，为避免冲去条料边缘的废料回跳到模面而影响侧刃的正常工作，常在大批量生产中将侧刃做成内斜 60°以上的燕尾槽形（图 2-68），以增大废料与凹模的摩擦力，使废料在侧刃的推动下向下漏料。

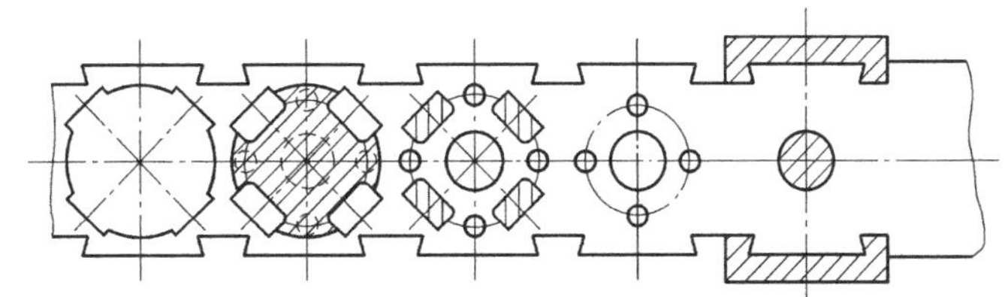

图 2-68　防止废料回跳的燕尾成形侧刃

在模具设计中，可根据材料排样的要求、条料送进的定距和定位精度，选用单侧刃或双侧刃。单侧刃一般用于步数少、材料较硬或厚度较大的级进模；双侧刃用于步数较多、材料较薄的级进模。用双侧刃定距较单侧刃定距定位精度高，但材料利用率略有下降。

侧刃沿送料方向的断面尺寸与步距相等。但在导正销与侧刃兼用的级进模中，侧刃的设计尺寸最好比步距稍大 0.05~0.10mm，才能达到用导正销校正条料位置的目的。侧刃在送料方向的断面尺寸公差，一般按基轴制 h6 制造，在精密级进模中，按 h4 制造；侧刃孔按侧刃实际尺寸加单面间隙配制，材料的选用与凸模相同。

5. 导正销

导正销通常与挡料销配合用于在级进模中，以减小定位误差，保证孔与外形的相对位置尺寸要求。

当零件上有适宜于导正销导正用的孔时，导正销安装在落料凸模上。按其固定方法可分为如图 2-69 所示的六种。图 2-69a、b、c 用于直径小于 10mm 的孔；图 2-69d 用于直径为 10~30mm 的孔；图 2-69e 用于直径为 20~50mm 的孔。为了便于装卸，直径较小的导正销也可采用图 2-69f 所示的结构，其更换十分方便。

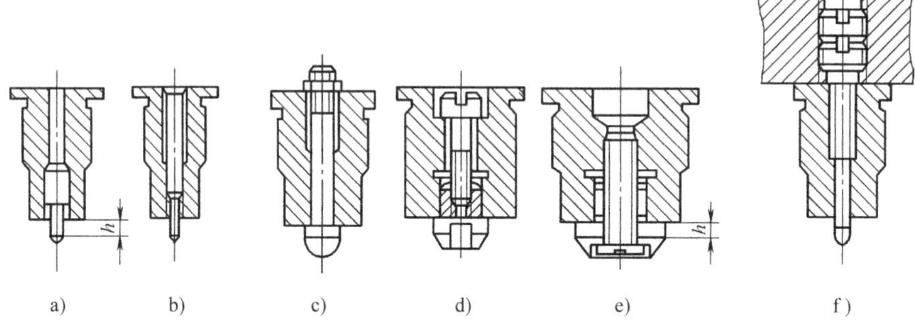

图 2-69　导正销安装在落料凸模上

当零件上没有适宜于导正销导正用的孔时，对于工步数较多、零件精度要求较高的级进模，应在条料两侧的空位处设置工艺孔，以供导正销导正条料使用。此时，导正销固定在凸模固定板上或弹压卸料板上，如图 2-70 所示。

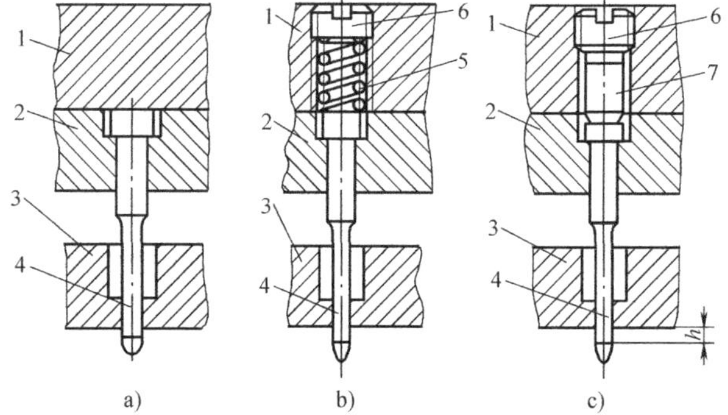

图 2-70　导正销安装在凸模固定板上

1—上模座　2—凸模固定板　3—卸料板　4—导正销　5—弹簧　6—螺塞　7—顶销

导正销与挡料销在级进模中配合使用时，导正销和挡料销的相互位置确定如图 2-71 所示。

如条料按图 2-71a 所示方式定位，挡料销与导正销的轴线位置距离尺寸可按下式计算

$$s_1 = s - D_T/2 + D/2 + 0.1\text{mm} \quad (2\text{-}35)$$

如条料按图 2-71b 所示方式定位，挡料销与导正销的轴线位置距离尺寸可按下式计算

$$s_1' = s + D_T/2 - D/2 - 0.1\text{mm} \quad (2\text{-}36)$$

式中　s——送料步距；

D_T——落料凸模直径；

D——挡料销头部直径。

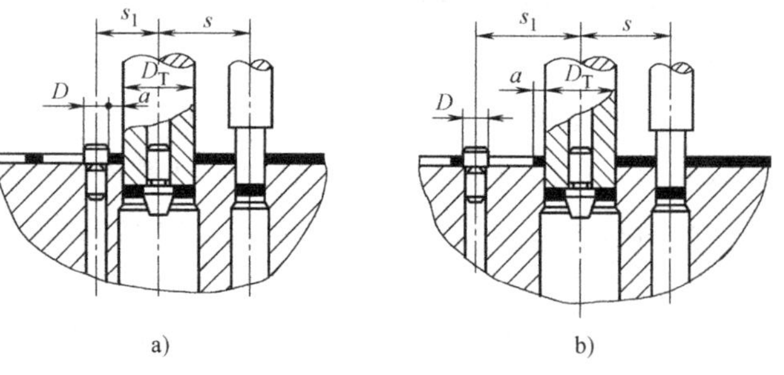

图 2-71　挡料销的位置

2.8.5　卸料与推件零件的设计

1. 卸料零件

设计卸料零件的目的，是将冲裁后卡箍在凸模上或凸凹模上的工件或废料卸掉，保证下次冲压正常进行。常用的卸料方式有以下两种。

（1）刚性卸料装置　刚性卸料装置即采用固定卸料板结构。常用于较硬、较厚且精度要求不高的工件冲裁后卸料。当卸料板只起卸料作用时，与凸模的间隙随材料厚度 t 的增加而增大，单边间隙取 $(0.2\sim0.5)t$。当固定卸料板还要起到对凸模的导向作用时，卸料板与凸模的配合间隙应小于冲裁间隙。此时，要求卸料后凸模不能完全脱离卸料板，保证凸模与卸料板的配合长度大于 5mm。刚性卸料板的厚度一般取 5～20mm，应根据卸料力大小而定。

常用固定卸料板如图 2-72 所示。图 2-72a 是卸料与导料为一体的整体式卸料板；图 2-72b 是卸料板与导料板分开的组合式卸料板，在冲裁模中应用最广泛；图 2-72c 是用于窄长零件的冲孔或切口卸件的悬臂式卸料板；图 2-72d 是在冲底孔时用来卸空心件或弯曲件的拱形卸料板。

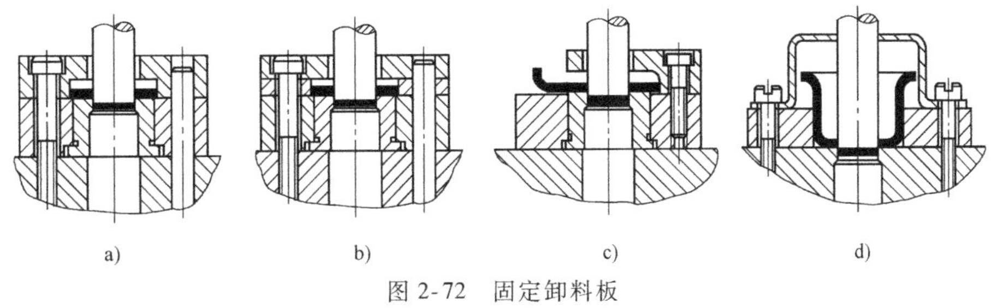

图 2-72　固定卸料板

（2）弹压卸料装置　弹压卸料装置具有卸料和压料的双重作用，主要用于冲裁料厚为 1.5mm 以下的板料。由于有压料作用，冲裁件比较平整。弹性卸料装置结构复杂，可靠性与安全性不如刚性卸料板，并且由于受弹簧、橡胶等零件的限制，卸料力较小。弹压卸料板与弹性元件（弹簧或橡胶）、卸料螺钉组成弹压卸料装置，如图 2-73 所示。卸料板与凸模之

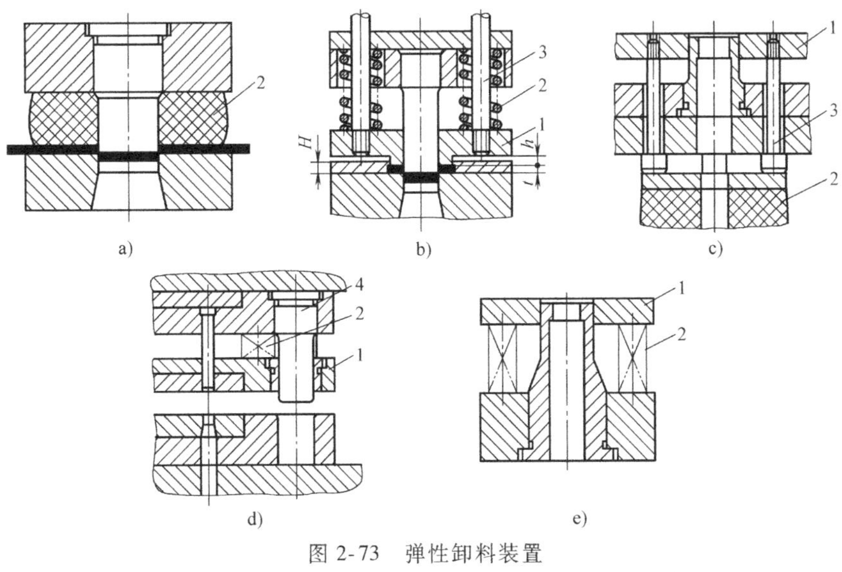

图 2-73　弹性卸料装置

1—卸料板　2—弹性元件　3—卸料螺钉　4—小导柱

间的单边间隙取（0.1~0.2）t，若弹压卸料板还要对凸模起导向作用时，二者的配合间隙应小于冲裁间隙。

弹性元件的选择，应满足卸料力和冲模结构的要求。设计时，可参考有关的设计资料。图 2-73a 所示为用橡胶块直接卸料；图 2-73c、e 为倒装式卸料；图 2-73d 所示为一种组合式的卸料板，在多工位级进模中应用较多，此时，卸料板必须要有小导柱导向，以保护小凸模。设计图 2-73b 所示结构时，凸台部分的设计高度 $h=H-(0.1\sim0.3)t$。

2. 推件和顶件装置

（1）推件装置　推件和顶件的目的，是将工件从凹模中推出来（凹模在上模）或顶出（凹模在下模）。

当模具回程时，压力机的横梁（图 2-74）作用于（打杆）推杆，使推件力传递到推板和推件块，将工件（或废料）推出凹模。推件块的形状和推杆的布置，应根据被推工件的尺寸和形状来确定。常见的刚性推件装置如图 2-75 所示，弹性推件装置如图 2-76 所示。刚性推件装置推件力大，工作可靠，所以应用十分广泛，尤其是冲裁板料较厚的冲裁模。对于板料较薄且平面度要求较高的冲裁件，宜采用弹性推件装置，弹性组件一般采用橡胶。采用弹性推件装置时，工件的质量较高，但是工件易嵌入边料，给取件带来麻烦。

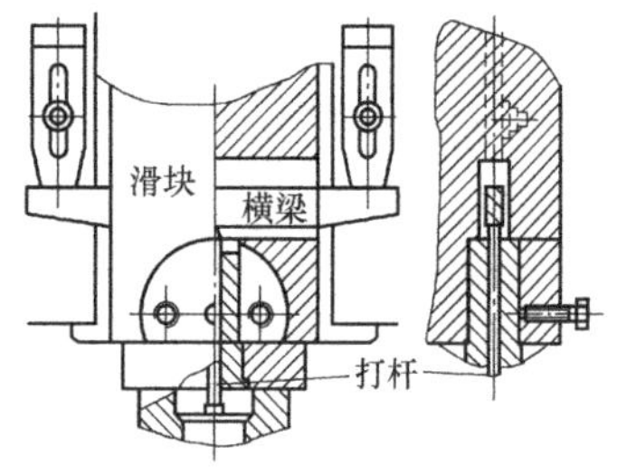

图 2-74　推件横梁

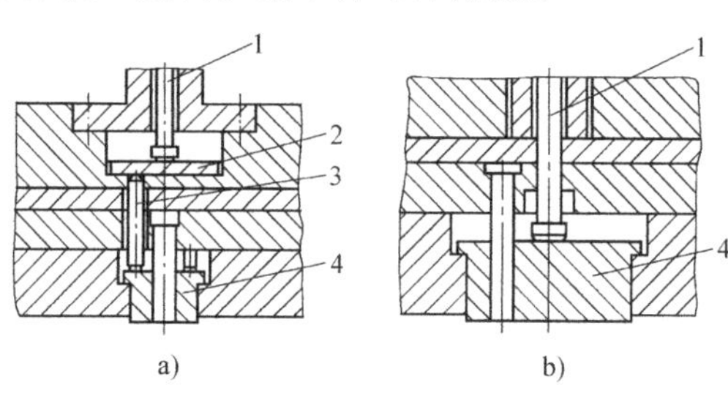

图 2-75　刚性推件装置

1—打杆　2—推板　3—推杆　4—推件块

（2）顶件装置　设计在下模的弹性顶件装置如图2-77所示。通过凸模下压使弹性元件在冲压时贮存能量，模具回程时，顶件装置的弹性元件释放能量，顶件块将工件从凹模孔中顶出。

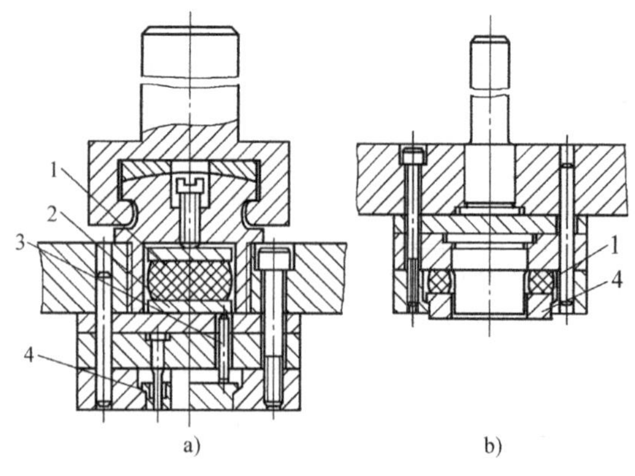

图 2-76　弹性推件装置

1—橡胶块　2—推板　3—推杆　4—推件块

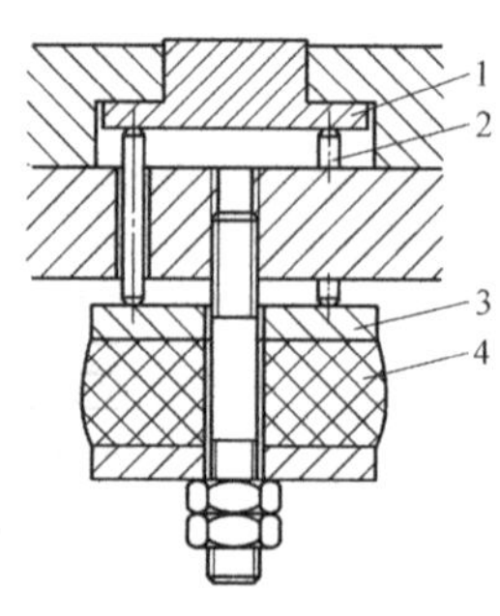

图 2-77　弹性顶件装置

1—顶件块　2—顶杆

3—支承板　4—橡胶块

2.8.6　标准模架和支撑零件

GB/T 2851—2008、GB/T 2852—2008 列出了各种不同结构和不同导向形式的铸铁标准模架。常用的模架有：滑动式导柱导套模架（图 2-78）和滚动式导柱导套模架（图 2-79）。模架由上、下模座和导向零件组成，它是整副模具的骨架，用于固定模具的全部零件，并承受冲压过程的全部载荷。模具的上模座和下模座分别与冲压设备的滑块和工作台固定。上、下模间的精确定位通过导柱、导套的导向来实现。

1. 滑动式导柱导套模架

(1) 对角导柱模架　图 2-78a 为对角导柱模架。导柱安装在模具中心对称的对角线上，且两导柱直径不同，以避免上、下模位置装错。上模座在导柱上滑动平稳。常用于横向送料级进模或纵向送料的落料模、复合模（X 轴为横向，Y 轴为纵向）。

(2) 后侧导柱模架　图 2-78b 为后侧导柱模架，由于前面和左、右不受限制，送料和操作比较方便。因为导柱安装在后侧，工作时，偏心距会造成导柱导套单边磨损，并且不能使用浮动模柄结构，一般用于小型冲模。

(3) 中间导柱模架　图 2-78c、d 为中间导柱模架和中间导柱圆形模架，导柱安装在模具的对称线上，且两导柱的直径不同，以避免上、下模左右位置装错。导向平稳、准确，但只能一个方向送料，常用于单工序模和少工位的级进模。

(4) 四导柱模架　图 2-78e 为四导柱模架。这种模架具有滑动平稳、导向准确可靠、

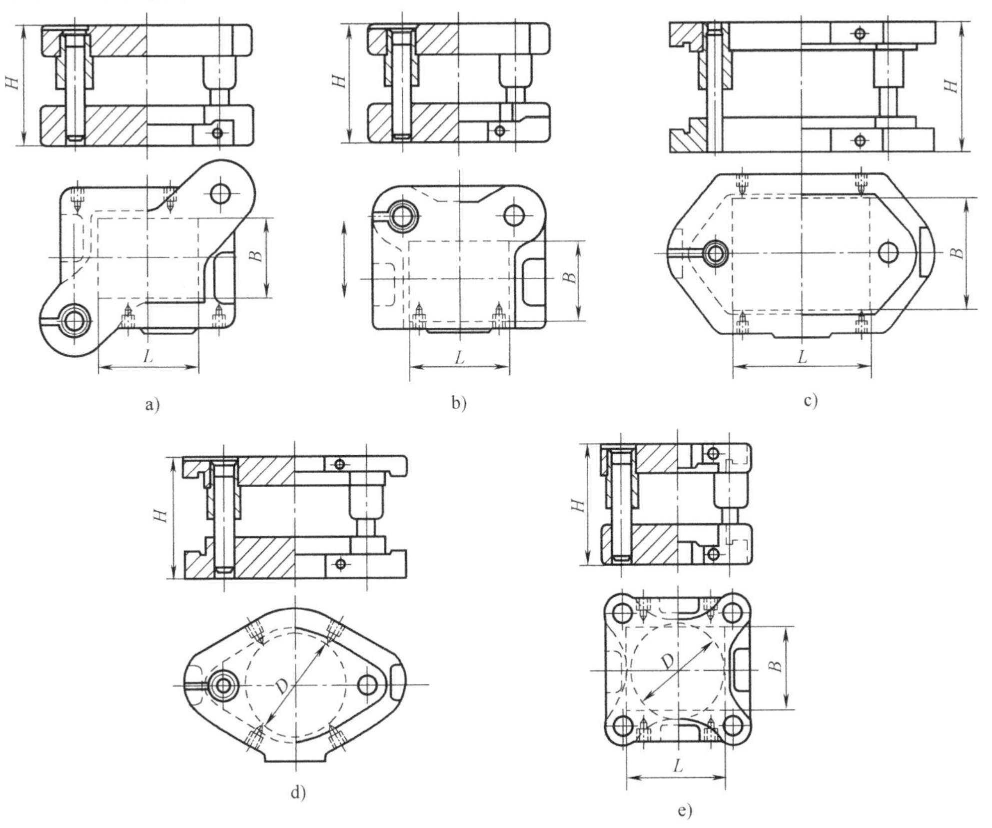

图 2-78　滑动式导柱导套模架

刚性好等优点。一般用于大型冲模、要求模具刚性与精度都很高的冲裁模、大批量生产的自动冲压模，以及同时要求模具寿命很高的多工位级进模。

2. 滚动式导柱导套模架

滚动导向装置又称为滚珠导向装置，是一种无间隙导向，如图 2-79 所示。滚动式导柱导套模架的导向精度高，使用寿命长，主要用于高精度、高寿命的精密模具及薄材料的冲裁模具。

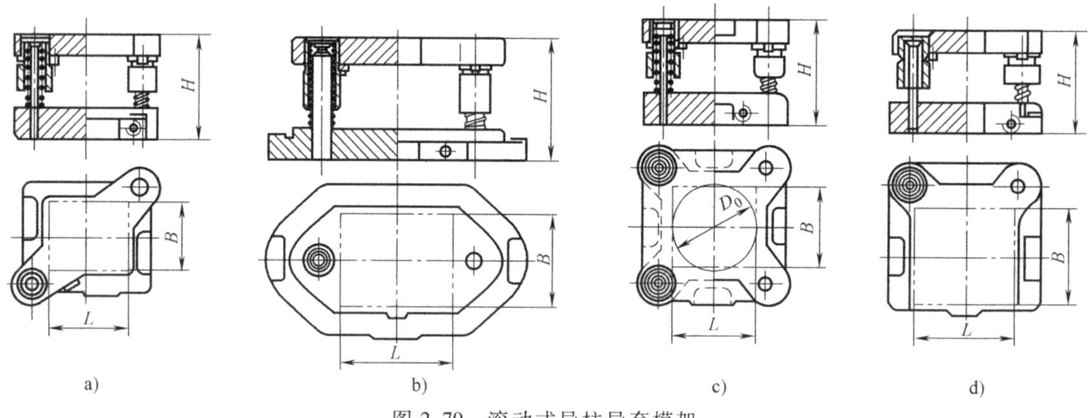

图 2-79　滚动式导柱导套模架

GB/T 23563—2009、GB/T 23565—2009 列出了各种不同结构和导向形式的钢板标准模架。图 2-80 所示为滑动式导柱导套钢板模架。

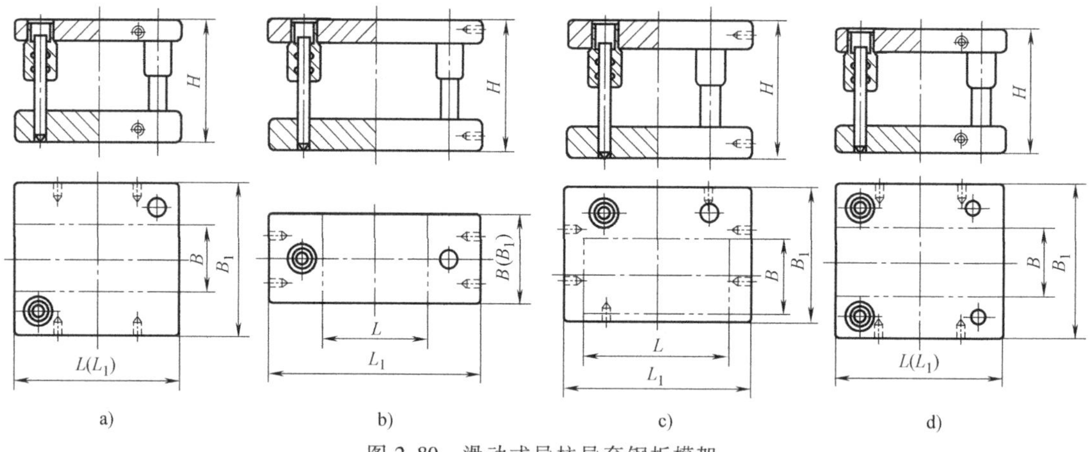

图 2-80　滑动式导柱导套钢板模架

模架的规格可根据凹模周界尺寸从标准手册中选取。

图 2-81 所示为滑动导向的导柱导套的安装尺寸示意图。此时模具为闭合状态，H 为模具的闭合高度。导柱导套的配合精度，根据冲裁模的精度、模具寿命、间隙大小来选用。当冲裁的板料较薄，而模具精度、寿命都有较高要求时，选 H6/h5 配合的Ⅰ级精度模架；板厚较大时，可选用Ⅱ级精度的模架（H7/h6 配合）。对于薄料的无间隙冲模、高速精密级进模、精冲模、硬质合金冲模等要求导向精度高的模具，必须选择如图 2-82 所示的滚动导向的导柱导套结构。

滚珠导向的导柱、导套结构由导套、导柱、滚珠保持圈（内装有可自由滚动的滚珠）组成。为提高导向精度，滚珠与导柱导套间不仅无间隙，且有 0.01～0.02mm 的过盈量。为了提高导向的刚性，滚珠尺寸必须严格控制，以保证接触均匀。滚珠的直径约为 3～5mm，其直径公差不超过 0.002~0.003mm，椭圆度公差不超过 0.0015mm。滚珠在保持圈内应以等间距平行倾斜排列，其倾斜角 α 一般取 8°，以增加滚珠与导柱、导套的接触线，使滚珠运动的轨迹互不重合，从而可以减少磨损。滚动导向结构也已列入冲模的国家标准。

导柱、导套一般选用 20 钢制造，为增加表面的硬度和耐磨性，采用渗碳淬火处理至 58~62HRC。淬硬后磨削表面，工作表面的粗糙度达 Ra 0.2~0.1μm。

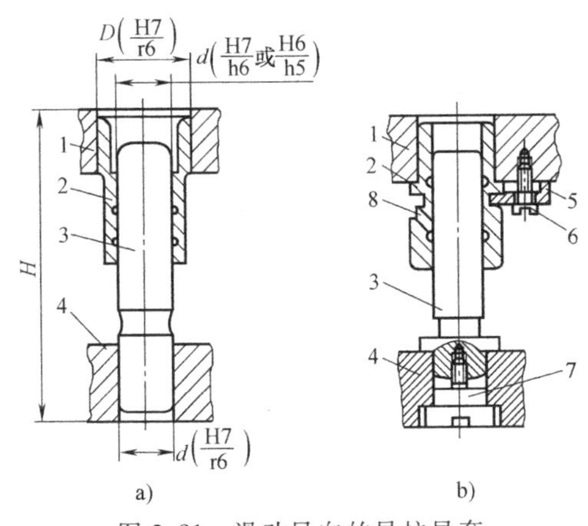

图 2-81　滑动导向的导柱导套

1—上模座　2—导套　3—导柱　4—下模座　5—压板　6—螺钉　7—特殊螺钉　8—注油孔

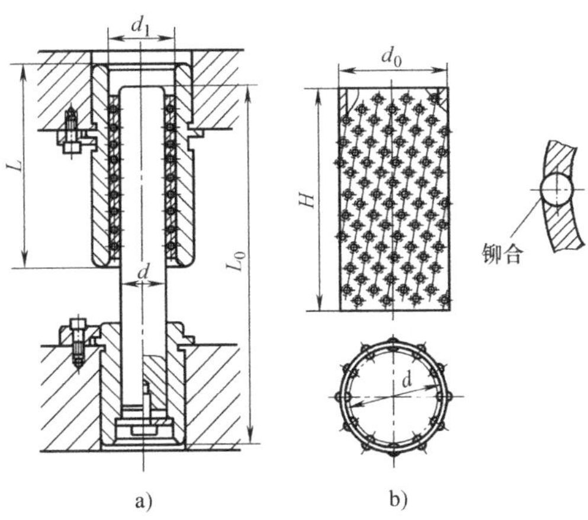

图 2-82　滚动导向的导柱导套

a）滚珠式导柱导套　b）钢球保持圈

3. 固定零件

模具的固定零件包括模柄、固定板、垫板、销钉、螺钉等。这些零件都可以从标准中查得。

（1）模柄　大型模具通常采用螺钉、压板直接将上模座固定在滑块上，中、小型模具一般通过模柄将上模座固定在压力机滑块上。模柄的结构形式比较多，常用的如图 2-83 所示。

1）图 2-83a 所示为旋入式模柄，通过螺纹与上模座连接。骑缝螺钉用于防止模柄转动。这种模柄装卸方便，但与上模座的垂直度误差较大，主要用于中、小型有导柱的模具。

2）图 2-83b 所示为压入式模柄，固定段与上模座孔采用 H7/m6 过渡配合，并加骑缝销防止转动。装配后模柄轴线与上模座的垂直度比旋入式模柄好，主要用于上模座较厚而又没有开设推板孔的场合。

3）凸缘式模柄如图 2-83c 所示，上模座的沉孔与凸缘采用 H7/m6 配合，并用 3 个或 4 个内六角圆柱头螺钉进行固定。由于沉孔底面的表面较粗糙，与上模座的平行度较差，所以装配后模柄的垂直度远不如压入式模柄。这种模柄的优点在于凸缘的厚度一般不到模座厚度的一半，凸缘模柄以下的模座部分仍可以加工出型孔，便于容纳推件装置的推板。

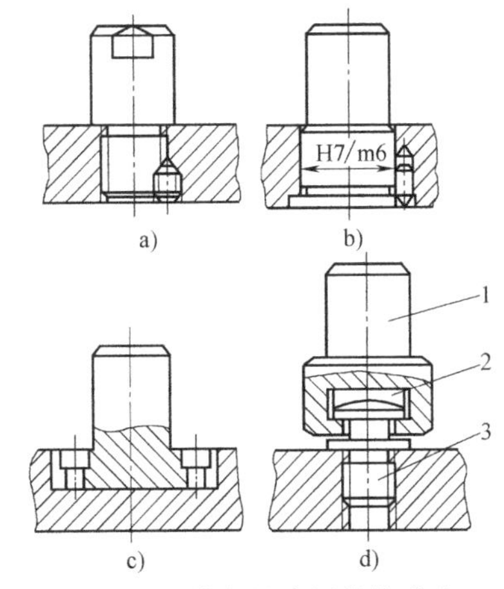

图 2-83　模柄的常用结构形式

a）旋入式　b）压入式　c）凸缘式　d）浮动式

1—模柄接头　2—凹球面垫块　3—活动模柄

4）浮动式模柄如图 2-83d 所示，模柄接头 1 与活动模柄 3 之间加一个凹球面垫块 2，因此模柄与上模座不是刚性连接，允许模柄在工作过程中产生少许倾斜。采用浮动式模柄，可避免压力机滑块由于导向精度不高而对模具导向装置产生的不利影响，减少模具导向件的磨损，延长使用寿命。浮动式模柄主要用于滚动导向模架；在压力机导向精度不高时，选用Ⅰ级精度滑动导向模架也可采用。但选用浮动式模柄的模具必须使用行程可调节的压力机，以保证在工作过程中导柱与导套不脱离。

（2）凸模、凹模固定板　凸模、凹模固定板主要用于中、小型凸模、凹模或凸凹模等工作零件的固定。固定板的外形与凹模轮廓尺寸基本上一致，厚度取（0.6~0.8）$H_{凹}$。材料可选用 Q235 或 45 钢。固定板与凸模、凹模为过渡配合（H7/n6 或 H7/m6），压装后，将凸模端面与固定板一起磨平。浮动凸模与固定板采用间隙配合。

（3）垫板　垫板的作用是承受凸模或凹模的轴向压力，防止过大的冲压力在上、下模板上压出凹坑（图 2-84）而影响模具正常工作。垫板的厚度根据压力大小选择，一般取 5~12mm，外形尺寸与固定板相同，材料为 45 钢或工具钢，热处理后硬度为 43~48HRC。如果模座是用钢板制造的，当凸模截面面积较大时，可以省去垫板。

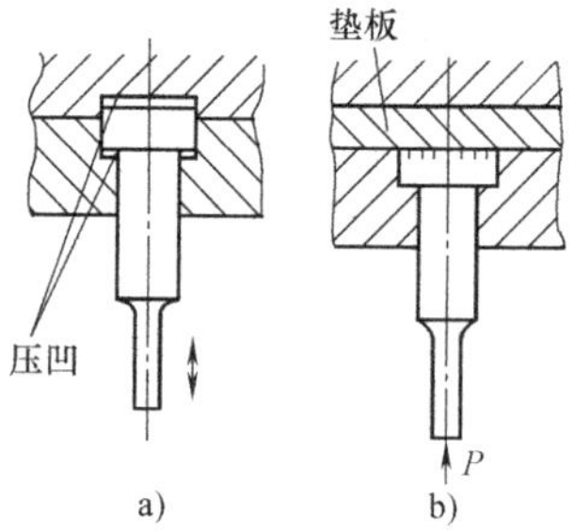

图 2-84　垫板对受力的影响
a）无垫板时　b）有垫板时

2.8.7　弹性元件的选用

弹簧和橡胶是模具中广泛使用的弹性零件，用于卸料、压料、推件和顶件等工作。

1. 普通圆柱压缩弹簧

普通圆柱螺旋弹簧一般按照标准选用，标准号为 GB/T 2089—2009。其步骤如下。

1）根据模具结构初步确定弹簧根数 n，并计算出每根弹簧需要分担的卸料力（或推件力），即 $F_{卸}/n$，要求

$$F_{预} \geqslant F_{卸}/n \tag{2-37}$$

式中　$F_{预}$——弹簧的预紧力（N）；

$F_{卸}$——卸料力或推件力、顶件力（N）；

n——弹簧根数。

2）根据 $F_{预}$和模具结构尺寸，查冲模设计手册，从标准中初选出若干个规格的弹簧，这些弹簧均需要满足最大工作负荷大于 $F_{预}$的条件，一般可取（1.5~2）$F_{预}$。

3）校核弹簧的最大允许压缩量是否满足工作需要的总压缩量 $S_{总}$，即

$$S_{最大} \geqslant S_{总} = S_{预} + S_{工作} + S_{修磨} \tag{2-38}$$

式中　$S_{最大}$——弹簧允许的最大压缩量；

$S_{总}$——弹簧需要的总压缩量；

$S_{预}$——弹簧的预压缩量；

$S_{工作}$——卸料板或推件板等的工作行程；

$S_{修磨}$——模具的修磨量或调整量，一般取 4~6mm。

如不满足上式，应重新选择。

4）因模具闭合高度的大小限定了所选弹簧在预压状态下的长度，上、下模座的尺寸限定了卸料板的面积，也限定了允许弹簧占用的面积，所以需要检查弹簧的装配长度（即弹簧预压缩后的长度=弹簧的自由长度-预压缩量）、根数、直径是否满足模具结构空间尺寸，如不符合，应重新选择。

2. 橡胶

橡胶允许承受的载荷比弹簧大，且价格低、安装调整方便，是模具中广泛使用的弹性组件。橡胶在受力方向所产生的变形，与其所受到的压力不是成正比的线性关系，其特性曲线如图 2-85 所示。

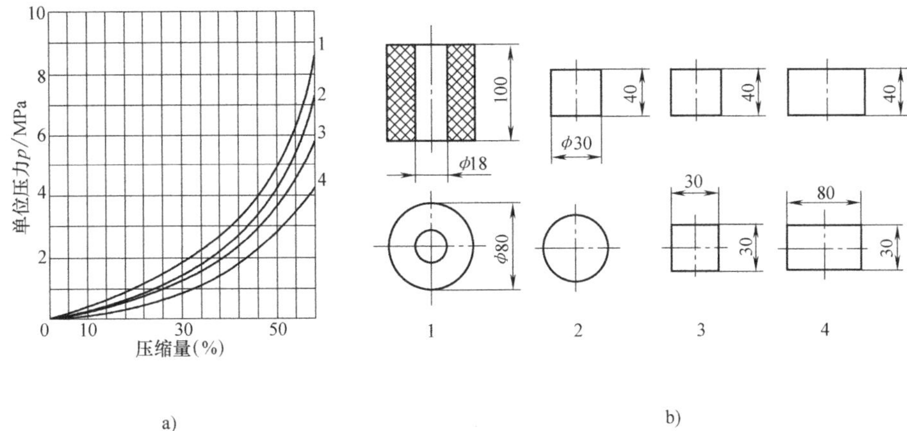

图 2-85　橡胶特性曲线

a）特性曲线　b）曲线所对应的橡胶

由图可知，橡胶的单位压力与橡胶的压缩量和形状及尺寸有关。橡胶所能产生的压力为

$$F = Ap \tag{2-39}$$

式中　F——橡胶产生的压力（N）；

A——橡胶的横截面积（mm^2）；

p——与橡胶压缩量有关的单位压力（MPa），可由图 2-85 或冲模设计手册查出。

橡胶的选用步骤与弹簧选用类似，首先同样要求 $F \geqslant F_{卸}/n$。橡胶的自由高度可由下式求出

$$H_{自由} = (3.5 \sim 4.0) S_{工作} \tag{2-40}$$

$$S_{工作} = t + 1\text{mm} + S_{修磨} \tag{2-41}$$

式中　$H_{自由}$——橡胶的自由高度；

$S_{工作}$——橡胶的工作行程；

$S_{修磨}$——模具的修磨量或调整量，一般取 4～6mm；

t——工件材料的厚度。

根据模具结构所允许的空间大小，检查相关的装配尺寸是否符合要求。橡胶装配所需高度一般取（0.85～0.9）$H_{自由}$。根据模具空间大小校核该橡胶的断面面积是否合适，并使橡胶的高径比满足下式

$$0.5 \leqslant H/D \leqslant 1.5 \tag{2-42}$$

如果高径比超过 1.5，应当将橡胶分成若干段叠加，在其间垫钢垫圈，并使每段橡胶的 H/D 值仍在上述范围内。另外需要注意，在橡胶装上模具后，周围要留有足够的间隙位置，以容纳橡胶压缩断面尺寸的胀大。

2.9　精密冲裁工艺与精冲模简介

精密冲裁是一种能够生产具有完全光洁断面的板料零件的制造工艺。该工艺有时也称为

光洁冲裁。由于精密冲裁具有独特的工艺特点，能够加工出高质量断面的零件，且具有显著的经济优势，因而迅速被制造业所采纳，并开辟了许多新的应用领域。

精密冲裁常与成形工艺结合，称为精冲复合成形工艺。它可分为两种：板料成形和体积成形。板料成形工艺包括拉深、弯曲和翻边成形。体积成形工艺主要包括镦粗、平面打扁、压印、沉孔和挤压等。体积成形所用的板料比板料成形要厚。所有精冲复合成形工艺需采用多工位模具实现。图 2-86 所示为精密冲裁及精冲复合成形的零件。

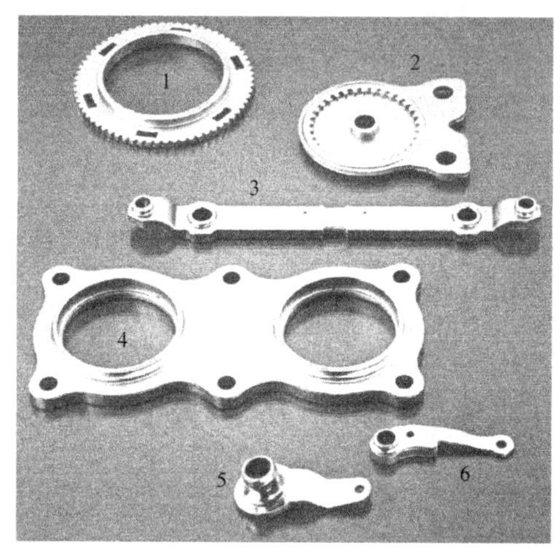

图 2-86　精密冲裁及精冲复合成形的零件

2.9.1　精密冲裁概述

由于普通冲裁生产的零件断面质量不能满足一些使用功能的要求，如通过齿轮表面传输力、紧密配合等，这些要求冲裁件表面具有较大的接触面积（光亮带）和较小的垂直度公差，因此必须改进普通冲裁的工艺，生产具有更好冲裁断面质量的零件。精密冲裁就是这样一种冲压方法，它能在一次冲压行程中获得比普通冲裁零件尺寸精度高、冲裁面光洁、翘曲小且互换性好的优质冲压零件，并以较低的成本达到产品质量的改善。

要实现精密冲裁必须要具备的基本要素包括：精冲机床、精冲模、精冲材料、精冲工艺及精冲润滑等。

1. 精密冲裁的工作原理及过程

（1）工作原理　图 2-87 所示为精冲复合模，图 2-87a 所示为精密冲裁过程中的一个状态，此时零件和冲孔废料均已被冲裁到一半厚度的位置，前者向下进入凹模而后者向上进入凸凹模中。主要工作压力有冲裁力 F_S（作用在凸模上）、压边力 F_R（作用在凹模上）、反压力 F_G（作用在顶件器上），反压力与冲裁力方向相反。

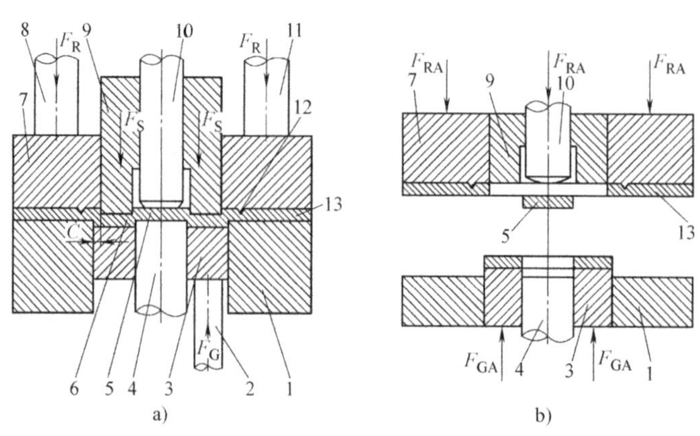

图 2-87　精密冲裁工作原理

1—凹模　2、8、11—压力杆　3—顶件板　4—冲孔凸模　5—冲孔废料　6—工件　7—齿圈压板　9—凸凹模　10—冲孔废料顶件器　12—V 形齿圈　13—带料

图 2-87b 表明，一旦零件的内、外形均已冲裁完毕，零件将被顶件力 F_{GA} 从凹模中顶出，而废料则被卸料力 F_{RA} 从凸凹模上卸除。F_{RA} 与 V 形齿圈压入材料的压边力 F_R 是由同一机构提供，所有这些力均与冲裁力相互独立。

精密冲裁的变形机理是塑性剪切过程，是在专用精冲压力机上（压边力和反压力由液压系统提供，冲裁力由机械系统提供），借助于特殊结构的精冲模，在强力的齿圈压力、反压力及冲裁力的共同作用下，使精冲材料产生塑性剪切变形。图 2-87 所示的冲裁过程中，凸凹模接触带料之前，通过压力 F_R 使 V 形齿圈将材料压紧在凹模上，从而在 V 形齿的内表面产生横向侧压力，以阻止材料在剪切区内撕裂和金属的横向流动。在冲孔凸模压入材料的同时，利用顶件板的反压力 F_G 将材料压紧；并在压紧状态中，在冲裁力 F_S 作用下进行冲裁。剪切区内的金属处于三向压应力状态。从而提高了材料的塑性。此时，材料就沿着凹模的刃边形状呈纯剪切的形式冲裁。

（2）精密冲裁过程　精密冲裁过程中，滑块的行程是十分精确的。滑块速度可控、反压力和压边力可调、一些辅助功能可以在行程的指定点启动。图 2-88a 所示为液压式精冲机滑块行程-时间曲线，纵坐标为行程，横坐标为时间。初始阶段，滑块快速向上运动，到特定点后滑块速度减慢，此时模具安全装置自动探测模腔内是否有异物存在；确认无异物后，滑块以冲裁速度向上直至上死点；之后滑块快速回程至下死点，冲裁过程结束。精冲机的冲裁速度可根据料厚、材料成分及零件的几何形状，在较宽的范围内（$v=3\sim60$mm/s）设定。由于冲裁速度影响到冲裁结果和模具寿命，因此必须谨慎选择。通常模具的闭合速度为 120mm/s，回程速度为 135mm/s。图 2-88b 中的曲线 4 是齿圈活塞运动曲线，表明在冲裁开始前齿圈已压入材料。当滑块向上运动且材料被冲裁时，反压力和压边力均起作用。曲线 5 是反压活塞运动曲线。冲裁一开始，反压力即作用在凸模上，此时冲裁力要克服反压力。冲裁结束后，反压力将零件从凹模中顶出（曲线 5）。随后，废料从凸模上卸除，冲孔废料从模腔中推出（曲线 4）。曲线 7 为带料的送料过程，在卸下废料、推出冲孔废料后立即送料。零件顶出后，空气喷嘴或机械式零件和废料移除系统开始工作（曲线 6）。废料切刀在模具打开阶段工作（曲线 8）。

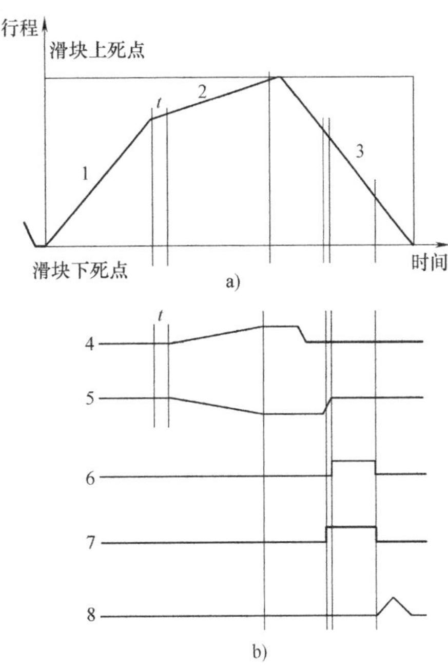

图 2-88　液压式精冲机滑块行程-时间曲线

a）滑块行程　b）其他各功能的行程

1—快速合模行程　2—冲裁行程　3—快速回程

4—齿圈活塞运动曲线　5—反压活塞运动曲线

6—零件移除　7—送料

8—切断废料　t—慢速探测行程

图 2-89 描述了精密冲裁的工作循环过程，图 2-89a～h 分别对应精密冲裁过程中模具的 8 个状态。

1）模具开启（图 2-89a）。模具开启，送入带料，并对带料的上、下两面进行润滑。

2）工件材料夹紧定位（图 2-89b）。模具闭合，剪切区以外的材料在压边力 F_R（通过

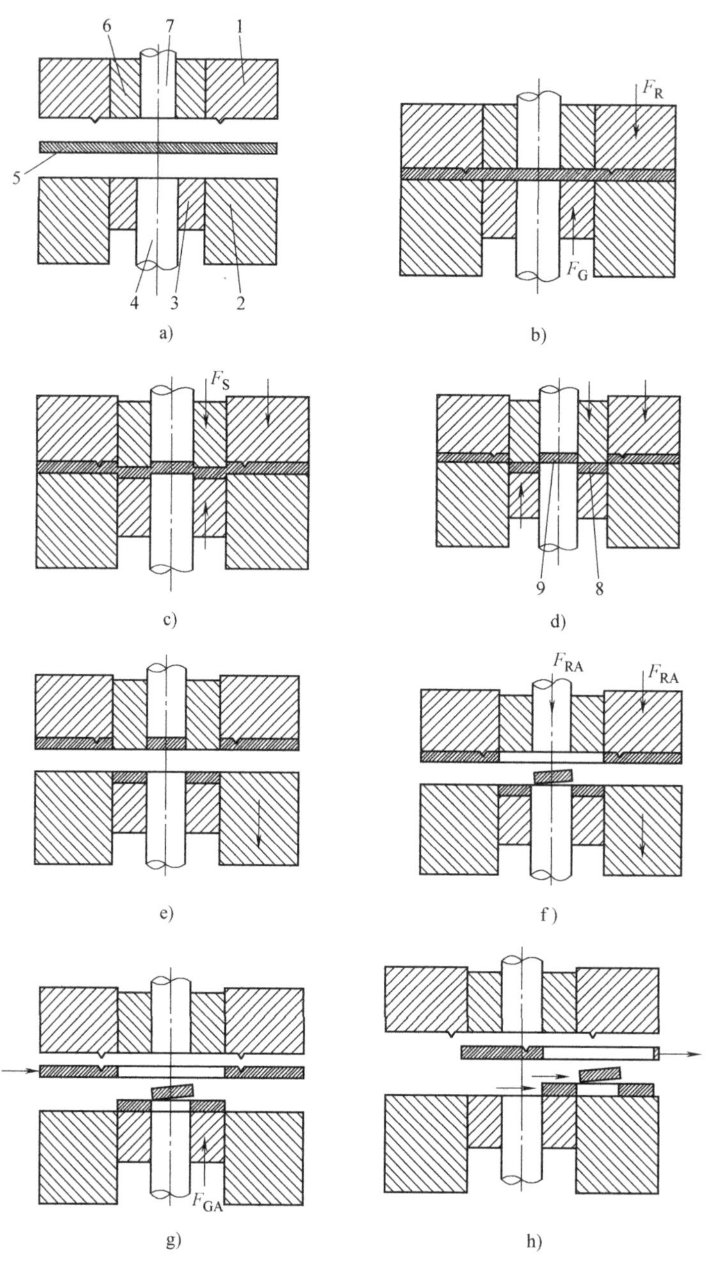

图 2-89　精密冲裁的工作循环过程

1—齿圈压板　2—凹模　3—顶件板　4—冲孔凸模　5—带料

6—凸凹模　7—顶件器　8—工件　9—废料

V 形齿圈）作用下、剪切区以内材料在反压力 F_G 作用下夹紧。

3）冲裁阶段（图 2 -89c）。在冲裁阶段材料受到压边力 F_R、反压力 F_G 和冲裁力 F_S 的共同作用，零件冲裁成形。

4）冲裁结束（图 2-89d）。此时零件与带料完全分离，并被推入凹模，同时冲孔也已完成，冲孔废料被推入凸凹模模腔。滑块已到达最高点，即上死点。

5）模具开启（图 2 -89e）。压边力 F_R 和反压力 F_G 卸载，模具开启。

6）冲孔废料卸除（图 2-89f）。该阶段 V 形齿圈活塞施加卸料力 F_{RA}，从凸模上卸除冲孔废料。

7）零件顶出（图 2-89g）。废料退出后，反压活塞施加顶件力 F_{GA}，将零件从凹模中顶出，同时，带料向前移动，为下一冲程做准备。

8）移除零件和废料，带料送进（图 2-89h）。在此阶段，通过空气喷嘴或机械式移除装置将零件和废料从模具中移除，送料完成，并将废料切断。

2. 普通冲裁与精密冲裁的工艺特点对比

图 2-90 所示为普通冲裁与精密冲裁两种工艺方法的区别。表 2-28 为普通冲裁与精密冲裁的工艺特点对比。

根据表 2-28 可知，要实现精密冲裁，工艺上必须采取四个特殊措施：

1）采用带齿圈的压板，产生强烈压边作用力，使塑性剪切变形区形成三向压应力状态，且增加变形区及其邻域的静水压力。

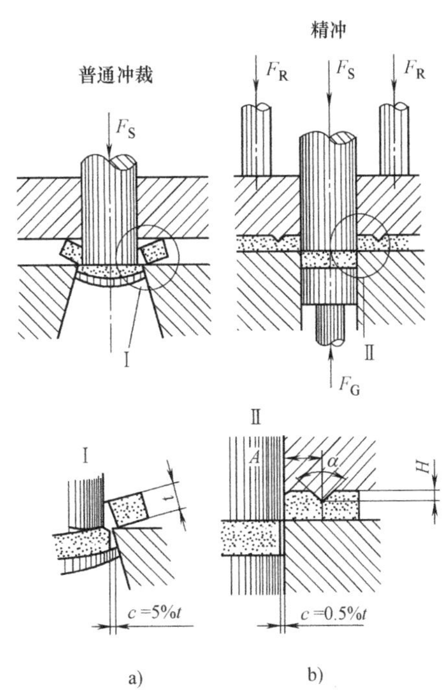

图 2-90　普通冲裁与精密冲裁的区别

表 2-28　普通冲裁与精密冲裁的工艺特点对比

技术特征	普通冲裁	精密冲裁
1. 材料分离形式	剪切变形、断裂分离	塑性剪切变形
2. 尺寸精度	IT9～IT11	IT6～IT9
3. 冲裁断面质量：表面粗糙度 *Ra* 垂直度公差 平面度公差	*Ra*>6.3μm 大 大	*Ra*=1.6～0.4μm 小（单面 0.0026mm/1mm） 小（0.02mm/10mm）
4. 模具：间隙 刃口	双边（5%～15%）*t* 锋利	单边 0.5%*t* 小圆角
5. 冲压材料	无要求	塑性好（球化处理）
6. 毛刺	双向、大	单向、小
7. 塌角	20%～30%	10%～25%
8. 压力机	普通（单向力）	特殊（三向力）
9. 润滑	一般	特殊
10. 成本	低	高（回报周期短）

2）凹模（或凸模）刃尖处需制造出 0.02～0.2mm 左右的小圆角，可抑制剪裂纹的发生，限制断裂面的形成，有利于工件断面的挤光。

3）采用较小的冲裁间隙，甚至为零间隙，使变形区的拉应力尽量小，压应力增大。

4）施加较大的反压力，减小材料的弯曲，同时起到增加压应力的作用。

2.9.2　精冲件的工艺性

要获得高质量的精冲件，设计时对精冲件的材料与结构工艺性也有一定的要求。

1. 精冲件材料的工艺性

精冲的材料必须具有良好的变形特性，即屈服强度低、硬度较低、屈强比较大、断后伸长率高；具有理想的金相组织结构；含碳量低等，以便在冲裁过程中不致发生撕裂现象。以 $\sigma_b=400\sim500\text{MPa}$ 的低碳钢精冲效果最好。但 $w_C=0.35\%\sim0.70\%$，甚至更高的碳钢，以及铬、镍、钼含量低的合金钢，经退火处理后仍可获得良好的精冲效果。值得注意的是，材料的金相组织对精冲断面质量影响很大（特别是含碳量高的材料），最理想的组织是球化退火后均布的细粒碳化物（即球状渗碳体）。有色金属，包括纯铜、黄铜（$w_{Cu}>62\%$）、软青铜、铝及其合金（抗拉强度低于 250MPa）都能精冲。铁素体不锈钢和奥氏体不锈钢（$w_C\leqslant0.15\%$）也能获得较好的精冲效果。

2. 精冲件的结构工艺性

（1）圆角半径　为了保证零件质量和模具寿命，要求精冲零件避免尖角和太小的圆角半径。否则，会在零件相应的剪切面上发生撕裂，以及在凸模尖角处崩裂和磨损。零件轮廓的最小圆角半径与材料的厚度、力学性能及尖角角度有关，设计时可参考图 2-91。

（2）孔径　精冲件的孔径 d 不能太小，否则也会影响模具寿命和零件质量。冲孔的最小孔径可查图 2-92（图例中料厚 t 为 6mm，材料的抗拉强度为 400MPa，d_{min} 为 3.6mm）。

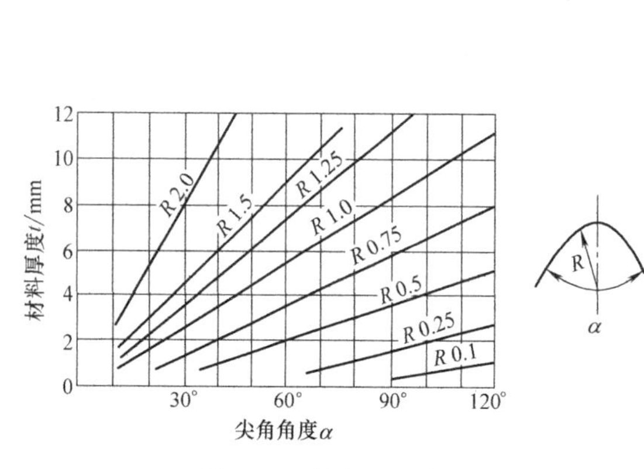

图 2-91　最小圆角半径

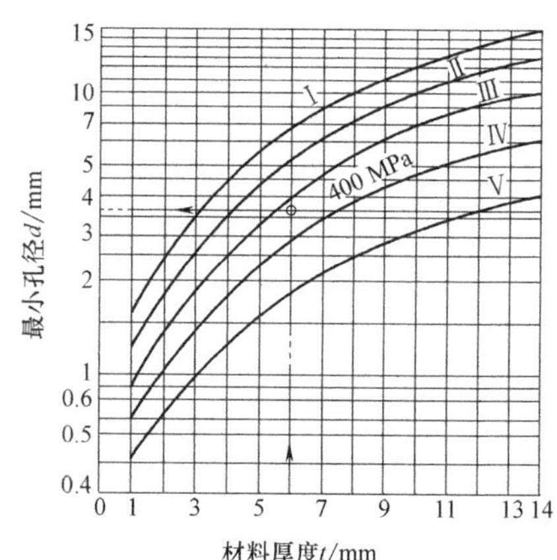

图 2-92　最小孔径

（3）槽宽和壁厚　槽宽 b 和壁厚 W 可查图 2-93。精冲件的壁厚是指孔、槽之间或孔、槽内壁与零件外缘之间的距离，同轴圆弧的壁厚和直边部分的壁厚。壁厚均可视为窄带，可由图 2-93 粗略确定，也可参考有关精冲设计资料。

图例：已知料厚为 4.5mm，抗拉强度 $\sigma_b=600\text{MPa}$，槽长 $L=50\text{mm}$。根据图 2-93，得到窄槽宽度换算值 b' 为 3，因槽长 $L=50\text{mm}$，做 $L>15b'$ 和 $b'=3$ 的连线，得到最小槽宽 $b=4\text{mm}$。从图中还可得到最小壁厚为 3mm。

2.9.3　精密冲裁模的设计要点

精密冲裁模（精冲模）的设计内容包括分析精冲件的工艺性、确定精冲工艺顺序、进行精冲模具总体结构设计及精冲辅助工序的设计等。

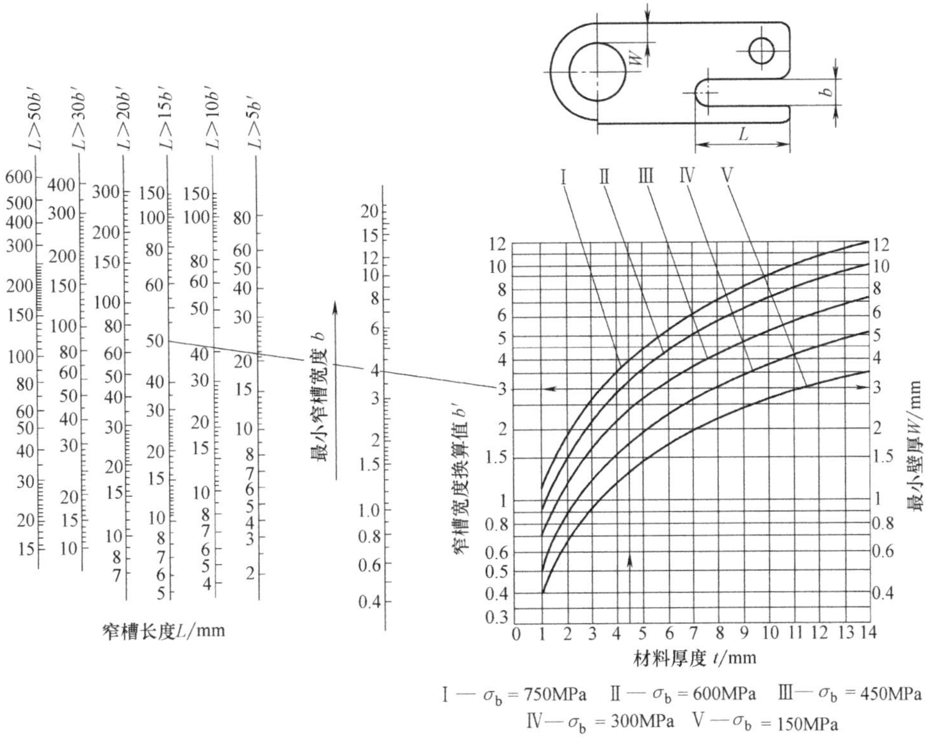

图 2-93　槽宽和壁厚

1. 设计主要要求

精冲模是实现精冲工艺的重要手段，除了要满足普通冲裁模设计要求外，还要特别注意以下几点：

1）模具结构必须满足精冲工艺要求，并能在工作状况下形成立体压应力体系。

2）模具具有较高的强度和刚度，功能可靠，导向精度良好。因此，上、下模座选择 45 钢并调质，模板厚度比普通冲裁模厚 30%~50%，导向机构选用滚动导柱导套。

3）认真考虑模具的润滑、排气，并能可靠清除冲出的零件及废料。

4）合理地选用精冲模具材料、热处理方法，满足模具零件的加工工艺性要求。

5）模具结构简单、维修方便，具有良好的经济性。

2. 精冲的排样和精冲力的计算

排样直接影响材料的利用率。此外，模具的各工作零件的布置和结构形状也取决于合理的排样。排样时，不仅要考虑材料的利用率，而且还要考虑到实现精冲工艺的可行性。即排样与零件的质量和经济性密切相关。

（1）精冲件的排样设计

1）合理的材料利用率。在进行图 2-94 所示零件排样时，为充分提高材料利用率，采用对头排。排样时，要特别注意零件间要留有足够的齿圈位置。排样方法和材料利用率的计算前面已经讨论过。

2）搭边设计。由于精冲时压边圈上带有 V 形齿圈，故搭边、边距和步距数值都较普通冲裁时大。零件之间搭边 $a_1 \geqslant 2t$，零件与料边边距 $a \geqslant 1.5t$，如图 2-95a 所示；零件之间的

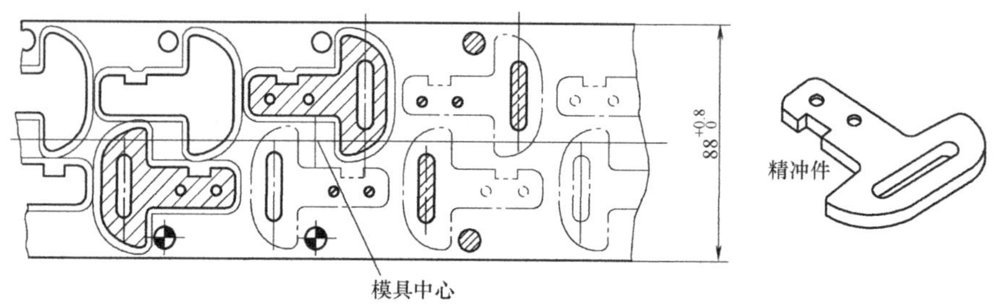

图 2-94　安全带搭扣排样图

搭边和零件与材料边距的搭边，也可直接由图 2-95b 确定。影响搭边值的因素主要有零件冲裁断面质量；料厚及材料强度；零件形状；齿圈分布等。

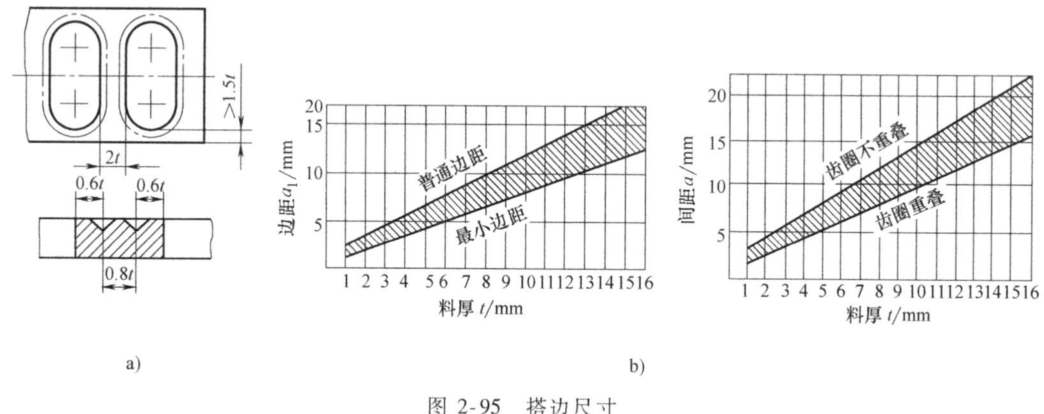

图 2-95　搭边尺寸

3）排样方向的确定。在确定排样方向时，零件形状复杂的部分或光洁面要求较高的部分应尽可能放在送料侧（箭头），搭边最为充分。从冲裁过程来看，使形状复杂的面稳定，容易使冲裁断面光洁（图 2-96）。精冲弯曲（折弯）零件时，排样时要考虑弯曲线要与材料轧制方向垂直或成一定角度，以免弯角处出现裂纹。

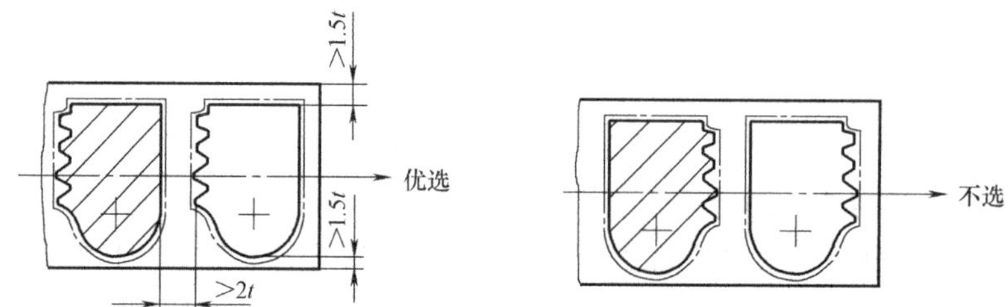

图 2-96　精冲排样方向的确定

（2）精冲力　精冲压力机是三动压力机，工作时有三个独立的力源，压边力和反压力由液压系统提供，冲裁力可由机械系统提供，也可由液压系统提供。

1）冲裁力 F_S。影响冲裁力的因素主要有零件内外形尺寸、料厚、材料的抗拉强度等。冲裁力的计算公式为

$$F_S = L_S t \sigma_b f_1 \tag{2-43}$$

式中　L_S——零件内外剪切线周长；

t——材料厚度；

σ_b——材料的抗拉强度；

f_1——系数，约为 0.6~0.9，常取 0.9。

2）压边力 F_R。在材料冲裁前，压边力先将 V 形齿圈压入材料，以阻止材料在冲裁过程中的横向流动。压边力的计算公式为

$$F_R = L_R h \sigma_b f_2 \tag{2-44}$$

式中　L_R——齿圈线周长；

h——齿圈高度；

f_2——系数（约为 4）。

3）反压力 F_G。反压力反向作用在凸模上，以减小精冲件的弯曲，它与零件受压面积和单位反压力有关。反压力的计算公式为

$$F_G = A_S q \tag{2-45}$$

式中　A_S——零件上与顶件器接触的面积；

q——单位反压力，常取 20~70MPa（大面积时取大值；小面积、薄零件取小值）。

4）精冲总压力 F_Σ。计算公式为

$$F_\Sigma = F_S + F_R + F_C \tag{2-46}$$

除以上三个力外，精冲结束后出件和卸料还需顶件力和卸料力。实际生产表明，出件时的顶件力和卸料力一般为冲裁力的 5%~15%。

2.9.4　精冲模结构及其特点

1. 精冲模与普通冲模结构比较

比较精冲模与普通冲模的结构，有共性也有差异性，其主要区别在于：

1）精冲模有凸出的齿形压边圈，材料在齿形压边圈和凹模、顶件板和凸模的压紧下实现冲裁，以满足在变形区建立起三向不均匀压应力状态，因此精冲模受力比普通冲模大，模具的强度、刚性要求更高。

2）精冲凸模和凹模之间的间隙小，大约是料厚的 0.5%，而普通冲裁模的间隙约为料厚的 5%~15%（甚至更大）。

3）冲裁完毕模具开启时，顶件板将零件从凹模内顶出，齿圈压板将废料从凸模上卸下，不另外需要顶件和卸料装置。

4）精冲模必须置于有三向作用力的精冲压力机上，且三力独立可调。精冲模还需设计专门的润滑和排气系统。

2. 精冲模结构

（1）活动凸模式复合精冲模　图 2-97 所示为活动凸模式复合精冲模结构示例。

上模座 6 装在精冲机上工作台 5 上，下模座 12 装在下工作台 13 上。材料送入后，下台面 13 上升，齿圈压板 9 与材料接触，并将其压紧在凹模 7 上。液压反压力活塞 1 推动垫板 2、3、4，经传力杆 17 在顶件板 16 上产生反压力，同时压力机滑块 14（下传动精冲压力机）带动凸凹模座 11 使凸凹模 10 切入材料，并与冲孔凸模 8、凹模 7 一起完成内外形的冲裁过程。

模具开启，这时齿圈压板 9 又起着卸料板的作用，卸下板料；液压反压力活塞 1 重新施

加压力，将零件从凹模 7 孔中退出，而顶件器 15 顶出废料。

（2）固定凸模式复合精冲模　图 2-98 所示为在精冲压力机上使用的固定凸模式复合精冲模，凸凹模 8 固定在上模座 19 上（也可以固定在下模座 18 上）。齿圈压板 9 的压力由上柱塞 1 通过连接推杆 3 和 5、活动模板 7 传递；顶件块 11 的反压力由下柱塞 17 通过顶块 15 和顶杆 13 传递。压力机的滑块带动上模座 19 使凸凹模 8 切入材料，并与凹模 10、冲孔凸模 12 完成冲裁过程。

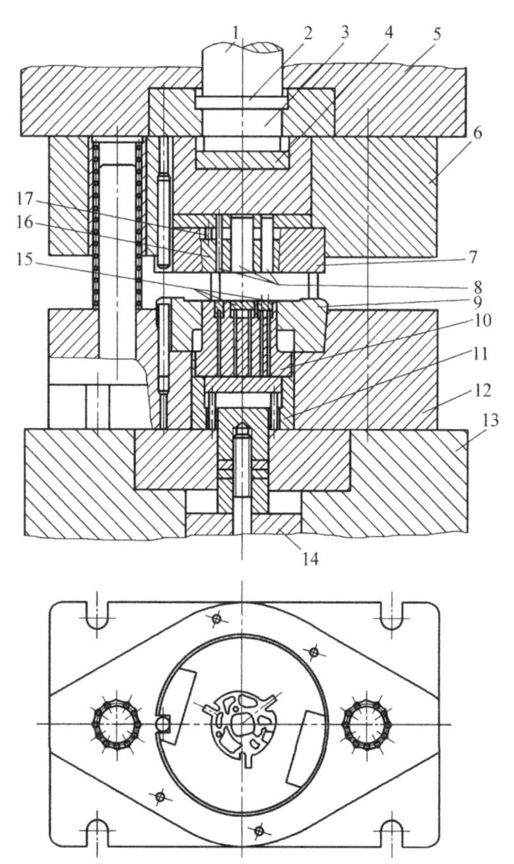

图 2-97　活动凸模式复合精冲模

1—活塞　2、3、4—垫板　5—上工作台　6—上模座　7—凹模　8—冲孔凸模　9—齿圈压板　10—凸凹模　11—凸凹模座　12—下模座　13—下工作台　14—压力机滑块　15—顶件器　16—顶件板　17—传力杆

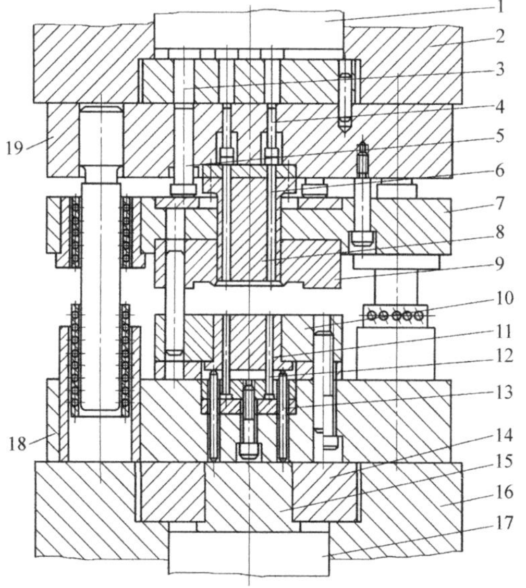

图 2-98　固定凸模式复合精冲模

1—上柱塞　2—上工作台　3、4、5—连接推杆　6—推杆　7—活动模板　8—凸凹模　9—齿圈压板　10—凹模　11—顶件块　12—冲孔凸模　13—顶杆　14—下垫板　15—顶块　16—下工作台　17—下柱塞　18、19—模座

这种模具结构刚度好，受力平稳。适用于生产尺寸较大、窄长、形状复杂、内孔多、板料厚或需要级进冲压的精冲零件。

（3）级进精冲模　指完成连续级进冲压工序的精冲模。级进精冲模如图 2-99 所示，图 2-99a 为排样图，图 2-99b 为模具结构图。当零件较复杂、用复合精冲模无法进行生产时，就可采用级进精冲模。它特别适用于内外形之间横截面太小的零件。

此类模具结构与固定凸模式复合精冲模相似，并带有导正销、定位销和传力杆等，有时需要有带料的导向和定位定距零件。零件的精度不仅取决于模具的制造精度，而且也取决于送料步距的精度。该模具结构最适合与成形工序结合为精冲复合成形模。

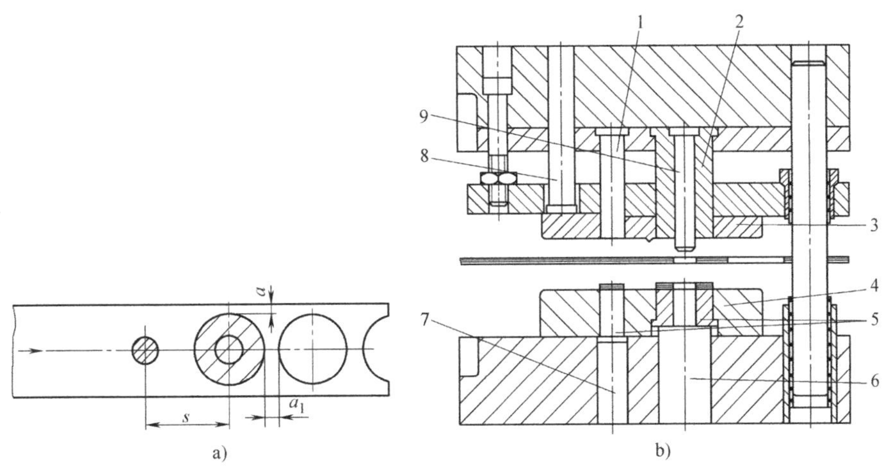

图 2-99　级进精冲模

1—冲孔凸模　2—落料凸模　3—齿圈压板　4—凹模　5—反压杆　6、7—顶杆　8—传力杆　9—导正销

（4）简易精冲模　图 2-100 所示为在普通压力机上使用的冲压小齿轮简易精冲模。它的基本结构与倒装式的普通复合冲裁模相似。但整个模具的强度、刚度、精度要求比普通冲裁模高；冲裁力直接来自压力机滑块；齿圈压板的压料力和推板的反压力是通过在模具上配备强力弹性元件（碟形弹簧）得到的。

使用简易精冲模，不用专门的精冲压力机，模具结构简单，制造较容易。但不宜冲裁大型非对称性零件。弹性元件的压力随着压缩量的增大而增大，不能在模具工作行程中保持恒定压力，且不能按实际需要进行调节。简易精冲模适用于生产批量不大、精度要求不很高、板料厚度小于 4mm 的小型精冲零件。

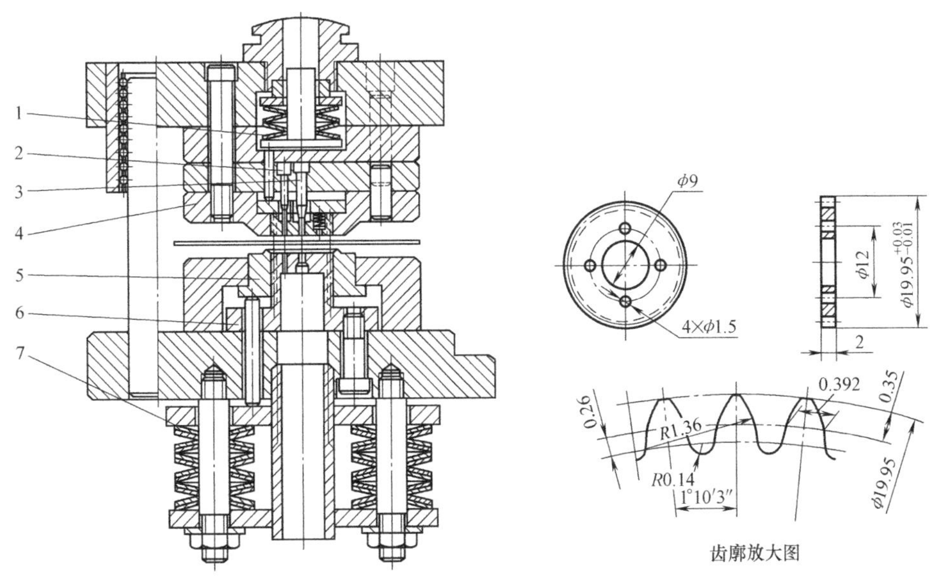

图 2-100　简易精冲模

1、7—碟形弹簧　2、3—冲孔凸模　4—凹模　5—齿圈压板　6—凸凹模

2.9.5 精冲模主要零件的设计

精冲模与普通冲模的最显著区别之一，是采用了 V 形齿圈。所谓齿圈，是指在压板和凹模上，围绕零件冲裁刃口一定距离设置的 V 形凸起。

1. 齿圈的作用

V 形齿圈主要用于阻止剪切区以外的金属在剪切过程随凸模流动，从而在剪切区内产生压应力。当压应力增大时，平均应力一般在压应力范围内变动，在达到剪切断裂极限前，剪应力就已达到剪切流动极限。因此，V 形齿圈压入材料后，在冲压过程中的具体作用是：

1）固定被加工板料，避免材料受弯曲或拉伸，提高零件的尺寸精度。

2）抑制冲压以外的力，如与冲压方向相垂直的水平侧向力。水平侧向力约为冲压力的 10%（铝材）~30%（钢材）。

3）压应力的增大，提高了被加工材料的塑性变形能力。

4）减少塌角。

5）冲压完成后兼卸料作用。

2. 齿圈的分布

1）V 形齿圈通常与冲裁剪切线相距一定的距离，且形状一致。

2）在零件轮廓曲线比较小的部分（例如凹入的缺口和转折较突然的部分），V 形齿圈与刃口形状可以不一致（图 2-101）。

3）冲小孔时，不会产生剪切区以外材料的流动，一般不需要 V 形齿圈；冲大孔时（直径为 30~40mm 以上），建议在顶杆上加 V 形齿圈。

4）当料厚 $t<3$mm 时，可使用平面压板。但其压边力小，容易出现纵向翘曲而引起附加拉应力。

图 2-101　齿圈的分布

5）如果料厚 $t\leqslant4.5$mm，可在压板或凹模面上使用一个单齿圈；如果 $t>4.5$mm，或材料强度高（$\sigma_b\geqslant800$MPa），或者对于齿轮和带锐角的零件，通常使用两个 V 形齿圈，一个做在齿圈压板上，另一个做在凹模上，即双齿圈。

3. 齿圈的结构

（1）齿圈形式　精冲齿圈常采用三角形 V 形环（图 2-102a）；也可使用台阶形和圆锥形（截面斜角为 45′~2°）压板来压边，它不仅不留印痕，还节省材料和制造简单，而且也能达到三角形 V 形环同样的效果，但静水压的效果不如三角形 V 形环高。目前三角形 V 形环应用较多。

（2）齿形参数　齿形角 α 和 β 可以相等也可以不相等，齿形角 α 一般选择 30°~45°，若不等，且 $\alpha<\beta$，则 $\beta=35°\sim45°$。

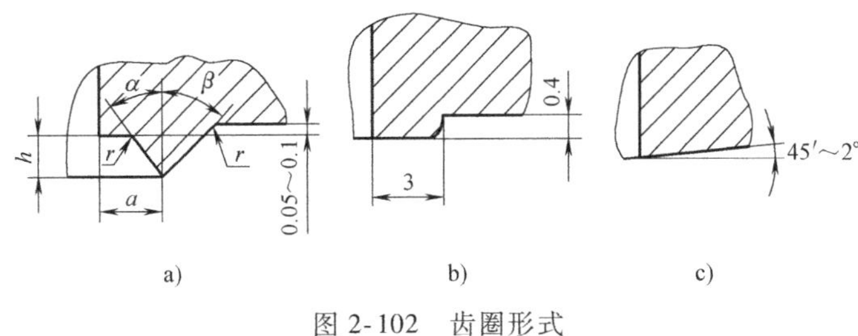

图 2-102　齿圈形式

a）V 形环　b）台阶形　c）圆锥形

齿圈高度 h 与材料的厚度、力学性能和齿圈位置等因素有关。材料越厚，强度越低，齿圈高度越大；反之越小。h 太小，不能起到对材料挤压的作用，不利于精冲变形；h 太大，压边力增大，模具弹性变形量增大，影响模具寿命。根据材料的力学性能，可由下式确定齿高

$$h=Kt \tag{2-47}$$

式中　t——料厚；

K——系数，可由图 2-103 确定。

（3）齿圈的尺寸　为了设计和制造方便，V 形齿圈已标准化，如图 2-104 所示。根据经验数据，当 $t\leqslant4.5$mm 时，仅在压板或凹模上使用单面齿圈；当 $t>4.5$mm 时，则要在压板和凹模上使用双面齿圈，其值可查相关精冲手册。

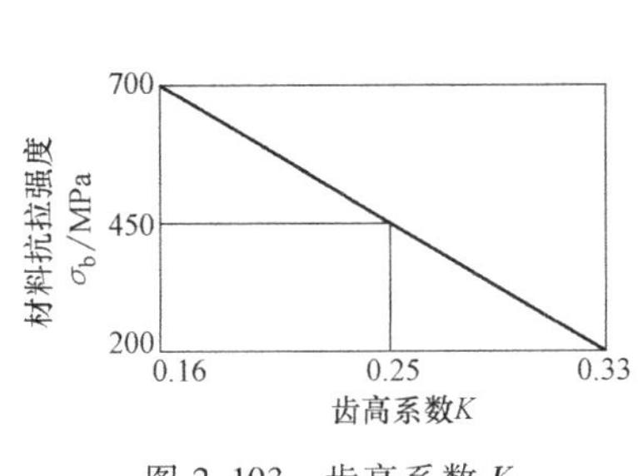

图 2-103　齿高系数 K

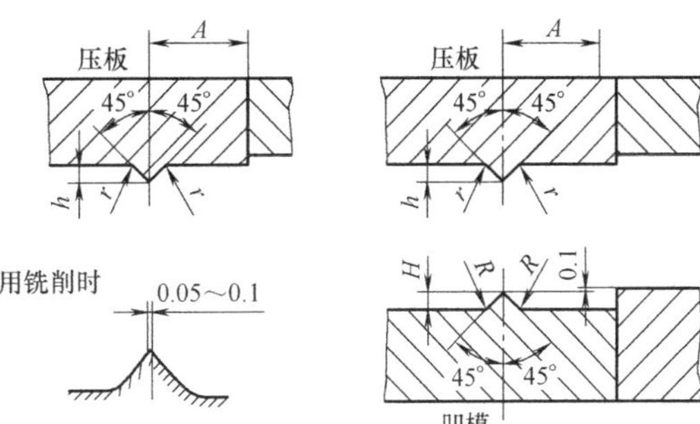

图 2-104　齿圈结构

（4）齿圈的保护　精冲时，齿圈与材料接触，为了防止齿圈与凹模相碰或双齿圈互撞而造成破坏，故在齿圈压板或凹模上设计高出齿顶的保护面（图 2-105），其高度必须小于料厚，以免冲裁时发生干涉，即 $H<t$。一般来说：

当齿圈在一侧时：$H=(0.6\sim0.8)t$

当齿圈在两侧时：$H=(0.3\sim0.4)t$

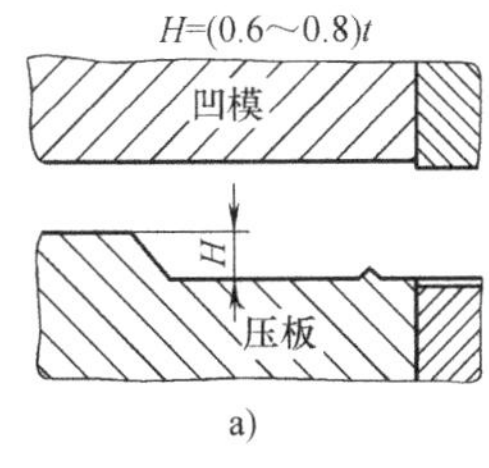

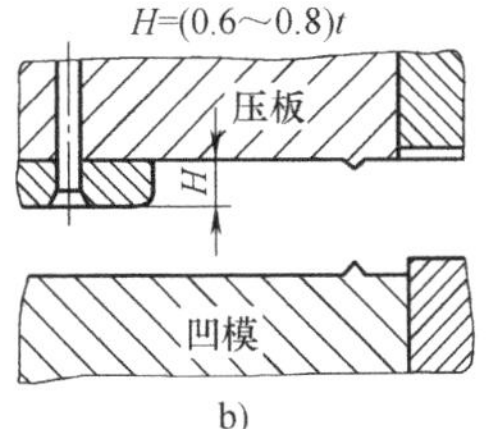

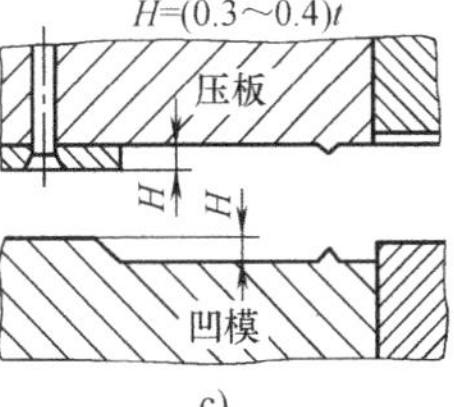

图 2-105　齿圈的保护

a）单齿圈保护面（压板侧）　b）双齿圈保护面（压板侧）　c）双齿圈保护面（两侧）

在设计保护面时，还应考虑其位置的正确性，特别是受力状态，以防止弯曲或损坏。而且，当两侧都有保护面时，高度必须一致，避免工作时产生倾斜力。如图 2-106 所示，左侧两图位置选择合理，右侧两图齿圈保护位置在工作时将产生变形。

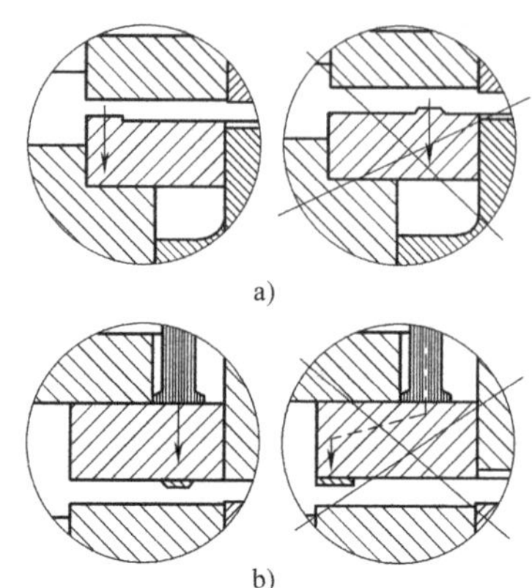

图 2-106　齿圈保护面的位置选择
a）单齿圈保护面　b）双齿圈保护面

2.9.6　其他精密冲裁的工艺方法

精密冲裁工艺，除了带强力齿圈压板的精冲方法外，还有一些通过工艺措施来提高冲裁件断面质量的工艺方法。现简要介绍如下。

1. 整修

整修是将普通冲裁后的毛坯放在整修模中，进行一次或多次的整修加工，除去粗糙不平的冲裁断面和锥度，从而得到光滑平整的断面。经整修后，零件的尺寸公差等级可达 IT6～IT7；表面粗糙度可达 $Ra0.8\sim0.4\mu m$。常用的修整方法主要有外缘整修、内孔整修、叠料整修和振动整修。图 2-107a 所示为外缘整修，图 2-107b 所示为内孔整修。

2. 光洁冲裁

（1）小间隙圆角刃口冲裁　小间隙圆角刃口冲裁（图 2-108）与普通冲裁相比，主要差别在于为加强冲裁区的静水压，起到抑制裂纹的作用，采用了小圆角刃口和极小的冲裁间隙。落料时，凹模带有小圆角刃口（图 2-108a）；冲孔时，凸模带有小圆角刃口（图 2-108b）。小圆角半径的数值，一般可取材料厚度的 10%，模具冲裁间隙可取 0.01～0.02mm。此方法适用于塑性较好的材料，如软铝、纯铜、软黄铜、05F 钢和 08F 钢等。工件公差等级可达 IT11～IT8，表面粗糙度可达 $Ra1.6\sim0.4\mu m$。但冲裁力比普通冲裁时的冲裁力大 50%左右。

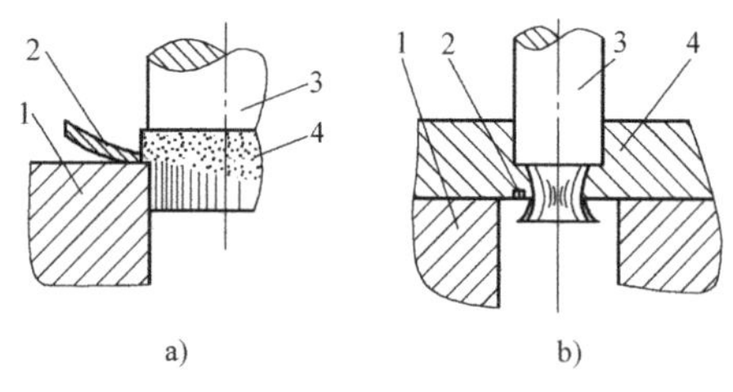

图 2-107　整修
1—凹模　2—切屑　3—凸模　4—工件

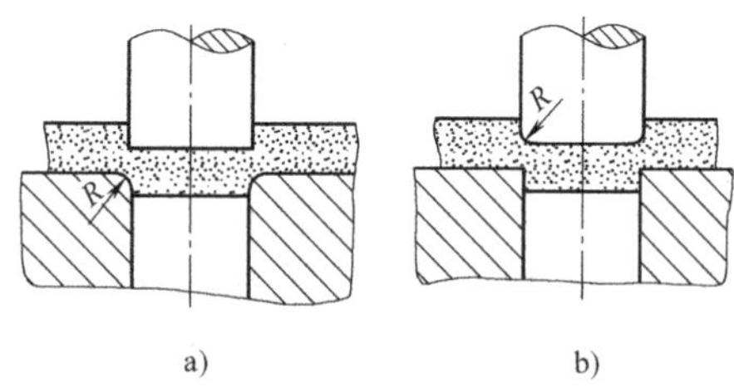

图 2-108　小间隙圆角刃口冲裁
a）落料　b）冲孔

（2）负间隙冲裁　负间隙冲裁（图 2-109）的机理与小间隙圆角刃口冲裁基本相同。负间隙冲裁的凹模也带有小圆角刃口，其半径可取材料厚度的 5%～10%，而凸模刃口保持锋利。由于凸模刃口尺寸比凹模刃口尺寸大，间隙为负值。冲裁时，小圆角刃口凹模处静水压作用很强。冲裁时要防止凸模工作端面在下死点位置与凹模面接触，而应保持 0.1～0.2mm 的距离，工件虽未全部挤入凹模，但

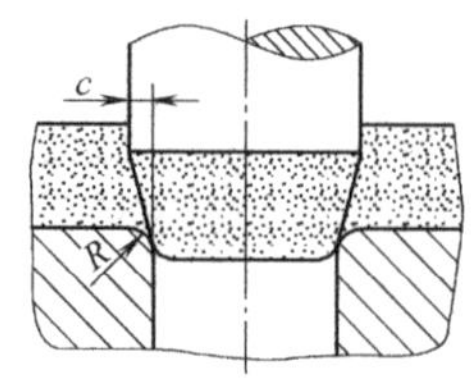

图 2-109　负间隙冲裁

可借助下一个工件冲裁，将它全部挤入并推出凹模。因此，冲裁力比普通冲裁时大得多（冲裁铝件时，大 30%～60%；冲裁软黄铜时，大 2.25～2.8 倍）。采用该种冲裁方法，凹模容易开裂。为防止开裂，可采用多层组合凹模；冲裁时还要考虑保持良好润滑，可延长模具寿命。

负间隙冲裁时，由于凸模比凹模尺寸大，冲裁过程中出现的裂纹方向与普通冲裁时相反，负间隙冲裁可认为是落料与整修复合的工序。该工艺适用于冲压塑性较好的铝、铜和软钢。

3. 对向凹模精冲

对向凹模精冲是利用与负间隙冲裁相似的“准切削机理”，在将冲裁废料（搭边）向外挤压流动的同时进行冲裁的方法。

（1）对向凹模精冲的变形特征　对向凹模冲裁是在专用压力机上，借助特殊结构的凸起凹模，在强力作用下，使材料发生剪切变形；变形区主要集中在搭边周围。

1）如图 2-110 所示，冲裁时，凸起凹模将搭边向外挤压。在连接平凹模刃口 A 与凸起凹模外侧刃口 C 的连接面附近，产生了强烈的剪切变形。剪切变形面 AC 与工件轮廓冲裁面 AB 成倾角 θ。在金属向外流动的同时，材料也被挤入平凹模。

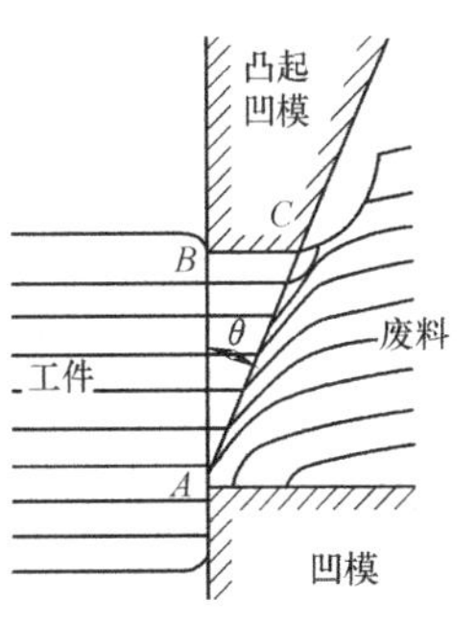

图 2-110　对向凹模精冲的变形特征

2）挤压时，在凸起凹模和平凹模间的材料，近似于镦压变形。

3）挤压终了时，在压紧状态下，冲裁凸模将材料与工件分离。

（2）对向凹模精冲的工作过程　如图 2-111 所示，对向凹模落料的工作过程如下：

1）模具开启。材料被送入模具，如图 2-111a 所示。

2）模具闭合。凸起凹模开始切入材料，顶住冲裁凸模底面。此时凸起凹模与冲裁凸模无相对运动，金属沿其周围流动，少许材料进入平凹模（图 2-111b）。

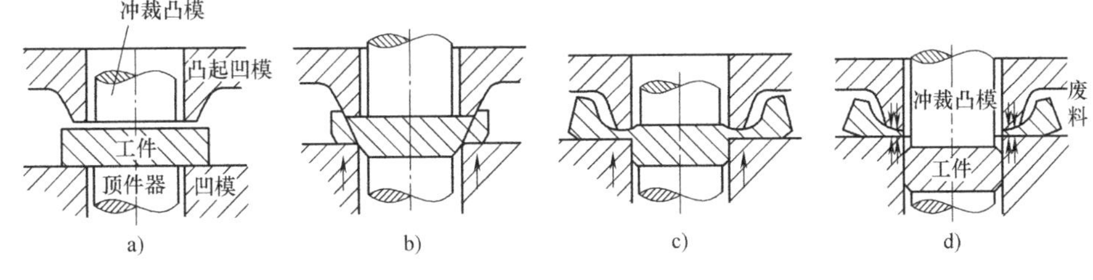

图 2-111　对向凹模落料过程

3）挤压结束。当材料挤压到一定深度（$h=0.7\sim0.8t$）时，挤压结束。材料大量流入平凹模，少量流入凸起凹模（图 2-111c）。

4）顶出工件。在凸起凹模和平凹模的强力压紧下，冲裁凸模下降，使工件与材料分离，最后顶出工件（图 2-111d）。

（3）模具结构　对向凹模精冲模的结构类似于强力压板精冲模，不同之处只是将 V 形齿圈压板变为凸起凹模，所以模具有上、下两个凹模，其主要工作零件为凸起凹模、平凹模、冲裁凸模和顶件器。图 2-112 所示为用于冲制链轮的固定凸模式对向凹模复合精冲模。

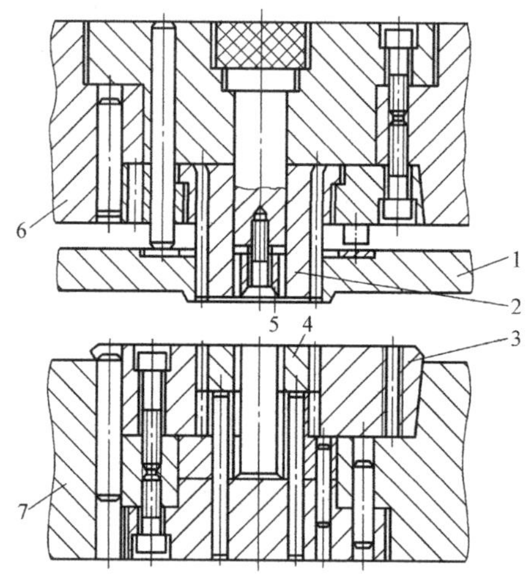

图 2-112　对向凹模复合精冲模

1—凸起凹模　2—冲裁凸模　3—平凹模　4—顶件器　5—卸料器　6—上模座　7—下模座

习题与思考题

2-1　冲裁的变形过程是怎样的？

2-2　普通冲裁件的断面具有哪些特征？这些断面特征又是如何形成的？

2-3　什么是冲裁模间隙？冲裁模间隙对冲裁质量有哪些影响？

2-4　降低冲裁力的措施有哪些？

2-5　什么叫搭边？搭边有什么用？

2-6　怎样确定冲裁模的工序组合方式？

2-7　如何选择凸模材料？

2-8　凸模垫板的作用是什么？如何正确设计垫板？

2-9　常用的卸料装置有哪几种？在使用上有何区别？

2-10　如图 2-113 所示制件，材料为 10 钢，料厚为 0.5mm，试根据制件的尺寸，按照凸、凹模分别制造的方法，求出凸、凹模的刃口尺寸。

2-11　如图 2-114 所示落料件，其尺寸分别是：$a=80_{-0.42}^{0}$ mm，$b=40_{-0.34}^{0}$ mm，$c=35_{-0.34}^{0}$ mm，$d=(22\pm0.14)$ mm，$e=15_{-0.12}^{0}$ mm，已知厚度 $t=1$mm，材料为 10 钢，$2c_{min}=0.1$mm，$2c_{max}=0.14$mm。按照配作加工法求出凸、凹模的刃口尺寸。

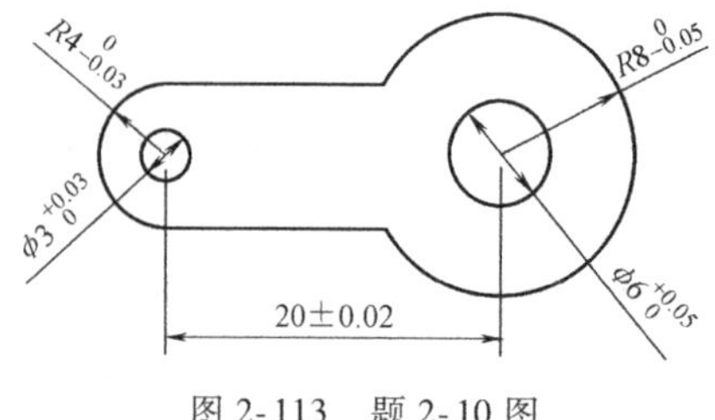

图 2-113　题 2-10 图

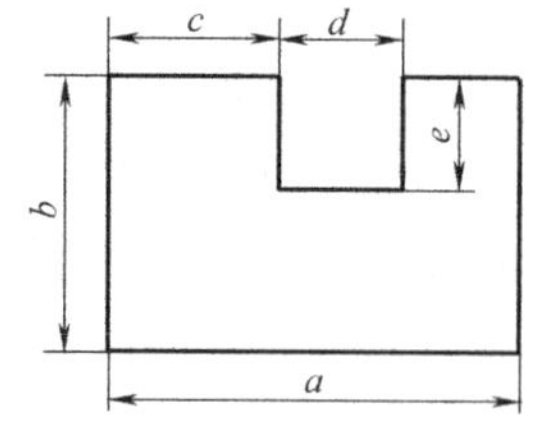

图 2-114　题 2-11 图

第3章 弯曲工艺与弯曲模设计

学习目标

了解弯曲变形过程和弯曲变形特点；掌握弯曲中性层和最小弯曲半径的概念；能正确地分析弯曲件的工艺性、计算弯曲件展开尺寸、合理地安排弯曲工序；熟悉影响弯曲变形的因素和提高弯曲件弯曲质量的措施。

掌握各种典型的弯曲模结构；能根据产品的生产纲领和技术指标设计弯曲模。

弯曲是将金属板料毛坯、型材、棒材或管材等，按照设计要求的曲率或角度，成形为所需形状零件的冲压工序。

弯曲是冲压生产中应用较广泛的一种成形工艺。它可以制造大型结构件，如汽车大梁等；也可用于加工中、小型零件，如自行车、钢木家具中的支撑构件和门窗铰链等；还可以用于加工电子电器产品中尺寸很小的接插件、支架等零件。常见的简单弯曲零件如图3-1所示。

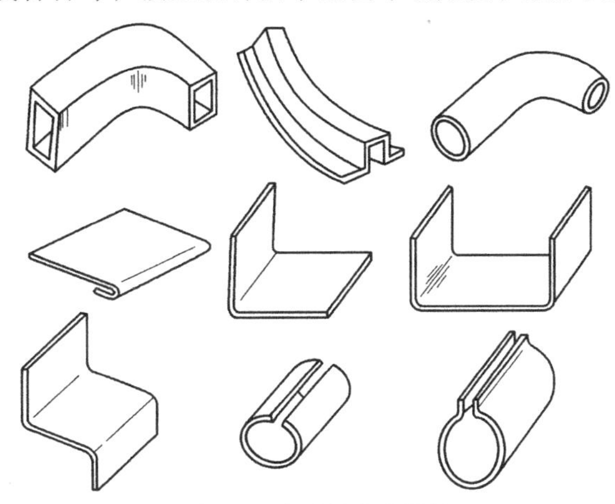

图3-1 常见的弯曲零件

根据所用的工具和设备不同，弯曲方法可以分为在压力机上利用弯曲模的压弯、在折弯机上的折弯、在拉弯机上的拉弯、在滚弯机上的滚弯以及辊压成形等，如图3-2所示。本章主要介绍在压力机上进行的压弯成形工艺。

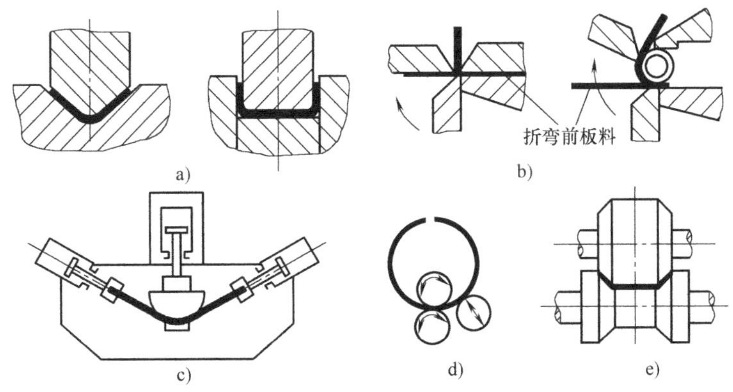

图3-2 各种弯曲成形方法

a）压弯 b）折弯 c）拉弯 d）滚弯 e）辊压成形

3.1 弯曲变形过程分析

这里以最为常见的两种基本弯曲（V形弯曲和U形弯曲）中板料受力变形的情况为例，分析弯曲变形过程。

3.1.1 弯曲变形过程

图3-3所示为板料在U形弯曲模与V形弯曲模中受力变形的情况。凸模对板料在作用点A处施加外力P（U形）或$2P$（V形），则在凹模的支承点B处引起反力P，并形成弯曲力矩$M=PL$，这个弯曲力矩使板料产生弯曲。

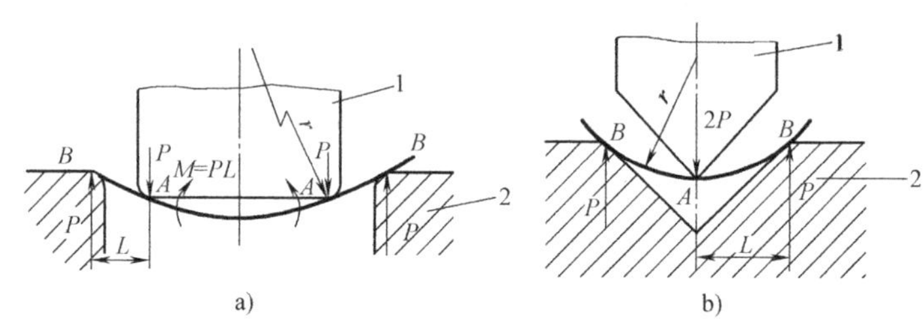

图3-3 弯曲毛坯受力情况

a）U形件的弯曲受力情况 b）V形件的弯曲受力情况

1—凸模 2—凹模

图3-4所示为V形件的弯曲过程。弯曲开始时，模具的凸、凹模分别与板料在A、B处相接触，使板料产生弯曲。在弯曲的开始阶段，弯曲圆角半径r很大，弯曲力矩很小，仅引起材料的弹性弯曲变形。随着凸模进入凹模深度的增大，凹模与板料的接触位置发生变化，支点B沿凹模斜面不断下移，弯曲力臂l逐渐减小，即$l_n<l_3<l_2<l_1$。同时弯曲圆角半径r亦逐渐减小，即$r_n<r_3<r_2<r_1$，板料的弯曲变形程度进一步加大。接近行程终了时，弯曲半径r继续减小，而直边部分反而向凹模方向变形，直至板料与凸、凹模完全贴合，如图3-4d所示。

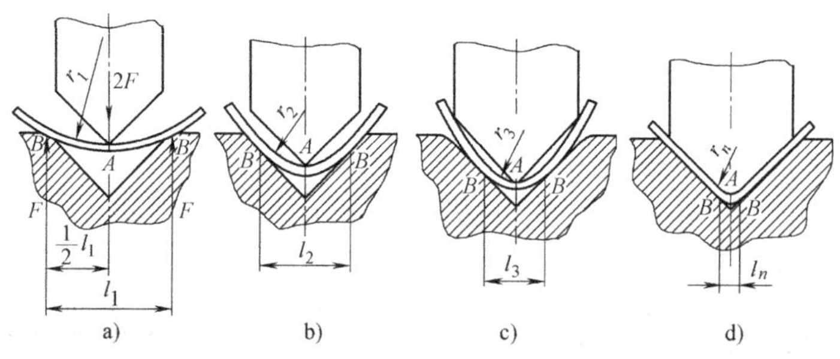

图3-4 V形件的弯曲变形过程

凸模、板料与凹模三者完全压紧后，如果对弯曲件继续施压，则称为校正弯曲。在这之前的弯曲称为自由弯曲。

3.1.2 板料弯曲变形特点

为了观察板料弯曲时的金属流动情况，便于分析材料的变形特点，可以在弯曲前的板料侧表面用机械刻线或照相腐蚀制作正方形网格，然后用工具观察并测量弯曲前后网格的尺寸和形状变化情况，如图3-5所示。

弯曲前（图 3-5a），材料侧面线条均为直线，组成大小一致的正方形小格，纵向网格线长度$\overline{aa}=\overline{bb}$。弯曲后（图 3-5b），通过观察网格形状的变化，可以看出弯曲变形具有以下特点：

1. 弯曲变形主要集中在弯曲圆角部分

弯曲变形后，板料两端平直部分的网格没有发生变化，而圆角部分的网格由原来的方形网格变成了扇形网格，如图 3-5b 所示。这就说明弯曲变形集中在圆角部分。

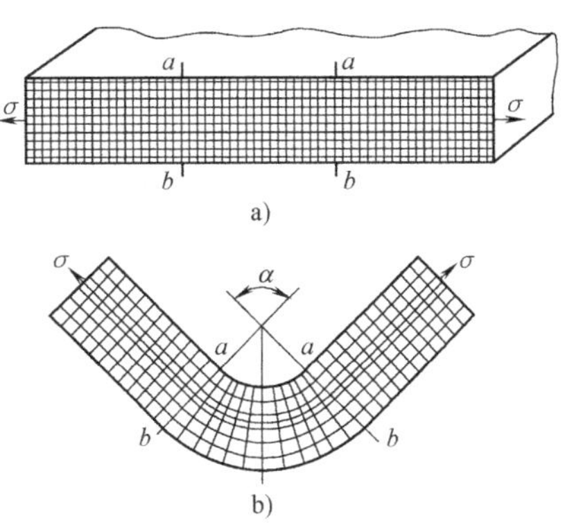

图 3-5　弯曲变形前后网格的变化

2. 弯曲变形区存在一个变形中性层

观察两图中的网格，明显地看见弯曲圆角部分的网格发生了显著的变化，即靠近凸模一侧的金属纤维层（a—a）因为受到切向压缩而缩短；靠近凹模一侧的纤维层（b—b）因为受到切向拉伸而伸长。也就是说，弯曲变形时，变形区的纤维在切向由内表面至外表面，金属纤维由被压缩变为被拉长。由于材料的连续性，在伸长与缩短的变形区域之间，必定有一层金属纤维层的长度在弯曲前后保持不变（o—o），这一金属纤维层就称为应变中性层。

应变中性层长度的确定，是进行弯曲件毛坯展开尺寸计算的重要依据。当弯曲变形程度很小时，应变中性层的位置基本上处于材料厚度的中心；但当弯曲变形程度较大时，应变中性层会向材料内侧移动，变形量越大，内移量越大。

3. 变形区材料厚度变薄

板料弯曲时，如果弯曲变形程度较大，变形区外侧材料受拉而伸长，使得厚度方向的材料流动过来进行补充，从而使厚度减薄；而内侧材料受压，使厚度方向的材料增厚。由于应变中性层的内移，外层的减薄量大于内层区域的增厚量，因此使弯曲变形区的材料厚度变薄。变形程度越大，变薄现象越明显。

4. 变形区横断面的变形与相对宽度有关

对于宽度较窄的坯料（$b/t \leq 3$ 的窄板，b 为板料的宽度，t 为板料的厚度），在弯曲变形过程中，板料宽度方向的形状及尺寸也会发生变化：在应变中性层以内的压缩区，横截面的宽度和厚度都增加；而在应变中性层以外的拉伸区，横截面的宽度和厚度都减小，使整个横截面由矩形变成扇形，如图 3-6 所示。对于宽度较大的板料（$b/t>3$ 的宽板），在弯曲时横向变形受到大量材料的阻碍，宽度方向的尺寸及形状基本保持不变。

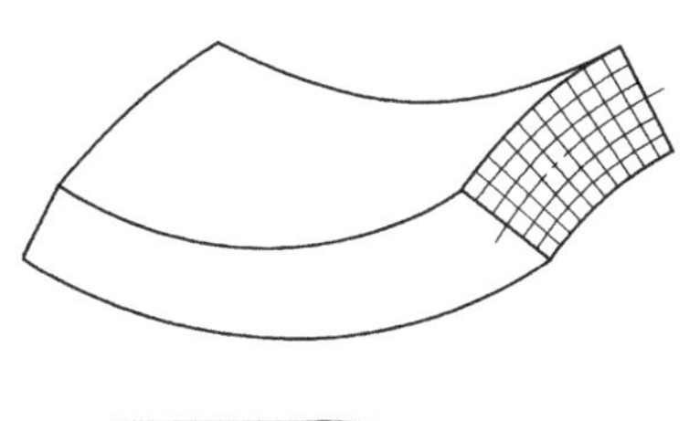

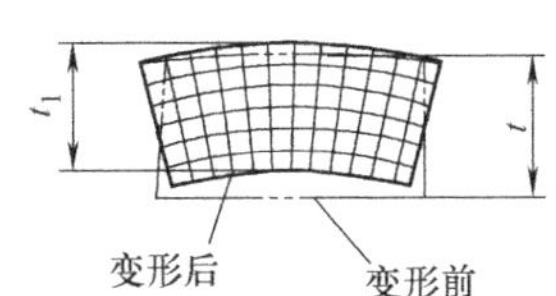

图 3-6　窄板弯曲时截面的变形

3.1.3　弯曲变形区的应力和应变

板料弯曲时，变形区的应力和应变状态与弯曲变形程度有关。当相对弯曲变形半径 r/t 较大时，弯曲变形程度较小，板料发生的是弹性弯曲。随着凸模的下降，变形程度越来越大（r/t 越来越小），板料内外表面首先屈服而进入到塑性变形，然后塑性变形由表及里地扩展开来。

下面分别就窄板和宽板的应力应变状态进行分析讨论。

1. 窄板弯曲的应力与应变

窄板在弯曲过程中的应力、应变状态，如图 3-7a 所示。板料的弯曲变形，主要表现为内、外层纤维的压缩和伸长，所以切向应变为最大主应变，其外层切向应变 ε_θ 为正，内层切向应变 ε_θ 为负。

根据塑性变形体积不变条件 $\varepsilon_\theta+\varepsilon_r+\varepsilon_b=0$ 可知，板料径向（厚度）应变 ε_r 和宽度方向的应变 ε_b 的符号一定与最大的切向应变 ε_θ 的符号相反。所以有

1）在宽度方向的应变：外层应变 ε_b 为负，即压应变；内层应变 ε_b 为正，即拉应变。

2）在径向的应变：外层应变 ε_r 也是为负，即压应变；内层应变 ε_r 为正，即拉应变。

3）在切向的应变：外层应变 ε_θ 为正，即拉应变；内层应变 ε_θ 为负，即压应变。

4）在切向的应力：外层纤维受拉，切向应力 σ_θ 为正，即拉应力；内层纤维受压，切向应力 σ_θ 为负，即压应力。

5）在宽度方向的应力：材料可以自由变形，所以内、外应力接近于 0，即 $\sigma_b\approx0$。

6）在径向的应力：由于弯曲时板料纤维之间相互挤压，内、外层应力 σ_r 均为负值，即均为压应力。

由此可以看出，窄板弯曲是平面应力状态，立体应变状态。

2. 宽板弯曲的应力与应变

宽板弯曲的应力与应变状态，如图 3-7b 所示，切向和径向的应变状态和窄板相同，而在宽度方向，宽板变形阻力较大，材料流动比较困难，弯曲后板宽基本不变。因此，内、外层在宽度方向的应变接近于 0（即 $\varepsilon_b=0$）。

宽板弯曲时的应力状态，切向和径向的应力状态与窄板相同。而在宽度方向，由于纤维

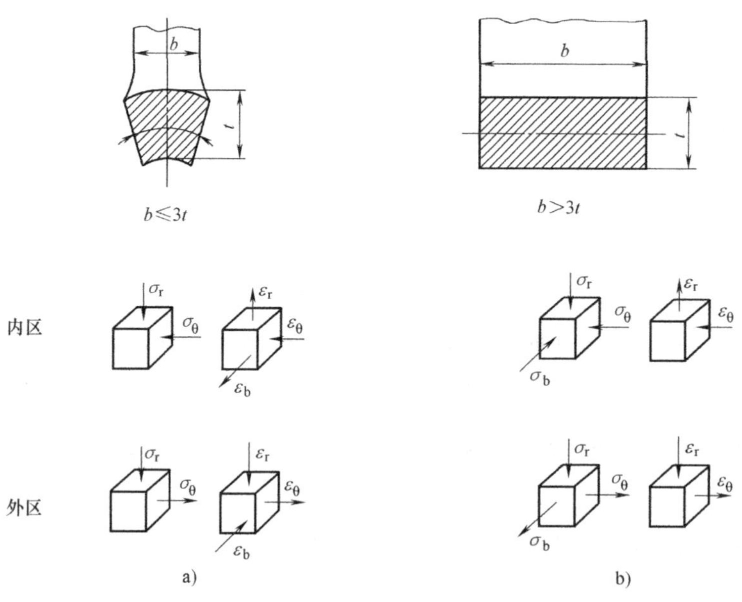

图 3-7 弯曲时的应力与应变状态

a）窄板弯曲时的应力与应变 b）宽板弯曲时的应力与应变

之间相互制约，材料不能自由变形，外层弯曲在宽度方向的收缩受到阻碍，所以 σ_b 为拉应力；同理，内层材料在宽度方向的伸长受到限制，σ_b 为压应力。

由此可以看出，宽板弯曲是立体应力状态，平面应变状态。

3.2　弯曲卸载后弯曲件的回弹

弯曲变形和所有的塑性成形工艺一样，必然伴随有弹性变形。弯曲完成卸载以后，由于弹性变形的恢复，使弯曲件的弯曲中心角与弯曲半径发生变化，这种现象称为弯曲件的回弹。表现在工件上就是弯曲件的形状与模具的形状不一致。

3.2.1　回弹的原因及表现形式

弯曲件的回弹就是因为弹性恢复。弯曲件的外层，因为弹性恢复而缩短；弯曲件的内层，因为弹性恢复而伸长，直观表现就是回弹以后的工件与模具的相关尺寸不一致。具体表现为两种形式：一是弯曲半径的改变；二是弯曲角度的改变。

卸载前，工件的内层圆角半径为 r_t，卸载后内层圆角半径为 r_0，如图 3-8 所示。弯曲半径的变化量为

$$\Delta r = r_0 - r_t \tag{3-1}$$

卸载前，弯曲中心角为 α_t，卸载后弯曲中心角为 α_0，弯曲中心角的变化量为

$$\Delta\alpha = \alpha_t - \alpha_0 \tag{3-2}$$

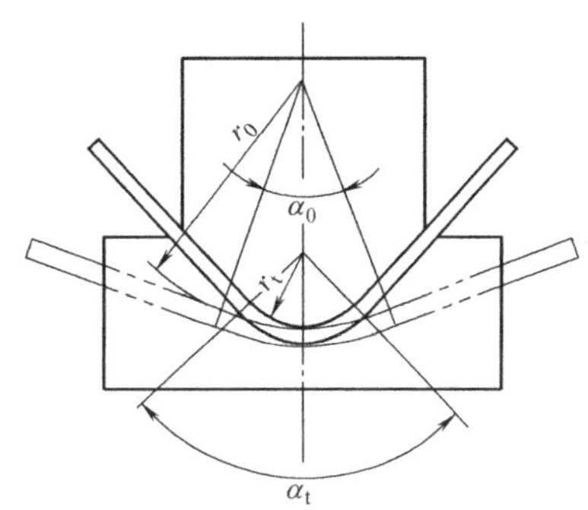

图 3-8　弯曲回弹的表现形式

3.2.2　影响回弹的主要因素

在弯曲的过程中，影响回弹的因素很多，其中主要有以下几个方面：

1. 材料的力学性能

材料的屈服强度 σ_s 越高、弹性模量 E 越小、材料的硬化指数 n 值越大，弯曲变形的回弹也越大。如图 3-9a 所示，当两种金属材料的屈服强度 σ_s 相同，而弹性模量 E 不同时，在两种材料产生相同大小的总变形 ε 的情况下，卸载后材料 1 和材料 2 各自产生了 ε_{e1} 和 ε_{e2} 的弹性恢复。很明显，弹性模量小的材料 2 产生的弹性恢复大，弹性模量大的材料 1 产生的弹性恢复小，所以弹性模量越小，弹性恢复量越大。而图 3-9b 呈现的是弹性模量 E 相同，而屈服强度 σ_s 不同的两种材料，在产生相同总变形 ε 的前提下，卸载后的弹性恢复大小也不同。可以看出，屈服强度 σ_s 大的材料 4，卸载后回弹也大。所以，经过冷作硬化而屈服强度较高的钢，其回

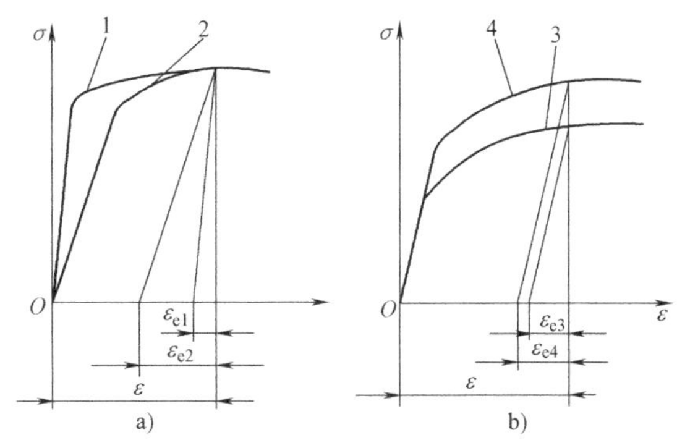

图 3-9　材料力学性能对回弹的影响

a）屈服强度 σ_s 相同，弹性模量 E 不同

b）屈服强度 σ_s 不同，弹性模量 E 相同

弹大于屈服强度较低的退火软钢。

2. 相对弯曲半径 *r/t*

相对弯曲半径 r/t 越小，弯曲毛坯的变形程度越大。并且，塑性变形和弹性变形成分同时增大。但在总的变形中，弹性变形所占比例却在减小，所以回弹变小。反之，相对弯曲半径越大，则回弹值越大。当总变形由 ε_1 增大到 ε_2 时，其中的弹性变形由 ε_{e1} 变为 ε_{e2}，而塑性变形量由 $\varepsilon_1-\varepsilon_{e1}$ 变为 $\varepsilon_2-\varepsilon_{e2}$。由图 3-10 中的几何关系得到

$$E=\tan\alpha$$

在应力-应变曲线中

$$\varepsilon_{e1}\tan\alpha=\varepsilon_1\tan\theta_1$$

$$\varepsilon_{e2}\tan\alpha=\varepsilon_2\tan\theta_2$$

将上面两式相除，即

$$\frac{\varepsilon_{e1}\tan\alpha}{\varepsilon_{e2}\tan\alpha}=\frac{\varepsilon_1\tan\theta_1}{\varepsilon_2\tan\theta_2}$$

化简并整理得到

$$\frac{\varepsilon_{e1}}{\varepsilon_1}=\frac{\varepsilon_{e2}\tan\theta_1}{\varepsilon_2\tan\theta_2}$$

因为
$$\frac{\tan\theta_1}{\tan\theta_2}>1$$

所以
$$\frac{\varepsilon_{e1}}{\varepsilon_1}>\frac{\varepsilon_{e2}}{\varepsilon_2}$$

即随着变形程度的增加，弹性变形在总变形中所占的比例在减小，从而回弹量减小。这就是曲率半径很大（变形程度小）的弯曲件不易弯曲成形的原因。

3. 弯曲中心角 α

弯曲中心角 α 越大，表示变形区的长度越长，回弹的积累值越大，因此弯曲中心角的回弹越大，但对曲率半径的回弹影响不大。

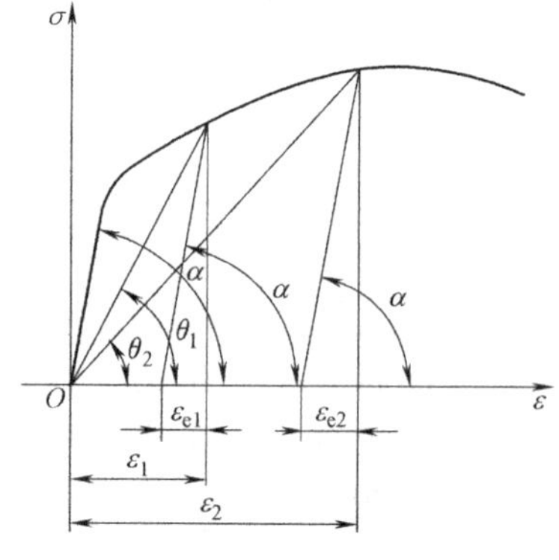

图 3-10　相对弯曲半径大小对回弹的影响

4. 模具间隙

弯曲模具的间隙小，材料在弯曲时有拉长的现象，就如同在长度方向增加了一个拉应力，使得弯曲毛坯内部的应力增加，增大了塑性变形区，即增加了塑性变形量，因而回弹减小。所以，板料厚度的误差越大，回弹值越不稳定。

5. 弯曲件的形状

弯曲件的几何形状对回弹值有较大的影响。例如，U 形件比 V 形件的回弹要小些，这是因为 U 形件的底部在弯曲过程中有拉伸变形的成分，故回弹要小些。

6. 弯曲力

弯曲力的大小不同，回弹值也有所不同。校正弯曲时回弹较小，因为校正弯曲时的校正力比自由弯曲时的弯曲力大很多，使变形区的应力与应变状态与自由弯曲时有所不同。

7. 非变形区的回弹

变形区和非变形区是相对的，非变形区并非一点也不变形，既然有变形，就一定有弹性变形，卸载后就会产生与变形相反的回弹。在对 V 形件（r/t<0.2~0.3）进行校正弯曲时，如图 3-11 所示，由于对非变形区的直边部分有校直作用，所以弯曲后直边区的回弹和圆角区的回弹方向是相反的，最终零件表现的回弹是二者的叠加。这就是在查阅有关回弹经验值时，角度回弹量 $\Delta\alpha$ 可能为正、零或负值的原因。即当直边的回弹大于圆角的回弹时，就会出现负回弹，弯曲件的角度反而小于弯曲凸模的角度。

3.2.3　回弹值的确定

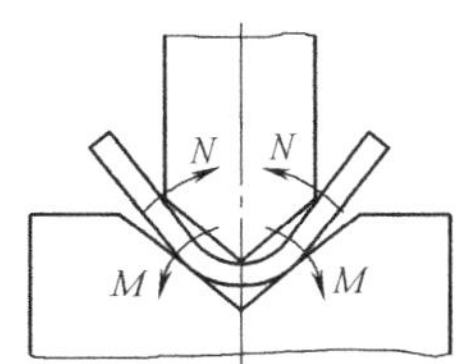

图 3-11　V 形件校正弯曲时的回弹

由于回弹值直接影响弯曲件的形状精度和尺寸精度，因此在模具设计和制造时，必须预先考虑工件的回弹值，以此修正模具相应工作部分的形状和尺寸。

回弹值的确定方法，有理论公式计算法和查阅有关经验表格法两种。

1. 在弯曲变形程度较大的情况下

当弯曲变形程度较大时，即弯曲件的相对弯曲半径 r/t<5 时，弯曲半径的变化一般很小，可以不予考虑，而仅考虑弯曲角度的回弹变化。回弹角的确定可以参看表 3-1，查得弯曲回弹的经验修正数值。当弯曲角不是 90°时，其回弹角可按以下公式计算

$$\Delta\alpha=\frac{\alpha}{90}\Delta\alpha_{90} \tag{3-3}$$

式中　$\Delta\alpha$——弯曲件弯曲中心角为 α 时的回弹角（°）；

　　α——弯曲件的中心角（°）；

　$\Delta\alpha_{90}$——弯曲中心角为 90°时的回弹角（°），见表 3-1。

表 3-1　单角自由弯曲 90°时的回弹角经验值 $\Delta\alpha_{90}$

材　料	r/t	材料厚度 t/mm		
		<0.8	0.8~2	>2
软钢 σ_b=350MPa 黄铜 σ_b=350MPa 铝和锌	<1	4°	2°	0°
	>1~5	5°	3°	1°
	>5	6°	4°	2°
中硬钢 σ_b=400~500MPa 硬黄铜 σ_b=350~400MPa 硬青铜	<1	5°	2°	0°
	>1~5	6°	3°	1°
	>5	8°	5°	3°
硬钢 σ_b>550MPa	<1	7°	4°	2°
	>1~5	9°	5°	3°
	>5	12°	7°	6°
硬铝 2A12(LY12)	<2	2°	3°	4°30′
	>2~5	4°	6°	8°30′
	>5	6°30′	10°	14°

2. 在弯曲变形程度较小的情况下

当弯曲变形程度较小，即弯曲件的相对弯曲半径 $r/t>5\sim8$ 时，弯曲件的弯曲角和弯曲半径都产生了回弹。这时，凸模的圆角半径 r_p 和凸模弯曲中心角 α_p 可按以下公式计算

$$r_p=\frac{r}{1+3\frac{\sigma_s r}{Et}}=\frac{1}{\frac{1}{r}+\frac{3\sigma_s}{Et}} \tag{3-4}$$

$$\alpha_p=\frac{r}{r_p}\alpha \tag{3-5}$$

式中 r_p——凸模的圆角半径（mm）；

r——工件的圆角半径（mm）；

α_p——凸模的圆弧中心角（°）；

α——工件的圆弧中心角（°）；

σ_s——板料的屈服强度（MPa）；

E——板料的弹性模量（MPa）；

t——板料的厚度（mm）。

由于影响弯曲件回弹值的因素很多，即使同一牌号材料，但因批次不同，其性能也会有差异，所以上述公式的计算值只能是近似的。在生产实践中一般通过试模进行修正，同时在模具设计时，可以采取一些措施来减小回弹。

3.2.4 提高弯曲件精度的措施

在实际生产中，由于材料的力学性能和厚度的变化等原因，要完全消除弯曲件的回弹是不可能的。但可以采取某些措施来减小或补偿由于回弹所产生的误差，以提高弯曲件的精度。

1. 从材料选用上采取措施

在满足使用的前提下，选用弹性模数 E 大、屈服强度小及力学性能稳定的材料，以减少弯曲时的回弹。对于一些硬度较高的材料，弯曲前进行退火处理，也可减小回弹。

2. 改进弯曲制件的结构设计

在变形区压制加强筋以提高弯曲件的刚性，使弯曲件回弹困难，从而提高弯曲件尺寸精度，如图 3-12 所示。

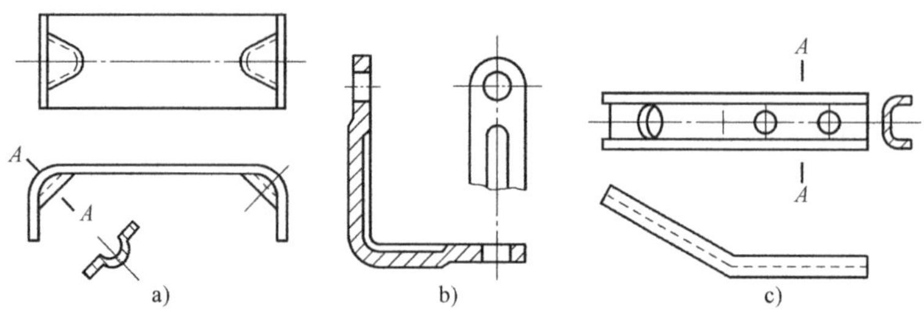

图 3-12 改进弯曲制件的结构设计

需要注意的是，无论是更换弯曲性能好的材料，还是通过在弯曲件上压制加强筋来减小回弹值，都必须征得产品设计人员的签字同意才行。

3. 采用合理的弯曲工艺

对模具设计人员来说，可以通过以下措施来减小回弹，提高弯曲件的尺寸精度。

（1）采用拉弯工艺　对于相对弯曲圆角半径大的工件，由于其变形程度小，故回弹很大。这时采用拉弯工艺可以有效地减小回弹，如图 3-13 所示。

拉弯工艺其实就是在弯曲时在毛坯的长度方向另外施加了一个拉力，使中性层内侧由压应力转变为拉应力状态。这样的应力叠加，使得弯曲件断面都处于塑性拉伸变形状态，如图 3-14 所示。卸载后，内、外层的回弹趋势相互抵消，因此可以减少弯曲件的回弹。在拉弯机上拉弯，一般用于尺寸较大的工件。

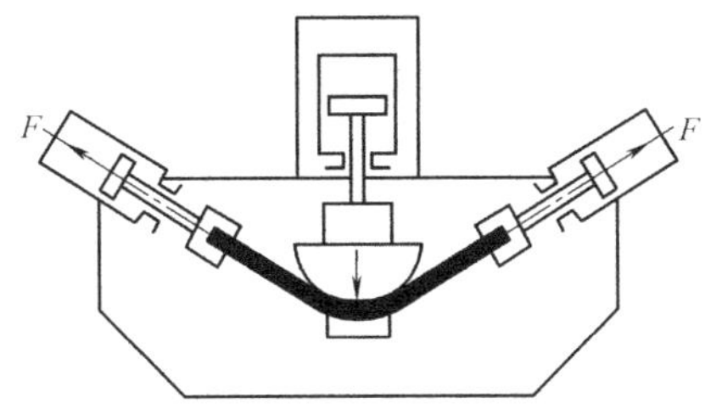

图 3-13　大型工件的拉弯成形工艺

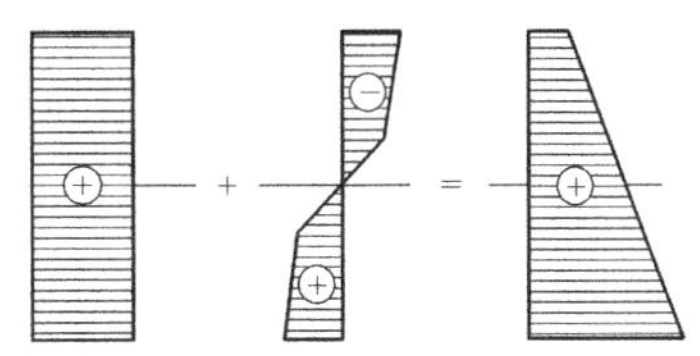

图 3-14　拉弯变形时切向应力的叠加

小型工件的拉弯成形工艺，其实质是在弯曲毛坯的直边部分施加较大的压边力来限制非变形区材料的流动，如图 3-15a 所示；或者通过减小凸、凹模之间的间隙，使材料受拉变薄来增加变形区的拉应力，从而实现拉弯成形，如图 3-15b 所示。

（2）补偿法　根据弯曲件的回弹趋势（$\Delta\alpha$ 的值是增大还是减小）和回弹量的大小，修正凸模或凹模工作部分的形状和尺寸，使工件的回弹量得到补偿，如图 3-16 所示。一般来说，补偿法是消除弯曲件回弹最简单的方法，在实际生产中得到广泛应用。

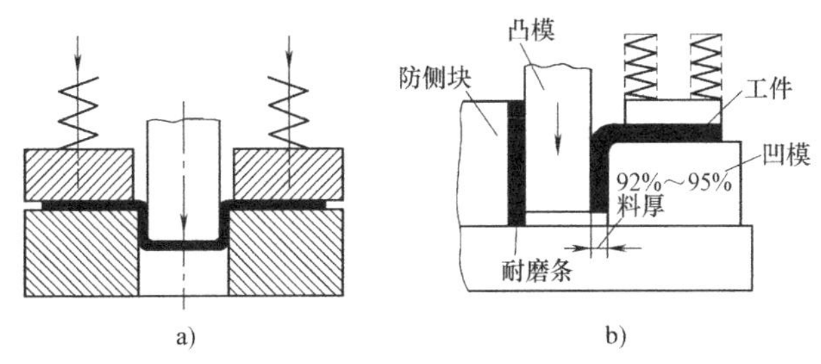

图 3-15　小型工件的拉弯成形工艺

a）强压边力下的拉弯成形工艺

b）小间隙下的拉弯成形工艺

单角弯曲时，根据弯曲件可能产生的回弹量，将凸模的圆角半径

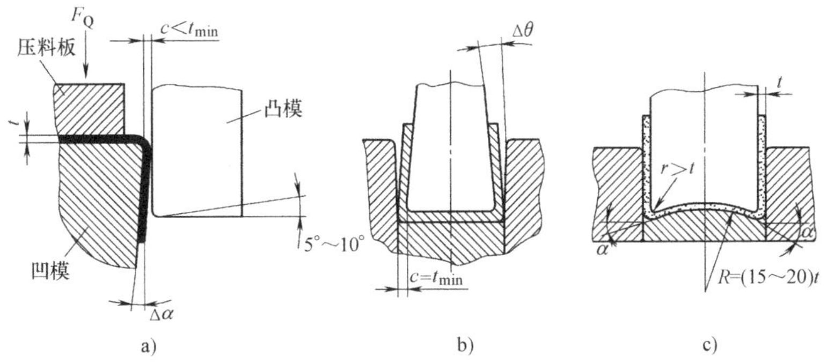

图 3-16　用补偿法修正模具减小弯曲回弹

和顶角 α 预留修磨量，用以调试修模、补偿回弹。对于有压板的单角弯曲，回弹角做在凹模上，并使凸、凹模间隙为最小料厚，如图 3-16a 所示。

双角弯曲时，可在凸模两侧分别做出回弹角，或将模具底部做成圆弧形，利用底部向下的回弹作用，来补偿弯曲件侧壁的回弹，如图 3-16b、c 所示。

（3）校正法　板料弯曲时，中性层外侧切向纤维被拉长，内层切向纤维被压缩。卸载以后，外侧纤维要缩短，内层纤维要伸长，内、外层纤维的回弹趋势都是使板料恢复平直，所以回弹量大。如果在弯曲行程终了时施加一定的校正压力，迫使弯曲件内侧的金属产生切向拉伸应变，那么，板料经校正以后，内、外层纤维都被伸长，卸载后都要缩短，内、外层的回弹趋势相反，最终回弹量表现为减小，这样就可达到减小回弹的目的。

当材料厚度大于 0.8mm 且塑性较好、弯曲圆角半径不大时，可以改变凸模结构，使校正力主要集中在弯曲变形区，通过改变变形区的应力应变状态来减小回弹，如图 3-17 所示。一般认为，弯曲区金属的校正压缩量为料厚的 2%～5%时，就可以得到较好的效果。

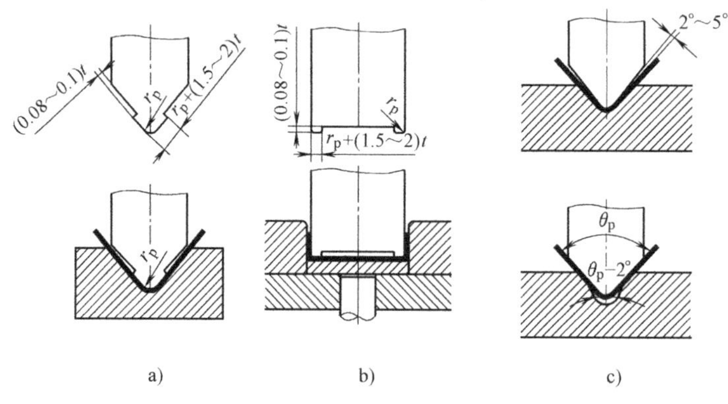

图 3-17　用校正法修正模具结构以减小回弹

（4）纵向加压法　在弯曲过程完成以后，利用模具的突肩在弯曲件的端部纵向加压来减小回弹，如图 3-18 所示。利用这种方法，可以获得比较高的弯边尺寸精度，但对毛坯精度要求较高。

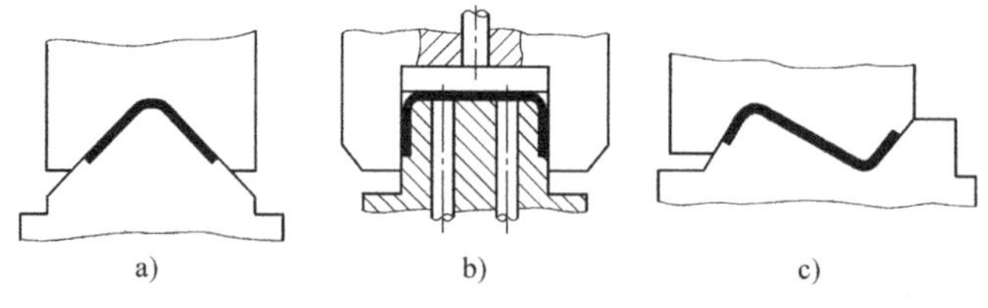

图 3-18　纵向加压弯曲法

3.3　弯曲成形工艺设计

弯曲件的结构工艺性，是指弯曲件的材料、形状、尺寸及技术要求等是否满足弯曲加工的工艺要求。弯曲结构工艺性好的制件，不仅可以使模具结构简单且操作安全、方便，还可以减小废品率和提高材料的利用率。

在设计弯曲件时，一般应该从以下几个方面考虑。

3.3.1　最小相对弯曲半径 r_{min}/t

1. 最小相对弯曲半径的概念

板料在弯曲时，弯曲半径越小，板料外表面的变形程度越大。如果板料的弯曲半径过小，则板料外表面在切向拉应力作用下，将因超过材料的变形极限而出现裂纹。板料的最小弯曲半径，是指在保证变形区材料外表面不发生破坏的前提下（即弯曲圆角的外表面不产生裂纹时），弯曲件的内表面所能弯成的最小圆角半径，用 r_{min} 表示。

最小弯曲半径与板料厚度的比值 r_{min}/t 称为最小相对弯曲半径。它是衡量弯曲变形极限程度大小的重要指标。

弯曲件的相对弯曲半径不能太小或太大，其值一般应该不小于材料许可的最小相对弯曲半径 r_{min}/t。常用材料的最小相对弯曲半径见表 3-2。

表 3-2　板料弯曲的最小相对圆角半径 r_{min}/t

<table>
<tr><th rowspan="3">材　料</th><th colspan="2">正火或退火</th><th colspan="2">硬化</th></tr>
<tr><th colspan="4">弯曲线方向</th></tr>
<tr><th>与轧纹垂直</th><th>与轧纹平行</th><th>与轧纹垂直</th><th>与轧纹平行</th></tr>
<tr><td>铝</td><td rowspan="3">0.1</td><td rowspan="3">0.35</td><td>0.5</td><td>1.0</td></tr>
<tr><td>纯铜</td><td>1.0</td><td>2.0</td></tr>
<tr><td>黄铜 H68</td><td>0.4</td><td>0.8</td></tr>
<tr><td>08、10、Q215</td><td>0.1</td><td>0.4</td><td>0.4</td><td>0.8</td></tr>
<tr><td>15、20、Q235</td><td>0.1</td><td>0.5</td><td>0.5</td><td>1.0</td></tr>
<tr><td>25、30</td><td>0.2</td><td>0.6</td><td>0.6</td><td>1.2</td></tr>
<tr><td>35、40</td><td>0.3</td><td>0.8</td><td>0.8</td><td>1.5</td></tr>
<tr><td>45、50</td><td>0.5</td><td>1.0</td><td>1.0</td><td>1.7</td></tr>
<tr><td>55、60</td><td>0.7</td><td>1.3</td><td>1.3</td><td>2.0</td></tr>
<tr><td>硬铝（软）</td><td>1.0</td><td>1.5</td><td>1.5</td><td>2.5</td></tr>
<tr><td>硬铝（硬）</td><td>2.0</td><td>3.0</td><td>3.0</td><td>4.0</td></tr>
<tr><td rowspan="3">镁合金
M2M（MB1-M）
ME20M（MB8-M）</td><td colspan="2">300℃热弯</td><td colspan="2">冷弯</td></tr>
<tr><td>2.0</td><td>3.0</td><td>6.0</td><td>8.0</td></tr>
<tr><td>1.5</td><td>2.0</td><td>5.0</td><td>6.0</td></tr>
<tr><td rowspan="3">钛合金
TA1（BT1）
TA6（BT5）</td><td colspan="2">300～400 ℃热弯</td><td colspan="2">冷弯</td></tr>
<tr><td>1.5</td><td>2.0</td><td>3.0</td><td>4.0</td></tr>
<tr><td>3.0</td><td>4.0</td><td>5.0</td><td>6.0</td></tr>
<tr><td rowspan="2">钼合金（$t \leqslant 2$mm）</td><td colspan="2">400～500℃热弯</td><td colspan="2">冷弯</td></tr>
<tr><td>2.0</td><td>3.0</td><td>4.0</td><td>5.0</td></tr>
</table>

2. 影响最小相对弯曲半径的因素

影响板料最小相对弯曲半径数值的因素很多，其中主要有：

（1）材料的力学性能与热处理状态　材料的力学性能与热处理状态，对最小相对弯曲半径数值的影响较大，塑性好的材料，其允许有较小的弯曲半径。所以，在生产实际中，常将冷作硬化的材料，用热处理方法提高其塑性，以增大弯曲变形的程度，获得较小的弯曲半径；或者对于塑性较差的金属材料，采用加热弯曲的方法，以提高弯曲变形程度。

（2）弯曲件的弯曲中心角 α　弯曲中心角 α 是弯曲件的圆角变形区圆弧所对应的圆心角。理论上弯曲变形区局限于圆角区域，直边部分不参与变形。但由于材料的相互牵制作用，接近圆角的直边也参与了变形，扩大了弯曲变形区的范围，分散了集中在圆角部分的弯曲应变，使变形区外表面的受拉状态有所减缓，因此减小 α 有利于降低最小弯曲半径的数值。

（3）弯曲线的方向　冲压用的金属板料一般都是冷轧钢板，板料也就呈纤维状组织。板料在横向、纵向及厚度方向上，都呈现出不同的力学性能（这就是金属材料的各向异性）。一般来说，钢板在纵向（轧制方向）的抗拉强度比横向（垂直于轧制方向）要好。因此，当弯曲线垂直于轧制方向，板料的最小弯曲半径数值较小；而当弯曲线平行于轧制方向时，板料允许的最小弯曲半径数值要大些。所以，当工件的冲压工艺中有弯曲成形时，排样时必须注意弯曲线的方向与板料轧制方向的关系。为了获得较小的弯曲半径值，最好使弯曲线的方向与轧制方向垂直。当工件在多个方向上都有弯曲时，排样要兼顾各个方向的弯曲线与轧制方向的关系，如图 3-19 所示。

（4）板料表面与侧面的质量影响　弯曲用的毛坯一般都是冲裁或剪裁获得，材料剪切断面上的毛刺、裂纹、冷作硬化以及表面的划伤和裂纹等缺陷，都会造成弯曲时的应力集中，从而使得材料容易破裂。所以，表面质量和断面质量差的板料在弯曲时，其最小相对弯曲半径的数值较大。

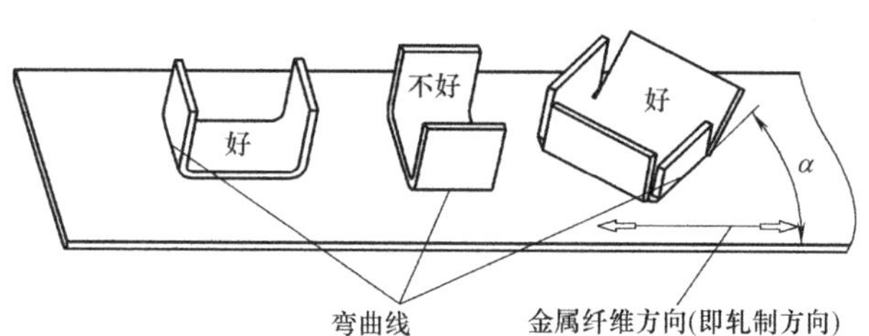

图 3-19　板料纤维方向对弯曲半径的影响

为了获得较小的弯曲半径，单工序模弯曲时，可以在弯曲前先去毛刺；级进模中弯曲时，尽可能让有毛刺的一方处于弯曲件的内层，因为内层切向应力为压应力，而压应力不会引起裂纹扩展而开裂。

（5）弯曲件的相对宽度　弯曲件的相对宽度越大，材料沿宽度方向的流动阻力就越大。因此，相对宽度较小的窄板（$B/t\leqslant3$），其相对弯曲半径的数值可以取得小些。

3. 最小相对弯曲圆角半径 r_{min}/t 的确定方法

从上述分析可知，影响板料最小相对弯曲半径的因素很多，难以建立板料最小相对弯曲圆角半径与这些影响因素的数量关系，实际生产中还是由实验确定。表 3-2 为实验得到的最小相对弯曲半径 r_{min}/t 的实验数据，可供参考使用。

3.3.2　弯曲件的结构工艺性

1. 弯曲件形状与尺寸的对称性

弯曲件的形状与尺寸应尽可能对称，两端的高度差不要太大，以保证弯曲时板料受力平衡，避免产生毛坯的滑动。如图 3-20 所示，坯料会因为两端的摩擦阻力不同引起滑动。在模具设计时，增设弹顶装置，或利用毛坯上的孔在模具上增设定位销，可以有效地防止弯曲时毛坯的滑动，如图 3-21 所示。

弯曲件形状应尽可能简单。若工件的边缘有缺口，如果先冲缺口，弯曲时难以保证这一部分的成形。所以，一般是先弯曲，然后再冲缺口，如图 3-22 所示。

2. 防止弯曲边交接处应力集中

弯曲时，为了防止弯曲边交接处由于应力集中可能产生的畸变和开裂，可预先在弯曲线的两端冲制卸荷孔或卸荷槽，如图 3-23 所示。

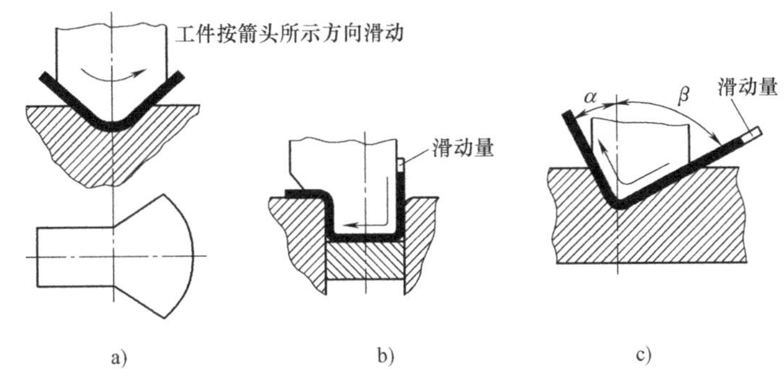

图 3-20　非对称弯曲时坯料的滑动

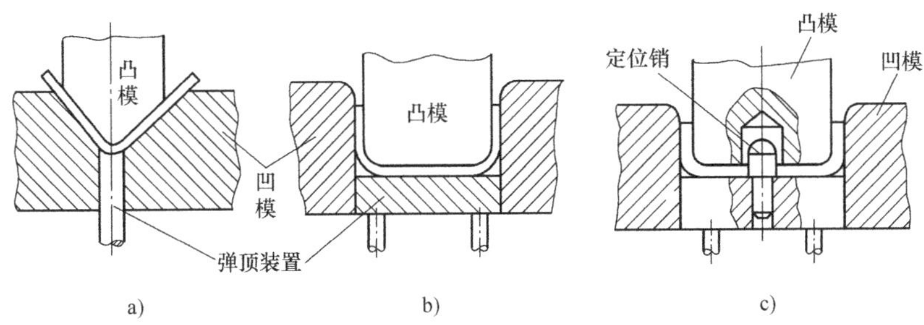

图 3-21　增设弹顶装置防止毛坯滑动

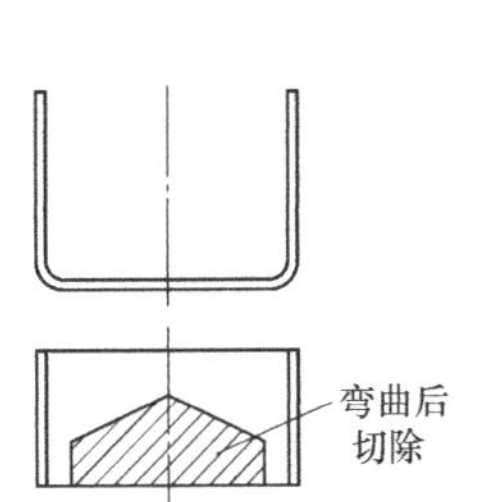

图 3-22　弯曲件边缘冲缺口的冲压工艺

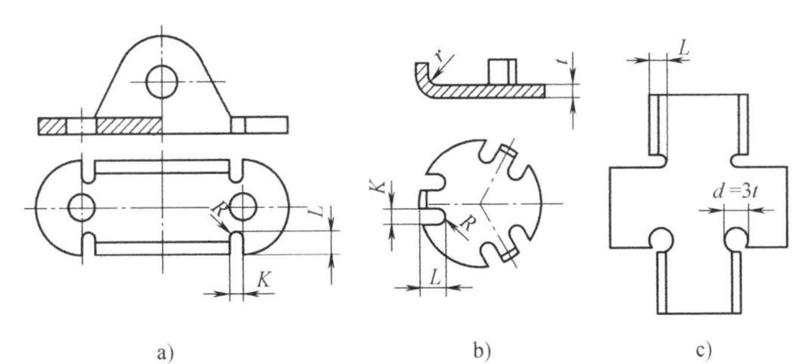

图 3-23　防止弯曲边交接处应力集中的措施

3. 弯曲件上的孔

弯曲件在接近弯曲圆角部位有孔时，弯曲圆角的中心与孔边应保持一定的距离，如图 3-24 所示。当板料厚度 $t<2$mm 时，边距 $L\geqslant t$；当 $t\geqslant 2$mm 时，$L\geqslant 2t$。否则，弯曲后孔的形状会发生变化。在结构许可的前提下，可在弯曲件变形区预先冲出工艺孔或工艺槽，以改变变形区的应力应变状态，通过工艺孔变形来保证结构孔的精度要求，如图 3-25 所示。

切口弯曲时，可以预先在弯曲线部位冲孔，以避免弯曲时引起非变形区的畸变，如图 3-26 所示。

4. 最小弯边高度

当弯曲件的直边高度小于料厚的两倍时，弯曲成形比较困难；或者即使弯曲成形，回弹也很大。如果不能满足要求，可以在弯曲后再将工艺余料切除，如图 3-27 所示。

图 3-24 弯曲件上孔与弯曲圆角的关系

图 3-25 防止弯曲边交界处变形的措施

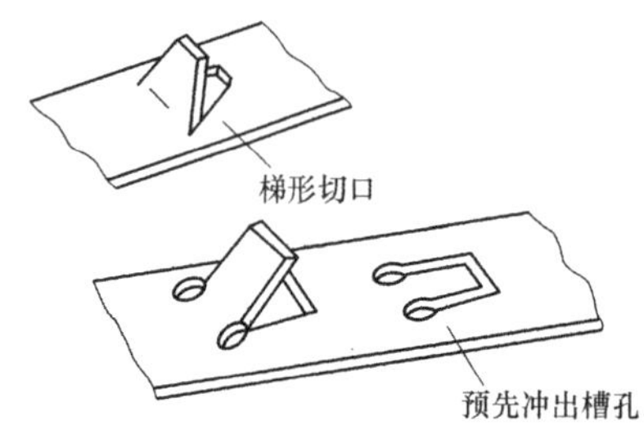

图 3-26 切口弯曲工艺

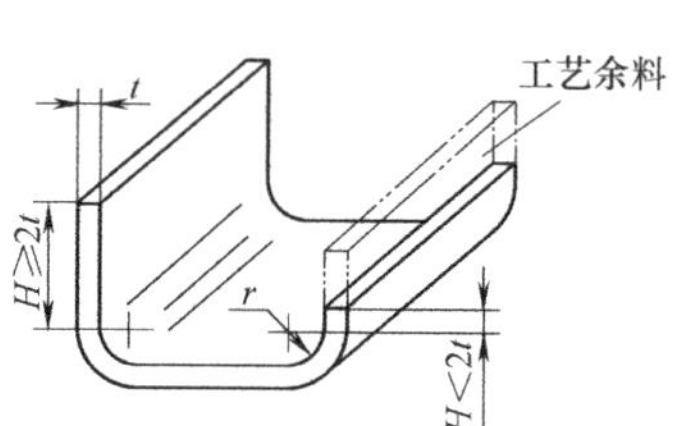

图 3-27 弯曲件的直边高度

如果弯曲边带有一定的斜度，而该斜边又处于变形区时，在弯曲时容易出现开裂，则应改进工件的形状以适应弯曲成形，如图 3-28 所示。

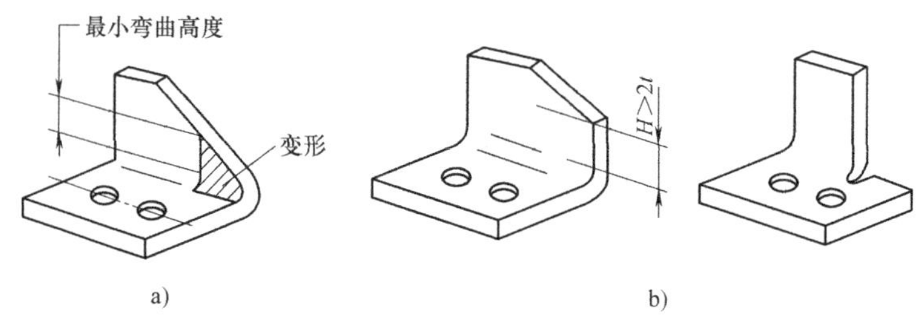

图 3-28 斜边弯曲工艺

a）斜边弯曲存在的问题 b）改进后的斜边结构

5. 弯曲件的精度

弯曲件的尺寸公差等级一般应在 IT12 以下，角度公差应大于 15′。

另外，需要注意：弯曲件尺寸标注的基准不同，也会对冲压工艺有影响。如图 3-29a 所示，以工件的外形面为基准来标注孔的位置，这种标注方法使得孔的位置与弯曲工艺没有关系，可以先冲孔后弯曲，可以简化模具结构。图 3-29b、c 中的标注方法，冲孔工艺只能放在弯曲工艺后进行，才能保证孔的位置精度要求，

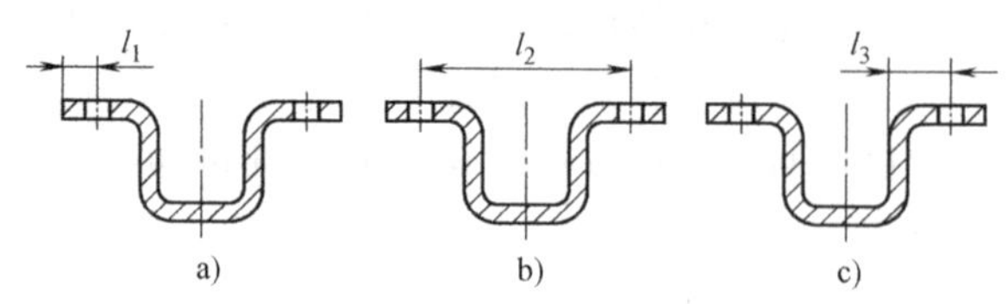

图 3-29 弯曲件尺寸标注方法

这样可能使得模具结构复杂，而且不容易保证孔的位置尺寸。

3.3.3　弯曲件毛坯尺寸的计算

在进行弯曲工艺和弯曲模设计时，要计算弯曲件毛坯的展开尺寸。计算的依据是：弯曲变形前后体积不变；应变中性层在弯曲变形前后长度不变。即弯曲件的应变中性层长度，就是弯曲件的展开尺寸，也就是弯曲毛坯的长度尺寸。

1. 应变中性层位置的确定

应变中性层就是在弯曲变形的前后，纤维长度没有改变的那一金属层。

当弯曲变形程度不大时（$r/t>5$ 时），可以认为应变中性层就在板料厚度的中心位置；而当弯曲变形程度较大时（$r/t<5$ 时），应变中性层会向内表面偏移。这时，中性层位置的曲率半径 ρ，可以通过以下公式进行估算

$$\rho=r+kt \tag{3-6}$$

式中　r——弯曲件内层圆角半径；

k——中性层位移系数，见表 3-3；

t——板料厚度。

表 3-3　中性层位移系数 k

r/t	0.1	0.25	0.5	1.0	2.0	3.0	4.0~8	>8
k	0.32	0.35	0.38	0.42	0.455	0.470	0.475	0.5

2. 弯曲件毛坯尺寸的计算

弯曲件的形状、弯曲半径大小及弯曲方法不同，其毛坯展开尺寸的计算方法也不相同。

（1）弯曲圆角半径 $r>0.5t$ 的弯曲件　由于这类弯曲件的变形区变薄小，弯曲件的应变中性层的长度在弯曲变形前后保持不变，所以计算弯曲件的展开长度，就是计算弯曲件应变中性层的长度。

计算方法是：首先确定应变中性层的位置，计算中性层的曲率半径，由此计算出弯曲圆弧处的中性层长度；再根据弯曲件的几何尺寸确定直边的长度；将圆弧中性层的展开长度与直边长度加在一起，就得到了弯曲前毛坯的展开长度。如图 3-30a 所示，弯曲毛坯的总长度 L 可以用下面的公式进行计算

$$L=\sum l_i+\sum\frac{\pi\alpha_i}{180°}(r_i+k_it) \tag{3-7}$$

式中　l_i——各直线段的长度（mm）；

α_i——各圆弧段弯曲中心角（°）；

r_i——各圆弧段弯曲半径（mm）；

k_i——各圆弧段的中性层位移系数；

t——弯曲毛坯的厚度（mm）。

如图 3-30b 所示，当弯曲中心角为 90°时，单角弯曲件的毛坯展开长度的计算公式为

$$L=l_1+l_2+\frac{\pi}{2}(r+kt) \tag{3-8}$$

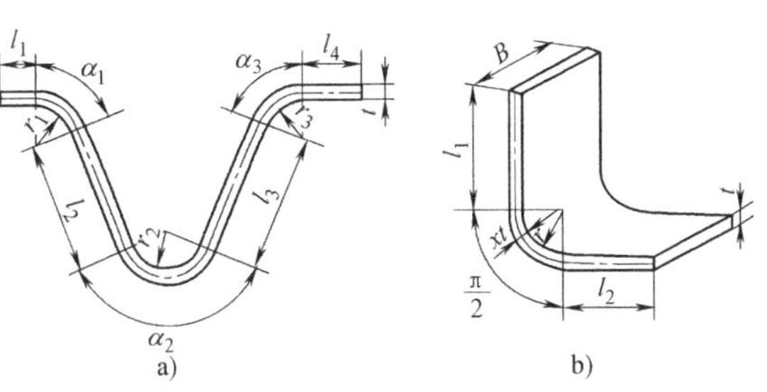

图 3-30　弯曲半径 $r>0.5t$ 的弯曲件的毛坯长度的计算
a）多角弯曲件　b）90°单角弯曲件

(2) 圆角半径 $r<0.5t$ 的弯曲件毛坯展开长度的计算　这类弯曲件的毛坯展开长度，一般按照弯曲变形前后体积相等的原则，再考虑到弯曲圆角变形区以及相邻直边部分变薄等因素，采用表 3-4 中经过修正的计算公式进行计算。

表 3-4　$r<0.5t$ 的弯曲件毛坯展开长度的计算公式

序号	弯曲特征	简图	计算公式
1	弯曲一个角	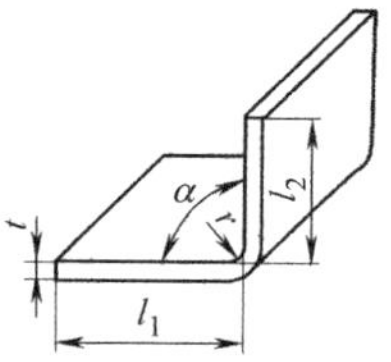	$L=l_1+l_2+0.4t$
2	弯曲一个角	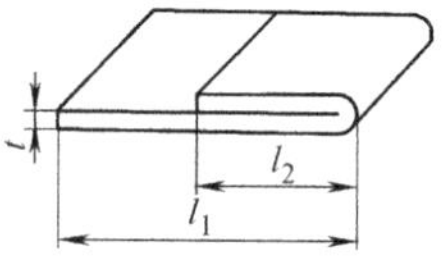	$L=l_1+l_2-0.43t$
3	一次同时弯曲两个角	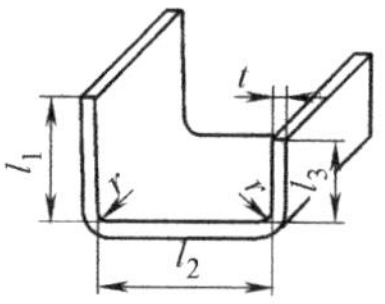	$L=l_1+l_2+l_3+0.6t$
4	一次同时弯曲三个角	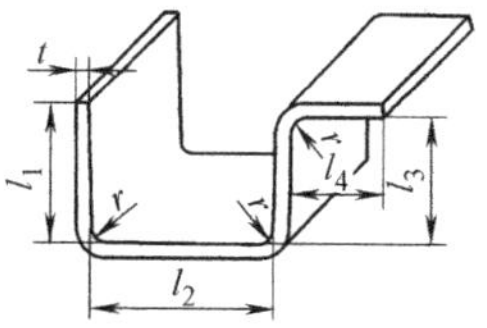	$L=l_1+l_2+l_3+l_4+0.75t$
5	一次同时弯曲两个角，第二次弯曲另一个角		$L=l_1+l_2+l_3+l_4+t$
6	一次同时弯曲四个角	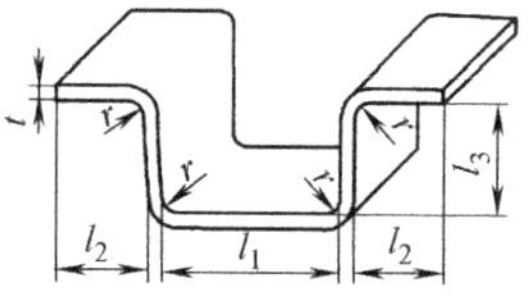	$L=l_1+2l_2+2l_3+t$
7	分为两次弯曲四个角		$L=l_1+2l_2+2l_3+1.2t$

(3) 铰链弯曲件　铰链弯曲件和一般弯曲件有所不同，在弯曲过程中，板料不是变薄而是增厚了，中性层将向外移动，如图 3-31所示。铰链弯曲时，中性层的位移系数 $k \geqslant 0.5$，其值可参考表 3-5。

表 3-5　铰链弯曲时的中性层位移系数 k

r/t	0.5	0.6	0.7	0.8	0.9	1.0	1.1	1.2
k	0.77	0.76	0.75	0.73	0.72	0.70	0.69	0.67
r/t	1.3	1.4	1.5	1.6	1.8	2.0	2.5	≥3
k	0.66	0.64	0.62	0.60	0.58	0.54	0.52	0.5

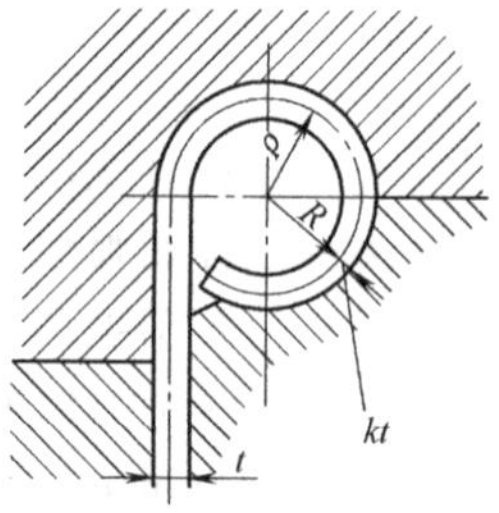

图 3-31　铰链中性层位置

需要特别说明的是：对于形状复杂且精度要求较高的弯曲件，其毛坯展开长度的计算结果和实际情况可能误差较大，需要经过多次试模修正毛坯的长度，才能最终确定毛坯的展开尺寸。所以，实践中一般是先加工制造弯曲模，后加工制造落料模。即以理论计算的毛坯展开长度作为参考，可用电火花线切割等方法制作一系列长度接近计算展开尺寸的弯曲毛坯，在试模中确定毛坯的正确展开长度后，再制造毛坯的落料模。

3.3.4　弯曲件弯曲工序的安排

1. 一次弯曲成形工艺

对于形状简单的弯曲件，如 V 形件、U 形件和 Z 形件等，可以采用一次弯曲成形，如图 3-32 所示。

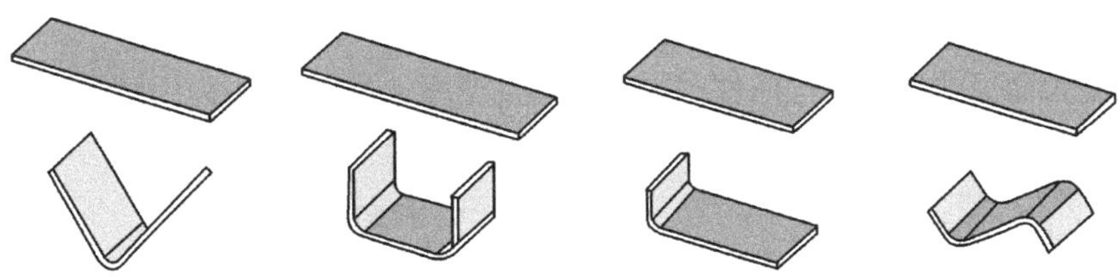

图 3-32　一次弯曲成形的实例

2. 多次弯曲成形工艺

对于形状较复杂的弯曲件，一般需要采用二次或多次弯曲成形。例如，对于多角弯曲件，一般先弯外角、后弯内角，并应注意前次弯曲应保证后次弯曲有可靠的定位，而后次弯曲应保证前次已经弯曲成形的部分不能再变形，如图 3-33 和图 3-34 所示。

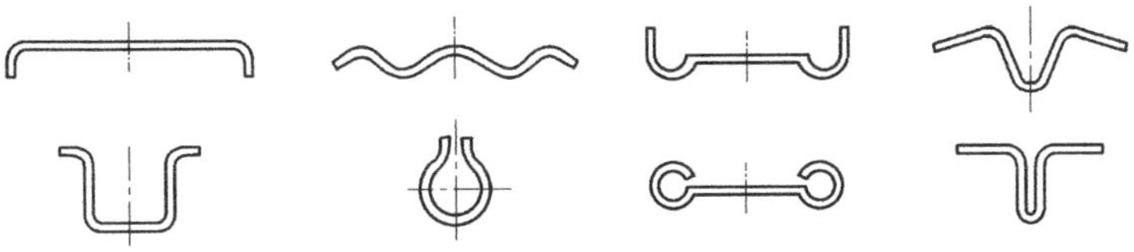

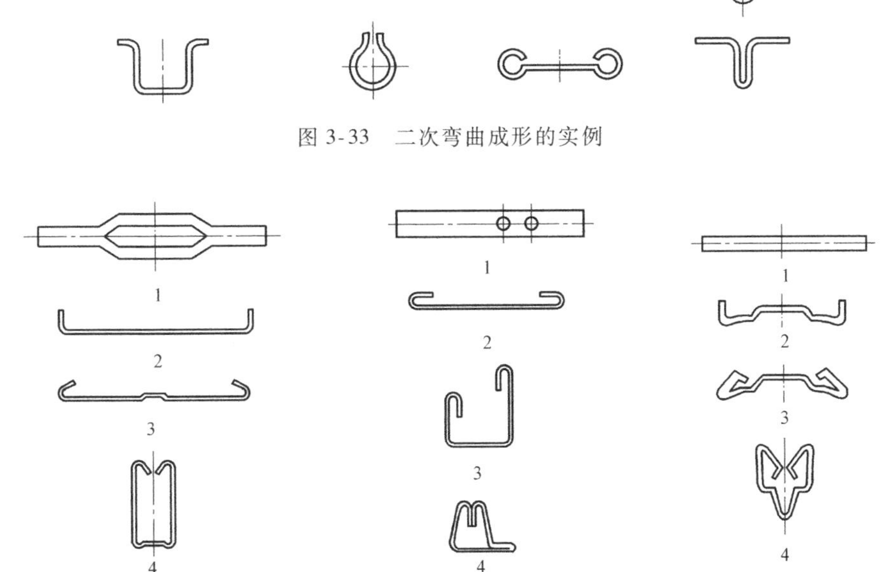

图 3-33　二次弯曲成形的实例

图 3-34　多次弯曲成形的实例

3. 不对称工件的弯曲成形工艺

弯曲件的形状不对称时，为避免弯曲过程中毛坯的偏移，可以采用成对弯曲成形，弯曲后再切开的方法，如图 3-35 所示。

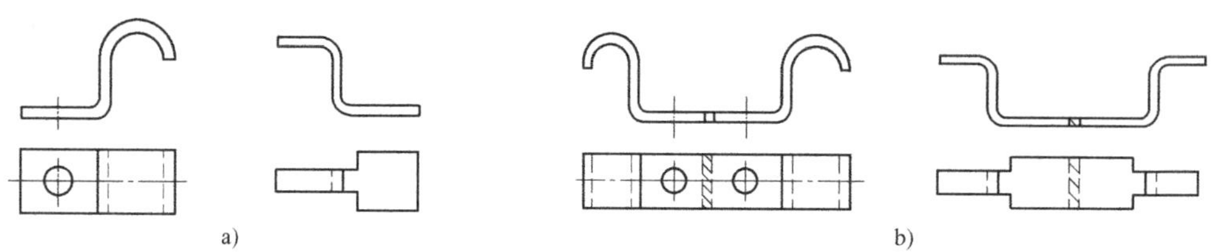

图 3-35 非对称工件的成对弯曲成形

a）工件 b）弯曲成形工艺

4. 批量大而尺寸较小的弯曲件的成形工艺

对于批量大而尺寸较小的弯曲件，为了提高生产率，可以采用多工序的冲裁、弯曲、切断级进模进行成形，如图 3-36 所示。

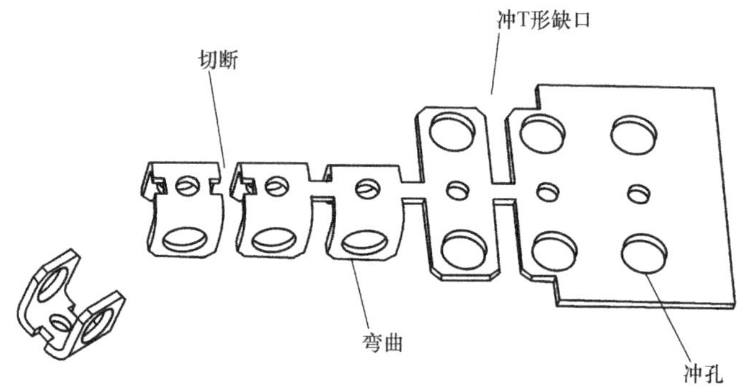

图 3-36 弯曲件的级进成形工艺

3.3.5 弯曲力的计算和压力机的选择

弯曲力是拟定板料成形工艺和选择设备的重要依据之一，所以必须进行计算。我们已经知道板料弯曲时，开始是弹性弯曲，其后变形区内、外表层纤维首先进入塑性状态，并逐渐向板的中心扩展进行自由弯曲，最后当凸、凹模与板料相互接触并冲击毛坯时进行校正弯曲。如图 3-37 所示为弯曲各阶段弯曲力和弯曲行程的变化关系。可以看出，各弯曲阶段的弯曲力大小是不同的。弹性弯曲阶段的弯曲力小，可以忽略不计；自由弯曲阶段的弯曲力不随行程的变化而变化；校正弯曲阶段的弯曲力随行程急剧增大。

影响弯曲力的因素，除材料性质、坯料尺寸、弯曲程度大小外，生产中的一些实际因素如弯曲方式、模具结构、圆角大小、支点距离、模具工作表面质量、凸模与凹模的间隙等，都对弯曲力大小有较大的影响，我们无法用公式将所有这些因素对弯曲力的影响都包含进去。生产中，通常是根据板料的力学性能、厚度和宽度，按经验公式对弯曲力进行估算。

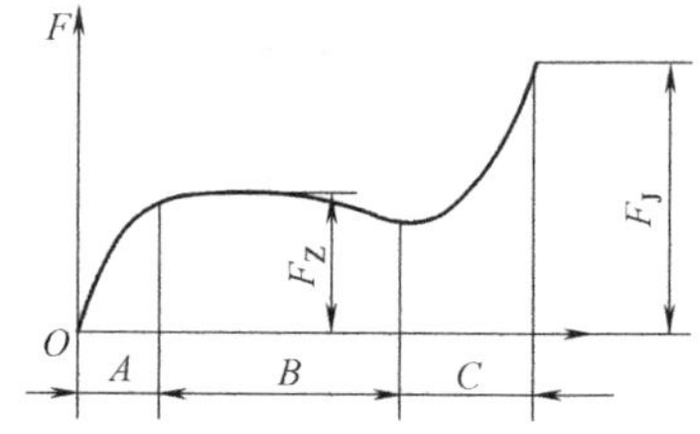

图 3-37 弯曲各阶段弯曲力的变化曲线

A—弹性弯曲阶段 *B*—自由弯曲阶段

C—校正弯曲阶段

1. 自由弯曲时的弯曲力 F_Z

V 形件自由弯曲时，如图 3-38a 所示，其最大自由弯曲力的计算公式为

$$F_Z = \frac{0.6kbt^2\sigma_b}{r+t} \tag{3-9}$$

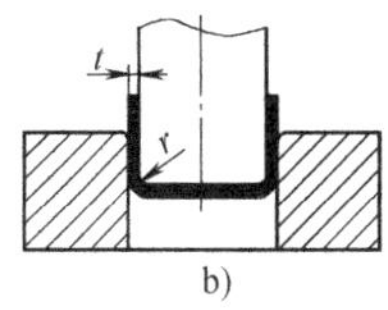

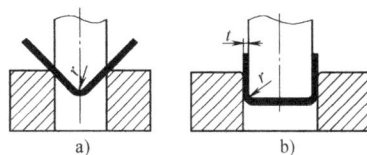

图 3-38　自由弯曲示意图

a) V 形件自由弯曲

b) U 形件自由弯曲

U 形件自由弯曲时，如图 3-38b 所示，其最大自由弯曲力的计算公式为

$$F_Z = \frac{0.7kbt^2\sigma_b}{r+t} \tag{3-10}$$

式中　F_Z——材料在冲压行程结束时的自由弯曲力（N）；

b——弯曲件的宽度（mm）；

t——弯曲毛坯的厚度（mm）；

r——弯曲件的内圆角半径（mm）；

σ_b——板料的抗拉强度（MPa）；

k——安全系数，一般取 $k=1.3$。

2. 校正弯曲力

在自由弯曲阶段后，进一步对贴合于凸、凹模表面的弯曲件进行镦压，弯曲工件受到模具挤压继续弯曲，弯曲力急剧增大，称为校正弯曲，如图 3-39 所示。校正弯曲的目的在于减少回弹，提高弯曲件质量。校正弯曲力可以用下面公式近似计算

$$F_J = qA \tag{3-11}$$

式中　F_J——校正弯曲力（N）；

q——单位校正力（MPa），见表 3-6；

A——校正部分的投影面积（mm^2）。

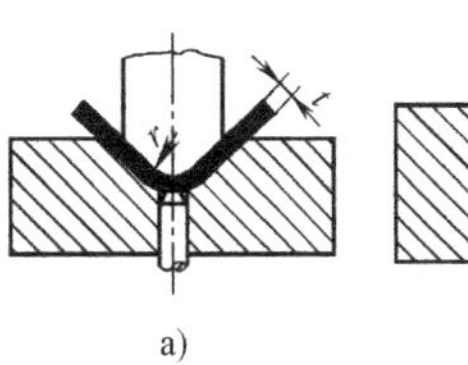

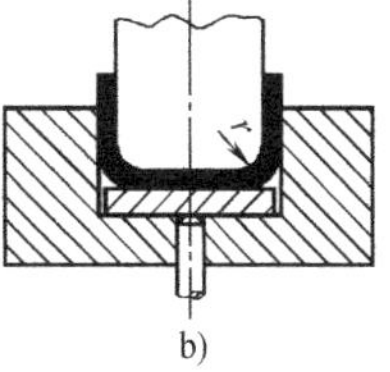

图 3-39　校正弯曲

a) V 形件校正弯曲

b) U 形件校正弯曲

表 3-6　单位校正力 q　　（单位：MPa）

材　料	材料厚度/mm			
	≤1	>1~3	>3~6	>6~10
铝	15~20	20~30	30~40	40~50
黄铜	20~30	30~40	40~60	60~80
10、20 钢	30~40	40~60	60~80	80~100
25、30 钢	40~50	50~70	70~100	100~120

3. 顶件力和压料力的计算

对于设有顶件装置或压料装置的弯曲模，其顶件力 F_D 和压料力 F_Y 可近似取自由弯曲力的 30%~80%，即

$$F_D = (0.3 \sim 0.8) F_Z \tag{3-12}$$

$$F_Y = (0.3 \sim 0.8) F_Z \tag{3-13}$$

4. 压力机吨位的确定

对于有弹性顶件装置的自由弯曲模，压力机吨位 F_G 的计算公式为

$$F_G \geqslant (1.1 \sim 1.2)(F_Z + F_D) \tag{3-14}$$

对于有弹性压料装置的自由弯曲模，压力机吨位 F_G 的计算公式为

$$F_G \geqslant (1.1 \sim 1.2)(F_Z + F_Y) \tag{3-15}$$

在校正弯曲时，由于校正弯曲是发生在接近压力机下死点的位置，且校正弯曲力 F_J 比自由弯曲力 F_Z 大得多，所以 F_Z 可以忽略不计，校正弯曲时压力机吨位 F_G 的计算公式为

$$F_G \geqslant (1.1 \sim 1.2) F_J \tag{3-16}$$

需要注意：如果弯曲时的施力行程较大，在选择压力机时应该注意压力机的额定公称力行程不能太小。

3.4 弯曲模的典型结构设计

弯曲模的结构主要取决于弯曲件的形状和弯曲工序的安排。简单的弯曲模只有一个垂直运动；复杂的弯曲模除垂直运动外，可能还有一个乃至多个水平运动。弯曲模的设计要点如下。

1. 坯料的定位要准确可靠

弯曲过程中，毛坯不能发生偏移，毛坯应该有一部分用弹性压板压紧；最好能利用毛坯上的孔定位；多次弯曲时，最好有同一定位基准。

2. 注意避免毛坯的拉薄和挤压变形

多角同时弯曲时，模具结构不应妨碍坯料在弯曲过程中应有的转动和移动，避免在弯曲过程中坯料产生过度的变薄和断面发生畸变。

3. 注意弯曲回弹

用校正弯曲代替自由弯曲，即在行程终了时，应对工件的变形部位在模具中进行校正。

4. 坯料的安放和工件的取出要方便

毛坯尽可能水平放置，工件取出操作要方便、安全。

5. 模具结构简单，调整、维修要方便

工件回弹的准确数值只能通过试模获得，因而凸模、凹模应便于拆卸，以利于修模。对于 U 形件的弯曲，校正力较大时，常会产生负回弹角，这时弯曲件容易包住凸模而不易脱下，因而必须采用卸料装置。弯曲件回弹比较大时，模具的结构设计必须考虑凸、凹模加工及试模时便于修正的可能性。

3.4.1 V 形件弯曲模的典型结构

V 形件弯曲是弯曲成形中最简单的一种弯曲，常用的弯曲方法有两种：一种是沿弯曲件的角平分线方向弯曲，称为 V 形弯曲，如图 3-40 所示。该模具结构简单，在压力机上安装调整方便，对材料厚度的公差要求不高；模具在压力机的下死点可以对弯曲件进行校正，因而回弹较小，制件精度较高。

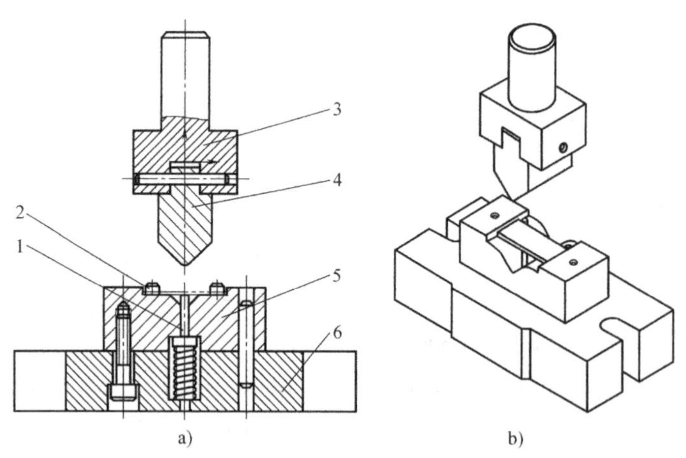

图 3-40 V 形件弯曲模（V 形弯曲模）

1—顶杆 2—定位钉 3—模柄 4—凸模 5—凹模 6—下模座

顶杆1在弯曲前还起压料作用，可以防止弯曲过程中毛坯的偏移；弯曲完成后又起顶件作用。

另一种用于不对称的V形弯曲，如图3-41所示。模具的特点是采用弹性顶板4和定位钉3定位，可以有效地防止毛坯偏移，同时也能保证孔到垂直边的尺寸精度；而挡块5能使弯曲凸模1工作时受力平衡，这种弯曲方式也称为L形弯曲。如图3-41b所示，由于凹模和顶板的工作面存在一定斜角（$\alpha=5°\sim10°$），在弯曲结束前可以对弯曲件的两个直边面进行校正，弯曲后工件的回弹较小。注意：这类模具在设计和制造时，挡块5与弯曲凸模1之间不留间隙，而且可以将挡块做得比凹模2的上表面高，这样可以更好地平衡弯曲力矩。

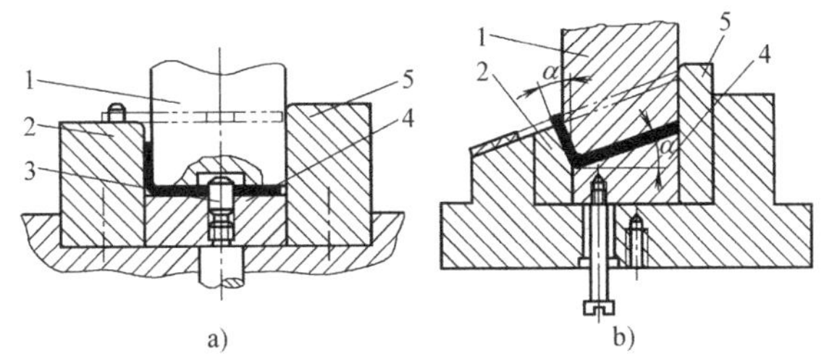

图3-41 L形弯曲模

a）有弹性顶板的弯曲模 b）校正弯曲模

1—凸模 2—凹模 3—定位钉 4—顶板 5—挡块

3.4.2 U形件的弯曲模结构

U形件弯曲时，根据弯曲件精度的要求不同，模具结构可采用图3-42所示结构。其中，无平面度要求的弯曲模，可采用图3-42a所示结构。当弯曲件底部有要求时，可采用带顶板的结构，如图3-42b所示。对于弯曲件外形尺寸要求较高而料厚公差较大时，可采用活动凸模式结构，如图3-42c所示。同理，弯曲件标注内形尺寸时，可以采用图3-42d所示结构的弯曲模。图3-42c和图3-42d所示结构在模具工作行程的终点，可以对弯曲件的直边和弯曲圆角进行校正，因而工件精度较高。图3-42e所示为铰链翻板式凹模，用于弯曲直边上两个孔有同轴度要求的弯曲件。毛坯水平放置，由两个定位钉6定位。图3-42f所示为变薄弯曲模（c为弯曲模的单边间隙）。

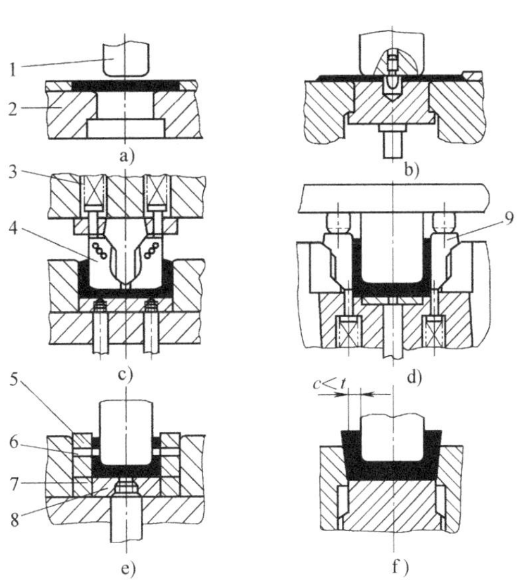

图3-42 几种常用U形件弯曲模工作部分结构

1—凸模 2—凹模 3—弹簧 4—活动凸模镶块

5、9—活动凹模镶块 6—定位钉 7—转轴 8—顶板

对于弯曲角小于90°的U形件，弯曲模结构如图3-43a所示。该模具的工作过程，如图3-43b所示。模具中弹簧1的弹性模量较大，当压力机滑块下行时，由凸模8首先将板料弯成90°的U形件，如图3-43b中的过程③所示。随着上模继续向下运动，凸模将板料压紧在下模座的上表面。当上模继续向下运动时，弹簧1被压缩，凸模不会再动，这时斜楔3推动滚柱4连同凹模块5向中间移动，将U形件两侧边弯曲成小于90°的弯曲件。在上模的返回行程中，当斜楔和滚柱脱开后，弹簧6使凹模块向外移动而复位，然后弹簧1才开始松开，最后工件包在凸模上并随着上模一起向上运动。这种结构的弯曲模由于受到上模弹簧刚度的限制，只适宜用于弯曲比较薄的板料。

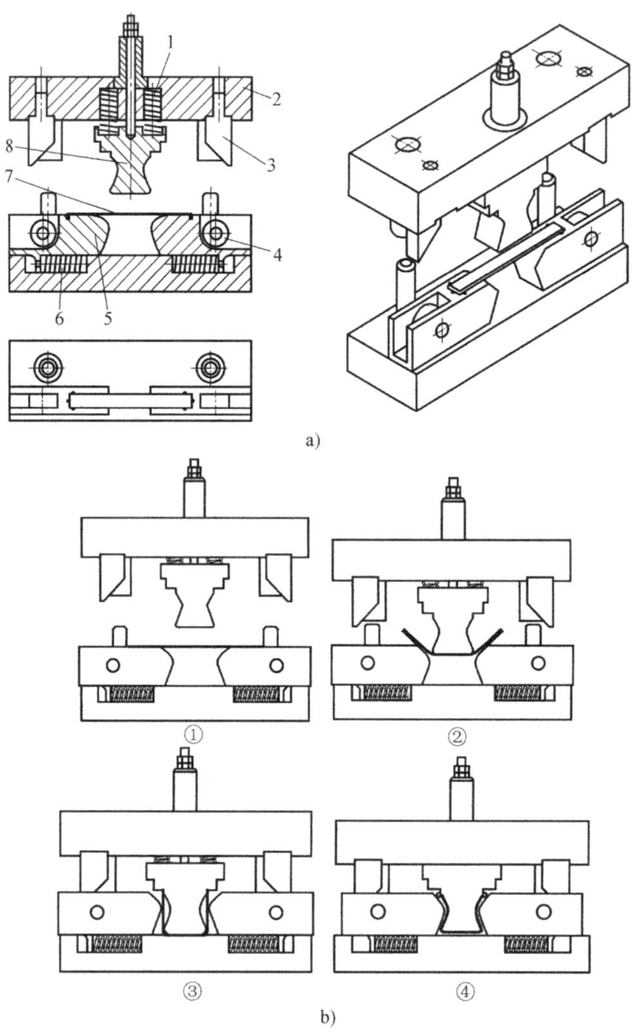

图 3-43　弯曲角小于 90°U 形件带斜楔的弯曲模

a）弯曲模的结构　b）弯曲模的工作过程

1、6—弹簧　2—上模座　3—斜楔　4—滚柱　5—凹模块　7—板料　8—凸模

3.4.3　Z 形件的弯曲模结构

Z 形件可以一次弯曲成形，如图 3-44 所示。该模具采用活动凸模的结构形式，在模具没有工作时，在弹性橡胶 7 的作用下，凸模 2 和凸模 3 的下端面是平齐的。弯曲时，凸模 3 与顶板 5 将毛坯夹紧。由于托板 6 上的弹性橡胶 7 的弹力大于顶板下面公用弹顶器（未画出）的弹力，迫使顶板向下运动，从而完成左端圆角的弯曲。当顶板的下端面接触下模座 4 后，上模继续向下运动时，顶板 5 通过活动凸模 3 和托板 6 压缩弹性橡胶 7，使凸模 2 和顶板完成右端圆角的弯曲成形。在限位块 8 与上模座 1 相接触时，工件得到校正。

3.4.4　⎍形件弯曲模

⎍形件为四角弯曲件，有两种弯曲方法：一种方法是分两次弯曲成形；另一种方法是一次弯曲成形。

⺇形件两次弯曲成形的工艺方法，如图 3-45 所示。采用这种方法成形时，模具结构简单紧凑，但第二次弯曲成形时需凹模外形定位，使第二次弯曲凹模的壁厚受到弯曲件高度 h 的限制。当 $h<(12\sim15)t$ 时，凹模的壁厚太薄，强度不够。

⺇形件两次弯曲成形的另外一种方法如图3-46 所示。第一次弯出工件的两个 90°外角，同时将中间两个角预弯成 135°；第二次再将中间两角弯曲到 90°。采用这种方式弯曲的工件尺寸精度高，回弹也容易控制。

图 3-47 所示为⺇形件一次弯曲成形的模具结构图，在模具中坯料先被弯曲成 U 形，在凸模的继续下降中再将坯料弯曲成⺇形。这种结构的凹模需要具有足够的空间，凸凹模的壁厚受到弯曲件高度的限制。另外，由于在弯曲时坯料没有被完全压紧，坯料容易产生偏移和回弹，工件的尺寸精度较低。

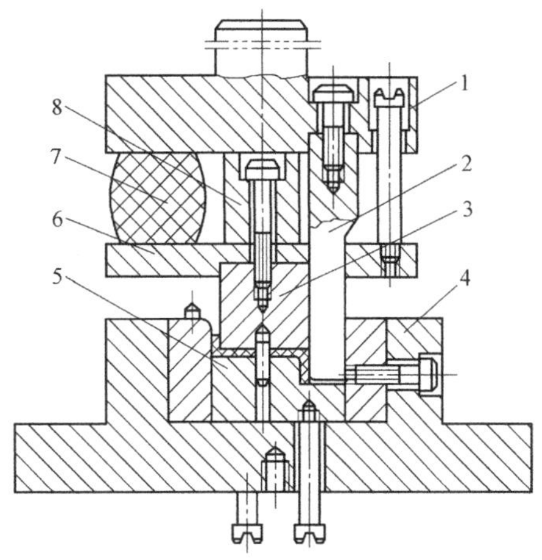

图 3-44　Z 形件弯曲模

1—上模座　2、3—凸模　4—下模座
5—顶板　6—托板　7—弹性橡胶　8—限位块

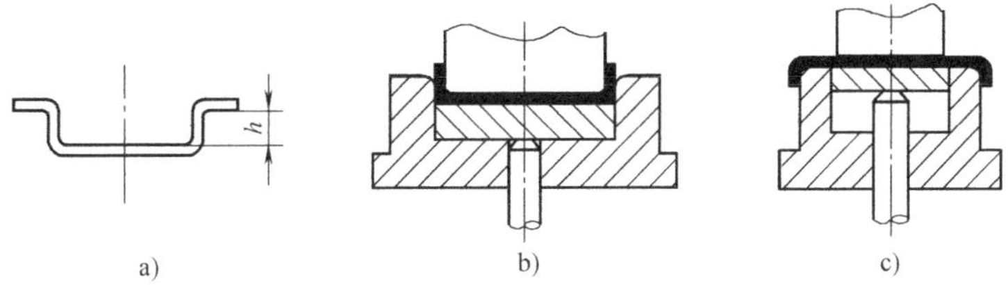

图 3-45　⺇形件两次成形弯曲模（一）

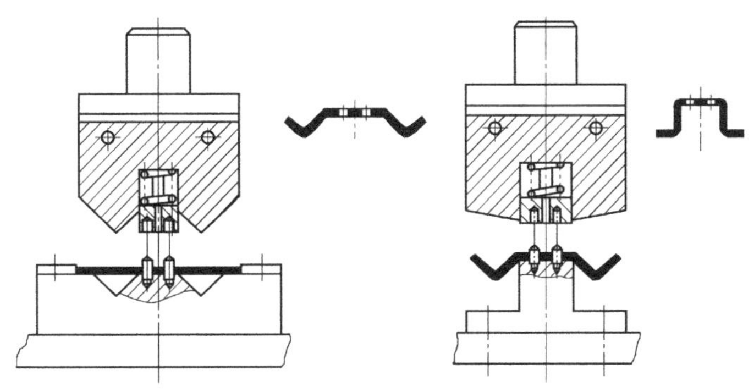

图 3-46　⺇形件两次成形弯曲模（二）

3.4.5　圆形件的弯曲模

圆形件的弯曲成形可以分为以下三种情况。

1）对于直径 $d<5\text{mm}$ 的小圆形件，一般分两次成形，即先将坯料弯成 U 形，然后再弯成圆形，如图 3-48 所示。

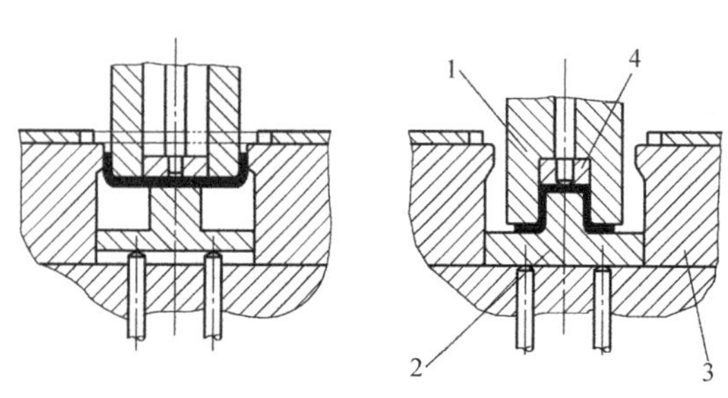

图 3-47 ㄇ形件一次成形弯曲模

1—凸凹模 2—活动凸模 3—凹模 4—顶板

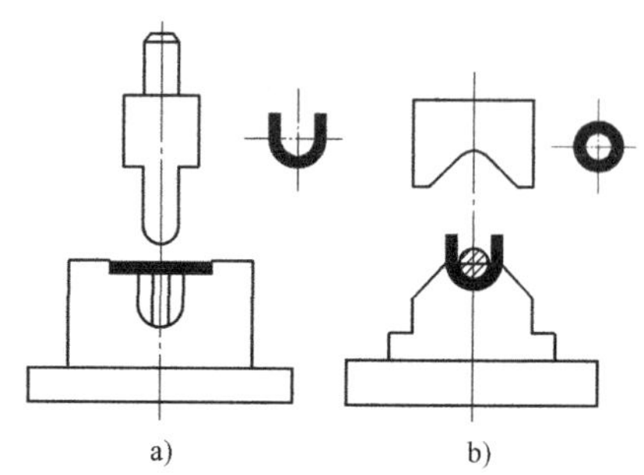

图 3-48 小圆筒形件两次弯曲成形模

图 3-49 所示为具有自动卸件装置的圆形件的弯曲模的三维图和模具爆炸图。

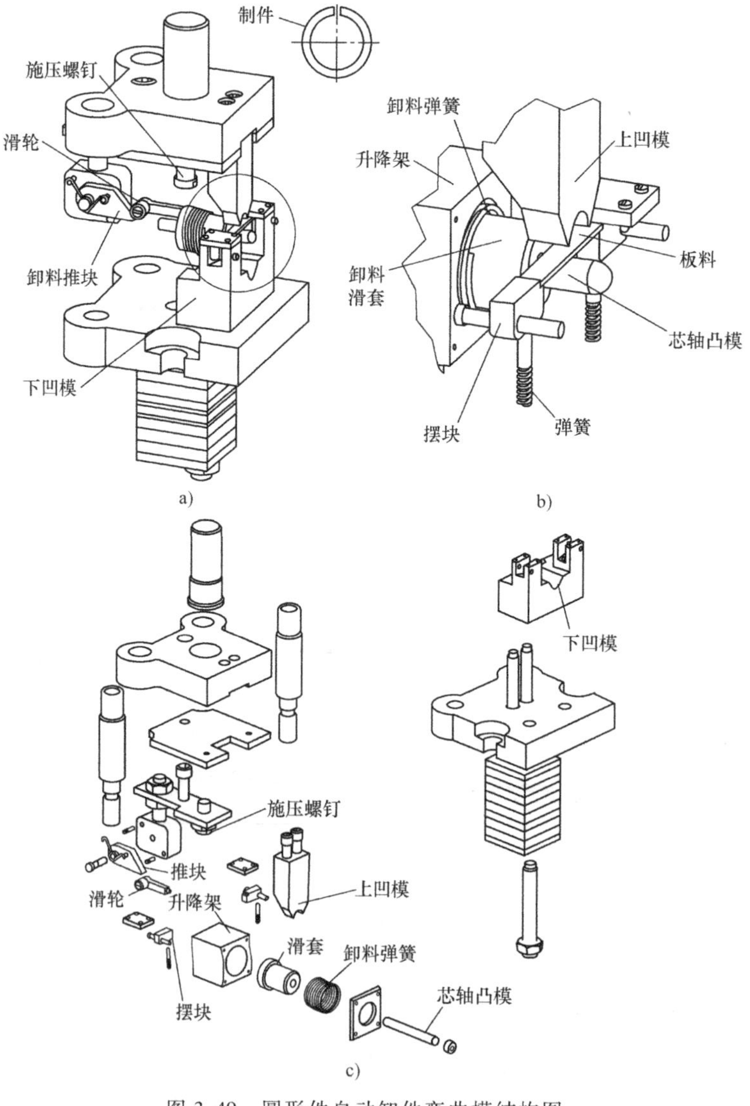

图 3-49 圆形件自动卸件弯曲模结构图

a）模具结构三维图 b）模具成形部分放大图 c）模具爆炸图

2）对于直径 $d \geqslant 20\text{mm}$ 的大圆形件，一般两次弯曲成形，即先将毛坯弯成波浪形，然后再弯成圆形。波浪形状由三段圆弧组成，首次弯曲成形的波浪形状尺寸需要经过试模修正，如图 3-50 所示。

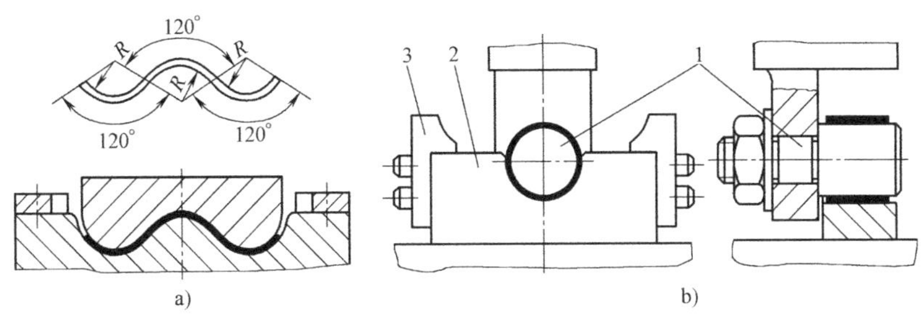

图 3-50　大圆形件的两次弯曲模

a）首次弯曲　b）二次弯曲

1—凸模　2—凹模　3—定位板

3）对于直径 $d = 10 \sim 40\text{mm}$、坯料厚度大约 1mm 的圆筒形件，可以采用摆动式凹模结构一次弯曲成形，其模具结构如图 3-51 所示。上模下行时，凸模 2 先将坯料压成 U 形；上模继续下行，摆动凹模 3 将 U 形完成圆形。取件时，将支撑块 1 绕其轴销向前转动，然后用工具将工件从凸模上滑出。这种结构的弯曲模，生产效率高，但由于圆形件上部未进行校正，回弹比较大。

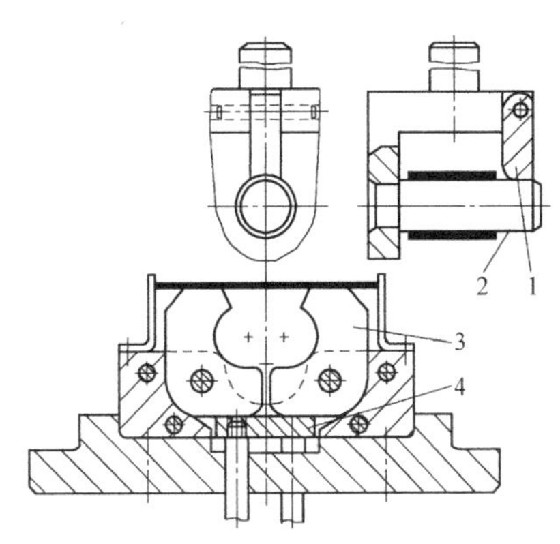

图 3-51　大圆筒形件一次成形弯曲模

1—支撑块　2—凸模　3—摆动凹模　4—顶块

3.4.6　弯曲模主要工作零件工作部分设计

弯曲模工作部分的尺寸，主要指凸模、凹模的圆角半径和凹模的深度。对于 U 形件的弯曲模，则还有凸、凹模之间的单边间隙及模具横向尺寸等。

1. 弯曲时凸模与凹模之间间隙值的确定

弯曲 V 形件时，凸模与凹模的间隙值是靠调整压力机的闭合高度来控制的，所以在模具设计中不需要确定间隙值。

U 形件的弯曲，则必须选择适当的间隙。间隙的大小对工件质量和弯曲力有很大的影响。过大的间隙将引起回弹角的增大，降低工件精度；间隙过小时，又会引起工件材料厚度的变薄，弯曲力增大，降低模具寿命。因此，必须确定合理的间隙值 c。凸、凹模的合理间隙值一般可按下式计算

$$c = t + \Delta + xt \tag{3-17}$$

式中　c——弯曲模凸、凹模单边间隙；

t——板料厚度；

Δ——板料厚度的正偏差；

x——根据弯曲件高度 h 和弯曲件宽度 b 确定的间隙系数，可参看表 3-7。

当弯曲件精度要求较高时，凸、凹模的间隙值应该适当减小，这时可取 $c=t$。

表 3-7 U 形件弯曲模凸、凹模的间隙系数 x

弯曲件高度 h/mm	$b/h\leqslant2$				$b/h>2$				
	板料厚度 t/mm								
	<0.5	0.6~2	2.1~4	4.1~5	<0.5	0.6~2	2.1~4	4.2~7.5	7.6~12
10	0.05	0.05	0.04	—	0.10	0.10	0.08	—	—
20	0.05	0.05	0.04	0.03	0.10	0.10	0.08	0.06	0.06
35	0.07	0.05	0.04	0.03	0.15	0.10	0.08	0.06	0.06
50	0.10	0.07	0.05	0.04	0.20	0.15	0.10	0.06	0.06
70	0.10	0.07	0.05	0.05	0.20	0.15	0.10	0.10	0.08
100	—	0.07	0.05	0.05	—	0.15	0.10	0.10	0.08
150	—	0.10	0.07	0.05	—	0.20	0.15	0.10	0.10
200	—	0.10	0.07	0.07	—	0.20	0.15	0.15	0.10

注：b 为弯曲件宽度。

2. 弯曲时凸模、凹模的圆角半径

（1）凸模的圆角半径 r_p　当工件的相对弯曲圆角半径较小时，取凸模圆角半径等于或略小于工件内侧的圆角半径，但不能小于材料所允许的最小相对弯曲半径 r_{min}。如果工件的弯曲半径 r 小于 r_{min}，则取凸模的圆角半径 $r_p>r_{min}$，然后增加一道整形工序，使整形凸模的圆角半径 $r_p=r$。

当弯曲件的 r/t 较大（$r/t>10$），且精度要求较高时，必须考虑回弹的影响，这时应根据回弹值的大小对凸模圆角半径加以修正。

（2）凹模的圆角半径 r_d　凹模入口处的圆角半径 r_d 的大小对弯曲力及弯曲件的质量均有影响。在生产中，通常根据材料的厚度选取凹模的圆角半径 r_d。

当板料厚度 $t\leqslant2$mm 时，$r_d=(3\sim6)t$；当 $t=2\sim4$mm 时，$r_d=(2\sim3)t$；当 $t>4$mm 时，$r_d=2t$。

对于 V 形件，弯曲凹模的底部圆角半径可根据弯曲变形区坯料变薄的特点取值，即 $r_d'=(0.6\sim0.8)(r_p+t)$，或者开退刀槽。

3. 弯曲凹模的深度

如图 3-52 所示，凹模的深度 l_0 要适当，l_0 过小，毛坯两边自由部分太长，弯曲件的回弹大，直边不平直；l_0 过大，凹模的厚度增大，增加了模具材料的费用，且压力机的行程长度要求也增大了。

弯曲 V 形件时（图 3-52a），凹模深度 l_0 及底部最小厚度 h 的取值，可查表 3-8。

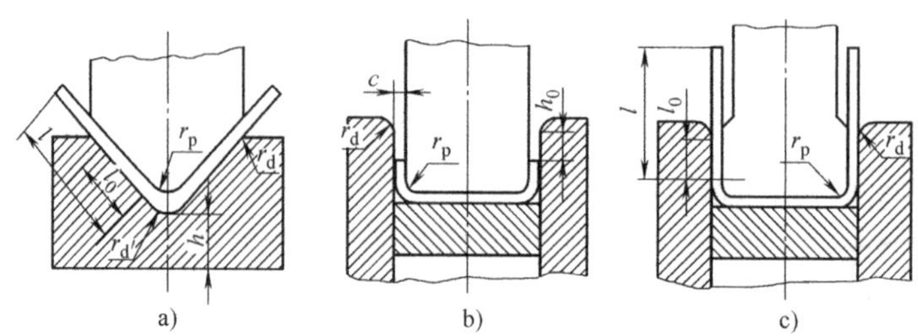

图 3-52　弯曲模具结构尺寸

表 3-8 弯曲 V 形件的凹模深度及底部最小厚度 （单位：mm）

弯曲件边长 l	材料厚度 t					
	≤2		2～4		>4	
	h	l_0	h	l_0	h	l_0
>10～25	20	10～15	22	15	—	—
>25～50	22	15～20	27	25	32	30
>50～75	27	20～25	32	30	37	35
>75～100	32	25～30	37	35	42	40
>100～150	37	30～35	42	40	47	50

弯曲 U 形件时，若弯边高度不大且要求两边平直，则凹模深度应大于工件的高度，如图 3-52b 所示，图中 h_0 的值可参见表 3-9。如果弯曲件的边长较大，但对平直度要求不高时，可采用如图 3-52c 所示的凹模形式，凹模深度 l_0 可查表 3-10。

表 3-9 弯曲 U 形件的凹模 h_0 值 （单位：mm）

板料厚度 t	≤1	>1～2	>2～3	>3～4	>4～5	>5～6	>6～7	>7～8	>8～10
h_0	3	4	5	6	8	10	15	20	25

表 3-10 弯曲 U 形件的凹模深度 l_0 值 （单位：mm）

弯曲件边长 l	材料厚度 t				
	≤1	>1～2	>2～4	>4～6	>6～10
<50	15	20	25	30	35
50～75	20	25	30	35	40
75～100	25	30	35	40	45
100～150	30	35	40	50	50
150～200	40	45	55	65	65

4. 弯曲凸模、凹模工作部分尺寸的确定

（1）弯曲件标注外形尺寸时 如图 3-53a 所示，弯曲件标注外形尺寸时，工作部分尺寸的确定应以凹模为基准，先确定凹模的尺寸，然后再减去间隙值，确定凸模尺寸。

弯曲凹模尺寸为

$$L_d=\left(L_{max}-\frac{3}{4}\Delta\right)_{0}^{+\delta_d} \tag{3-18}$$

凸模尺寸为

$$L_p=(L_d-Z)_{-\delta_p}^{0} \tag{3-19}$$

或者凸模尺寸按凹模实际尺寸配制，保证单面间隙 $Z/2$。

（2）弯曲件标注内形尺寸时 弯曲件标注内形尺寸时，如图 3-53b 所示，工作部分尺寸的确定应以凸模为基准，先确定凸模的尺寸，然后再加上间隙值，确定凹模尺寸。

弯曲凸模尺寸为

$$L_p=\left(L_{min}+\frac{3}{4}\Delta\right)_{-\delta_p}^{0} \tag{3-20}$$

弯曲凹模尺寸为

$$L_d=(L_p+Z)_{0}^{+\delta_d} \tag{3-21}$$

或者凹模尺寸按凸模实际尺寸配制，保证单面间隙 $Z/2$。

式中 L_p、L_d——弯曲凸模、凹模的横向尺寸；

L_{max}、L_{min}——弯曲件横向的最大、最小极限尺寸；

Δ——弯曲件横向尺寸公差；

δ_p、δ_d——弯曲凸模、凹模的制造公差，可按 IT7～IT9 取值；

Z——弯曲凸模、凹模之间的双边间隙值。

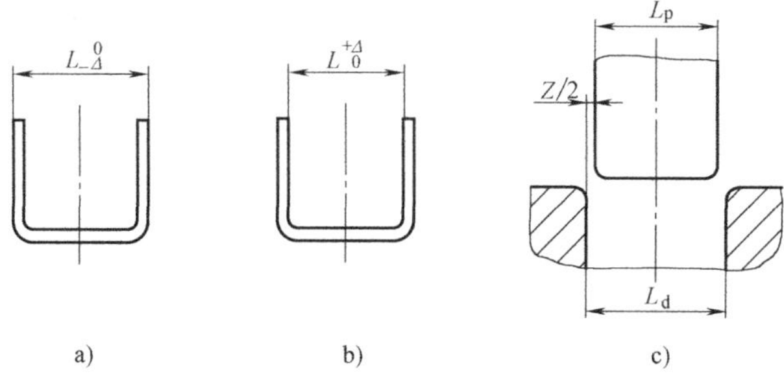

图 3-53　标注外形与内形尺寸的弯曲件及模具尺寸

5. 弯曲模凸、凹模材料及硬度要求

弯曲模凸、凹模材料可以根据弯曲件的材料、厚度及批量的大小选用。对于一般要求的凸模、凹模，通常采用 T8A、T10A 钢，淬硬到 56~60HRC；对于形状复杂或生产批量较大的弯曲件，凸模、凹模可采用 CrWMn、Cr12、Cr12MoV 和硬质合金材料，淬硬到 58~62HRC。

习题与思考题

3-1　弯曲变形的过程是怎样的？弯曲变形有何特点？

3-2　宽板和窄板的弯曲在应力和应变上有什么不同？

3-3　什么是最小相对弯曲半径？影响最小相对弯曲半径的因素有哪些？

3-4　什么是应变中性层？怎样计算弯曲件的展开尺寸？

3-5　什么是弯曲回弹？弯曲件的回弹有何表现形式？回弹值能精确确定吗？

3-6　影响板料弯曲回弹的主要因素是什么？

3-7　从模具结构上克服弯曲件回弹有哪些方法？

3-8　弯曲工艺对弯曲毛坯有什么特殊要求？

3-9　弯曲工艺对弯曲件的结构有何要求？

3-10　在设计弯曲模时，如何采取措施来保证弯曲件上孔的位置精度？

3-11　多角弯曲的原则是什么？

3-12　工件毛坯在弯曲时产生偏移通常如何解决？

3-13　如图 3-54 所示的弯曲件，材料为 10 钢，厚度为 1mm，中批量生产，请完成以下工作：

（1）分析弯曲件的工艺性。

（2）计算弯曲件的展开长度和弯曲力（采用校正弯曲方式）。

（3）拟定弯曲件的冲压工艺过程。

（4）绘制弯曲模结构草图。

（5）计算弯曲凸模、凹模工作部分尺寸，绘制弯曲凸模、凹模零件图。

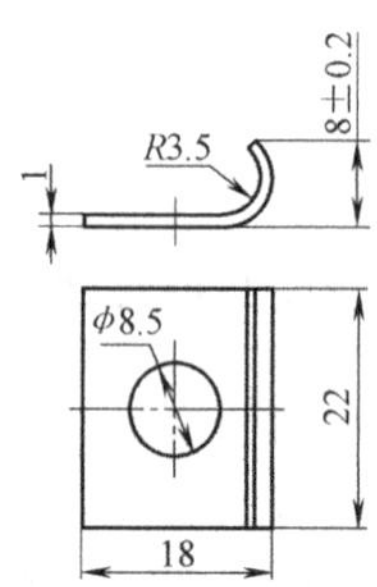

图 3-54　压板零件图

第4章 拉深工艺与拉深模设计

学习目标

了解拉深变形过程和拉深变形区各部分应力与应变状态；掌握各种不同形状拉深件拉深成形时的变形特点；能正确确定拉深次数、各次拉深的变形程度；掌握拉深工序毛坯尺寸计算；熟悉各种用于拉深的冲压设备，并能正确选用；掌握防止拉深变形起皱和开裂的措施。

掌握首次和后续各种拉深模具的典型结构和拉深模具设计的要点，并能根据产品的生产纲领、技术指标和工艺设计的内容，设计拉深模具。了解软模拉深和变薄拉深。

拉深是利用拉深模将冲裁好的平板毛坯拉压成各种开口的空心件，或将已制成的开口空心件拉压成其他形状空心件的一种加工方法。拉深也称为拉延。图 4-1 所示为平板毛坯拉深成开口空心件的拉深示意图。其变形过程是：随着凸模的下行，留在凹模端面上的毛坯外径不断缩小，毛坯逐渐被拉进凸模与凹模间的间隙中形成直壁，而处于凸模底面下的材料则成为拉深件的底；当板料全部拉入凸、凹模间的间隙时，拉深过程结束，平板毛坯就变成具有一定直径和高度的开口空心件。与冲裁工序相比，拉深凸模和凹模的工作部分不应有锋利的刃口，而应具有一定的圆角，凸模与凹模之间的单边间隙稍大于料厚。

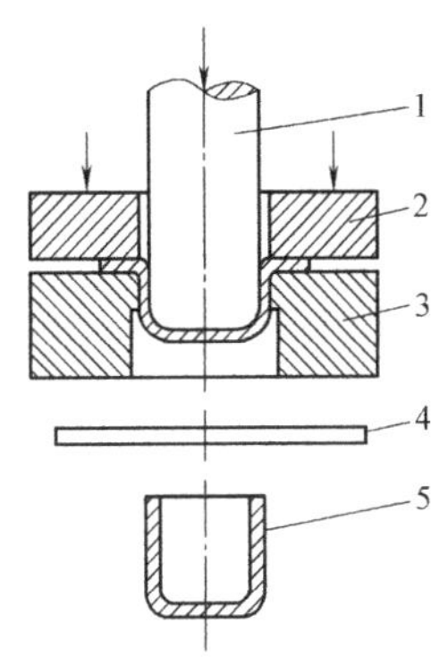

图 4-1　圆筒件的拉深图

1—凸模　2—压边圈　3—凹模　4—毛坯　5—拉深件

采用拉深工艺，可以成形圆筒形、阶梯形、球形、锥形、抛物线形等旋转体零件，也可成形盒形等非旋转体零件。若将拉深与其他成形工艺（如胀形、翻边等）复合，则可加工出形状非常复杂的零件，如汽车车门等，如图 4-2 所示。拉深工艺广泛应用于汽车、航空航天、

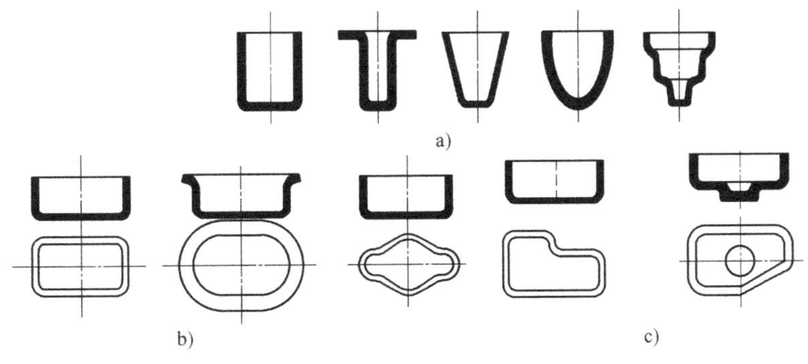

图 4-2　拉深件示意图

a）旋转体零件　b）对称盒形件　c）不对称复杂零件

国防、电器、电子及日用品生产部门，是冲压的基本成形工序之一。

拉深工艺可分为变薄拉深和不变薄拉深两种。变薄拉深后，零件的壁部厚度与毛坯厚度相比较有明显的变薄，零件的特点是底部厚、壁部薄（如弹壳、高压锅等）。在不变薄拉深过程中，零件的厚度基本不变。本章主要介绍不变薄拉深。

4.1 拉深变形过程分析

4.1.1 板料拉深变形过程及其特点

若不采用拉深工艺，而是采用折弯方法来成形圆筒形件，可将图 4-3 所示的毛坯的三角形阴影部分材料去掉，然后沿直径为 d 的圆周折弯，并在缝隙处施以焊接，就可以得到直径为 d、高度为 $h=(D-d)/2$，周边带有焊缝的开口圆筒形件。但圆形平板毛坯在拉深成形过程中并没有去除图示中三角形多余的材料，因此只能认为三角形多余的材料是在模具的作用下产生了流动。为了说明材料是怎样流动的，可以通过拉深网格试验来了解。即拉深前，在毛坯上做出距离为 a 的等距离的同心圆与相同弧度为 b 的辐射线组成的网格（图 4-4），然后将带有网格的毛坯进行拉深。通过比较拉深前后网格的变化情况，了解材料的流动情况。观察发现，拉深后筒底部的网格变化不明显；而侧壁上的网格变化很大，拉深前等距离的同心圆在拉深后变成了与筒底平行的不等距离的水平圆周线，并且越靠近口部圆周线的间距越大，即 $a_1>a_2>a_3>\cdots>a$，原来分度相等的辐射线在拉深后变成了相互平行且垂直于底部的平行线，其间距也完全相等，即 $b_1=b_2=b_3=\cdots=b$。原来形状为扇形的网格 dA_1，拉深后在工件的侧壁变成了矩形网格 dA_2，且离底部越远矩形的高度越大。测量此时工件的高度，发现筒壁高度大于 $(D-d)/2$，这说明材料沿高度方向产生了塑性流动。

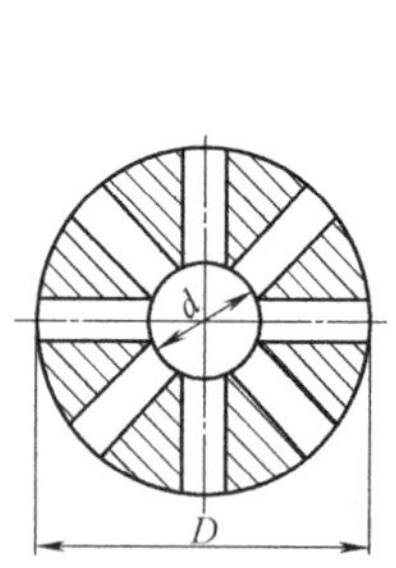

图 4-3　毛坯的三角形阴影部分材料

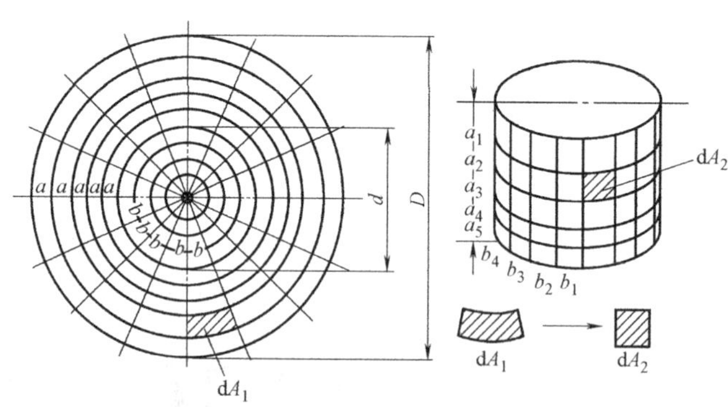

图 4-4　拉深网格的变化

从变形区任选一个扇形格子来分析，如图 4-5 所示。从图中可看出，扇形的宽度大于矩形的宽度，而高度却小于矩形的高度，要使扇形格子拉深后要变成矩形格子，必须宽度减小而长度增加。很明显，扇形格子只有切向受压产生压缩变形、径向受拉产生伸长变形，才能产生这种情况。而在实际的变形过程中，由于有三角形多余材料存在（图 4-3），拉深时材料间的相互挤压产生了切向压应力（图 4-5a），凸模提供的拉深力产生了径向拉应力 σ_1。故 $(D-d)$ 的圆环部分径向伸长，切向缩短，扇形格子就变成了矩形格子，三角形多余金属流到工件口部，使高度增加。这一受力过程如同一扇形毛坯被拉着通过一个楔形槽（图 4-5b），在直径方向被拉长的同时，切向则被压缩。在实际的拉深过程中，毛坯上的扇形小单元体不是单独存在的，而是处在相互联系、紧密结合在一起的毛坯整体。在凸模拉深力的作用下，变形材料间的相互拉伸作用产生了径向拉应力 σ_1，而切线方向材料间的相互挤压产生了切向压应力 σ_3。

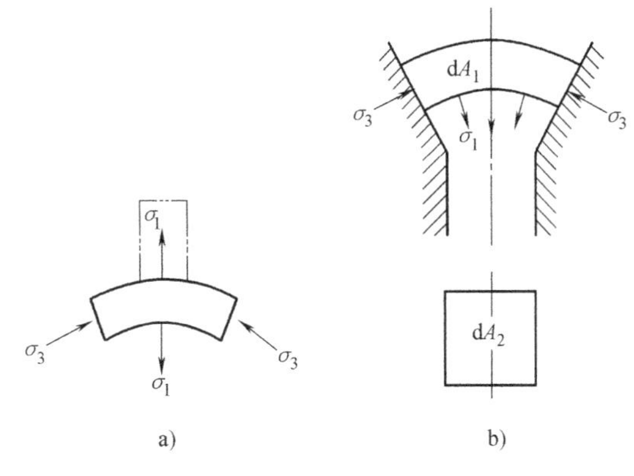

图 4-5 拉深网格的挤压变形

a）单元网格的受力 b）网格的挤压模型

综上所述，在拉深过程中，毛坯受凸模拉深力的作用，在凸缘毛坯的径向产生拉伸应力 σ_1，切向产生压缩应力 σ_3。在它们的共同作用下，凸缘变形区材料发生了塑性变形，并不断被拉入凹模内，从而形成筒形拉深件。

4.1.2 拉深过程中变形毛坯各部分的应力应变状态

图 4-6 所示为拉深变形后，沿圆筒形工件侧壁材料厚度和硬度变化的示意图。一般是底部厚度略有变薄，且筒壁从下向上逐渐增厚。此外，沿高度方向工件各部分的硬度也不同，越到工件口部硬度越高，这些说明了在拉深变形过程中毛坯的变形极不均匀。在拉深的不同时刻，毛坯内各部分由于所处的位置不同，毛坯的变化情况也不一样。为了更深刻地了解拉深变形过程，有必要讨论在拉深过程中变形材料内各部分的应力与应变状态。

图 4-7 所示为带压边圈的直壁圆筒形件在首次拉深过程中的某一时刻，毛坯的变形和受力情况。假设 σ_1、ε_1 为毛坯的径向应力与应变；σ_2、ε_2 为毛坯的厚向应力与应变；σ_3、ε_3 为毛坯的切向应力与应变。

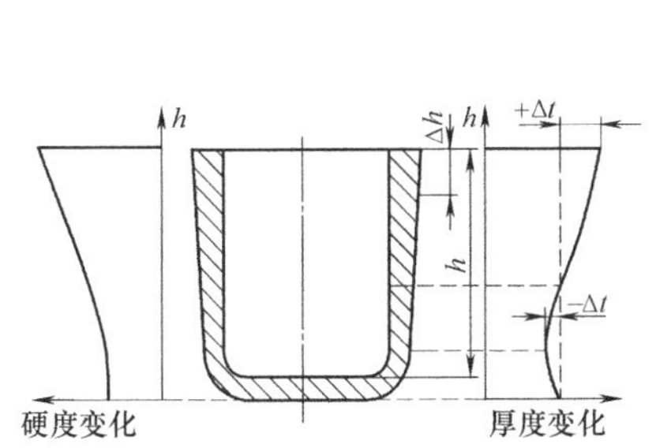

图 4-6 拉深件材料厚度和硬度的变化

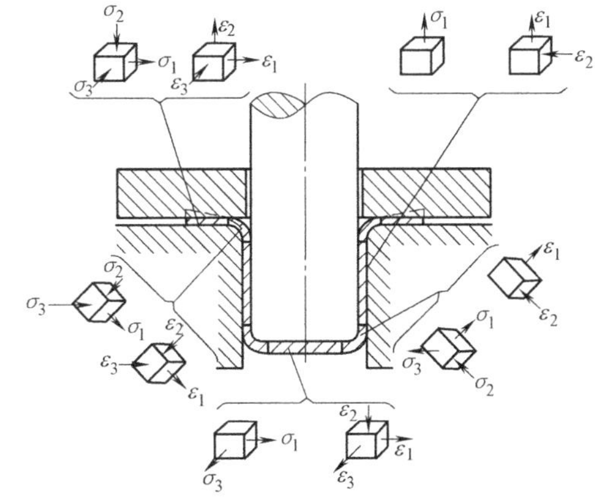

图 4-7 拉深中毛坯的应力应变情况

根据圆筒形件各部位的受力和变形性质的不同，可将整个变形毛坯分为以下 5 个区域。

1. 平面凸缘区（主要变形区）

这是拉深变形的主要变形区，也是扇形网格变成矩形网格的区域，拉深所做的功大部分消耗在该区材料的塑性变形上。此处材料被拉深凸模拉入凸模与凹模之间的间隙而形成筒壁。这一区域变形材料主要承受切向的压应力 σ_3 和径向的拉应力 σ_1，厚度方向承受由压边力引起的压应力 σ_2 的作用（无压边圈时，$\sigma_2=0$），该区域是二压一拉的三向应力状态。

由网格试验可知：切向压缩与径向伸长的变形，均由凸缘的内边向外边逐渐增大，因此 σ_1 和 σ_3 的值也是变化的。变形材料在凸模拉深力的作用下挤入凹模时，切向产生压缩变形 ε_3，径向产生伸长变形 ε_1；而厚向的变形 ε_2 取决于 σ_1 和 σ_3 之间的比值。当 σ_1 的绝对值最大时，ε_2 为压应变；当 σ_3 的绝对值最大时，ε_2 为拉应变。因此，该区域的应变也是三向的。

由图 4-7 可知，在凸缘的最外缘需要压缩的材料最多，因此此处的 σ_3 是绝对值最大的主应力，凸缘外缘的 ε_2 应是伸长变形。如果此时 σ_3 值过大，则此处材料会因受压过大而失稳起皱，导致拉深不能正常进行。

2. 凹模圆角区（过渡区）

这是凸缘和筒壁部分的过渡区，材料的变形比较复杂，除有与凸缘部分相同的特点，即径向受拉应力 σ_1 和切向受压应力 σ_3 作用外，厚度方向上还要受凹模圆角的压力和弯曲作用产生的压应力。该区域的变形状态也是三向的，ε_1 是绝对值最大的主应变（拉应变），ε_2 和 ε_3 是压应变，此处材料厚度变薄。

3. 筒壁部分（传力区）

这是由凸缘部分材料塑性变形后转化而成的，它将凸模的作用力传给凸缘变形区的材料，因此是传力区。拉深过程中直径受凸模的阻碍不再发生变化，即切向应变 ε_3 为零。如果间隙合适，厚度方向上将不受力的作用，即 σ_2 为零。σ_1 是凸模产生的拉应力，由于材料在切向受凸模的限制不能自由收缩，σ_3 也是拉应力。因此变形与应力均为平面状态。其中 ε_1 为拉应变，ε_2 为压应变。

4. 凸模圆角区（过渡区）

这是筒壁和圆筒底部的过渡区，材料承受筒壁较大的拉应力 σ_1、凸模圆角的压力和弯曲作用产生的压应力 σ_2 和切向拉应力 σ_3。在这个区域的筒壁与筒底转角处稍上的位置，拉深开始时材料处于凸模与凹模之间，需要转移的材料较少，变形的程度小，冷作硬化程度低，加之该处材料变薄，使传力的截面积变小，所以此处往往成为整个拉深件强度最薄弱的地方，是拉深时的“危险断面”。

5. 圆筒底部（小变形区）

这部分材料处于凸模下面，直接承受凸模施加的力并由它将力传给圆筒壁部，因此该区域也是传力区。该处材料在拉深开始就被拉入凹模内，并始终保持平面形状。它受两向拉应力 σ_1 和 σ_3 作用，相当于周边受均匀拉力的圆板。此区域的变形是三向的，ε_1 和 ε_3 为拉伸应变，ε_2 为压缩应变。由于凸模圆角处的摩擦制约了底部材料的向外流动，因此圆筒底部变形不大，只有 1%~3%，一般可忽略不计。

4.1.3 拉深变形过程的力学分析

1. 凸缘变形区的应力分析

（1）拉深过程中某时刻凸缘变形区的应力分析　将半径为 R_0 的板料毛坯拉深为半径为 r 的圆筒形零件，采用有压边圈（图 4-8a）拉深时，在凸模拉深力的作用下，变形区材料径向受拉应力 σ_1 的作用，切向受压应力 σ_3 的作用，厚度方向在压边力的作用下产生厚向压应力

σ_2。当 σ_2 远小于 σ_1 和 σ_3 时，可忽略不计，则只需求 σ_1 和 σ_3 的值，即可知变形区的应力分布。

σ_1 和 σ_3 的数值可根据金属单元体塑性变形时的平衡方程和屈服条件来求解。为此，从变形区任意半径处截取宽度为 dR、夹角为 dφ 的微元体，分析其受力情况，如图 4-9 所示，建立微元体的受力的平衡方程为

$$(\sigma_1+d\sigma_1)(R+dR)d\varphi t-\sigma_1 Rd\varphi t+2|\sigma_3|dR\sin(d\varphi/2)t=0 \tag{4-1}$$

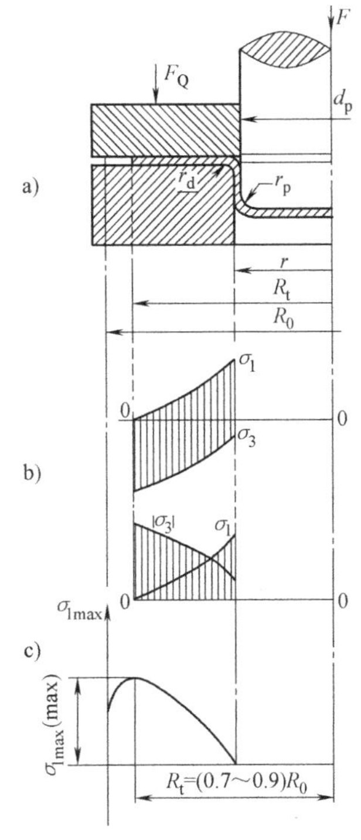

图 4-8　圆筒件拉深时的应力分布

因为 $|\sigma_3|=-\sigma_3$，取 $\sin(d\varphi/2)\approx d\varphi/2$，并略去高阶无穷小，得

$$Rd\sigma_1+(\sigma_1-\sigma_3)dR=0 \tag{4-2}$$

引入塑性变形时需满足的塑性方程 $\sigma_1-\sigma_3=\beta\,\overline{\sigma}_m$，式中 β 值与应力状态有关，其变化范围为 1～1.155，为了简便取 $\beta=1.1$，得

$$\sigma_1-\sigma_3=1.1\,\overline{\sigma}_m \tag{4-3}$$

联合上述两式，并考虑边界条件（当 $R=R_t$ 时，$\sigma_1=0$），经数学推导就可以求出径向拉应力 σ_1 和切向压应力 σ_3 的大小为

$$\sigma_1=1.1\,\overline{\sigma}_m\ln\frac{R_t}{R} \tag{4-4}$$

$$\sigma_3=-1.1\,\overline{\sigma}_m\left(1-\ln\frac{R_t}{R}\right) \tag{4-5}$$

式中　$\overline{\sigma}_m$——变形区材料的平均抗力（MPa）；

R_t——拉深过程中某时刻的凸缘半径（mm）；

R——凸缘区内任意点的半径（mm）。

当拉深进行到某瞬时，凸缘变形区的外径变为 R_t 时，把变形区内不同点的半径 R 值代入式（4-4）和式（4-5），即可算出各点的应力。

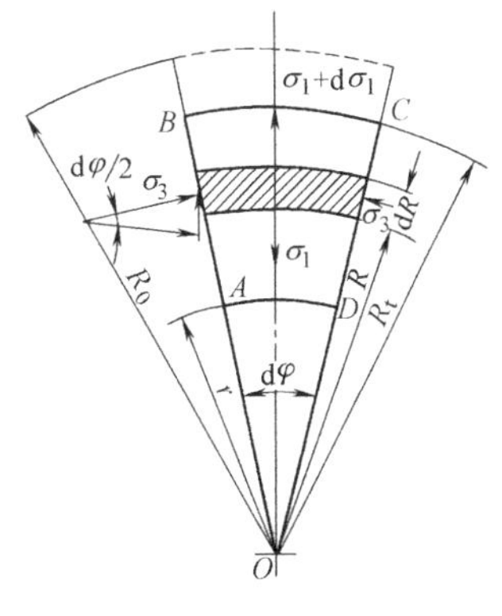

图 4-9　首次拉深某瞬间毛坯凸缘部分单元体的受力状态（带压边圈而不考虑压边圈的影响）

讨论 σ_1 和 σ_3 的最大值、最小值及其分布规律：

1）根据式（4-4），在变形区的内边缘（即 $R=r$ 处），径向拉应力 σ_1 最大，其值为

$$\sigma_{1\max}=1.1\,\overline{\sigma}_m\ln\frac{R_t}{r} \tag{4-6}$$

在变形区的外边缘（即 $R=R_t$ 处），径向拉应力 $\sigma_1=0$。

2）根据式（4-5），在变形区的外边缘（即 $R=R_t$ 处），切向压应力 $|\sigma_3|$ 最大，其值为

$$|\sigma_3|_{\max}=1.1\,\overline{\sigma}_m \tag{4-7}$$

而在变形区的内边缘（即 $R=r$ 处），切向压应力 $|\sigma_3|$ 最小，其值为

$$|\sigma_3|=1.1\,\overline{\sigma}_m[1-\ln(R_t/r)] \tag{4-8}$$

图 4-8b 所示为 σ_1 和 σ_3 的分布规律。从凸缘变形区外侧向内侧，σ_1 由 0 变化到最大值，而 $|\sigma_3|$ 则由最大值变化到最小值。在凸缘变形区中部必有一交点存在（图 4-8b），在此交点处有 $|\sigma_1| = |\sigma_3|$。

则
$$1.1\,\overline{\sigma}_m \ln(R_t/R) = 1.1\,\overline{\sigma}_m [1-\ln(R_t/R)]$$
化简得
$$\ln(R_t/R) = 1/2$$
即交点位置
$$R = 0.61R_t$$

由此交点 $R=0.61R_t$ 处，向凹模孔口方向的部分，径向拉应力占优势（$|\sigma_3|<|\sigma_1|$），拉应变 ε_1 为绝对值最大的主变形，而厚度方向的变形 ε_2 是压缩应变（与最大主应变方向相反），厚度变薄。由此交点向外到毛坯边缘的部分，切向压应力占优势（$|\sigma_3|>|\sigma_1|$），压应变 ε_3 为绝对值最大的主应变，厚度方向上的变形 ε_2 是伸长应变，厚度增厚。交点处就是变形区在厚度方向发生增厚和减薄变形的分界点。

（2）拉深过程中 σ_{1max} 和 $|\sigma_3|_{max}$ 的变化规律　当毛坯半径由 R_0 变到 R_t 时，在凹模孔口处有最大拉应力 σ_{1max}，而在凸缘变形区最外缘处有最大压应力 σ_{3max}。在不同的拉深时刻，它们的值是不同的。了解拉深过程中 σ_{1max} 和 σ_{3max} 如何变化，何时出现最大值 σ_{1max}^{max} 与 σ_{3max}^{max}，就可采取措施来防止拉深时的起皱和破裂。

1）σ_{1max} 的变化规律。由 $\sigma_{1max}=1.1\,\overline{\sigma}_m\ln(R_t/r)$ 可知，σ_{1max} 与 $\overline{\sigma}_m$ 和 $\ln(R_t/r)$ 两者的乘积有关。随着拉深变形程度逐渐增大，材料的硬化加剧变形区材料的流动应力 $\overline{\sigma}_m$ 增加，使 σ_{1max} 增大。$\ln(R_t/r)$ 表示毛坯变形区的大小，随着拉深的进行，变形区逐渐缩小，使 σ_{1max} 减小。将不同的 R_t 所对应的各个 σ_{1max} 连成曲线（图 4-8c），即为拉深过程中凸缘变形区 σ_{1max} 的变化规律。从图中可以看出，拉深开始阶段 $\overline{\sigma}_m$ 起主导作用，σ_{1max} 增加很快，并迅速达到 σ_{1max}^{max}，此时 $R_t=(0.7\sim0.9)R_0$。继续拉深，$\ln(R_t/r)$ 起主导作用，σ_{1max} 开始减小。

2）$|\sigma_3|_{max}$ 的变化规律。因为 $|\sigma_3|_{max}=1.1\,\overline{\sigma}_m$，则 $|\sigma_3|_{max}$ 只与材料有关，随着拉深的进行，变形程度增加，材料变形区硬化加剧，$\overline{\sigma}_m$ 增大，则 $|\sigma_3|_{max}$ 也增大。$|\sigma_3|_{max}$ 的变化规律与材料的硬化曲线相似。$|\sigma_3|_{max}$ 增大容易引起变形区失稳起皱的趋势，而凸缘变形区厚度的增加却又提高了抵抗失稳起皱的能力。所以凸缘变形区材料的起皱取决于这两个因素综合的结果。

2. 筒壁传力区的受力分析

σ_{1max} 是拉深时变形区内边缘受的径向拉应力最大值，是只考虑拉深时转移“三角形多余材料”所需的变形力。此力是凸模拉深力 F 通过筒壁传到凹模孔口处而产生的。假如筒壁传过来的力刚好等于它，是不能实现拉深变形的。因为拉深时除了变形区所需的变形力 σ_{1max} 外，还需要克服其他一些附加阻力（图 4-10）。包括变形区在压边圈和凹模上、下平面间摩擦力 μF_Q 引起的阻力 $\sigma_M\left(\dfrac{2\mu F_Q}{\pi dt}\right)$，材料经过凹模圆角时弯曲变形形成的附加阻力 $\sigma_W\left(\dfrac{\sigma_b}{2r_d/t+1}\right)$，还必须考虑毛坯经过凹模圆角表面时滑动所形成的摩擦损失等。克服上述各种阻力所必需的拉应力 σ_p 的数值为

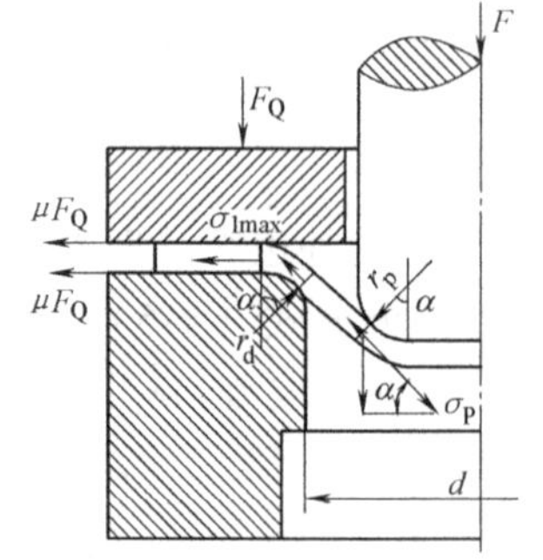

图 4-10　拉深毛坯内各部分的受力分析

$$\sigma_p=(\sigma_{1max}+\sigma_M)e^{\frac{\mu\pi}{2}}+\sigma_W \tag{4-9}$$

式中 $e^{\frac{\mu\pi}{2}}$——考虑毛坯沿凹模圆角表面滑动时产生的摩擦阻力系数，其值为

$$e^{\frac{\mu\pi}{2}}\approx 1+\frac{\mu\pi}{2}\approx 1+1.6\mu$$

则拉应力 σ_p 应为

$$\sigma_p=\left(1.1\sigma_m\ln\frac{R_t}{r}+\frac{2\mu F_Q}{\pi dt}\right)(1+1.6\mu)+\frac{\sigma_b}{2r_d/t+1} \tag{4-10}$$

拉深时，凸模对变形材料所作用的拉深力 F 应为

$$F=\pi dt\sigma_p=\pi dt\left[\left(1.1\sigma_m\ln\frac{R_t}{r}+\frac{2\mu F_Q}{\pi dt}\right)(1+1.6\mu)+\frac{\sigma_b}{2r_d/t+1}\right] \tag{4-11}$$

筒壁危险断面上的有效抗拉强度 σ_k 为

$$\sigma_k=1.155\sigma_b-\frac{\sigma_b}{2r_d/t+1} \tag{4-12}$$

当筒壁拉应力超过了材料的抗拉强度，即 $\sigma_p>\sigma_k$ 时，拉深件即产生拉裂。

上述计算拉深力的理论计算公式在实际应用中并不方便，生产中常用经验公式计算，经验公式见式（4-47）和式（4-48）。

4.1.4 拉深成形的起皱与拉裂

由上面的分析可知，拉深时毛坯各部分的应力应变状态不同，而且随着拉深过程的进行应力应变状态还在变化，这使得在拉深变形过程中产生了一些特有的现象。

1. 起皱及防皱措施

拉深时，凸缘变形区的材料在切向均受到 σ_3 压应力的作用。当 σ_3 过大，材料又较薄，σ_3 超过此时材料所能承受的临界压应力时，材料就会失稳弯曲而拱起。在凸缘变形区沿切向就会形成高低不平的皱褶，这种现象称为起皱，如图4-11所示。起皱在拉深薄料时更容易发生，而且首先在凸缘的外缘开始，因为此处的 σ_3 值最大。

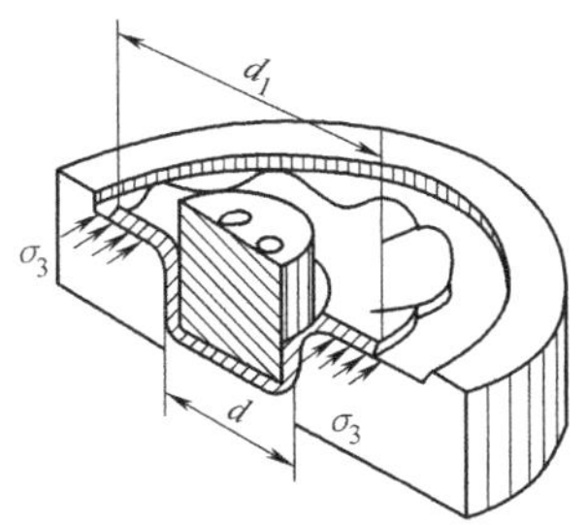

图4-11 毛坯凸缘的起皱情况

变形区一旦起皱，对拉深的正常进行是非常不利的。因为毛坯起皱后，拱起的皱褶很难通过凸、凹模间隙被拉入凹模，如果强行拉入，则拉应力迅速增大，容易使毛坯受过大的拉力而导致断裂。即使模具间隙较大，或者起皱不严重，拱起的皱褶能勉强被拉进凹模内形成筒壁，皱褶也会留在工件的侧壁上，从而影响零件的表面质量。同时，起皱后的材料在通过模具间隙时，与凸模、凹模间的压力增加，导致与模具间的摩擦加剧，磨损严重，使得模具的寿命大大降低。因此，应尽量避免起皱。拉深是否失稳，与拉深变形区所受的切向压力大小和拉深件的凸缘变形区几何尺寸有关，主要取决于下列因素：

（1）毛坯变形区部分的相对料厚　毛坯变形区部分的相对料厚用 $t/(D-d)$ 或 $t/(R-r)$ 表示。式中，t 为料厚；D 为毛坯变形区外径；d 为工件直径；r 为工件半径；R 为毛坯变形

区半径。毛坯变形区相对料厚越大，说明 t 较大而（$D-d$）较小，即变形区较小较厚，因此抗失稳能力强，稳定性好，不易起皱。反之，材料抗纵向弯曲能力弱，容易起皱。

（2）切向压应力 σ_3 的大小　拉深时 σ_3 的值取决于变形程度，变形程度越大，需要转移的剩余材料越多，加工硬化现象越严重，则 σ_3 越大，就越容易起皱。

（3）材料的力学性能　板料的屈强比 σ_s/σ_b 小，则屈服强度小，变形区内的切向压应力也相对减小，因此板料不容易起皱。当板料的厚向异性系数 γ 大于 1 时，说明板料在宽度方向上的变形比厚度方向更容易，材料易于沿平面流动，因此不容易起皱。

（4）凹模工作部分的几何形状　与普通的平端面凹模相比，锥形凹模允许用相对厚度较小的毛坯而不致起皱。生产中可用下述公式概略估算拉深件是否会起皱。

平端面凹模拉深时，毛坯首次拉深不起皱的条件是

$$t/D \geqslant (0.09 \sim 0.17)(1-d/D) \tag{4-13}$$

用锥形凹模首次拉深时，材料不起皱的条件是

$$t/D \geqslant 0.03(1-d/D) \tag{4-14}$$

式中　D——毛坯直径；

d——工件直径；

t——板料厚度。

如果不能满足上述公式的要求，就会起皱。在这种情况下，必须采取措施防止起皱发生。最简单的方法（也是实际生产中最常用的方法）是采用压边圈。加压边圈后，材料被强迫在压边圈和凹模平面间的间隙中流动，稳定性得到增加，起皱不易发生。

除此之外，防皱措施还应从零件形状、模具设计、拉深工序安排、冲压条件及材料特性等多方面考虑。零件的形状取决于它的使用性能和要求。因此，在满足零件使用要求的前提下，应尽可能降低拉深深度，以减小圆周方向的切向压应力。

在模具设计方面，应注意压边圈和拉深筋的位置和形状，模具表面形状不要过于复杂。在考虑拉深工序安排时，应尽可能使拉深深度均匀，使侧壁斜度较小。对于深度较大的拉深件，或者阶梯差较大的零件，可分两道工序或多道工序进行拉深成形，以减小一次拉深的深度和阶梯差。多道工序拉深时，也可用反拉深防止起皱（图 4-12）。将前道工序拉深得到的直径为 d_1 的半成品，套在筒状凹模上进行反拉深，使毛坯内表面变成外表面。由于反拉深时毛坯与凹模的包角为 180°，板材沿凹模流动的摩擦阻力和变形抗力显著增大，从而使径向拉应力增大，切向压应力的作用相应减小，能有效防止起皱。

冲压条件方面的措施，主要是指均衡的压边力和润滑。凸缘变形区材料的压边力一般都是均衡的，但有的零件在拉深过程中，某个局部非常容易起皱，应对凸缘的该局部区域加大压边力。高的压边力虽不易起皱，但易发生高温黏结，因而仍需对凸缘部分进行润滑。

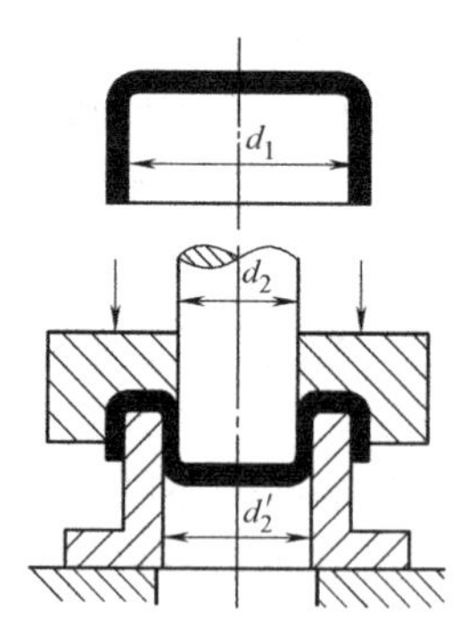

图 4-12　反拉深

2. 拉裂与防止措施

拉深后得到的工件厚度沿底部向口部方向是不同的，如图 4-6 所示。在圆筒件侧壁的上部厚度增加最多，约为 30%；而在筒壁与底部转角稍上的地方板料厚度最小，厚度减少了近 10%，该处拉深时最容易被拉裂，通常称此断面为“危险断面”（图 4-13）。当该

断面的应力超过此时材料的强度极限时，零件就会在此处产生破裂。即使拉深件未被拉裂，由于材料变薄过于严重，也可能使产品报废。

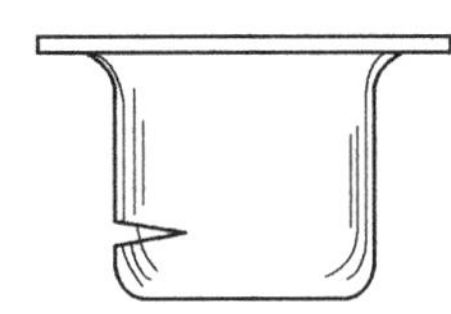

图 4-13　拉深件“危险断面”的破裂

防止危险断面破裂的根本措施是减小拉深时的变形抗力。通常根据板料的成形性能，确定合理的拉深系数，采用适当的压边力和较大的模具圆角半径，改善毛坯凸缘部分的润滑条件，增大凸模的表面粗糙度，选用 σ_s/σ_b 比值小、n 值和 r 值大的材料等。

4.2　直壁旋转体零件拉深

圆筒形零件是最典型的拉深件，掌握了它的工艺计算方法后，其他零件的工艺计算可以借鉴其计算方法。下面介绍如何计算圆筒形零件毛坯尺寸、拉深次数、半成品尺寸、拉深力和拉深功，以及如何确定模具工作部分的尺寸等。

4.2.1　圆筒形拉深件毛坯尺寸计算

1. 拉深件毛坯尺寸计算的原则

（1）面积相等原则　由于拉深前和拉深后材料的体积不变，对于不变薄拉深，假设材料厚度在拉深前后不变，拉深毛坯的尺寸按“拉深前毛坯表面积等于拉深后零件的表面积”的原则来确定（毛坯尺寸确定还可按等体积或等重量原则）。

（2）形状相似原则　拉深毛坯的形状一般与拉深件的横截面形状相似。即零件的横截面是圆形、椭圆形时，其拉深前毛坯的展开形状也基本上是圆形或椭圆形。对于异形件拉深，其毛坯的周边轮廓必须采用光滑曲线连接，应无急剧的转折和尖角。

拉深件毛坯形状的确定和尺寸计算是否正确，不仅直接影响生产过程，而且对冲压件生产有很大的经济意义。因为在冲压零件的总成本中，材料费用一般占到 60% 以上。

由于拉深材料厚度有公差，板料具有各向异性，模具间隙和摩擦阻力不一致，以及毛坯的定位不准确等原因，拉深后零件的口部将出现凸耳（口部不平）。为了得到口部平齐、高度一致的拉深件，需要拉深后增加切边工序，将不平齐的部分切去。所以，在计算毛坯之前，应先在拉深件上增加切边余量（表 4-1、表 4-2）。

表 4-1　无凸缘零件切边余量 Δh　（单位：mm）

拉深件高度 h	拉深相对高度 h/d				附图
	>0.5~0.8	>0.8~1.6	>1.6~2.5	>2.5~4	
≤10	1.0	1.2	1.5	2	
>10~20	1.2	1.6	2	2.5	
>20~50	2	2.5	2.5	4	
>50~100	3	3.8	3.8	6	
>100~150	4	5	5	8	
>150~200	5	6.3	6.3	10	
>200~250	6	7.5	7.5	11	
>250	7	8.5	8.5	12	

表 4-2　有凸缘零件切边余量 ΔR　　（单位：mm）

凸缘直径 d_t 或 B_t	相对凸缘直径 d_t/d 或 B_t/B				附图
	≤1.5	>1.5~2	>2~2.5	>2.5~3	
≤25	1.8	1.6	1.4	1.2	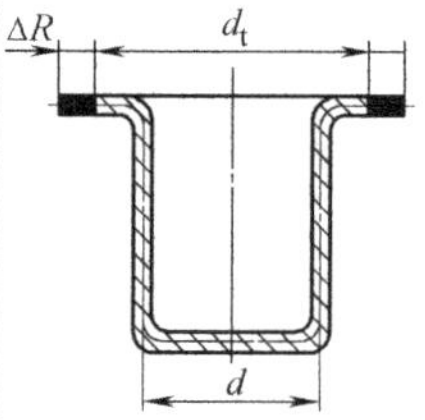
>25~50	2.5	2.0	1.8	1.6	
>50~100	3.5	3.0	2.5	2.2	
>100~150	4.3	3.6	3.0	2.5	
>150~200	5.0	4.2	3.5	2.7	
>200~250	5.5	4.6	3.8	2.8	
>250	6.0	5.0	4.0	3.0	

注：1. B 为正方形件的边宽或长方形件短边宽度。

2. 拉深较浅的高度尺寸要求不高的工件可不考虑切边余量。

2. 简单形状的旋转体拉深零件毛坯尺寸的确定

对于简单形状的旋转体拉深零件，求其毛坯尺寸时，一般可将拉深零件分解为若干简单的几何体，分别求出它们的表面积后再相加（含切边余量在内），如图 4-14 所示。由于旋转体拉深零件的毛坯为圆形，根据面积相等原则，可计算出拉深零件的毛坯直径。即

圆筒直壁部分的表面积：
$$A_1=\pi d(H-r) \tag{4-15}$$

圆角球台部分的表面积：
$$A_2=\frac{\pi}{4}[2\pi r(d-2r)+8r^2] \tag{4-16}$$

底部表面积：
$$A_3=\frac{\pi}{4}(d-2r)^2 \tag{4-17}$$

工件的总面积：
$$\frac{\pi}{4}D^2=A_1+A_2+A_3=\sum A_i$$

则毛坯直径：
$$D=\sqrt{\frac{4}{\pi}\sum A_i} \tag{4-18}$$

$$D=\sqrt{(d-2r)^2+4d(H-r)+2\pi r(d-2r)+8r^2} \tag{4-19}$$

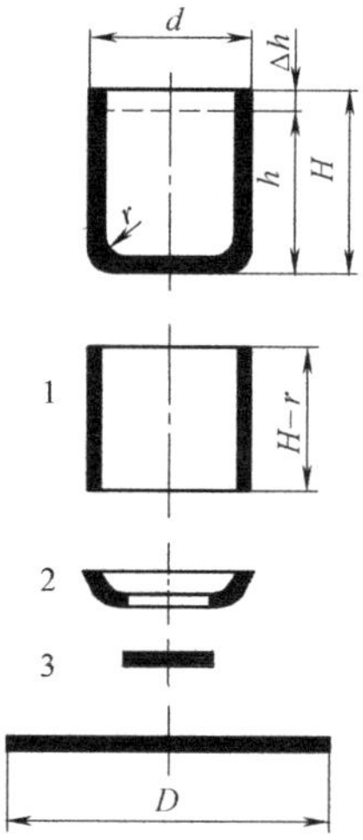

图 4-14　毛坯尺寸的确定

式中　D——毛坯直径；

$\sum A_i$——拉深零件各分解部分表面积的代数和。

各种简单形状的旋转体拉深零件的毛坯直径 D，可以直接按表 4-3 所列公式计算。其他形状的旋转体拉深零件毛坯尺寸的计算可查阅有关设计资料。

表 4-3　常用的旋转体拉深零件毛坯直径 D 计算公式

序号	零件形状	毛坯直径 D
1	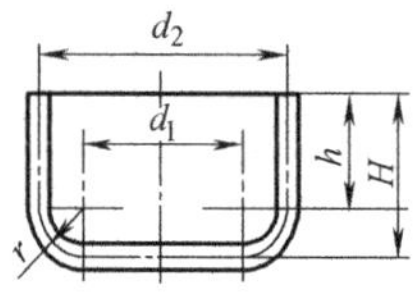	$D=\sqrt{d_1^2+4d_2h+6.28rd_1+8r^2}$ 或 $D=\sqrt{d_2^2+4d_2H-1.72rd_2-0.56r^2}$

（续）

序号	零件形状	毛坯直径 D
2		当 $r \neq R$ 时 $D=\sqrt{d_1^2+6.28rd_1+8r^2+4d_2h+6.28Rd_2+4.56R^2+d_4^2-d_3^2}$ 当 $r=R$ 时 $D=\sqrt{d_4^2+4d_2H-3.44rd_2}$
3		$D=\sqrt{d_1^2+2r(\pi d_1+4r)}$
4		$D=\sqrt{2d^2}=1.414d$
5		$D=\sqrt{8rh}$ 或 $D=\sqrt{s^2+4h^2}$
6		$D=\sqrt{d_1^2+2l(d_1+d_2)}$

4.2.2　无凸缘圆筒形件的拉深

1. 拉深系数 m

拉深系数为拉深后圆筒形件的直径与拉深前毛坯（或半成品）的直径之比。图 4-15 所示是用直径为 D 的毛坯拉深成直径为 d_n、高度为 h_n 工件的工序顺序。

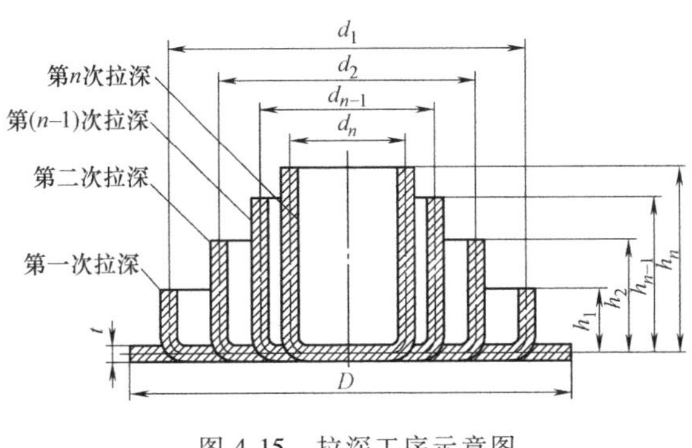

图 4-15　拉深工序示意图

第一次拉深成 d_1 和 h_1 的尺寸，第二次半成品尺寸为 d_2 和 h_2，依此最后一次即得工件的尺寸 d_n 和 h_n。其各次的拉深系数为

$$
\begin{aligned}
m_1 &= d_1/D \\
m_2 &= d_2/d_1 \\
&\cdots\cdots \\
m_{n-1} &= d_{n-1}/d_{n-2} \\
m_n &= d_n/d_{n-1}
\end{aligned}
\tag{4-20}
$$

工件的直径 d_n 与毛坯直径 D 之比称为总拉深系数，即工件总的变形程度系数，其值为

$$m_{总} = \frac{d_n}{D} = \frac{d_1}{D}\frac{d_2}{d_1}\cdots\frac{d_{n-1}}{d_{n-2}}\frac{d_n}{d_{n-1}} = m_1 m_2 \cdots m_{n-1} m_n \tag{4-21}$$

拉深系数的倒数称为拉深比，其值为

$$K = 1/m = D/d_n \tag{4-22}$$

拉深系数是拉深工艺的重要参数，它表示拉深变形过程中毛坯的变形程度，m 值越小，拉深时毛坯的变形程度越大。在工艺计算中，只要知道每次拉深工序的拉深系数值，就可以计算出各次拉深工序的半成品件的尺寸，并确定出该拉深件的工序次数。从降低生产成本出发，希望拉深次数越少越好，即采用较小的拉深系数。但根据前述力学分析可知，拉深系数的减小有一个限度，这个限度称为极限拉深系数，超过这一限度，会使变形区的危险断面产生破裂。因此，每次拉深应选择使拉深件不破裂的最小拉深系数（极限拉深系数），才能保证拉深工艺的顺利实现。

2. 影响极限拉深系数的因素

极限拉深系数 m_{min} 与下列因素有关。

（1）材料方面

1）材料的力学性能和组织：材料的塑性好、组织均匀、晶粒大小适当、屈强比 σ_s/σ_b 小、塑性应变比值大时，板料的拉深成形性能好，可以采用较小的极限拉深系数。

2）毛坯的相对厚度 t/D：相对厚度 t/D 小时，拉深变形区易起皱，防皱压边圈的压边力加大而引起摩擦阻力也增大，因此变形抗力加大，使极限拉深系数提高。反之，t/D 大时，可不用压边圈，变形抗力减小，有利于拉深，故极限拉深系数可减小。

3）材料的表面质量：材料表面光滑，拉深时摩擦力小而容易流动，所以极限拉深系数可减小。

（2）模具方面

1）拉深模的凸模圆角半径 r_p 和凹模圆角半径 r_d：凸模圆角半径 r_p 过小时，筒壁和底部的过渡区弯曲变形大，使危险断面的强度受到削弱，极限拉深系数应取较大值；凹模圆角半径 r_d 过小时，毛坯沿凹模孔口部滑动的阻力增加，筒壁的拉应力相应增大，极限拉深系数也应取较大值。

2）凹模表面粗糙度：凹模工作表面（尤其是圆角）光滑，可以减小摩擦阻力和改善金属的流动情况，可选择较小的极限拉深系数值。

3）模具间隙 c：模具间隙小时，材料进入间隙后的挤压力增大，摩擦力增加，拉深力大，故极限拉深系数提高。

4）凹模形状：图4-16所示的锥形凹模，因其支撑材料变形区的面是锥形而不是平面，防皱效果好，可以减小包角 α，从而减小材料流过凹模圆角时的摩擦阻力和弯曲变形力，因而极限拉深系数降低。

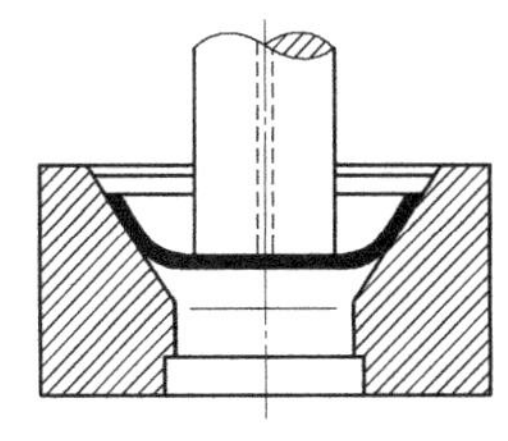

图4-16 锥形凹模

（3）拉深条件

1）是否采用压边圈：拉深时若不用压边圈，变形区起皱的倾向增加，每次拉深时变形不能太大，故极限拉深系数应增大。

2）拉深次数：第一次拉深时材料还没硬化，塑性好，极限拉深系数可小些。以后的拉深因材料已经硬化，塑性越来越低，变形越来越困难，故后一道比前一道的拉深系数值要大。

3）润滑情况：润滑好则摩擦力小，极限拉深系数可小些。但凸模不必润滑，否则会减弱凸模表面摩擦对危险断面处的有益作用（盒形件例外）。

4）工件形状：工件的形状不同，则变形时应力与应变状态不同，极限变形量也就不同，因而极限拉深系数不同。

5）拉深速度：一般情况下，拉深速度对极限拉深系数的影响不太大；但对于变形速度敏感的金属（如钛合金、不锈钢和耐热钢等），拉深速度大时，应选用较大的极限拉深系数。

以上分析说明，凡是能增加筒壁传力区拉应力和减小危险断面强度的因素，均使极限拉深系数加大；反之，凡是可以降低筒壁传力区拉应力及增加危险断面强度的因素，都有利于毛坯变形区的塑性变形，极限拉深系数就可以减小。

但是，实际生产中，并不是所有的拉深都采用极限拉深系数 m_{min}。因为采用极限值会引起危险断面区域过度变薄而降低零件的质量。所以，当对零件质量有较高的要求时，必须采用大于极限值的拉深系数。

3. 拉深系数值与拉深次数

生产上采用的极限拉深系数，是考虑了各种具体条件后用试验方法求出的。通常 $m_1=0.46\sim0.60$，以后各次的拉深系数在 $0.70\sim0.86$ 之间。直壁圆筒形工件有压边圈和无压边圈时的拉深系数，分别可查表4-4和表4-5。实际生产中采用的拉深系数一般均大于表中所列数值。

表4-4 圆筒形件带压边圈的极限拉深系数

各次拉深系数	毛坯相对厚度 $(t/D)\times100$					
	2~1.5	1.5~1.0	1.0~0.6	0.6~0.3	0.3~0.15	0.15~0.08
m_1	0.48~0.50	0.50~0.53	0.53~0.55	0.55~0.58	0.58~0.60	0.60~0.63
m_2	0.73~0.75	0.75~0.76	0.76~0.78	0.78~0.79	0.79~0.80	0.80~0.82
m_3	0.76~0.78	0.78~0.79	0.79~0.80	0.80~0.81	0.81~0.82	0.82~0.84
m_4	0.78~0.80	0.80~0.81	0.81~0.82	0.82~0.83	0.83~0.85	0.85~0.86
m_5	0.80~0.82	0.82~0.84	0.84~0.85	0.85~0.86	0.86~0.87	0.87~0.88

注：1. 表中拉深系数适用于08、10和15Mn等普通的碳钢及黄铜H62。对于拉深性能较差的材料，如20、25、Q215、Q235、硬铝等，取值应比表中数值大1.5%~2.0%；对于塑性更好的材料，如软铝，取值应比表中数值小1.5%~2.0%。

2. 表中数值适用于未经中间退火的拉深；若采用中间退火工序时，取值可较表中数值小2%~3%。

3. 表中较小值适用于大的凹模圆角半径，$r_d=(8\sim15)t$；较大值适用于小的凹模圆角半径，$r_d=(4\sim8)t$。

表 4-5　圆筒形件不用压边圈的极限拉深系数

毛坯相对厚度 $(t/D)\times100$	各次拉深系数					
	m_1	m_2	m_3	m_4	m_5	m_6
0.8	0.80	0.88				
1.0	0.75	0.85	0.90			
1.5	0.65	0.80	0.84	0.87	0.90	
2.0	0.60	0.75	0.80	0.84	0.87	0.90
2.5	0.55	0.75	0.80	0.84	0.87	0.90
3.0	0.53	0.75	0.80	0.84	0.87	0.90
>3	0.50	0.70	0.75	0.78	0.82	0.85

注：此表使用要求与表 4-4 相同。

判断拉深件能否一次拉深成形，仅需比较所需总的拉深系数 $m_{总}$ 与第一次允许的极限拉深系数 m_1 的大小即可。当 $m_{总}>m_1$ 时，则该零件可一次拉深成形，否则需要多次拉深。表 4-6为拉深相对高度 H/d 与拉深次数的关系。

表 4-6　拉深相对高度 H/d 与拉深次数的关系（无凸缘圆筒形件）

相对高度 H/d \ 拉深次数	毛坯相对厚度 $(t/D)\times100$					
	2~1.5	1.5~1.0	1.0~0.6	0.6~0.3	0.3~0.15	0.15~0.08
1	0.94~0.77	0.84~0.65	0.77~0.57	0.62~0.5	0.52~0.45	0.46~0.38
2	1.88~1.54	1.60~1.32	1.36~1.1	1.13~0.94	0.96~0.83	0.9~0.7
3	3.5~2.7	2.8~2.2	2.3~1.8	1.9~1.5	1.6~1.3	1.3~1.1
4	5.6~4.3	4.3~3.5	3.6~2.9	2.9~2.4	2.4~2.0	2.0~1.5
5	8.9~6.6	6.6~5.1	5.2~4.1	4.1~3.3	3.3~2.7	2.7~2.0

注：本表适于 08、10 等软钢。

4. 后续各次拉深的特点

后续各次拉深所用的毛坯与首次拉深时不同，不是平板而是筒形件。因此，它与首次拉深相比，有许多不同之处：

1）首次拉深时，平板毛坯的厚度和力学性能都是均匀的，而后续各次拉深时筒形毛坯的壁厚及力学性能都不均匀。

2）首次拉深时，凸缘变形区是逐渐缩小的，而后续各次拉深时，其变形区保持不变，只是在拉深终了以后才逐渐缩小。

3）首次拉深时，拉深力的变化是变形抗力增加与变形区减小两个相反的因素互相消长的过程，因而在开始阶段较快地达到最大的拉深力，然后逐渐减小到零。而后续各次拉深变形区保持不变，但材料的硬化及厚度增加都是沿筒的高度方向进行的，所以其拉深力在整个拉深过程中一直都在增加，直到拉深的最后阶段才由最大值下降至零（图 4-17）。

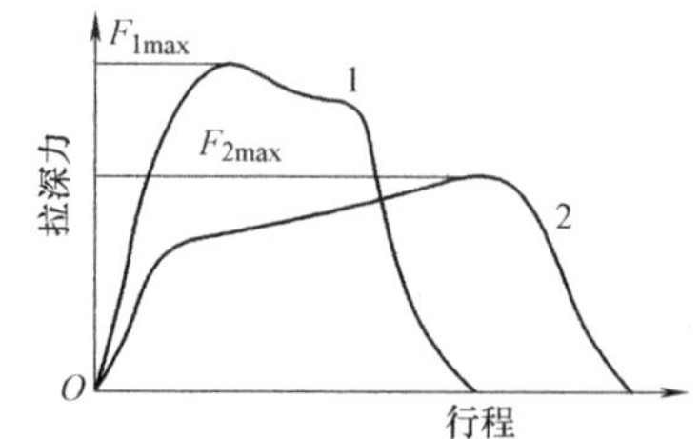

图 4-17　首次拉深与二次拉深的拉深力

1—首次拉深　2—二次拉深

4）后续各次拉深时的危险断面与首次拉深时一样，都是在凸模的圆角处，但首次拉深的最大拉深力发生在初始阶段，所以破裂也发生在初始阶段；而后

续各次拉深的最大拉深力发生在拉深的终了阶段，所以破裂往往发生在结尾阶段。

5）后续各次拉深变形区的外缘有筒壁的刚性支持，所以稳定性较首次拉深为好。只是在拉深的最后阶段，筒壁边缘进入变形区以后，变形区的外缘失去了刚性支持，这时才易起皱。

6）后续各次拉深时，由于材料已经冷作硬化，加上变形复杂（毛坯的筒壁必须经过两次弯曲才被凸模拉入凹模内），所以它的极限拉深系数要比首次拉深大得多，而且通常后一次都大于前一次。

5. 无凸缘圆筒形件的拉深实例

试确定图 4-18 所示零件（材料为 08 钢，材料厚度为 2mm）的拉深次数和各拉深工序尺寸。

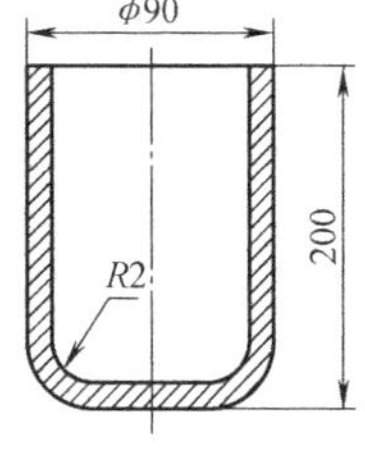

图 4-18　零件图

计算步骤如下：

1）确定切边余量 Δh：根据 $h=200\text{mm}$，$h/d=200/88=2.28$，查表 4-1，取 $\Delta h=7\text{mm}$。

2）按表 4-3 中的公式计算毛坯直径，为

$$D=\sqrt{d_2^2+4d_2H-1.72rd_2-0.56r^2}$$
$$\approx 283\text{mm}$$

3）确定拉深次数

① 判断能否一次拉出。判断零件能否一次拉出，仅需比较实际所需的总拉深系数 $m_{总}$ 和第一次允许的极限拉深系数 m_1 的大小即可。当 $m_{总}>m_1$，说明拉深该工件的实际变形程度比第一次容许的极限变形程度要小，工件可以一次拉成。若当 $m_{总}<m_1$，则需要多次拉深才能够成形零件。对于图 4-18 所示零件，毛坯的相对厚度：$(t/D)\times100=0.7$，从表 4-4 中查出各次的拉深系数：$m_1=0.54$，$m_2=0.77$，$m_3=0.80$，$m_4=0.82$。该零件的总拉深系数 $m_{总}=d/D=88/283=0.31$。即 $m_{总}<m_1$，故该零件需经多次拉深才能够达到所需尺寸。

② 计算拉深次数。计算拉深次数 n 的方法有多种，生产上经常用推算法辅以查表法进行计算。即将毛坯直径或中间工序毛坯尺寸依次乘以查出的极限拉深系数 m_1，m_2，m_3，…，m_n，得各次半成品的直径，直到计算出的直径 d_n 小于或等于工件直径 d 为止。则直径 d_n 的下角标 n 即表示拉深次数。计算过程如下

$$d_1=m_1D=0.54\times283\text{mm}=152.8\text{mm}$$
$$d_2=m_2d_1=0.77\times152.8\text{mm}=117.7\text{mm}$$
$$d_3=m_3d_2=0.80\times117.7\text{mm}=94.2\text{mm}$$
$$d_4=m_4d_3=0.82\times94.2\text{mm}=77.2\text{mm}$$

由计算结果可知，该零件需要拉深 4 次。计算结果是否正确可用表 4-6 校核一下。零件的相对高度 $H/d=207/88=2.36$，相对厚度为 0.7，从表中可知拉深次数在 3~4 之间，和推算法得出的结果相符，这样零件的拉深次数就确定为 4 次。

4）半成品尺寸的确定：包括半成品的直径 d_n、筒底圆角半径 r_n 和筒壁高度 h_n。

① 半成品的直径 d_n。拉深次数确定后，再根据计算直径 d_n 应等于工件直径 d 的原则，对各次拉深系数进行调整，使实际采用的拉深系数大于推算拉深次数时所用的极限拉深系数。

设实际采用的拉深系数为 m_1'，m_2'，m_3'，…，m_n'，应使各次拉深系数依次增大，即

$$m'_1<m'_2<m'_3<\cdots<m'_n$$

且 $m_1-m_1'\approx m_2-m_2'\approx m_3-m_3'\approx\cdots m_n-m_n'$。据此，零件实际所需拉深系数应调整为：$m_1=0.57$，$m_2=0.79$，$m_3=0.82$，$m_4=0.85$。调整好拉深系数后，重新计算各次拉深的圆筒直径，即得半成品直径。图 4-18 所示零件的各次半成品尺寸为

第 1 次　$d_1=m_1'D=0.57\times283\text{mm}=161\text{mm}$

第 2 次　$d_2=m_2'd_1=0.79\times161\text{mm}=127\text{mm}$

第 3 次　$d_3=m_3'd_2=0.82\times127\text{mm}=104\text{mm}$

第 4 次　$d_4=m_4'd_3=0.85\times104\text{mm}=88\text{mm}$

② 半成品高度的确定。各次拉深直径确定后，紧接着是计算各次拉深后零件的高度。计算高度前，应先定出各次半成品底部的圆角半径，现取 $r_1=12\text{mm}$，$r_2=8\text{mm}$，$r_3=5\text{mm}$（可参见 4.6.2）。根据拉深前后毛坯与零件表面积相等的原则，可推导求出圆筒形件高度的公式为

$$h_n=0.25\left(\frac{D^2}{d_n}-d_n\right)+0.43\frac{r_n}{d_n}(d_n+0.32r_n) \tag{4-23}$$

式中　D——毛坯直径；

d_n——各次半成品直径；

r_n——各次拉深半成品底部圆角半径。

将图 4-18 所示零件的以上各项具体数值代入上述公式，即可求出各次拉深高度为

$$h_1=\left[0.25\left(\frac{283^2}{161}-161\right)+0.43\times\frac{12}{161}(161+0.32\times12)\right]\text{mm}=89\text{mm}$$

$$h_2=\left[0.25\left(\frac{283^2}{127}-127\right)+0.43\times\frac{8}{127}(127+0.32\times8)\right]\text{mm}=129\text{mm}$$

$$h_3=\left[0.25\left(\frac{283^2}{104}-104\right)+0.43\times\frac{5}{104}(104+0.32\times5)\right]\text{mm}=169\text{mm}$$

拉深后得到的各次半成品如图 4-19 所示。第 4 次拉深即为零件的实际尺寸，不必计算。

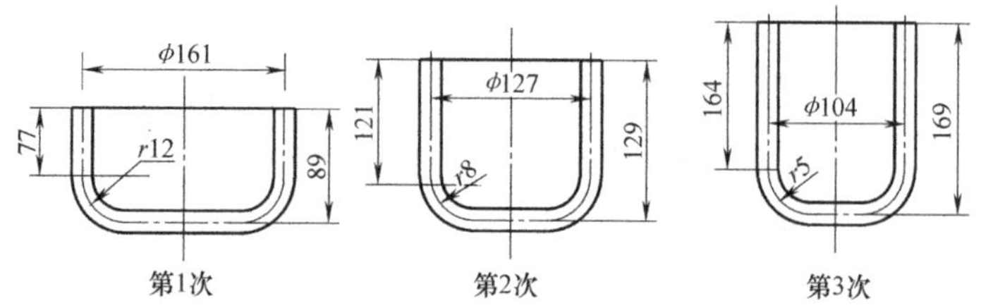

图 4-19　零件各次拉深的半成品尺寸

4.2.3　有凸缘圆筒形件的拉深

有凸缘圆筒形件的拉深变形原理，与一般圆筒形件是相同的，但由于带有凸缘（图 4-20），其拉深方法及计算方法与一般圆筒形件有一定的差别。

1. 有凸缘圆筒形件一次成形拉深极限

有凸缘圆筒形件的拉深过程和无凸缘圆筒形件相比，其区别仅在于前者将毛坯拉深至某一时刻，达到了零件所要求的凸缘直径 d_t 时拉深结束，而不是将凸缘变形区的材料全部拉入凹模内。所以，从变形区的应力和应变状态看两者是相同的。

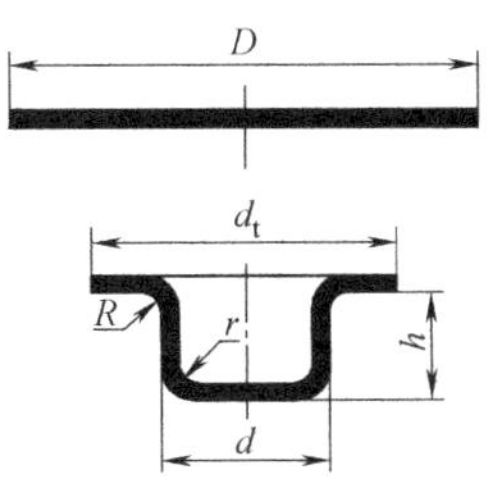

图 4-20　有凸缘圆筒形件与毛坯图

当拉深有凸缘圆筒形件时，在同样大小的首次拉深系数 $m_1=d/D$ 的情况下，采用相同的毛坯直径 D 和相同的零件直径 d 时，可以拉深出不同凸缘直径 d_{t1}、d_{t2} 和不同高度 h_1、h_2 的工件（图 4-21）。从图示可知，d_t 值越小，h 值越高，拉深变形程度也越大。因此，$m_1=d/D$ 并不能表达在拉深有凸缘圆筒形零件时的各种不同的 d_t 和 h 的实际变形程度。

根据凸缘的相对直径 d_t/d 比值的不同，带有凸缘筒形件可分为窄凸缘筒形件（$d_t/d=1.1\sim1.4$）和宽凸缘筒形件（$d_t/d>1.4$）。窄凸缘件拉深时的工艺计算完全按一般圆筒形零件的计算方法，若 h/d 大于一次拉深的许用值时，只在倒数第二道才拉出凸缘或者拉成锥形凸缘，最后校正成水平凸缘，如图 4-22 所示。若 h/d 较小，则第一次可拉成锥形凸缘，后校正成水平凸缘。

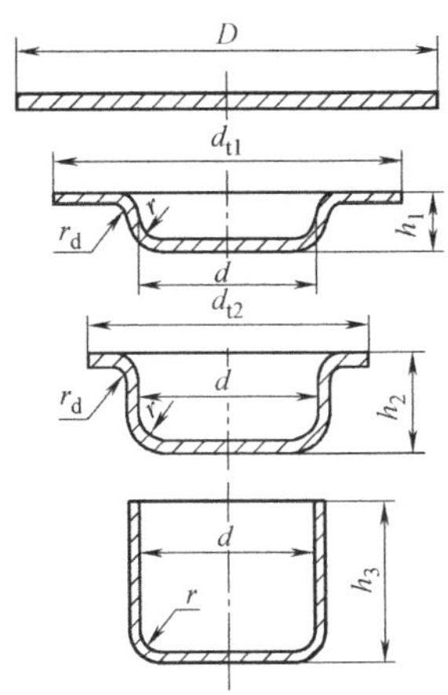

图 4-21　拉深时凸缘尺寸的变化

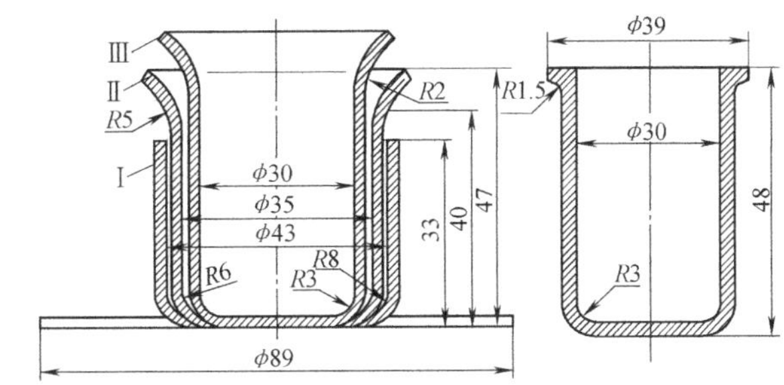

图 4-22　窄凸缘件拉深

下面着重对宽凸缘件的拉深进行分析，主要介绍其与直壁圆筒形件的不同点。

当 $R=r$ 时（图 4-20），宽凸缘件毛坯直径的计算公式为

$$D=\sqrt{d_t^2+4dh-3.44rd} \tag{4-24}$$

根据拉深系数的定义，宽凸缘件总的拉深系数仍可表示为

$$m=\frac{d}{D}=\frac{1}{\sqrt{(d_t/d)^2+4h/d-3.44r/d}} \tag{4-25}$$

式中　D——毛坯直径；

d_t——凸缘直径（包括修边余量）；

d——筒部直径（中径）；

r——底部和凸缘部的圆角半径（当料厚大于 1mm 时，r 值按中线尺寸计算）。

从式（4-25）知，凸缘件总的拉深系数 m 取决于三个比值。其中 d_t/d 的影响最大，其次是 h/d，由于拉深件的圆角半径 r 较小，所以 r/d 的影响小。当 d_t/d 和 h/d 的值越大，表示拉深时毛坯变形区的宽度越大，拉深成形的难度也越大。当两者的值超过一定值时，便不能一次拉深成形，而必须增加拉深次数。表 4-7 是带凸缘圆筒形件第一次拉深成形可能达到的最大相对高度值。

表 4-7　带凸缘圆筒形件第一次拉深的最大相对高度 h_1/d_1

凸缘相对直径 d_t/d_1	毛坯的相对厚度 $(t/D)\times100$				
	≤2~1.5	<1.5~1.0	<1.0~0.6	<0.6~0.3	<0.3~0.15
≤1.1	0.90~0.75	0.82~0.65	0.70~0.57	0.62~0.50	0.52~0.45
>1.1~1.3	0.80~0.65	0.72~0.56	0.60~0.50	0.53~0.45	0.47~0.40
>1.3~1.5	0.70~0.58	0.63~0.50	0.53~0.45	0.48~0.40	0.42~0.35
>1.5~1.8	0.58~0.48	0.53~0.42	0.44~0.37	0.39~0.34	0.35~0.29
>1.8~2.0	0.51~0.42	0.46~0.36	0.38~0.32	0.34~0.29	0.30~0.25
>2.0~2.2	0.45~0.35	0.40~0.31	0.33~0.27	0.29~0.25	0.26~0.22
>2.2~2.5	0.35~0.28	0.32~0.25	0.27~0.22	0.23~0.20	0.21~0.17
>2.5~2.8	0.27~0.22	0.24~0.19	0.21~0.17	0.18~0.15	0.16~0.13
>2.8~3.0	0.22~0.18	0.20~0.16	0.17~0.14	0.15~0.12	0.13~0.10

注：1. 表中数值适用于 10 钢，对于比 10 钢塑性好的金属，取较大的数值；塑性差的金属，取较小的数值。
2. 表中大的数值，适用于底部及凸缘大的圆角半径；小的数值，适用于底部及凸缘小的圆角半径。

带凸缘圆筒形件首次拉深的极限拉深系数，可见表 4-8。后续拉深变形与圆筒形件的拉深类同，所以从第二次拉深开始，可参照表 4-4 确定后续拉深的极限拉深系数。

表 4-8　带凸缘圆筒形件第一次拉深的极限拉深系数 m_1（适用于 08、10 钢）

凸缘相对直径 d_t/d_1	毛坯的相对厚度 $(t/D)\times100$				
	≤2~1.5	<1.5~1.0	<1.0~0.6	<0.6~0.3	<0.3~0.15
≤1.1	0.51	0.53	0.55	0.57	0.59
>1.1~1.3	0.49	0.51	0.53	0.54	0.55
>1.3~1.5	0.47	0.49	0.50	0.51	0.52
>1.5~1.8	0.45	0.46	0.47	0.48	0.48
>1.8~2.0	0.42	0.43	0.44	0.45	0.45
>2.0~2.2	0.40	0.41	0.42	0.42	0.42
>2.2~2.5	0.37	0.38	0.38	0.38	0.38
>2.5~2.8	0.34	0.35	0.35	0.35	0.35
>2.8~3.0	0.32	0.33	0.33	0.33	0.33

在拉深宽凸缘圆筒形件时，由于凸缘材料并没有被全部拉入凹模，因此与无凸缘圆筒形件相比，宽凸缘圆筒形件拉深具有自己的特点：

1）宽凸缘件的拉深变形程度，不能仅用拉深系数的大小来衡量。

2）宽凸缘件的首次极限拉深系数比无凸缘件要小。

3）宽凸缘件的首次极限拉深系数值，与零件的相对凸缘直径 d_t/d 有关。

2. 宽凸缘圆筒形零件的工艺设计要点

（1）毛坯尺寸的计算　毛坯尺寸的计算仍按等面积原理进行，参考简单形状无凸缘圆筒形零件毛坯的计算方法。毛坯直径的计算公式见表 4-3。其中，d_t 要考虑修边余量 ΔR，其值可查表 4-2。

（2）判别工件能否一次拉成　只需比较工件实际所需的总拉深系数 $m_{总}$ 和 h/d 与带凸缘件第一次拉深的极限拉深系数和极限拉深相对高度即可。当 $m_{总}>m_1$，$h/d\leqslant h_1/d_1$ 时，可一次拉成，工序计算到此结束。否则应进行多次拉深。

凸缘件多次拉深成形的原则为：按表 4-7 和表 4-8 确定第一次拉深的最大相对高度和极限拉深系数，第一次就把毛坯凸缘直径拉深到工件所要求的直径 d_t（包括修边量），并在以后的各次拉深中保持 d_t 不变，仅使已拉深成的中间毛坯直筒部分参加变形，直至拉深成所需零件为止。

凸缘件在多次拉深成形过程中，特别需要注意：d_t 一经形成，在后续的拉深过程中就不能变动。因为后续拉深时，d_t 的微量缩小也会使中间圆筒部分的拉应力过大而使危险断面破裂。为此，必须正确计算拉深高度，严格控制凸模进入凹模的深度。为保证后续拉深凸缘直径不减少，在设计模具时，通常第一次拉深时拉入凹模的材料表面积比实际所需的面积多拉进 3%～10%（拉深工序多取上限，少取下限），即筒形部分的深度比实际的要大些。这部分多拉进凹模的材料在以后的各次拉深中逐步返回到凸缘上（每次 1.5%～3%）。这样做既可以防止筒部被拉破，也能补偿计算上的误差和板材在拉深中的厚度变化，还能方便试模时的调整。返回到凸缘的材料会使筒口处的凸缘变厚或形成微小的波纹，但能保持 d_t 不变，产生的缺陷可通过校正工序得到校正。

（3）拉深次数和半成品尺寸的计算　凸缘件进行多道拉深时，第一道拉深后得到的半成品尺寸，在保证凸缘直径满足要求的前提下，其筒部直径 d_1 应尽可能小，以减少拉深次数，同时又要能尽量多地将板料拉入凹模。

宽凸缘件的拉深次数仍可用推算法求出。具体的做法是：先假定 d_t/d 的值，由相对材料厚度从表 4-8 中查出第一次拉深系数 m_1，据此求出 d_1，进而求出 h_1，并根据表 4-7 的最大相对高度验算 m_1 的正确性。若验算合格，则以后各次的半成品直径可以按一般圆筒形件的多次拉深的方法，按表 4-4 中的拉深系数值进行计算。即第 n 次拉深后的直径为

$$d_n = m_n d_{n-1} \tag{4-26}$$

式中　m_n——第 n 次拉深系数，可由表 4-4 查得；

d_{n-1}——第 $n-1$ 次拉深的筒部直径。

当计算到 $d_n \leqslant d$（工件直径）时，总的拉深次数 n 就确定了。

各次拉深后的筒部高度可按下式计算

$$h_n = \frac{0.25}{d_n}(D_n^2 - d_t^2) + 0.43(r_{pn} + r_{dn}) + \frac{0.14}{d_n}(r_{pn}^2 - r_{dn}^2) \tag{4-27}$$

式中　D_n——考虑每次多拉入筒部的材料量后求得的假想毛坯直径；

d_t——零件凸缘直径（包括修边量）；

d_n——第 n 次拉深后的工件直径；

r_{pn}——第 n 次拉深后圆筒侧壁与底部间的圆角半径；

r_{dn}——第 n 次拉深后凸缘与圆筒侧壁间的圆角半径。

3. 宽凸缘零件的拉深方法

宽凸缘件的拉深方法有两种：一种是薄料、中小型（d_t<200mm）零件，通常靠减小圆筒形件壁部直径、增加高度来达到尺寸要求，即圆角半径 r_p 和 r_d 在首次拉深时就与 d_t 一起成形到工件的尺寸，在后续的拉深过程中基本上保持不变，如图 4-23a 所示。采用这种方法拉深时不易起皱，但制成的零件表面质量较差，容易在直壁部分和凸缘上残留中间工序形成的圆角部分弯曲和厚度局部变化的痕迹，所以最后应加一道压力较大的整形工序。

另一种方法如图 4-23b 所示。常用在较大型（d_t>200mm）拉深件中。零件的高度在第一次拉深时就基本确定，在以后的拉深过程中基本保持不变，通过减小圆角半径 r_p 和 r_d，逐渐缩小圆筒形直径拉深成形。此法对厚料更为合适。用此法制成的零件表面光滑平整，厚度均匀，不存在中间工序中圆角部分的弯曲与局部变薄的痕迹。但在第一次拉深时，因圆角半径较大，容易发生起皱，当零件底部圆角半径较小，或者对凸缘有平面度要求时，也需要在最后加一道整形工序。在实际生产中往往将上述两种方法综合起来使用。

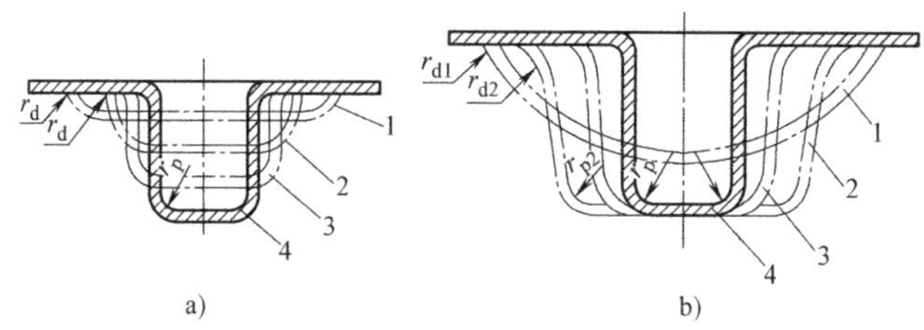

图 4-23　宽凸缘零件的拉深方法

4.2.4　阶梯形件的拉深

阶梯圆筒形件（图 4-24），从形状来说相当于若干个直壁圆筒形件的组合，因此它的拉深同直壁圆筒形件的拉深基本相似，每一个阶梯的拉深即相当于相应的圆筒形件的拉深。但由于其形状相对复杂，因此拉深工艺的设计与直壁圆筒形件有较大的差别，主要表现在拉深次数的确定和拉深方法上。

1. 拉深次数的确定

阶梯圆筒形件的冲压工艺过程、冲压工序次数、工序的先后顺序的安排，应根据零件的形状和尺寸区别对待。首先，应判断零件是否能一次拉深成形。如图 4-24 所示的阶梯形零件，当材料相对厚度 $(t/D)\times100>1$，且阶梯之间的直径之差和零件的高度较小时，可一次拉深成形。其计算公式为

$$(h_1+h_2+h_3+\cdots+h_n)/d_n \leqslant h/d_n \tag{4-28}$$

式中　h_1、h_2、h_3、…、h_n——各个阶梯的高度；

d_n——最小阶梯筒部的直径；

h/d_n——带凸缘圆筒形件第一次拉深的最大相对高度（表 4-7）。

若式（4-28）成立，则可以一次拉深成形。否则需采取多次拉深。

2. 多次拉深工序的顺序安排

1）当相邻阶梯的直径比 d_2/d_1、d_3/d_2…、d_n/d_{n-1} 均大于或等于相应的圆筒形件的极限拉深系数，即表 4-4 中按值时，其工序安排按大阶梯到小阶梯的顺序，每次拉深出一个阶梯，阶梯的数目就是拉深次数（图 4-25a）。

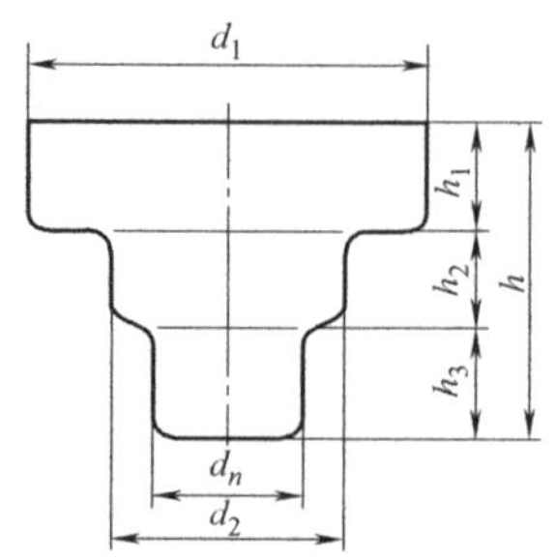

图 4-24　阶梯圆筒形零件

2）当某相邻两个阶梯直径的比值 d_n/d_{n-1} 小于相应圆筒形件的极限拉深系数时，这个阶梯的拉深应采用有凸缘圆筒形件的拉深工艺，即先拉深小直径 d_n，再拉深大直径 d_{n-1}。如图 4-25b所示，d_2/d_1 小于相应圆筒形件的极限拉深系数，故 d_2 先

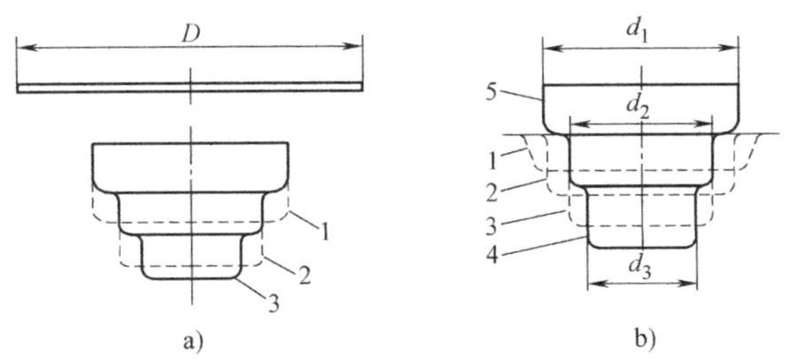

图 4-25　阶梯形多次拉深方法

a）由大阶梯到小阶梯的拉深　b）先小直径后大直径的拉深

拉深成形后，再拉深 d_1。

3）对于直径差较大的浅阶梯形拉深件，当其不能一次拉深成形时，可以采用先拉深成球面形状或大圆角筒形的过渡形状，然后再采用校形工序达到零件的形状和尺寸要求，如图 4-26 所示。

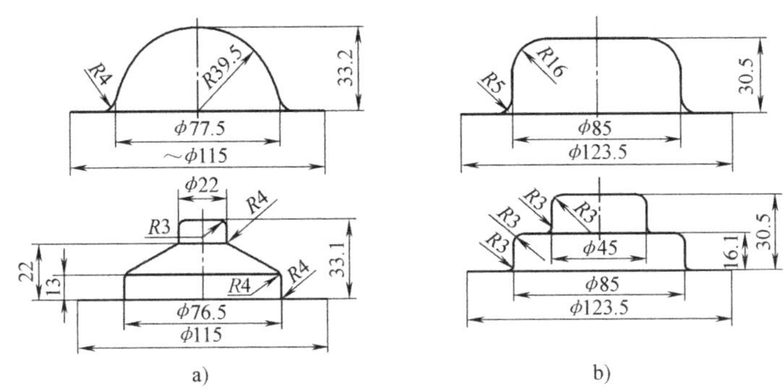

图 4-26　直径差较大的浅阶梯形件的拉深方法

4.3　轴对称曲面旋转体零件拉深

4.3.1　曲面形状零件的拉深特点

曲面形状（如球面、锥面及抛物面）零件的拉深，其变形区的位置、受力情况、变形特点等都与圆筒形零件不同，所以在拉深中出现的各种问题和解决方法亦与圆筒形件不同。对于这类零件，不能简单地用拉深系数衡量成形的难易程度，也不能把拉深系数作为制订拉深工艺和模具设计的依据。

在拉深圆筒形件时，毛坯的变形区仅仅局限于压边圈下的环形部分。而拉深球面零件时，为使平面形状的毛坯变成球面零件形状，不仅要求毛坯的环形部分产生与圆筒形零件拉深时相同的变形，而且还要求毛坯的中间部分也应成为变形区，由平面变成曲面。在拉深球面零件时（图 4-27），毛坯的凸缘部分与中间部分都是变形区，而且在很多情况下，中间部分反而是主要变形区。

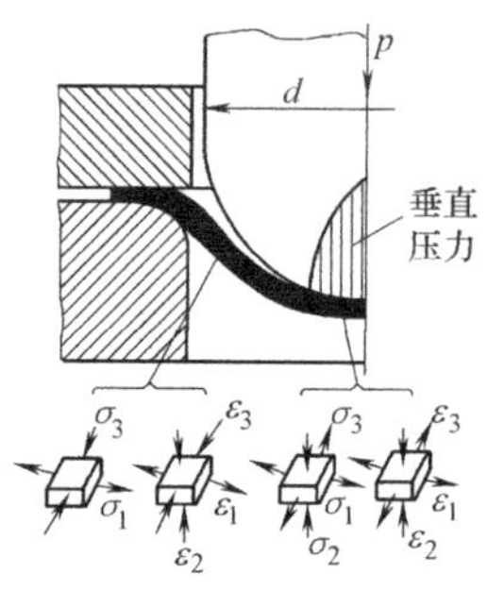

图 4-27　球形件的拉深

拉深球面零件时，毛坯凸缘部分的应力状态和变形特点与圆筒形件相同，而中间部分材料的受力情况和变形情况却比较复杂。在凸模的作用下，位于凸模顶点附近的金属处于双向受拉的应力状态。随着其与顶点距离的加大，切向应力 σ_3 减小，而超过一定界限以后变为压应力。在凸模与毛坯的接触区内，由于材料完全贴模，这部分材料两向受拉一向受压，与胀形相似。在开始阶段，由于单位压力大，其径向和切向拉应力往往会使材料达到屈服条件而导致接触部分的材料严重变薄。但随着接触区域的扩大和拉深力的减小，其变薄量由球形件顶端往外逐渐减小。其中存在这样一环材料，其变薄量与同凸模接触前由于切向压缩变形而增厚的量相等。此环以外的材料增厚。拉深球面零件时，需要转移的材料不仅处在压边圈下面的环形区，而且还包括在凹模口内中间部分的材料。在凸模与材料接触区以外的中间部分，其应力状态与凸缘部分是一样的。因此，这类零件的起皱不仅可能在凸缘部分产生，也可能在中间部分产生，由于中间部分不与凸模接触，板料较薄时这种起皱现象更为严重。

锥形零件的拉深与球面零件一样，除具有凸模接触面积小、压力集中、容易引起局部变薄及自由面积大、压边圈作用相对减弱、容易起皱等特点外，还由于零件口部与底部直径差别大，回弹比较严重，因此锥形零件的拉深比球面零件更为困难。

抛物面零件是母线为抛物线的旋转体空心件，其拉深时和球面及锥形零件一样，材料处于悬空状态，极易起皱。抛物面零件拉深时和球面零件又有所不同。半球面零件的拉深系数为一常数，只需采取一定的工艺措施防止起皱。而抛物面零件等曲面零件，由于母线形状复杂，拉深时变形区的位置、受力情况、变形特点等，都随零件形状、尺寸的不同而变化。

由此可见，其他旋转体零件拉深时，毛坯环形部分和中间部分的外缘具有拉深变形的特点，切向应力为压应力；而毛坯最中间的部分却具有胀形变形的特点，材料厚度变薄，其切向应力为拉应力。这两者之间的分界线，即为应力分界圆。可以说球面零件、锥形零件和抛物面零件等其他旋转体零件的拉深，是拉深和胀形两种变形方式的复合，其应力、应变既有拉伸类、又有压缩类变形的特征。

曲面零件的拉深是比较困难的。为了解决该类零件拉深时的起皱问题，在生产中常采用增加压边圈下摩擦力的办法，例如加大毛坯凸缘尺寸、增加压边圈下的摩擦因数和增大压边力、采用带拉深筋的模具结构及反拉深工艺等，以增加径向拉应力和减小切向压应力。

4.3.2　球面零件的拉深方法

球面零件可分为半球形件（图 4-28a）和非半球形件（图 4-28b、c、d）两大类。不论哪一种类型，均不能用拉深系数来衡量拉深成形的难易程度。对于半球形件，根据拉深系数的定义可知，其拉深系数是与零件直径无关的常数，即

$$m=d/D=d/\sqrt{2}d=0.707$$

因此，这里使用相对料厚 t/D（t 为板料厚度，D 为毛坯直径）来确定拉深的难易和拉深方法。

当 $t/D>3\%$ 时，采用不带压边圈的有底凹模一次拉深成形；当 $t/D=0.5\%\sim3\%$ 时，采用

带压边圈的拉深模拉深；当 $t/D<0.5\%$ 时，采用带有拉深筋的凹模或反拉深模（图 4-29）成形。

对于带有高度 $h=(0.1\sim0.2)d$ 的圆筒直边或带有宽度为（0.1～0.15）d 的凸缘的非半球面零件（图 4-28b、c），虽然拉深系数有所降低，但对零件的拉深却有一定的好处。当对半球面零件的表面质量和尺寸精度要求较高时，可先拉成带圆筒直边或带凸缘的非半球面零件，拉深后将直边或凸缘切除。

高度小于球面半径（浅球面零件）的零件（图 4-28d），其拉深工艺按几何形状可分为两类。当毛坯直径 D 较小时，毛坯不易起皱，但成形时毛坯易窜动，而且可能产生一定的回弹，常采用带底拉深模成形。当毛坯直径 D 较大时，起皱将成为必须解决的问题，常采用强力压边装置或带拉深筋的模具，拉成有一定宽度凸缘的浅球面零件。这时的变形含有拉深和胀形两种成分，因此零件回弹小，尺寸精度和表面质量均得到提高。加工余料在成形后应予切除。

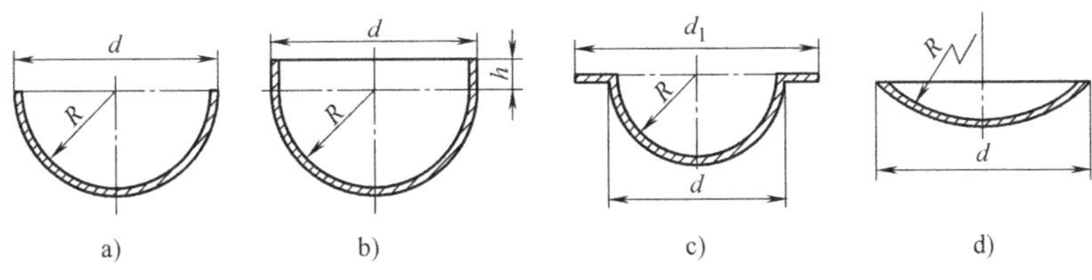

图 4-28　各种球面零件

4.3.3　抛物面零件的拉深方法

抛物面零件拉深时的受力及变形特点与球形件一样，但由于曲面部分的高度 h 与口部直径 d 之比大于球形件，故拉深更加困难。

抛物面零件常见的拉深方法有下面几种：

1）浅抛物面形件（$h/d<0.5\sim0.6$）：因其高径比接近球形，因此拉深方法同球形件。

2）深抛物面形件（$h/d>0.5\sim0.6$）：其拉深难度有所提高。为了使毛坯中间部分紧密贴模而又不起皱，通常需采用具有拉深筋的模具，以增加径向拉应力。例如汽车灯罩（图 4-30）就是采用有两道拉深筋的模具拉深成形的。

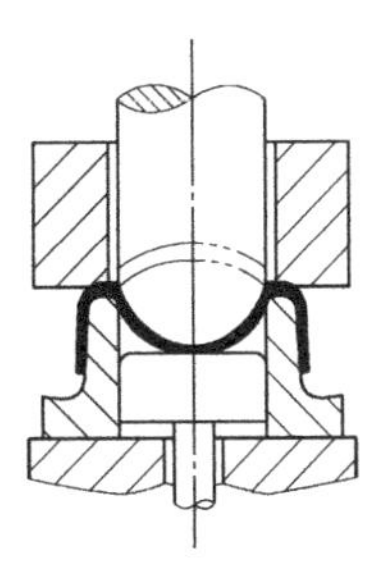

图 4-29　反拉深模

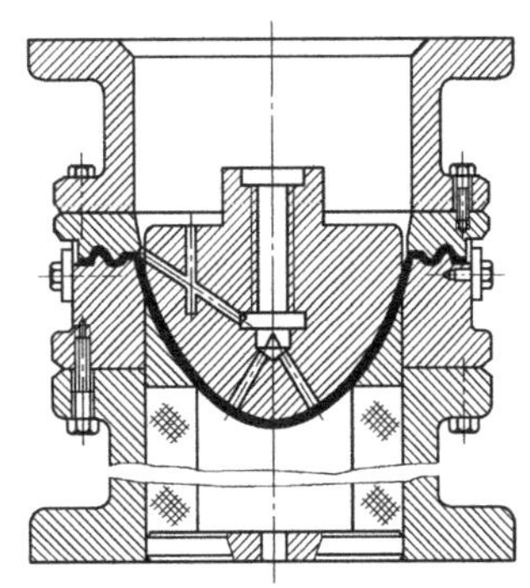

图 4-30　较深的抛物面零件（汽车灯罩）拉深模

但以上措施往往受到毛坯顶部承载能力的限制，所以需采用多工序逐渐成形，特别是当零件深度大而顶部的圆角半径又较小时，更应如此。多工序逐渐成形的要点是采用正拉深或反拉深的办法，在逐步增加高度的同时减小顶部的圆角半径。为了保证零件的尺寸精度和表面质量，在最后一道工序应保证一定的胀形成分，应使最后一道工序所用中间毛坯的表面积稍小于成品零件的表面积。

对形状复杂的抛物面零件，广泛采用液压成形方法。

4.3.4 锥形零件的拉深方法

锥形件的拉深次数及拉深方法取决于锥形件的几何参数，即相对高度 h/d、锥角和相对料厚 t/D，如图 4-31 所示。一般当相对高度较大、锥角较大、而相对料厚较小时，变形困难，需进行多次拉深。

根据上述参数值的不同，拉深锥形件的方法有如下几种：

1）对于浅锥形件（$h/d_2<0.25 \sim 0.30$，$\alpha=50° \sim 80°$）：这类零件可一次拉深成形，但精度不高，因回弹较严重。可采用带拉深筋的凹模或压边圈，或采用软模进行拉深。

2）对于中锥形件（$h/d_2<0.30 \sim 0.70$，$\alpha=15° \sim 45°$）：这类零件的拉深方法取决于相对料厚。

① 当 $t/D>0.025$ 时，可不采用压边圈一次拉深成形。为保证工件的精度，最好在拉深终了时增加一道整形工序。

② 当 $t/D=0.015 \sim 0.20$ 时，也可一次拉深成形，但需采用压边圈、拉深筋、增加工艺凸缘等措施，以提高径向拉应力，防止起皱。

③ 当 $t/D<0.015$ 时，因料较薄而容易起皱，需采用有压边圈的模具，并经两次拉深成形。第一次拉深成较大圆角半径或接近球面形状零件；第二次用带有胀形性质的整形工艺压成所需形状，如图 4-32 a 所示。图 4-32b 所示为第一次拉深是锥形过渡。

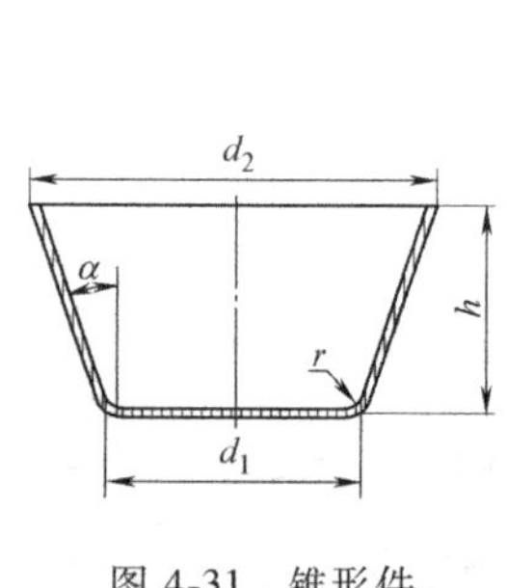

图 4-31 锥形件

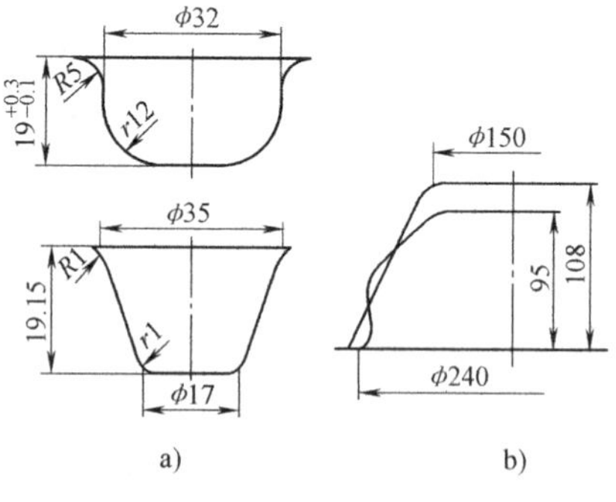

图 4-32 阶梯拉深两次成形法

3）对于高锥形件（$h/d_2>0.70 \sim 0.80$，$\alpha \leqslant 10° \sim 30°$）：这类零件因大小直径相差很小，变形程度更大，很容易因变薄严重而拉裂和起皱。这时常需采用特殊的拉深工艺，通常有下列方法：

① 阶梯过渡拉深成形法（图 4-33a）。这种方法是将毛坯分数道工序逐步拉深成阶梯形。阶梯与成品内形相切，最后在成形模内整形成锥形件。

② 锥面逐步成形法（图 4-33b）。这种方法先将毛坯拉深成圆筒形，使其表面积等于或

大于成品圆锥表面积，而直径等于圆锥大端直径，以后各道工序逐步拉深出圆锥面，使其高度逐渐增加，最后形成所需的圆锥形。若先拉深成圆弧曲面形，然后过渡到锥形将更好些。

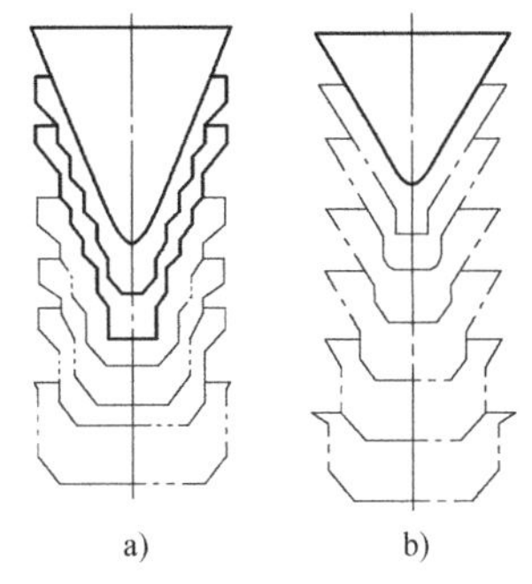

图 4-33　逐步拉深成形法

4.4　盒形零件拉深

盒形件属于非旋转体零件，包括方形盒、矩形盒和椭圆形盒等。与旋转体零件的拉深相比，盒形件拉深时毛坯的变形分布要复杂得多。

4.4.1　盒形零件拉深变形特点

从几何形状的特点分析，矩形盒零件可以划分为 2 个长度为 $A-2r$ 和 2 个长度为 $B-2r$ 的直边，加 4 个半径为 r 的 1/4 圆筒部分组成（图 4-34）。若将圆角部分和直边部分分开考虑，则圆角部分的变形相当于直径为 $2r$、高为 h 的圆筒形件的拉深，直边部分的变形相当于弯曲。但实际上圆角部分和直边部分是联系在一起的整体，因此盒形件的拉深又不完全等同于简单的弯曲和拉深复合，而是有其特有的变形特点，可通过网格试验进行验证。

拉深前，在毛坯的直边部分画出相互垂直的等距平行线网格，在毛坯的圆角部分画出等角度的径向放射线与等距离的同心圆弧组成的网格。变形前，直边处的横向尺寸是等距的，即 $\Delta l_1=\Delta l_2=\Delta l_3$，纵向尺寸也是等距的；拉深后，零件表面的网格发生了明显的变化（图 4-34）。这些变化主要表现为：

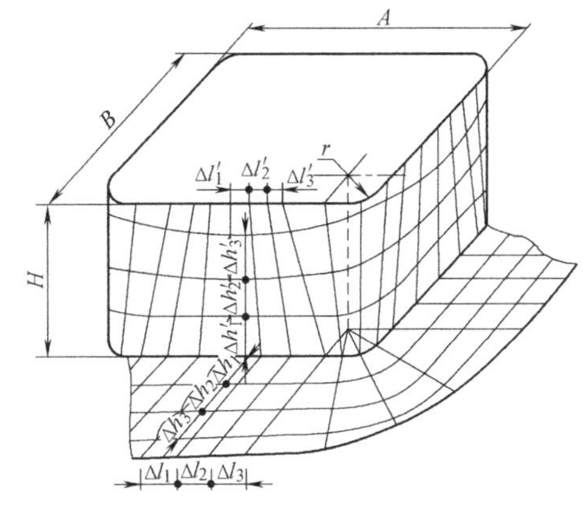

图 4-34　盒形件拉深变形特点

1）直边部位的变形。直边部位的横向尺寸 Δl_1，Δl_2，Δl_3 变形后成为 $\Delta l'_1$，$\Delta l'_2$，$\Delta l'_3$，间距逐渐缩小，越靠直边中间部位，缩小越少，即 $\Delta l_1>\Delta l'_1>\Delta l'_2>\Delta l'_3$。纵向尺寸 Δh_1，Δh_2，Δh_3 变形后成为 $\Delta h'_1$，$\Delta h'_2$，$\Delta h'_3$，间距逐渐增大，越靠近盒形件口部增大越多，即 $\Delta h_1<\Delta h'_1<\Delta h'_2<\Delta h'_3$。可见，此处的变形不同于纯粹的弯曲。

2）圆角部位的变形。拉深后径向放射线变成上部距离宽，下部距离窄的斜线，而并非与底面垂直的等距平行线。同心圆弧的间距不再相等，而是逐渐变大，越接近口部越大，且同心圆弧不在同一水平面内。因此该处的变形不同于纯粹的拉深。

从以上可知，由于有直边的存在，拉深时圆角部分的材料可以向直边流动，这就减轻了圆角部分的变形，使其变形程度与半径为 r、高度为 h 的圆筒形件比较起来要小。同时表明圆角部分的变形也是不均匀的，即圆角中心变形大，相邻直边处变形小。从塑性变形力学观点看，由于减轻了圆角部分材料的变形程度，需要克服的变形抗力也相应减小，危险断面破裂的可能性也减小。盒形件的拉深特点如下：

1）凸缘变形区内，径向拉应力 σ_1 的分布不均匀（图 4-35），圆角部分最大，直边部分最小。即使在角部，平均拉应力 σ_{1m} 也远小于相应圆筒形件的拉应力。因此，就危险断面处的载荷来说，盒形件拉深要小得多。所以，对于相同材料，盒形件拉深的最大成形相对高度要大于相同半径的圆筒形零件。切向压应力 σ_3 的分布也不均匀，圆角部分最大，直边部分最小。因此拉深变形时材料的稳定性较好，凸缘不易起皱。

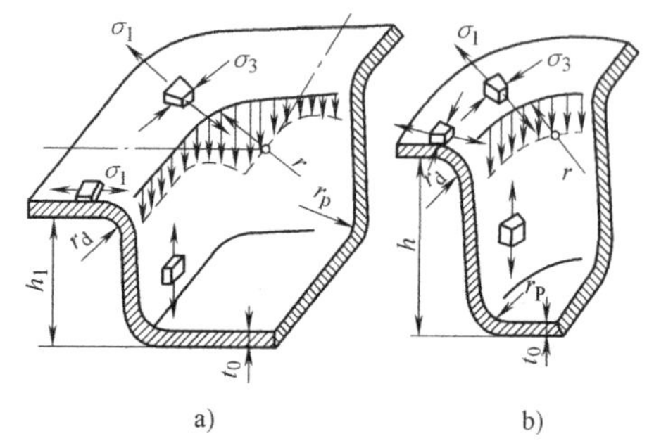

图 4-35　盒形件拉深时的应力分布

2）由于直边和圆角变形区内材料的受力情况不同，直边处材料向凹模流动的阻力要远小于圆角处；并且直边处材料的径向伸长变形小，而圆角处材料的径向伸长变形大，从而使变形区内两处材料的位移量亦不同。

3）直边部分和圆角部分相互影响的程度，随盒形件形状不同而异。

当其相对圆角半径 r/B 越小，也就是直边部分所占的比例大，则直边部分对圆角部分的影响越显著。当 $r/B=0.5$ 时，盒形件实际上已成为圆形件，上述变形差别也就不存在了。

当相对高度 H/B 越大，r 相同时，圆角部分的拉深变形越大，转移到直边部分的材料越多，则直边部分也必定会多变形，所以圆角部分的影响也就越大。

随着零件的 r/B 和 H/B 的不同，盒形件毛坯的计算和工序计算的方法也就不同。

4.4.2　盒形零件拉深毛坯的形状与尺寸确定

盒形件毛坯确定的原则是：保证毛坯的表面积应等于加上修边余量后的零件表面积。另外，由于盒形件拉深时周边的变形不均匀，且圆角部分材料在变形中要转移到直边的特点，应按面积相等的原则，对毛坯形状和尺寸进行修正，使毛坯轮廓为光滑的曲线，在拉深以后尽可能保证零件口部高度的一致性。

毛坯的形状和尺寸，应根据零件的相对圆角半径 r/B 和相对高度 H/B 的值进行设计，因这两个参数决定了圆角部分材料向直边部分转移的程度和直边高度的增加量。

1. 低盒形件毛坯尺寸与形状的确定（$H\leqslant 0.3B$，B 为盒形件的短边长度）

所谓低盒形件，是指可以一次拉深成形或虽然要两次拉深，但第二次拉深工序仅用来整形。以减小壁部转角及底部圆角的盒形件。对于 r/B 小的低盒形件，其变形时只有少量材料转移到直边相邻部位。拉深时直边部分可认为是简单弯曲变形，按弯曲件展开；圆角部分只拉深变形，按圆筒形件拉深展开；再用光滑曲线进行修正即得毛坯，这类零件常用图 4-36 所示的作图法确定。其计算步骤如下：

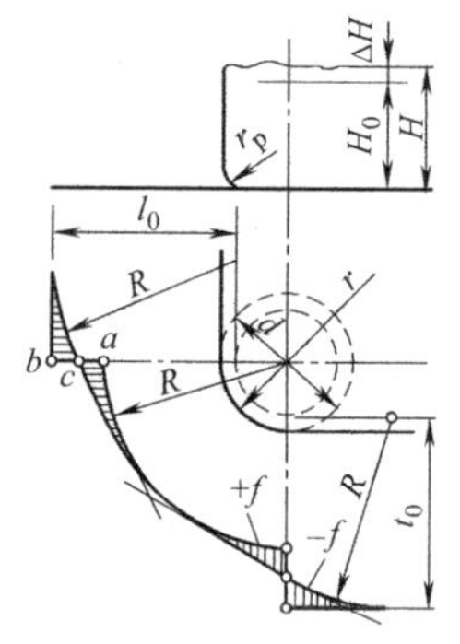

图 4-36　低盒形件毛坯作图法

1）按弯曲件展开计算直边部分展开长度 l_0，计算公式为

$$l_0=H+0.57r_p \tag{4-29}$$

式中，$H=H_0+\Delta H$（不切边时，不加 ΔH），切边余量见表 4-9。

2）将圆角部分当作直径为 $d=2r$、高度为 H 的圆筒形件展开，其半径计算公式为

$$R=\sqrt{r^2+2rH-0.86r_p(r+0.16r_p)} \tag{4-30}$$

当 $r=r_p$ 时，有
$$R=\sqrt{2rH} \tag{4-31}$$

3）通过作图用光滑曲线连接直边和圆角部分，即得毛坯的形状和尺寸。具体作图步骤如下：

由 ab 线段中点 c 向圆弧 R 作切线，再以 R 为半径作圆弧与直边及切线相切，相切后毛坯补充的面积 $+f$ 与切除的面积 $-f$ 近似相等。利用此方法，在模具设计合理时，若拉深件高度尺寸精度要求不高，不需进行切边即可满足零件要求时，可不加切边余量 ΔH。

表 4-9　矩形盒切边余量 ΔH

拉深次数	1	2	3	4
切边余量 ΔH	$(0.03\sim0.05)H$	$(0.04\sim0.06)H$	$(0.05\sim0.08)H$	$(0.06\sim0.1)H$

2. 多次拉深高盒形件毛坯形状和尺寸的确定

这类零件的变形特点是在多次拉深过程中，直边与圆角部分的变形相互渗透，其圆角部分将有大量材料转移到直边部分。毛坯尺寸仍根据工件表面积与毛坯表面积相等的原则计算。当零件为正方形盒且高度比较大、需要多道工序拉深时（图 4-37），可采用圆形毛坯，其直径计算公式为

$$D=1.13\sqrt{B^2+4B(H-0.43r_p)-1.72r(H+0.5r)-0.4r_p(0.11r_p-0.18r)} \tag{4-32}$$

公式中的符号见图 4-37。

当 $r=r_p$ 时

$$D=1.13\sqrt{B^2+4B(H-0.43r)-1.72r(H+0.33r)} \tag{4-33}$$

对于高度和圆角半径都比较大的长方形盒形件，如图 4-38 所示，将尺寸看作由两个宽度为 B 的半方形盒和中间为 $A-B$ 的直边部分连接而成。这样，毛坯的形状就是由两个半圆弧和中间两平行边所组成的长圆形，长圆形毛坯的圆弧半径为

$$R_b=D/2$$

式中，D 是宽为 B 的方形件的毛坯直径，按式（4-32）计算。R_b 的圆心距短边的距离为 $B/2$。则长圆形毛坯的长度为

$$L=2R_b+(A-B)=D+(A-B) \tag{4-34}$$

长圆形毛坯的宽度为

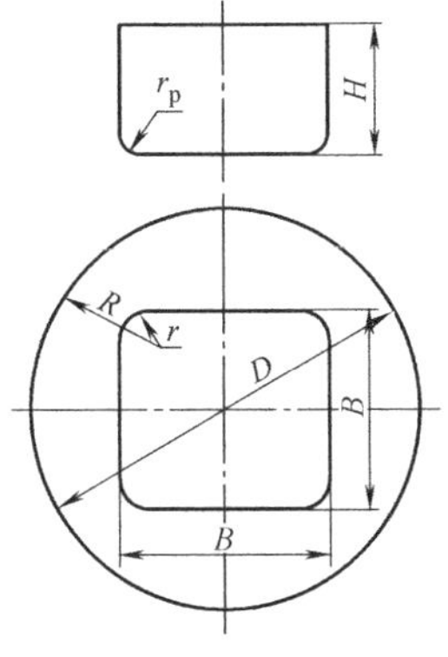

图 4-37　方盒件毛坯的形状与尺寸

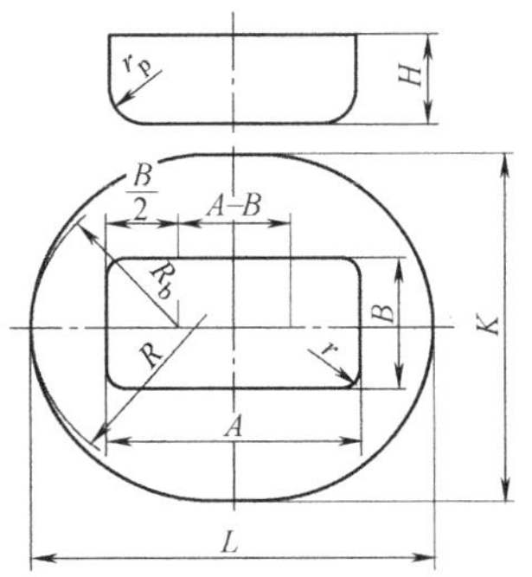

图 4-38　高盒形件的毛坯形状与尺寸

$$K=\frac{D(B-2r)+[B+2(H-0.43r_p)](A-B)}{A-2r} \tag{4-35}$$

然后用 $R=K/2$ 过毛坯长度两端作弧，既与 R_b 弧相切，又与两长边的展开直线相切，则毛坯的外形即为一长圆形。

4.4.3 盒形零件拉深的工艺计算

1. 盒形件初次拉深的成形极限

盒形件初次拉深的极限变形程度，可以用盒形件的相对高度 H/r 来表示。由平板毛坯一次拉深可能冲压成的盒形件的最大相对高度，取决于盒形件的尺寸 r/B、t/B 和板材的性能，其值可查表 4-10。当盒形件的相对厚度较小（$t/B<0.01$），而且 $A/B\approx1$ 时，取表中较小的数值；当盒形件的相对厚度较大，即 $t/B>0.015$，且 $A/B\geqslant2$ 时，取表中较大的数值。表中数据适用于拉深用软钢板。

表 4-10　盒形件初次拉深的最大相对高度

相对角部圆角半径 r/B	0.4	0.3	0.2	0.1	0.05
相对高度 H/r	2~3	2.8~4	4~6	8~12	10~15

若盒形件的相对高度 H/r 不超过表 4-10 中所列的极限值，则盒形件可以用一道拉深工序冲压成功，否则必须采用多道工序拉深的方法进行加工。

2. 方形盒拉深工序形状和尺寸确定（图 4-39）

采用直径为 D_0 的圆形毛坯，中间工序都拉深成圆筒形的半成品，在最后一道工序才拉深成方形盒的形状和尺寸。由于最后一道工序从圆形拉深为方形，材料的变形程度大而不均匀，特别是在方形圆角处，必然受到该处材料成形极限的限制。计算时，应采用从 $n-1$ 道工序，即倒数第二次拉深开始，确定拉深半成品件的工序直径，即

$$D_{n-1}=1.41B-0.82r+2\delta \tag{4-36}$$

式中　D_{n-1}——$n-1$ 道拉深工序所得圆筒形件半成品的直径；

B——方形盒的内表面宽度；

r——方形盒角部的内圆角半径；

δ——方形盒角部壁间距离；该值直接影响毛坯变形区拉深变形程度及其均匀性，一般取 $\delta=(0.2\sim0.25)r$。

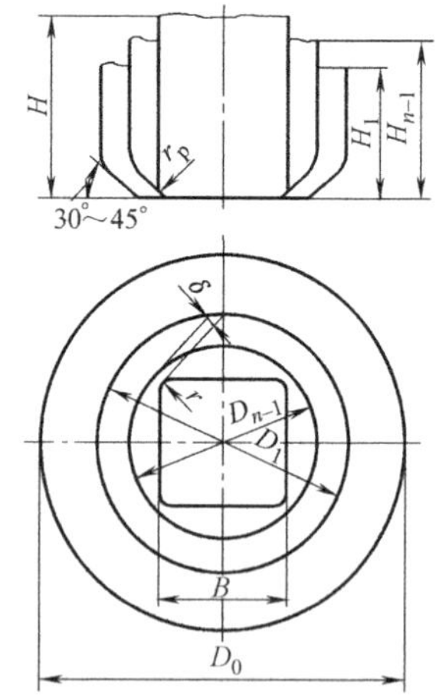

图 4-39　方形盒多工序拉深的半成品形状和尺寸

由于其他各道工序为圆筒形，所以可参照圆筒形零件的工艺计算方法来确定其他各道工序尺寸。计算时由内向外反向计算，即

$$D_{n-2}=D_{n-1}/m_{n-1}$$

以此类推，直到算出的直径 $D\geqslant D_0$ 为止。式中，拉深系数 m_{n-1} 由表 4-4 确定。

3. 长方形盒拉深工序形状和尺寸的确定

长方形盒的拉深方法与正方形盒相似，中间过渡工序可拉深成椭圆形或长圆形，在最后一

次拉深工序中工件被拉深成所要求的形状和尺寸，如图 4-40 所示。其计算与作图同样由 $n-1$ 道（倒数第二次拉深）工序开始，由内向外计算。计算时，可把矩形盒的两个边视为 4 个方形盒的边长，在保证同一角部壁间距离 δ 时，可采用由 4 段圆弧构成的椭圆形作为最后一道工序拉深前的半成品毛坯（$n-1$ 道拉深所得的半成品）。其长轴与短轴处的曲率半径分别用 $R_{a(n-1)}$ 和 $R_{b(n-1)}$ 表示。

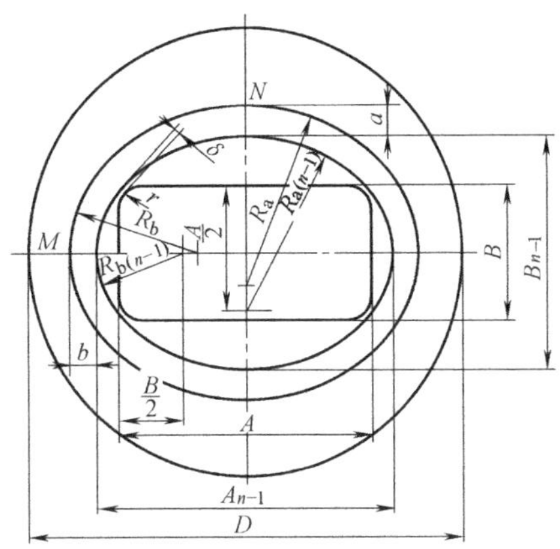

图 4-40　高长方形盒多工序拉深的半成品形状和尺寸

1）$n-1$ 道拉深工序的半成品是椭圆形，其曲率半径用下式进行计算

$$R_{a(n-1)}=0.707A-0.41r+\delta \qquad (4\text{-}37)$$

$$R_{b(n-1)}=0.707B-0.41r+\delta \qquad (4\text{-}38)$$

式中，圆弧 $R_{a(n-1)}$ 和 $R_{b(n-1)}$ 的圆心，由图 4-40 中的尺寸关系确定。

2）$n-1$ 道工序所得椭圆形半成品件的长、短边与高度尺寸的计算公式为

$$A_{n-1}=2R_{b(n-1)}+(A-B) \qquad (4\text{-}39)$$

$$B_{n-1}=2R_{a(n-1)}-(A-B) \qquad (4\text{-}40)$$

$$H_{n-1}\approx 0.88H \qquad (4\text{-}41)$$

式中，H 为含切边余量在内的盒形件高度。

3）$n-2$ 道工序仍然是椭圆形半成品，其形状和尺寸的确定方法如下：

① 计算壁间距 a 和 b 是为了控制从 $n-2$ 道工序拉深至 $n-1$ 道工序的变形程度，即

$$\frac{R_{a(n-1)}}{R_{a(n-1)}+a}=\frac{R_{b(n-1)}}{R_{b(n-1)}+b}=0.75\sim0.85 \qquad (4\text{-}42)$$

即

$$a=(0.18\sim0.33)R_{a(n-1)}$$

$$b=(0.18\sim0.33)R_{b(n-1)} \qquad (4\text{-}43)$$

② 由 a、b 找出图上的 M 及 N 点。

③ 选定半径 R_a 和 R_b，使其圆弧通过 M 和 N 点，并且又能圆滑相接（其圆心靠近盒形件中心）。

④ $n-2$ 道工序半成品高度概算为

$$H_{n-2}\approx 0.86H_{n-1} \qquad (4\text{-}44)$$

⑤ 验算 $n-2$ 道工序是否可以由平板毛坯拉深成形（即首次拉深）。如果不能，应按 $n-2$ 道工序的计算方法再确定 $n-3$ 道工序的有关尺寸，直到满足验算的要求。

4）$n-1$ 次（倒数第二次）拉深凸模端面形状。为了有利于最后一次拉深成盒形件的金属流动，$n-1$ 次拉深凸模底部应具有与拉深零件相似的矩形，然后用 45°斜角向壁部过渡，如图 4-41 所示，图中尺寸为

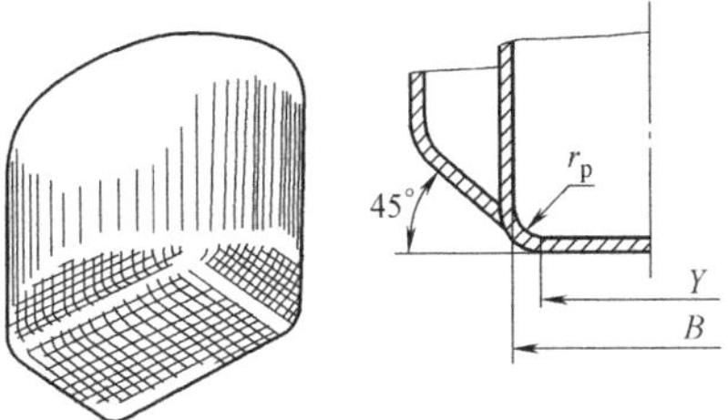

图 4-41　$n-1$ 次拉深凸模形状

$$Y=B-1.11r_p \tag{4-45}$$

4.5 拉深工艺设计

4.5.1 拉深件的结构工艺性分析

拉深件的结构工艺性，是指拉深件采用拉深成形工艺的难易程度。良好的工艺性应表现为毛坯消耗少、工序数目少、模具结构简单、加工容易、产品质量稳定、废品少和操作简单方便等。在设计拉深件时，应根据材料拉深时的变形特点和规律提出如下满足工艺性的要求：

（1）对拉深材料的要求　拉深件的材料应具有良好塑性、低的屈强比、大的板厚方向性系数和小的板平面各向异性系数。

（2）对拉深件形状和尺寸的要求

① 拉深件高度尽可能小，以便能通过 1~2 次拉深工序成形。圆筒形零件一次拉深可达到的高度见表 4-11。对于盒形件，当其壁部转角半径 $r=(0.05\sim0.20)B$ 时，一次拉深高度 $h\leqslant(0.3\sim0.8)B$。

表 4-11　圆筒形零件一次拉深的极限高度

材料名称	铝	硬铝	黄铜	软钢
相对拉深高度 h/d	0.73~0.75	0.60~0.65	0.75~0.80	0.68~0.72

② 拉深件的形状尽可能简单、对称，以保证变形均匀。对于半敞开的非对称拉深件（图 4-42），可采用成双拉深后再剖切成两件。

③ 有凸缘的拉深件，最好满足 $d_{凸}\geqslant d+12t$，而且外轮廓与直壁断面最好形状相似。否则，拉深困难、切边余量大。在凸缘面上有下凹的半圆形加强筋的拉深件（图 4-43），如加强筋的轴线与拉深方向一致，加强筋可以拉出。若加强筋的轴线与拉深方向不一致，加强筋只能在最后校正时压出。

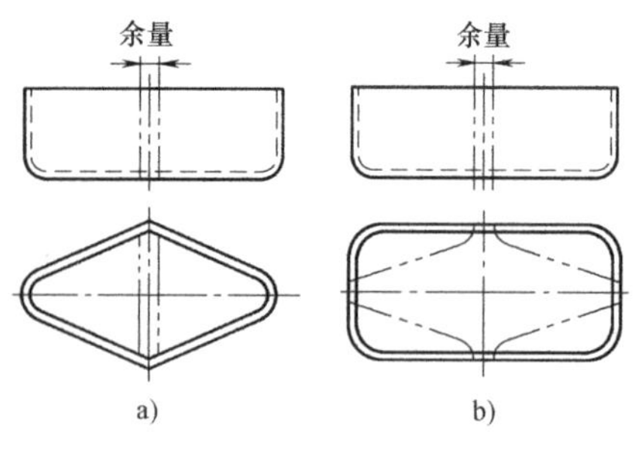

图 4-42　组合拉深后再剖切

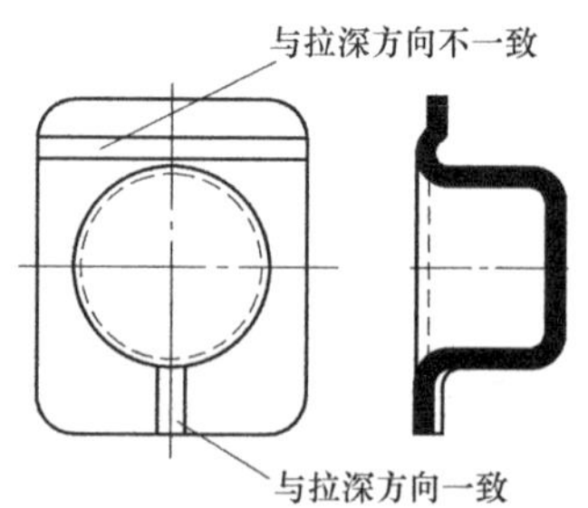

图 4-43　凸缘面上有下凹的拉深件

④ 为了使拉深顺利进行，凸缘圆角半径 $r_d\geqslant2t$。当 $r_d<0.5\text{mm}$ 时，应增加整形工序。底部圆角半径 $r_p\geqslant t$，不满足时应增加整形工序，每整形一次，r_p 可减小 1/2。盒形拉深件壁间圆角半径 $r\geqslant3t$，尽可能使 $r\geqslant h/5$（h 为盒形件高度）。

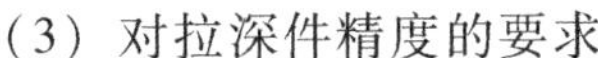

（3）对拉深件精度的要求

① 由于拉深件各部位的料厚有较大变化，所以对零件图上的尺寸应明确标注是外壁尺寸还是内壁尺寸，不能同时标注内、外尺寸。

② 由于拉深件有回弹，所以零件横截面的尺寸公差一般都在 IT12 以下。如果零件公差要求高于 IT12 时，应增加整形工序来提高尺寸精度。

③ 多次拉深的零件，对外表面或凸缘的表面允许有拉深过程中所产生的印痕和口部的回弹变形，但必须保证精度在公差允许范围之内。

4.5.2　拉深工艺力的计算

1. 压边力的计算

施加压边力是为了防止毛坯在拉深变形过程中起皱。压边力的大小对拉深工作的影响很大，如图 4-44 所示。如果 F_Q 太大，会增加危险断面处的拉应力而导致破裂或严重变薄；F_Q 太小时防皱效果不好。从理论上，压边力 F_Q 的大小最好按图 4-45 所示规律变化，即拉深过程中，当毛坯外径减小至 $R_t=0.85R_0$ 时，是起皱最严重的时刻，这时压边力 F_Q 应最大，随之 F_Q 逐渐减小。但实际上这很难做到。

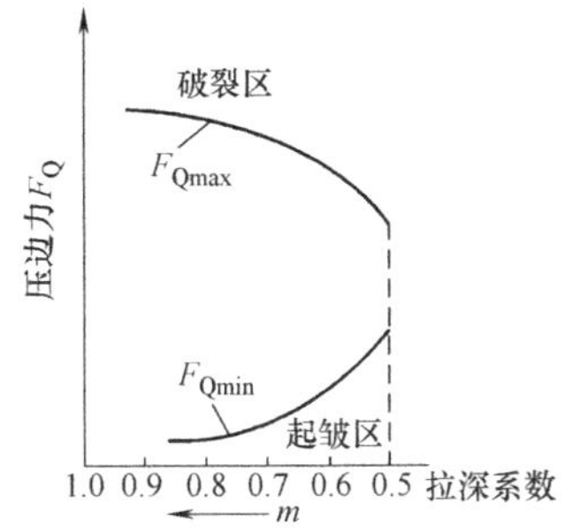

图 4-44　压边力对拉深工作的影响

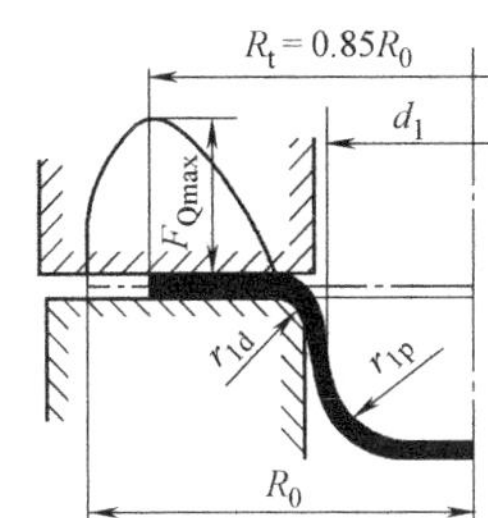

图 4-45　首次拉深压边力 F_Q 的理论曲线

生产中，压边力 F_Q 都有一个调节范围，它的确定是建立在实践经验基础上的，其大小可按公式计算，见表 4-12。

表 4-12　计算压边力的公式

拉深情况	计算公式	拉深情况	计算公式
任何情况拉深件	$F_Q=Aq$	筒形件以后各次拉深	$F_{Qn}=\frac{\pi}{4}[d_{n-1}^2-(d_n+2r_d)^2]q$
筒形件第一次拉深	$F_Q=\frac{\pi}{4}[D^2-(d_1+2r_d)^2]q$		

注：式中 q 为单位压边力，见表 4-13；A 为压边面积。

表 4-13　单位压边力 q　（单位：MPa）

材料名称		单位压边力 q	材料名称	单位压边力 q
铝		0.8～1.2	镀锌钢板	2.5～3.0
纯铜、硬铝(已退火)		1.2～1.8	高合金钢 不锈钢	3.0～4.5
黄铜		1.5～2.0		
软钢	板厚 $t<0.5$mm	2.5～3.0	高温合金	2.8～3.5
	板厚 $t>0.5$mm	2.0～2.5		

生产中，也可根据第一次的拉深力 F_1 计算压边力，即

$$F_Q = 0.25F_1 \tag{4-46}$$

目前，在生产实际中常用的压边装置有以下两大类：

(1) 弹性压边装置　这种装置多用于普通压力机。通常有三种，即橡皮压边装置（图4-46a）、弹簧压边装置（图4-46b）、气垫式压边装置（图4-46c）。这三种压边装置的压边力的变化曲线如图4-46d所示。另外，氮气弹簧技术也逐渐在模具中使用。

随着拉深深度的增加，需要压边的凸缘部分不断减少，故需要的压边力也就逐渐减小。从图4-46d可以看出，橡皮及弹簧压边装置的压边力恰好与需要的相反，随拉深深度的增加而增加，因此橡皮及弹簧结构的压边装置通常只用于浅拉深。

气垫式压边装置的压边效果较好，但它结构复杂，制造、使用及维修都比较困难。弹簧与橡皮压边装置虽有缺点，但结构简单，对于单动的中小型压力机，采用橡皮或弹簧装置还是很方便的。根据生产经验，只要正确地选择弹簧规格及橡皮的牌号和尺寸，就能尽量减少它们的不利方面，充分发挥它们的作用。

当拉深行程较大时，应选择总压缩量大、压边力随压缩量缓慢增加的弹簧。橡皮应选用软橡皮（冲裁卸料是用硬橡皮）。橡皮的压边力随压缩量增加很快，因此橡皮的总厚度应选大些，以保证相对压缩量不致过大。建议所选取的橡皮总厚度不小于拉深行程的5倍。

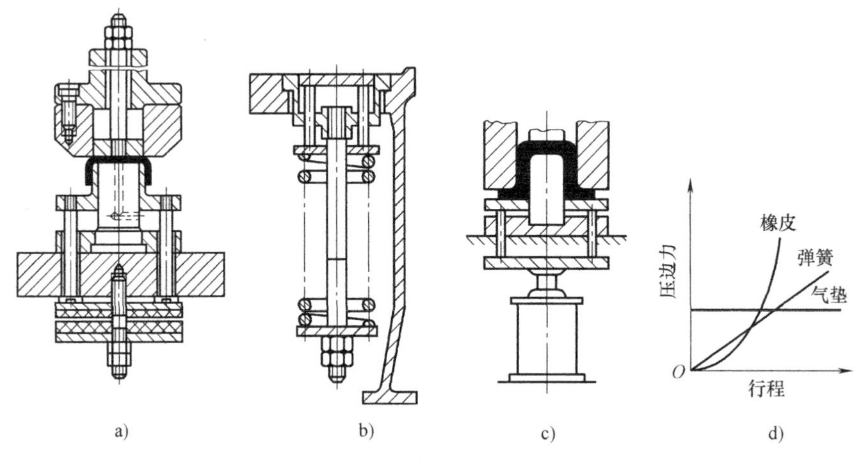

图4-46　弹性压边装置

在拉深宽凸缘件时，为了克服弹簧和橡皮的缺点，可采用图4-47所示的限位装置（定位销、柱销或螺栓），使压边圈和凹模间始终保持一定的距离 s。

(2) 刚性压边装置　这种装置的特点是压边力不随行程变化，拉深效果较好，且模具结构简单。这种装置用于双动压力机，凸模装在压力机的内滑块上，压边装置装在外滑块上。

2. 拉深力的计算

前面已在拉深变形过程的力学分析中对拉深力进行了分析，圆筒形零件拉深时，拉深力理论上是由变形区的变形抗力、摩擦力和弯曲变形力等组成。但使用时很不方便，生产中常用经验公式计算拉深力。圆筒形拉深件采用带压边圈的拉深时可用下式计算拉深力。

第一次拉深力

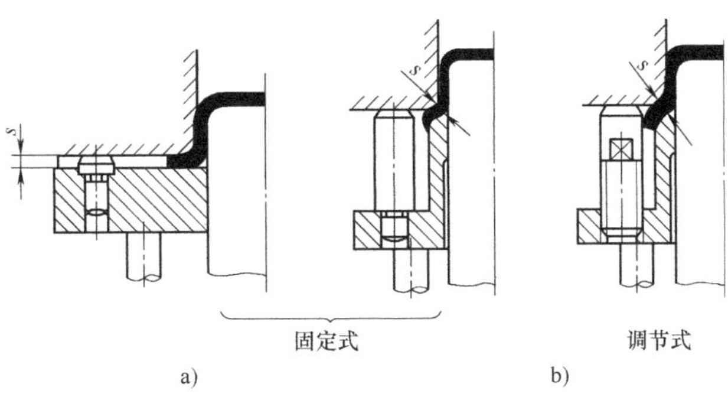

图 4-47　有限位的压边装置

a）第一次拉深　b）后续拉深

$$F=k_1\pi d_1 t\sigma_b \tag{4-47}$$

后续工序拉深力

$$F_n=k_2\pi d_n t\sigma_b \tag{4-48}$$

式中　σ_b——材料的抗拉强度；

t——材料的厚度；

d_1——第一次拉深的工序件直径；

d_n——第 n 次拉深的工序件直径；

k_1、k_2——系数，可查阅有关的冲压设计资料。

当拉深行程较大，特别是采用落料、拉深复合工序的模具结构时，不能简单地将落料力与拉深力叠加后选择压力机（因为压力机的公称力是指在接近下死点时的压力机压力），而应该注意压力机的压力曲线。否则很可能由于过早地出现最大冲压力而使压力机超载损坏（图 4-48）。一般可按下式进行概略计算。

浅拉深时　$\sum F\leqslant(0.7\sim0.8)F_0$

深拉深时　$\sum F\leqslant(0.5\sim0.6)F_0$

式中　$\sum F$——拉深力和压边力的总和（采用复合冲压时，还包括其他力）；

F_0——压力机的公称力。

4.5.3　拉深成形过程中的辅助工序

拉深工艺中的辅助工序较多，可分为拉深工序前的辅助工序，如毛坯的软化退火、清洗、喷漆、润滑等；拉深工序间的辅助工序，如半成品的软化退火、清洗、修边和润滑等；拉深后的辅助工序，如切边、去应力退火、清洗、去毛刺、表面处理、检验等。

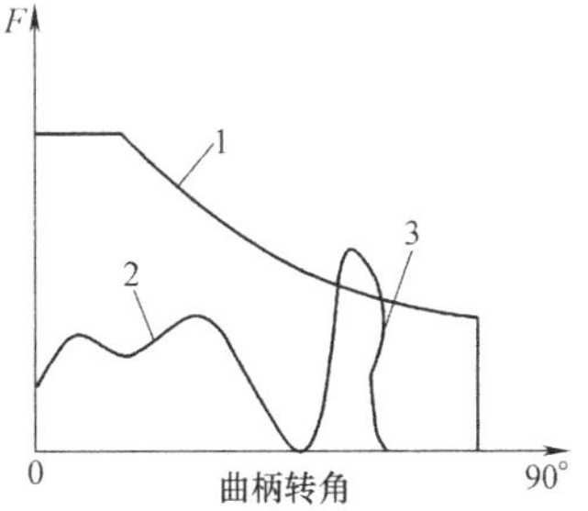

图 4-48　拉深力与压力机的压力曲线

1—压力机的压力曲线　2—拉深力　3—落料力

现将主要的辅助工序简介如下。

1. 润滑

在拉深工艺中，润滑的主要作用是改善变形毛坯与模具相对运动时的摩擦阻力，同时也有一定的冷却作用。润滑的目的是降低拉深力、提高拉深毛坯的变形程度、提高产品的表面质量和延长模具寿命等。拉深过程中，必须根据不同的要求选择润滑剂的配方和选择正确的润滑方法。如润滑剂（油），一般涂抹在凹模的工作面及压边圈表面，也可以涂抹在拉深毛坯与凹模接触的平面上；而在凸模表面或与凸模接触的毛坯表面切忌涂润滑剂（油）等。常用的润滑剂可查阅有关冲压设计资料。还需注意，当拉深应力较大且接近材料的抗拉强度 σ_b时，应采用含量不少于20%的粉状填料的润滑剂，以防止润滑液在拉深过程中被高压挤掉而失去润滑效果。也可以采用磷酸盐表面处理后再涂润滑剂。

2. 热处理

拉深工艺中的热处理，是指落料毛坯的软化处理、拉深工序间半成品的退火及拉深后零件的去应力的热处理。毛坯材料的软化处理是为了降低硬度、提高塑性，从而提高拉深变形程度，使拉深系数 m 减小，提高板料的冲压成形性能。拉深工序间半成品的热处理退火，是为了消除拉深变形的加工硬化，恢复加工后材料的塑性，以保证后续拉深工序的顺利实现。对于某些金属材料（如不锈钢、高温合金及黄铜等）拉深成形的零件，拉深后在规定时间内的热处理，目的是消除变形后的残余应力，防止零件在存放（或工作）中出现变形和蚀裂等现象。中间工序的热处理方法主要有两种：低温退火和高温退火（参见有关材料的热处理规范手册）。

拉深工序间的热处理，一般应用于高硬化金属（如不锈钢、高温合金、杜拉铝等）。在拉深1、2道工序后，必须进行中间退火工序，否则后续拉深无法进行。不进行中间退火工序能连续完成拉深的材料及其拉深次数见表4-14。

表4-14　不需热处理能拉深的次数

材　料	次　数	材　料	次　数
08、10、15钢	3~4	不锈钢	1~2
铝	4~5	镁合金	1
黄铜H68	2~4	钛合金	1

3. 酸洗

酸洗用于对拉深前热处理后的平板毛坯和中间退火工序后的半成品，以及拉深后的零件进行清洗，目的在于清除拉深零件表面的氧化皮、残留润滑剂及污物等。一般在对零件酸洗前，应先用苏打水去油；酸洗后还需要进行仔细的表面洗涤，以便将残留于零件表面上的酸洗掉。表面洗涤时，先在流动的冷水中冲洗，然后放在60~80℃的弱碱液中中和，最后用热水洗涤并干燥。有关酸洗溶液配方可参见冲压设计资料。

4.6　拉深成形模具设计

4.6.1　拉深模的典型结构

拉深模的结构类型较多，由于拉深工作情况和使用的设备不同，模具结构亦不同。按完成工序的顺序，可分为首次拉深模和后续各工序拉深模。按模具使用压力机的类型，又可分为单动压力机用拉深模、双动压力机用拉深模和三动压力机用拉深模。

1. 首次拉深模

（1）无压边装置的简单拉深模（图4-49）　毛坯安放在定位板内定位，凸模工作部分长度较大，使拉深件口部位于刮料环下平面，凸模回程时在拉簧的作用下，刮料环从凸模上刮下零件，使零件从下模板的孔中和机床台面孔中掉下。当料厚大于 2mm 时，可去掉弹簧刮料环，利用拉深件口部回弹尺寸变大，依靠凹模脱料颈台阶卸件（图 4-50）。

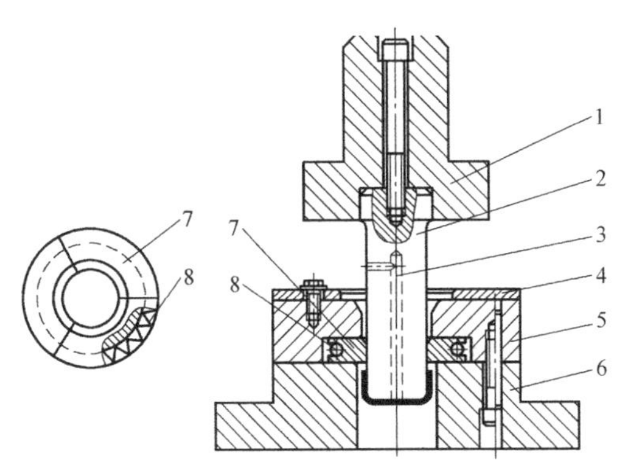

图 4-49　无压边装置的简单拉深模（一）
1—上模座　2—凸模　3—通气孔　4—定位板
5—凹模　6—下模座　7—刮料环　8—拉簧

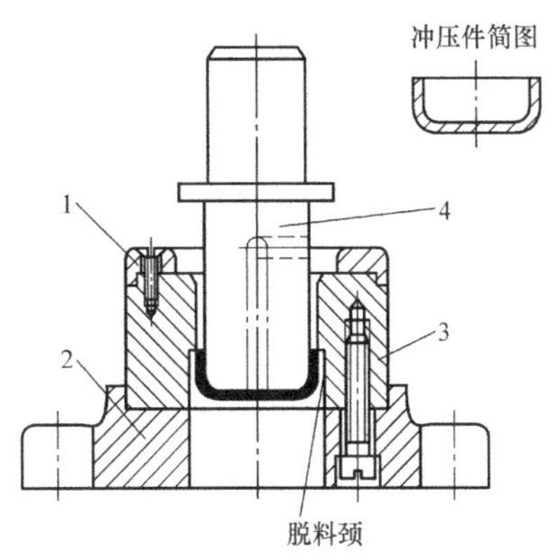

图 4-50　无压边装置的简单拉深模（二）
1—定位板　2—下模座　3—凹模　4—凸模

（2）有压边装置的简单拉深模　图 4-51 所示模具带锥形的凹模固定在上模，故称为倒装拉深模。凹模内的拉深件靠推件块推出。凸模固定在固定板上。锥形压边圈先将毛坯压成锥形，使毛坯外径产生一定量的收缩，然后再将其拉深成零件形状。这种拉深模结构有利于拉深变形，可降低极限拉深系数。图 4-52 所示为有压边装置的顺装拉深模结构。

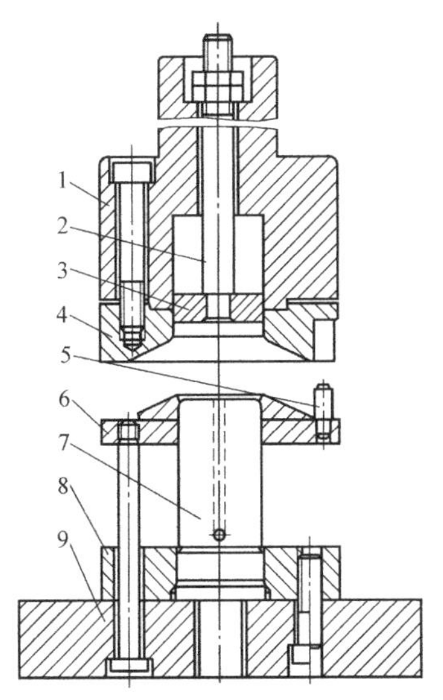

图 4-51　有压边装置的倒装拉深模
1—上模座　2—推杆　3—推件块　4—凹模
5—定位销　6—锥形压边圈　7—凸模
8—凸模固定板　9—下模座

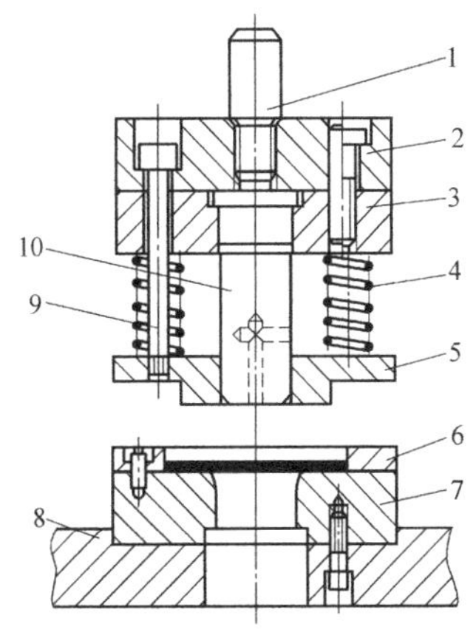

图 4-52　有压边装置的顺装拉深模
1—模柄　2—上模座　3—凸模固定板　4—弹簧
5—压边圈　6—定位板　7—凹模　8—下模座
9—卸料螺钉　10—凸模

(3) 双动压力机上使用的首次拉深模　因双动压力机有两个滑块（图 4-53），在双动压力机上使用的首次拉深模如图 4-54 所示。凸模与拉深滑块（内滑块）相连接，而上模座（上模座上装有压边圈）与压边滑块（外滑块）相连。拉深时，压边滑块首先带动压边圈压住毛坯，然后拉深滑块带动拉深凸模下行进行拉深。此模具因装有刚性压边装置，所以模具结构显得很简单，制造周期也短，成本也低，但压力机设备投资较高。

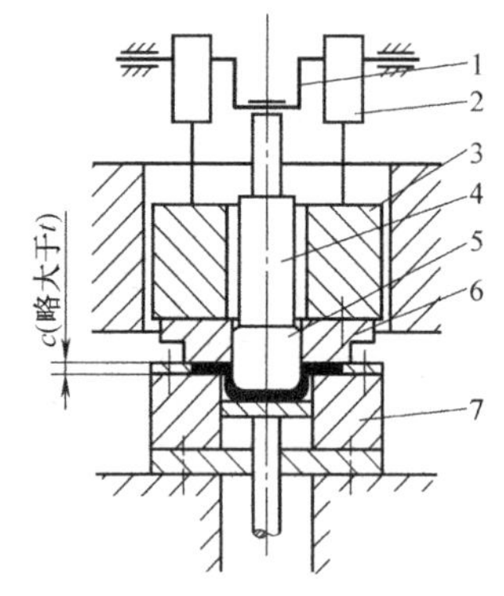

图 4-53　双动压力机工作原理
1—曲柄　2—连杆　3—外滑块　4—内滑块
5—凸模　6—压边圈　7—凹模

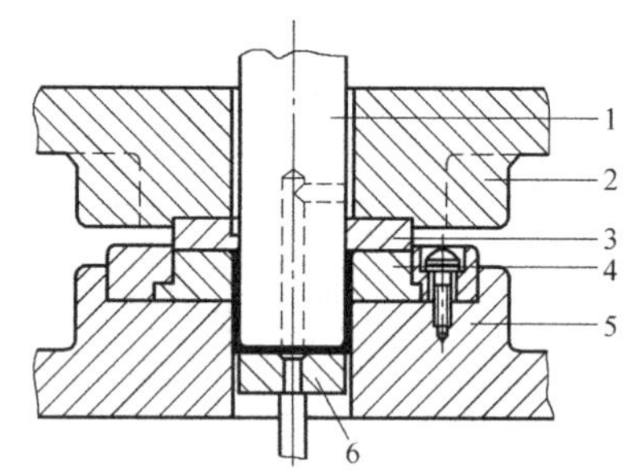

图 4-54　双动压力机上使用的首次拉深模
1—凸模　2—上模座　3—压边圈
4—凹模　5—下模座　6—顶件块

2. 后续工序拉深模

对于后续各工序的拉深，毛坯已不是平板形状，而是壳体的半成品。因此，其拉深模具必须考虑坯件的正确定位，同时还应便于操作。

(1) 无压边装置的后续工序拉深模（图 4-55）　模具采用锥形模口的凹模结构，凹模的锥面角度一般为 30°~45°，起到拉深时增强变形区稳定的作用。拉深毛坯用定位板的内孔定位（定位板的孔与坯件有 0.1mm 左右的间隙）。拉深零件从下模座和压力机台面的孔漏下。该模具用于直径缩小较少的拉深或整形等。

(2) 有压边装置的后续工序拉深模　图 4-56 为带压料装置的后续工序拉深模。压边圈兼作毛坯的定位圈。由于再次拉深工件一般较深，为了防止弹性压边力随行程的增加而不断

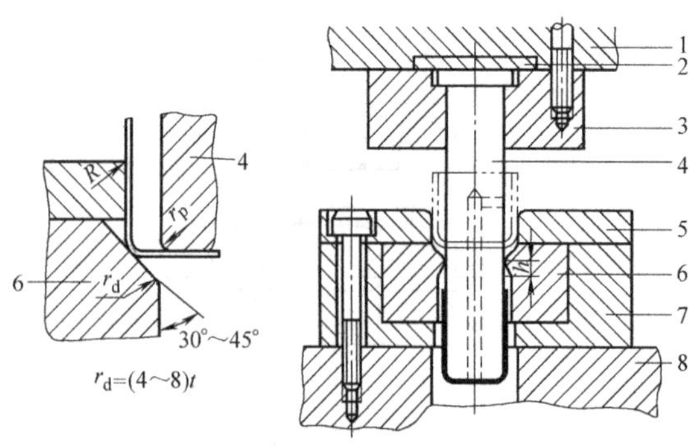

图 4-55　无压边装置的后续工序拉深模
1—上模座　2—垫板　3—凸模固定板　4—凸模
5—定位板　6—凹模　7—凹模固定板　8—下模座

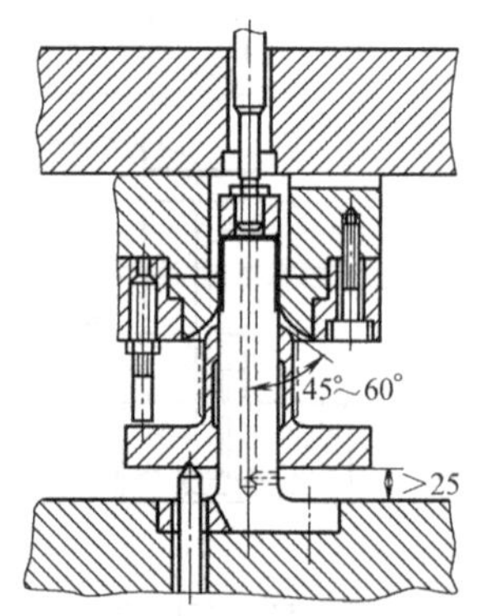

图 4-56　有压边装置的后续工序拉深模

增加，可以在压边圈上安装限位销来控制压边力的增长（图 4-47）。

（3）落料拉深复合模　图 4-57 为带凸缘工件的落料拉深复合模。该类模具要注意设计成先落料后拉深，因此拉深凸模低于落料凹模。模具的工作过程为：条料通过固定卸料板的定位槽由前向后送入并定位，上模下行，落料拉深凸凹模与落料凹模首先完成落料工序。上模继续下行，拉深凸模开始接触落料毛坯并将其拉入落料凸凹模孔内，完成拉深工序。上模回程时，固定卸料板从落料拉深凸凹模上卸下废料，压边圈将工件从拉深凸模上顶出，若工件卡在落料拉深凸凹模孔内，可通过打杆推动推件块将工件推出。该模具的定距垫块安装在推件块和上模座之间，可以通过改变定距垫块的厚度来控制拉深深度，保证拉深工件的高度和凸缘的大小。

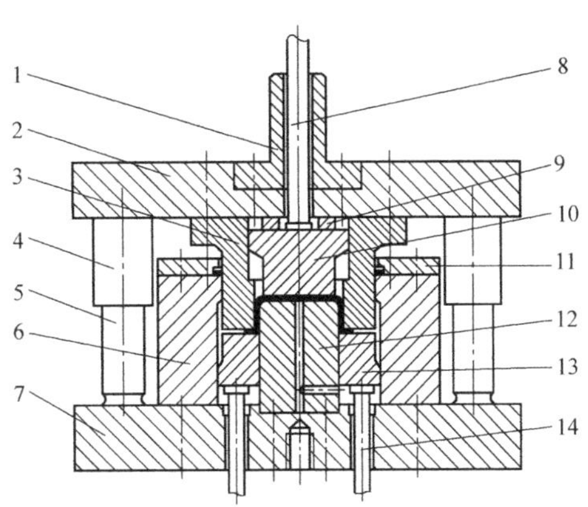

图 4-57　带凸缘工件的落料拉深复合模
1—模柄　2—上模座　3—落料拉深凸凹模　4—导套　5—导柱　6—落料凹模　7—下模座　8—打杆　9—定距垫块　10—推件块　11—固定卸料板　12—拉深凸模　13—压边圈　14—顶杆

4.6.2　拉深模主要工作零件的结构和尺寸确定

拉深模工作部分尺寸，主要是指凹模圆角半径 r_d、凸模圆角半径 r_p，以及凸、凹模工作部分的间隙 c 和凸模与凹模的工作尺寸（D_p、D_d）等（图 4-58）。

1. 凹模圆角半径 r_d

拉深时，平板毛坯是经过凹模圆角流入孔口形成零件的筒壁。当 r_d 较小时，材料经过凹模圆角部分的变形阻力大，引起摩擦力增加，结果使拉深变形抗力增加；拉深力增大还容易使危险断面材料严重变薄甚至破裂，在这种情况下，材料变形受限制，必须采用较大的拉深系数。较小的 r_d 还会使拉深件表面刮伤，造成工件的表面质量受损。另外，r_d 小时，材料对凹模的压力增加，模具磨损加剧，使模具的寿命降低。

r_d 太大时，毛坯变形区与凹模表面的接触面积减小，如图 4-59 所示。在拉深后期毛坯外缘过早脱离压边作用而起皱，使拉深件质量降低，在侧壁下部和口部形成皱褶。在生产中一般应尽量避免采用过小的凹模圆角半径，在保证工件质量的前提下尽量取较大的 r_d 值，以满足模具寿命的要求。通常可按经验公式计算，即

$$r_d = 0.8\sqrt{(D-d)t} \tag{4-49}$$

$$r_{dn} = (0.6 \sim 0.8) r_{d(n-1)} \geqslant 2t \tag{4-50}$$

式中　D——毛坯直径或上道工序拉深件直径；

d——本道工序拉深件的直径；

t——板料厚度。

第一次拉深的凹模圆角半径 r_d 也可以按表 4-15 选取。

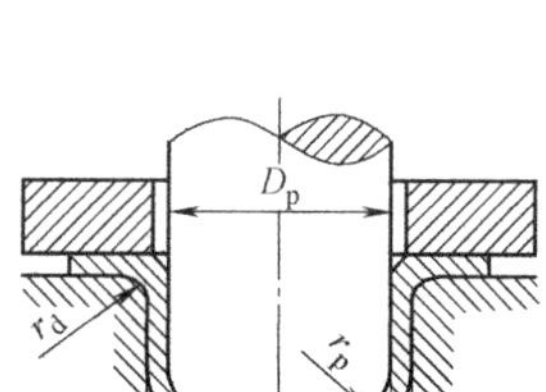

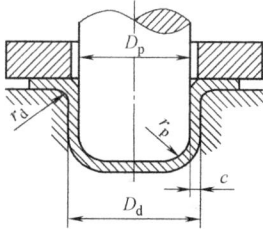

图 4-58　拉深模工作部分的尺寸

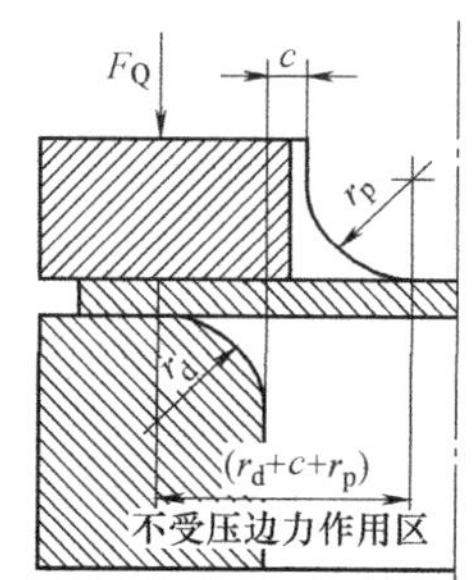

图 4-59　拉深初期毛坯与凸模、凹模的位置关系

表 4-15　首次拉深凹模圆角半径 r_d

拉深零件	板料相对厚度$(t/D)\times100$				
	≥2.0~1.5	<1.5~1.0	<1.0~0.6	<0.6~0.3	<0.3~0.1
无凸缘	$(4\sim7)t$	$(5\sim8)t$	$(6\sim9)t$	$(7\sim10)t$	$(8\sim13)t$
有凸缘	$(6\sim10)t$	$(8\sim13)t$	$(10\sim16)t$	$(12\sim18)t$	$(15\sim22)t$

注：当材料拉深性能好，且有良好润滑时，可适当减小。

2. 凸模圆角半径 r_p

凸模圆角半径对拉深的影响，不像凹模圆角半径那样显著。r_p过小，毛坯在该处受到较大的弯曲变形，使危险断面的强度降低；过小的r_p会引起危险断面局部变薄甚至开裂，也影响拉深件的表面质量。r_p过大时，凸模端面与毛坯接触面积减小，如图 4-59 所示，易使拉深件底部变薄增大和圆角处出现内皱。通常第一次拉深凸模圆角半径r_p的计算公式为

$$r_p=(0.7\sim1.0)r_d \tag{4-51}$$

以后各次拉深凸模圆角半径r_p为

$$r_{p(n-1)}=(d_{n-1}-d_n-2t)/2 \tag{4-52}$$

式中　d_{n-1}——本工序的拉深直径；

d_n——下道工序的拉深直径。

最后一次拉深时，凸模圆角半径应等于零件圆角半径，即$r_{pn}=r_{零件}\geqslant t$。否则，应加整形工序。

3. 凸模与凹模之间的间隙 c

拉深模凸模与凹模之间的间隙对拉深力、工件质量、模具寿命等都有很大的影响。如间隙过大，拉深件口部小的皱纹得不到挤平而残留在工件表面，同时工件回弹变形大、有锥度、精度差。间隙过小，摩擦阻力增大、工件变薄严重，甚至拉裂，同时模具磨损加大，寿命短。

拉深模的间隙值主要取决于拉深方法、工件形状及尺寸精度等。确定间隙的原则是：既要考虑板料本身的公差，又要考虑板料在变形中的增厚现象，间隙选择一般都比毛坯厚度略大一些。

1）无压边圈的拉深模的单边间隙可按经验公式取值，即

$$c=(1\sim1.1)t_{max}\text{（最后一次拉深取最小值）} \tag{4-53}$$

2）有压边圈的拉深模的单边间隙值见表 4-16。

表 4-16　有压边圈的拉深模的单边间隙值

总拉深次数	拉深工序	单边间隙 c	总拉深次数	拉深工序	单边间隙 c
1	1	$(1\sim1.1)t$	4	1,2	$1.2t$
2	1	$1.1t$		3	$1.1t$
	2	$(1\sim1.05)t$		4	$(1\sim1.05)t$
3	1	$1.2t$	5	1,2,3	$1.2t$
	2	$1.1t$		4	$1.1t$
	3	$(1\sim1.05)t$		5	$(1\sim1.05)t$

对于精度要求高的拉深件，为了减小回弹、降低表面粗糙度值和提高尺寸精度，最后一次常采用拉深间隙值为 $c=(0.9\sim0.95)t$。

3）盒形件拉深模的凸模与凹模之间的间隙值，可按下列公式确定：

① 当精度要求高时，直边部分间隙为 $c=(0.9\sim1.05)t$。

② 当精度要求不高时，直边部分间隙为 $c=(1.1\sim1.3)t$。

③ 圆角部分的间隙应比直边部分增大 $0.1t$。

4）拉深模凸、凹模间隙取向按下述原则确定：

① 除最后一次拉深外，其余各工序的拉深间隙不作规定。

② 最后一道拉深，当零件要求外形尺寸时，间隙取在凸模上；当零件要求内形尺寸时，间隙取在凹模上。

4. 凸模与凹模的工作尺寸及公差

设计凸、凹模工作部分尺寸及公差时，应考虑到拉深件的回弹、壁厚的不均匀和模具的磨损规律。零件的回弹，使口部尺寸增大；筒壁上下厚度的差异，使零件精度不高；模具磨损最严重的是凹模，而凸模磨损最小，所以凸模与凹模工作尺寸的计算原则是：

1）对于多次拉深时的中间过渡拉深工序，其半成品尺寸要求不高。这时，模具的尺寸只要取半成品过渡尺寸即可，基准选用凹模或凸模没有强制规定。

2）最后一道工序的凸模、凹模工作尺寸和公差，应按零件的要求来确定。

当零件要求外形尺寸时（图 4-60a），以凹模设计为基准，先计算凹模尺寸，再确定凸模尺寸，即

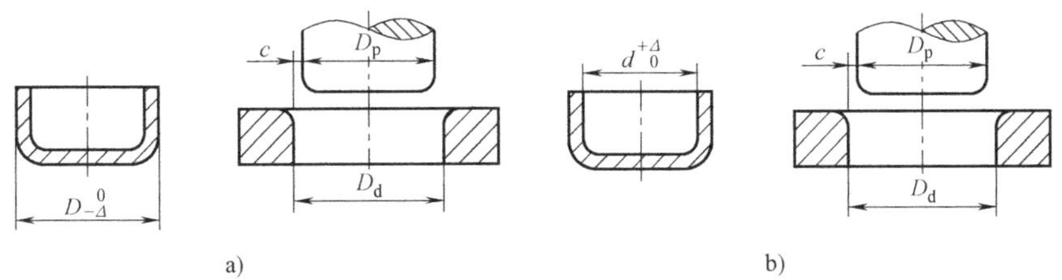

图 4-60　拉深零件尺寸与模具尺寸

$$D_d=(D_{max}-0.75\Delta)_{\ 0}^{+\delta_d} \tag{4-54}$$

$$D_p=(D_d-2c)_{-\delta_p}^{\ 0} \tag{4-55}$$

当零件要求内形尺寸时（图 4-60b），以凸模设计为基准，先计算凸模尺寸，再确定凹模尺寸，即

$$D_p = (D_{min} + 0.4\Delta)_{-\delta_p}^{0} \tag{4-56}$$

$$D_d = (D_p + 2c)_{0}^{+\delta_d} \tag{4-57}$$

模具制造公差 δ_p、δ_d应根据拉深件的公差等级来选定。当零件的公差等级为 IT3 以上者，δ 采用 IT6～IT8；当零件公差等级为 IT14 以下者，δ 采用 IT10。

凸模工作表面粗糙度一般要求为 $Ra0.8\mu m$；圆角和端面要求为 $Ra1.6\mu m$。

凹模工作平面与模腔表面要求为 $Ra0.8\mu m$；圆角表面一般要求为 $Ra0.4\mu m$。

5. 拉深凸模和凹模结构形式

凸、凹模的结构设计，在保证其工作强度的情况下，要有利于拉深变形金属的流动，有利于提高拉深件的质量和提高板料的成形性能，减少拉深工序次数。当拉深件的材料、形状和尺寸大小、拉深方法和变形程度不同时，则模具的结构亦不同。

拉深凸模与凹模的结构形式，取决于工件的形状、尺寸及拉深方法、拉深次数等工艺要求。不同的结构形式，对拉深的变形情况、变形程度的大小及产品的质量均有不同的影响。

当毛坯的相对厚度较大，不易起皱，不需用压边圈时，应采用锥形凹模（图 4-16）。这种模具在拉深的初期就使毛坯呈曲面形状，因而较平端面拉深凹模具有更大的抗失稳能力，故可以采用更小的拉深系数进行拉深。

当毛坯的相对厚度较小，必须采用压边圈进行多次拉深时，应采用图 4-61 所示的模具结构。图 4-61a 中凸、凹模具有圆角结构，用于拉深直径 $d \leqslant 100$mm 的拉深件。图 4-61b 中凸、凹模具有斜角结构，用于拉深直径 $d \geqslant 100$mm 的拉深件。

采用有斜角的凸模和凹模，除具有改善金属的流动、减少变形抗力、材料不易变薄等一般锥形凹模的特点外，还可减轻毛坯反复弯曲变形的程度，提高零件侧壁的质量，使毛坯在下次工序中容易定位。不论采用哪种结构，均需注意前后两道工序的冲模在形状和尺寸上的协调，使前道工序得到的半成品形状有利于后道工序的成形。例如压边圈的形状和尺寸，应与前道工序凸模的相应部分相同；拉深凹模的锥面角度 α，也要与前道工序凸模的斜角一致；前道工序凸模的锥顶径 d_1'应比后续工序凸模的直径 d_2小，以避免毛坯在 A 部（图 4-62）可能产生不必要的反复弯曲，使工件筒壁的质量变差。

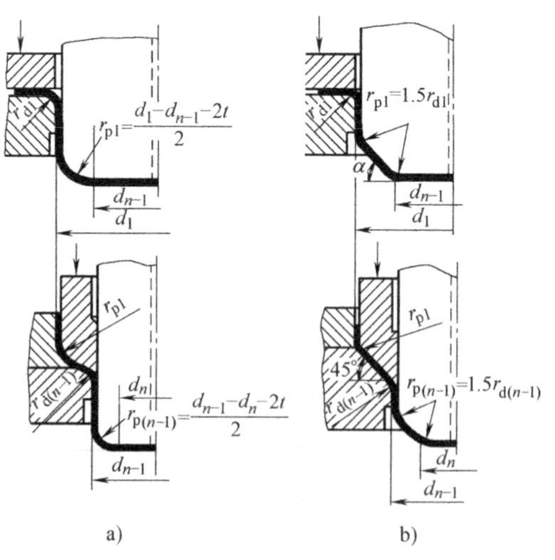

图 4-61　拉深凸模和凹模工作部分结构

为了使最后一道拉深后零件的底部平整，如果是圆角结构的冲模，其最后一次拉深凸模圆角半径的圆心应与倒数第二道拉深凸模圆角半径的圆心位于同一条中心线上。如果是斜角的冲模结构，则倒数第二道工序（$n-1$ 道工序）凸模底部的斜线，应与最后一道工序的凸模圆角半径相切，如图 4-63 所示。

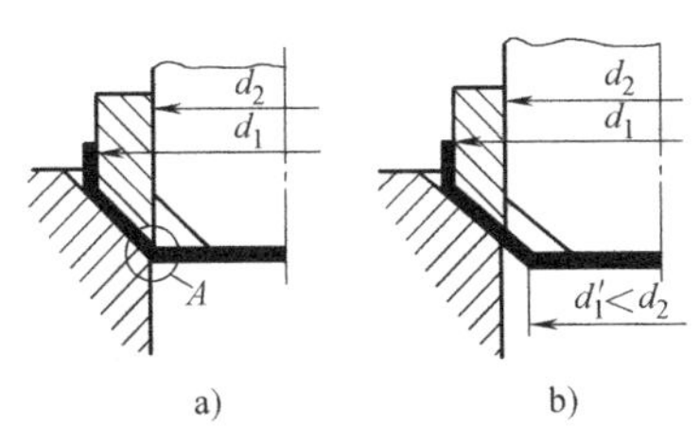

图 4-62　最后拉深中毛坯底部尺寸的变化

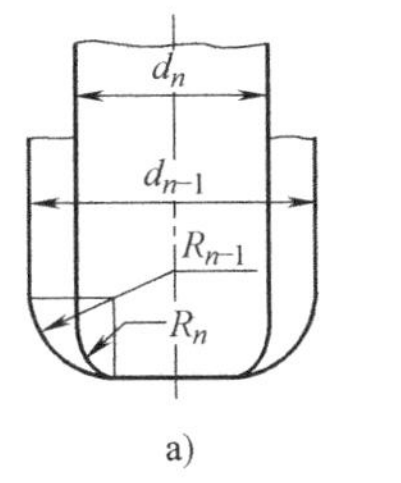

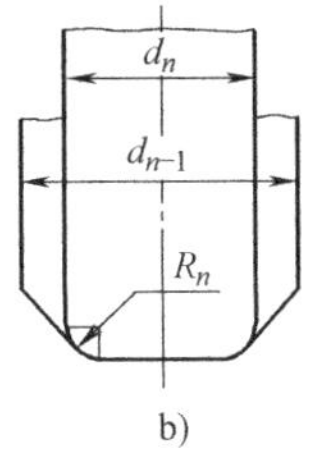

图 4-63　斜角尺寸的确定

凸模与凹模的锥角 α 对拉深有一定的影响。α 大对拉深变形有利，但 α 过大时相对厚度小的材料可能会产生皱纹，因而 α 的大小可根据材料的厚度确定。一般当料厚为 0.5～1.0mm 时，$\alpha=30°\sim40°$；当料厚为 1.0～2.0mm 时，$\alpha=40°\sim50°$。

为了便于取出工件，拉深凸模应钻排气孔，如图 4-61 中虚线所示。其尺寸可查表 4-17。

表 4-17　排气孔尺寸

凸模直径/mm	<50	>50～100	>100～200	>200
排气孔直径/mm	5	6.5	8	9.5

4.7　其他拉深方法

4.7.1　软模拉深

用橡胶、液体、气体等弹性材料的变形压力来代替钢质凸模或凹模，可以大大简化拉深模的结构，缩短生产周期，降低成本；但是软模拉深的生产效率较低，加之所能承受的压强一般小于 40MPa，且寿命不高，所以一般用于软金属材料拉深的小批生产和新产品开发。

1. 软凸模拉深

用液体（或黏性介质）代替凸模进行拉深，其变形过程如图 4-64 所示。在液压力作用下，平板毛坯的中部产生胀形，随着压力的继续加大，使毛坯凸缘产生拉深变形并逐渐进入凹模，形成筒壁。毛坯凸缘产生变形所需的拉深液压力，可由下列平衡条件求出，即

$$\frac{\pi d^2 p_0}{4}=\pi dtp \tag{4-58}$$

得

$$p_0=\frac{4tp}{d} \tag{4-59}$$

式中　p_0——开始拉深时所需的液体压应力；

p——板料拉深所需的拉应力；

t——板料厚度；

d——凹模内径。

用液体代替凸模进行拉深时，液体与毛坯之间几乎无摩擦力，零件容易拉偏，且底部会产生胀形变薄，所以该工艺方法的应用受到一定的限制。但此工艺模具简单，甚至不需冲压设备（如爆炸成形），故常用于大型零件及锥形、球面形和抛物面形零件的小批生产中。

此外，还可以采用聚氨酯橡胶和塑料凸模进行浅拉深。

2. 软凹模拉深

软凹模拉深是用橡胶或高压液体代替钢质凹模进行拉深。拉深时，软凹模将毛坯压紧在凸模表面，从而防止了毛坯的局部变薄和提高了筒壁传力区的承载能力。同时，也减小了毛坯与凹模之间的滑动摩擦，使径向拉应力 σ_1 减小，使危险断面破裂的可能性减小，所以极限拉深系数可以降低，一般 $m=0.4\sim0.5$。同时，拉深零件的质量也高，壁厚均匀、尺寸精度高且表面光洁。

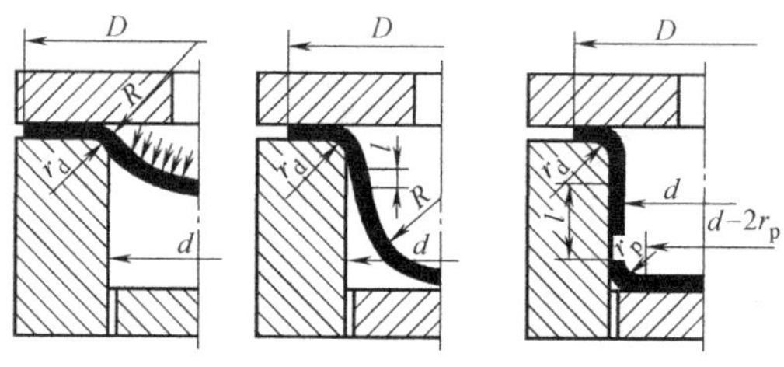

图 4-64 液体凸模拉深的变形过程

（1）液体凹模拉深 其工作原理如图 4-65 所示，拉深时，高压液体使板材紧贴凸模成形，并在凹模与毛坯表面之间挤出，产生强制润滑，所以这种方法也叫强制润滑拉深。与液体凸模拉深比较，它有以下优点：材料变形流动阻力小；零件底部不易变薄；毛坯定位也较容易等。

液体凹模拉深时，液压力与拉深件的形状、变形程度和材料性能等有关。

（2）聚氨酯橡胶凹模拉深 聚氨酯橡胶凹模拉深，可分为带压边圈拉深和不带压边圈拉深。不带压边圈拉深（图 4-66a），由于毛坯易起皱，拉深的极限高度一般只有板厚的 15 倍。如采用压边圈拉深（图 4-66b），则拉深的极限高度为钢模拉深的 1~2 倍。

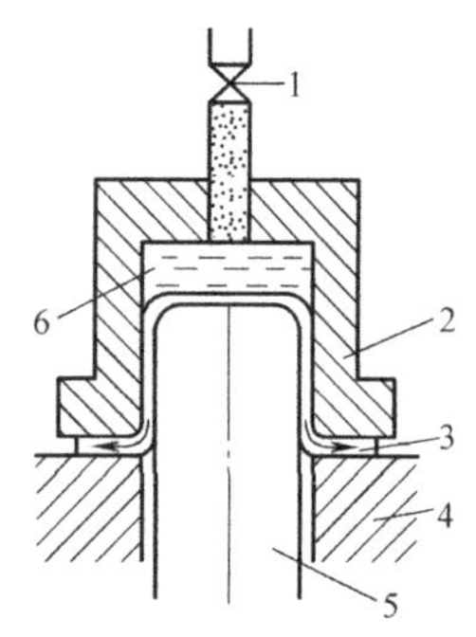

图 4-65 液体凹模拉深

1—溢流阀 2—凹模 3—毛坯 4—模座 5—凸模 6—润滑油

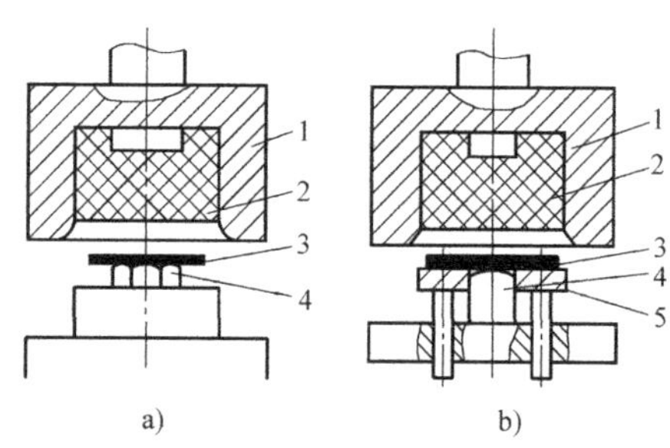

图 4-66 聚氨酯橡胶拉深模

1—容框 2—聚氨酯橡胶 3—毛坯 4—凸模 5—压边圈

4.7.2 差温拉深

通常板料拉深时，其凸缘部分的变形抗力最大，为了减小该部位的抗力，提高变形程度，在生产中可采用差温拉深方法。其原理是：在毛坯变形区（即毛坯凸缘部位）加热，降低拉深的变形抗力，而在传力区（即筒壁下部和底部）保持常温，以保证抗拉强度，防止拉裂。通过毛坯两个部位出现合理的温差，获得大的强度差。该方法可以降低材料的极限拉深系数，减少拉深次数。由于差温拉深的模具受到耐热温度的限制，此法主要用于铝、镁、钛等轻合金零件的拉深。差温拉深可以分为局部加热拉深和局部冷却拉深两种方法。

1. 局部加热拉深

局部加热拉深的模具结构如图 4-67 所示。在压边圈和凹模之间埋置电热元件，拉深时，电热元件对毛坯凸缘部分加热，使凸缘变形区材料的塑性提高；同时，在凸模和凹模内部通水进行冷却，使筒壁传力区的温度降低，保持筒壁的强度不致降低。该法可以使材料的极限拉深系数降低至 0.30~0.35，一次即可拉深成形。

2. 局部冷却拉深

局部冷却拉深的模具结构如图 4-68 所示，在凸模内部充入液态空气（–183℃）或液态氮（–196℃），使毛坯的传力区被冷却至-170~-160℃，从而显著提高筒壁的强度。该方法操作麻烦，生产效率低，应用较少，一般用于不锈钢、耐热钢或形状复杂的盒形件拉深。

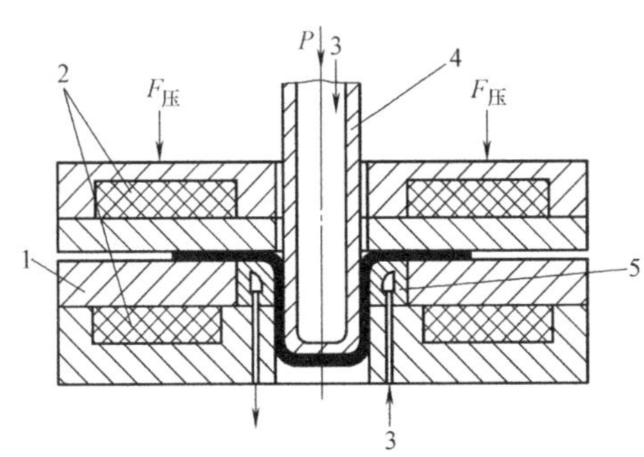

图 4-67　局部加热拉深的模具结构

1—压边圈　2—电热元件　3—冷却水

4—凸模　5—凹模

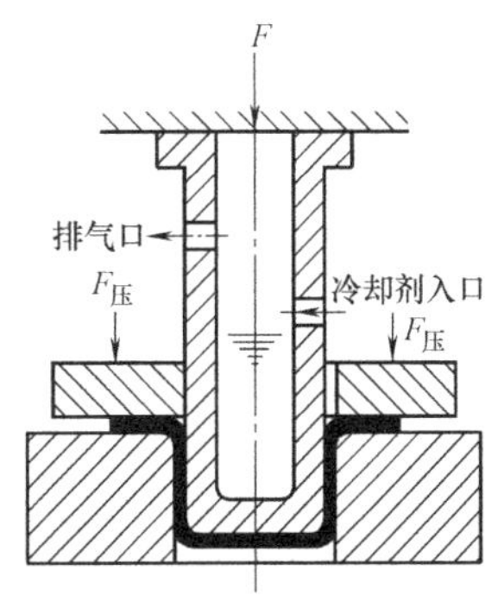

图 4-68　局部冷却拉深的模具结构

4.7.3 变薄拉深

1. 变薄拉深的变形特点

与前面介绍的拉深工艺的不同之处是在拉深变形过程中，主要是改变毛坯件筒壁的厚度来增加零件的高度，而毛坯件的内径尺寸变化很小。

变薄拉深凸模与凹模的间隙小于毛坯材料厚度，其变形过程如图 4-69 所示。材料受切向压应力 σ_2 和径向压应力 σ_3，轴向是拉应力 σ_1，产生的应变是平面应变。从图 4-69 中看出，变薄拉深过程的重要问题是传力区材料的强度和变形抗力之间的矛盾。

传力区所产生的 σ_1 由两部分所组成，一是由金属材料塑性变形必须具有的应力，它与材料的力学性能和拉深前后的变形量有关；另一部分与模具（主要是凹模）的结构、几何参数和摩擦因数有关。它的变形特点为：

1）由于材料是在切向、径向的压应力及轴向的拉应力作用下变形的，因此材料产生很大的加工硬化，晶粒变细，从而增加了零件的强度，表面也较光洁。

2）拉深件的表面粗糙度值小，Ra 可达 0.2μm 以下。

3）因拉深过程的摩擦严重，故对润滑及模具材料的要求都较高。

变薄拉深主要用于制造壁部和底部厚度不一样的空心圆筒形零件，如弹壳、高压锅、易拉罐。

2. 工艺计算

（1）毛坯尺寸　毛坯尺寸按变形前后体积不变原则确定，其计算公式为

$$V_0=\delta V_1 \tag{4-60}$$

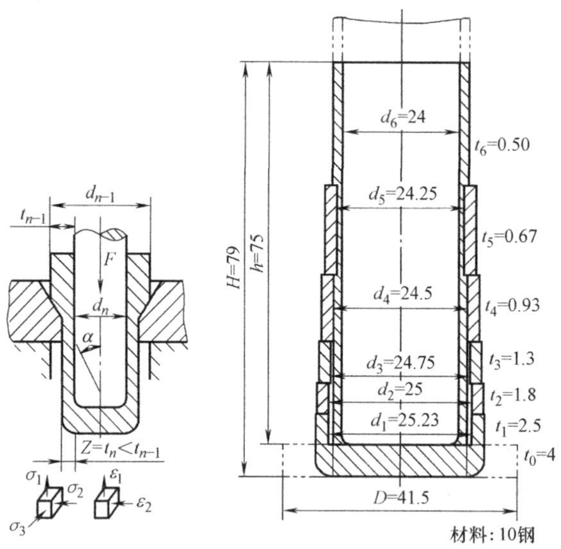

图 4-69　变薄拉深变形特点

式中　V_0—— 毛坯的体积；

V_1—— 零件的体积；

δ——考虑切边余量所加的系数，一般 $\delta=1.15\sim1.20$。

毛坯直径为

$$D=1.13\sqrt{V_0^2/t_0} \tag{4-61}$$

式中　t_0——毛坯板件厚度，等于零件底部厚度。

（2）变形程度　变薄拉深的变形程度用变薄系数 η 表示，即

$$\eta_n=\frac{t_n}{t_{n-1}} \tag{4-62}$$

式中　t_n——拉深后工序件壁厚；

t_{n-1}——拉深前工序件壁厚。

变薄系数的极限值见表 4-18。

表 4-18　变薄系数的极限值

材　料	首次变薄系数 η_1	中间各次变薄系数 η_i	末次变薄系数 η_n
铜、黄铜（H68、H80）	0.45～0.55	0.58～0.65	0.65～0.73
铝	0.50～0.60	0.62～0.68	0.72～0.77
软钢	0.53～0.63	0.63～0.72	0.75～0.77
中等硬度钢（w_C=0.25%～0.35%）	0.70～0.75	0.78～0.82	0.85～0.90
不锈钢	0.65～0.70	0.70～0.75	0.75～0.80

注：1. 厚料取表中较小值，薄料取大值。

2. 中等硬度钢的变薄系数为试用数值。

（3）变薄拉深模　图 4-70 为变薄拉深通用模。模具无导向装置，在压力机上装模靠校模圈保证凸、凹模的同轴度，模具固定后再将校模圈取出。拉深毛坯在定位圈内定位。更换凸模、凹模、定位圈和刮料环，可进行其他零件的变薄拉深。

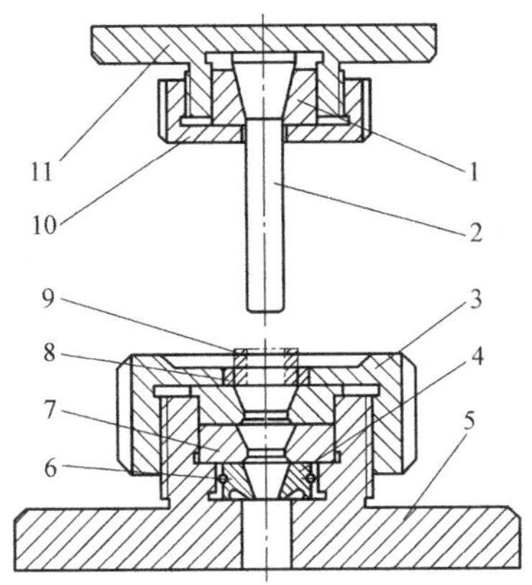

图 4-70　变薄拉深通用模

1—锥面套　2—凸模　3—下紧固圈　4—刮料环　5—下模座　6—拉簧　7—凹模　8—定位圈　9—校模圈　10—上紧固圈　11—上模座

习题与思考题

4-1　圆筒形零件拉深时，毛坯变形区的应力应变状态是怎样的？

4-2　拉深工艺中，会出现哪些失效形式？说明产生的原因和防止的措施。

4-3　影响极限拉深系数的因素有哪些？拉深系数对拉深工艺有何意义？

4-4　有凸缘筒形零件与无凸缘筒形零件的拉深，各有哪些特点？工艺计算有何区别？

4-5　非直壁旋转体零件的拉深有哪些特点？如何减小回弹和防止起皱？

4-6　简述盒形零件拉深的变形特点和毛坯的确定方法。

4-7　拉深模压边圈有哪些结构形式？各适用哪些情况？

4-8　拉深凹模工作部分有哪些结构形式？设计时各注意哪些问题？

4-9　软模拉深方法为什么能提高零件的精度和表面质量？

4-10　计算确定图 4-71 所示拉深零件的拉深次数和各工序件尺寸，绘制各工序件草图并标注全部尺寸。

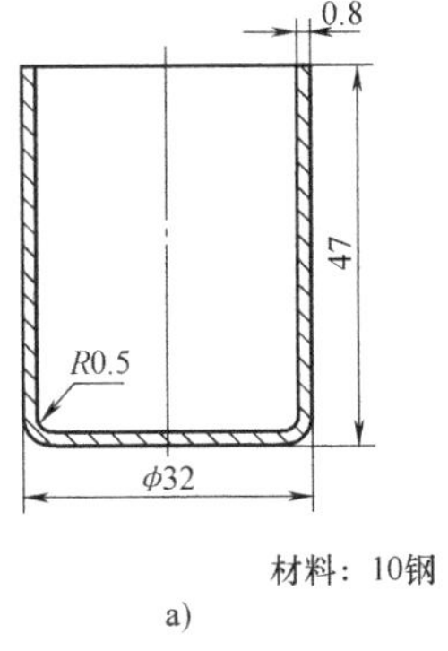

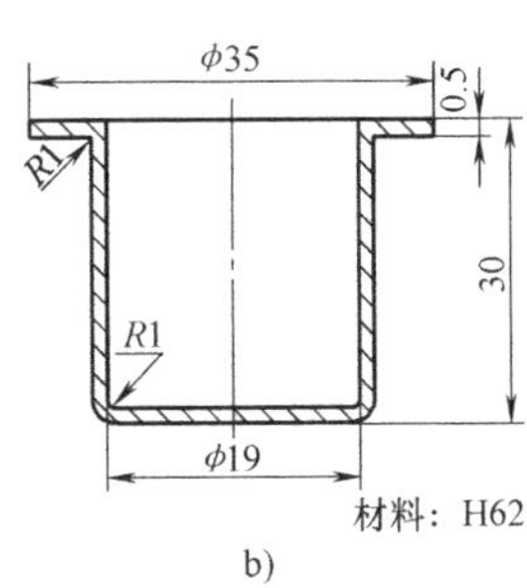

图 4-71　题 4-10 图

第5章 其他成形工艺与模具设计

学习目标

掌握胀形、翻边、缩口、旋压等成形工艺的变形特点；并能根据零件成形的要求，设计胀形、翻边、缩口、旋压工艺的模具和工具。

在冲压生产中，除常用的冲裁、弯曲和拉深等工序外，还有胀形、翻边、缩口、旋压、校形等基本工序。每种工序都有各自的变形特点，它们可以是独立的冲压工序，如空心零件胀形、钢管缩口、封头旋压等，但在生产中往往还和其他冲压工序组合在一起成形一些复杂形状的冲压零件。这些成形工序的共同特点是通过材料的局部变形来改变坯料或工序件的形状，但各自的变形特点差异较大。下面分别介绍胀形、翻边和缩口等成形工序的变形特点、成形工艺和模具设计的基本方法。

5.1 胀形

胀形与其他冲压成形工序的主要不同之处是，胀形时的变形区在板面方向呈双向拉应力状态，在板厚方向上是减薄，即厚度减薄、表面积增加。胀形主要用于平板毛坯的局部成形（如压制加强筋、花纹图案、标记等）；波纹管、高压气瓶、球形容器等空心毛坯的胀形；管接头的管材胀形；飞机和汽车蒙皮等薄板的拉张成形。汽车覆盖件等曲面复杂形状零件成形时也常常包含胀形成分。

常用的胀形方法有钢模胀形和以液体、气体、橡胶等作为施力介质的软模胀形。软模胀形由于模具结构简单，工件变形均匀，能成形复杂形状的工件，如液压胀形、橡胶胀形。另外，高速、高能特种成形的应用也越来越受到人们的重视，如爆炸胀形、电磁胀形等。

5.1.1 胀形变形特点与胀形极限变形程度

1. 胀形变形特点

图5-1所示为球头凸模胀形平板毛坯时的胀形变形区及其主应力和主应变图。图中涂黑部分表示胀形变形区。胀形变形具有如下特点：

1）在毛坯胀形的变形区内，切向应力 $\sigma_\theta>0$，径向应力 $\sigma_\rho>0$；切向应变 $\varepsilon_\theta>0$，径向应变 $\varepsilon_\rho>0$，厚向应变 $\varepsilon_t<0$；且在球头凸模胀形时的底部 $\sigma_\theta=\sigma_\rho$，$\varepsilon_\theta=\varepsilon_\rho=0.5|\varepsilon_t|$。所以，胀形时毛坯在板平面方向处于双向拉伸应力状态（板厚方向的应力忽略不计），变形主要是由材料厚度方向的减薄量支持板平面方向的伸长量而完成的，变形后材料厚度减薄、表面积增大。胀形属于伸长类变形。

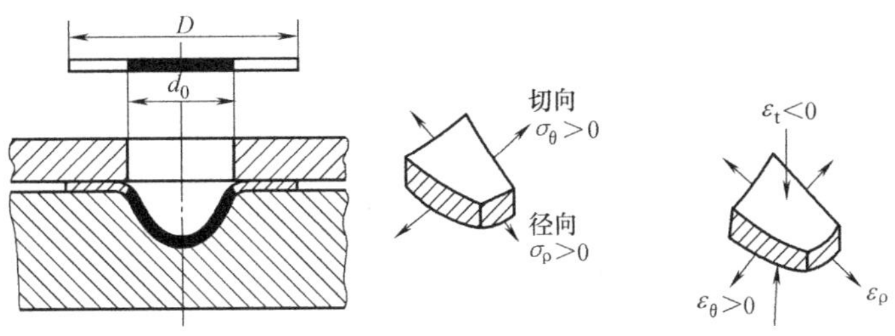

图 5-1　胀形变形区及其应力应变示意图

2）胀形变形时，由于毛坯受到较大压边力的作用，或由于毛坯的外径超过凹模孔直径的 3~4 倍，使塑性变形仅局限于一个固定的变形范围，板料不向变形区外转移，也不从变形区外进入变形区。

3）由于胀形变形时材料处于双向受拉的应力状态，所以变形不易产生失稳起皱现象，成品零件表面光滑，质量好。成形极限主要受拉伸破裂的限制。

4）由于毛坯的厚度相对于毛坯的外形尺寸极小，胀形变形时拉应力沿板厚方向的变化很小，因此胀形力卸除后回弹小，工件几何形状容易固定，尺寸精度容易保证。对于汽车覆盖件等具有较大曲率半径的零件的成形和有些零件的冲压校形，常采用胀形方法或加大胀形成分的成形方法。

2. 胀形极限变形程度

胀形的极限变形程度，是指零件在胀形时不产生破裂所能达到的最大变形。各种胀形的成形极限的表示方法，因不同的变形区分布及模具结构、工件形状、润滑条件、材料性能等因素的影响各不相同，如胀形系数、胀形深度、双向拉应力下的成形极限图（FLD）等。管形毛坯胀形时常用胀形系数表示成形极限；压凹坑等板料胀形时常用胀形深度表示成形极限。胀形系数、胀形深度等方法是以材料发生破裂时试样的某些总体尺寸达到的极限值来表示的。

胀形极限变形程度，主要取决于材料的塑性和变形的均匀性。塑性好，成形极限可提高；应变硬化指数 n 值大，可促使变形均匀，成形极限也可提高；润滑、工件的几何形状、模具结构等，凡是可以使胀形变形均匀的各种因素，均能提高成形极限，如平板毛坯的局部胀形，在同等条件下圆形比方形或其他形状的胀形高度值要大。此外，材料厚度增加，也可以使成形极限提高。

5.1.2　平板毛坯的起伏成形

平板毛坯在模具的作用下发生局部胀形而形成各种形状的凸起或凹下的冲压方法，称为起伏成形。起伏成形主要用于压制加强筋、局部凹槽、文字、花纹等，如图 5-2 所示。

由宽凸缘圆筒形零件的拉深可知，当毛坯的外径超过凹模孔直径的 3~4 倍时，拉深就变成了胀形。平板毛坯起伏成形时的局部凹坑或凸台，主要是由凸模接触区内的材料在双向拉应力作用下变薄来实现的。起伏成形的极限变形程度，多用胀形深度表示。对于形状比较简单的零件，可以近似地按单向拉伸变形处理，即

$$\varepsilon_{极}=\frac{l_1-l_0}{l_0}\times100\%\leqslant K\delta \tag{5-1}$$

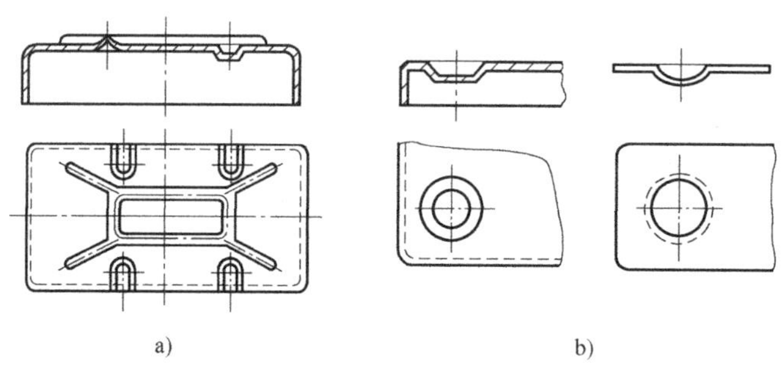

图 5-2 起伏成形

a）加强筋 b）局部凹坑

式中 $\varepsilon_{极}$——起伏成形的极限变形程度；

δ——材料单向拉伸的伸长率；

l_0、l_1——起伏成形变形区变形前后截面的长度（图 5-3）；

K——形状系数；对于加强筋，$K=0.7\sim0.75$（半圆加强筋取大值，梯形加强筋取小值）。

要提高胀形极限变形程度，可以采用图 5-4 所示的两次胀形法：第一次用大直径的球头凸模，使变形区达到在较大范围内聚料和均化变形的目的，得到最终所需的表面积材料；第二次成形到所要求的尺寸。如果工件圆角半径超过了极限范围，还可以采用先加大胀形凸模圆角半径和凹模圆角半径、胀形后再整形的方法成形。另外，降低凸模表面粗糙度值、改善模具表面的润滑条件，也能取得一定的效果。

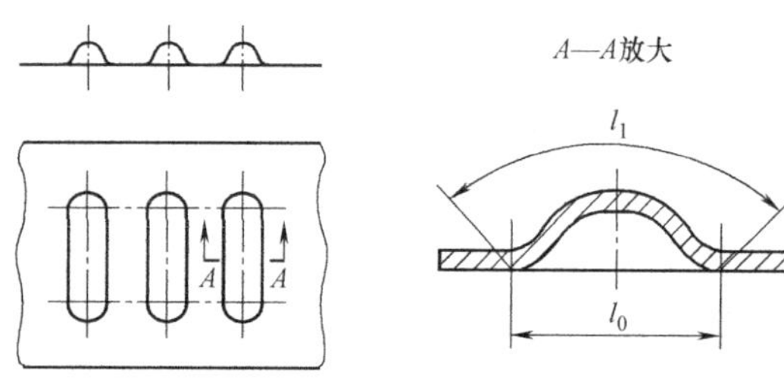

图 5-3 起伏成形变形区变形前后截面的长度

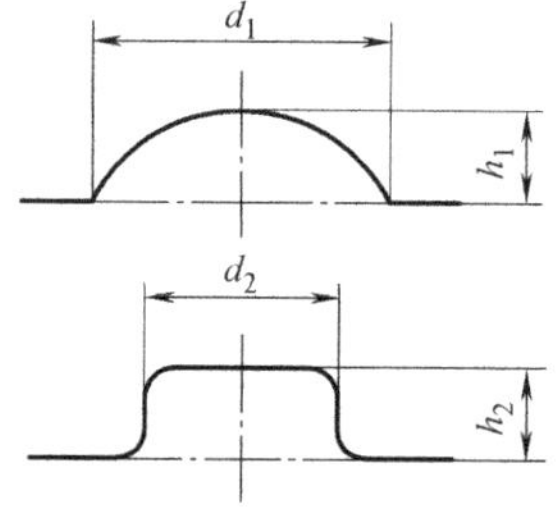

图 5-4 两次胀形示意图

1. 压加强筋

常见的加强筋形式和尺寸见表 5-1。加强筋的结构比较复杂，所以成形极限多用总体尺寸表示。当加强筋与边框距离小于 $(3\sim3.5)t$ 时，由于在成形过程中，边缘材料要向内收缩，成形后需增加切边工序，因此应预留切边余量。多凹坑胀形时，还要考虑到凹坑之间的影响。

用刚性凸模压制加强筋的变形力按下式计算，即

$$F=KLt\sigma_{b} \tag{5-2}$$

式中 F——变形力（N）；

K——系数，$K=0.7\sim1$，加强筋的形状窄而深时取大值，宽而浅时取小值；

L——加强筋的周长（mm）；

t——料厚（mm）；

σ_b——材料的抗拉强度（MPa）。

软模胀形的单位压力可按下式近似计算（不考虑材料厚度变薄），即

$$p = K'\frac{t}{R}\sigma_b \tag{5-3}$$

式中 p——单位压力；

K'——形状系数，球面形状 $K=2$，长条形筋 $K=1$；

R——球半径或筋的圆弧半径；

σ_b——材料的抗拉强度（考虑材料硬化的影响）。

表 5-1 常见的加强筋形式和尺寸

简 图	R	h	r	B 或 D	α
	$(3\sim4)t$	$(2\sim3)t$	$(1\sim2)t$	$(7\sim10)t$	
		$(1.5\sim2)t$	$(0.5\sim1.5)t$	$\geqslant 3h$	15°~30°

2. 压凹坑

压凹坑时，成形极限常用极限胀形深度表示。如果是纯胀形，凹坑深度因受材料塑性限制不能太大。用球头凸模对低碳钢、软铝等胀形时，可达到的极限胀形深度 h 约等于球头直径 d 的 1/3。用平头凸模胀形时，可能达到的极限胀形深度 h 取决于凸模的圆角半径，其取值范围见表 5-2。

表 5-2 平板毛坯压凹坑的极限胀形深度 h

简 图	材 料	极限胀形深度 h
	软钢 铝 黄铜	$\leqslant(0.15\sim0.20)d$ $\leqslant(0.10\sim0.15)d$ $\leqslant(0.15\sim0.22)d$

若工件底部允许有孔，可以预先冲出小孔，使其底部中心部分材料在胀形过程中易于向外流动，以达到提高成形极限的目的，有利于达到胀形要求。

5.1.3 空心毛坯的胀形

空心毛坯胀形是将空心件或管状毛坯胀出所需曲面的一种加工方法。用这种方法可以成形高压气瓶、球形容器、波纹管、自行车多通接头（图 5-5）等产品或零件。

图 5-6 所示为钢模胀形。分瓣凸模在向下移动时因锥形芯块的作用而向外胀开，使毛坯胀形成所需形状尺寸的工件。胀形结束后，分瓣凸模在顶杆的作用下复位，拉簧使分瓣凸模合拢复位，便可取出工件。凸模分瓣越多，所得到的工件精度越高；但模具结构复杂，成本也较高；因此，用分瓣凸模钢模胀形不宜加工形状复杂的零件。

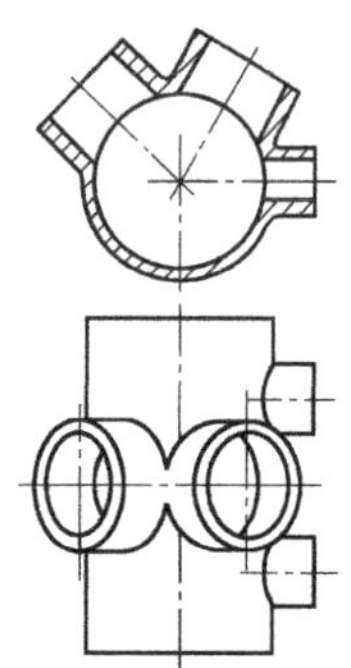

图 5-5　自行车多通接头

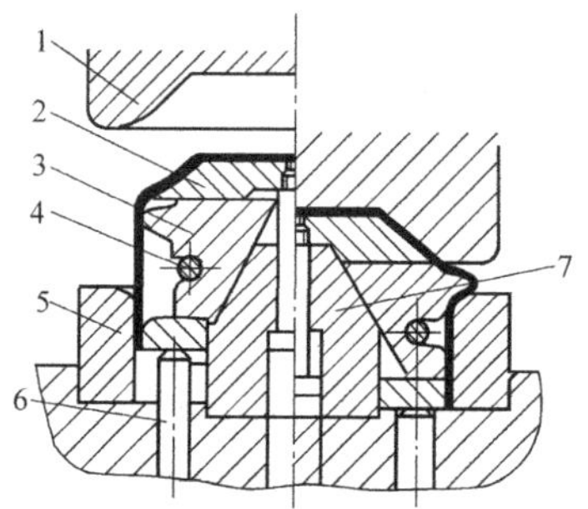

图 5-6　钢模胀形

1—凹模　2—定位板　3—分瓣凸模

4—拉簧　5—下凹模　6—顶杆

7—锥形芯块

图 5-7 所示为软模胀形。凸模压柱将力传给橡胶等软体介质，软体介质再将力作用于毛坯上并使之胀形，材料向阻力最小的方向变形，并贴合于可以分开的凹模，从而得到所需形状尺寸的工件。冲床回程后，橡胶复原为柱状，下模顶杆推出分块凹模，便可取出工件。

软模胀形时，毛坯变形比较均匀，容易保证工件准确成形，工件的表面质量明显好于刚性凸模胀形，因此在生产中应用广泛。

圆柱形空心毛坯胀形时的应力状态如图 5-8 所示，其变形特点仍然是厚度减薄，表面积增加。

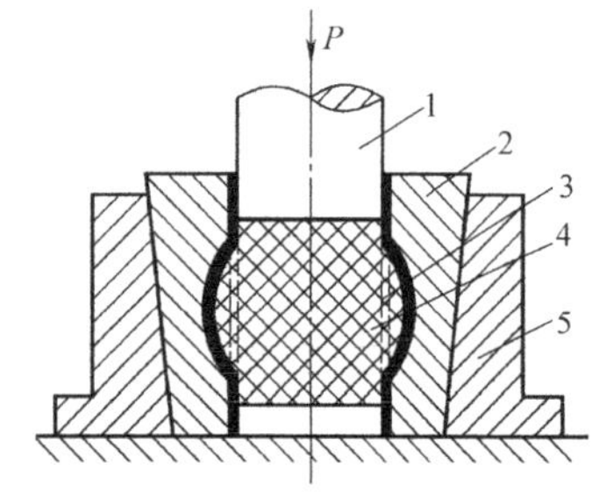

图 5-7　软模胀形

1—凸模压柱　2—凹模　3—毛坯

4—橡胶　5—模套

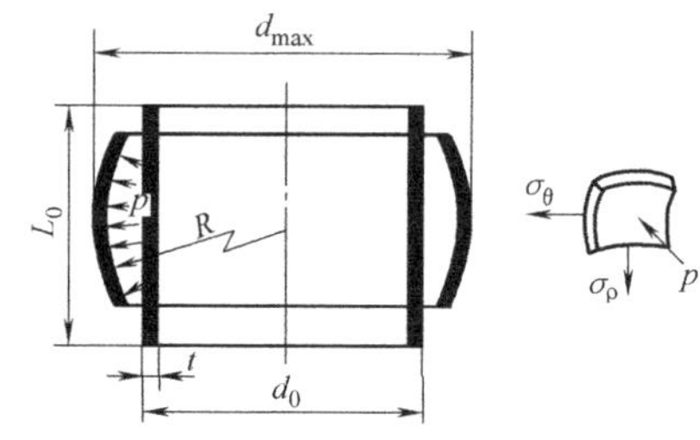

图 5-8　圆柱形空心毛坯胀形时的应力状态

1. 胀形系数

空心毛坯胀形的变形程度用胀形系数 K 表示，即

$$K=\frac{d_{max}}{d_0} \tag{5-4}$$

式中　d_0——毛坯直径；

d_{max}——胀形后工件的最大直径。

极限胀形系数 K_{max}（d_{max}达到胀破时的极限值 d'_{max}）与工件切向伸长率 δ 的关系式为

$$\delta=\frac{\pi d'_{max}-\pi d_0}{\pi d_0}=K_{max}-1 \tag{5-5}$$

或

$$K_{max}=1+\delta \tag{5-6}$$

表 5-3 是一些材料的极限胀形系数和切向许用伸长率 δ 的试验值。如采取轴向加压或对变形区局部加热等辅助措施，还可以提高极限变形程度。

表 5-3　极限胀形系数和切向许用伸长率（试验值）

材　料		厚度/mm	极限胀形系数 K_{max}	切向许用伸长率 δ
纯铝	1070A(L1),1060(L2)	1.0	1.25	25%
	1050A(L3),1035(L4)	1.5	1.32	32%
	1200(L5),8A06(L6)	2.0	1.32	32%
铝合金 3A21(LF21)退火		0.5	1.25	25%
黄铜	H62	0.5~1.0	1.35	35%
	H68	1.5~2.0	1.40	40%
低碳钢	08F	0.5	1.20	20%
	10,20	1.0	1.24	24%
不锈钢 1Cr18Ni9Ti		0.5	1.26	26%
		1.0	1.28	28%

2. 胀形力

刚性凸模胀形所需压力，可以根据力的平衡方程式推导得到，其表达式为

$$F=2\pi Ht\sigma_{b}\frac{\mu+\tan\beta}{1-\mu^{2}-2\mu\tan\beta} \tag{5-7}$$

式中　F——所需胀形压力；

H——胀形后高度；

t——材料厚度；

μ——摩擦因数，一般 $\mu=0.15\sim0.20$；

β——芯块锥角，一般 $\beta=8°$、$10°$、$12°$、$15°$；

σ_b——材料的抗拉强度。

软模胀形圆柱形空心毛坯时，所需胀形压力为

$$F=Ap$$

式中　A——成形面积；

p——单位压力，可按下式计算

$$p=2\sigma_{b}\left(\frac{t}{d_{max}}+m\frac{t}{2R}\right) \tag{5-8}$$

式中　m——约束系数，当毛坯两端不固定且轴向可以自由收缩时 $m=0$，当毛坯两端固定且轴向不可以自由收缩时 $m=1$；其他符号的意义如图 5-8 所示。

3. 胀形毛坯尺寸的计算

圆柱形空心毛坯胀形时，为增加材料在周围方向的变形程度和减小材料的变薄，毛坯两端一般不固定，使其自由收缩。因此，毛坯长度 L_0（图 5-8）应比工件长度增加一定的收缩量。毛坯长度 L_0 可按下式近似计算

$$L_{0}=L[1+(0.3\sim0.4)\delta]+\Delta h \tag{5-9}$$

式中　L——变形区母线长度；

δ——工件切向伸长率，见式（5-5）；

Δh——切边余量，约为 10~20mm。

5.2 翻边

翻边是将毛坯或半成品的外边缘或孔边缘，沿一定的曲线翻成竖立的边缘的冲压方法，如图 5-9 所示。当翻边的沿线是一条直线时，翻边变形就转变成为弯曲，所以也可以说弯曲是翻边的一种特殊形式。弯曲时，毛坯的变形仅局限于弯曲线的圆角部分；而翻边时，毛坯的圆角部分和边缘部分都是变形区，所以翻边变形比弯曲变形复杂得多。用翻边方法可以加工形状较为复杂且有良好刚度的立体零件，能在冲压件上成形与其他零件装配的部位，如机车车辆的客车中墙板翻边、汽车外门板翻边、摩托车油箱翻孔、金属板小螺纹孔翻边等。翻边可以代替某些复杂零件的拉深工序，改善材料的塑性流动，以避免破裂或起皱；代替先拉深后切的方法生产无底零件，可减少加工次数，节省材料。

按变形的性质，翻边可分为伸长类翻边和压缩类翻边。伸长类翻边的共同特点是：毛坯变形区在切向拉应力的作用下产生切向的伸长变形；极限变形程度主要受变形区开裂限制（图 5-9a～e）。压缩类翻边的共同特点是：除靠近竖边根部圆角半径附近区域的金属产生弯曲变形外，毛坯变形区的其余部分在切向压应力的作用下产生切向的压缩变形，其变形特点属于压缩类变形，应力状态、变形特点和拉深相同；极限变形程度主要受毛坯变形区失稳起皱限制（图 5-9f）。此外，按竖边壁厚是否强制变薄，可分为变薄翻边和不变薄翻边。按翻边的毛坯及工件边缘的形状，可分为内孔（圆孔或非圆孔）翻边、平面外缘翻边和曲面翻边等。

5.2.1 内孔翻边

1. 内孔翻边的变形特点

图 5-10 所示为圆孔翻边及其应力应变分布示意图。在翻边过程中，毛坯外缘部分由于受到压边力 $F_{压}$ 的约束，或由于外缘宽度与翻边孔直径之比较大，通常是不变形的（不变形区）。竖壁部分已经变形，属于传力区；带孔底部是变形区。如图 5-10a 所示，变形区处于双向拉应力状态（板厚方向的应力忽略不计），变形区在拉应力的作用下要变薄，这一点与

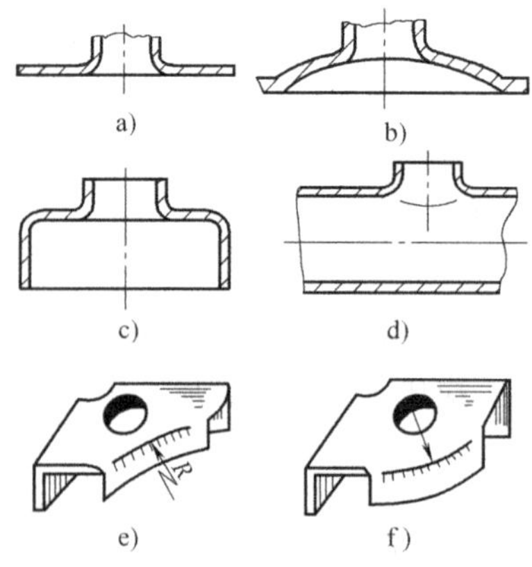

图 5-9 内孔与外缘翻边零件

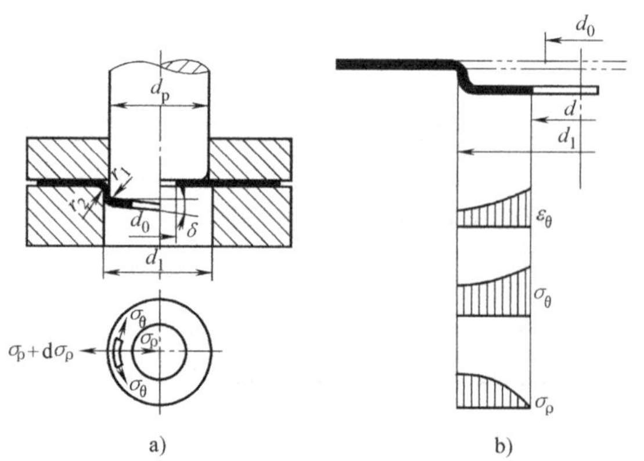

图 5-10 圆孔翻边及其应力应变分布示意图

a）圆孔翻边 b）应力应变分布

胀形相同。圆孔翻边属于伸长类翻边。翻边时，毛坯变形区切向受拉应力 σ_θ 作用，产生切向拉应变 ε_θ；径向也受拉应力 σ_ρ 作用，产生比较小的径向拉应变 ε_ρ，从图 5-10b 可知，在孔边部 σ_θ 和 ε_θ 为最大值，而 σ_ρ 为零，孔边缘为单向应力状态。根据屈服准则，可以判定孔边部是最先发生塑性变形的部位，厚度变薄最严重，因而也最容易产生裂纹。

对于非圆孔的内孔翻边，如图 5-11 所示，变形区沿翻边线的应力与应变分布是不均匀的。在翻边高度相同的情况下，曲率半径较小的部位，切向拉应力和切向伸长变形较大；而曲率半径较大的部位，切向拉应力和切向伸长变形较小。直线部位与弯曲变形相似。由于材料的连续性，曲线部分的变形将扩展到直线部位，使曲线部分的切向伸长变形得到一定程度的减轻。

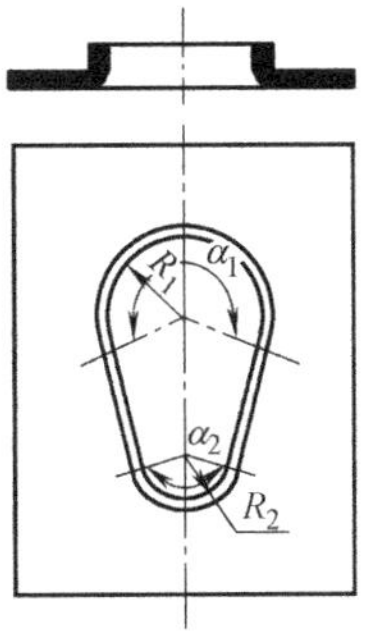

图 5-11　非圆孔翻边

2. 圆孔翻边的极限变形程度

圆孔翻边的变形程度用翻边系数 m 表示。翻边系数为翻边前孔径 d_0 与翻边后孔径 D 的比值，即

$$m=\frac{d_0}{D} \tag{5-10}$$

显然，m 值越小，变形程度越大。翻边孔边缘不破裂所能达到的最小翻边系数，称为极限翻边系数，用 $m_{\min}$ 表示。表 5-4 给出了低碳钢的一组极限翻边系数值。

表 5-4　低碳钢的极限翻边系数 $m_{\min}$

凸模形状	预制孔加工方法	预制孔相对直径 d_0/t									
		100	50	35	20	15	10	8	5	3	1
球形凸模	钻孔	0.70	0.60	0.52	0.45	0.40	0.36	0.33	0.30	0.25	0.20
	冲孔	0.75	0.65	0.57	0.52	0.48	0.45	0.44	0.42	0.42	
平底凸模	钻孔	0.80	0.70	0.60	0.50	0.45	0.42	0.40	0.35	0.30	0.25
	冲孔	0.85	0.75	0.65	0.60	0.55	0.52	0.50	0.48	0.47	

注：采用表中 $m_{\min}$ 值时，实际翻边后口部边缘会出现小的裂纹，如果工件不允许开裂，则翻边系数须加大 10%～15%。

非圆孔翻边较圆孔翻边的极限翻边系数要小一些，其值可按下式近似计算，即

$$m'_{\min}=\frac{m_{\min}\alpha}{180°} \tag{5-11}$$

式中　$m_{\min}$——圆孔翻边的极限翻边系数；

α——曲率部位中心角（°）。

式（5-11）只适用于中心角 $\alpha \leqslant 180°$。当 $\alpha > 180°$ 或直边部分很短时，直边部分的影响已不明显，极限翻边系数的数值按圆孔翻边计算。

影响极限翻边系数的主要因素有：

（1）材料的塑性　材料的伸长率 δ、应变硬化指数 n 和各向异性系数 γ 越大，极限翻边系数就越小，有利于翻边。

（2）孔的加工方法　预制孔的加工方法决定了孔的边缘状况，孔的边缘无毛刺、撕裂、硬化层等缺陷时，极限翻边系数就越小，有利于翻边。目前，预制孔主要用冲孔或钻孔方法加工。表 5-4 中数据显示，钻孔比冲孔的 $m_{\min}$ 小。采用冲孔方法生产效率高，但冲孔会形成孔口表面的硬化层、毛刺、撕裂等缺陷，导致极限翻边系数变大。采取冲孔后进行热处理退

火、修孔或沿与冲孔方向相反的方向进行翻孔使毛刺位于翻孔内侧等方法，能获得较低的极限翻边系数。

（3）预制孔的相对直径　由表 5-4 可知，预制孔的相对直径 d_0/t 越小，极限翻边系数越小，有利于翻边。

（4）凸模的形状　由表 5-4 可知，球形凸模的极限翻边系数比平底凸模的小。此外，抛物面、锥形面和较大圆角半径的凸模也比平底凸模的极限翻边系数小。因为在翻边变形时，球形或锥形凸模是凸模前端最先与预制孔口接触，在凹模口区产生的弯曲变形比平底凸模的小，更容易使孔口部产生塑性变形。所以，相同翻边孔径 D 和材料厚度 t 时，可以翻边的预制孔径更小，因而极限翻边系数就越小。

3. 内孔翻边的工艺设计

（1）预制孔直径 d_0 和翻边高度 H

1）一次翻边成形。当翻边系数 m 大于极限翻边系数 m_{min} 时，可采用一次翻边成形。当 $m \leqslant m_{min}$ 时，可采用多次翻边成形。由于在第二次翻边前往往要将中间毛坯进行软化退火，故该方法较少采用。对于一些较薄料的小孔翻边，可以不先加工预制孔，而是使用带尖的锥形凸模在翻边前先完成刺孔，继而进行翻边的方法。

图 5-12 所示是平板毛坯一次翻孔示意图，d_0 与 H 按下式计算

$$d_0 = D - 2(H - 0.43r - 0.72t) \tag{5-12}$$

$$H = \frac{D}{2}\left(1 - \frac{d_0}{D}\right) + 0.43r + 0.72t = \frac{D}{2}(1 - m) + 0.43r + 0.72t \tag{5-13}$$

上式是按中性层长度不变的原则推导的，是近似公式，当 $m = m_{min}$ 时，$H = H_{max}$。生产实际中往往通过试冲来检验和修正计算值。

2）拉深后再翻边。当 $m \leqslant m_{min}$ 时，可采用先拉深后翻边的方法达到要求的翻边高度，如图 5-13 所示。这时应先确定翻边高度 h，再根据翻边高度确定预制孔直径 d_0 和拉深高度 h_1，从图中的几何关系可得翻边高度 h 为

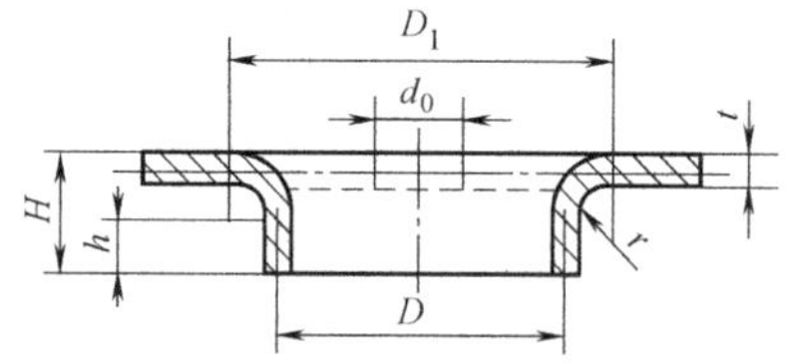

图 5-12　平板毛坯一次翻孔

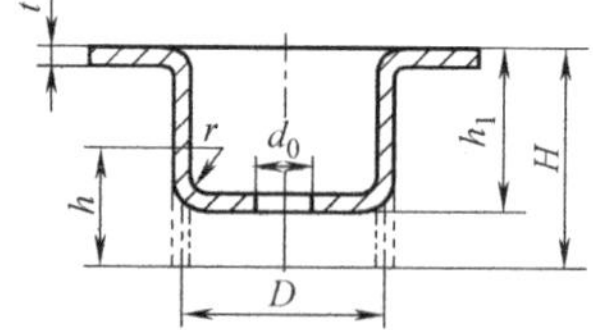

图 5-13　拉深件底部冲孔后翻边

$$h = \frac{D - d_0}{2} - \left(r + \frac{t}{2}\right) + \frac{\pi}{2}\left(r + \frac{t}{2}\right) \approx \frac{D}{2}(1 - m) + 0.57r \tag{5-14}$$

$$h_1 = H - h + r + t \tag{5-15}$$

上式中，当 $m = m_{min}$ 时，$h = h_{max}$。此时有最小拉深高度 h_{1min}。可以根据极限翻边系数求得最小预制孔直径 $d_{0min} = m_{min}D$，也可以根据下式求得，即

$$d_{0min} = D + 1.14r - 2h_{max} \tag{5-16}$$

先拉深后翻边的方法是一种很有效的方法，但若是先加工预制孔后拉深，则孔径有可能

在拉深过程中变大，使翻边后达不到要求的高度。

（2）凸、凹模形状及尺寸　翻边凸模的形状有平底形、曲面形（球形、抛物线形等）和锥形。图 5-14 为几种常见的翻边凸模的结构形状，凸模直径 D_0段为凸模工作部分，凸模直径 d_0段为导正部分，1 为整形台阶，2 为锥形过渡部分。图 5-14a 为带导正销的锥形凸模，当竖边高度不高、竖边直径大于 10mm 时，可设计整形台阶；当翻边模采用压边圈时，可不设整形台阶。图 5-14b 为一种双圆弧形无导正的曲面形凸模，当竖边直径大于 6mm 时用平底，竖边直径小于或等于 6mm 时用圆底。图 5-14c 为带导正的翻边凸模。此外，还有用于无预制孔的带尖锥形凸模。

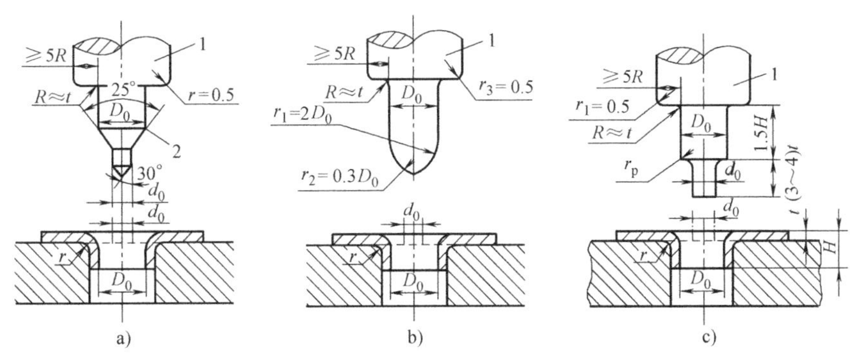

图 5-14　翻边凸、凹模形状及尺寸

凸、凹模的尺寸可参照拉深模的尺寸确定原则确定，只是应注意保证翻边间隙。凸模圆角半径 r_p越大越好，最好用曲面或锥形凸模，对平底凸模一般取 $r_p \geqslant 4t$。凹模圆角半径可以直接按工件要求的大小设计，但当工件凸缘圆角半径小于最小值时，应加整形工序。

（3）凸、凹模间隙　由于翻边变形区材料变薄，为了保证竖边的尺寸及其精度，翻边凸、凹模之间的间隙以稍小于材料厚度为宜，可取单边间隙 $c=(0.75\sim0.85)t$。若翻边成螺纹底孔或需与轴配合的小孔，则取 $c=0.7t$ 左右。

（4）翻边力与压边力　在所有凸模形状中，圆柱形平底凸模翻边力最大，其计算公式为

$$F=1.1\pi t(D-d_0)\sigma_b \tag{5-17}$$

式中　σ_b——材料的抗拉强度。

曲面凸模的翻边力，可选用平底凸模的翻边力的 70%～80%。

由于翻边时压边圈下的毛坯是不变形的，所以在一般情况下，其压边力比拉深时的压边力要大，压边力的计算可参照拉深压边力计算并取偏大值。当外缘宽度相对竖边直径较大时，所需的压边力较小，甚至可不需压边力。这一点刚好与拉深相反，拉深时，外缘宽度相对拉深直径越大，越容易失稳起皱，所需压边力越大。

5.2.2　平面外缘翻边

1. 平面外缘翻边的变形特点

平面外缘翻边可分为内凹外缘翻边和外凸缘翻边。由于不是封闭轮廓，故变形区内沿翻边线上的应力和变形是不均匀的。

图 5-15a 所示为内凹外缘翻边，其应力应变特点与内孔翻边近似，变形区主要受切向拉

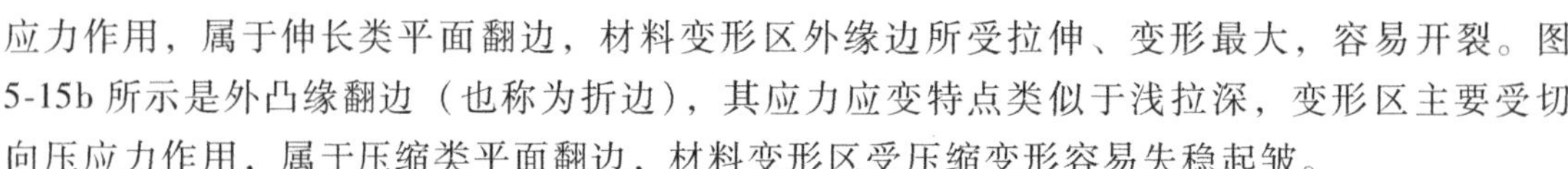

应力作用，属于伸长类平面翻边，材料变形区外缘边所受拉伸、变形最大，容易开裂。图5-15b 所示是外凸缘翻边（也称为折边），其应力应变特点类似于浅拉深，变形区主要受切向压应力作用，属于压缩类平面翻边，材料变形区受压缩变形容易失稳起皱。

2. 平面外缘翻边的极限变形程度

内凹外缘翻边的变形程度用翻边系数 E_s 表示，即

$$E_s=\frac{b}{R-b} \tag{5-18}$$

外凸缘翻边的变形程度用翻边系数 E_c 表示，即

$$E_c=\frac{b}{R+b} \tag{5-19}$$

式中，R、b 的含义见图 5-15。内凹外缘翻边时，$b\leqslant R-r$；外凸缘翻边时，$b\geqslant r-R$。

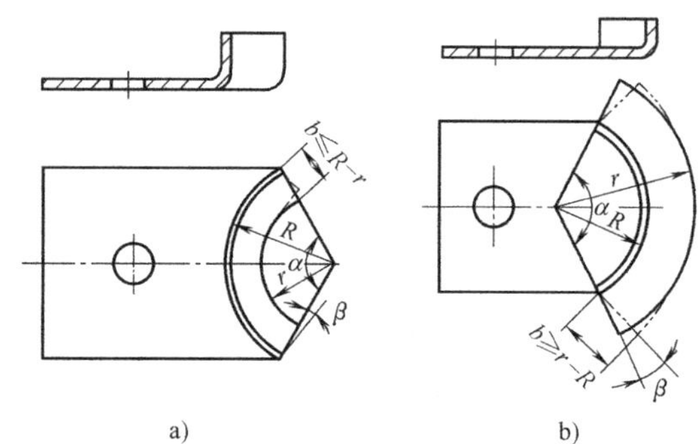

图 5-15　外缘翻边

a）内凹外缘翻边　b）外凸缘翻边

内凹外缘翻边的极限变形程度，主要受材料变形区外缘边开裂的限制。外凸缘翻边的极限变形程度，主要受材料变形区失稳起皱的限制。在相同翻边高度的情况下，曲率半径 R 越小，E_s 和 E_c 越大，变形区的切向应力和切向应变的绝对值越大；相反，当 R 趋向于无穷大时，E_s 和 E_c 为零，此时变形区的切向应力和切向应变值也为零，翻边变成弯曲。表 5-5 为部分材料的极限翻边系数。

表 5-5　外缘翻边的极限翻边系数

材料		E_{cmax}(%)		E_{smax}(%)	
		用橡胶成形	用模具成形	用橡胶成形	用模具成形
铝合金	1035 软(L4M)	6	40	25	30
	1035 硬(L4Y1)	3	12	5	8
	3A21 软(LF21M)	6	40	23	30
	3A21 硬(LF21Y1)	3	12	5	8
	5A02 软(LF2M)	6	35	20	25
	5A02 硬(LF2Y1)	3	12	5	8
	2A12 软(LY12M)	6	30	14	20
	2A12 硬(LY12Y)	0.5	9	6	8
	2A11 软(LY11M)	4	30	14	20
	2A11 硬(LY11Y)	0	0	5	6
黄铜	H62 软	8	45	30	40
	H62 半硬	4	16	10	14
	H68 软	8	55	35	45
	H68 半硬	4	16	10	14
钢	10	—	10	—	38
	20	—	10	—	22
	1Cr18Ni9 软	—	10	—	15
	1Cr18Ni9 硬	—	10	—	40

3. 平面外缘翻边的毛坯尺寸

内凹外缘翻边的毛坯形状计算，可参照内孔翻边的方法计算。外凸缘翻边的毛坯形状计算，可参照浅拉深的方法计算。但是，在确定毛坯最后形状和尺寸时，如果翻边高度较大，应对毛坯轮廓进行修正，如图 5-15 所示，最终通过试模来确定毛坯尺寸。

5.2.3　变薄翻边

如图 5-16 所示为变薄翻边示意图。变薄翻边是使已成形的竖边在较小的凸、凹模间隙中挤压，使之强制变薄的方法。变薄翻边属体积成形。如果用一般翻边方法达不到要求的翻边高度时，可采用变薄翻边方法增加竖边高度。变薄翻边常用于 M5 以下的小螺纹底孔翻边，此时凸模下方材料的变形与圆孔翻边相似，但竖边的最终壁厚和高度是靠凸、凹模间的挤压变薄来达到的。

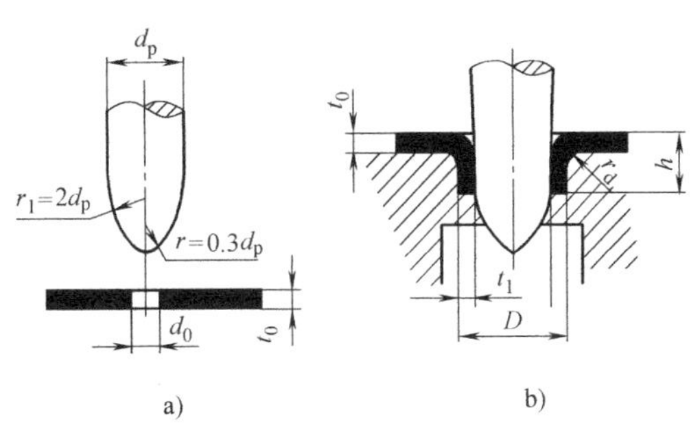

图 5-16　变薄翻边
a）翻边前　b）翻边后

变薄翻边的变形程度用变薄系数表示，其表达式为

$$K=\frac{t_1}{t_0} \tag{5-20}$$

式中　K——变薄系数，$K=0.4\sim0.55$；

t_1——工件竖边厚度；

t_0——毛坯厚度。

有关变薄翻边的设计工艺参数可参考冲压设计相关资料。

5.2.4　典型翻边模结构

图 5-17 所示为内孔翻边模，其结构与拉深模基本相似。图 5-18 所示为落料、拉深、冲孔、翻边复合模。拉深冲孔凸凹模与落料凹模均固定在固定板上，以保证同轴度。冲孔凸模压入落料拉深凸凹模内，并以垫片调整它们的高度差，以此控制冲孔前的拉深高度，确保翻

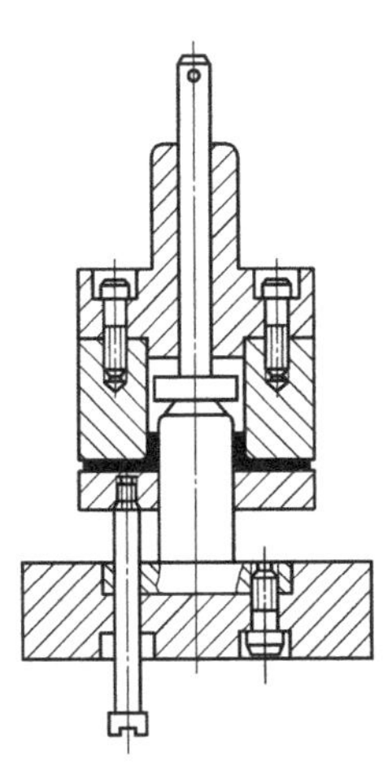

图 5-17　内孔翻边模

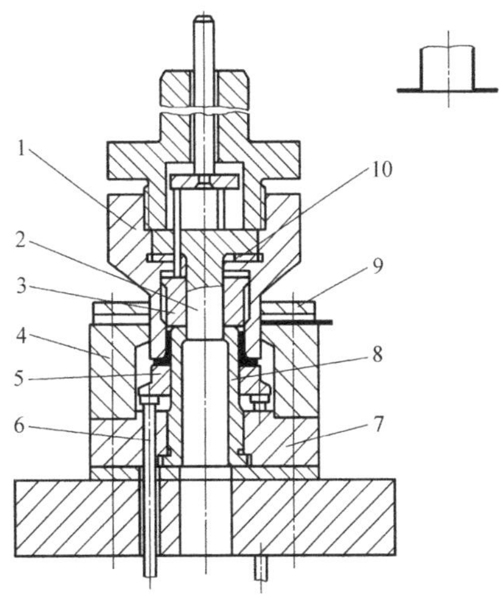

图 5-18　落料、拉深、冲孔、翻边复合模
1、8—凸凹模　2—冲孔凸模　3—推件块　4—落料凹模　5—顶件块　6—顶杆　7—固定板　9—卸料板　10—垫片

出合格的零件高度。该模具的工作顺序是：上模下行，首先落料拉深凸凹模的落料刃口与凹模作用实现落料。上模继续下行，在凸凹模的内壁和凸凹模的外壁相互作用下将毛坯拉深，压力机缓冲器的力通过顶杆传递给顶件块，并对毛坯施加压料力。当拉深到设计深度后，由冲孔凸模和凸凹模的内壁刃口进行冲孔，在模具继续下行的冲程中完成翻边。当上模回程时，在顶件块和推件块的作用下将工件顶出，条料由卸料板卸下。

5.3 缩口

缩口是将预先成形好的圆筒件或管件毛坯，通过缩口模具将其口部缩小的一种成形工序。缩口工序的应用比较广泛，可用于子弹壳、炮弹壳、钢制气瓶、自行车车架立管、自行车坐垫鞍管等零件的成形。对于细长的管状类零件，有时用缩口代替拉深可取得更好的效果。图 5-19a 所示为采用拉深和冲底孔工序成形工件，共需 5 道工序。图 5-19b 所示为采用管状毛坯缩口工序，只需 3 道工序。与缩口相对应的是扩口工序。

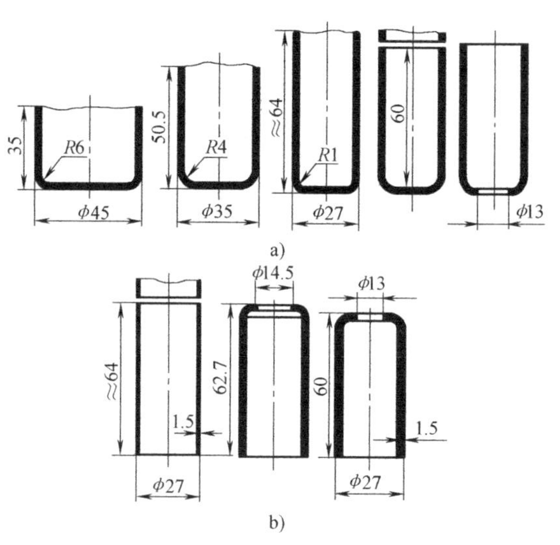

图 5-19 缩口与拉深工序的比较

a）拉深和冲底孔工序 b）管状毛坯缩口工序

5.3.1 缩口成形特点与变形程度

1. 缩口成形的变形特点

缩口成形的变形特点如图 5-20 所示，变形区主要受两向压应力作用，其中切向压应力 σ_θ 的绝对值最大。σ_θ 使直径缩小，厚度和高度增加，所以切向压应变 ε_θ 为最大主应变。径向应变 ε_ρ、厚向应变 ε_t 为拉应变。变形区由于受到较大切向压应力的作用，易产生切向失稳而起皱；起传力作用的筒壁区，由于受到轴向压应力的作用也容易产生轴向失稳而起皱，所以失稳起皱是缩口工序的主要障碍。缩口属于压缩类成形工序。常见的缩口形式有斜口式、直口式和球面式（图 5-21）。

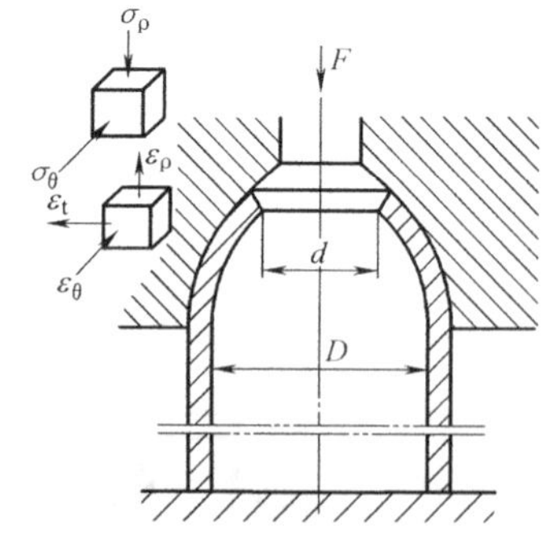

图 5-20 缩口成形的变形特点

2. 缩口变形程度

缩口变形程度用缩口系数 m_s 表示，其表达式为

$$m_s=\frac{d}{D} \tag{5-21}$$

式中 d——缩口后直径；

D——缩口前直径。

缩口极限变形程度用极限缩口系数 m_{smin} 表示。m_{smin} 取决于对失稳条件的限制，其值的大小主要与材料的力学性能、毛坯厚度、模具的结构形式和毛坯表面质量有关。材料的塑性

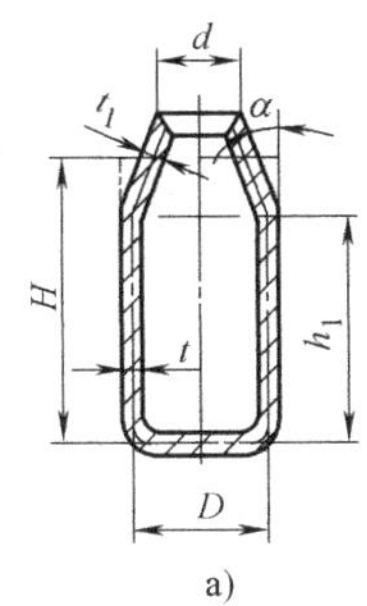

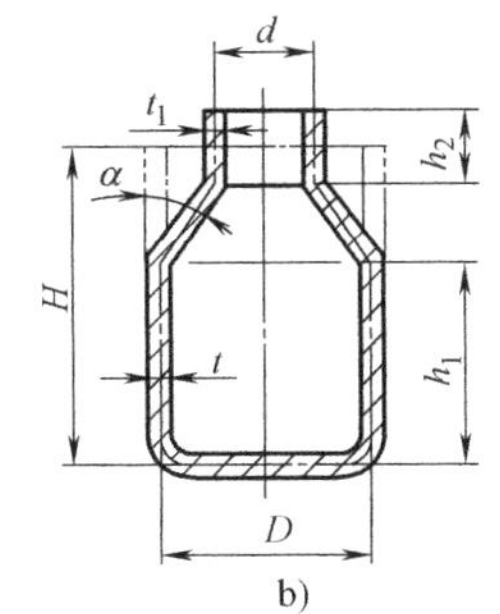

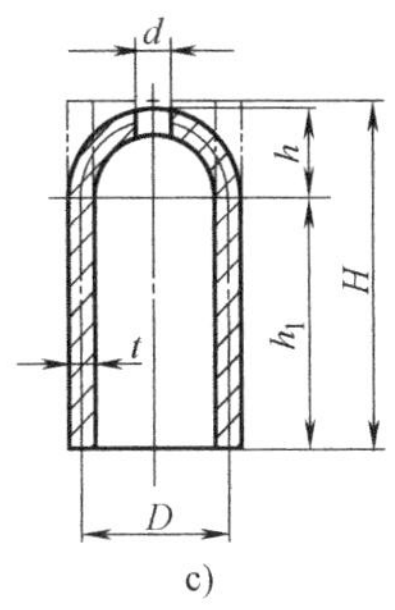

图 5-21　缩口形式

a）斜口形式　b）直口形式　c）球面形式

好、屈强比小，允许的缩口变形程度大（极限缩口系数 m_{smin} 小）；毛坯越厚，抗失稳起皱的能力就越强，有利于缩口成形；采用内支承（模芯）模具结构，口部不易起皱；合理的模角、小的锥面表面粗糙度值和良好的润滑条件，可以降低缩口力，对缩口成形有利。当缩口变形所需压力大于筒壁材料失稳临界压力时，非变形区筒壁将首先失稳，也将限制一次缩口的极限变形程度。

表 5-6 是不同材料和厚度的平均缩口系数 m_0。表 5-7 是一些材料在不同模具结构形式下的极限缩口系数。当计算出的缩口系数 m_s 小于表中值时，要进行多次缩口。

表 5-6　不同材料和厚度的平均缩口系数 m_0

材料	材料厚度/mm		
	≤0.5	>0.5~1.0	>1.0
黄铜	0.85	0.80~0.70	0.70~0.65
软钢	0.85	0.75	0.70~0.65

表 5-7　不同模具结构的极限缩口系数 m_{smin}

材料	模具结构形式		
	无支承	外支承	内外支承
软钢	0.70~0.75	0.55~0.60	0.30~0.35
黄铜(H62、H68)	0.65~0.70	0.50~0.55	0.27~0.32
铝	0.68~0.72	0.53~0.57	0.27~0.32
硬铝(退火)	0.73~0.80	0.60~0.63	0.35~0.40
硬铝(淬火)	0.75~0.80	0.68~0.72	0.40~0.43

5.3.2　缩口工艺计算

1. 缩口次数及其缩口系数确定

当计算出的缩口系数 m_s 小于极限缩口系数 m_{smin} 时，要进行多次缩口，其缩口次数 n 由下式确定

$$n=\frac{\lg m_{sz}}{\lg m_0}=\frac{\lg d-\lg D}{\lg m_0} \tag{5-22}$$

式中　m_{sz}——总缩口系数，$m_{sz}=d/D$；

m_0——平均缩口系数，其值参见表 5-6。

n 的计算值一般是小数，应进位成整数。

多次缩口工序中，第一次采用比平均值 m_0 小 10% 的缩口系数，以后各次采用比平均值 m_0 大 5%～10% 的缩口系数。考虑材料的加工硬化及后续缩口可能增加的生产成本等因素，缩口次数不宜过多。

2. 毛坯尺寸计算

毛坯尺寸的主要设计参数是缩口毛坯高度 H，按照图 5-21 所示的不同的缩口形式，根据体积不变条件，可得如下毛坯高度的计算公式。

1）斜口形式

$$H=1.05\left[h_1+\frac{D^2-d^2}{8D\sin\alpha}\left(1+\sqrt{\frac{D}{d}}\right)\right] \tag{5-23}$$

2）直口形式

$$H=1.05\left[h_1+h_2\sqrt{\frac{d}{D}}+\frac{D^2-d^2}{8D\sin\alpha}\left(1+\sqrt{\frac{D}{d}}\right)\right] \tag{5-24}$$

3）球面形式

$$H=h_1+\frac{1}{4}\left(1+\sqrt{\frac{D}{d}}\right)\sqrt{D^2-d^2} \tag{5-25}$$

3. 缩口力

在无支承的缩口模上缩口，其缩口力 F 可按下式估算

$$F=k\left[1.1\pi Dt\sigma_b\left(1-\frac{d}{D}\right)(1+\mu\cot\alpha)\frac{1}{\cos\alpha}\right] \tag{5-26}$$

式中　k——速度系数，采用曲柄压力机时，$k=1.15$；

σ_b——材料的抗拉强度；

μ——工件与凹模接触面的摩擦因数。

其他符号意义见图 5-21。

值得注意的是，当缩口变形所需压力大于筒壁材料失稳临界压力时，此时筒壁将先失稳，缩口就无法进行。此时，需要对有关工艺参数进行调整。

5.3.3　缩口模结构

缩口模结构根据支承情况分为无支承、外支承和内外支承三种形式（图 5-22）。设计缩口模时，可根据缩口变形情况和缩口件的尺寸精度要求选取相应的支承结构。此外，还可采用旋压缩口法，靠旋轮沿一定的轨迹（或芯模）进行缩口变形。

缩口凹模锥角的正确选用很关键。在相同缩口系数和摩擦因数条件下，锥角越小，缩口变形力在轴向的分力越小；同时变形区范围增大，使摩擦阻力增加，所以理论上应存在合理的锥角 $\alpha_{合}$，在此合理锥角缩口时缩口力最小，变形程度得到提高。通常可取 $2\alpha_{合}\approx52.5°$。

由于缩口变形后的回弹，使缩口工件的尺寸往往比凹模内径的实际尺寸稍大。对于有配合要求的缩口件，在模具设计时应进行修正。

图 5-23 所示为钢制气瓶缩口模。材料为 1mm 的 08 钢。缩口模采用外支承结构，一次缩口成形。由于气瓶锥角接近合理锥角，所以凹模锥角也接近合理锥角，凹模表面粗糙度达 $Ra0.4\mu m$。

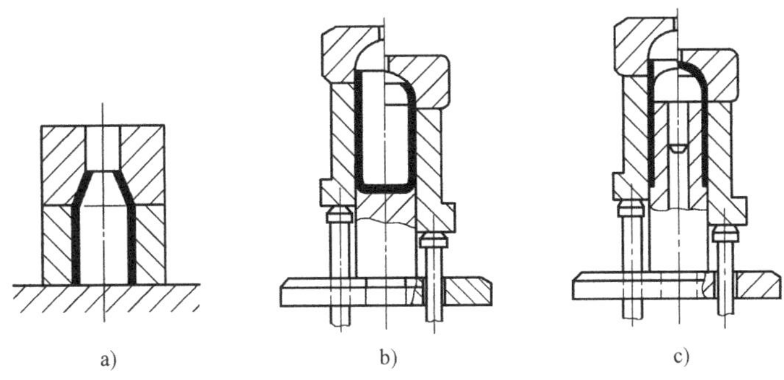

图5-22　不同支承方法的模具结构形式

a）无支承　b）外支承　c）内外支承

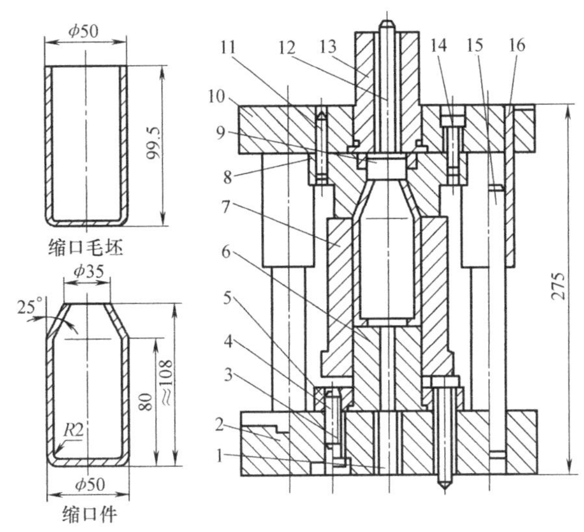

图5-23　气瓶缩口模

1—顶杆　2—下模座　3、14—螺钉　4、11—销钉　5—下固定板　6—垫板　7—外支承套　8—缩口凹模　9—推块　10—上模座　12—打杆　13—模柄　15—导柱　16—导套

5.4　旋压

旋压是一种特殊的成形方法，是将平板或空心毛坯固定在旋压机的芯模上，在毛坯随机床主轴转动的同时，用旋轮或赶棒加压于毛坯，使其逐渐紧贴芯模，从而获得要求的旋转体零件。用旋压方法可以完成旋转体的拉深、翻边、缩口、胀形和卷边等工艺。

5.4.1　旋压成形特点及应用

旋压加工的设备和模具都比较简单，除了可以成形圆筒形、锥形、抛物面形等旋转体外，还可以加工复杂形状的旋转体零件，如扬声器、弹体、铜锣、灯罩等，但其生产率较低，劳动强度较大，比较适合新产品的试制和小批量产品的生产。按旋压前后金属毛坯厚度变化情况，旋压可以分为不变薄旋压和变薄旋压。

5.4.2 不变薄旋压

毛坯的厚度在旋压过程中不发生强制变薄的旋压，称为不变薄旋压（普通旋压）。不变薄旋压的工作原理如图5-24所示。芯模装夹在旋压机的主轴上，将平板毛坯或空心毛坯贴靠在芯模上，并用顶针架使顶针压紧毛坯，使其随主轴旋转；旋压时，沿轴向运动的旋轮与毛坯基本上为点接触，毛坯在旋轮的作用下发生两种变形：①与旋轮直接接触的材料产生局部塑性变形；②毛坯沿旋轮加压的方向上发生倒伏。

在旋压操作过程中，控制旋轮很重要，如操作不当，会造成材料失稳起皱、振动或撕裂，转角处的材料也容易变薄而旋裂。由于旋压在瞬间是毛坯的局部点变形，因此用较小的力可加工出大尺寸的工件。

旋压虽然是局部变形，但是，如果材料的变形量过大，也容易起皱甚至破裂，所以变形量大时需要多次旋压成形。多次旋压时需考虑毛坯的中间退火。旋压的变形程度用旋压系数 m 表示，即

$$m=\frac{d}{D} \tag{5-27}$$

式中 d——工件直径（当工件为锥形时，d 取圆锥的小端直径）；

D——毛坯直径。

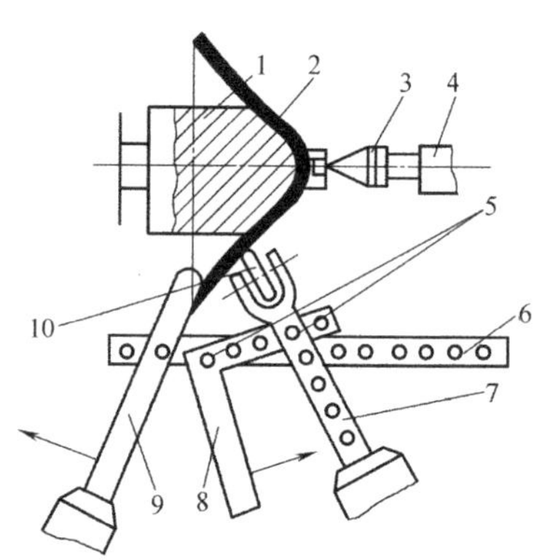

图5-24 不变薄旋压成形原理图

1—芯模 2—毛坯 3—顶针 4—顶针架 5—定位钉 6—固定支架 7—旋压棒 8—辅助手柄 9—成形垫 10—旋轮

旋压成形的极限旋压系数 $m=0.6\sim0.8$，锥形件的极限旋压系数可取 $m=0.2\sim0.3$。

旋压件的毛坯尺寸计算，可按工件的表面积等于毛坯的表面积的原则，求出毛坯直径。由于旋压时材料有变薄现象，因此实际的毛坯直径可以取理论计算值的93%~95%。

5.4.3 变薄旋压

毛坯厚度在旋压过程中被强制变薄的旋压，称为变薄旋压（强力旋压）。此法综合了锻造、挤压、拉伸、弯曲、环轧和滚压等工艺特点，主要用于加工尺寸较大、形状复杂的薄壁旋转工件，加工质量比不变薄旋压好，被广泛用于工程机械、航空航天、武器装备等制造领域。

变薄旋压的工作原理如图5-25所示。旋压时，顶块将毛坯紧压在芯模上，芯模随机床主轴旋转，带动毛坯与顶块一起旋转。旋轮通过机械或液压机构沿一定轨迹移动，并与芯模保持规定的间隙，此间隙小于毛坯的厚度；旋轮施加高压于毛坯（压力可达2500MPa），迫使毛坯贴紧芯模并被碾薄，逐渐成形为工件。

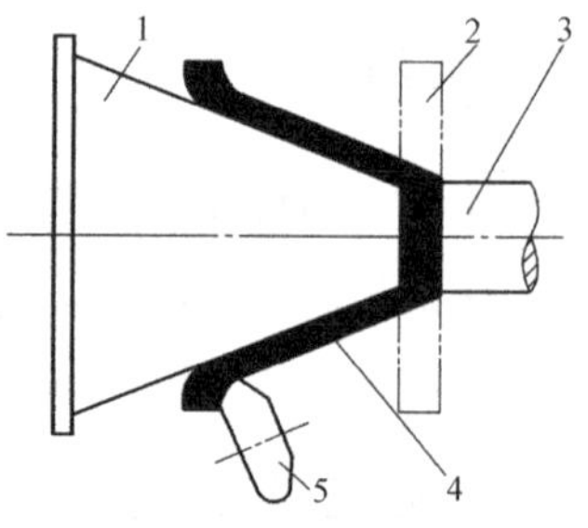

图5-25 变薄旋压成形原理图

1—芯模 2—毛坯 3—顶块 4—工件 5—旋轮

变薄旋压的特点是：

1）旋压过程中，毛坯的凸缘部分均不产生收缩变形，因此凸缘不会失稳起皱，但一般要求使用功率大、刚度大并有精确靠模机构的专用强力旋压机。

2）旋压时，旋轮加压于毛坯并使之逐渐变薄，工件表面积的增加是通过毛坯变薄实现的，因而节约材料。

3）变薄旋压后，材料晶粒紧密细化，提高了强度和硬度，表面质量好，表面粗糙度可达 $Ra0.4\mu m$。

变薄旋压的变形程度用变薄率 ε 表示，即

$$\varepsilon=\frac{t_0-t_1}{t_0}=1-\frac{t_1}{t_0} \tag{5-28}$$

式中　t_0——旋压前毛坯的厚度；

t_1——旋压后工件的壁厚。

圆筒形件变薄旋压时，一般塑性好的材料一次的变薄率可达 50%以上，多次旋压总的变薄率也可达 90%以上。

习题与思考题

5-1　什么是胀形、翻边、缩口？在这些成形工序中，由于变形过度而出现的材料损坏形式分别是什么？

5-2　胀形、翻边、缩口的变形程度分别是如何表示的？如果工件的变形超过了材料的极限变形程度，在工艺上分别可以采取哪些措施？

5-3　凸模形状对翻边高度有何影响？胀形凸模的圆角半径对局部胀形深度有何影响？

5-4　如图 5-26 所示翻边件，材料为 10 钢，其极限翻边系数 m_{min} 为 0.48。判断其能否一次翻边成形。若一次翻边不成而用先拉深再翻边的方法，试计算翻边能够达到的最大高度及预制孔直径。

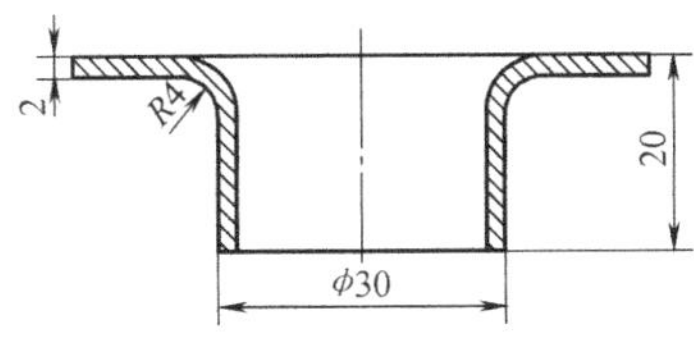

图 5-26　题 5-4 图

第6章 多工位精密级进冲压工艺与模具设计

学习目标

了解多工位精密级进冲压工艺的特点，熟悉多工位精密级进模设计要点，掌握多工位级进冲压排样设计的原则、工位排序和不同类型冲压件排样设计方法；掌握不同形状零件工艺载体的选择，复杂形状轮廓的分段冲切设计，空工位的设计原则。

熟悉多工位精密级进模的典型结构，掌握精密级进模凸模、凹模及凹模拼块的设计；掌握带料的导正定位、导向和浮动托料、卸料装置与安全保护装置设计；掌握冲压加工方向的转换机构设计。

6.1 多工位精密级进冲压工艺的特点与应用

级进冲压是指压力机的一次冲压行程中，在模具的不同工位上同时完成不同的冲压工序。级进冲压所使用的模具称为级进模，又称连续模。在级进冲压中，不同的冲压工序分别按一定次序排列，带料按步距间歇移动，在设计的不同工位上完成零件成形所需的不同的冲压工序，经逐个工位冲制后，便得到一个完整的零件（或半成品）。无论冲压零件的形状怎样复杂，冲压工序怎样多，均可用一副多工位级进模冲制完成。采用级进冲压工艺方法特别适用于大批量生产的中、小型精密冲压件，特别适合电子器件、汽车零部件的批量生产（图6-1）。

a)

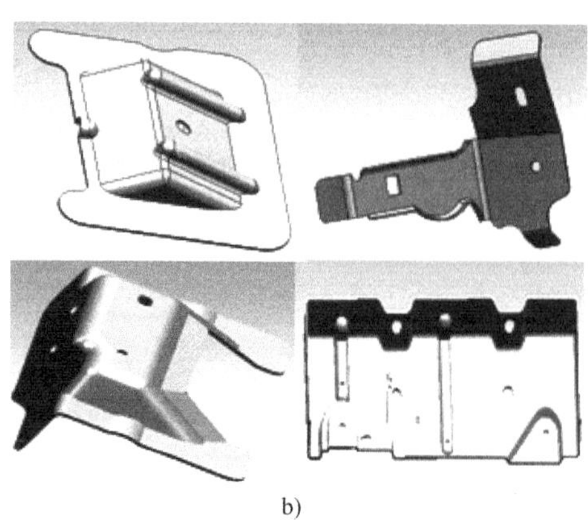

b)

图6-1 级进冲压典型零件

多工位精密级进模是一种精密、高效、长寿命的模具，一副模具上的工位数可达数十个。在多工位精密级进模中除了设计有保证完成冲压零件成形的工作零件外，还设计有送料误差检测装置、模内工件或废料去除机构等，同时还配备有精度高且送料步距易于调整的自动送料装置、带料的开卷装置等，才能实现精密自动冲压。与普通冲压模具相比，多工位级进模的结构比较复杂，模具设计和制造技术要求较高，模具的成本相对也高。同时，级进冲压对冲压设备、原材料也有相应的要求。因此，在模具设计前必须对工件进行全面分析，了解设备和冲压材料，并结合模具的结构特点和冲压件的成形工艺性来确定工件的级进冲压成形工艺过程，以便获得最佳的技术经济效益。

多工位精密级进模要求具有高精度、长寿命。模具的主要工作零件常采用高强度的高合金工具钢、高速钢或硬质合金等材料。模具的精加工常采用慢走丝线切割加工和成形磨削。在多工位级进模中，常有很精细的小凸模，必须对这些小凸模以精确导向和保护。级进模的卸料板能为小凸模提供导向和保护功能，因此卸料板上相应的孔必须采用高精度加工，其尺寸及相互位置必须准确无误。在冲压过程中，随模具的冲程和带料的进给，卸料板的运动必须高度平稳，则卸料板应设计有导向、保护措施。

多工位级进冲压有以下特点：

（1）生产率高　级进冲压模属于多工序、多工位模具，在一副模具不同的工位上可实现冲裁、弯曲、拉深、翻边、镦压、压铆、压筋、切边等冲压工序，冲压出来的可以是大批量的单个零件，也可以是大批量的组件。配合高速压力机及各种辅助设备，级进模可进行高速冲压（纯冲裁 1200~1500 次/min、带弯曲 400~600 次/min、带料连续拉深最快也可达到 100 次/min），因而具有较高的生产率。

（2）自动化生产，操作安全　模具调整好后，带料经过开卷机、校平机、送料器、工件收集器、废料切断和收卷机构，不需要人来操作；同时自动送料、自动检测、自动出件等自动化装置，可防止加工时发生误送或意外，有效实现整个冲压生产的安全保护。如果出现故障，设备会自动停机，实现冲压生产自动化、安全生产。

（3）模具寿命长　由于在级进模中工序可以分散在不同的工位上，避免了凹模壁的“最小壁厚”问题（可用空工位增大壁厚），且改变了凸、凹模的受力情况；同时工作零件采用超硬材料制造，因而模具强度高、寿命较长。

（4）模具设计制造周期长，成本高　多工位级进模结构复杂，镶块较多，模具制造精度要求很高，要采用高精度的加工、检测设备，给模具的制造、调试及维修带来一定的难度。因而，模具的工时费高，制造周期长。在模具设计和制造时，要求考虑模具零件具有互换性，在模具零件磨损或损坏后能迅速更换，模具使用方便、可靠。

（5）材料的利用率较其他模具低　特别是某些形状复杂的零件，产生的工艺废料（排样设计中的载体）较多。

（6）较难保持内、外形相对位置的一致性　因为内、外形是逐次冲出的，每次冲压都有定位误差，且连续地进行各种冲压工序，必然会引起带料载体和工序件的变形，虽然有导正销定位，对于一些内、外形相对位置一致性要求较高的零件，保证精度还是有一定难度，对于这类零件必须考虑内、外形一次冲压成形。

对于一些形状复杂、经过冲裁落料后不便于再单独重新定位的零件，采用多工位级进模在一副模具内连续完成最为理想，如椭圆形零件、小型和超小型零件。对于某些形状特殊的零件，在使用简单冲模或复合模无法完成冲压生产时，采用多工位级进模却能解决问题。此外，由于使用或装配的需要，或者后续加工需要零件规则排列时，也可采用级进模冲制，如零件先不切除下来，而被卷成盘料，在自动装配过程中才予以分离，或者通过二次加工后再分离。在同一产品上的两个冲压零件，其某些尺寸间有相互关系，甚至有一定的配合关系，在材质、料厚完全相同的情况下，如果用两套模具分别冲制，不仅浪费原材料，而且还不能保证配合精度。若将两个零件合并在一副多工位级进模上同时冲裁，可大大提高材料利用率，并能很好地保证零件的配合精度。

多工位级进模主要用于中、小型复杂冲压件的大批量生产。对于较大的工件或级进模冲压有难度的冲压件，可选择多工位传递式冲压模具实现冲压件大批量生产。

6.2 多工位精密级进冲压工艺排样设计

在多工位精密级进模设计中，要确定从毛坯带料到产品零件的成形过程，即要确定级进冲压工艺排样，可在排样图中的不同工位上设计出加工工序内容或安排空工位等，这一设计过程就是带料的排样。带料排样的主要内容是要确定每一工位冲压断面形状，并将各工序冲压的内容进行优化组合、对工序内容进行排序，确定工位数和每一工位的加工内容，确定载体类型、毛坯定位方式；设计导正孔直径和导正销的数量；最终绘制出工序排样图。排样图是多工位级进模设计的关键，图 6-2 为排样过程示意图。

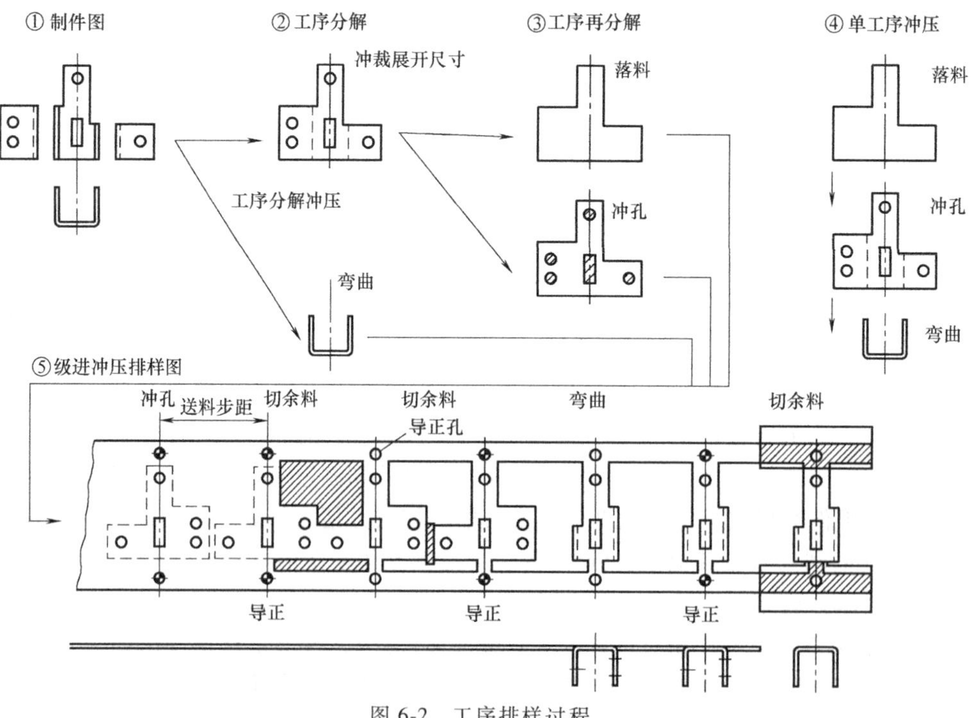

图 6-2　工序排样过程

6.2.1 级进冲压零件在带料上的排样设计原则

带料冲压工艺排样图是多工位级进模设计的重要依据，是决定级进模设计是否优化的主要因素之一。带料排样图设计还直接影响模具设计的质量。当带料排样图确定了，则零件的冲制顺序、模具的工位数及各工位内容、材料的利用率、送料步距、定距方式、带料载体形式、带料宽度、模具结构、导料方式等都可确定。排样图设计错误，会导致模具无法完成冲压零件生产或模具调试困难。设计带料排样图时，必须认真分析，综合考虑，进行合理组合和排序。拟定出多种排样方案，加以比较，最终确定最佳方案。

在排样设计分析时，要考虑以下原则：

1）要保证冲压零件的精度和技术要求，以及后续加工、装配工序的需要。

2）工序应尽量分散，以提高模具寿命，简化模具结构。

3）要考虑生产能力和生产批量的匹配，当生产能力较生产批量低时，应力求采用双排或多排，以提高效率，同时要尽量使模具制造简单，模具寿命长。

4）高速冲压的级进模采用自动送料机构送料时，用导正销精确导正定位，为保证带料送进的步距精度，第一工位安排冲导正孔，第二工位设置导正销，在其后的各工位上优先在易窜动的工位设置导正销。送料步距的控制采用送料装置或侧刃。

5）尽量提高材料利用率，使废料达到最小限度。对同一零件利用多行排列或双行穿插排列，可提高材料利用率。另外，在条件允许的情况下，可把不同形状的零件整合在一副模具上冲压，更有利于提高材料利用率。

6）适当设置空工位，以保证模具具有足够的强度，并避免凸模装配空间不够而相互干涉，同时也便于试模时利用空工位调整成形工序（图 6-3）。

7）必须注意各种产生带料送进障碍的可能，特别是向下成形后带料的托起，应确保带料在送进过程中通畅无阻。

8）冲压件的毛刺方向。当零件提出毛刺方向要求时，应保证冲出的零件毛刺方向一致；对于带有弯曲加工的冲压零件，应使毛刺面留在弯曲件内侧；在分段切除余料时，不能一部分向下冲，有些位置向上冲，造成冲压件的周边毛刺方向不一致。

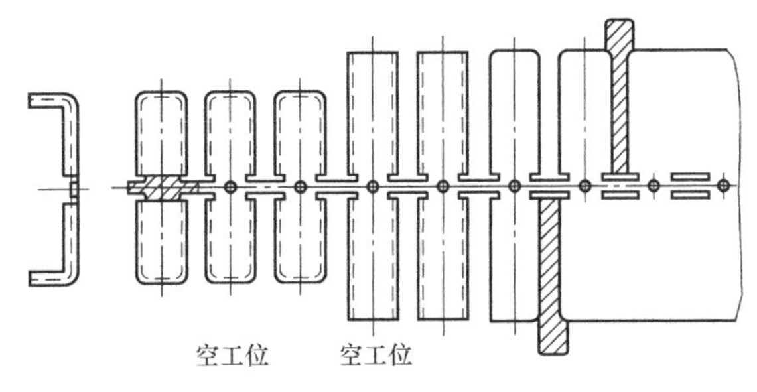

图 6-3　空工位示意图

9）要注意冲压力的平衡。合理安排各工序，以保证整个冲压加工的压力中心与模具中心一致，其最大偏移量不能超过 $L/6$ 或 $B/6$（其中 L、B 分别为模具的长度和宽度）。冲压过程出现侧向力时，要采取措施加以平衡。

10）工件和废料应保证能顺利排出，连续的废料需要增加切断工序。

6.2.2　冲压工序的确定与工位冲压内容的排序

在带料排样设计中，首先是要考虑被加工的零件在全部冲压过程中有几种不同性质的冲压加工工序，各工序的加工内容及如何进行工序的优化组合，并对工序分解后各工位冲压内容进行排序。在确定工序数目和工位安排顺序时，要针对各冲压工序的特点有针对性地考虑。

1. 级进冲裁工序排样的原则

1）由于各工序都是冲裁，先后可按复杂程度而定，一般以有利于下道冲压工序进行为准，以保证工件的精度要求和零件几何形状的正确。对于冲孔落料件，应先冲孔，再逐步完成外形的冲裁。尺寸和形状要求高的轮廓，应布置在较后的工位上冲切。

2）当孔到边缘的距离较小，而孔的精度又较高时，冲外轮廓时孔可能会变形，可将孔旁外缘先于内孔冲出（图 6-4）。

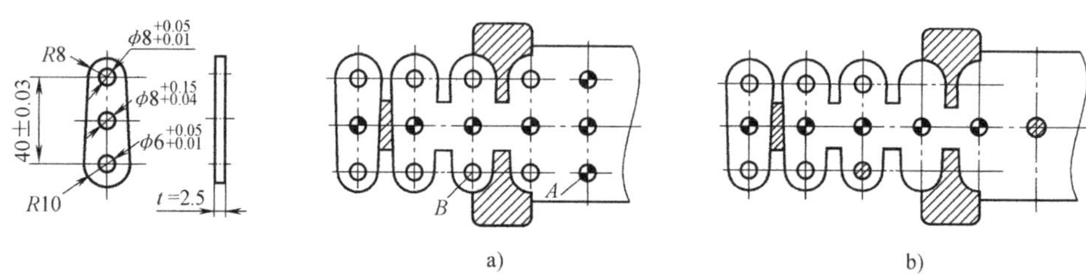

图 6-4 排样示例

a）孔可能变形 b）先冲外缘

3）应尽量避免采用复杂形状的凸模，并避免型孔有尖的凸角、窄槽、细腰等薄弱环节。复杂的型孔应分解为若干个简单的孔形，并分成几步进行冲裁，使模具型孔、凸模容易制造。

4）有严格要求的局部内、外形及位置精度要求高的部位，应尽量集中在同一工位上冲出，以避免步距误差影响精度。如果在一个工位完成这一部分冲压有困难，需分解成两个工位，最好放在两个相邻工位连续冲制。如在一个零件上有一组孔，其孔距位置尺寸要求严格，这一组孔应力求设计在一个工位，使误差只受模具制造的误差影响，而不受步距误差的影响。

5）对一些复杂形状进行分解冲裁时，为了减少步距的累积误差，凡是能合并的工位，只要模具能保证零件的精度，模具本身具有足够的强度，就不要轻易分解、增加工位。尤其对于那些形状不宜分解的零件，更不要轻率地增加工位。

6）分段切除余料时，因冲切加工使带料强度逐渐变弱，在安排各工位的加工内容时要考虑带料宽度方向的导向和保证带料载体与零件连接处有足够的强度与刚度。当冲压件上有大小孔或窄肋时，应先冲小孔（短边），后冲大孔（长边）。

7）凹模上冲切轮廓与凹模壁之间的距离不应小于凹模的最小允许壁厚，一般取为 2.5t（t 为工件材料厚度），最小要大于 2mm。

8）轮廓周界较大的冲切，尽量安排在中间工位，以使压力中心与模具几何中心重合。

2. 级进弯曲工序排样的原则

1）对于级进冲压弯曲类零件，先冲孔，然后分离弯曲部位周边的废料，再进行弯曲，最后将弯曲件切离带料。靠近弯边的孔有精度要求时，若孔在变形区，应弯曲后再冲，以防止孔变形。

2）为避免弯曲时载体变形和侧向滑动，小件可两件组合成对称件弯曲，然后再剖分开，如图 6-3 所示。

3）对于复杂的弯曲零件，为了便于模具制造并保证弯曲角度合格，应分解为简单弯曲工序的组合，经逐次弯曲而成，切不可强行一次弯曲成形。力求用简单的模具结构来成形弯曲件（图 6-5）。对于精度要求较高的弯曲件，应以整形工序保证零件质量。

图 6-5　弯曲件的分解

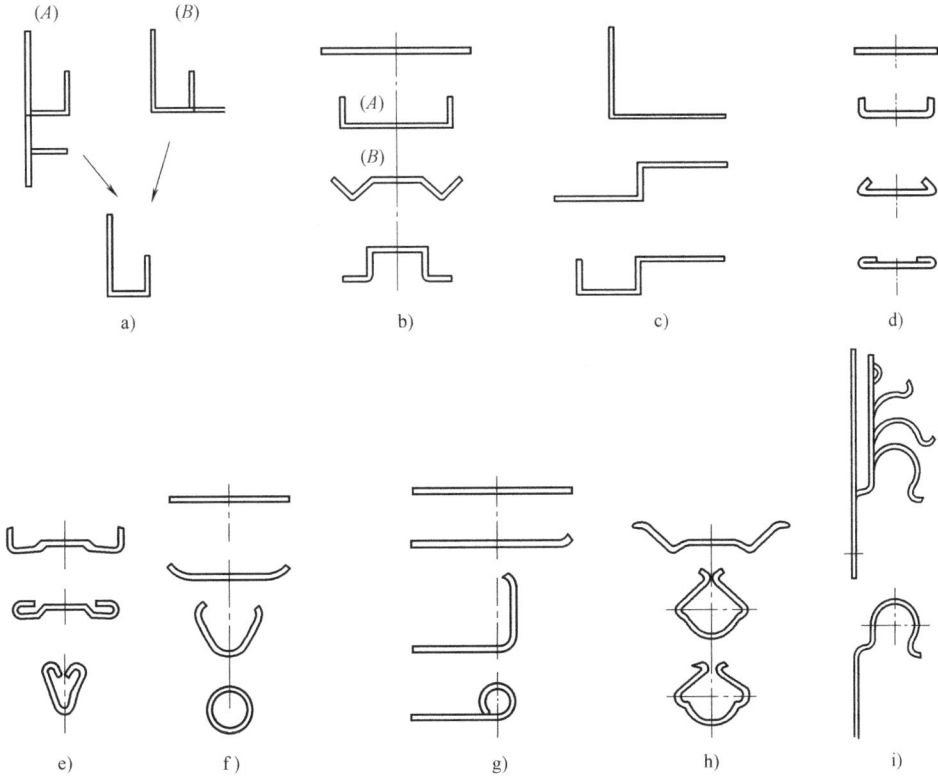

4）平板毛坯弯曲后变为空间立体形状，毛坯平面应离开凹模面一定高度，以使工序件能在进一步向前送进时不被凹模挡住，这一高度称为送进线高度。在满足工序件能顺利地送进时，送进线高度应尽量小，如图 6-6 所示。

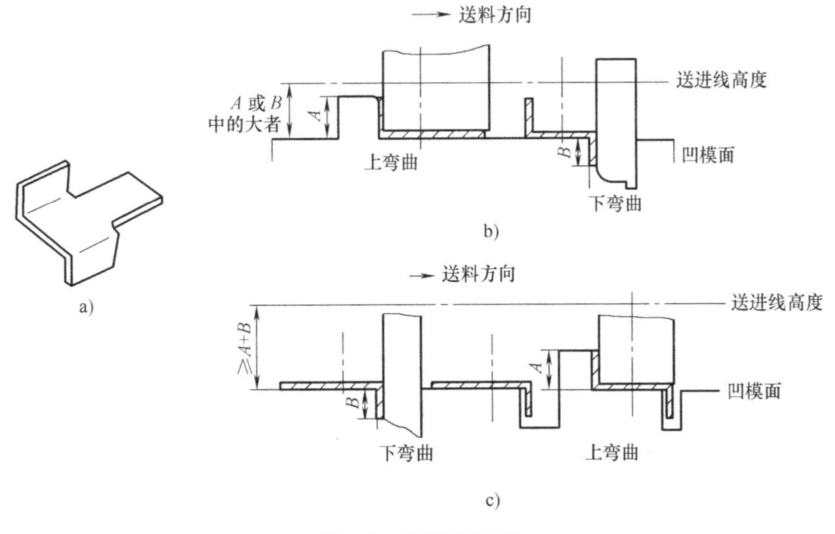

图 6-6　送进线高度

5）当一个零件的两个弯曲位置有尺寸精度要求时，弯曲两位置应当在同一工位一次成形。这样不仅保证了尺寸精度，而且能够准确保证成批零件加工后的一致性。

6）弯曲时，为保证零件的弯曲质量，应考虑弯曲线与材料纹向垂直。当零件在互相垂直的方向或几个方向都要进行弯曲时，弯曲线必须与带料或条料纹向成一定的角度，角度一般为 30°~60°。

7）尽可能以压力机行程方向作为弯曲方向；要做不同于行程方向的弯曲成形时；可采用斜楔滑块机构；对于闭口型弯曲件，也可采用斜口凸模弯曲，如图 6-7 所示。

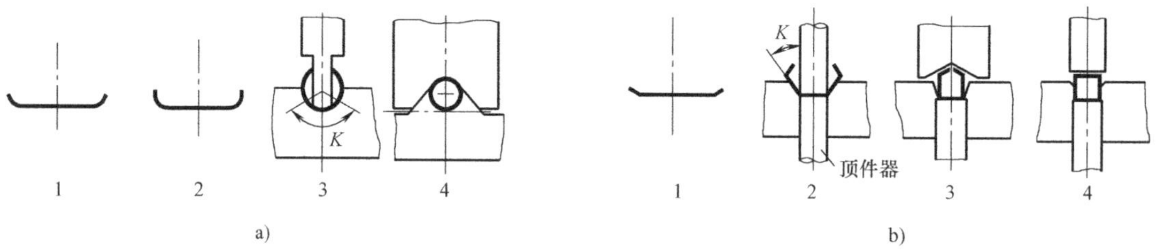

图 6-7　复杂形状零件弯曲

3. 级进拉深工序排样的原则

1）对于有拉深又有弯曲和其他工序的工件，应当先进行拉深，再安排其他工序。这是由于拉深过程中必然有材料的流动，若先安排其他工序，拉深时将造成已成形的部位产生变形。

2）采用多工位模具多次拉深的零件，由于连续冲压的原因，其拉深系数的选取应以安全稳定为原则。最终还应当考虑整形工序，以保证冲压件的质量。为了便于级进拉深模在试模过程中调整拉深次数和各次拉深系数的分配，应在工艺排样中适当安排空工位，作为预备工位，一般每拉深一次增加一个空工位。空工位的增加，还可减少带料拉深时由于拉深高度不一致造成的带料倾斜和载体变形。

3）拉深件底部有较大孔时，可在拉深前先冲较小的预备孔，以改善材料的拉深性能；拉深后再将孔冲至要求的尺寸。

4）带料级进拉深有两种方式，即无切口带料拉深和有切口带料拉深，如图 6-8 所示。

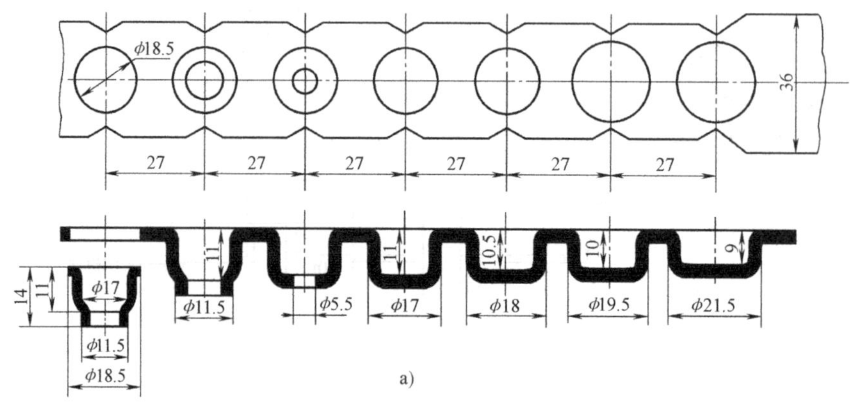

图 6-8　带料级进拉深方法

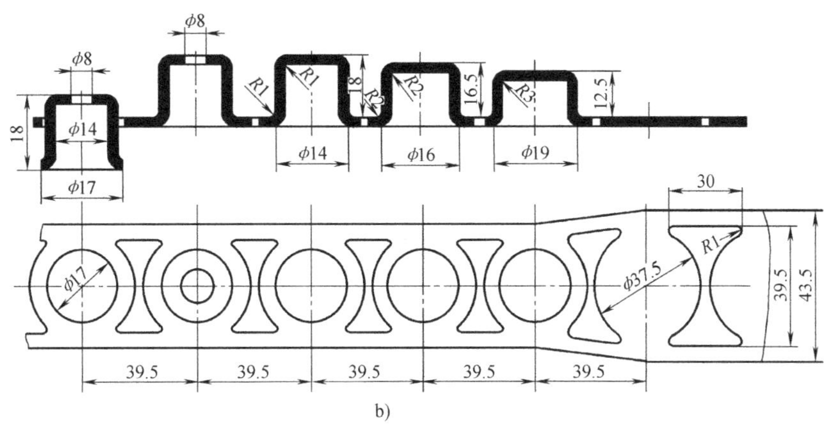

b)

图 6-8　带料级进拉深方法（续）

a）无切口　b）有切口

若拉深的深度较大，为了便于材料的流动，可应用拉深前切口、切槽等技术。生产中常用的几种切口形式见表 6-1。表 6-2、表 6-3 为带料级进拉深搭边及有关切口参数的参考值。

表 6-1　常见工艺切口形式及应用

<table>
<tr><th>序号</th><th>切口或切槽形式</th><th>应用场合</th><th>优缺点</th></tr>
<tr><td>1</td><td></td><td>用于材料厚度 $t<1$mm 的大直径（$d>5$mm）的圆形浅拉深件</td><td>（1）首次拉深工位，料边起皱情况较无切口时为好
（2）拉深中侧搭边会弯曲，妨碍送料</td></tr>
<tr><td>2</td><td></td><td>用于材料较厚（$t>0.5$mm）的圆形小工件。应用较广</td><td>（1）不易起皱，送料方便
（2）拉深中步距会缩小
（3）工艺废料多</td></tr>
<tr><td>3</td><td></td><td>用于薄料（$t<0.5$mm）的小工件</td><td>（1）拉深过程中料宽与送料步距不变，可用废料搭边上的孔定位
（2）工艺废料多</td></tr>
<tr><td>4</td><td></td><td rowspan="2">用于矩形件的拉深，其中序号 4 应用较广</td><td rowspan="2">（1）不易起皱，送料方便
（2）拉深中步距会缩小
（3）工艺废料多</td></tr>
<tr><td>5</td><td></td></tr>
<tr><td>6</td><td></td><td>用于单排或双排的单头焊片</td><td>（1）首次拉深工位，料边起皱情况较无切口时为好
（2）拉深中侧搭边会弯曲，妨碍送料</td></tr>
</table>

表 6-2　级进拉深排样的工艺参数计算公式

序号	拉深方法	图　示	料宽	步距
1	无切口带料级进拉深	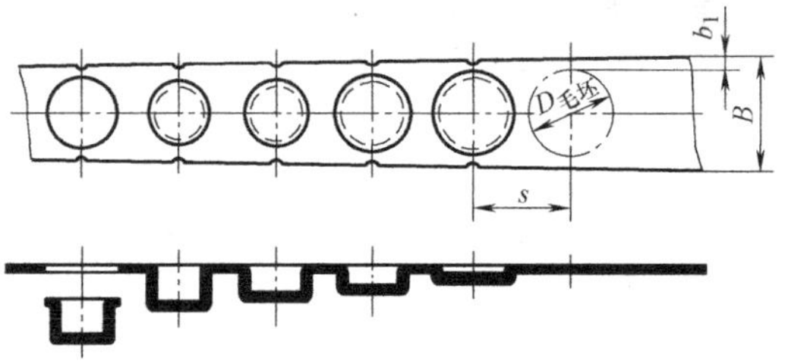	$B=D+2b_1$	$S=(0.8\sim1)D$,一般不能小于包括切边余量的凸缘直径
2	有一圈工艺切口的级进拉深	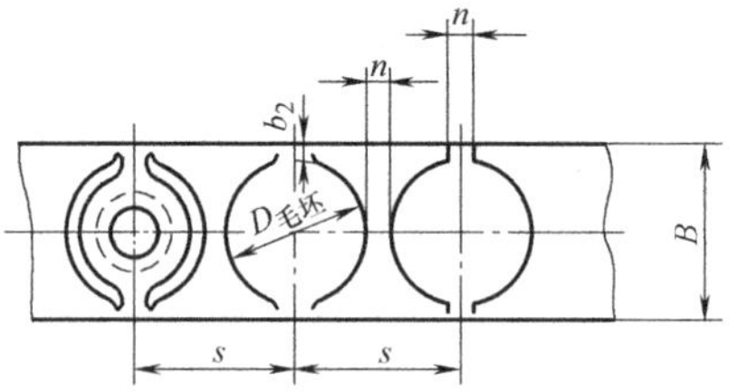	$B=D+2b_2$	$S=D+n$
3	有两圈工艺切口的级进拉深	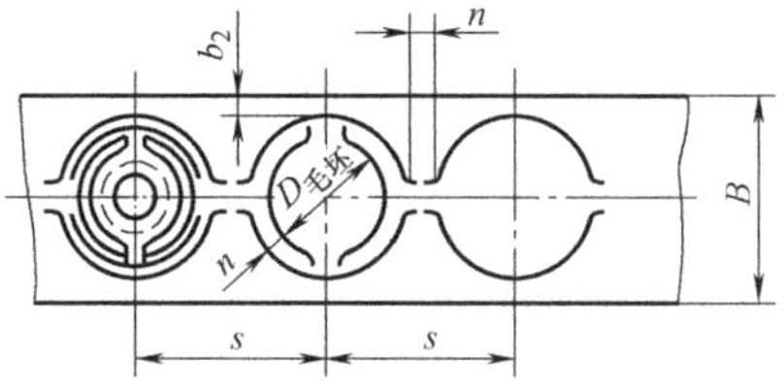	$B=D+2n+2b_2$	$S=D+3n$
4	带半双月形切口的级进拉深	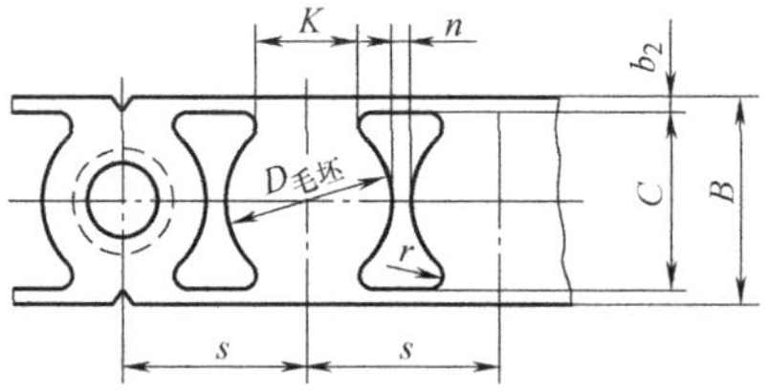	$B=C+2b_2$	$S=D+n$

表 6-3　拉深排样搭边及有关切口参数的推荐值　　　　（单位：mm）

参数符号（见表 6-2）	材料厚度		
	≤0.5	>0.5~1.5	>1.5
b_1	1.5	1.75	2
b_2	1.5	2	2.5
n	1.5	1.8~2.2	3
r	0.8	1	1.2
K	$K=(0.25\sim0.35)D$		
C	$C=(1.02\sim1.05)D$		

4. 含局部成形工序排样的基本原则

1）有局部成形时，可根据具体情况将其穿插安排在各工位上进行，在保证产品质量的前提下，利于减少工位数。

2）局部成形会引起带料的收缩，使周围的孔变形，因此不宜安排在带料边缘区或工序件外形处，局部成形区周围的孔应在成形后再冲（图 6-9）。

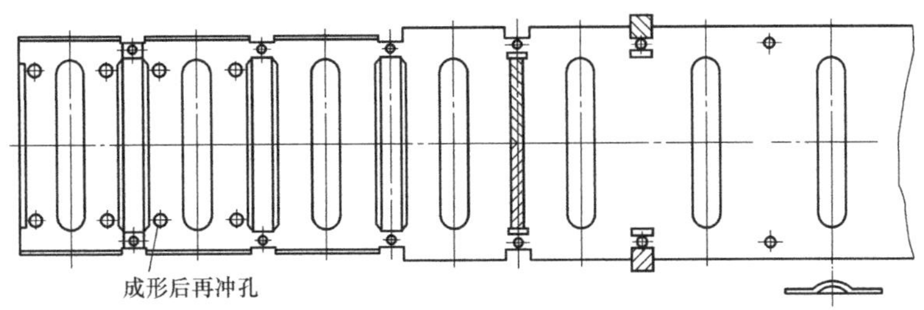

图 6-9　局部成形后冲孔

3）轮廓旁的凸包要先成形，以避免轮廓变形。若凸包中心线上有孔，可在压凸包前先在孔的位置上冲出直径较小的孔，以利于材料从中心向外流动；待压好凸包后再冲孔到要求的尺寸。

4）镦形后材料会向周边延展，因此镦压前应将其周边余料适当切除，然后在镦形完成后再安排进行一次冲裁工序，冲去被延展的余料，如图 6-10 所示。

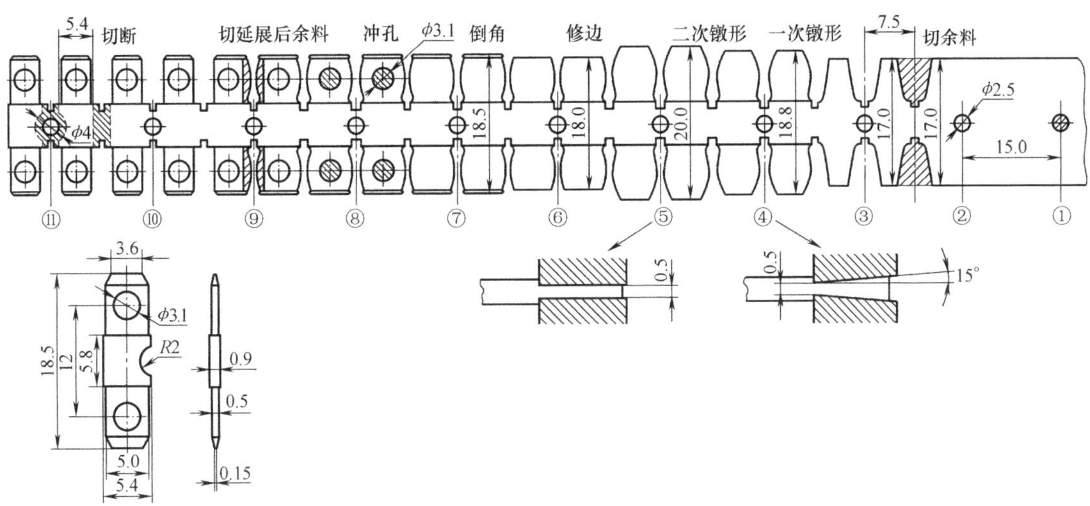

图 6-10　带有镦压变形的排样

6.2.3　带料排样的载体设计

级进冲压带料的载体，是指冲压时带料与工序件连接并运载其稳定前进的这部分材料。在排样设计中，载体设计是非常重要的。载体的尺寸和形状不仅决定了材料的利用率，而且关系到工件的冲压精度和冲压成形可靠性，同时直接影响模具结构的复杂程度和制造的难易程度。载体在冲压过程中不仅起冲裁搭边的作用，补偿定位误差，满足冲压工艺的基本要求，保证冲出合格的工件，而且载体还负责运载传递带料上的冲压工序零件，保证平稳地将工序件送进到后续冲压工位，因此载体要求有较高的强度和刚度。

载体的强度和刚度非常重要。载体发生变形，则整个带料的送进精度就无法保证，严重者会使带料无法送进而损坏模具、造成事故。从保证载体强度出发，载体宽度应远大于搭边宽度。但带料载体强度的增强，并不能单纯靠增加载体宽度来保证，重要的是要合理地选择载体形式。由于被加工零件的形状和工序要求不同，其载体的形式应有不同的选择。工艺排样设计中，载体的基本形式有双侧载体、单侧载体和中间载体三种。

1. 双侧载体

双侧载体是在带料的边缘两侧设计的载体，被加工的工件连接在两侧载体的中间。双侧载体是理想的载体，可使工件到最后一个工位前带料的两侧载体仍保持有完整的外形，这对于送进、定位和导正都十分有利。采用双侧载体送进十分平稳可靠，但载体会降低材料利用率。双侧载体可分为等宽双侧载体、不等宽双侧载体和边料载体。

1）等宽双侧载体。一般应用于送料步距精度高、带料偏薄、精度要求较高的多工位级进模。在载体两侧的对称位置可冲出导正孔，在模具的相应位置设导正销，以提高定位精度，如图 6-11 所示。

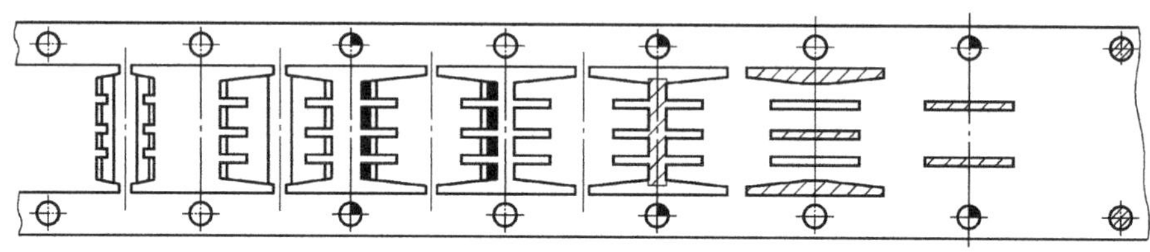

图 6-11　等宽双侧载体

2）不等宽双侧载体，如图 6-12 所示。宽的一侧称为主载体，一般在主载体上设计导正孔，窄的一侧称为副载体。冲压时，带料沿主载体一侧的导料板前进。冲压过程中可在中途冲切去副载体，以便进行侧向冲压加工或其他加工。在冲切去副载体之前，主要冲裁工序都应进行完毕，以确保工件的冲压精度。

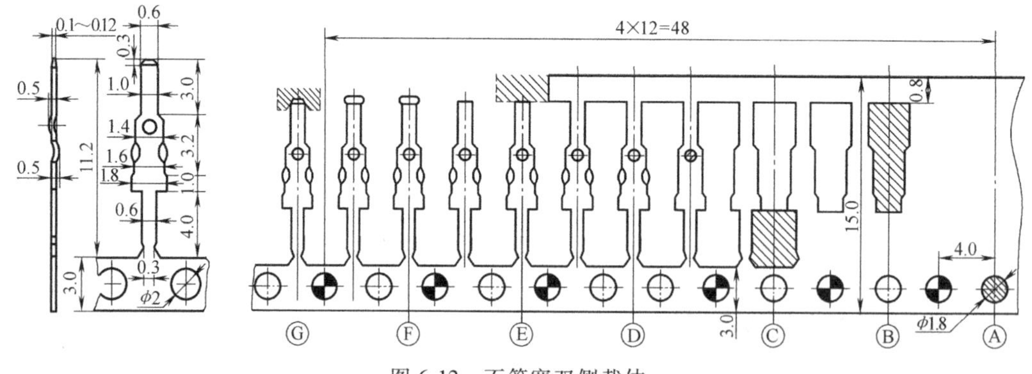

图 6-12　不等宽双侧载体

3）边料载体，如图 6-13 所示。即利用材料两侧搭边冲出导正孔而形成的一种载体，这种载体既简单又能提高材料的利用率，对于外形为圆形的冲裁、浅拉深成形的工件排样应用十分普遍。

2. 单侧载体

单侧载体是在带料的一侧设计的载体，以实现对工序件的运载。导正孔设在单侧载体上，其送料步距精度不如双侧载体高。有时可再借用一个零件自身的孔同时进行导正，以提高送料步距精度，防止载体在冲制过程中有微小变形而影响步距精度。与双侧载体相比，单

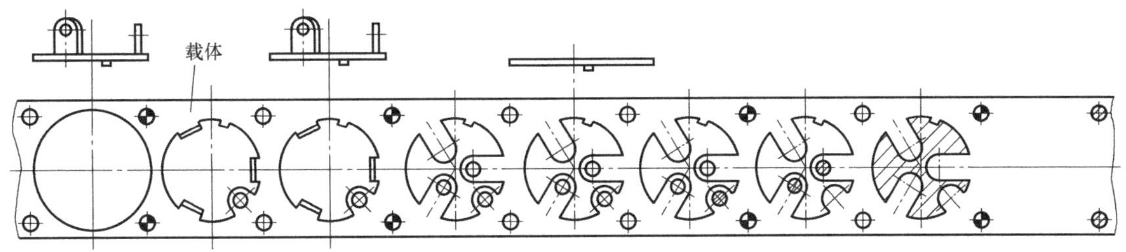

图 6-13　弯曲件排样边料载体

侧载体应取更大的宽度。在冲压过程中，单侧载体易产生横向弯曲，无载体一侧的导向比较困难。

单侧载体一般应用于带料厚度为 0.5mm 以上的冲压件；特别是对于零件一端或几个方向都有弯曲，往往只能保持带料的一侧有完整外形的场合，采用单侧载体较多，如图 6-14 所示。

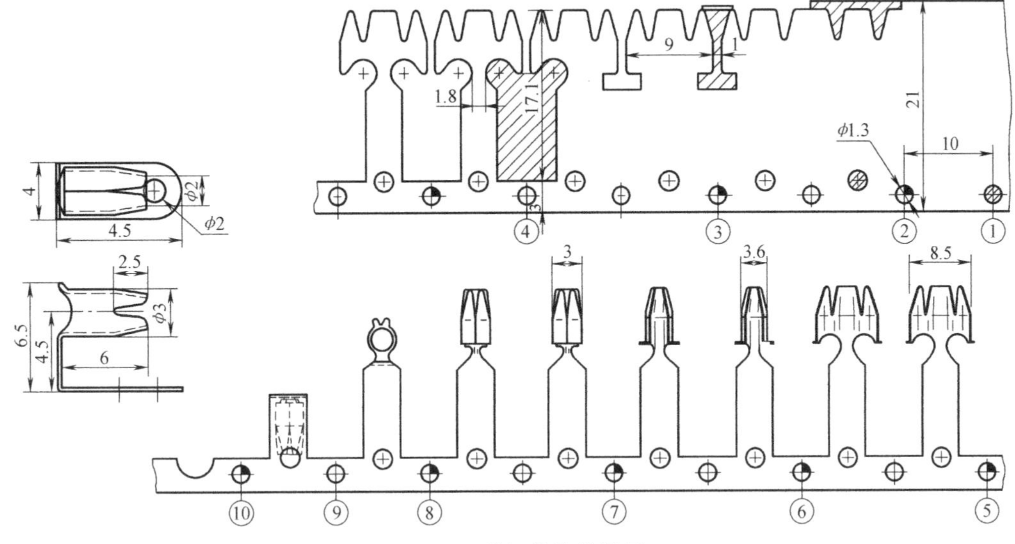

图 6-14　单侧载体排样图

在冲裁细长零件时，为了增强载体的强度，且不过分增加载体宽度，仍设计为单侧载体，但在每两个冲压件之间的适当位置用一小部分连接起来，以增强带料的强度，称为桥接式载体，其中连接两工序件的部分称为桥。采用桥接式载体时，冲压进行到一定的工位或到最后再将桥接部分冲切掉，如图 6-15 所示。

3. 中间载体

中间载体是指载体设计在带料中间，如图 6-16 所示（同一个零件的两种不同排样方法）。一般适用于对称零件，尤其是两外侧有弯曲的对称零件。它不仅可以节省大量的材料，还可利于对称弯曲抵消由于两侧压弯时产生的侧向力。对于一些不对称的单向弯曲零件料，也可采用中间载体组合冲压，将被加工的零件对称排列在载体两侧（图 6-3），变不对称零件为对称性排列，既提高了生产效率，又提高了材料利用率，也抵消了弯曲时产生的侧向压力。

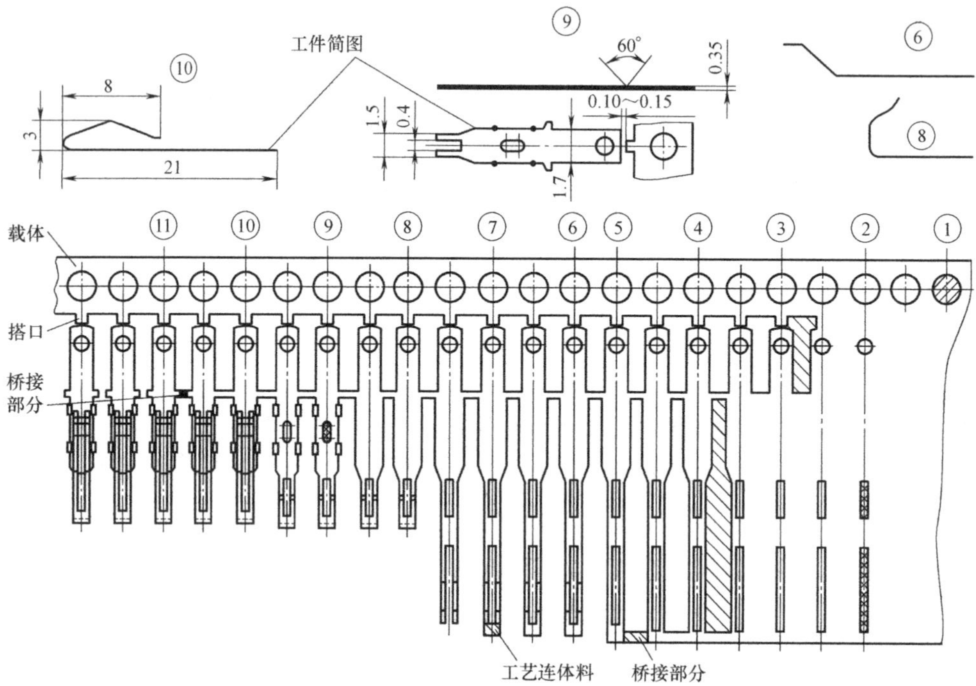

图 6-15　桥接式载体排样图

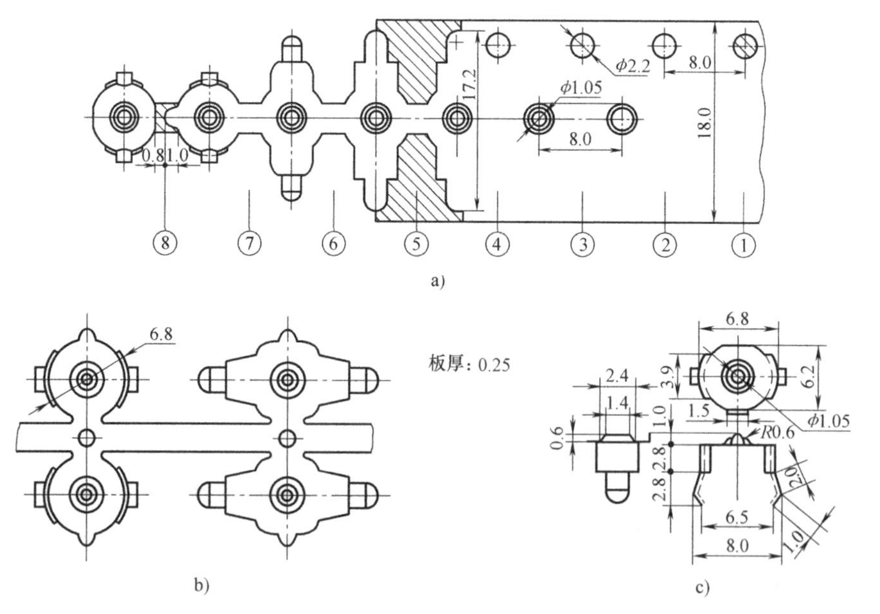

图 6-16　中间载体排样图

6.2.4　分段冲切余料及搭接方式

1. 分段冲切余料的目的

有的冲压零件的内孔和外形的形状较为复杂，同时零件还包含有弯曲、拉深、成形等多种冲压工序，此时往往将复杂的内孔或外形采用多次冲切多余废料后形成，如图 6-17 所示。使模具刃口分解，把复杂的内、外形轮廓分解为若干简单的几何单元，以简化凸模和凹模形状，便于加工，缩短模具制造周期。通过刃口的分解，还能改善凸模和凹模的受力状态，提高模具的强度和寿命。

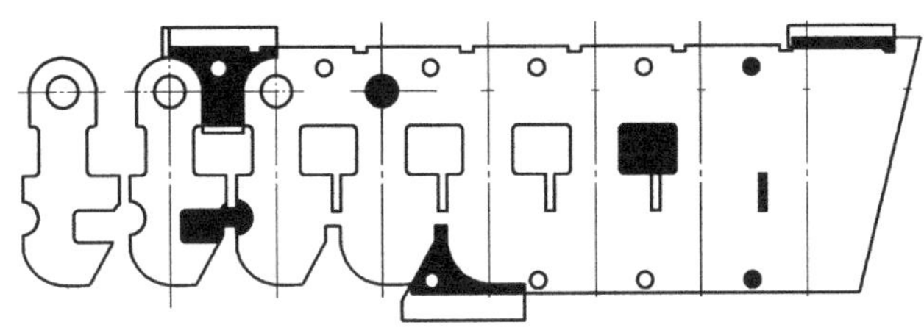

图 6-17　刃口分解要求

2. 分段冲切余料的分割原则

1）刃口的分段应有利于简化模具结构。形成的冲切形状要简单、规则，要便于加工，并要有足够的强度，还应保证产品零件的形状、尺寸、精度和使用要求。

2）轮廓形状分解后，各段间的接缝应平直或圆滑。若连接不好，就会出现错位、毛刺等缺陷。复杂外形以及有窄槽或细长臂的部位最好分解；复杂内形也最好分解。分解还要考虑加工设备条件和加工方法，以便于加工。

3）分段搭接点应尽量少。搭接点位置要避开产品零件的薄弱部位和外形的重要部位，设置在不注目的位置。

4）有公差要求的直边和使用过程中有滑动配合要求的边应一次冲切，不宜分段，以免产生积累误差。

5）外轮廓各段毛刺方向有不同要求时应分解。

3. 分段切除余料时搭口形式的选择

级进模在分段切除冲制过程中，余料切除后各段间要连接成一个完整的冲压零件。由于级进模工位多，模具的制造误差及步距间的误差累积都有可能使冲切后型孔各段出现各种质量问题。为保证冲压零件的质量，就必须合理地选择连接方式，并采取必要的措施，使各段间连接平直和圆滑，以免出现毛刺、错位、尖角、塌角等。接缝连接方法有三种：搭接、平接、切接。

（1）搭接　如图 6-18 所示，若第一次冲出 A、C 两区，第二次冲出 B 区，图示的搭接区是冲裁 B 区凸模的扩大部分。搭接区在实际冲裁时不起作用，主要是克服型孔间连接时的各种误差，以保证接缝连接良好，工件在分段切除后连接整齐。搭接有利于保证冲件的连接质量，在分段切除中大多都采用这种方式。

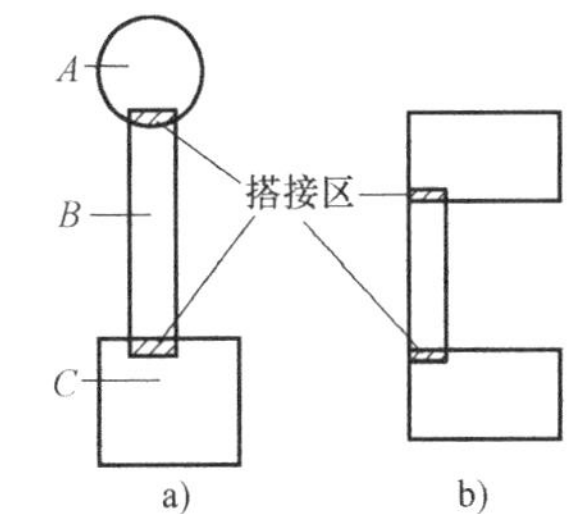

图 6-18　搭接方法

（2）平接　是在零件的直边上先冲切去一段，然后在另一工位再切去余下的一段，两次冲切刃口平行，共线但不重叠，如图 6-19 所示。平接方式易出现毛刺、错位和不平直等质量问题。设计时，应尽量避免采用。若需采用时，要提高模具步距和凸模、凹模的制造精度，并对平接的直线前后两次冲切的工位均设置导正销对带料导正。二次冲切的凸模连接处的延长部分修出微小的斜角（3°~5°），以防由于累积误差的影响在连接处出现明显的缺陷。

(3) 切接　切接与平接相似，平接是指直线段，而切接是指在零件的圆弧部分，采用圆弧与圆弧相切的方式进行分段切除余料的冲压方式（图 6-20），第一次冲切的圆弧段与第二次冲切的圆弧段在圆弧切点处要圆滑过渡。因此，冲切凸模的宽度尺寸要比工件与载体连接部分的尺寸宽度 a 略大。与平接相似，切接也容易在连接处产生毛刺、错位、不圆滑等质量问题，要注意切接时对该工位的导正定位。

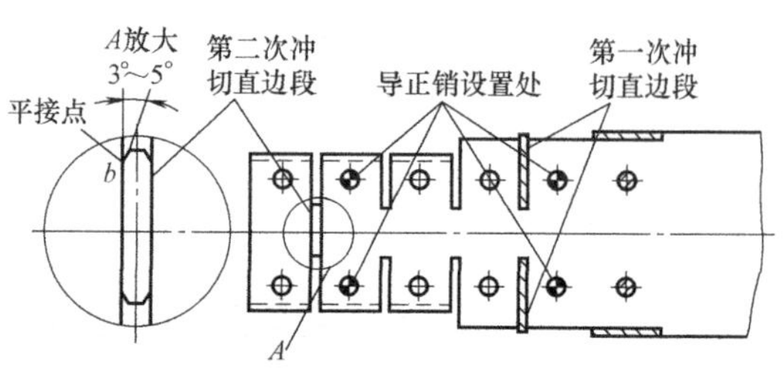

图 6-19　平接连接方式

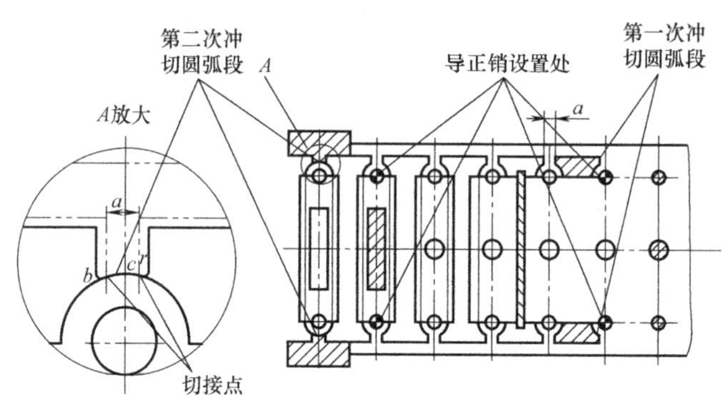

图 6-20　切接连接方式

6.2.5　工位数和步距尺寸的设计

级进模的工位数不是越多越好，宜少勿多。工位数太多，将带来一系列问题，如不可避免的累积步距误差、模具面积和重量变大、模具材料费用加大等。

1. 合理确定必需的冲压工位

当遇到复杂的工件外形或孔间距太小时，考虑到冲裁凸、凹模的强度和模具加工等问题，可分解成多次局部冲裁最后完成工件外形要求，在多个工位上加工而成。即采用增加工位数的方式来简化凸模、凹模的几何形状。

对于弯曲、拉深等成形零件，要通过分析、计算来确定弯曲或拉深需要多少工位成形，对于精度要求较高的弯曲件、拉深件，还应考虑整形工位。

2. 适当设计空工位

所谓空工位是指当带料送到这个工位时，不进行任何冲压加工，但按步距送进的尺寸要求，该工位是存在的。在排样设计中，若步距尺寸不能满足模具壁厚强度和零部件的安装尺寸要求时，应增设空工位，其目的：一是保证凹模、卸料板、凸模固定板型孔间的壁厚有足够的强度，确保模具的使用寿命；二是保证在模具中设置特殊结构（如倒冲机构等）有安装空间；三是做必要的储备工位（如复杂弯曲件或拉深件），便于试模调整工序时使用。在多工位级进模中，空工位虽为常见，但绝不能无原则地随意设置。由于空工位的设置会增大模具的尺寸，使模具的误差累积增大，因此，在排样设计考虑空工位设置时要遵循以下原则：

1）用多组导正销做精确定位的带料排样，因步距积累误差较小，对产品精度影响不大，可适当地多设置空工位。而单纯以侧刃定距的多工位级进模，其带料送进时随着工位数的增多，误差累积加大，不应轻易增设空工位。

2）当模具的步距较大时（步距>30mm），不宜多设置空工位。反之，当模具的步距较小（步距<8mm）时，多增加一些空工位对模具的影响不大。当步距过小，如果不多增设空工位，模具的强度就较低，模具的一些零部件就无法安装，此时，就应该考虑多增加空工位。

3）对于精度高、形状复杂的零件，在设计排样图时，应少设置空工位；对于精度较低、形状简单的零件，在设计排样图时，可适当地多设置空工位。

3. 步距基本尺寸的确定

级进模的步距是指相邻两工位间的距离。当步距确定后，带料在模具中每送进一次，所需要向前移动的送料距离都是相等的。步距的精度直接影响冲件的精度。设计级进模时，要合理地确定步距的基本尺寸和步距精度。

步距的精度直接影响冲件的精度。由于步距的误差，不仅影响分段切除余料，导致外形尺寸的误差，还会影响冲压件内、外形的相对位置。也就是说，步距精度越高，冲件精度也越高，但模具制造也就越困难。所以步距精度的确定必须根据冲压件的具体情况来确定。影响步距精度的因素很多，归纳起来主要有：冲压件的精度等级、形状复杂程度、冲压件材质和材料厚度、模具的工位数、冲制时带料的送料方式和定距定位形式等。

目前大多数企业根据工件的精度、形状复杂程度和模具的工位数，凭经验确定步距的精度，一般为±0.02mm～±0.005mm，也可根据以下步距精度经验公式确定，即

$$\pm\delta = \pm\frac{\beta k}{2\sqrt[3]{n}} \tag{6-1}$$

式中　$\pm\delta$——多工位级进模步距对称极限偏差值（mm）；

β——冲件沿带料送进方向最大轮廓基本尺寸（指展开后）精度提高 3～4 级后的实际公差值（mm）；

n——模具设计的工位数；

k——修正系数，主要考虑材料、料厚因素，并体现在冲裁间隙上，见表 6-4。

表 6-4　修正系数 k

冲裁（双面）间隙 Z/mm	k	冲裁（双面）间隙 Z/mm	k
0.01～0.03	0.85	>0.12～0.15	1.03
>0.03～0.05	0.90	>0.15～0.18	1.06
>0.05～0.08	0.95	>0.18～0.22	1.10
>0.08～0.12	1.00		

在级进冲压过程中，带料的定位精度直接影响到冲压件的精度。在模具步距精度一定的条件下，可以通过载体设计和导正销设置，达到要求的带料定位精度。带料定位精度误差可按以下经验公式确定

$$T_{\Sigma} = CT\sqrt{n} \tag{6-2}$$

式中　T_{Σ}——带料的定位积累误差；

T——级进模的步距公差；

n——工位数；

C——精度系数，单载体时，每步有导正销，$C=1/2$；双载体时，每步有导正销，$C=1/3$；当载体每隔一步导正时，精度系数取 $1.2C$；每隔两步导正时，精度系数取 $1.4C$。

例 6-1 如图 6-21 所示冲压件，展开尺寸为 13.85mm，工位数为 8，冲压件公差等级为 IT14，试确定步距公差和带料的定位积累误差。

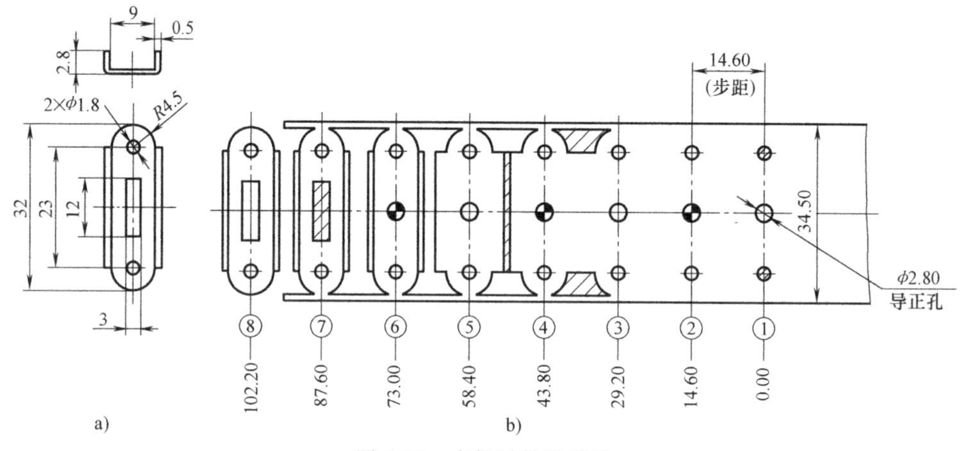

图 6-21 支架零件排样图

解： 将带料展开尺寸公差等级提高 4 级，即 IT10，其公差值为 0.07mm。若模具的冲裁双面间隙为 0.08~0.10mm，查表 6-4 得 $k=1$，由式（6-1）得模具的步距精度

$$\pm\delta=\pm\frac{\beta k}{2\sqrt[3]{n}}=\pm\frac{0.07\times1}{2\sqrt[3]{8}}\text{mm}=\pm0.0175\text{mm}\approx\pm0.02\text{mm}$$

则步距公差 $T=2\delta=0.04\text{mm}$。

因为该排样图为双载体，导正销每隔一步导正一次，精度系数取 $1.2C$，步数为 8，由式（6-2）得带料的定位积累误差为

$$T_{\Sigma}=CT\sqrt{n}=1.2\times\frac{1}{3}\times0.04\times\sqrt{8}\,\text{mm}=0.045\text{mm}$$

即该模具的步距公差为 0.04mm（图 6-22），带料的定位积累误差为 0.045mm。

6.2.6 定位形式选择与设计

1. 定位形式

在级进模中，由于冲压零件的加工工序安排在模具的多个工位上顺次完成，为了保证前后冲切工序件所处的位置精准，必须保证带料在每一工位上都能精准定位。

级进模的定位方式可采用挡料销、侧刃、自动送料机构、导正销等。前三者使用时只能作为初始定位，有较大的定位误差。级进模冲压过程中的精确定位必须采用导正销导正定位。

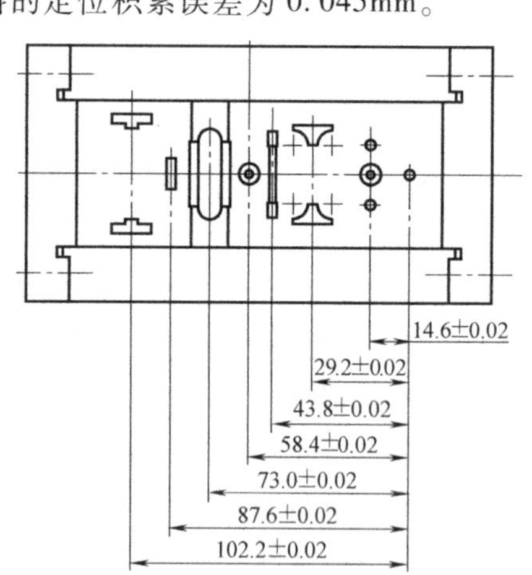

图 6-22 支架零件级进模步距公差标注

在多工位精密级进模冲压生产中，常使用自动

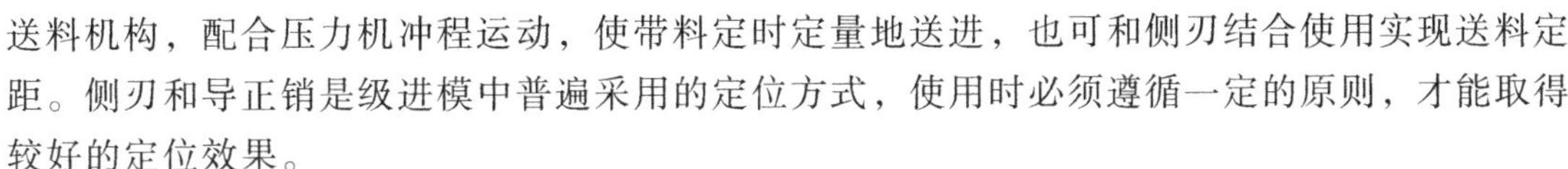

送料机构，配合压力机冲程运动，使带料定时定量地送进，也可和侧刃结合使用实现送料定距。侧刃和导正销是级进模中普遍采用的定位方式，使用时必须遵循一定的原则，才能取得较好的定位效果。

2. 导正孔的确定原则

导正孔与装于上模的导正销配合使用，从而矫正带料位置，减小初始定位误差，达到精准定位的目的；一般与其他定位方式配合使用（图 6-23）。

导正孔可利用零件本身的孔，或在工艺废料载体上冲压出专用于导正的孔。前者为直接导正，后者为间接导正。直接导正时，外形与孔的相对精度容易保证，模具加工容易，但易引起产品孔变形，孔有较高精度要求时，一般不采用。间接导正由于要设置专用的工艺导正孔，材料的利用率有所降低，模具加工工作量增加，当零件孔与外形有较高精度要求时，精度的控制没有直接导正高。

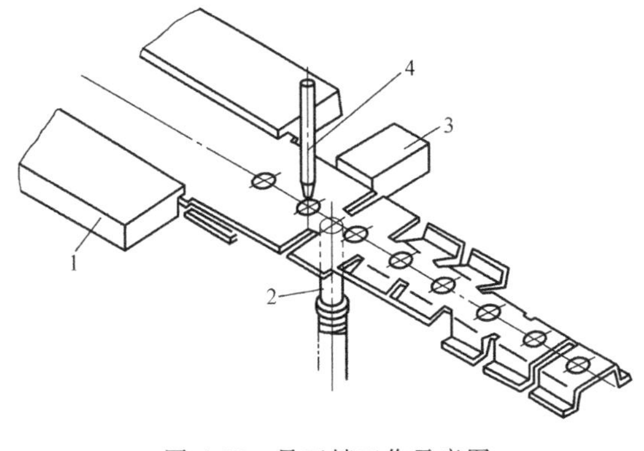

图 6-23　导正销工作示意图

1—导料板　2—托料钉　3—侧刃挡块　4—导正销

导正孔直径的大小，会影响材料利用率、载体强度、导正精度等。设计导正孔时，应结合板料厚度、材质、硬度、毛坯尺寸、载体形式及尺寸、排样方案、导正方式、产品结构特点和精度等因素综合确定。一般导正孔的最小直径应大于或等于料厚 t 的 3~4 倍。下面所列为导正孔直径的经验值：

$t<0.5\text{mm}$ 时，　　$d_{min}=1.5\text{mm}$；

$1.5\text{mm}\geqslant t\geqslant 0.5\text{mm}$ 时，$d_{min}=2\sim3\text{mm}$；

$t>1.5\text{mm}$ 时，　　$d_{min}=3\sim5\text{mm}$。

在设计的排样图上确定导正孔位置时应遵循以下原则：

1）一般在带料排样的第一工位就要设计冲制出导正孔，紧接的第二工位要安装导正销，对第一工位冲出的导正孔导正；以后按带料送料精度的要求，考虑在相应位置设置导正销（如每隔 2~4 工位设置一导正销），并优先考虑在冲压工位或容易窜动的工位设置导正销。

2）导正孔位置应处于带料的基准平面（即冲压中不参与变形、位置不变的平面）上，否则将起不到定位孔的作用，一般可选在带料载体或余料上。

3）对于较厚的材料，也可选择零件上的孔作为导正孔；但在冲压过程中，该孔经导正销导正后，精度会被破坏，甚至会变形，应在最后的工位上予以精修。

4）重要的加工工位前要有导正销。

5）连续级进拉深的冲压件，在连续拉深时，可不必设置导正孔，而直接利用拉深凸模进行导正。

6）必须要设置导正销而又与其他工序干涉时，可设置空工位。

3. 侧刃设计

侧刃也是级进模中普遍使用的一种定距方式，是在带料的一侧或两侧冲切定距槽，通过控制步距达到使工序件定位的目的（第 2 章已讨论）。它适用于 0.1~1.5mm 厚的板料，厚度大于 1.5mm 或小于 0.1mm 的板料不宜采用；其定位精度比挡料销要高，一般适于公差等级为 IT11~IT14 的冲压件的定位；但采用该种定位方式的级进模的工位数不宜过多。

由于侧刃凸模有制造误差，侧刃刃口钝化后会影响侧刃步距的精度，所以单一用侧刃定位的级进模工位只能有 3~6 个。在多工位级进模中，一般可利用侧刃作初定位定距的元件，采用导正销精准定位。

6.2.7 排样设计后的检查

排样设计前，必须对工件进行认真研究，分析产品的成形工艺性。排样设计完成后，必须认真检查，以改进设计，纠正错误。不同工件的排样，其检查重点和内容也不相同，一般的检查项目可归纳为以下几点：

1）材料利用率。检查是否为最佳利用率方案。

2）模具结构的适应性。级进模结构多为整体式、分段式或子模组拼式等，模具结构确定后，应检查排样是否适应其要求。

3）有无不必要的空工位。在满足凹模强度和装配位置要求的条件下，应尽量减少空工位。

4）工件尺寸精度能否保证。由于带料送料精度、定位精度和模具精度都会影响工件关联尺寸的偏差，对于精度高的关联尺寸，应在同一工位上成形，否则应考虑保证工件精度的其他措施。如对工件平面度和垂直度有要求时，除在模具结构上要注意外，还应增加必要的工序（如整形、校平等）来保证。

5）弯曲、拉深等成形工序成形时，由于材料的流动会引起材料流动区的孔和外形产生变形，则材料流动区的孔和外形的成形应置于变形工序之后，或增加修整工序。

6）从载体强度是否可靠，工件已成形部位对送料有无影响，毛刺方向是否有利于弯曲变形，弯曲件的弯曲线是否与材料纹向垂直或成 45°等方面进行分析检查。

6.3 多工位精密级进模主要零部件的设计

多工位精密级进模主要零部件的设计，除应满足一般冲压模具的设计要求外，还应根据精密级进模的冲压特点、模具主要零部件装配和制造要求来考虑其结构形式和尺寸。

6.3.1 凸模

一般的粗短凸模可以按标准选用或按常规设计。而在多工位精密级进模中，有许多冲小孔的细小凸模，冲窄长槽凸模，分解冲裁凸模和受侧向力的弯曲凸模等。这些凸模的设计应根据具体的冲压要求，如冲压材料厚度、冲压速度、冲裁间隙和凸模的加工方法等，来考虑凸模的结构及其固定方法。

1. 圆形台阶凸模

图 6-24 所示为常用的圆形台阶凸模的结构。图 6-24a 为普通型；图 6-24b 为头部带定位销型；图 6-24c 为防废料回升型；图 6-24d 为带压板槽型。工作刃口的形状可以是圆形、矩形、椭圆形等。

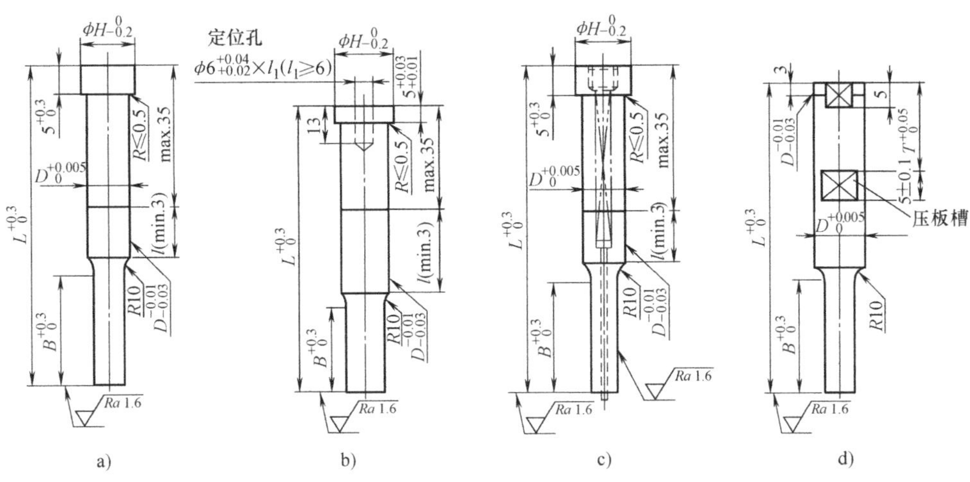

图 6-24　圆形台阶凸模

对于圆形台阶冲小孔凸模，通常采用加大固定部分直径、缩小刃口部分长度的措施来保证小凸模的强度和刚度。当工作部分和固定部分的直径差太大时，可设计多台阶结构，各台阶过渡部分必须用圆弧光滑连接，不允许有刀痕。图 6-25 为常见的圆形小凸模及其装配形式。特别小的凸模可以采用保护套结构（图 6-26a）。对于小凸模冲压，要设计对卸料板的辅助导向（图 6-26b），以消除侧压力对小凸模的影响。

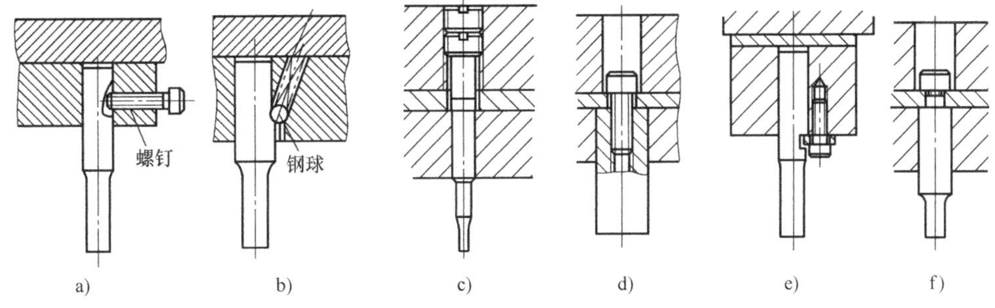

图 6-25　常见的圆形小凸模及其装配形式

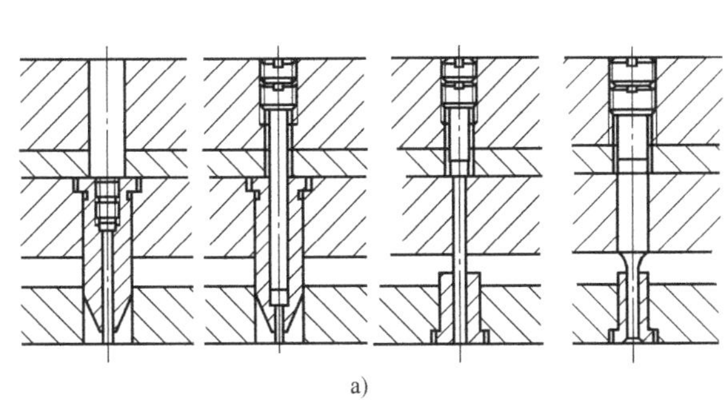

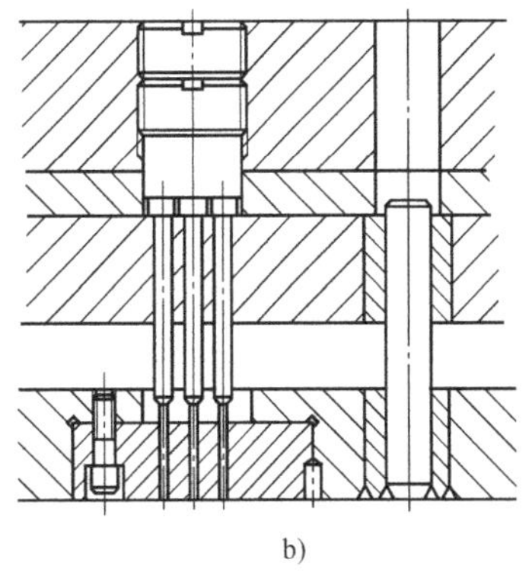

图 6-26　常见小凸模的保护

a）采用保护套结构的凸模　b）以辅助导向保护小凸模

冲孔后的废料若贴附在凸模端面上，并回升到凹模表面，再次冲程凹模表面的废料会影响正常冲压，严重情况会造成模具刃口损坏，故在高速级进冲压时，应采用能排除废料的凸模。图6-27a为带顶出销的凸模结构，利用弹性顶销使废料脱离凸模端面。当凸模断面不能安装顶出销时，可在凸模中心加通气孔，如图 6-27b 所示，以减小冲孔废料与冲孔凸模端面上的“真空区压力”，使废料未出凹模面就脱落，留在凹模孔内。

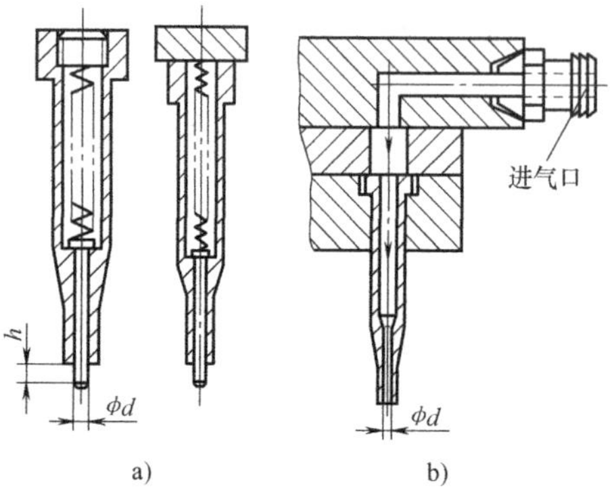

a) b)

图 6-27 能排除废料的凸模

2. 异形凸模

除了圆形凸模外，级进模中有许多分解冲裁的切余料凸模。这些凸模形状比较复杂，大多为异形，加工大都采用电火花线切割加工或成形磨削精密加工，以达到异形凸模所要求的形状、尺寸和精度。图 6-28 为异形凸模的 6 种典型结构，图 6-28a 为直通式凸模，常采用的固定方法是铆接或吊装在固定板上，但铆接后难以保证凸模与固定板的垂直度，且修正凸模时铆合固定将会失去作用。图 6-28b、c 是同样断面的冲切凸模，其考虑因素是固定部分台阶采用单面还是双面，及凸模受力后的稳定性；固定方法常用螺钉吊装或压板固定。图 6-28d 所示凸模两侧有异形突出部分，突出部分窄小，易产生磨损和损坏，因此宜采用镶拼结构。图 6-28e 为整体结构，常采用成形磨削加工。图 6-28f 所示凸模安装时有压块，属于快换式凸模结构，其固定方法见图 6-29。

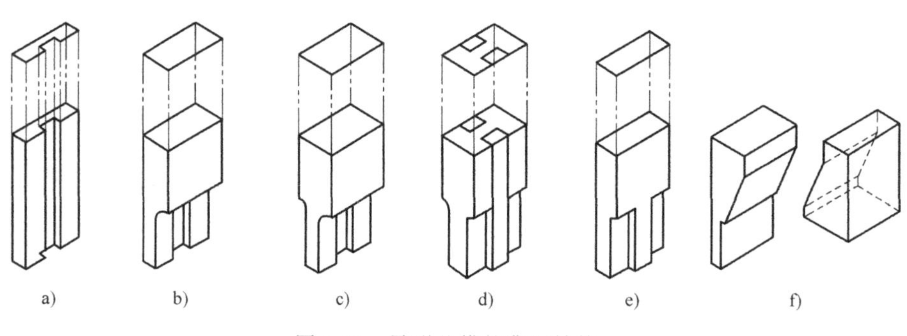

a) b) c) d) e) f)

图 6-28 异形凸模的典型结构

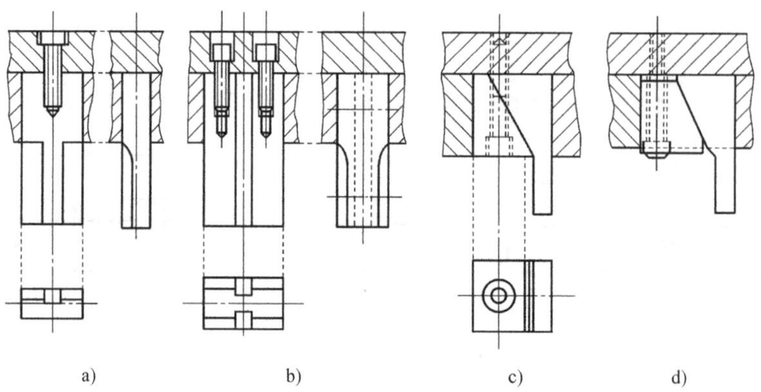

a) b) c) d)

图 6-29 螺钉吊装和压块

对于较薄的凸模，可以采用图 6-30a 所示销钉吊装的方法固定，或图 6-30b 所示的侧面开槽后用压板固定。

图 6-31 所示为异形凸模通过压板固定的形式。利用凸模的台阶或槽，依靠压板和螺钉将异形凸模固定。图中所示异形凸模与固定板的配合是间隙配合，凸模处于浮动状态，这种方式有利于凸模自然导入卸料板内，凸模与凹模的相对位置靠卸料板和辅助导向装置保证。拆卸或更换凸模时，松开螺钉，凸模很方便取出。此结构在多工位高速冲压级进模中被广泛采用。

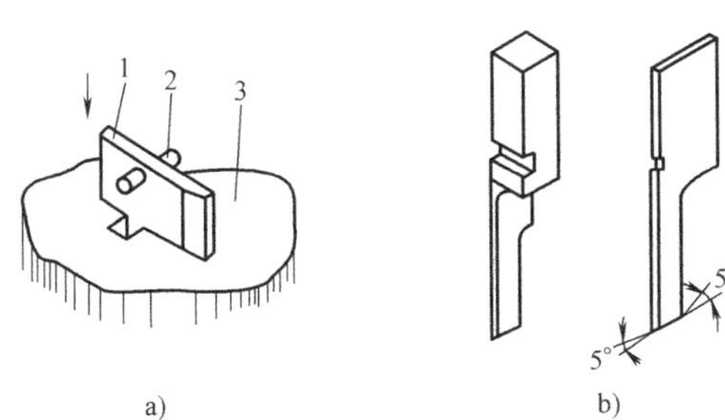

图 6-30　薄型凸模的固定

a）销钉吊装　b）带压板槽小凸模

1—凸模　2—销钉　3—凸模固定板

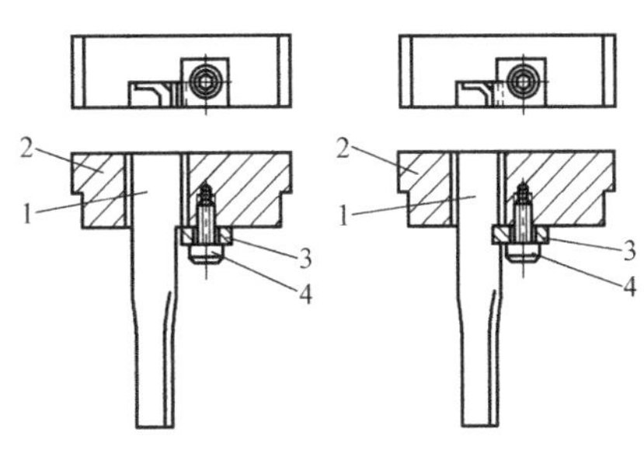

图 6-31　异形凸模压板固定

1—凸模　2—固定板　3—压板　4—螺钉

3. 凸模长度确定

凸模长度一般根据模具结构需要确定。只有冲裁工序的多工位级进模，由于只有冲裁性质的凸模，其长度设计基本上都一致。对于有弯曲成形或拉深级进成形的级进模，由于冲压过程有多种不同冲压性质的凸模，成形的高度又有差异，同时模具中还有一定数量的导正销、检测凸模以及方向转换机构等，这些凸模和模具工作零件，不是同一时间接触材料，它们的长度需要有长有短，不能设计成一个长度。特别是压弯成形凸模、拉深凸模的长度尺寸要求较高。模具的工作顺序一般是先定位，冲切余料，然后开始压弯或拉深成形，往往要经过多次成形，最后再进行冲裁（落料或将工件从载体上分离）。

由于冲裁凸模经常要刃磨，不同高度的凸模常常会妨碍进行刃磨的凸模。在设计模具结构时，弯曲或拉深凸模、导正销等要考虑拆卸方便、安装迅速和精度的保证，还要考虑冲裁凸模刃磨后对其相对长度的影响。为此，冲裁凸模刃磨时，应修磨弯曲或拉深凸模的基面；或者设计时适当增加冲裁凸模工作时进入凹模的深度，这样可以在一定的刃磨次数内不需修磨弯曲或拉深凸模的安装基面。一般情况下，各凸模长度均满足一定值，相互关系或长短差值根据不同情况而定。图 6-32 所示是在闭合状况下冲裁、弯曲凸模长度关系的一个示例，图中最短的为冲裁凸模①、④，它是这副模具中的基准，它的长度确定了，其他凸模可以根据各自的实际需要，按冲裁凸模尺寸适当调整。从图示的情况看，其他凸模的长度均应增加。冲裁凸模的长度由下式计算确定

$$L_2=H_1+H_2+H_3+t+Y \tag{6-3}$$

式中　L_2——冲裁凸模的长度；

H_1——凸模固定板厚度；

H_2——冲裁凸模进入凹模的深度；

H_3——卸料板厚度；

t——工件材料厚度；

Y——凸模固定板与卸料板之间的安全距离，一般取 15~20mm。

一般情况下，凸模的长度尽量取整数，并且符合标准长度；取短不取长，对强度有利。弯曲凸模的长度，应在冲裁凸模长度的基础上有所增加，增加的尺寸要满足弯曲高度尺寸的要求。而导正销③的长度应是最长，它在所有凸模工作之前应首先导入材料进行导正，然后各凸模才可进入工作状态。导正销的长度应在最长凸模长度的基础上再加上 $(0.8\sim1.5)t$。

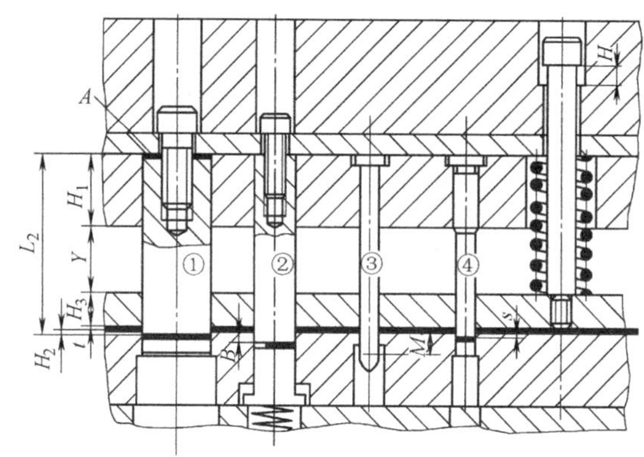

图 6-32　不同性质凸模的长度关系

图 6-32 中的 H 为卸料板的活动量，$H=B+t$。M 为导正销直壁部分导入材料的长度，$M=H+(0.5\sim1)t$。A 为假想垫圈，当冲裁凸模刃磨多次后长度不够时，可以通过加垫圈 A 得以补偿。

刃磨量的确定应和凸模使用寿命结合起来。刃磨用量留得少，刃磨几次后凸模的长度太短便不能用了。刃磨量留多了，凸模的全长设计得较长，则模具闭合高度增大。

在设计凸模时，对于有承受较大侧压力的凸模，如图 6-33 中的弯曲和切口凸模，要考虑设计侧弯保护结构。图 6-33a 为带导向部分的凸模，图 6-33b 为带背压块的结构。

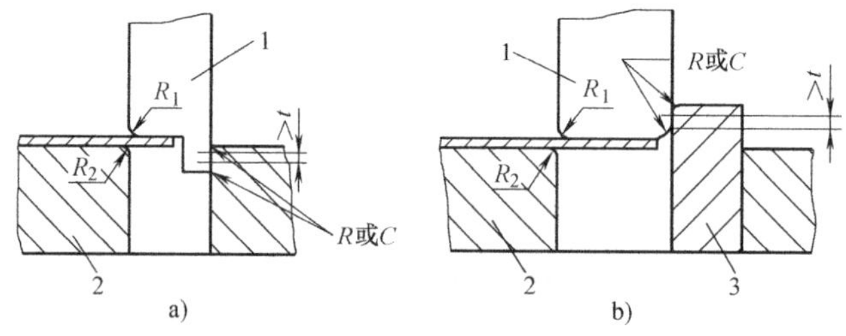

图 6-33　侧弯保护结构

1—弯曲凸模　2—弯曲凹模　3—背压块

6.3.2　凹模

多工位级进模凹模的设计与制造，较凸模更为复杂和困难。凹模的结构，常用的类型有整体式、嵌块式、镶拼式和综合拼合式。由于多工位级进模凹模型孔较多，且型孔轮廓复杂，整体式凹模是用一整块板料制成，受到模具制造精度和制造方法的限制，当局部损坏

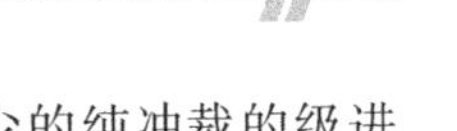

时，须整体凹模更换，因此在多工位级进模中应用较少，一般用在工位数少的纯冲裁的级进模中。下面重点介绍镶拼结构的凹模。

1. 嵌块式凹模拼装结构

嵌块式凹模常常是在不宜采用整体式凹模时使用。其结构特点是将凹模的易损部分与非易损部分分开，将一些凹模型孔采用独立的嵌块结构，凹模的局部损坏时，可以局部刃磨或更换嵌块，更换还不影响定位基准。易损嵌块按标准制造，互换性好，装拆快。嵌块可用优质模具材料制造，凹模基体板可用普通钢材制造，可降低模具制造成本。

图 6-34 所示为嵌块式凹模。嵌块式凹模的特点是：嵌块嵌入凹模基体板中，嵌块套可选用圆形或矩形。表 6-5 是常用的凹模嵌块结构及刃口形状的选择示例。目前嵌块已为一种标准化的零件。嵌块套损坏后可迅速更换备件。嵌块套在凹模基体板中固定，固定孔的加工是典型的孔系加工，圆孔常在坐标镗床和坐标磨床上加工。当嵌块套工作孔为非圆形孔、固定部分为圆形时，必须考虑防止嵌块套转动。

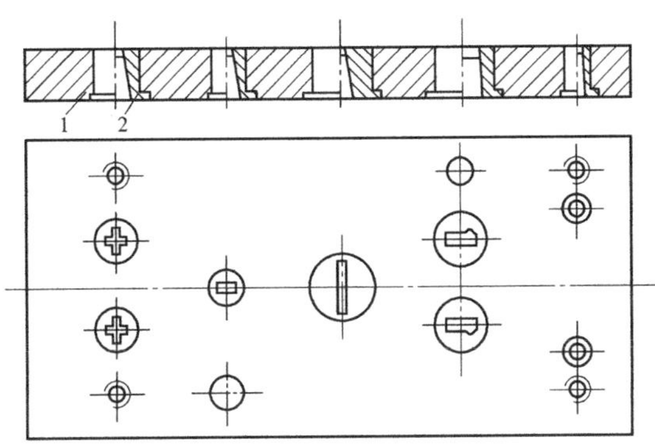

图 6-34　嵌块式凹模

1—凹模基体板　2—嵌块

表 6-5　凹模嵌块结构及刃口形状

类型	凹模嵌块结构	刃口形状选择	备注
台阶形圆凹模嵌块	$D^{-0.01}_{-0.03}$，b，3，$L^{+0.4}_{+0.2}$，$T^{+0.3}_{0}$，d，$H^{0}_{-0.2}$	圆形刃口：A，D(m5)，$P^{+0.01}_{0}$，◎ ϕ0.01 A；矩形刃口：// 0.01/12 B，B，$\frac{D}{2}{}^{0}_{-0.01}$，$K$，$P\pm0.01$，$R\leqslant0.2$，$W\pm0.01$，⌯ 0.02 A，$P\geqslant W$，$K=\sqrt{P^2+W^2}$	材料为粉末高速钢、SKD11

（续）

类型	凹模嵌块结构	刃口形状选择	备注
方形冲裁凹模嵌块	直杆型 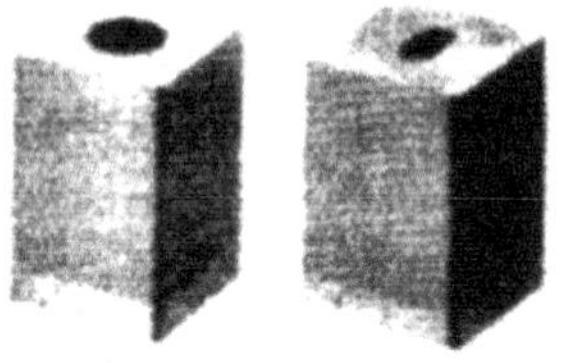	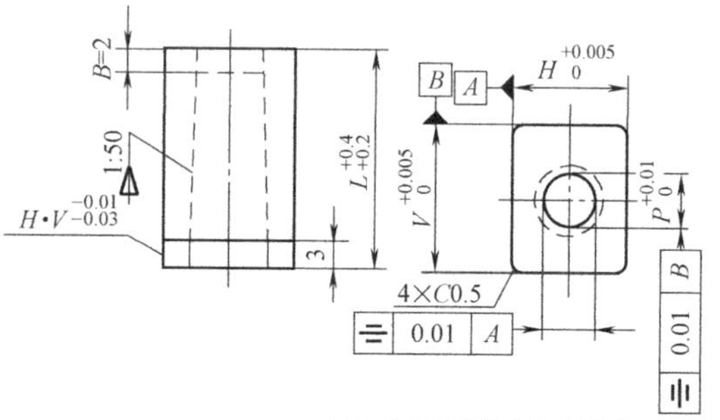 $B=2$；1:50；$H \cdot V_{-0.03}^{-0.01}$；3；$L_{+0.2}^{+0.4}$；$H_{0}^{+0.005}$；$V_{0}^{+0.005}$；$P_{0}^{+0.01}$；4×C0.5；⌯ 0.01 A；⌯ 0.01 B；（P尺寸范围应在W尺寸范围内）	材料为粉末高速钢、SKD11
	单边凸缘型 	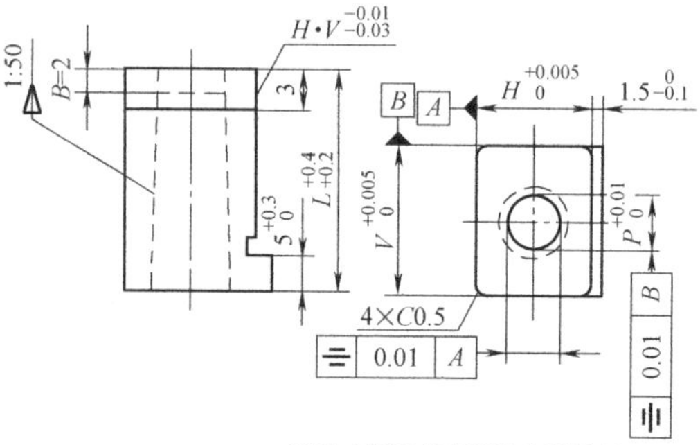 1:50；$B=2$；$H \cdot V_{-0.03}^{-0.01}$；3；$L_{+0.2}^{+0.4}$；$5_{0}^{+0.3}$；$H_{0}^{+0.005}$；$1.5_{-0.1}^{0}$；$V_{0}^{+0.005}$；$P_{0}^{+0.01}$；4×C0.5；⌯ 0.01 A；⌯ 0.01 B；（P尺寸范围应在W尺寸范围内）	材料为粉末高速钢、SKD11
螺栓固定方形凹模嵌块	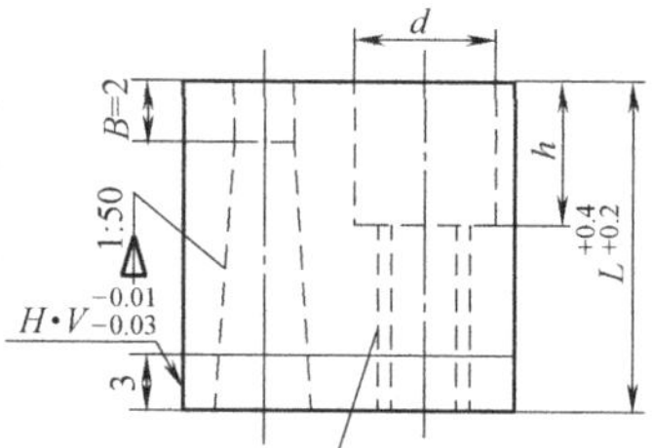 d；$B=2$；h；1:50；$H \cdot V_{-0.03}^{-0.01}$；3；$L_{+0.2}^{+0.4}$；M(拉拔螺纹)	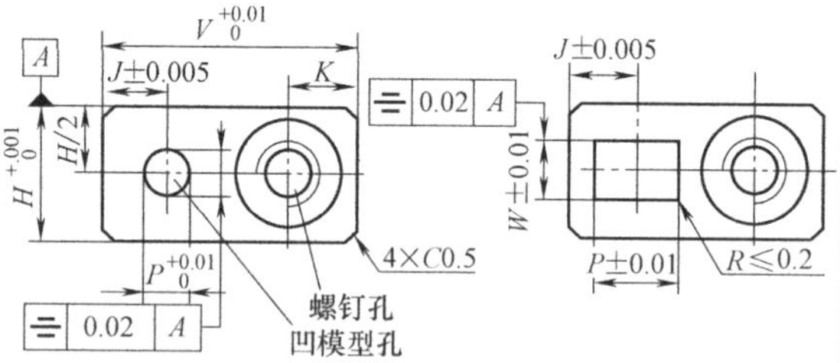 $V_{0}^{+0.01}$；$J \pm 0.005$；K；$H/2$；$H_{0}^{+0.01}$；$P_{0}^{+0.01}$；⌯ 0.02 A；4×C0.5；螺钉孔；凹模型孔；$J \pm 0.005$；$W \pm 0.01$；$P \pm 0.01$；$R \leqslant 0.2$	材料为粉末高速钢、SKD11
拉深凹模镶块	肩型 	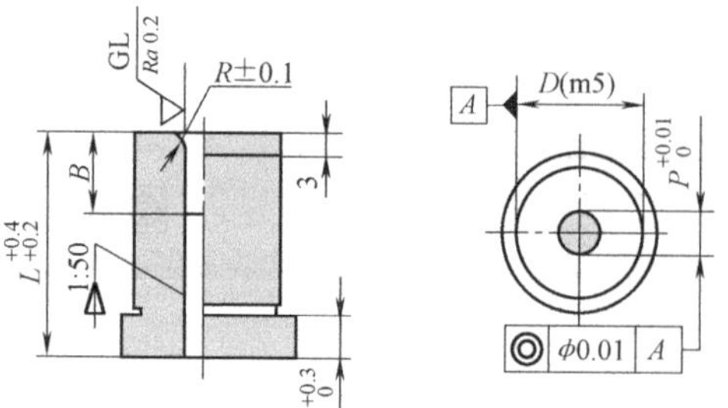 GL Ra 0.2；$R \pm 0.1$；B；3；$L_{+0.2}^{+0.4}$；1:50；$5_{0}^{+0.3}$；D(m5)；$P_{0}^{+0.01}$；◎ $\phi 0.01$ A	材料为粉末高速钢、SKD11

在排样设计时，为了准确表达嵌块在模具中的安放位置和所占的空间尺寸，可以在排样图中将嵌块套布置的情况表达在排样图上，如图6-35所示，包括考虑嵌块套形状和尺寸的大小。在设计方案的布局中，还可将与嵌块套相对应的凸模、卸料板嵌套等对应关系图画出，如图6-36所示。

嵌块式凹模与凹模基体板固定，常采用过渡配合（H7/m6或H7/n6）。加工时，内外型孔中心同轴度要求很高，公差常控制在0.02mm之内，这样才能具有良好的互换性和便于维修。

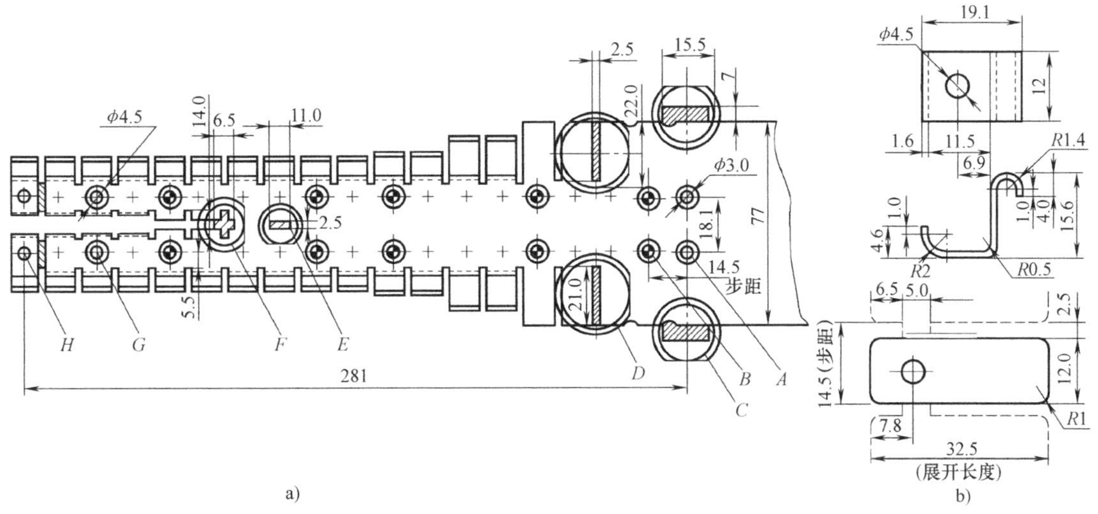

图6-35　嵌块套在排样中的位置

a）嵌块的布局　b）产品图

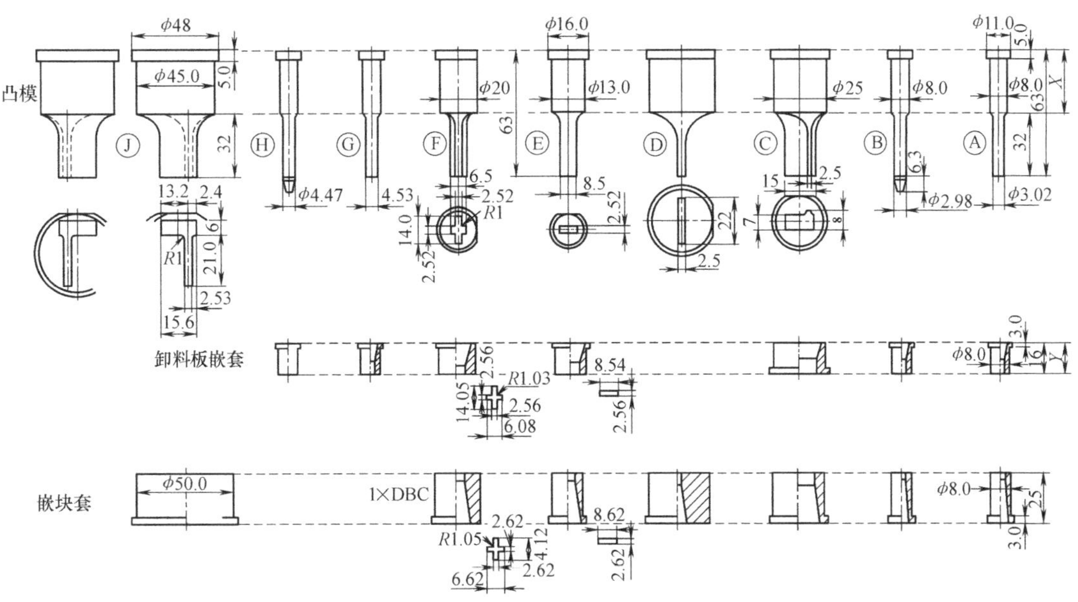

图6-36　凸模、嵌块套、卸料嵌套的关系

2. 分段拼合凹模

在多工位级进模中，对于有多种冲压成形性质的凹模，或纯冲裁且尺寸较大的凹模，为便于加工和模具的维护，也为了提高各工位型孔位置精度，常采用分段拼合凹模结构。它是将凹模按成形工艺性质的不同或按一定尺寸的要求分为若干段，各段凹模的结合面研合后，组合在一起固定到凹模固定板上。

图 6-37 所示为 U 形弯曲件的排样图，采用了图 6-38 所示并列分段拼合凹模结构，图中省略了其他零部件。并列分段拼合时，按直线分割，同一工位的型孔，原则上不应分在两段；比较容易损坏的型孔，应独立分段；不同冲压性质的凹模，如塑性变形的冲压工序的工位（如弯曲、拉深、成形等），应当与冲裁工序分开，以便于刃磨时分别磨削冲裁凹模刃口基面和成形凹模的安装基面。

为保证凹模型孔部位的强度，凹模分段块的分割面距型孔边缘要有足够的尺寸。分段块凹模一定要固定在固定板上或有外套将它们组合紧固（一般采用 H7/h6 配合）。

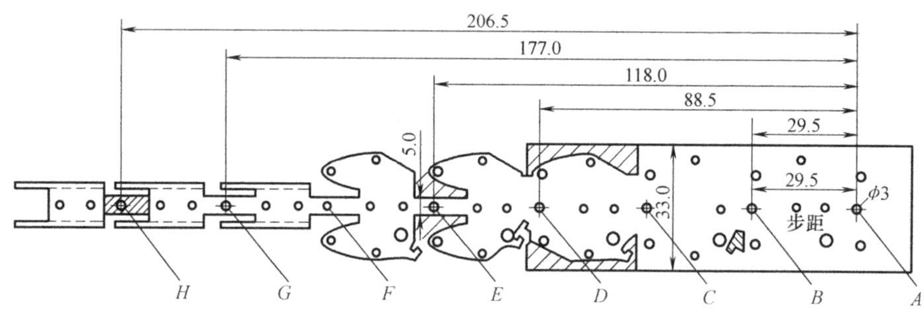

图 6-37　U 形弯曲件排样图

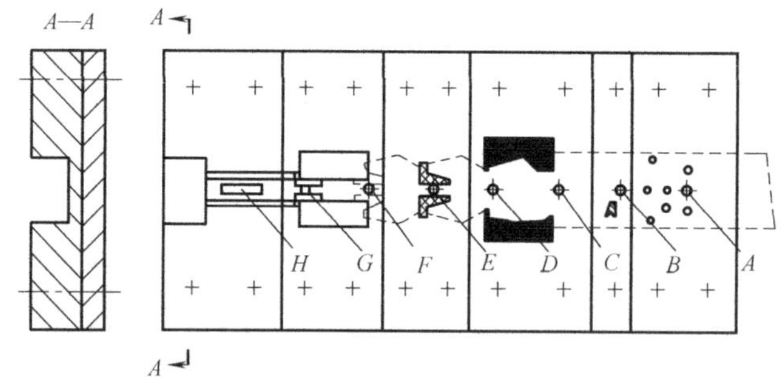

图 6-38　并列分段拼合凹模结构

若型孔轮廓形状比较复杂，型孔的加工较困难或加工精度不能保证，可将型孔分割，变内孔加工为外形加工，最终型孔型面采用成形磨削加工，通过各小段凹模结合面的研合来保证各型孔尺寸和步距精度要求。拼块全部经过磨削和研磨，有较高的精度。在组装拼块时，为确保相互有关联的尺寸，可对需配合面增加研磨工序；对易损件可制作备件。此种拼合凹模结构为磨削拼装，如图 6-39 所示。

拼合凹模结构便于刃磨、维修，不会因个别型孔损坏而造成整个凹模拼块报废，还能解决复杂拼块的热处理变形问题；但对拼块的加工、安装和调整有较高的要求。为了防止分段

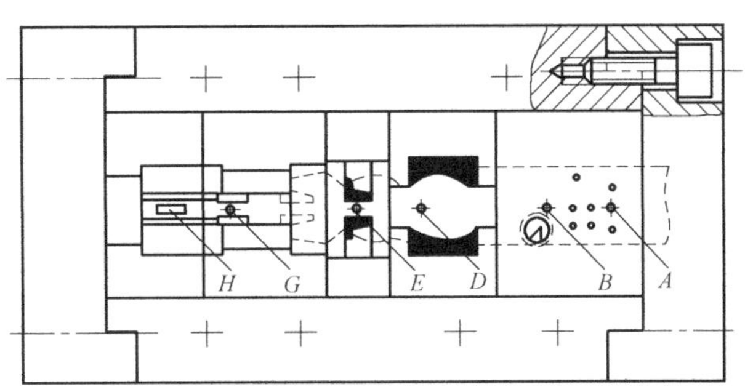

图 6-39　磨削拼装凹模

拼合凹模的任何一块在冲压过程中受力下移，在模块组合后，需加整体垫板，使拼合凹模构成一体，再镶入凹模框，并以螺钉固定或直接装入模座。

3. 综合拼合凹模

综合拼合凹模利用各种拼合的特点，以适应凹模各部分加工特点、孔形及位置精度等特定要求。综合拼合凹模适用于冲裁、弯曲、成形和异形拉深等多工位级进模。

综合拼合凹模充分利用成形磨削加工工艺，使凹模的各型孔的加工精度、各型孔之间的位置精度都比较高；同时个别易损部位和拉深、翻边等成形工位还可单独使用嵌块。因此，这种结构在工位数比较多的多工位级进模中应用较多，如图 6-40 所示。

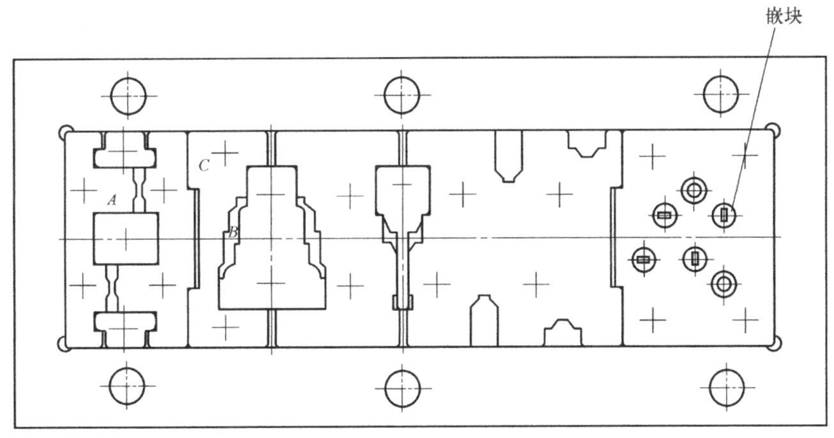

图 6-40　综合拼合凹模

4. 拼块凹模的固定

凹模拼块与下模座的固定，是精密多工位级进模的关键之一。它关系到模具的受力、材料强度和使用寿命、工件尺寸精度、装配复杂程度、加工维修等多方面的因素。合理的凹模拼块固定方法，有以下几种。

（1）平面固定式　平面固定是将凹模各拼块按正确的位置拼装在固定板平面上，分别用定位销（或定位键）和螺钉定位和固定在垫板或下模座上，如图 6-41 所示。该结构适用于较大的拼块凹模，且可采用分段固定的方法。

（2）嵌槽固定式　它是在凹模固定板上精加工出直通式凹槽，槽宽与拼块外形尺寸采用过渡配合，装配后一般不允许相互移动。拼合凹模装入后，在固定板开槽的两端用左右挡块或借助左右楔块，将凹模拼块紧紧压住固定。在凹模的上面，再利用导料板将其压住，或用螺钉固定，如图 6-42 所示。固定板上凹槽的深度 h 不小于拼块厚度 H 的 2/3。

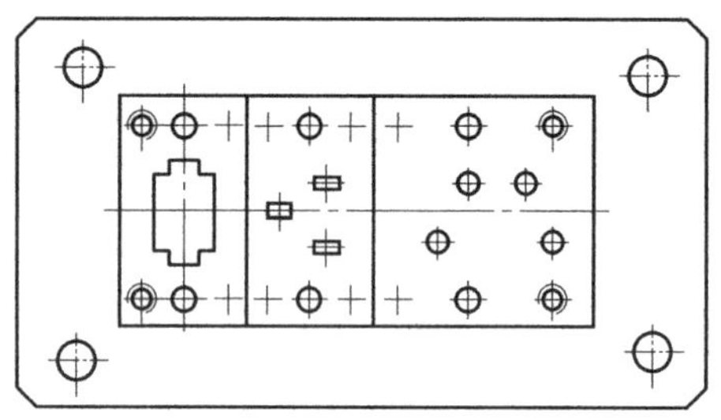

图 6-41　平面固定式拼块凹模

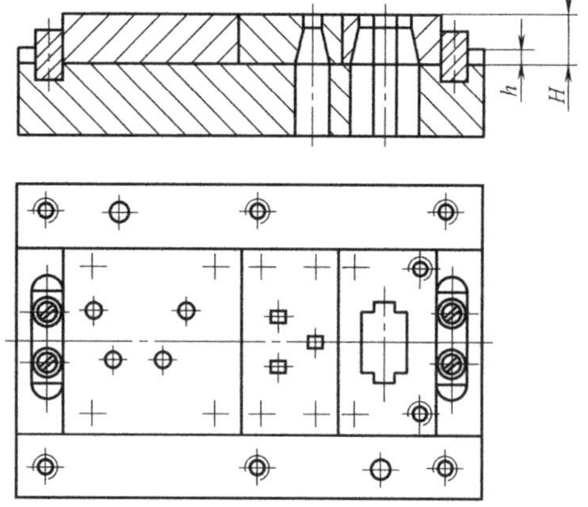

图 6-42　直槽固定式拼块凹模

（3）外框固定式　图 6-43 所示是采用外框固定凹模拼块，拼块组合后嵌入预先加工好的凹模固定板的方框内。凹模由件 1、2、3 拼合而成，然后固定到凹模固定板 4 内（一般采用 H7/m6 或 H7/n6 配合），并在下面加上淬硬的垫板，组成一个完整的凹模。这种固定方法比较稳定可靠，强度也好，承载力比较大，但装拆不方便。

5. **型孔拼合的设计要点**

（1）型孔分割　分割点应尽可能选在转角或直线和曲线的交点上，如图 6-44 所示。要防止拼块之间或镶件之间在冲压过程中发生相对位移，可采用凹、凸槽形相嵌，键和斜楔等方式，如图 6-44b 所示。

（2）拼块应有利于加工、装配、测量和维修　为便于加工和进行热处理，尖角处应进行分割，如图 6-45 所示。有凹进或凸起等易磨损部位时，应单独分块，以便于加工或更换，如图 6-45 拼块 1 所示。

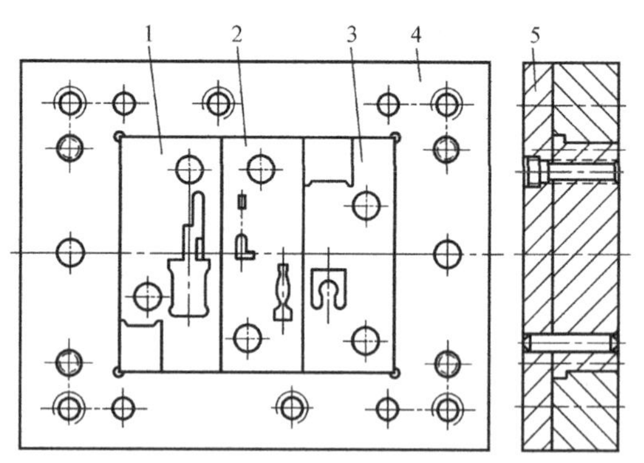

图 6-43　外框固定式拼块凹模

1、2、3—拼块　4—凹模固定板　5—垫板

（3）在保证加工并满足热处理要求的条件下，拼块数量应尽量少且便于装配　圆弧槽的分割如图 6-46 所示，拼块受力均匀，也便于加工。具有复杂的对称型孔、外形为圆形的镶拼凹模，拼块应尽量按径向线分割，这样各拼块可采用同一加工工艺，如图 6-47 所示。

（4）孔心距精度要求较高　当孔心距精度要求较高，或型孔中心距加工出现误差而需要进行调整时，可采用图 6-48 所示的可调拼合结构。

（5）拼块轮廓尽可能简单　图 6-49a 所示为不好的拼接，图 6-49b 所示为较合理的拼接。

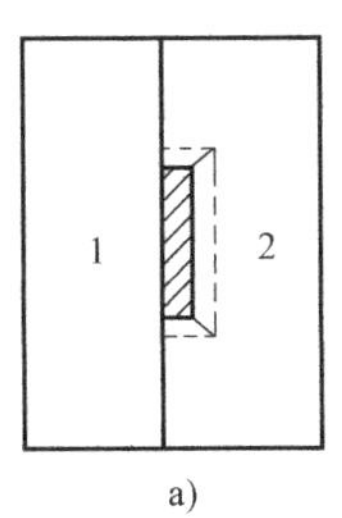

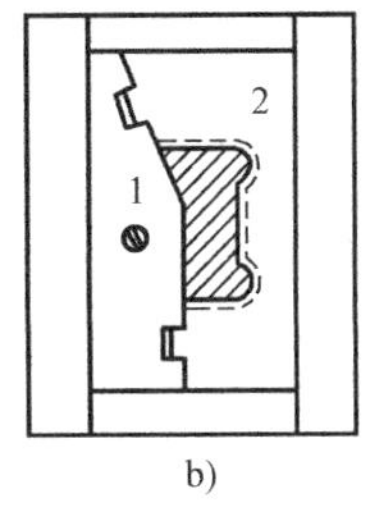

图 6-44　沿直线分割

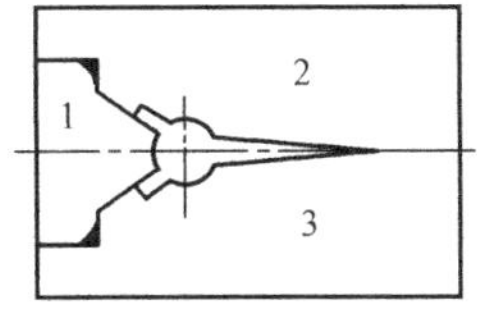

图 6-45　尖角处分割

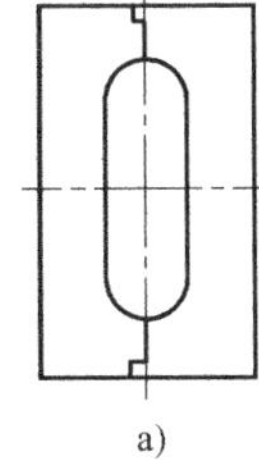

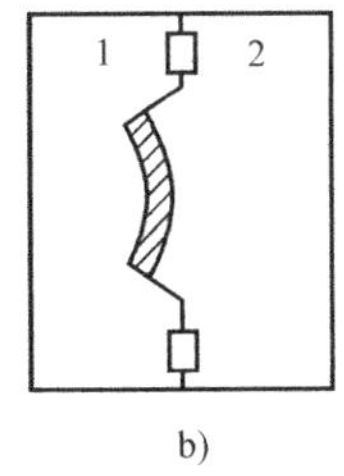

图 6-46　圆弧槽分割

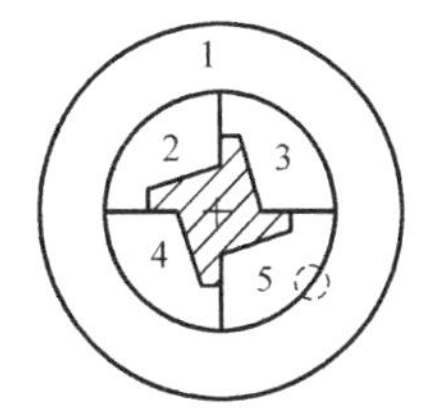

图 6-47　按径向线分割

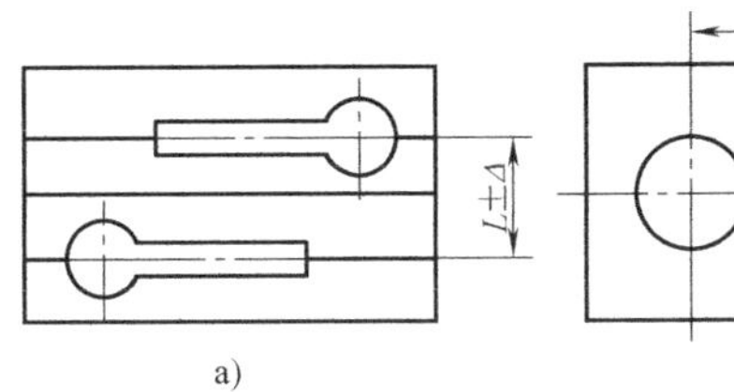

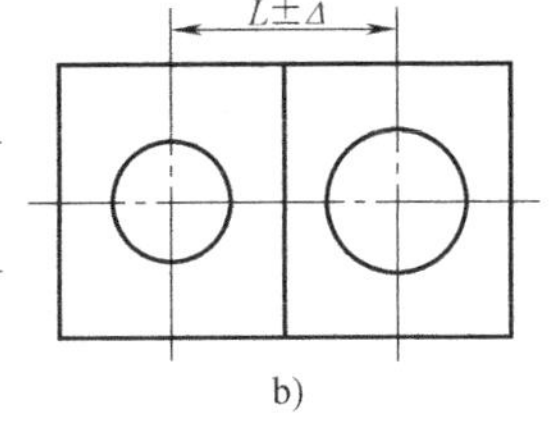

图 6-48　可调拼合结构

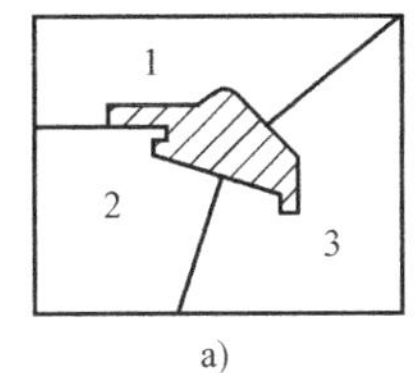

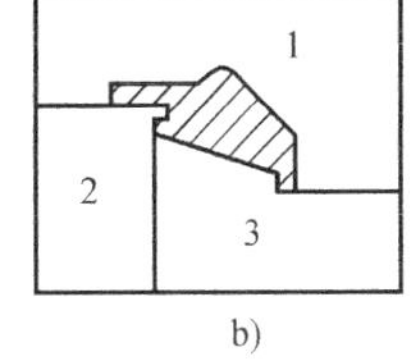

图 6-49　轮廓变化的分割

（6）细长的型孔　考虑凸模的强度，往往分段冲制，但必须防止出现接缝处毛刺而影响工件的质量。须注意凹模型孔拼缝与凸模拼块拼缝错开。

（7）保证拼合的多孔凹模的孔形和孔距精度　拼合面位置的选择应考虑修磨和调整方便，尽量减少和避免修磨工作面，即使要修也应以修磨简单的拼合面为主，必要时通过适当增加拼块分段来满足上述要求。如图 6-40 中孔 A 与孔 B 的距离可通过拼合面 C 进行修正。又如图 6-50 中的型孔 D 的尺寸可通过两端拼块 E 进行修正。两者的调整均不需修磨其刃口面。

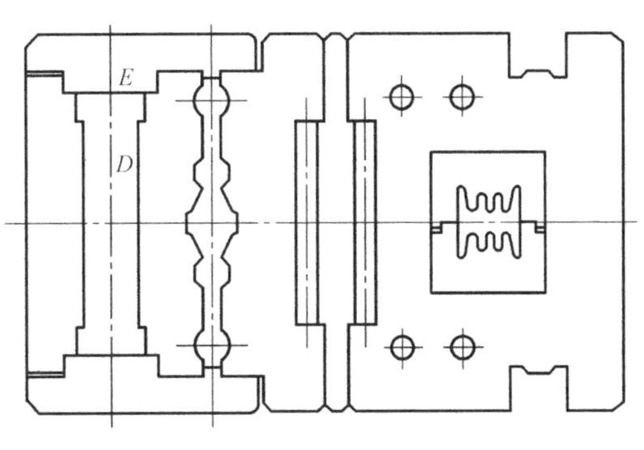

图 6-50　拼合面修磨调整刃口面

6.3.3　带料的导正定位

在多工位精密级进模设计时，常将导正销与侧刃配合使用，侧刃用于定距和初定位，导正销用于精定位。此时侧刃长度应比步距大 0.05~0.1mm，以便导正销导入导正孔时可使带料略向后退，实现导正。当采用自动送料机构送料时，可不用侧刃，由送料机构控制送料尺寸，并实现初定位，带料的准确定位由导正销来实现。

在设计模具时，作为精定位的导正孔，应安排在第一工位冲出；导正销设置在紧随冲导正孔的第二工位，以保证送料步距精度。如果要对送料精度进行检测，可将检测凸模设置在第三工位，如图 6-51 所示。图 6-51b 是检测凸模安装图，检测凸模在模具冲压过程中最先插入工艺导正孔。图 6-52 是导正过程示意图。虽然多工位级进冲压采用了自动送料装置，但送料装置有±0.02mm 左右的送进误差。由于送料的连续动作将造成自动调整失准，形成误差。因此，不管是采用侧刃还是送料装置，送料的尺寸都应比送料步距大 Δ，即多送了 Δ（图 6-52a），导正销导入导正孔后，迫使材料逆送料方向（F'方向）后退一个 Δ 尺寸，如图 6-52b 所示。

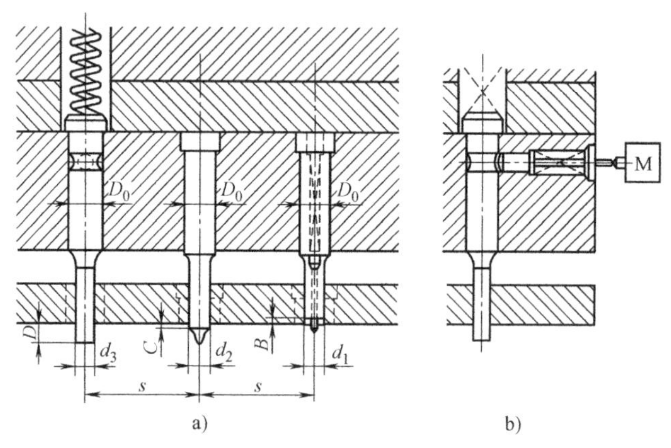

图 6-51　带料的导正与检测

导正销与导正孔设计主要考虑如下几个方面。

1. 导正孔尺寸和导正销导入量

导正销导入材料时，既要保证材料的定位精度，又要保证导正销能顺利地插入导正孔。配合间隙大，定位精度低；配合间隙过小，导正销磨损加剧并形成不规则形状，从而影响定位精度。导正孔与导正销的单面间隙 c 可参考图 6-53a 所示数值。

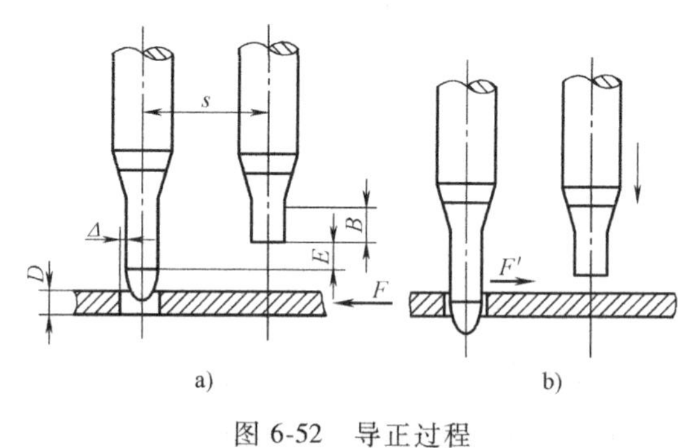

图 6-52　导正过程

导正销的前端部分应突出卸料板的下平面，如图 6-53b 所示。突出量 x 的取值范围为 $0.6t<x<1.5t$。薄料取较大的值，厚料取较小的值；当 $t>2$mm 时，$x=0.6t$。

2. 导正销的头部形状

导正销的头部形状按工作要求分为引导部分（曲面头部）和导正部分（直径 D 处）。根据几何形状，引导部分可分为圆弧头部和圆锥头部。图 6-54a 为常见的圆弧头部，图 6-54b 为圆锥头部。导正销的部分参数尺寸如图 6-54 所示。

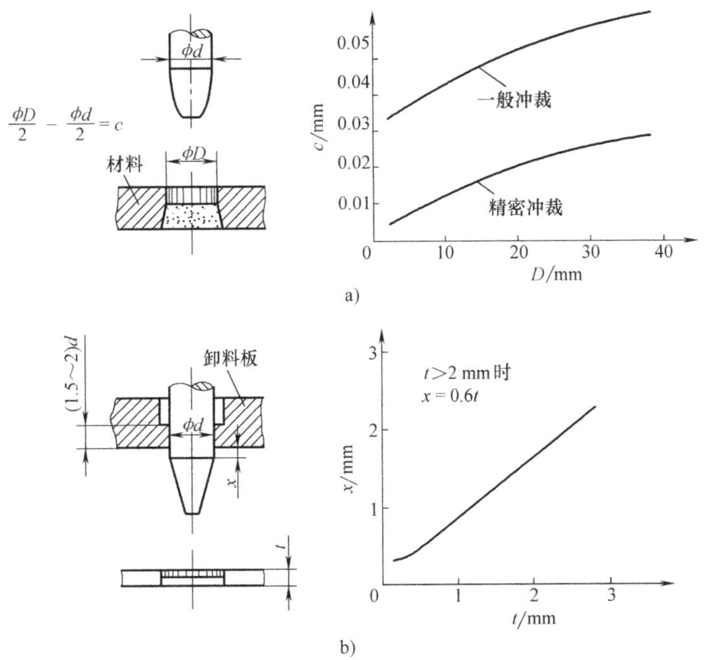

图 6-53　导正孔尺寸和导正销导入量

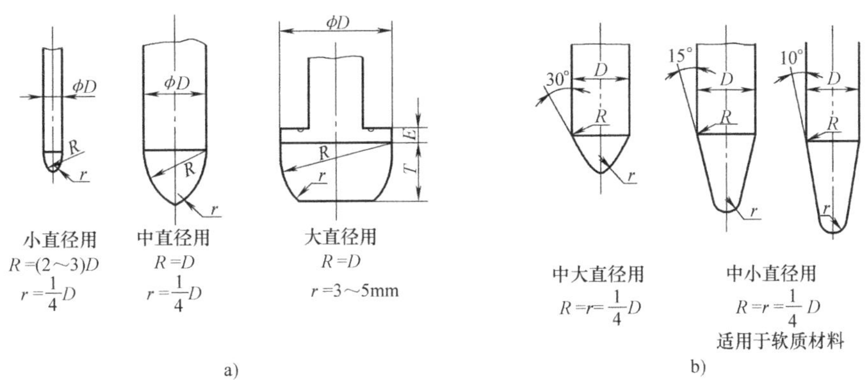

图 6-54　导正销的头部形状

3. 导正销的固定方式

导正孔不同，导正销的固定方式也不同。如果导正是利用零件上的孔，且在落料时导正，导正销安装在落料凸模上，如图 6-55 所示。

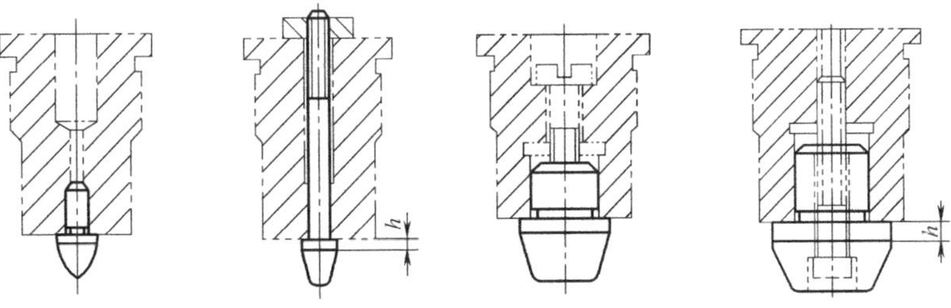

图 6-55　导正销安装在落料凸模上

图 6-56 所示为导正销固定在凸模固定板上，利用工艺孔或零件上的孔导正的安装方式。图 6-56a、b 为导正销固定在固定板上，导正销与固定板采用 H7/n6 配合，一般用于导正销直径较小的情况；图 6-56b 所示导正销的固定部分和工作部分的尺寸相同，便于加工。图 6-56c、d 所示导正销的装配和调整都比较方便，图 6-56c 是活动型导正销。图 6-56e 是带有弹压压块的导正销，用于较薄的带料导正，在导正销未插入导正孔之前，先由弹压压块将带料压住，再由导正销进行导正，还能防止导正销与导正孔之间间隙较小造成的带料卡在导正销上。图 6-56f、g 是将导正销直接装在卸料板上，避免导正销太长的情况；采用这种结构，卸料板必须要装有辅助导向机构。

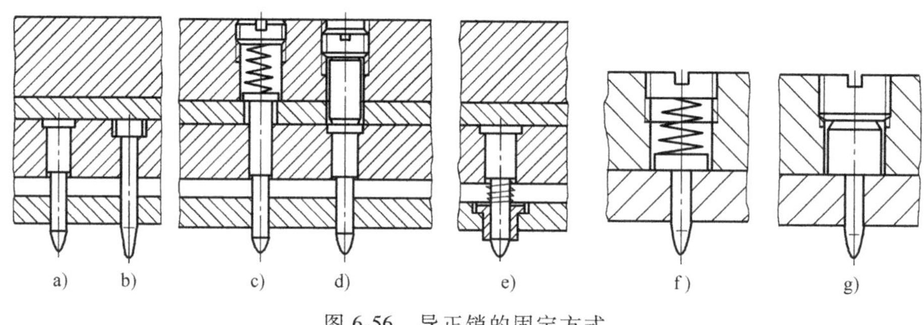

图 6-56　导正销的固定方式

导正销在一副模具中多处使用时，其突出长度 x、直径尺寸和头部形状必须保持一致，以使所有的导正销承受基本相等的载荷。

6.3.4　带料的导向和托料装置

多工位级进模依靠送料装置的机械动作，将带料按规定的步距尺寸间歇送进，以实现自动冲压。带料沿送料方向送进，纵向的导向一般依靠侧面导料板或导料钉实现。由于带料经过冲裁、弯曲和拉深等变形后，在垂直于带料表面的方向上会有不同高度的弯曲和突起，这些弯曲和突起的高度必须从凹模孔中托起，并高于模具的凹模工作表面，才能顺利地将带料送进。这种使带料托起的特殊结构叫作浮动托料装置。该装置往往和带料的侧面导向零件共同使用，实现带料的导向和浮动托料。

1. 浮动托料装置（浮顶器）

图 6-57 所示是常用的浮动托料装置，其结构有托料钉、托料管和托料块三种。带料托起的高度要保证带料成形后的最低部位高出凹模表面 1.5~2mm，同时应使被托起的带料上平面低于刚性导料板下平面（2~3）t 左右，这样才能保证带料送进顺利。托料钉的优点是可以根据托料具体情况布置，托料效果好，支撑托料钉的压缩弹簧为托料力源。托料钉常用圆柱形，但也可用方形（在送料方向带有斜度）。托料钉常以偶数多组使用，且应设置在带料上没有较大的孔和成形部位的下方，否则会出现送料障碍。对于刚性差的带料，应采用托料块托料，托料面积大，以免带料变形。托料管用在有导正孔的位置进行托料，它与导正销配合（H7/h6），管孔起导正孔作用。

图 6-58 所示为常用的组合形式，这些形式的托料装置必须与导料板组成托料导向装置。图 6-58a 是最常用的浮动销结构，可安放在模具中不同的位置；图 6-58b 是带导正孔的浮动销，销孔可以用来导正；图 6-58c 是带有气孔的浮动销结构，压缩空气可有效地吹除冲裁产

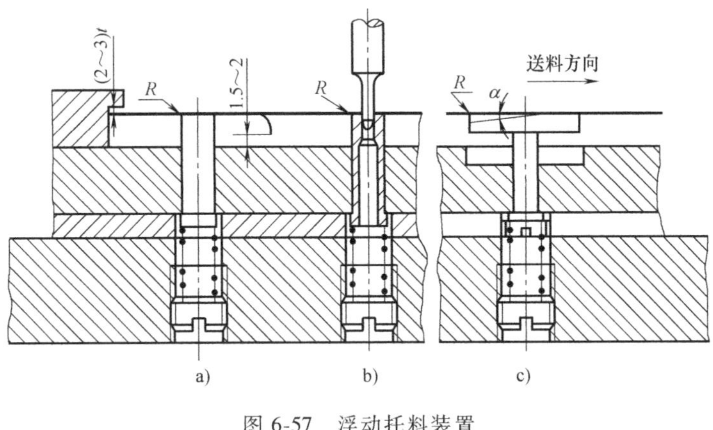

图 6-57　浮动托料装置
a）托料钉　b）托料管　c）托料块

生的废屑；图 6-58d、e 为方形浮动顶块，当冲裁的孔会卡住浮动销或侧面有切开的切口时，采用这种顶块组件；方形浮动顶块在迎着材料送料的一侧有斜面，如图 6-58g 所示；图6-58f 是从上面采用止动压板的方形托料块，当重新研磨凹模固定板时，拆卸简单，维护容易，且无须调整顶料量。

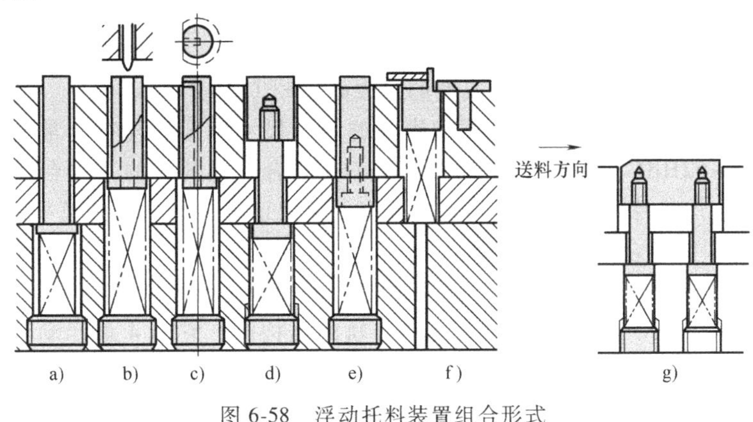

图 6-58　浮动托料装置组合形式

2. 有导向功能的浮动托料装置

浮动托料导向装置是具有托料和导向双重作用的重要的模具部件，在级进模中应用广泛。它分为托料导向钉和托料导轨两种。

（1）托料导向钉　浮动托料导向钉如图 6-59 所示，在设计中最重要的是导向钉的设计和卸料板凹孔深度的确定。图 6-59a 是带料被托起送进时的工作状态。当送料结束、上模下行时，卸料板凹孔底面首先压缩导向钉（图 6-59b）；导料钉下行 K 尺寸，带料被卸料板压在凹模平面上，处于正常的冲压状态（图 6-59c）。冲压结束后，上模回升时，弹簧将托料导向钉推至最高位置（图 6-59a），进行下一步的送料导向。如果卸料板凹孔深度 T 设计不合理，将会使托起部位的材料产生弯曲变形，造成托料障碍。图 6-59d 所示卸料板凹孔过浅，使带料被托料钉头部向下压入与托料钉配合的孔内；图 6-59e 所示卸料板凹孔过深，造成带料被托料钉台阶向上挤入凹孔内。托料钉的设计和安装尺寸必须注意尺寸的协调，其协调尺寸推荐值如下：

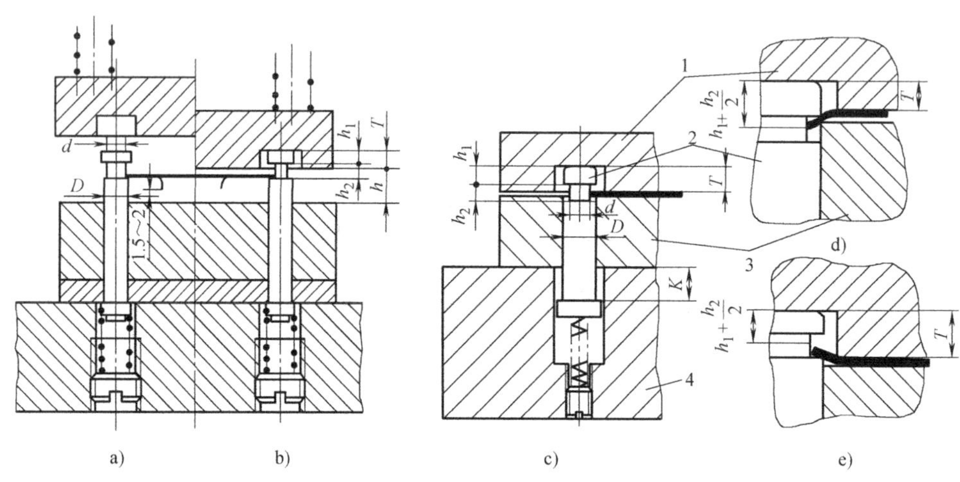

图 6-59　浮动托料导向装置

1—卸料板　2—托料钉　3—凹模板　4—下模座

托料钉头部高　　$h_1 = 1.5 \sim 3\text{mm}$

托料钉台阶导向槽宽　　$h_2 = (1.5 \sim 2)t$

卸料板让位凹孔深　　$T = h_1 + (0.3 \sim 0.5)\text{mm}$

托料钉台阶宽度　　$(D-d)/2 = (3 \sim 5)t$

托料钉浮动高度　　h=材料向下成形的最大高度+(1.5~2)mm

尺寸 D 和 d 可根据带料宽度、厚度和模具的结构尺寸确定。托料钉常选用合金工具钢制造，淬硬到 58~62HRC，并与凹模孔采用 H7/h6 配合。托料钉的下端台阶可做成装拆式结构，在装拆面上加垫片可调整材料托起的高度，以保证送料平面与凹模平面平行。

图 6-60 为常用的组合结构。图 6-60a、b、c 为圆柱形导向式托料钉；图 6-60d、e 是方形导向式托料钉，该类型顶料面积大，尤其适合精密冲压比较薄的材料。

(2) 浮动托料导轨　图 6-61 为浮动托料导轨的结构图，它由 4 根浮动导销与 2 条导轨导板组成，适用于薄料和要求较大托料范围的材料托起。设计托料导轨导向时，应将导轨导板分为上、下两件组合，当冲压出现故障时，拆下盖板即可取出带料。

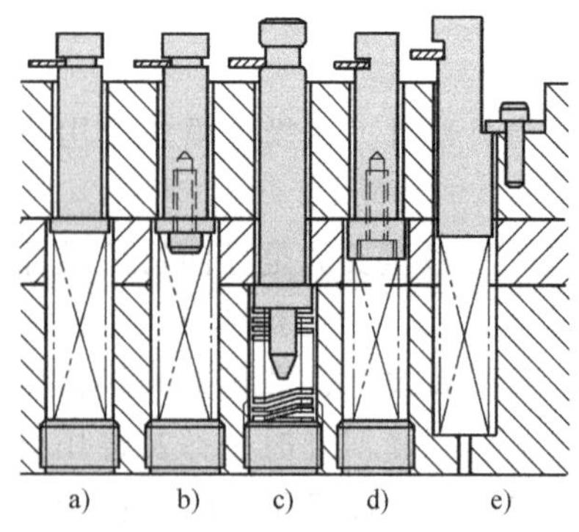

图 6-60　带导向浮动托料装置常用的组合结构

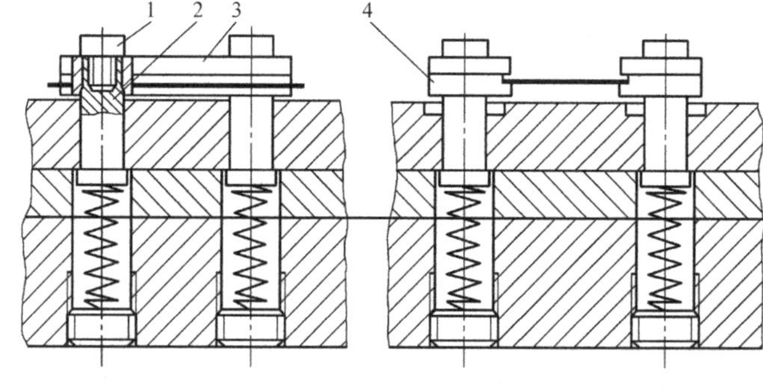

图 6-61　浮动托料导轨

1—压板螺钉　2—浮动导销　3—压板　4—导轨导板

3. 托料钉的结构

表 6-6 为托料钉的结构及有关部分设计参数。参数可根据设计要求查询有关标准。

表 6-6　托料钉的结构及有关部分设计参数

类型	结构组合	参数和技术要求	备注
圆柱形浮动销	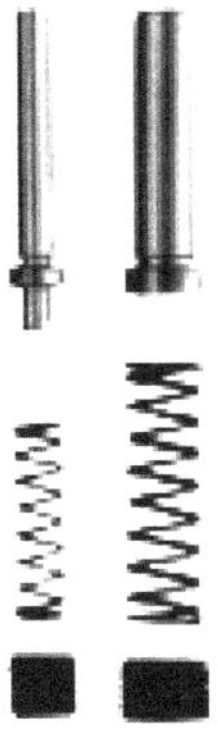	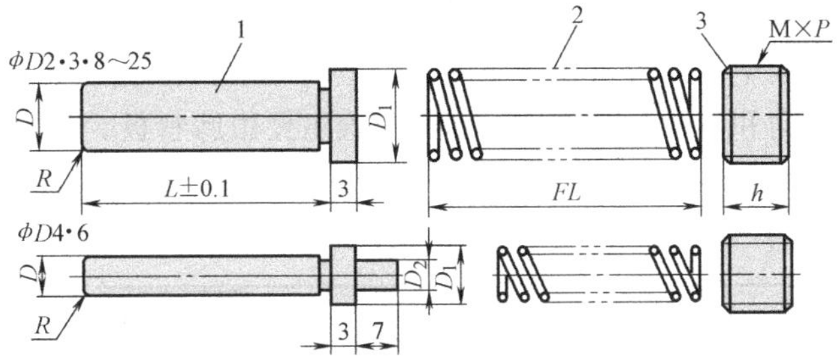	材料：T10A 热处理： ① 53~58HRC ② 凸缘部退火，45HRC 以下 1—浮动销 2—弹簧 3—螺塞
带导向普通标准型		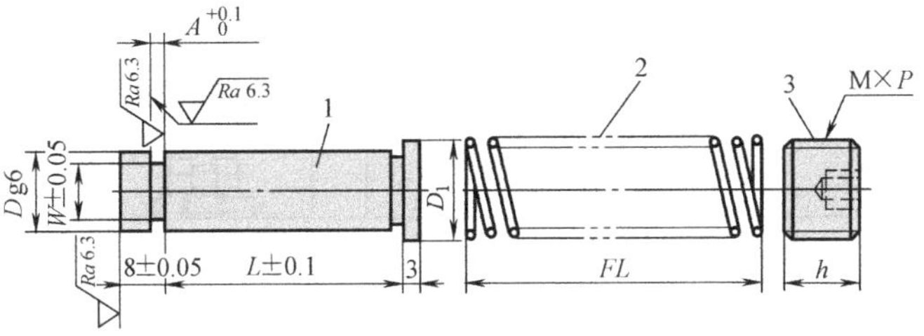	材料：T10A 热处理： ① 53~58HRC； ② 凸缘部退火，45HRC 以下 1—浮动销 2—弹簧 3—螺塞
带导向圆销组合型		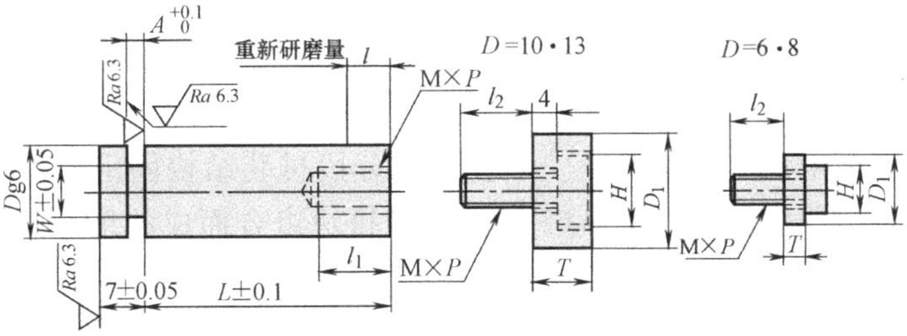	材料：T10A 热处理：53~58HRC
键止动型导向顶销	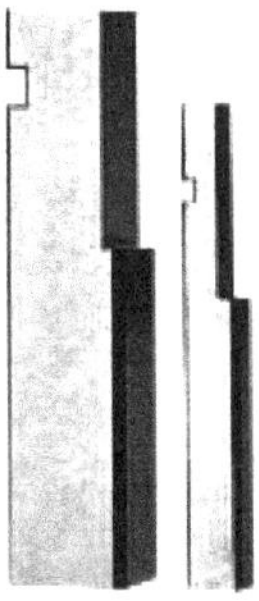	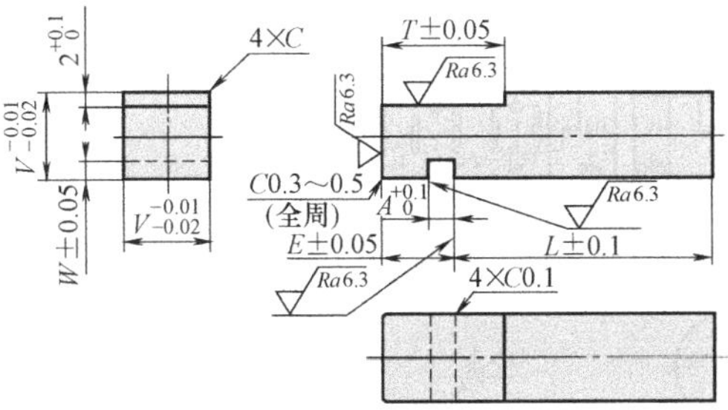	材料：T10A 热处理：53~58HRC

6.3.5 卸料装置的设计

卸料装置是多工位级进模结构中的重要部件。它的作用为冲压开始前压紧带料，防止各凸模冲压时由于先后次序的不同或受力不均而引起带料窜动，并保证冲压结束后及时平稳地卸料。在多工位级进模中，卸料板还将对各工位上的凸模，特别是细小凸模，在受到侧向作用力时，起到精确导向和有效保护作用。卸料装置主要由卸料板、弹性元件、卸料螺钉和辅助导向零件组成。图 6-62 中由件 3、5、6、7、8、11、12 组成该模具的卸料装置。

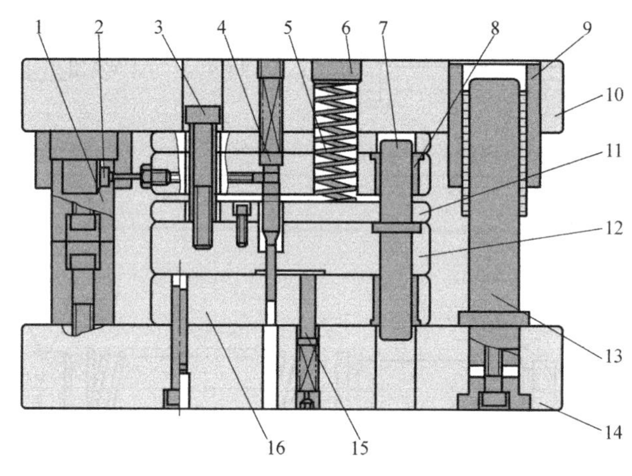

图 6-62 卸料装置

1—限位柱 2—微动开关 3—组合式限位螺钉 4—误送检测组件 5—弹簧 6—螺塞 7—卸料板导柱 8—卸料板导套 9—模架导套 10—上模座 11—卸料板背板 12—卸料板 13—模架导柱 14—下模座 15—托料钉 16—凹模

1. 多工位级进模卸料板的结构

多工位级进模的弹压卸料板，由于型孔多、形状复杂，为保证型孔的尺寸精度、位置精度和配合间隙，极少采用整体结构，一般多采用分段拼装结构固定在一块刚度较大的基体上，它的拼装原则与凹模相同。图 6-63 是由 5 个拼块组合而成的组合式卸料板。基体按基孔制配合关系加工出拼块安装槽，两端的两块按位置精度的要求压入基体通槽后，分别用螺钉、销钉定位固定。中间三块拼块经磨削加工后直接压入通槽内，仅用螺钉与基体连接。安

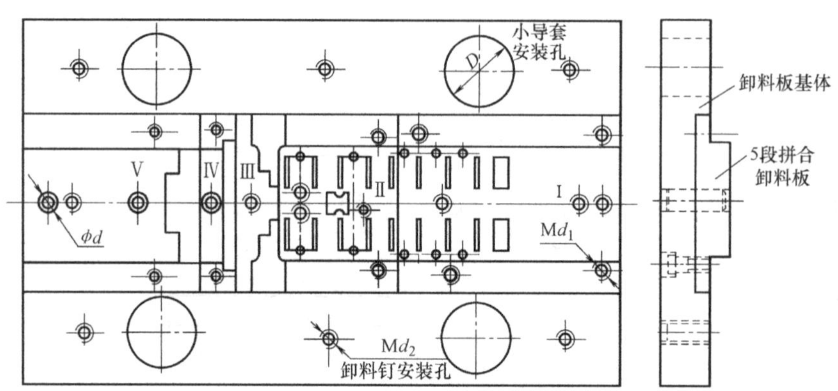

图 6-63 拼块组合式弹压卸料板

装位置尺寸通过对各分段的结合面进行研磨加工来调整，从而控制各型孔的尺寸精度和位置精度。卸料板采用高速钢或合金工具钢制造，淬火硬度为 56~58HRC；其型孔的工作面表面粗糙度为 Ra0.4~0.1μm。凸模与卸料板的配合间隙只有凸模和凹模的冲裁间隙的 1/4~1/3。

2. 卸料板的导向形式

由于多工位级进模的卸料板有保护精密小凸模的作用，要求卸料板工作时有很高的运动精度，为此要在卸料板与上模座之间增设辅助导向机构（小导柱和小导套），其配合间隙一般为凸模与卸料板配合间隙的 1/2，如图 6-62 中件 7、8 所示。当冲压的材料比较薄、模具的精度要求较高且工位数又较多时，应选用滚珠式导柱导套（图 6-64）。

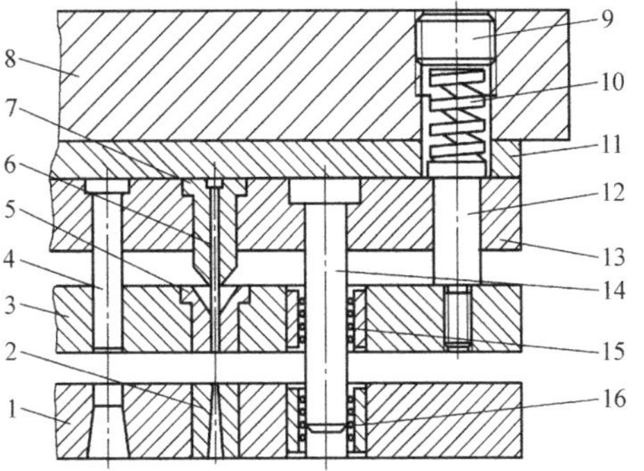

图 6-64　滚动导向的卸料板导柱导套

1—凹模　2—凹模嵌块　3—弹压卸料板　4—凸模　5—凸模导向护套　6—小凸模　7—凸模加强套　8—上模座　9—螺塞　10—弹簧　11—垫板　12—卸料螺钉　13—凸模固定板　14—小导柱　15—小导套　16—滚珠保持器

3. 卸料板的安装

卸料板采用卸料螺钉吊装于上模。卸料螺钉应对称分布，工作长度要严格一致。图 6-65 所示为多工位级进模使用的卸料螺钉。外螺纹式卸料螺钉工作段的长度刃磨较困难，轴长 L 的精度较低，一般控制在±0.1mm；常用于普通冲压模中。内螺纹式卸料螺钉的轴长精度为±0.02mm，通过磨削轴端面可使一组卸料螺钉的工作长度保持一致；组合式卸料螺钉由套管、螺栓和垫圈组合而成，它的轴长精度可控制在±0.01mm。内螺纹和组合式有一个很重要的特点，即当冲裁凸模经过一定冲压次数后要对凸模刃口进行刃磨，刃磨后必须对卸料螺钉工作段的长度磨去同样的量值，才能保证卸料板的压料面与冲裁凸模端面的相对位置。外螺纹卸料螺钉调整尺寸困难。

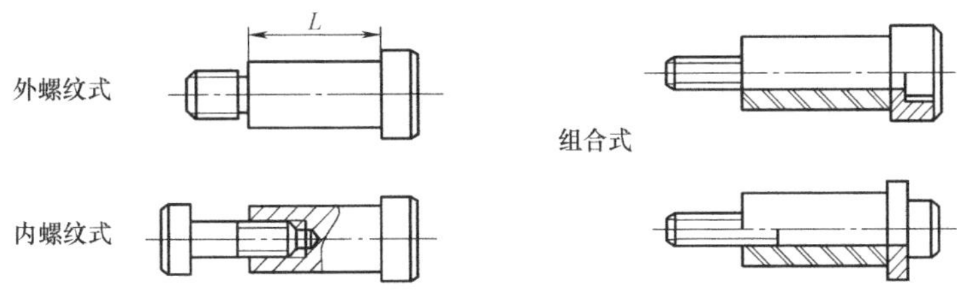

图 6-65　卸料螺钉种类

图 6-66 所示的卸料板安装形式是多工位级进模中常用的结构。卸料板的压料力、卸料力都是由卸料板上面安装的均匀分布的弹簧受压而产生的。在精密级进模中，常用的卸料弹簧采用强力弹簧。由于卸料板与各凸模的配合间隙仅有 0.005mm 左右，所以安装卸料板比较麻烦，在不十分必要时，尽可能不把卸料板从凸模上卸下。考虑到刃磨时既不需把卸料板从凸模上取下，又要使卸料板低于凸模刃口端面，通常采用把弹簧与卸料钉分开布置。弹簧用螺塞限位，刃磨时只要旋出螺塞，弹簧即可从上模取出，不受弹簧作用力作用的卸料板随之可以向上模座方向移动，露出凸模刃口端面，即可重磨刃口；同时更换弹簧也十分方便。卸料螺钉若采用套管组合式，修磨套管尺寸可调整卸料板相对凸模的位置；修磨垫片可调整卸料板，使其达到理想的动态平行度（相对于上、下模）要求，如图 6-66a 所示。图 6-66b

采用的是内螺纹式卸料螺钉，弹簧压力通过卸料螺钉传至卸料板，这种结构卸料板的行程受到弹簧自由长度的限制，常用于弯曲、拉深高度不大或纯冲裁结构。图 6-66c 的不同之处是套管与卸料板之间增加了一个垫块，当凸模刃磨后，只需修磨垫块厚度就可保持卸料板与凸模的相对位置。

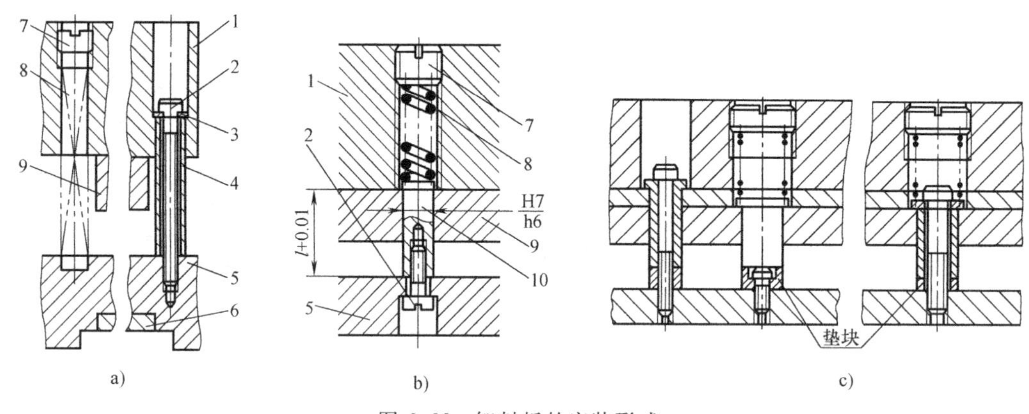

图 6-66　卸料板的安装形式

1—上模座　2—螺钉　3—垫片　4—管套　5—卸料板　6—卸料板拼块　7—螺塞　8—弹簧　9—固定板　10—卸料销

装配后的卸料板必须保持和上、下模平行，运动平衡，卸料力足够大。卸料过程中，卸料板始终保持良好的刚性、不允许变形。但是当带料的料头或料尾处于凹模与卸料板之间的一侧时，由于卸料板和凸模之间、卸料板和辅助的小导柱及小导套之间存在一定间隙（虽然间隙很小），也会引起卸料板的不稳而倾斜，如图 6-67a 所示；进而使凸模受侧向力影响，导致凸、凹模啃刃口。为防止这种现象，可在卸料板的适当位置设置平衡钉（图 6-67b），保持卸料板在运动时的平衡。平衡钉在卸料板的两端均应设置，每端两个，其伸出卸料板底平面的高度应调整在同一水平面内。

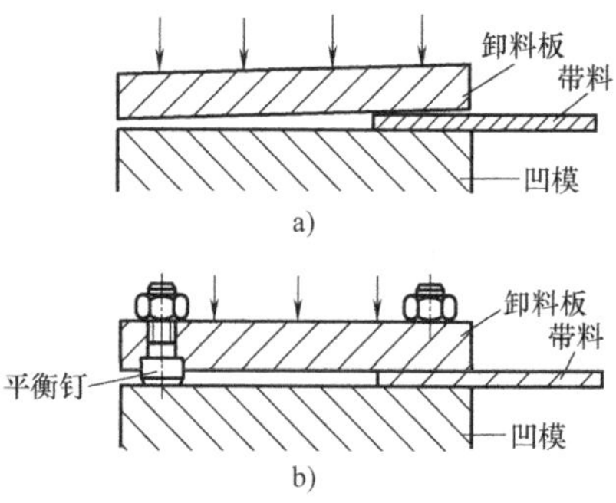

图 6-67　卸料板设置平衡钉

6.3.6　限位装置

多工位级进模结构复杂，凸模较多，在存放、搬运、试模和冲压生产过程中，若凸模过多地进入凹模，会对模具刃口造成较大的磨损，甚至损坏。为此，在设计多工位级进模时应考虑安装限位装置，控制凸模进入凹模的深度。

如图 6-68 所示的限位装置，由限位柱与限位垫块或限位套等零件组成。限位装置的总高度，是模具在工作状态下的高度加上工件的料厚。安装调试模具时，只要将限位垫块放在两限位柱之间即可；模具合模对好后，取下限位垫块即可冲压。

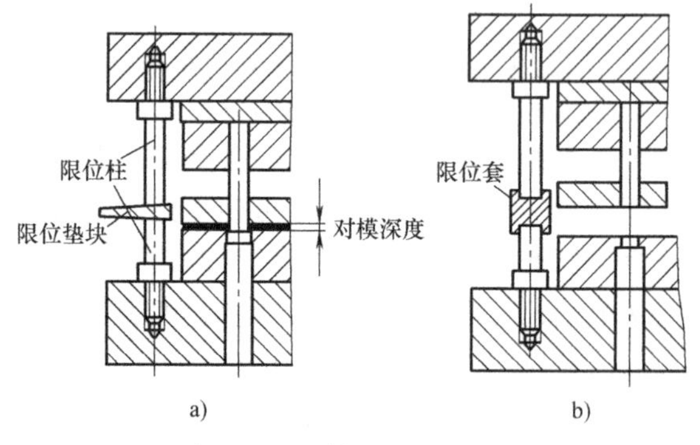

图 6-68　对模深度限位装置

完成冲压生产后，要入库存放，可将限位套套在限位柱上，使上、下模保持开启状态，便于搬运和存放，如图 6-68b 所示。

当模具的精度要求较高，模具有较多的小凸模，并且冲压工位中又有镦压成形时，可在弹压卸料板和凸模固定板之间设计一限位垫板（镦压板），能较准确地控制凸模进入凹模的深度，并实现镦压成形，如图 6-69 所示。

在卸料板上加限位柱（块）控制压料的结构，如图 6-70 所示。弹压卸料板上装有多个限位柱（块），可用于控制对带料的压紧程度。图中限位柱高出卸料板底平面一定尺寸，此尺寸比料厚小 0.02mm，即为 $t-0.02$mm，这样能保证卸料板既压平带料又不会将带料压坏。

表 6-7 为常用的限位柱（块）结构。

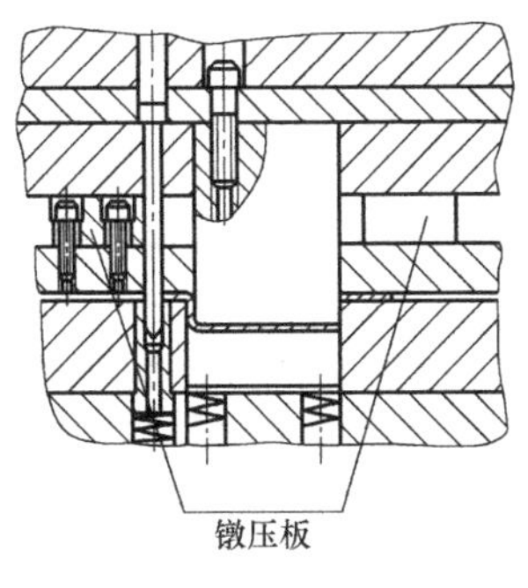

图 6-69　镦压板的使用

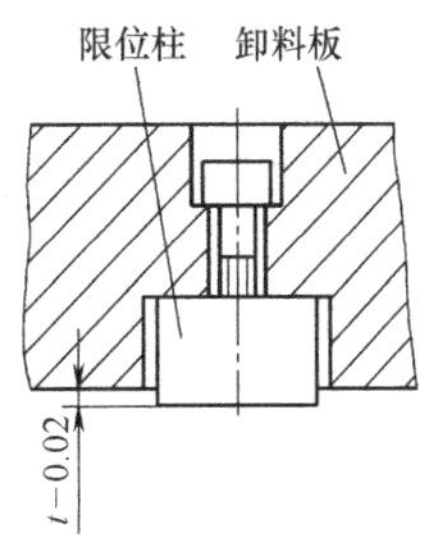

图 6-70　限位柱控制压料

表 6-7　限位柱（块）结构

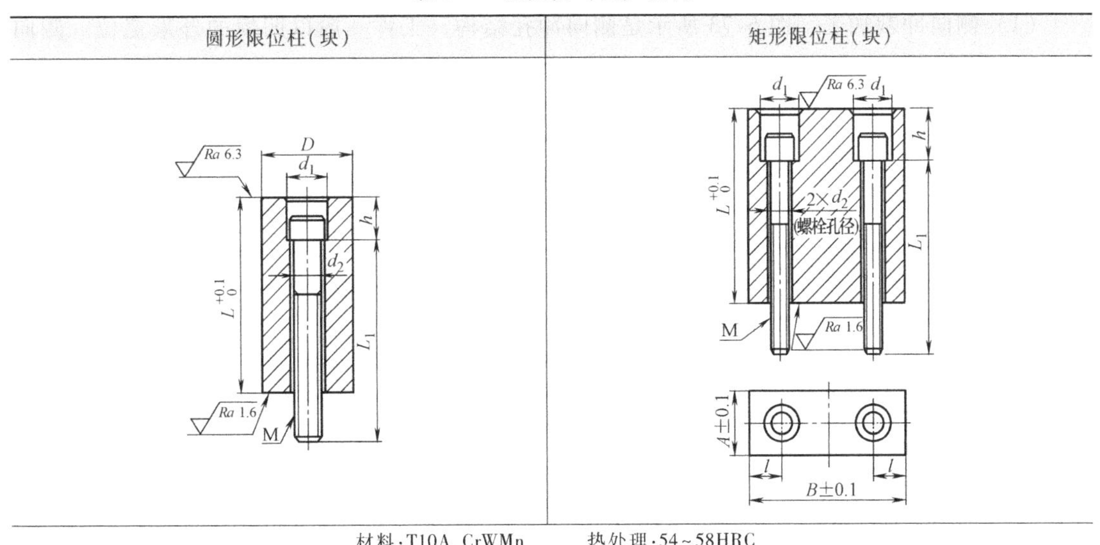

圆形限位柱(块)	矩形限位柱(块)
材料:T10A、CrWMn　　热处理:54～58HRC	

6.3.7　侧向冲压和反向冲压

在级进冲压时，有时为满足冲压成形的要求，需要从不同方向进行冲压加工。由于压力机滑块的运动是垂直向下运动。因此，需采用冲压方向转换机构将压力机滑块的垂直向下运动转化成凸模（或凹模）向上（倒冲）或水平（侧向冲压）等不同方向的运动，实现冲压件不同方向的成形。完成这种加工方向转换的机构，常采用斜楔滑块机构或杠杆机构等。

1. 斜楔滑块机构

（1）斜楔与滑块的功能　斜楔滑块典型结构如图 6-71 所示，主要零件是斜楔和滑块，常配对使用。斜楔一般装在上模，滑块装于下模内。上模在压力机带动下垂直向下运动，安装在上模的斜楔驱动下模中的滑块（结合面为斜面，斜角为 α）水平运动（也可以逆冲压方向运动），实现对工件的横向（或反向）冲压（冲孔、成形、压包、压筋等）。斜楔为主动件，滑块是被动件。

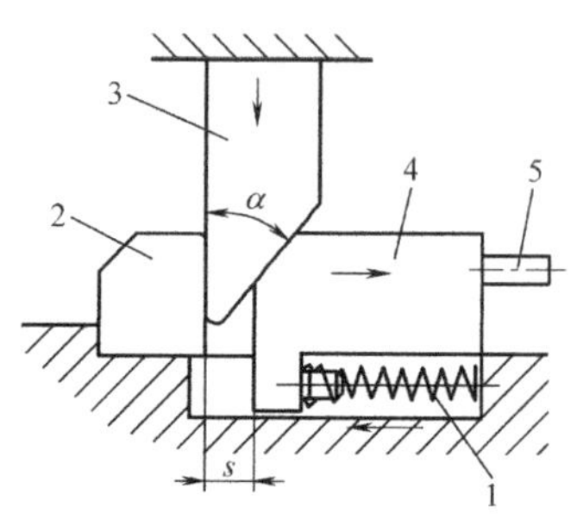

图 6-71　斜楔滑块结构示意图

1—弹簧　2—挡块　3—斜楔　4—滑块　5—侧冲凸模

（2）侧冲凸模的安装　图 6-72 为几种常用的侧冲凸模安装结构。图 6-72a、b 两种结构适用于圆凸模，图 6-72c 不仅适用于圆凸模，也适用于各种异形凸模的安装。

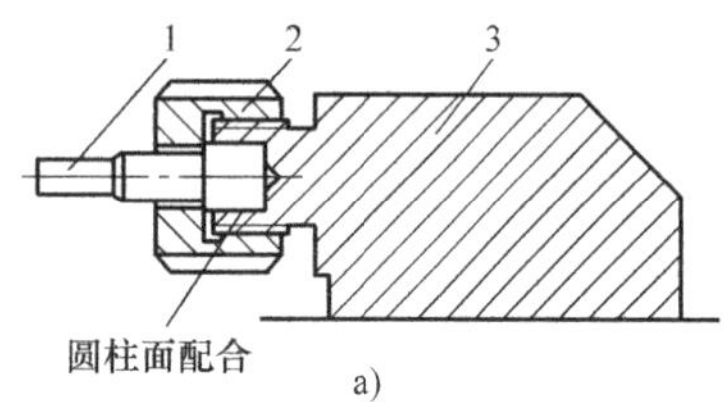

a)

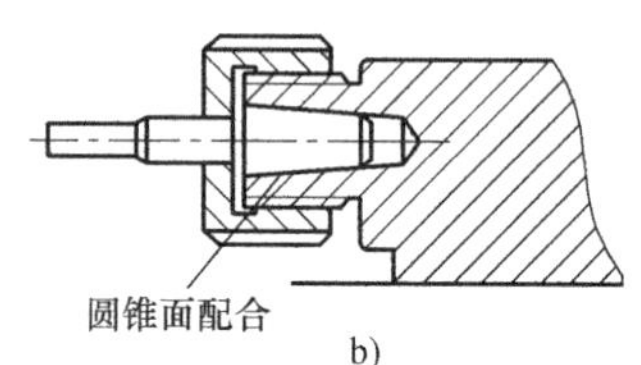

b)

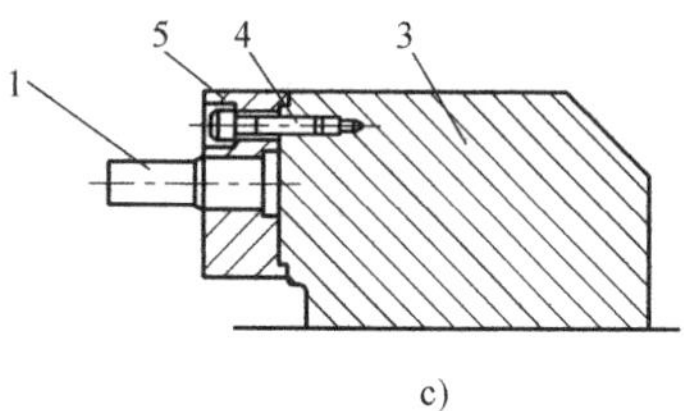

c)

图 6-72　常用的侧冲凸模安装结构

1—凸模　2—螺母　3—滑块　4—螺钉　5—固定板

2. 侧冲机构的应用

（1）侧向冲裁加工　图 6-73 所示是侧向冲孔结构，工件一般以凹模的外形定位。侧向冲裁时，卸料板压紧侧边，斜楔推动滑块使凸模冲孔，滑块的复位也是靠斜楔推动。

（2）侧压挤弯曲成形加工　图 6-74 是一弯曲件在多工位级进模中的侧向弯曲成形冲压

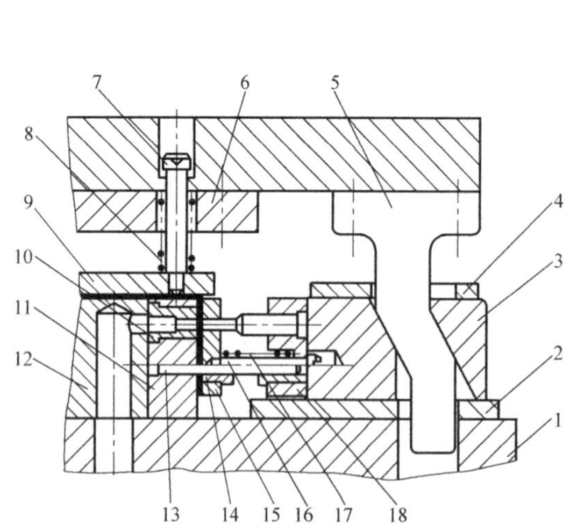

图 6-73　侧向冲孔结构示意图

1—底座　2—垫板　3—滑块　4—盖板　5—斜楔　6、18—凸模固定板　7、16—卸料钉　8、17—弹簧　9—压料板　10—凹模镶套　11—凹模镶块固定板　12—下模座　13—小导柱　14—小导套　15—卸料板

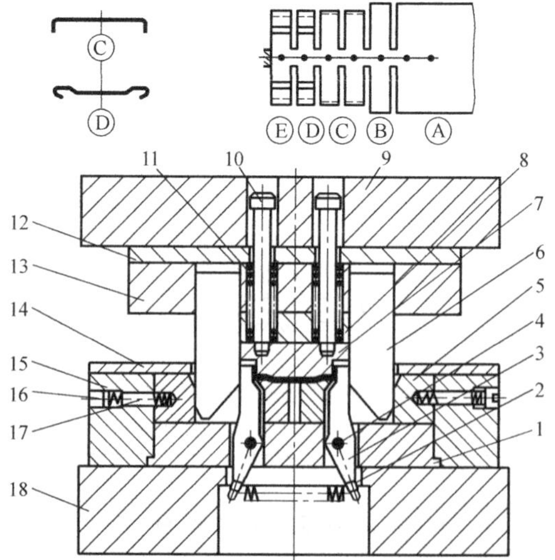

图 6-74　侧压挤弯曲成形模具结构简图

1—支承板　2—拉簧　3—凸轮块　4—小轴　5—滑动模芯　6—斜楔　7—凸模　8—镦压垫块　9—上模座　10—卸料钉　11、17—弹簧　12—垫板　13—固定板　14—盖板　15—限位挡块　16—螺塞　18—下模座

工位（D 工位）的模具结构简图，工件弯曲部分要内收 45°。开模时，滑动模芯 5 在斜楔 6 的推动下，向中间滑动一定距离，凸轮块 3 在拉簧的作用下向外摆。模具冲压时，斜楔 6 控制滑动模芯 5 和摆动凸轮块 3 实现工件的侧向挤压成形。凸模 7 通过镦压垫块 8 对工件进行整形加工。

3. 反向冲压机构

反向冲压机构多由杠杆机构实现，也可采用两段斜楔滑块机构来实现，是多工位级进模中特殊的冲压机构。

杠杆机构应具有足够的强度和刚度。杠杆一般做成梭状较好，不仅增加杠杆的强度、受力合理，而且缩小了杠杆摆动空间，如图 6-75 所示。在压力较大的时候，杠杆截面可做成半圆状，以整个圆弧面作支承的摆块。垫板 15 内可镶入一淬火处理的凹圆弧垫片，如图6-76所示。反向冲压凸模必须有良好的导向机构，反向冲压机构还应便于维修、更换和安装。

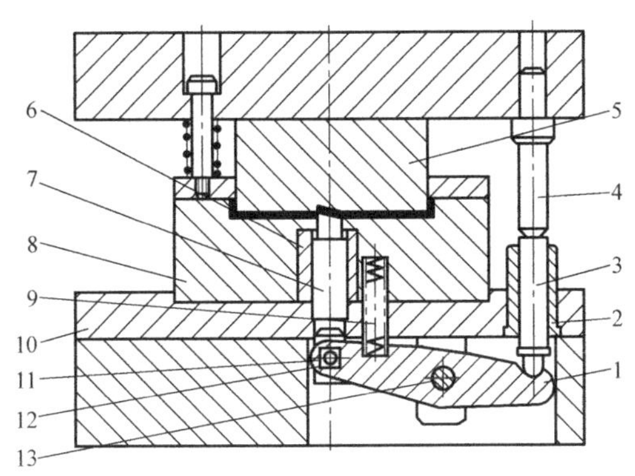

图 6-75　杠杆倒冲结构

1—梭形杠杆　2—导向套　3—从动杆　4—主动杆
5—上模　6—护套　7—凸模　8—凹模
9—复位弹簧　10—垫板
11、13—轴　12—轴套

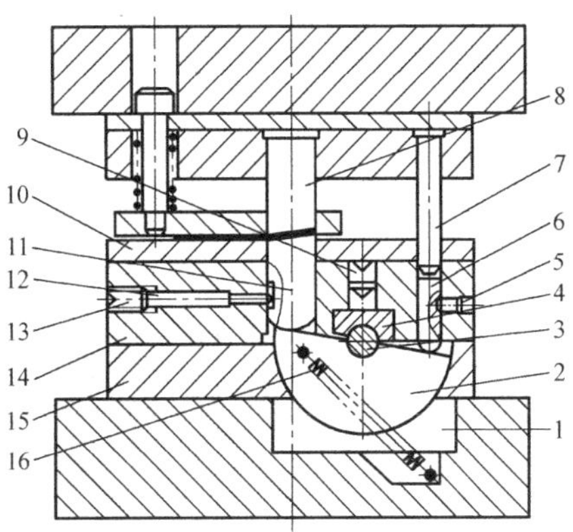

图 6-76　杠杆摆块倒冲结构

1—圆弧垫板　2—摆块　3—轴　4—压块
5—限位螺钉　6—从动杆　7—主动杆
8—上模　9、13—螺塞　10—盖板
11—凸模　12—限位杆　14—下模套
15—垫板　16—复位拉簧

4. 反向冲压机构的应用

（1）切口弯曲倒冲结构　图 6-77a 所示为一底部带有切口弯曲的外壳。该零件采用多工位精密级进模生产，图 6-77b 所示是完成在零件的侧壁切口弯曲（45°方向）的工位结构，该工位采用杠杆倒冲成形机构。该结构的主要特点是：切口压弯凹模 1 是卸料板上的镶件，该结构扩大了卸料板的功能。根据工件的特点，切口压弯凸模 2 与凹模中心线成 45°，固定在滑块 3 上；凸模的切入深度可以在不拆卸模具的情况下，由模具外面的调节螺钉 5 通过限位柱进行调节，使用方便，能更好地控制质量。滑块 3 的复位，主要靠拉簧实现。在卸料板与固定板之间附加垫板，使模具闭合时处在刚性镦压状态，对保证工件底部的切弯质量有较好效果。

（2）斜滑块反向冲压机构　斜滑块反向冲压机构的冲压加工如图 6-78 所示。复位弹簧 5 和复位橡胶 6 起复位作用。倒冲凸模的倒冲行程 $C=A\dfrac{\tan\alpha}{\tan\beta}$，机构中两侧的 α、β 角必须一致，上下压杆长度相同，复位弹簧力必须相等。

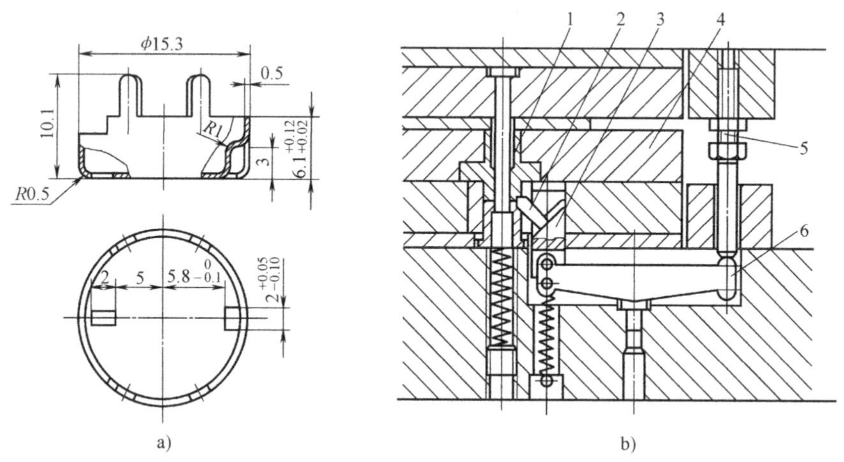

图 6-77　底部带有切口弯曲（45°方向）的倒冲结构

1—切口压弯凹模　2—切口压弯凸模　3—滑块　4—卸料板　5—调节螺钉　6—杠杆

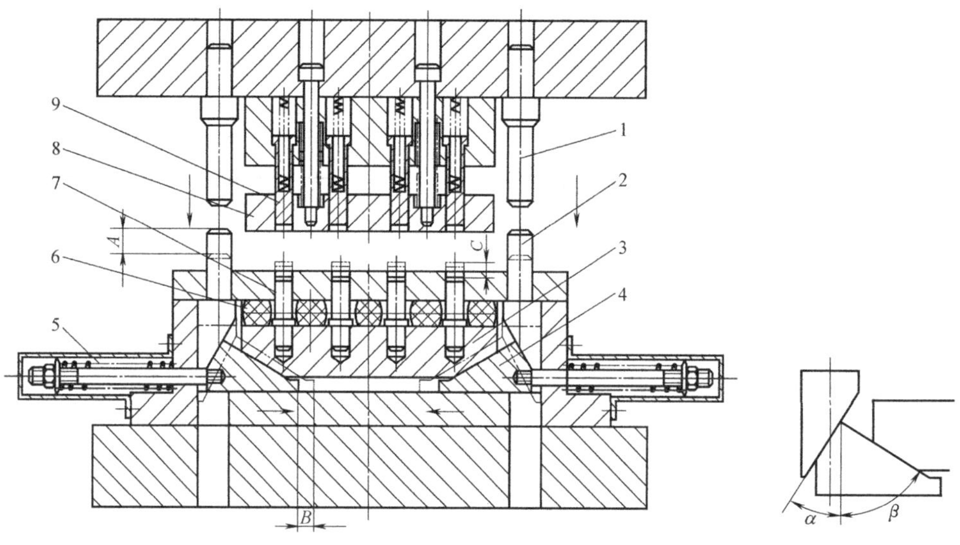

图 6-78　斜滑块反向冲压机构

1—主动压杆　2—从动压杆　3—升降滑块　4—水平滑块　5—复位弹簧
6—复位橡胶　7—凸模　8—卸料板　9—顶件器

6.3.8　成形凸模工作高度的微量调节机构

在多工位级进模中，由于凸模较多，根据零件成形尺寸的要求，各工序如镦压、弯曲、翻边、拉深等凸模高度必须保持一定的相对尺寸，因此在结构设计中，需要用微调装置进行调整。有的冲裁凸模刃磨后，可能影响到其他凸模的高度，也需要调节其高度。因此，微调装置在多工位级进模结构设计中，有时是必不可少的。

1. 垂直微调装置

垂直微调装置是所有微调中应用较多的一种，其基本原理是利用滑块的斜面和滑块与凸模相接触，在调节螺钉的微调下，使滑块的水平运动变为凸模的上下垂直运动，实现凸模高低的微量调整。特别是在校正和整形时，微量地调节成形凸模的位置是十分重要的。调节量太小，则达不到成形件的质量要求；调节量太大，成形时易使凸模折断。图6-79是常使用的一种调节机构。图6-79a通过旋转调节螺钉1推动调节滑块2，即可调节凸模3伸出的长度。图6-79b是调节滑块的结构。图6-79c是一种可方便地调整压弯凸模位置的结构，特别是由于板厚误差变化造成工件误差时，可通过调整凸模位置来保证工件的尺寸。

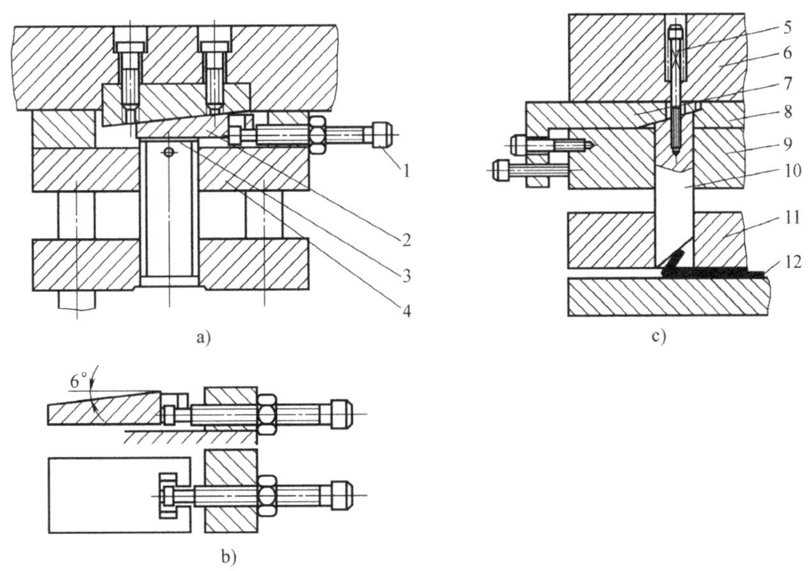

图6-79　成形凸模工作高度的微量调节机构

1、5—调节螺钉　2、7—调节滑块　3—凸模　4、9—凸模固定板　6—模座　8—垫板　10—弯曲凸模　11—卸料板　12—工件

2. 多凸模同时微调装置

图6-80所示为多凸模同时微调机构，此时凸模处于最低位置，通过螺杆1的调节，在两滑块7、8的作用下，凸模5微量上升。根据设计需要确定滑块斜度的大小，凸模往上调节量大，则斜角取大一些。本结构取斜角为11°，有效调节量为3.449mm。图示 h 为卸料板的活动量。为了保证滑块耐磨损、使用寿命长，可采用CrWMn材料经淬硬处理制成。

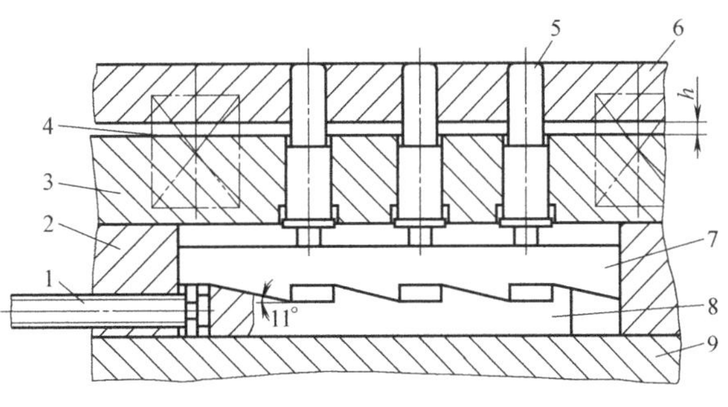

图6-80　多凸模的微调机构

1—调节螺杆　2—衬板　3—固定板　4—弹簧　5—拉深凸模　6—卸料板　7—从动滑块　8—主动滑块　9—下模座

3. 弯曲度的微调机构

图6-81a所示为调节弯曲度的微调机构。利用图6-81b所示冲裁后的坯料上两个不同的点压印，可以校正因冲裁而引起成形带料的弯曲变形。当向下弯曲时，在 A 处压印；当向上弯曲时，在 B 处压印，以消除不同的弯曲度。在何处压印，必须根据成形后带料的弯曲情况来确定，从而调整相应工作凸模的工作尺寸。

工作时，拧紧调节螺钉 5，滑块（由斜度方向不同的滑块 2、4 通过圆柱销固定在一起）右移，压印凸模 7 上升压印，此时压印凸模 6 不起作用，并在卸料板的作用下回位。当拧松调节螺钉 5 时，滑块左移，压印凸模 6 上升压印，压印凸模 7 不起作用。

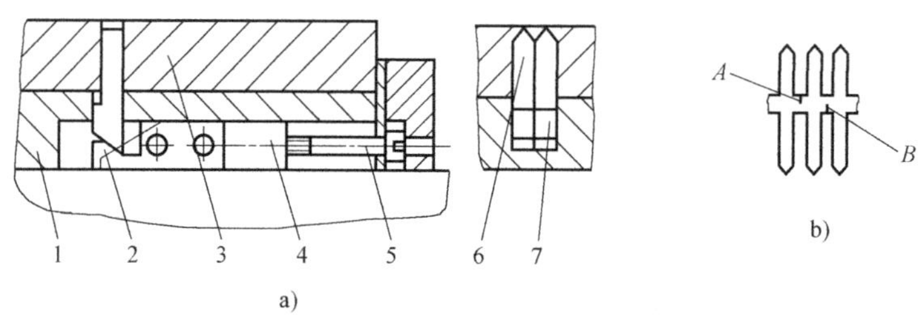

图 6-81　弯曲度微量调节机构

1—导轨板　2、4—滑块　3—凸模导板　5—调节螺钉　6、7—压印凸模

6.3.9　间歇切断装置

在多工位级进冲压过程中，并不是每一次冲程中所有凸模都要完成一次冲压动作，有的凸模是在压力机冲压一定的次数后，才实现一次冲压动作，例如每冲 5 次、10 次、20 次后有个切断动作。此时，切下部件有一定长度，这种冲压方式称为定距切断（或间歇切断）。实现间歇切断的结构和动力来源，有纯机械机构（如棘轮机构、槽轮机构、凸轮机构）、气动和液压及其组合结构等。

传统的纯机械间歇机构，如棘轮凸轮机构，虽然结构有些烦琐，但在一般冲压速度和寿命要求下，因为较可靠仍被采用。而在高速工作的环境下，结构件如果磨损很大，会影响正常使用。当需要调整间歇次数（或时间间隔）时，纯机械间歇机构一般存在不可调的缺陷。因此，在高速多工位长寿命级进模中，采用机电一体化技术的可编程序控制器间歇机构，可提取自动压力机工作次数为信号，控制推动气缸及间歇凸模工作，实现规定冲压次数内间歇运动，即根据需要任意设定，克服了传统间歇机构中间歇次数不可调或调整困难的问题。

1. 棘轮间歇切断机构

（1）结构简介　图 6-82 所示为用于某定尺寸的带料上保留 10 个工件的间歇切断装置，即压力机滑块每冲 10 次后，切断凸模 4 就有一个切断动作。图中凸轮 16 与棘轮 15 两个零件用螺钉 17 和销钉 25 固定，然后利用中心圆孔穿过小轴 24（保持转动）。小轴的一端有螺纹，再用螺母固定在支架 13 上，支架 13 通过连接件再固定到上模的衬板 11 上。拉杆棘爪 18 固定在下模座上附加的支架 20 上，它在拉簧 19 的作用下，总是接触棘轮的齿面。滑块 9 的左端有一斜面与切断凸模 4 固定端的斜面吻合，图示为切断凸模缩进（即处于最高）位置，此时上模下行时，切断凸模切不到带料。滑块的左端顶头设有弹簧推板 7，在压缩弹簧 8 的作用下，总是推动滑块向右运动，滑块右端始终保持和凸轮圆周面的接触。当凸轮的最高点离开滑块右端后，滑块能迅速复位。为了防止棘轮反方向转动，采用止动块 14 和压簧 12。

上模开启后，不允许拉杆棘爪在拉簧的作用下离开棘轮而倒向左方，因为上模下行时，棘轮会撞在拉杆棘爪上，将损坏装置。为了安全，设置限位装置 27，控制拉杆棘爪的合理活动范围。

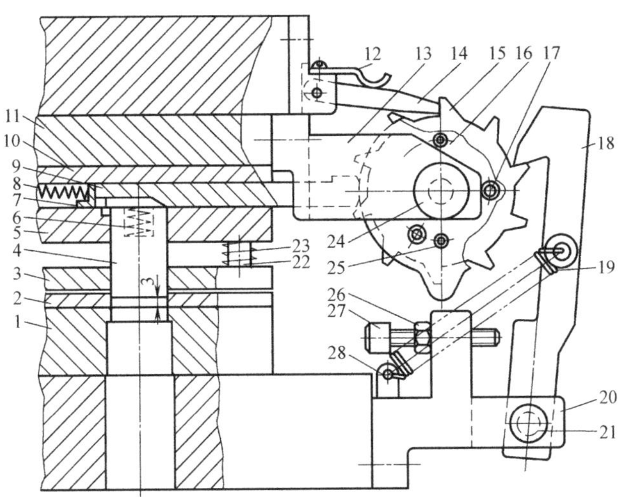

图6-82　棘轮间歇切断装置

1—凹模　2—导料板　3—卸料板　4—切断凸模　5—固定板　6、8、23—弹簧　7—推板　9—滑块　10—垫板　11—衬板　12—压簧　13—支架　14—止动块　15—棘轮　16—凸轮　17—螺钉　18—拉杆棘爪　19—拉簧　20—支架　21、24—小轴　22—卸料螺钉　25、28—销钉　26—螺母　27—限位装置

(2) 动作过程　按图6-82所示位置，凸轮的圆周面和滑块右端面接触，此时切断凸模处于最高位置（图示设计了凸模向下移动量为3mm，滑块与凸模接触处的斜面为30°斜角，根据三角关系，滑块须向左滑动5.2mm才能满足设计要求）。拉杆棘爪处于棘轮轮齿的根部旁。

上模继续下行至下死点，图示的棘轮跟着向下，而拉杆棘爪的爪尖离开轮齿根部，爪尖相对于齿根稍高一点。

上模回升时，棘轮的轮齿在拉杆棘爪的钩动下转过一个齿，并且保证行程开始到终了只钩动一个齿；如此循环往复，直到凸轮的凸出部分接触滑块并将其往左推动至最左位置。此时切断凸模在滑块斜面的作用下往下移动3mm，使切断凸模与模具中的其他冲裁凸模齐平，从而可以实现带料的切断动作。上模回升，滑块右移，由于切断凸模凸台下面装有两根弹簧6，在滑块右移时，切断凸模会迅速复位（向上3mm）。这样在切断凸模伸出固定板长度短于其他冲裁凸模的情况下，切断凸模4处于不冲裁的位置。从图示棘轮轮齿数的情况可知，压力机在往复9次的过程中是不会产生切断动作的，因为凸轮没有推动滑块；只有在拉杆棘爪钩到第10个齿，即压力机每往复10次时，在拉杆棘爪钩动棘轮轮齿的同时带动凸轮凸起部分将滑块推动1次，使切断凸模向下移动，达到应有长度，完成切断功能。

(3) 设计要点　拉杆棘爪在两个拉簧的作用下保持和棘轮接触，同时当上模（棘轮）上下运动时，靠拉杆棘爪钩动棘轮凸轮一起转动，凸轮的最高部分接触滑块后，切断凸模起作用，从而实现间歇切断动作。由此可见，间歇切断装置中的棘轮、凸轮、拉杆棘爪和滑块是设计重点。

根据实际工作经验，棘轮的大小与安装位置，按模具闭合时的空间容量来设计比较直观和方便。当压力机滑块行程较小时，原则上要求拉杆棘爪的头部高度等于或略小于所用的压力机滑块行程。例如滑块行程为24.6mm时，则取拉杆棘爪头部高度为23mm。这样可使拉杆棘爪与棘轮总是处于接触状态。拉杆棘爪不用限位装置。

2. 可编程序控制器控制的间歇切断机构

图 6-83 所示为可编程序控制器控制的间歇切断机构，其工作过程为：当可编程序控制器接收到自动压力机的第 n（n 为自然整数）次工作行程开始的信号后，通过传感器使气缸 6 工作，推动间歇推块 5 导入间歇切断凸模 1 的工作槽内，使间歇切断凸模 1 处于与其他冲裁凸模一样的待工作位置（图 6-83b），从而使间歇凸模参与模具的第 n 次冲裁工作，完成对工件 n 组一片的冲制。该次冲裁回程时，可编程序控制器则使气缸控制间歇推块 5 迅速回退，同时在弹簧 3 的作用下，间歇切断凸模迅速复位到如图 6-83a 所示的位置，使其不参与下次的冲裁工作，可编程序控制器的计数复位重新计数。如此循环，实现对工件 n 组一片的连续高速生产。

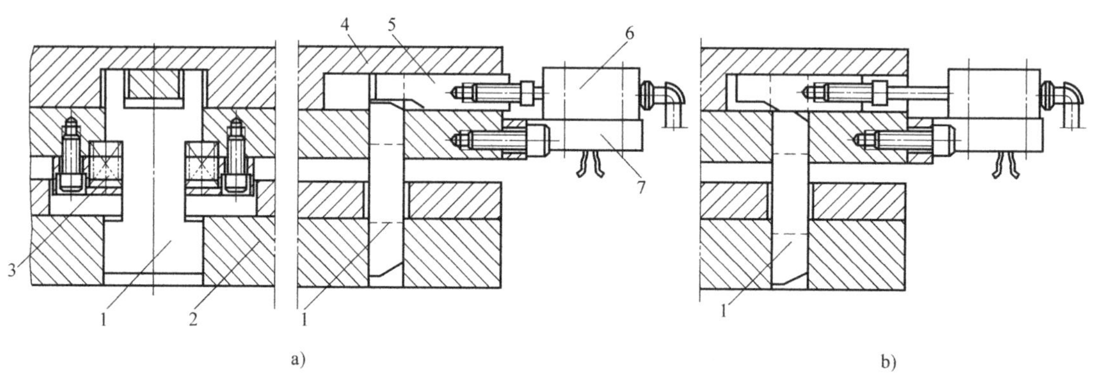

图 6-83 可编程序控制器间歇切断机构

1—间歇切断凸模 2—卸料板 3—弹簧 4—上垫板 5—间歇推块 6—气缸 7—安装板

图 6-84 所示为用在铁心叠装多工位级进模上的跳切机构。图示为分组动作状态，气缸活塞前进时，连杆 5 推动间歇滑块 4 使其上的缺口前移，压杆 2 下压，叠压点凸模 1 伸出，完成分组冲压。当控制机构指令解除后，活塞后退，间歇滑块 4 的缺口部分又移至压杆 2 的上部，叠压点凸模 1 复位。

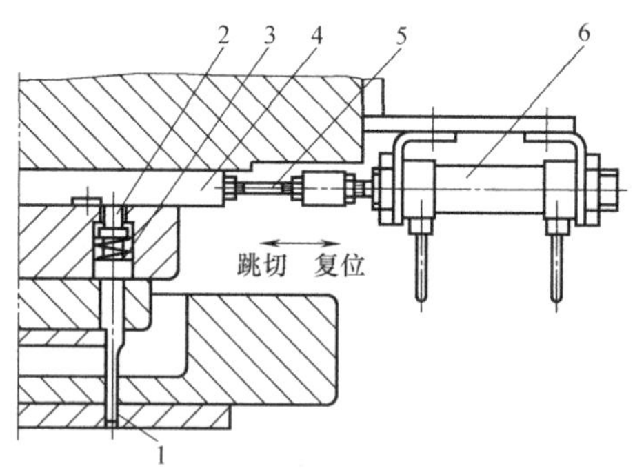

图 6-84 跳切机构

1—叠压点凸模 2—压杆 3—弹簧 4—间歇滑块 5—连杆 6—气缸

6.3.10 级进模模架

模架是模具的主体结构，是连接级进模所有零部件的主要部件，并承载冲压过程中的全部载荷。上、下模的相对位置通过模架的导向装置来保证。导向装置同时引导凸模正确运动，并保证凸模与凹模的冲裁间隙均匀。

1. 级进模模架

级进模模架要求刚性好、精度高。因此，级进模模架一般选用厚钢板（45 钢）作为模架材料。上、下模座的厚度比一般的模具厚 30%左右，并且采用四导柱模架，导柱尺寸也较大，如图 6-85a 所示。设计时，模架可按 GB/T 2851—2008，GB/T 2852—2008 选择。

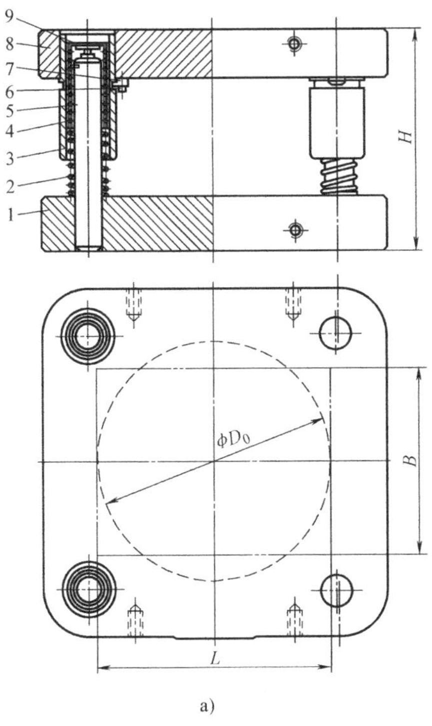

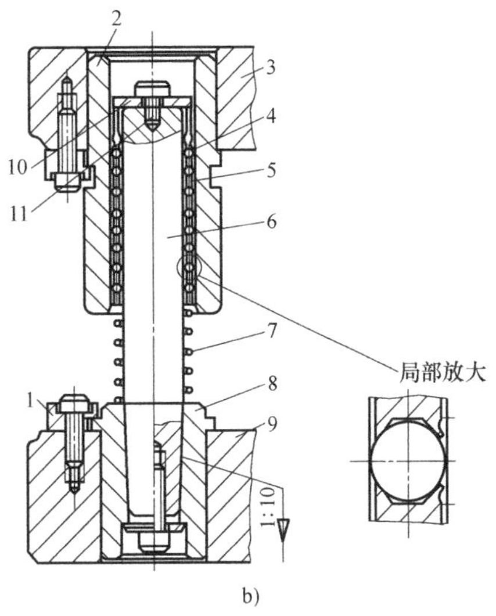

1—下模座 2—弹簧 3—导套 4—钢球保持器 5—导柱 6—螺钉 7—压板 8—上模座 9—保持器限程挡板

1—压块 2—导套 3—上模座 4—钢球 5—保持圈 6—导柱 7—弹簧 8—压套 9—下模座 10—保持器限程挡板 11—螺钉

图 6-85 模架及滚动型导柱导套

2. 级进模导柱导套

精密级进模的模架导向，一般采用滚动型导柱导套（GB/T 2861—2008 或日本 Fanc 标准等），如图 6-85b 所示。目前，国内外使用的一种新型导向结构是滚柱导向结构，如图 6-86 所示，滚柱表面由三段圆弧组成，靠近两端的两段凸弧 4 与导套内径相配（曲率相同），中间凹弧 5 与导柱外径相配（图 6-86b）。通过滚柱在导套与导柱之间的滚动达到导套在导柱上的相对运动。这种滚柱以线接触代替了滚珠在导套导柱之间的点接触，在上下运动时构成面接触，因此能承受比滚珠导向大的偏心载荷，也提高了导向精度和寿命，增加了刚度，导柱、导套与滚柱之间过盈量为 0.003~0.006mm。

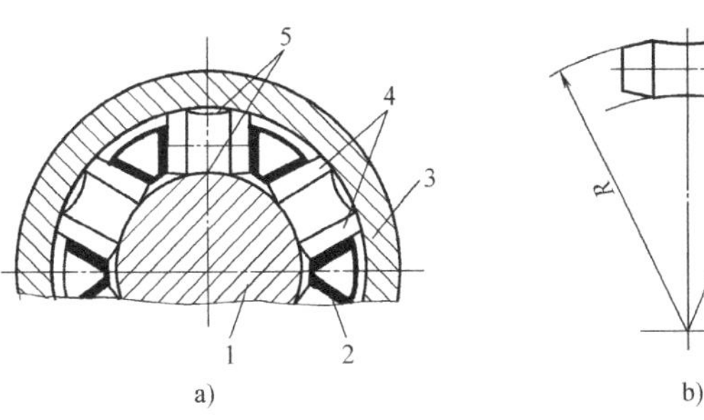

图 6-86 滚柱型导柱导套

1—导柱 2—滚柱保持器 3—导套 4、5—滚动面

为了方便刃磨和模具装拆，常将导柱做成可卸式，即锥度固定式（其锥度为 1∶10），如图 6-85b 所示，或压板固定式（配合部分长度为 4~5mm，按 T7/h6 或 P7/h6 配合，让位部分比固定部分小 0.04mm 左右，如图 6-87a、b、c 所示）。导柱材料常用 GCr15，淬硬 60~

62HRC，表面粗糙度最好能达到 $Ra0.1\mu m$，此时磨损最小，润滑作用最佳。为了更换方便，导套也采用压板固定式，如图 6-87d、e 所示。

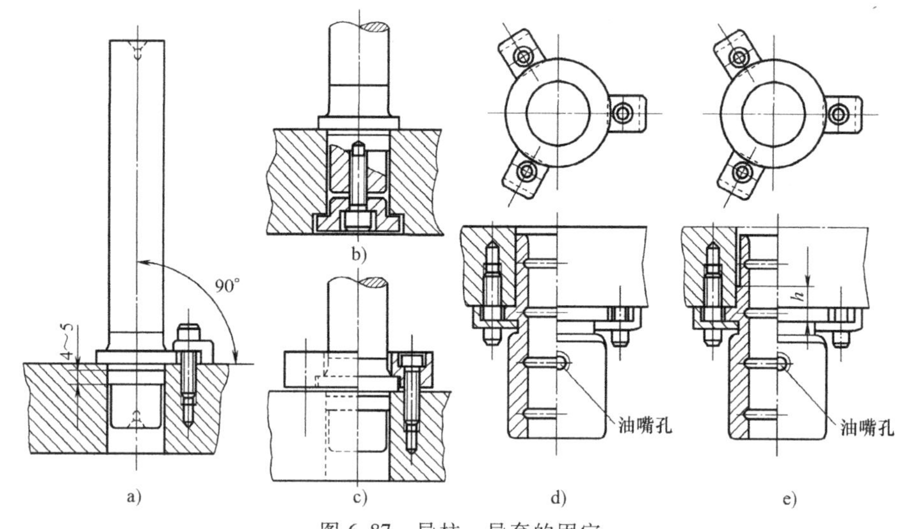

图 6-87　导柱、导套的固定

表 6-8 为常用的模架导柱组件分类及使用特点。

表 6-8　常用的模架导柱组件分类及使用特点

种类 \ 项目		耐咬合性	刚性	允许速度		建议的润滑剂	
				油润滑	自润滑	油	润滑脂
滚柱导柱		A	B	A	—	轴承油 ISO VG68	—
高刚性钢球导柱		A	C	A	—		—
钢球导柱		A	D	A	—		—
滑动导柱	铜合金+MoS_2	B	A	B	C		锂系 No. 2
	铜合金	B	A	C	—		
	滑动	D	A	D	—		

注：由优到劣按 A~D 分级。

表 6-9 为钢球保持器衬套的使用分类，表 6-10 为钢球保持器衬套有无限程挡块的使用特点。

表 6-9　钢球保持器衬套的使用分类

项目	铝合金钢球保持器衬套	树脂钢球保持器衬套
主要用途	冲压加工时，往复运动的导柱与导套或有弯度的模具大多使用坚固的铝合金钢球衬套	精密模具和高速冲压模具大多使用树脂钢球衬套
钢球的保持力	由于是铝合金，因此保持力大	比铝合金制铜球衬套的保持力弱
钢球衬套的强度	跌落时不会破裂，但会变形	跌落时可能会破裂
质量	比树脂重	由于质量轻，因此高速冲压也可适应
磨损粉末	产生铝合金磨损粉末	几乎不产生磨损粉末

表 6-10　钢球保持器衬套有无限程挡块的使用特点

简图	有无限程挡块	使用特点
	无限程挡块	装配时钢球保持器衬套的高度很难调整 由于没有挡块，因此闭合高度较小的模具也可使用

（续）

简图	有无限程挡块	使用特点
	有可动保持器挡块	装配时钢球保持器衬套的高度容易调整 由于可动挡块会随着压力机的下降而降低，因此闭合高度较小的模具也可使用
	有固定保持器挡块	由于挡块有一定强度，所以最适合往复运动的导柱与导套的模具 装配时钢球保持器衬套的高度容易调整 由于挡块固定，因此不适合闭合高度较小的模具

3. 滚动型独立导柱导套组件

图 6-88 所示是装配简单同时能保证上、下模较高的导向精度的滚动型独立导柱导套组件。导柱导套的装配不需要在模板上加工高精度的装配孔。模具装配时，在模板上加工销孔和螺钉孔，就可实现导柱导套的装配。该类导柱导套组件目前在精密级进模中广泛使用，常用的标准有 Fanc 和 Punch。

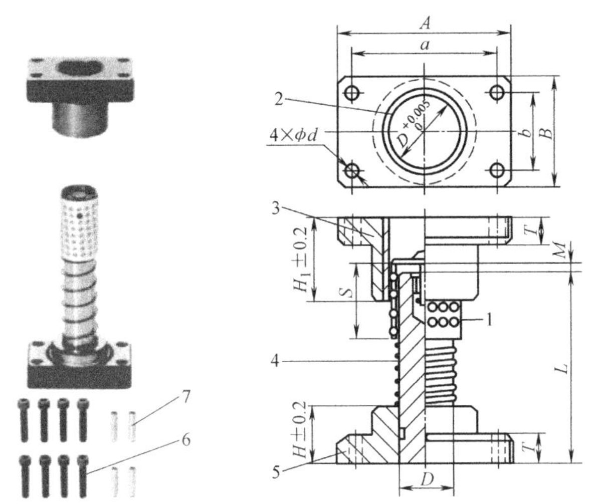

图 6-88　滚动型独立导柱导套组件

1—钢球保持器　2—导套　3—上模座　4—支承弹簧　5—下模座　6—螺钉　7—销钉

6.4　多工位精密级进模的安全保护

6.4.1　防止工件或废料的回升和堵塞

1. 工件或废料回升的原因

（1）冲裁件形状　冲裁件形状简单，且材料薄、质软，易回升。轮廓形状复杂的工件或废料，因其轮廓凸凹部分较多，凸部收缩，凹部扩大，角部在凹模壁内有较大的阻力，所以不易回升。

（2）冲裁速度　当冲裁速度较高时，工作件或废料在凹模内被高速工作的凸模吸附的作用大（真空作用），因此容易回升。特别是当冲裁速度超过 500 次/min 时，这种现象更为明显。

（3）凸模和凹模刃口的利钝程度　锋利刃口冲裁时，材料阻力小、工件或废料容易回升。相反，钝刃口冲裁阻力大，工件或废料受凹模壁阻力也增大，所以不易回升。

（4）润滑油　高速冲压时，为了延长模具寿命，一般要在被加工材料表面涂润滑油，润滑油不仅容易使工件或废料黏附在凸模上，而且使凹模壁阻力也相应减小，所以容易回升。

（5）间隙　冲裁间隙小时，冲裁剪切面（光亮带）大，工件或废料受凹模壁的挤压力和阻力大，故不易回升。相反，间隙大，工件或废料容易回升。

2. 防止工件或废料回升的措施

利用内装顶料销的凸模可防止工件或废料回升，如图 6-89a 所示；当凸模断面尺寸较小不能安装顶料销时，可采用图 6-89b 所示结构，利用压缩空气阻止废料回升，尤其是在拉深件上冲底孔的凸模，其气孔直径一般为 $\phi0.3 \sim \phi0.8$mm。

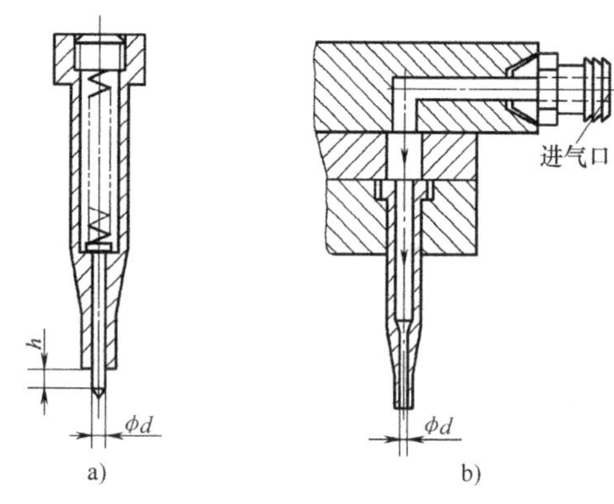

图 6-89　利用凸模防止工件或废料回升

3. 工件或废料的堵塞

工件或废料如果在凹模内积存过多，一方面推件力增大，容易造成凸模损坏；另一方面孔内材料的弹性变形，会胀裂凹模。因此不能让工件或废料在凹模内积存过多，造成堵塞。造成堵塞的原因主要是由凹模漏料孔设计形状和尺寸所引起的，可采取如下措施。

（1）合理设计漏料孔　对于薄料小孔冲裁（$d<1.5$mm），因废料重量轻又被润滑油黏在一起，所以最容易堵塞。在不影响刃口重磨的情况下，应尽量减小凹模刃口直筒部分的高度 h，使 $h=1.5$mm。对于精密工件，在刃口部分制成 $\alpha=3'\sim10'$ 的锥角孔口，漏料孔壁制成 $\alpha_1=1^\circ\sim2^\circ$ 的锥角，如图 6-90 所示。

（2）利用压缩空气防止废料堵塞　采用图 6-91 所示的方法，利用压缩空气使凹模漏料孔产生负压，迫使工件或废料漏出凹模。既可防止工件或废料回升，又可防止其堵塞凹模。

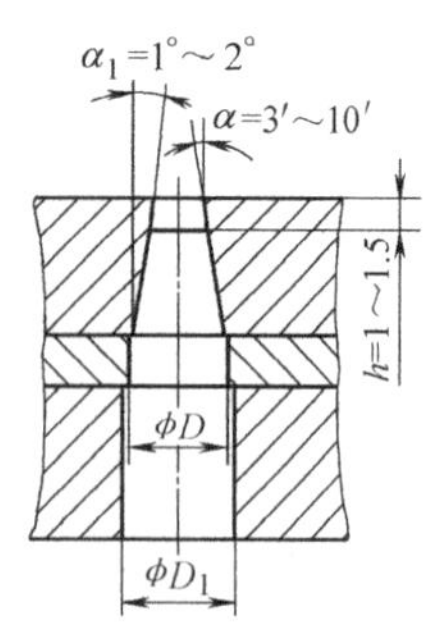

图 6-90　带锥度的凹模漏料孔

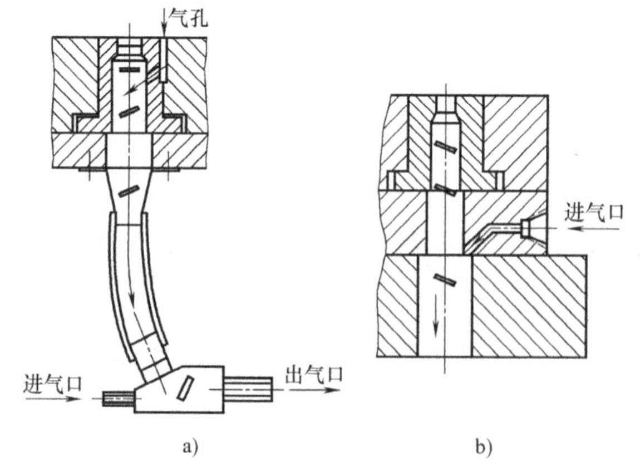

图 6-91　利用压缩空气防止堵塞

6.4.2　模面工件或废料的清理

任何一种冲模在工作时，决不允许有工件或废料停留在模具表面。尤其是级进模要在多个不同的工位上完成工件的不同成形工序，更不能忽视其模面工件和废料的清理，而且清理时必须自动进行才能满足高速生产的要求。生产中常用压缩空气清理工件或废料，其形式有以下几种。

1. 利用凸模气孔吹离工件

当工件成形后从带料上分离时，若采用一次分离几件的方法切离工件，这些工件基本上都不能从凹模漏料孔中漏下，只能从模面清理。清理这类工件，可采用图 6-92 所示方法。凸模上加工的气孔位置及大小按清理工件不同而异，一般以 $\phi0.8\sim\phi1.2$mm 为宜。凸模中间的气孔用于防止废料回升，两侧斜孔（$\alpha=45°\sim50°$）用于吹离被切离的工件，使工件向模面两边离开。

2. 从模具端面吹离工件

在最后工位切离的工件，可利用增设的气孔从模具端面吹离，如图 6-93 所示。压缩空气经下模座和凹模进入导料板中的斜气孔，当工件切离带料后，压缩空气从导料板的气孔将工件从模具端面吹离。

3. 气嘴关闭式吹离工件

如图 6-94 所示，把气嘴装在凸模固定板中，压缩空气经固定板进入气嘴，为防止压缩空气损失，它们之间的配合间隙不能太大，或要增设密封圈，气嘴与凸模保持 10~15mm 的距离。当上模下行时，气嘴被压入凸模固定板内，气孔被堵塞。上模回升时，压缩空气把气嘴推出并从气嘴侧气孔中喷出气流，将工件吹离模面。这种形式在复合模（或复合工位）中常用。

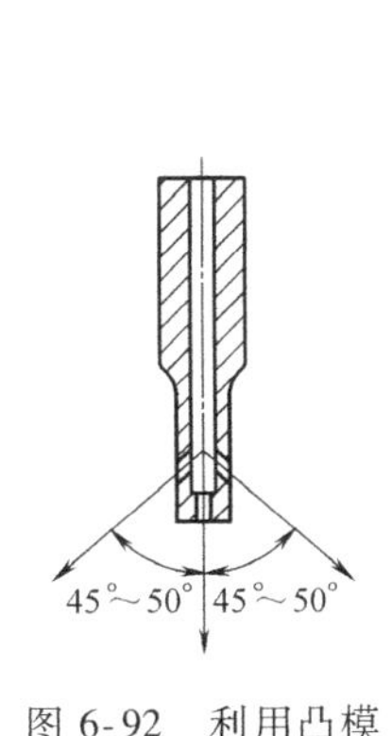

图 6-92　利用凸模气孔吹离工件

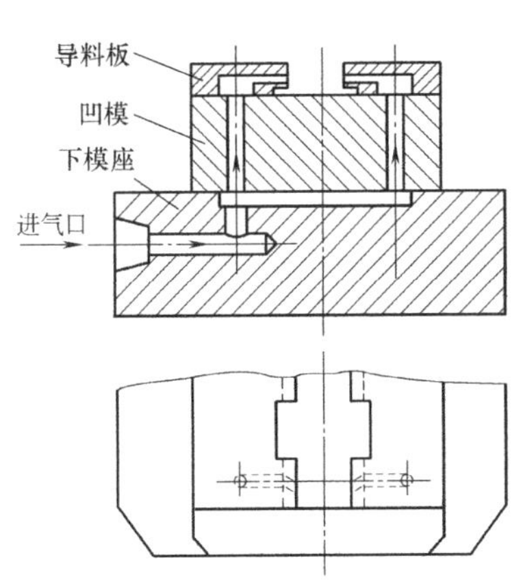

图 6-93　从模具端面吹离工件

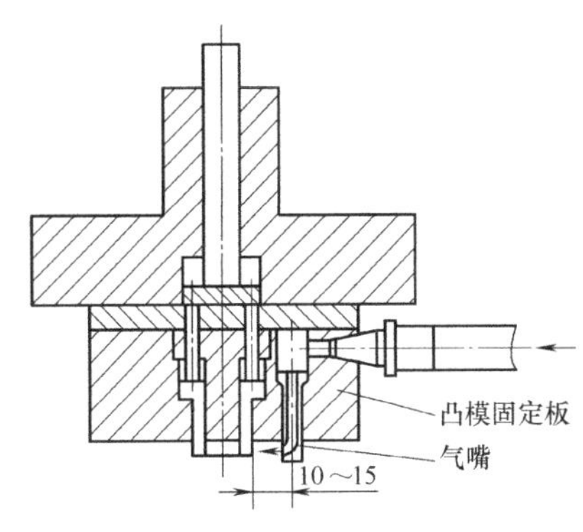

图 6-94　气嘴关闭式吹离工件

4. 模外可动气嘴吹离工件

对于一些小型模具，在模内设置气孔有困难时，可把带有软管的气嘴架安装在模具需要清理的任何位置外侧，以吹离模面上的工件或废料。它的结构简单，固定方便灵活，使用广泛。利用压缩空气清理模面上的工件或废料，应正确设计气嘴位置、方向和所用气压的大小，同时要注意不要损伤工件，承接工件的装置要用软质袋。

6.4.3　模具的安全检测装置

在冲压工作中，经常会因一次失误（误送、凸模或导正销折断、废料或工件回升与堵塞等）而使精密模具损坏，甚至造成压力机的损坏。因此，在生产过程中必须有防止失误的安全检测装置。检测装置可设在模具内，也可安装在模具外。冲压时，因某种原因影响到模具正常工作时，检测的传感元件能迅速地把信号反馈给压力机的制动系统，实现自动保护。目前常用的是光电传感检测和接触传感检测。图 6-95 所示为在自动冲压生产过程中具有各种监视功能的检测装置。

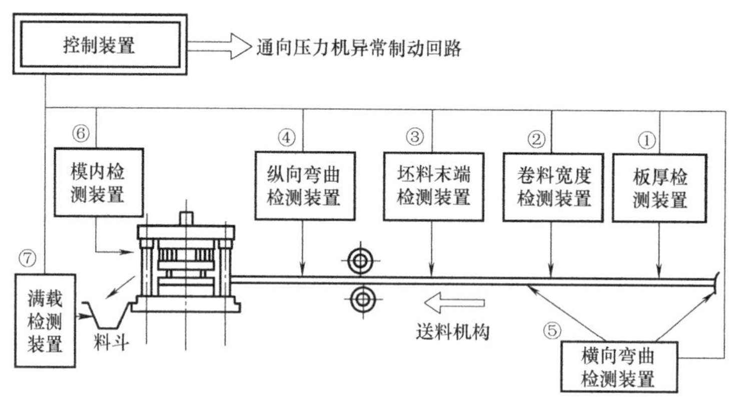

图 6-95　板料冲压时检测装置示意图

1. 光电传感检测

光电传感检测原理如图 6-96 所示，利用光束来判断工件有无通过，一旦不透明的工件等在检测区遮住光幕时，光信号就转换为电信号，电信号经放大后与压力机控制电路相联锁，使压力机的滑块停止或不能起动。由于投光器和受光器安装的位置不同，常用的形式有三种。

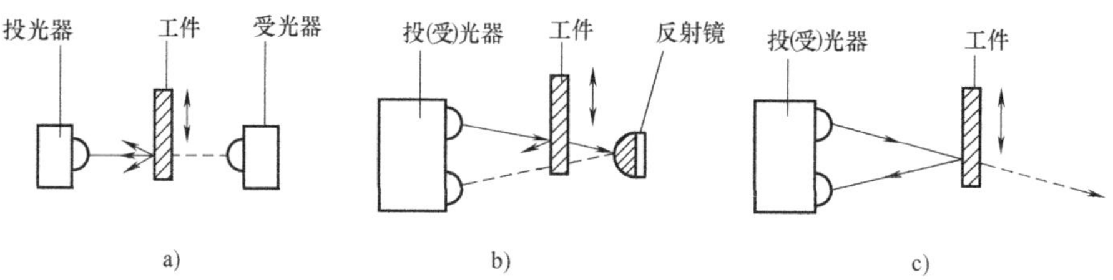

图 6-96　光电传感检测原理

图 6-96a 所示为透过型，投光器和受光器对向安装在同一轴线上，在投光器和受光器之间有无被检测工件，通过所产生的光量差来判断。它是光电检测的最基本方法，光束重合准确，检测可靠。图 6-96b 所示为反射镜-反射型，它利用反射镜和被测工件的反射光量减弱量差来检测。这种光电检测装置的投光器和受光器是一个整体，主要优点是配线容易，光束重合比较简单，安装方便，但检测距离比透过型短，表面有光泽的工件检测困难。如果提高光束性能，可得到广泛的应用。压力机操作工人的安全保护装置大部分采用这种类型。图 6-96c 所示为直接反射型，投光器和受光器也是一个整体，被检测工件由反射光束直接检测。当被检测工件距离变化时，受光量也有变化，反射率也跟着变化。

2. 接触传感检测

接触传感检测利用接触杆（销）或被绝缘的探针同被检测材料接触，并与微动开关、压力机控制电路联锁。这种接触是间歇式的接触-断开，同时也使电路闭合-断开来控制压力机工作，应用广泛。

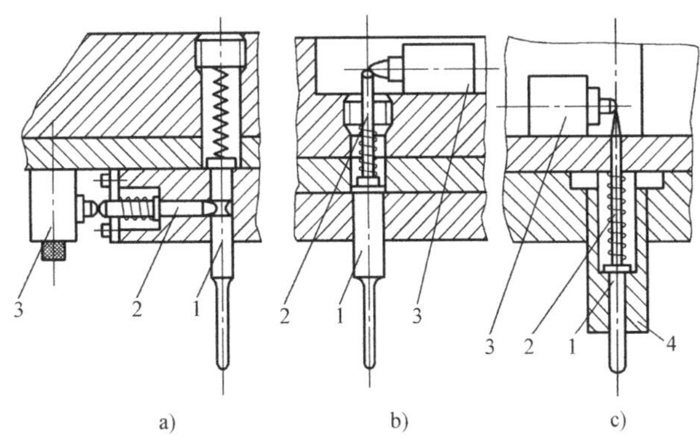

图 6-97　检测销结构及安装形式

1—检测销　2—关联销　3—微动开关　4—冲孔凸模

(1) 送料步距失误检测　在级进冲压时，材料的自动送料装置有时会因环境的变化或送料机构的送料误差而使送料步距失准，若不及时排除，就会损坏工件或造成模具工作零件的损坏。为了防止送料步距失误，在多工位级进模内装入检测销（检测凸模），可以对模具起到保护作用。当检测销发现误送时，检测销的动作将推动检测机构中的顶杆，使其与微动开关接触，从而通过控制电路使压力机急速停止，避免事故的发生。图 6-97 所示为检测销利用导正孔检测的几种形式。当检测销 1 因送料失误不能进入带料的导正孔时，便被带料阻止并推动检测销向上移动，移动过程中同时推动关联销 2，使微动开关 3 闭合，因微动开关同压力机控制装置是同步的，所以控制装置使压力机滑块停止运动。图 6-98 为一种典型的误送检测销组件结构及其在模具中的装配关系。表 6-11 为检测销的结构尺寸参数。

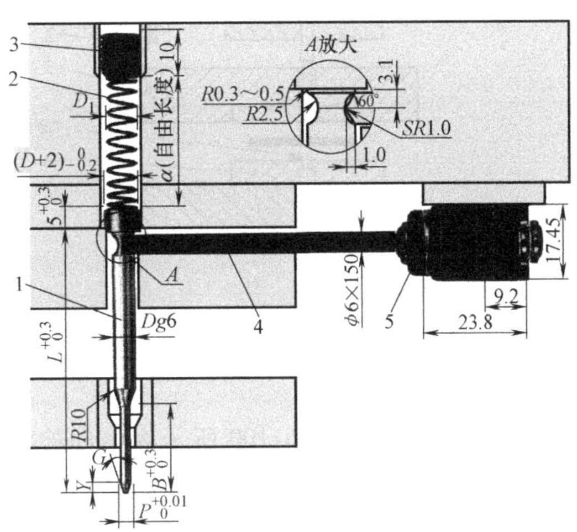

图 6-98　一种典型的误送检测销组件结构

1—检测销　2—弹簧　3—螺塞　4—关联销　5—微动开关

冲压时，误送检测凸模、导正销和冲孔凸模，接触材料的先后次序见图 6-51。

(2) 废料回升和堵塞检测　图 6-99 所示为废料回升和堵塞检测装置。如有废料或异物回升掉在凹模表面上，压力机滑块下行到快到下死点时，废料或异物把卸料

表 6-11　检测销的结构尺寸参数

P	$P\geqslant200$	$1.00\leqslant P<200$	$P<1.00$
Y	3	2	1
G	15°	10°	10°

B	类型	D	L							$P^{+0.01}_{0}$
10	SMAS	4	50	60	70	80				1.00～3.9
		5	50	60	70	80	90	100		2.00～4.9
		6	50	60	70	80	90	100		2.00～5.9
16		8	50	60	70	80	90	100		3.00～7.9
15	SMAL	4		60	70	80				1.00～3.9
		5		60	70	80	90	100		2.00～4.9
		6		60	70	80	90	100		2.00～5.9
21		8		60	70	80	90	100		3.00～7.9
		10		60	70	80	90	100	110	3.00～9.9
21	SMAX	4		60	70	80				1.00～3.9
27		5		60	70	80	90	100		2.00～4.9
		6		60	70	80	90	100		2.00～5.9
32		8			70	80	90	100		3.00～7.9
		10			70	80	90	100	110	3.00～9.9

板垫起并使之与微动开关接触，微动开关闭合，压力机滑块停止运动，如图 6-99a 所示。微动开关 2 安装在上模座 1 上，当卸料板 3 和凹模 4 表面无废料和其他异物时，微动开关始终保持断开状态。这种形式适用于较厚板料冲裁，灵敏度为 0.1~0.15mm。对于薄料和下死点高度要求严格的工件，可采用接近传感器来控制模具下死点高度。用接近传感器（如舌簧接点型、高频振荡型等）代替微动开关并装在下模座上，传感件装在卸料板上，调整好它们之间的距离，可将灵敏度控制在 0.01mm 左右。图 6-99b 所示为废料堵塞的检测。在下模中装有同下模座绝缘的检测销，当冲裁废料或工件靠自重自由下落时，如果每块废料都能与检测销接触，压力机就连续工作。如果废料堵塞在凹模内，压力机的某一冲程没有废料通过检测销，与检测销同步的压力机电磁离合器脱开，滑块就停止运动。这种检测形式适用于外形尺寸较大的废料检测。

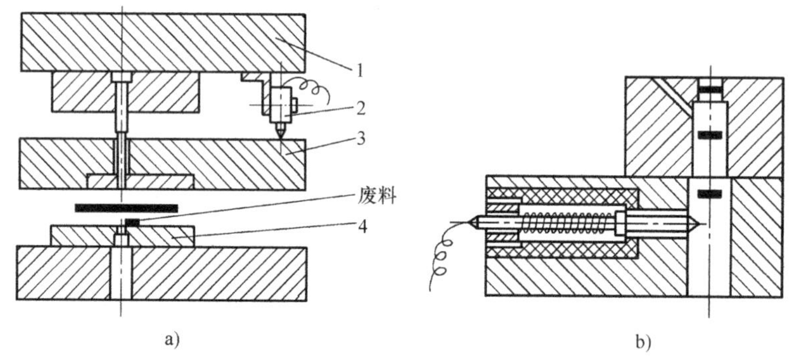

图 6-99　废料回升和堵塞检测装置

1—上模座　2—微动开关　3—卸料板　4—凹模

（3）出件检测　图 6-100 所示为出件检测。在正常工作时，顶板 4 和传感器 2 间有不小于 d 的间隙，此时线路不通。如果顶板卸件时，工件未能顶出，则在下一冲程中，模内又多积一个工件，此时顶板 4 和传感器 2 接触，线路导通，压力机停止运动。间隙 d 可预先根据材料厚度来设定。

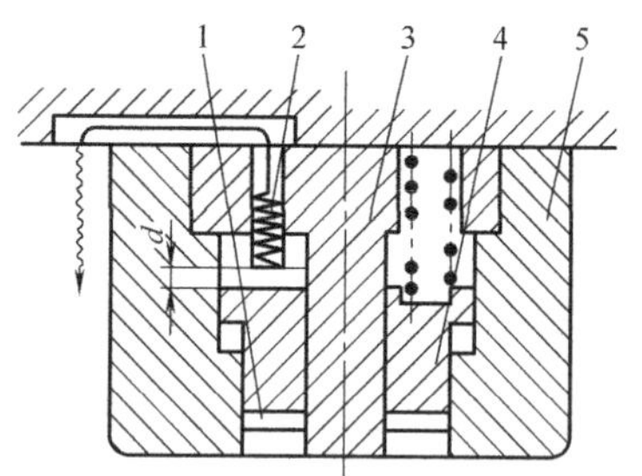

图 6-100　出件检测

1—工件　2—传感器　3—冲孔凸模　4—顶板　5—落料凸模

（4）材料厚度、宽度和拱弯等检测

① 材料厚度超差或拱弯的检测，如图 6-101a 所示。当材料 4 过厚时，检测销 3 通过杠杆 2 使微动开关 1 动作，断开电路，压力机停止工作。图 6-101b 是利用探针检测材料拱弯。由于材料自身拱弯，或由于送料长度大于步距时，材料在模具外造成波腹，当波腹与探针接触时，压力机停止工作。

② 料宽的检测也可用微动开关或探针检测，厚料采用微动开关接触检测，薄料采用探针接触检测。如果送料左右摆动（蛇行送料），也可用同样方式检测。

带料用完，压力机应停止运转，这类检测同样可以采用接触检测方式。例如图 6-101a，如果将微动开关 1 改用常开开关，有料送进时，带料 4 始终把检测销 3 垫起，使杠杆 2 压合微动开关 1，电路闭合，压力机连续运转。当材料的料尾脱离检测销时，杠杆在弹簧的作用下左端抬起，离开微动开关，切断电路，压力机立即停止工作。

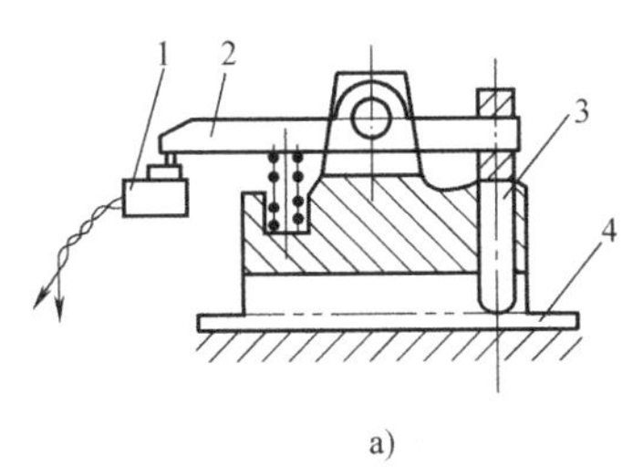

a)

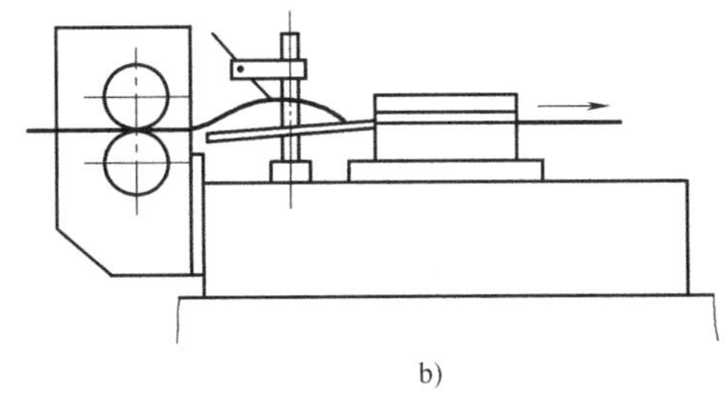

b)

图 6-101　材料厚度与拱弯的检测

1—微动开关　2—杠杆　3—检测销　4—材料

6.5　多工位精密级进模自动送料装置

实现冲压生产的自动化，是提高冲压生产率、保证冲压安全生产的根本途径和措施。自动送料装置是实现多工位级进模自动冲压生产的基本机构。

在级进模中使用的送料装置，是将原材料（钢带或线材）按生产所需的步距和工作节拍，正确地送入到模具工作位置，在各个不同的冲压工位完成预先设定的冲压工序。级进模常用的自动送料装置有：钩式送料装置、辊式送料装置、夹持式送料装置等。辊式送料装置和夹持式送料装置已成为标准化的冲压自动化生产辅助设备。本节简单地讨论这三种自动送料装置的特点及其应用。

6.5.1　钩式送料装置

1. 钩式送料装置的特点

钩式送料装置是一种结构简单、制造方便、低制造成本的自动送料机构。其特点是靠拉料钩拉动材料的工艺搭边，实现自动送料。这种送料装置只能使用在有搭边且搭边具有一定的强度的冲压自动生产中；在拉料钩没有钩住搭边时，需靠手工送进。在级进冲压中，钩式送料通常与侧刃、导正销配合使用才能保证准确的送料步距。钩式送料装置属于模具结构的一部分，设计模具时，送料装置应一并设计。其送进误差约为±0.15mm，送进速度较慢，不宜在较高的冲压速度下使用。

图 6-102 是通过安装在上模的斜楔 3 推动安装在滑块上的拉料钩 5 拉动带料的结构。其工作过程是：先由手工送料，送至自动拉料钩位置时，拉料钩钩住搭边。上模下降，装于下模的滑块 2 在斜楔 3 的作用下向左移动，铰接在滑块上的拉料钩 5 将材料向左拉移一个步距 A，此后拉料钩停止不动（图 6-102a 所示位置），凸模 6 下降冲压；当上模回升时，滑动块 2 在弹簧 1 的作用下，向右移动复位，使带斜面的拉料钩跳过搭边进入下一废料孔中，而带料则在止退压簧片 7 的压力作用下静止不动。以此循环，达到自动间歇送进的目的。该钩式送料装置的送料运动是在上模下行时进行，因此送料必须在凸模接触材料前结束，以保证冲压时材料定位在正确的冲压位置。

2. 钩式送料装置的送料钩行程的确定

如图 6-102b 所示，为了保证送料钩顺利地落下一个废料孔，应使 $S_{钩}>A$，$S_{钩}=A+S_{附}$，$S_{附}$ 一般取 1~3mm。送料钩最大行程等于斜楔斜面的投影，即 $S_{max}=b$。当 $S_{钩}<b$ 时，可在 T

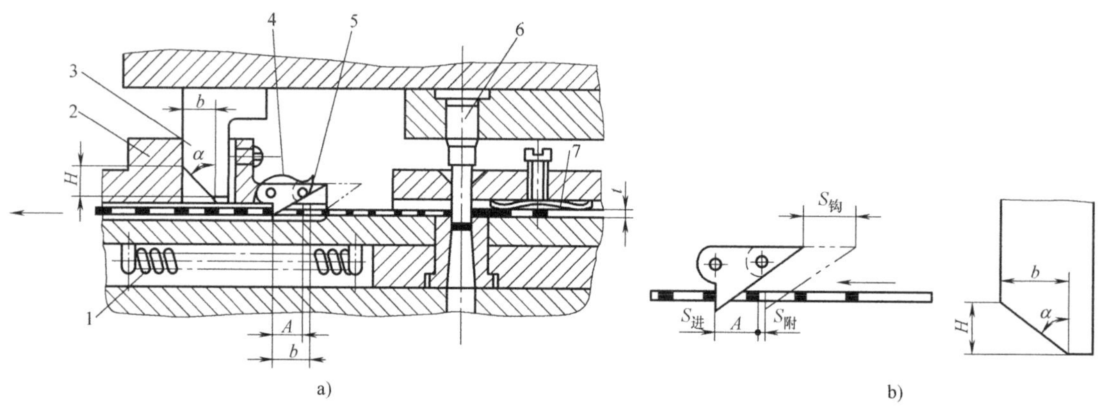

图 6-102　钩式自动料装置

1—弹簧　2—滑块　3—斜楔　4、7—压簧片　5—拉料钩　6—凸模

形导轨底板上安装限位螺钉，使送料滑块复位时在所需位置上停住，从而获得所需的送料步距。

6.5.2　辊式送料装置

辊式送料装置是冲压设备的一种附件，在冲压自动化生产中应用较广泛。这种送料装置送料精度较高，即使在 600 次/min 的高速冲压速度下，送进误差也仅在±0.02mm 以内。若与导正销配合使用，其送料精度可达±0.01mm。

1. 辊式送料装置的送料原理与工作过程

辊式送料装置依靠辊轮和坯料间的摩擦力进行送料，它们之间的接触面积较大，不会压伤材料，并能起到校直材料的作用。辊式送料装置的通用性较好，在一定范围内，无论材料宽窄与厚薄，只需调整送料机构去配合模具即可使用。

辊式送料装置分为单辊式和双辊式。目前在冲压自动化生产中使用较多的是如图 6-103 所示的单辊式送料装置。

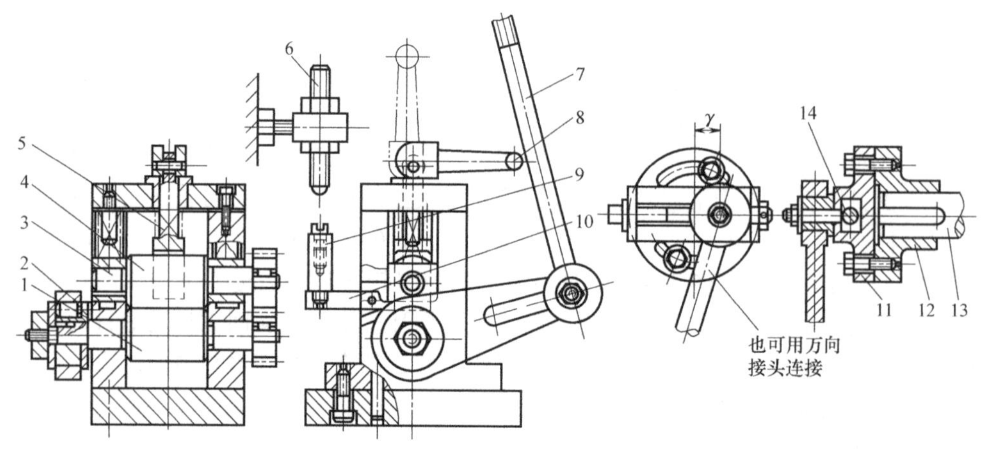

图 6-103　单辊式自动送料装置结构图

1—下辊轴　2—定向离合器　3—铜套　4—上辊轴　5—吊杆　6—调节螺杆（撞钉）　7—拉杆　8—偏心手柄　9—横梁　10—翘板　11—偏心调节盘　12—法兰盘　13—曲轴　14—心轴

其工作过程是：开始上料时，先将偏心手柄 8 抬起，通过吊杆 5 把上辊轴 4 提起，使上、下辊轴之间形成空隙，将条料从空隙中穿过；然后压下偏心手柄，在弹簧的作用下，上辊轴将材料压紧。拉杆 7 上端与偏心调节盘连接，当上模回程时，在偏心调节盘的作用下，拉杆向上运动，通过摇杆带动定向离合器 2 逆时针旋转，从而带动下辊轴（主动辊）和上辊轴（从动辊）同时旋转完成送料工作。当上模下行时，辊轴停止不动，到一定位置（冲压工作之前）后，调节螺杆 6 撞击横梁 9，通过翘板 10 将铜套 3 提起，使上辊轴 4 松开材料，以便让模具中的导正销导正材料后再冲压。当上模再次回程时，又重复上述动作。依此循环动作，达到自动间歇送料的目的。

2. 辊式送料装置的结构组成和特点

辊式送料装置的动作原理和结构组成可简述如下。

（1）驱动机构和送料长度的调节　目前采用较多的是在压力机的曲轴轴端安装一个偏心调节盘，并通过心轴连接拉杆，由拉杆做直线往复运动并带动辊轮做往复回转运动，如图 6-103 所示。送料长度的调节可通过拉杆在偏心盘心轴上的移动而实现。

（2）间歇运动机构　辊式送料装置的间隙运动是利用图 6-104 所示定向离合器实现的。当压力机曲轴回转时，拉杆产生往复运动，带动十字接头和摇臂产生摆动，通过连接轴使单向间歇运动机构（定向离合器 2）驱动送料辊轮实现间歇送料的回转运动。这种单向的间歇送料主要是利用定向离合器的单向啮合性能，使辊轮单向旋转，带动材料前进。

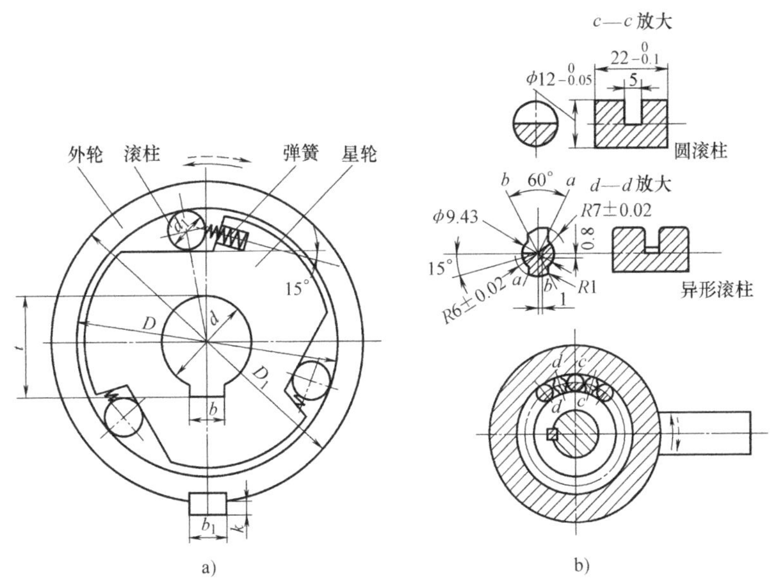

图 6-104　定向离合器

a）普通滚柱定向离合器　b）异形滚柱定向离合器

定向离合器有普通滚柱定向离合器和异形滚柱定向离合器，如图 6-104 所示。普通滚柱定向离合器的基本结构及工作原理是：当外轮逆时针转动时，由于摩擦力的作用使滚柱楔紧，从而驱动星轮一起转动，而星轮转动带动送料装置的工作零件转动。当外轮顺时针转动时，带动滚柱克服弹簧力而滚到楔形空间的宽敞处，离合器处于分离状态，星轮停止转动。外轮的反复转动是由摇杆来带动的。

异形滚柱定向离合器中，内、外轮之间的圆环内装有一定数量的异形滚柱，而且滚柱的方向是一致的。由于滚柱 $a—a$ 方向的尺寸大于 $b—b$ 方向的尺寸，因而当外轮逆时针旋转时，滚柱的 $a—a$ 方向与内、外轮接触，此时起啮合作用，带动内轮一起转动；当外轮顺时针转动时，则不起啮合作用，内轮不动。这种离合器由于滚柱多，滚柱圆弧半径较大，所以内、外轮的接触应力小，磨损小，寿命长。同时由于体积小，运动惯性小，送料步距精度高。

（3）辊轮　辊轮是直接与材料接触的零件，有实心辊和空心辊两种。在送料步距小、速度不高的情况下，辊轮可做成实心；当送料步距较大、送料速度较高时，辊轮一般都采用空心结构，其重量轻，回转惯性较小，可即时停止，确保送料精度。

（4）抬辊和压紧机构　在采用多工位级进冲压时，为保证送料精度，设计了导正销导料。导正销工作时，若材料处于辊轮的夹紧约束下，导正材料就不可能实现，并且会造成模具损坏或冲出废品零件。因此，在导正和凸模工作时必须保证辊轮抬起，保证材料不受辊轮的约束，处于自由状态。在辊式送料机构中，要有放松调节器或放松支架等元件实现抬辊。图 6-105 为抬辊示意图。图中推杆或板凸轮随压力机滑块向下运动时，推动放松支架绕支点 O 摆动，从而使辊轮抬起，材料得到释放。压料弹簧的作用是保证上、下辊轮和材料之间有足够的摩擦力，以实现材料的进给运动。

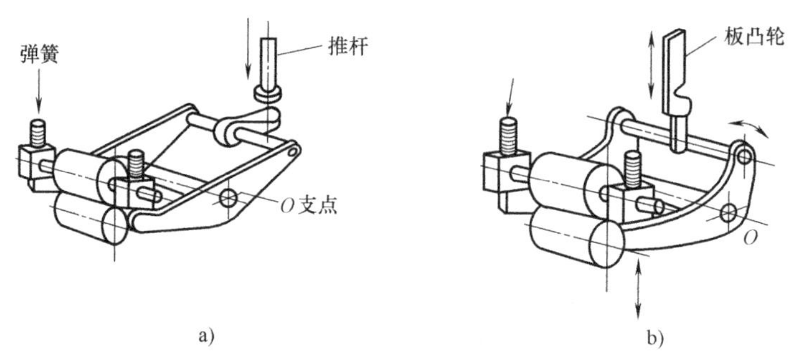

图 6-105　抬辊和压紧示意图

a）推杆式　b）板凸轮式

（5）制动与传动　在送料过程中，由于辊轮和传动系统等的惯性，若不能使辊轮马上停止或保持静止状态，将造成送料精度的降低。为吸收这部分能量，一般要在辊轮的端部或轴上装上制动器。制动器由刹车盘、刹车弹簧和刹车摩擦片组成。

主动辊轮和从动辊轮的传动采用齿轮传动。辊轮的外径应与齿轮的节圆相同。

6.5.3　夹持式送料装置

在多工位级进冲压中，夹持式送料装置广泛地用于条料、带料和线料的自动送料。它利用送料装置中滑块夹持机构的往复运动来达到送料目的。夹持式送料装置可分为夹钳式、夹刃式和夹滚式。根据驱动力不同，又可分为机械式、气动式、液压式。下面介绍在多工位精密级进模中应用广泛的气动送料装置，如图 6-106 所示。

1. 气动送料装置的特点

气动送料装置是冲压机械附件。该装置一般安装在模具下模座或专用机架上，如图 6-107所示。它以压缩空气为动力，利用安装在上模或滑块上的压杆在压力机滑块冲程时撞

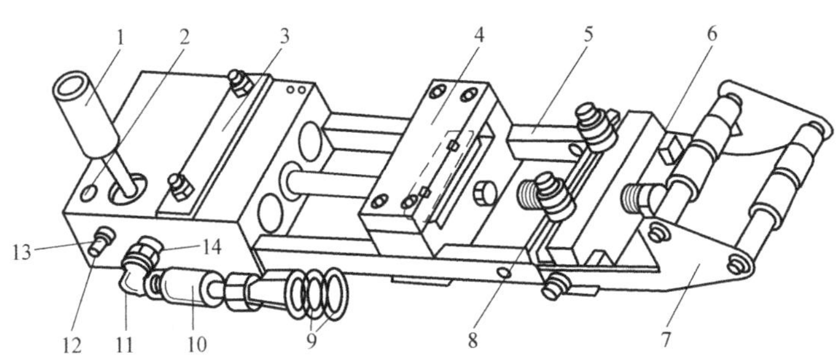

图 6-106　气动送料装置典型结构

1—控制阀　2—固定孔　3—固定夹板　4—移动夹板　5—方柱形导轨　6—送料长度微调螺钉　7—送料滚筒支架　8—导轮　9—快换接头　10—空气阀　11—弯头　12—速度调整螺钉　13—排气孔　14—螺纹接头

击送料器控制阀，形成整个送料机构中压缩空气回路的导通和关闭，以驱动固定夹板和移动夹板的夹紧和放松，同时驱动送料气缸推动移动夹板的往复移动来完成间歇送料，如图 6-107b所示。

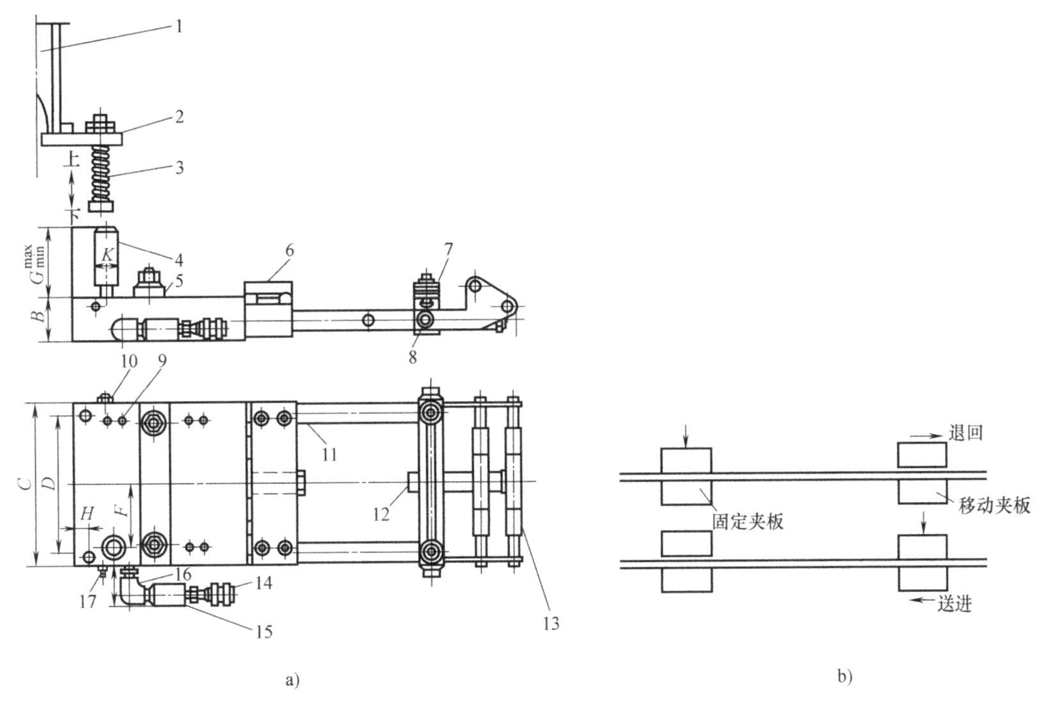

图 6-107　气动送料装置安装示意图

1—压力机滑块　2—支撑板　3—压杆　4—控制阀　5—固定夹板　6—移动夹板　7—导轮　8—固定螺钉　9—安装孔　10—速度调整螺钉　11—导轨　12—送料长度微调螺钉　13—送料滚筒　14—快换接头　15—空气阀　16—弯头　17—排气孔

当固定夹板夹紧时，移动夹板处于放松状态，这时送料气缸驱动移动夹板后退到送料的起始位置；此时切换两夹板的状态，移动夹板夹紧材料，固定夹板放松。在下一个工作行程中，移动夹板运动并送料，实现冲压；冲压结束后，二者的夹紧和放松状态再次切换，开始下一个送料循环。对于该送料机构，在导正销导入材料和实现冲压的瞬间，两个夹板都应处于放松状态。

气动送料装置灵敏、轻便，通用性强。其送料长度和材料厚度均可调整，所以不但适用于大量生产的工件，也适用于多品种、小批量工件的生产。同时，气动送料装置送料步距精度较高、在高速送料下稳定可靠、一致性好。经导正销导正后，送料重复精度达±0.003mm；对于无导正销的级进模，依靠送料装置本身的精度也能获得±0.02mm 的送料步距精度。

对于带导正销的高精度多工位级进模，冲压时刻要保证材料无约束，保证导正销的导入。使用气动送料装置时，压缩空气必须经过滤水器、调压器、油雾器的过滤，滤掉空气的水分和杂质，并使气压调整到规定的范围，还需喷入一定数量的油雾，以保证零件润滑。

由于气动送料装置采用压差式气动原理，送料动作灵活，反应迅速，且调整方便；但也因此有些噪声。为减小冲压时噪声，在本装置阀体上专门安装有消声装置。

2. 气动送料装置分解动作说明

表 6-12 为气动送料装置的分解动作说明。表 6-13 为标准气动送料装置的规格和性能。

表 6-12　气动送料装置的分解动作说明

步骤	直动控制阀状态	固定夹板状态	移动夹板状态	滑块状态	简图
1	压缩空气进入直动控制阀，阀在初始位置	向上（打开）	向下（夹料）	送料到位状态	固定夹板 移动夹板
2	压杆向下压直动控制阀	向下（夹料）	向上（打开）	准备后移	
3	向下	向下（夹料）	向上（打开）	后移到送料初始位置	
4	向上	向上（打开）	向下（夹料）	准备向前送料	
5	向上	向上（打开）	向下（夹料）	送料	
6	向上至直动控制阀最高位置	向上（打开）	向上（打开）	冲压	
7					循环到第 2 步骤

表 6-13　标准气动送料装置规格和性能

送料装置型号	AF-2C	AF-3C	AF-4C	AF-5C	AF-6C	AF-7C	AF-8C	AF-9C
最大送料宽度/mm	70	80	100	150	200	250	300	350
最大送料长度/mm	80	80	125	150	200	250	300	350
材料厚度/mm	0.8	1.2	1.5	2	2	2.5	2.5	3
空气压力/kPa	4.5	4.5	4.5	4.5	4.5	4.5	4.5	4.5

（续）

送料装置型号	AF-2C	AF-3C	AF-4C	AF-5C	AF-6C	AF-7C	AF-8C	AF-9C
最大送料长度时滑块每分钟行程次数	200	180	130	100	80	55	50	40
固定夹板摩擦力/10N	30	45	60	85	85	120	120	123
移动夹板摩擦力/10N	53	68	85	155	178	200	217	220
引张力/10N	16.5	19.5	22.5	41	41	67	74	77
最大行程和最大送料长度时空气消耗量/L·mm^{-1}	32	42	53	100	105	150	160	170
重量(包括工具)/kg	9.6	12.8	19.6	38.4	52.4	80	95	156

6.6　多工位精密级进模案例分析

6.6.1　冲裁、弯曲多工位级进模

如图6-108a所示U形支架弯曲件，零件材料为1Cr18Ni9Ti，大批量生产。

1. 零件工艺性分析与排样

U形支架弯曲件的结构形状简单，ϕ5mm孔和2个ϕ3.5mm孔有尺寸公差的要求，尺寸公差等级为IT11；尺寸（12±0.02）mm的公差等级为IT9，弯曲后工件的精度等级较高；其余都为自由尺寸，设计时按公差等级IT14处理。冲压材料为1Cr18Ni9 Ti，零件弯曲后要求底部平整。产品为大批量生产，由于生产量大，考虑采用级进模冲压。图6-108b为工件的展开尺寸。

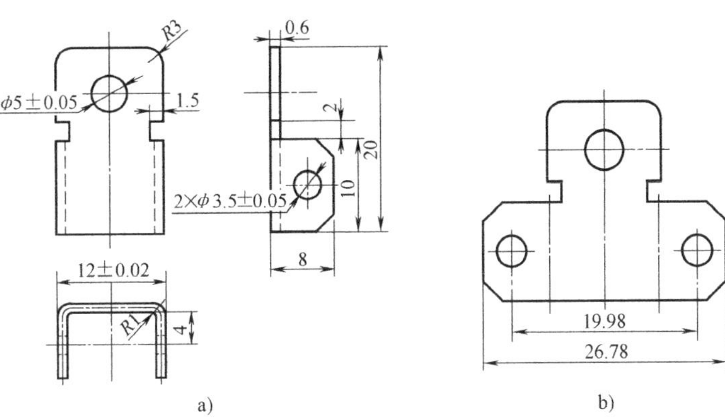

图6-108　支架弯曲件

该U形支架零件成形的基本冲压工序有冲孔、落料、切断、弯曲。成形方案如下：

方案1：落料冲孔（复合模）+弯曲模。

方案2：级进模（在一副模具中完成所有的冲压工序）。

根据工件的生产批量和零件的结构特点、成形工艺要求，选择方案2（级进模冲压），弯曲方向向下。U形支架零件冲压成形排样设计见图6-109，图6-109a为单边载体，采用单排的方案；图6-109b为中间载体，采用双排的方案。两种方案都设计了9个工位。本设计案例选用单排方案。

第1工位冲工艺导正孔和3个工件结构孔。

第2工位切工件的长边外形，该冲裁凸模还起到侧刃的作用，在该工位设计导正销导正。

第3工位空工位，同时在该工位设计误送检测装置。

第4工位切工件的弯曲部位两侧外形。

第5工位空工位。

第 6 工位向下弯曲，该工位设有导正销导正。

第 7 工位空工位。

第 8 工位落料，该工位设有导正销导正。

第 9 工位切断废料。

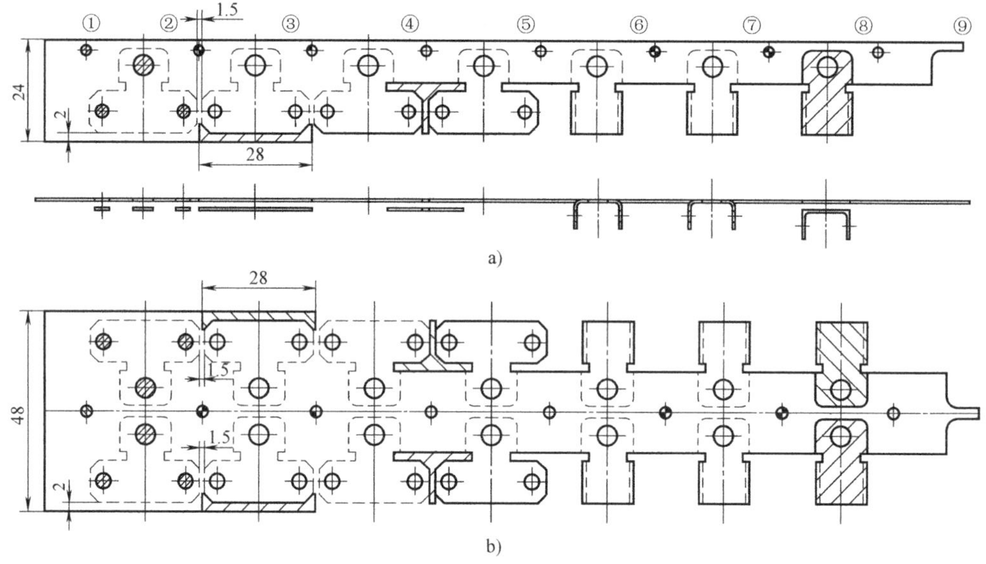

图 6-109　U 形支架零件冲压成形排样设计

2. 模具结构设计

冲压设备为 SP-15CS 高速压力机，公称力为 150kN，每分钟的行程次数为 80～850 次。模具的送料采用气动送料装置。模具装配图如图 6-110 所示。该模具具有如下特点：

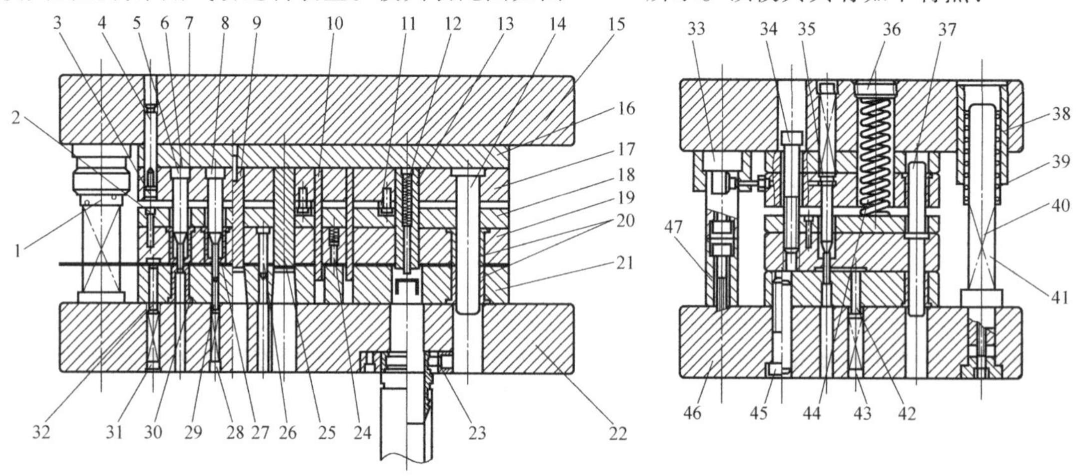

图 6-110　U 形支架模具装配图

1、20、38—导套　2、45—螺钉　3、28、31、36、43—螺塞　4—定位销　5—冲孔凸模　6—垫片　7—衬垫　8、26—导正销　9—方形凸模　10—弯曲凸模　11—压板　12、40、44—弹簧　13—落料凸模　14—卸料板导柱　15—上模座　16—垫板　17—凸模固定板　18—卸料板垫板　19—卸料板　21—凹模板　22—下模座　23—产品收集组件　24—顶出销　25—切弯边凸模　27—保护套　29—导正托料销　30—凹模镶块　32、42—托料销　33—微动开关组件　34—卸料螺栓　35—误送检测部件　37、41—导柱　39—滚针衬套　46—下模座　47—限位柱

1）模架采用4导柱滚动模架，由件1、38、39、40、41等零件组成，在固定板、卸料板、凹模之间还安装4组小导柱、导套作辅助导向，由件14、20等零件组成。

2）模具冲压时采用气动送料装置自动送料，送料时，带料在两侧带有托料销（件32）的导料槽中送进，自动送料装置可以控制送料步距，实现带料的初始定位；方形凸模9冲切的长度28mm为步距尺寸。工件的精准定位采用导正销，本模具导正销采用了两种结构，件8安装在凸模固定板上，件26安装在卸料板上。

3）由于工件向下弯曲，为了实现带料与凹模表面始终保持平行，在整个送料过程中带料都是由托料销托起。该模具的托料销选用了3种形式，在送料的前端选用了3组带有导料槽的托料销（件32）；在需要导正的位置处设计了3组带导正孔的托料销（件29），便于导正销对材料的导正；另外设计了3组仅起托料作用的托料销（件42）。托料销的托起高度$h=10$mm，工件弯曲尺寸是8mm。

4）模具的卸料装置由套管式卸料螺钉组件、卸料垫板18、卸料板19等零件组成。卸料螺钉和弹簧安装在不同的位置，有利于模具的保养和维修。为了保证带料不黏附在卸料板下表面（如润滑油的黏度造成附着），模具中还设计了数根顶出销（件24），模具开模后，顶出销将带料推下。

5）为了保证落料后工件顺利出件，落料凸模的端部安装了顶出销，工件落料后，顶出销顶出，工件落入产品收集装置（件23）中。生产中通过在产品收集组件下端通入压缩空气，可吸附工件到产品收集箱中。

6）送料误送检测销安装在第3工位，选用的是孔加工型微动开关误送检测组件。

7）该模具卸料板、凸模、凹模均可采用Cr12MoV（SKD11、D2）钢制造。热处理：凸模58~62HRC，卸料板、凹模均为60~64HRC。凹模、卸料板、固定板型孔用慢走丝线切割分别加工，4个小导柱孔也一同割出，然后利用4个小导柱导正、固定。螺孔、销孔由钳工配制。

6.6.2　拉深、镦压、成形多工位级进模

1. 产品技术要求

图6-111所示为一电子元器件零件膜片，该工件年产量在百万件以上，材料为不锈钢，厚度为0.33mm。工件主要技术要求如下：

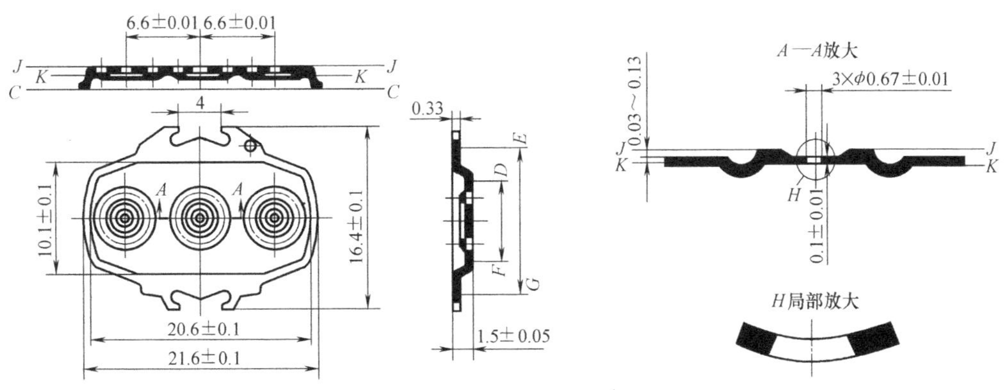

图6-111　膜片工件简图

1）图中 3×ϕ0.67mm 的孔径误差为±0.01mm，椭圆度公差小于 0.01mm，在显微镜下放大 15 倍观察，不应看见毛刺和毛边；中间孔中心应在两旁孔中心的连线上，其偏差为 0.01mm。

2）孔 ϕ0.67mm 周围板厚从 0.33mm镦压变形后为 0.10mm，误差为±0.01mm。

3）*E* 和 *D* 之间平面、*G* 和 *F* 之间平面及 *C*—*C* 平面的平面度公差小于 0.03mm。

4）孔 ϕ0.67mm 附近只准有如 *H* 局部放大所示的弯曲。

2. 带料工序排样

膜片在带料上的工序排样如图 6-112 所示，材料宽度为 27mm，步距为 26mm，载体（利用双侧搭边）为双侧载体。工序说明如下：

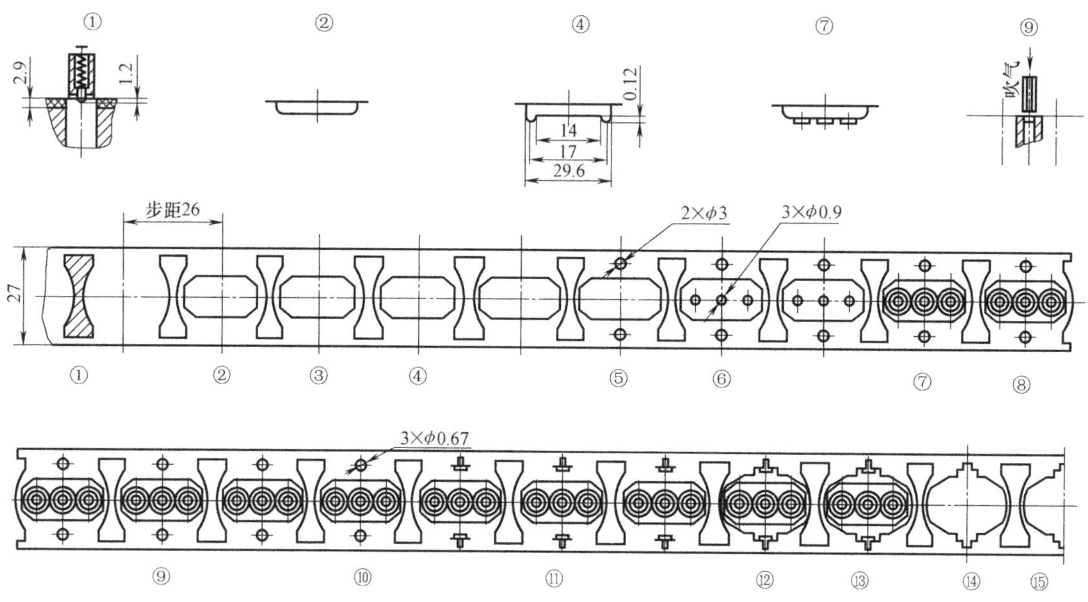

图 6-112 膜片工序排样

① 切槽：裁切出拉深毛坯尺寸。

② 拉深：拉深成形出工件 1.5mm的深度及外形轮廓形状。

③ 定位：由于拉深时毛坯收缩变形，步距会变小，采用拉深后的外形轮廓定位，能保证工件在定位以后的成形工序中步距的精度。

④ 整形：将拉深件外形整形到工件要求的尺寸和精度，考虑到镦压工序中工件底部挠曲变形，预整形到工序④图示形状及尺寸，以保证工序⑦加工后底面平整。

⑤ 冲导正孔：从这道工序开始，以后的各工位不允许工件位置偏移，要求较高的送料精度。由于拉深件深度太浅，靠工序③利用拉深件外形定位，保证不了后续工序要求的带料定位精度，必须考虑冲导正孔，通过导正销导正定位带料，保证工件在后续工位的定位精度。

⑥ 冲底孔：冲 3×ϕ0.9mm 的底孔，该孔冲制的目的是减小镦压面积和镦压载荷，保证镦压成形时金属材料变薄的延展。

⑦、⑧ 镦压：通过两次镦压工序，将孔 3×ϕ0.9mm 周围的材料厚度由 0.33mm 压薄到 0.10mm，以保证工件表面获得较高平面度和厚度精度。

⑨ 镦压整形：为满足工件技术要求，保证几个平面的平面度而设计。

⑩ 精冲孔：加工工件所要求的精密孔，将 3×ϕ0.9mm 变形后的孔整修到工件要求的孔尺寸及精度（3×ϕ0.67mm±0.01mm）。

⑪ 切边：冲裁与膜片边缘相配合的支架杆的蝶形缺口，目的是减小落料复位工序的凸模和凹模复杂轮廓形状。

⑫ 落料复位：分离工件外形轮廓，同时采用落料复位机构将工件压回到带料中，并要保证工件凸缘平整度要求（直接推出将引起工件的变形）。

⑬ 检测：检测销利用工艺孔，对带料送料精度检测。

⑭ 推料：将工件从带料上推离，落在传送带上，随传送带进入工件箱。

⑮ 废料切断：将废料切断，有益于安全和废料收集。

3. 模具结构

该工件数量大，精度高。因而要求模具效率高，精度高，寿命长。图 6-113 为模具结构总装配图。该模具有下列特点：

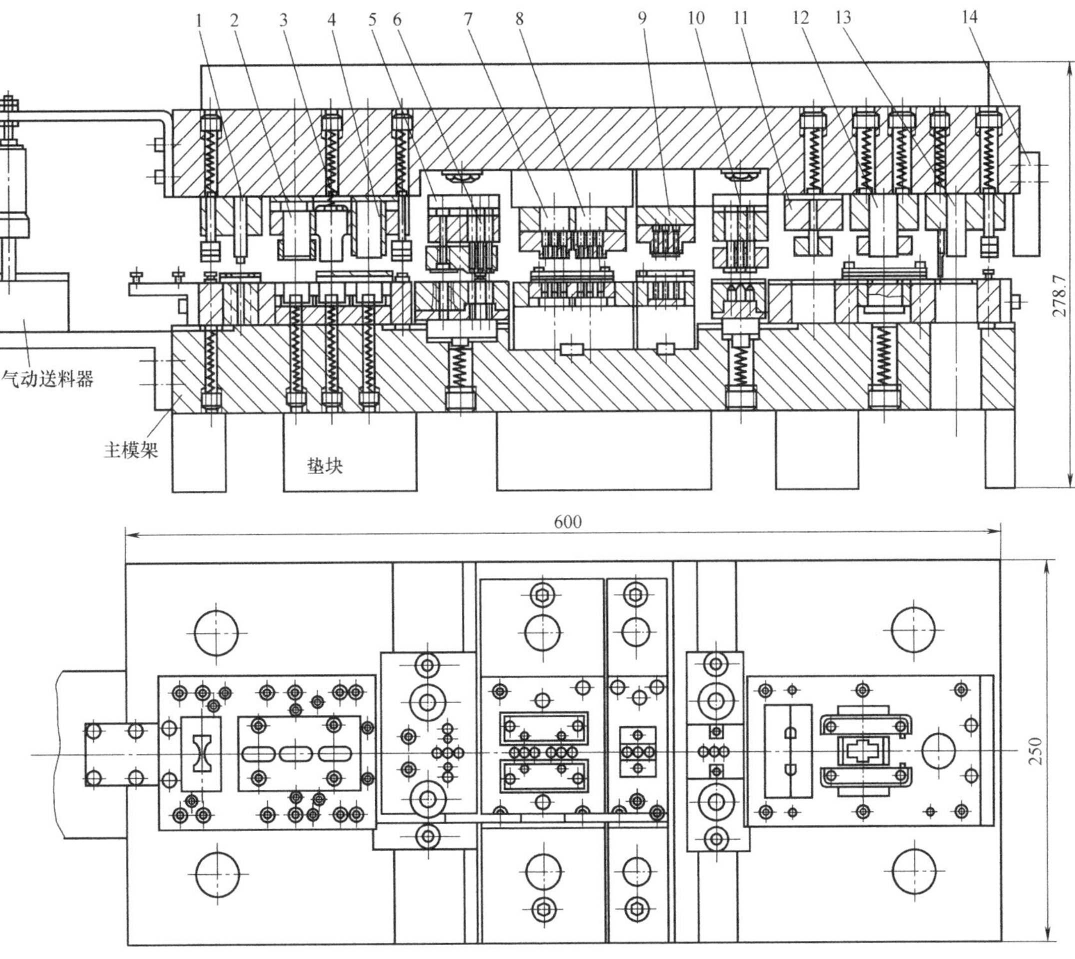

图 6-113　膜片级进模总装配图

1—切槽　2—拉深　3—定位　4—整形　5—冲导正孔　6—冲孔　7—第一次局部镦压　8—第二次局部镦压　9—整形压标记　10—精冲孔　11—切边　12—落料复位　13—推料　14—废料切断

1）模具易损件具有互换性，拆装方便。

2）主模架采用四导柱滚动导向模架，模座采用厚度较大的45钢钢板，并经调质处理，上模座上平面与下模座下平面的平行度公差为0.04mm，模架刚性好，精度高。

3）凸模和凹模用硬质合金或Cr12MoV钢制造，卸料板用Cr12MoV钢制造，固定板用CrWMn制造，并淬硬。模具的强度、耐磨性、硬度高，模具寿命长。

4）模具结构采用分段式和子模拼装结构，便于制造、装配和维护。

5）模具中设有安全检测装置，模具结构采用了有防止废料回升和堵塞的结构。送料采用气动送料器。

6）固定件采用高强度螺钉和销钉，弹性件采用高强度弹簧。

7）带料送进时，采用浮动导料销和浮动导料板托料及导向，同时切槽和定位、整形工序采用固定卸料。

8）拉深采用单独的压边圈。

9）模具结构采用子模模块结构，模块的划分可根据变形性质来分，本模具分为切槽；拉深、定位和整形；冲导正孔和冲底孔；镦压；精修孔；切边、落料复位和推料等模块。

4. 模具设计要点

（1）冲裁工序设计要求　切槽、冲导正孔、切边、落料工序，冲裁间隙取料厚的5%～10%左右，各凹模结构形式相同。以切槽为例，凹模选用硬质合金，银焊在凹模板上，凹模板材料为CrWMn，并淬硬到55～60HRC。硬质合金为YG15，厚度为3mm，刃口有效高度为1.2mm，废料漏料孔比凹模孔均匀扩大0.2mm。

（2）切槽、拉深、定位和整形模具　这四道工序的模具结构如图6-114所示。四道工序的凹模均为镶拼结构。

切槽是为拉深工序用毛坯做准备。切槽凹模拼块与凹模固定板压配固定，卸料方式为固定卸料，切槽凸模中设计有防止废料回升的顶出销。

拉深、定位和整形凹模做成整体硬质合金镶件，嵌入凹模固定板内，再用螺钉紧固。工序步距位置由凹模拼块、镶件和凹模固定板的加工精度保证。凹模固定板作为这四道工序的凹模整体，用键和销钉与主模架下模座定位，用螺钉紧固。

切槽上模与拉深、定位、整形的上模各自独立，分别固定在主模架的上模座上。这两种加工性质不同的上模独立组合成子模，便于实现模具零件的互换、刃口重磨和模具维护。整形凸模与顶杆工作端面尺寸，应按

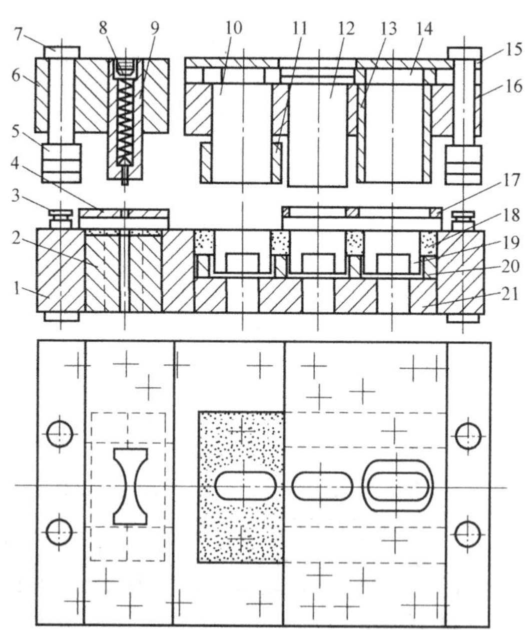

图6-114　切槽、拉深、定位和整形子模图

1—凹模固定板　2—切口拼块镶件　3—浮动导料销　4—固定卸料板　5—压料板　6、16—凸模固定板　7—卸料螺钉　8—推废料装置　9—切槽凸模　10—拉深凸模　11—拉深压边圈　12—定位凸模　13、14—整形凸模　15—垫板　17—固定卸料板　18—凹模镶件　19—顶杆　20—垫块　21—垫板

图 6-112 中的工序图④设计。

（3）冲导正孔和冲底孔模具　这两道工序的模具结构如图 6-115 所示。两道工序因工序性质相同，设计在同一子模。该子模本身具有良好的导向装置，导柱固定在件 13 上，导套分别固定在件 14 和件 3 上，冲底孔凸模 6 和冲导正孔凸模 7 是细小凸模，模具采用弹压卸料板 14 导向，保证凸模和凹模冲裁间隙均匀，对小凸模进行保护。上模冲程靠固定在主模架上模座的压块推动件 8 下降，冲压后靠下模座内强力弹簧推动件 17 上升复位。

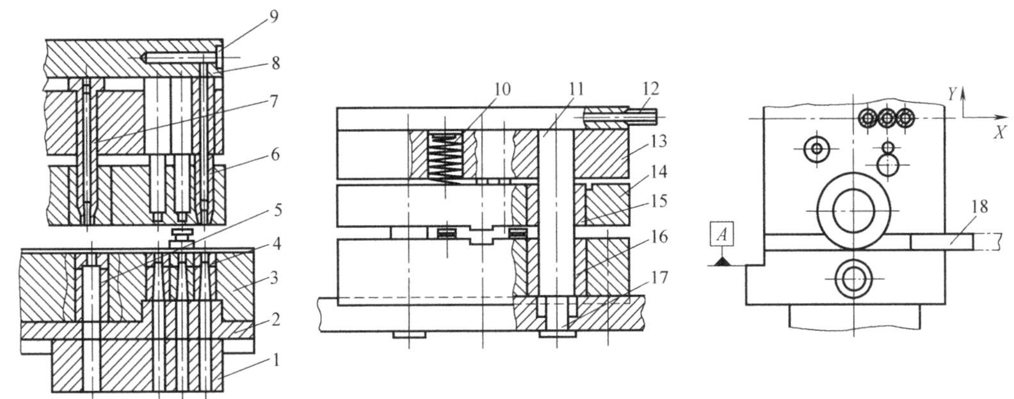

图 6-115　冲导正孔和冲底孔子模图

1、18—定位键　2、8—垫板　3—凹模固定板　4—冲底孔凹模嵌块　5—冲导正孔凹模嵌块　6—冲底孔凸模　7—冲导正孔凸模　9—堵头　10—弹簧　11—导柱　12—气嘴　13—凸模固定板　14—卸料板　15、16—导套　17—复位顶杆

子模的加工精度要求严格，凹模嵌块、凸模、导柱和导套配合孔的孔距误差均为 ±0.002mm，均由坐标磨床磨削加工来保证。为防止废料回升，冲导正孔凸模内装有推废料装置；而冲底孔凸模由于直径很小，加工 ϕ0.26mm 的吹气孔以清除废料；件 12 为接通压缩空气的气嘴；保证废料不黏附在凸模上。

子模在主模架上的位置，*X* 方向由件 1 与主模架下模座上键槽配合定位；*Y* 方向由凹模固定板基面 *A* 与上道工序的凹模固定板侧面靠紧后固定，件 18 是下道工序的 *Y* 方向定位键。

（4）镦压模具　镦压工序的子模具结构如图 6-116 所示。模具采用滚动导向的标准子模模架，用定位键 1 和 13 把子模定位在主模架上板，再用螺钉固定。子模的上模与主模架的上模座用螺钉刚性连接。

第一次镦压后，板厚由 0.33mm 压薄到 0.11mm，第二次镦压压薄至 0.10mm。镦压凸模和凹模均用含镍和铌的细粒度硬质合金材料，工作面要进行镜面加工，其尺寸精度为 0.002～0.005mm；镦压凸模和凹模的垫板也用硬质合金制作。

第一次镦压的单位压力为 978MPa，第二次镦压的单位压力为 1430MPa。第一次镦压工位的压力约需 30000N。因此，镦压凸模的长度要考虑材料弹性变形的影响，应比设计值加长 0.1mm 才能加工出合格的工件。第二次镦压总压力达 180000N，相当于该模具总冲压力的 50%，为防止载荷偏心，尽量把镦压工序放在模具的中间部位。

镦压整形压标记单独设计子模结构，与第一次镦压和第二次镦压模具基本相同（图 6-113）。

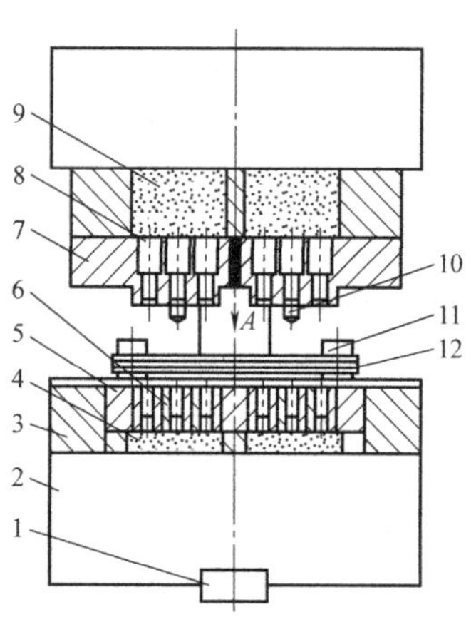

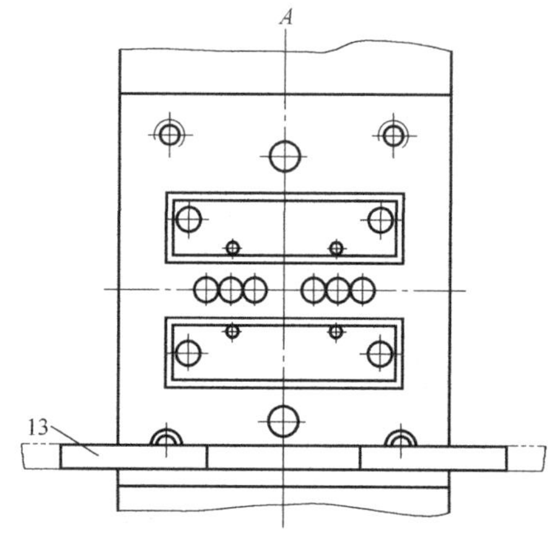

图 6-116 镦压子模图

1、13—定位键 2—子架模 3—凹模固定板 4、9—垫板 5—凹模板 6—嵌块凹模 7—凸模固定板 8—凸模 10—导正销 11—浮动螺钉 12—浮动导料板

(5) 精冲孔子模结构 与冲导正孔和冲底孔模具基本相同，精冲孔子模也是采用小导柱对弹压卸料板导向，保证凸模和凹模冲裁间隙均匀，对小凸模进行保护。

(6) 切边、落料复位和推料 这三道工序的模具结构如图 6-117 所示。

这三道工序的模具用键和销钉定位后，用螺钉直接固定在主模架上。凹模拼块镶件 2 和 6 是硬质合金与合金工具钢采用银焊焊接的拼块结构，拼块压配嵌入凹模固定板内，不再用螺钉固定，但是为了拆装方便，必须在主模架下模座上开孔，便于将凹模镶件用顶杆推出。

落料复位工序的顶板 4 下面，必须使用强力弹簧，以使工件平整和复位牢固，为防止工件从带料上脱落，用浮动导料板将带料提升并导向，这样工件两侧受力均匀。

在落料复位与推料工位间的空工位上安装检测销 15，利用检测销插入工艺导正孔检测送料是否到位，防止误送造成的质量问题和事故。

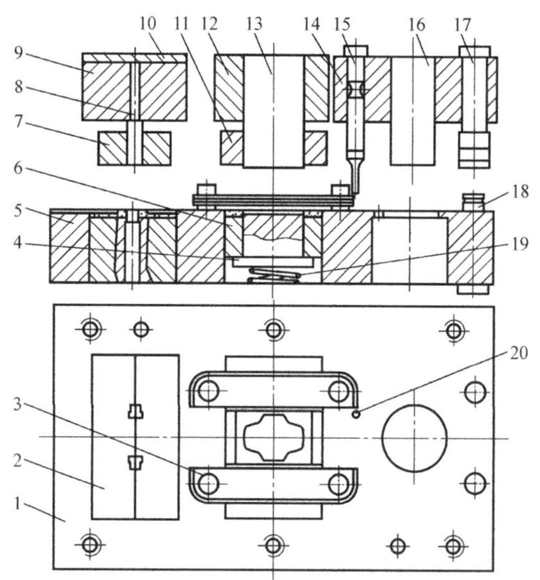

图 6-117 切边、落料复位和推料子模图

1、5—凹模固定板 2—切边凹模拼块镶件 3—浮动导料板 4—顶板 6—落料凹模拼块镶件 7、11—卸料板 8—切边凸模 9、12、14—凸模固定板 10—垫板 13—落料复位凸模 15—检测销 16—推料凸模 17—压料部件 18—浮动导料销 19—强力弹簧 20—检测销孔

推料工序的推料孔由于不受力的作用，可直接加工在凹模固定板上，孔与工件间有较大的间隙。

切边上模、落料复位上模和推料上模各自独立，分别固定在主模架的上模座上。

(7) 模具冲压时主要零部件尺寸的协调 膜片多工位级进模结构复杂，模具各工位要完成各自的功能，除各零部件尺寸精度和位置精度严格要求外，各相关零部件的尺寸必须协调，才能保证整体模具的动作协调。相关零部件协调尺寸如图 6-118 所示。

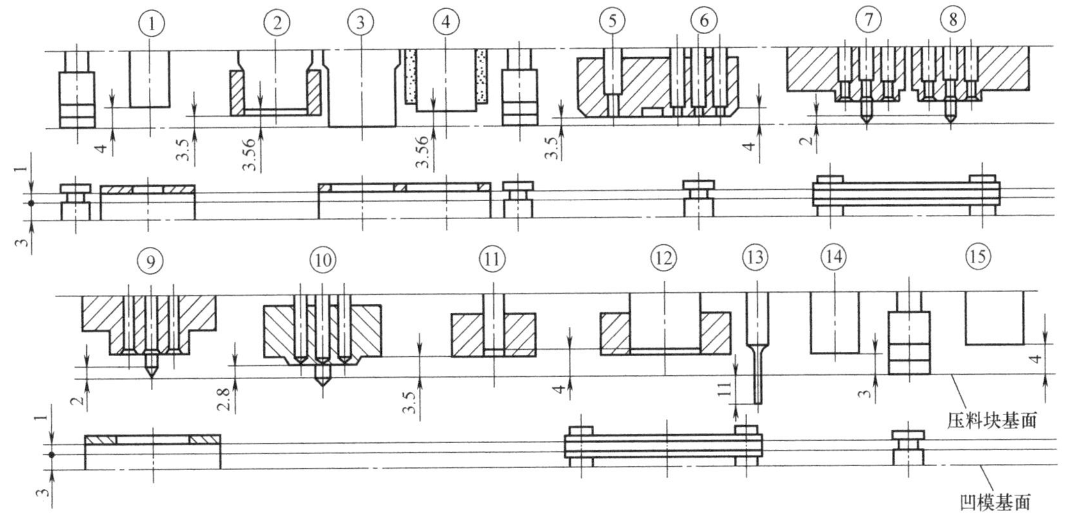

图 6-118　模具主要零部件工作时尺寸协调图

下模取凹模上平面为基准面，上模取压料块下平面为基准面。模具各零部件尺寸是由模具各零部件的功能所决定的，工序⑬中的检测销的下端面在冲压过程中首先下降到送料平面，检测送料步距是否正确；在压料块压住带料的同时，工序⑩的导正销紧跟着伸入导正孔将带料定位，这是因为工序⑩是精冲孔，是工件精度要求最高的部位，此部位的导正销较其他工序长，提前导正带料，以保证小孔加工精度。

浮动导料销、浮动导料板和刚性导料板的位置尺寸必须一致，导料槽的宽度也必须一致，以保证带料送进顺利。各工作凸模的长度尺寸也要协调，并严格控制长度尺寸误差，冲孔凸模的公差在±0.1mm 以内，镦压凸模的公差不超过±0.005mm。

6.6.3　引线框架精密级进模

1. 产品技术要求

图 6-119 所示冲压件为电子元器件中常见的引线框架，零件有 16 条引脚。该类零件主要的冲压工艺是冲裁，有的零件局部还带有镦压变薄或校平。由于零件的引脚较多、形状细长，如何分解冲裁是该类零件的设计难点（元器件越复杂引脚越多，如 32 脚、96 脚等）。冲压件的主要技术要求是：

1）材料为 0.20mm 的 KFC 铜带，在内引线端部正中部分（图中部 2.4mm×2.4mm）要求镦压校平，并使材料厚度有一定变薄（见零件图技术要求）。

2）在内引线端部 3.9mm×3.9mm 面积内（虚线所示），要均匀分布 16 条脚的引线。

3）集成电路引线框架塑料塑封范围在 19.56mm×7.62mm 以内，其外露引线部分应均匀分布。封装后引脚由内向外要各自定向弯曲，引线脚越多，弯曲也越多。

4）根据塑封模具的生产要求及引线框架在塑封模具中的定位，各引脚线粗细应均匀，要求以 10 个引线框架零件组成一组，其步距积累误差（$18.29\text{mm}\times10=182.9_{-0.02}^{\ 0}\text{mm}$）不超

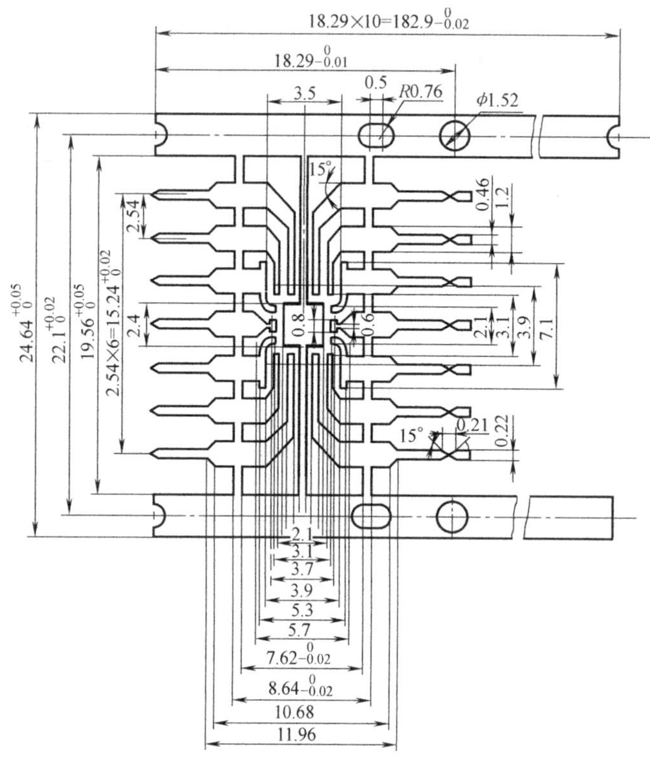

图 6-119　16 脚引线框架

过 0.02mm，因此每工步的平均误差应小于 0.002mm。为保证塑封的定位，带料载体上设计了 $R0.76$mm 的长圆形孔。

根据封装要求，10 个引线框架零件组成一组，模具结构设计时要考虑计数切断，即带料上生产了 10 个零件就要将带料切断，也称为定尺寸切断。

为了保证工件精度和以上的技术要求，该零件在冲压工艺上采用了级进模连续冲裁，定尺寸切断工艺，带料送进采用气动夹持式送料装置。

2. 排样设计

排样如图 6-120 所示。各工位完成的工序内容如下：

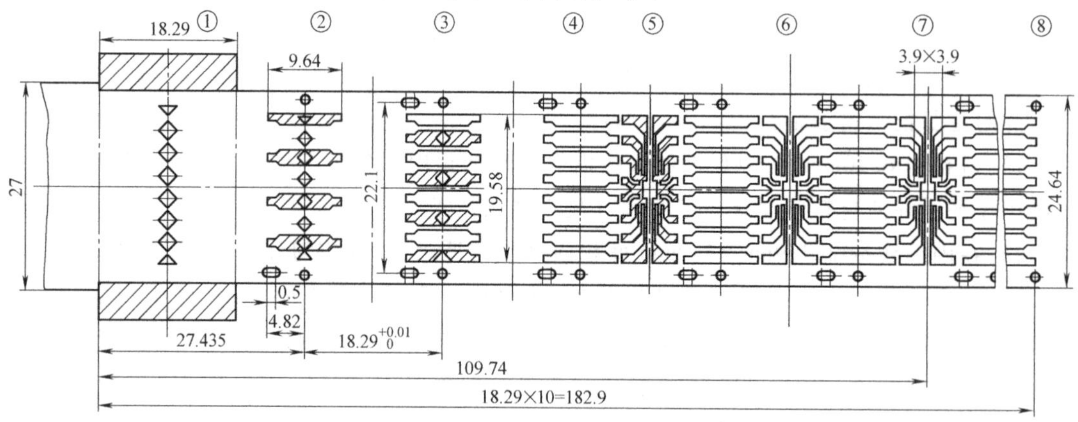

图 6-120　16 脚引线框架冲压排样图

① 矩形侧刃切边（步距 18.29mm），同时切 8 个菱形孔，成形外引脚端部形状。

② 冲切外引脚废料，冲导正孔 2 个，冲长圆形定位孔 1 个。

③ 再次冲切外引脚废料，冲长圆形定位孔 1 个。

④ 空工位，带料导正。

⑤ 采用废料复位冲裁内引脚。

⑥ 废料顶出。

⑦ 镦压校平。

⑧ 定尺寸切断，每 10 个工件切断一次。

3. 模具结构

图 6-121 为模具结构，其结构特点如下：

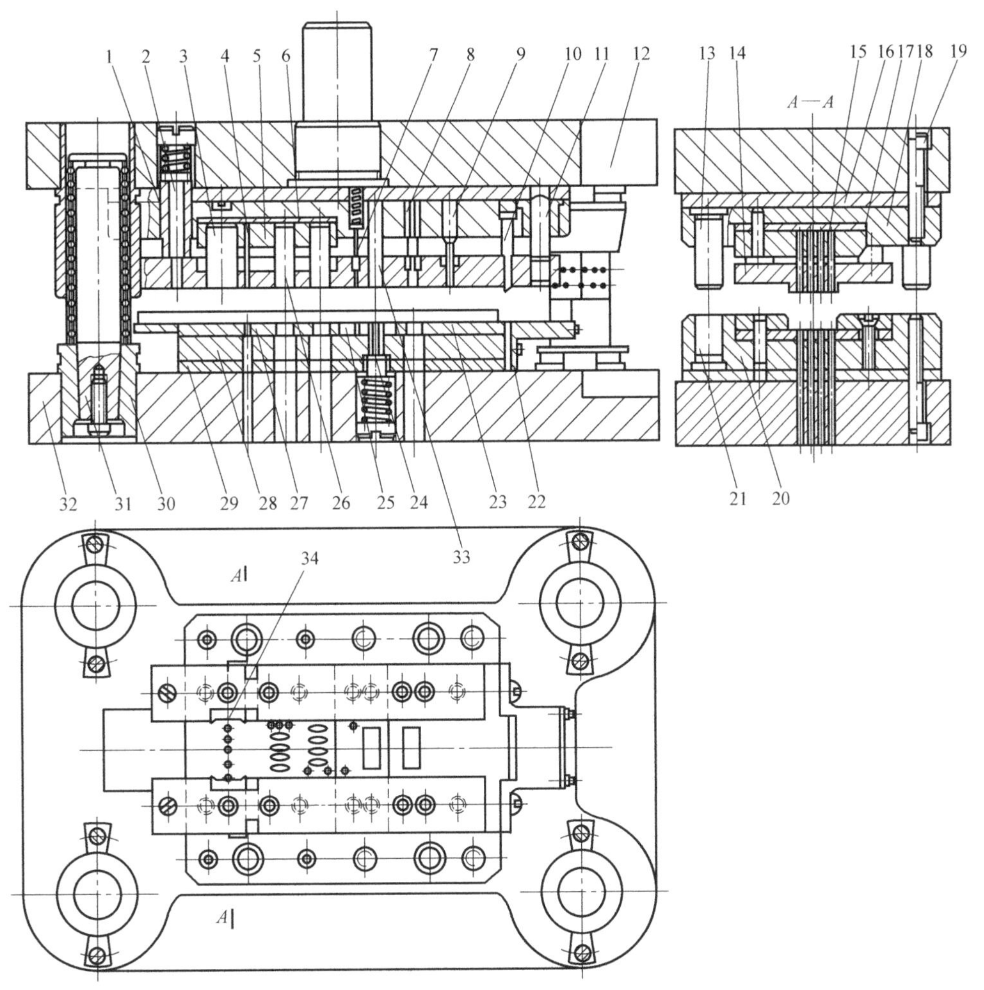

图 6-121　16 脚引线框级进模

1—套筒　2—卸料螺钉　3—侧刃凸模　4、15、26—冲孔凸模　5—组件固定板　6、16、17、29—垫板　7—导正销　8—去废料推杆　9—镦压凸模　10—切断凸模　11—小导柱　12—上模座　13—上限位柱　14—弹压卸料板　18—凸模固定板　19—螺钉　20—下模框　21—下限位柱　22—承料板　23—右凹模板　24—顶块　25—镶块　27—左凹模板　28—支承板　30—固定环　31—导柱　32—下模座　33—内引脚凸模　34—侧刃

1）模具采用滚动式四导柱、可拆装的精密模架。上下模座采用45钢调质。

2）采用双侧刃、双侧面导板定距、导向，双弹压导正销对带料精密定位，送料采用自动送料装置，提高了模具的送料和定位精度。

3）卸料板采用带小导柱和导套导向的结构；采用定位套筒组合式卸料螺钉，卸料弹簧安装在卸料螺钉上方，较好地控制了弹压卸料板对凸模的导向和与凹模的平行度，同时便于模具维护。

4）在凸模保护方面，采用缩短小凸模长度的办法，将冲裁外引脚的凸模做成一组件安装在上模固定板中。在保证凹模制造精度方面，采用分段镶拼的办法。

5）为了使引线框的各条引脚线在一个平面上不扭、不翘，内引线冲裁采用废料复位冲裁，即先冲下废料，再用凹模中的复位推板将废料“复入”带料中，在带料送至下一工位时，再将它推出，这样有利于提高冲件精度和提高薄壁凹模的寿命。

6）在模具工作行程控制方面，采用了限位柱结构（件13、21），使凸模进入凹模的深度得到有效的控制。

7）为了获得每10个引线框为一组的引线框条，便于集成电路引线框架塑封的生产要求，在模具上采用了由端面凸轮和棘轮及切刀等组成的自动切断机构，如图6-122所示。压力机每冲裁10次，凸轮旋转到指定位置，使滑块按图示位置往左移动，切断凸模（切刀）被压下，即完成带料的一次切断。当切断完成后，由于棘轮机构带动凸轮转过了凸轮凸起的位置，切刀受到弹簧力的作用而退回原位。

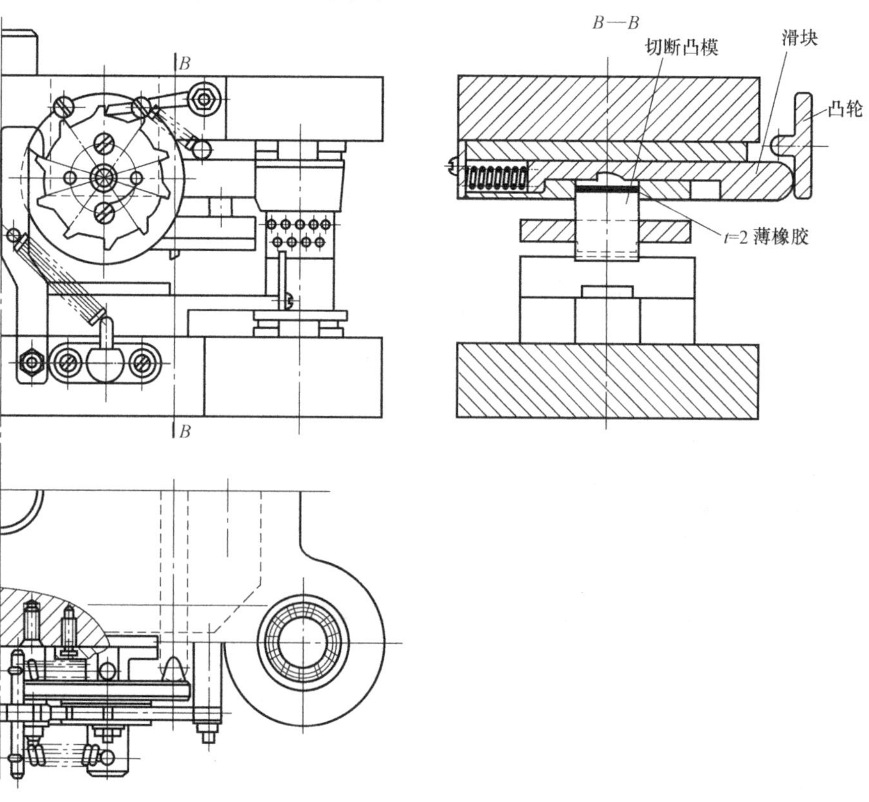

图6-122　16脚引线框架级进模自动切断机构

除了采用凸轮、棘轮及切刀等组成的自动切断机构可实现定尺寸冲切外，还可采用传感元件、电磁阀、液压缸、气缸和切刀组合成如图 6-83 所示结构，完成定尺寸料长的切断。

习题与思考题

6-1　什么是载体、搭口？它们的作用什么？常见的载体种类有哪些？

6-2　试简述级进冲裁、级进弯曲和级进拉深工艺设计的要点。

6-3　常用的导向和托料装置有哪些？设计托料装置时要注意哪些问题？

6-4　为什么要对精密级进模进行安全保护？简述常用的保护措施。

6-5　常用的自动送料装置有哪些种类？试说明辊式、气动夹持式送料装置的原理及主要特点。

6-6　完成图 6-123 所示零件的多工位级进模排样图设计。

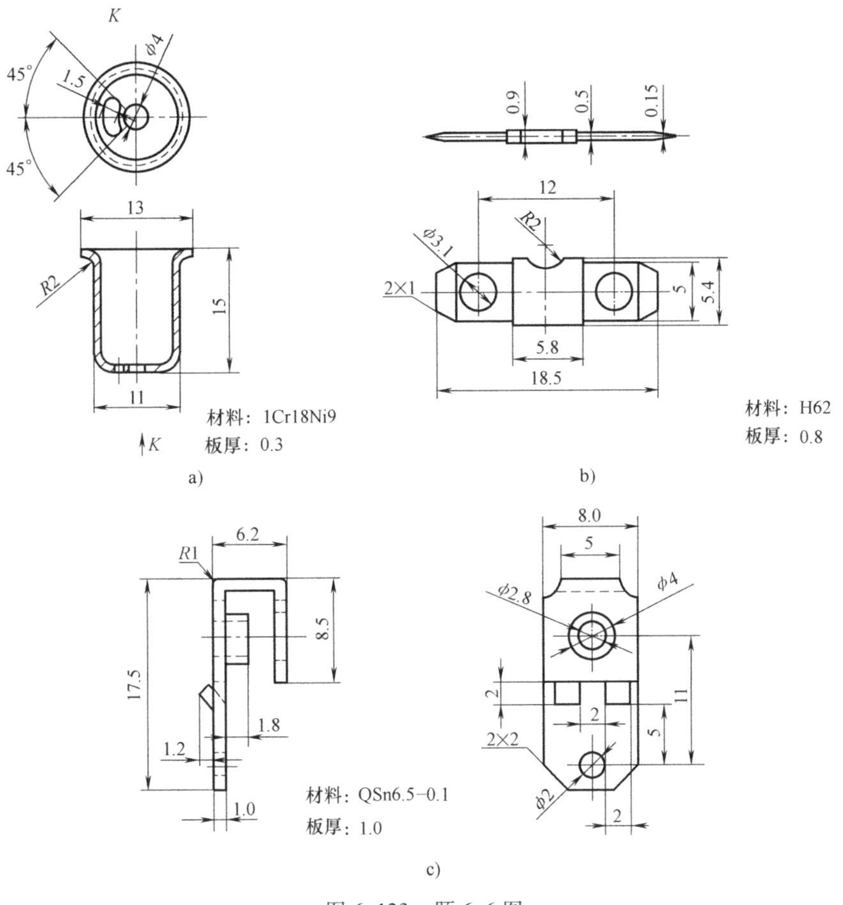

图 6-123　题 6-6 图

第7章 汽车覆盖件成形工艺与模具设计

学习目标

了解汽车覆盖件结构的特征和覆盖件冲压成形特点；熟悉汽车覆盖件冲压成形工艺设计，能正确设计冲压方向、工艺补充、拉深筋等。

了解汽车覆盖件拉深工序、修边工序、翻边工序设计要点及工序间的工艺要求，熟悉汽车覆盖件拉深模、修边模、翻边模结构；掌握成形方向转换机构、覆盖件模具常用的材料。

汽车覆盖件（简称覆盖件）主要是指覆盖汽车发动机和底盘、构成驾驶室和车身的一些零件，如轿车的挡泥板、顶盖、车门外板、发动机盖、水箱盖、行李箱盖等（图 7-1）。一般也可以从车内外视角，将所能观察到的工件分为内覆盖件和外覆盖件。由于覆盖件的结构尺寸较大，所以也称为大型覆盖件。除汽车外，拖拉机、摩托车、部分燃气灶面等也有覆盖件。与一般冲压件相比，覆盖件具有材料薄、形状复杂、多为空间曲面且曲面间有较高的连接要求、结构尺寸较大、表面质量要求高、刚性好等特点。所以，覆盖件在冲压工艺制订、冲模设计和模具制造上的难度都较大，并具有其独自的特点。

覆盖件冲压成形工艺相对一般零件的冲压工艺更复杂，所需要考虑的问题也更多，一般需要多道冲压工序才能完成。常用的主要冲压工序有落料、拉深（拉延）、校形、修边、切

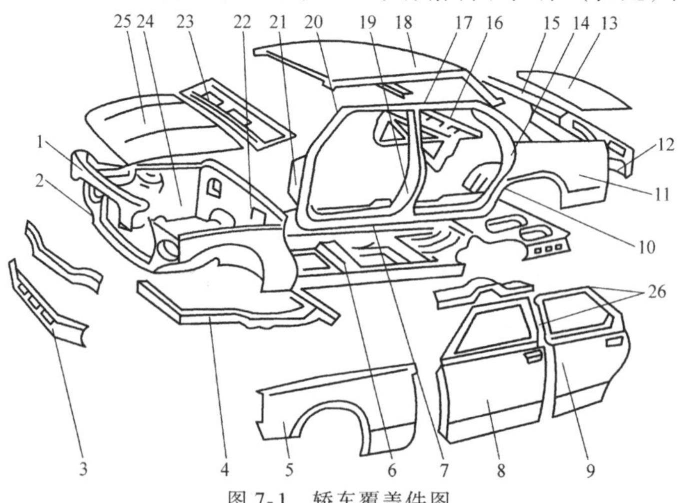

图 7-1 轿车覆盖件图

1—发动机罩前支撑板 2—固定框架 3—前群板 4—前框架 5—前翼子板 6—地板总成 7—门槛 8—前门 9—后门 10—车轮挡泥板 11—后翼子板 12—后围板 13—行李舱盖 14—后立柱 15—后围上盖板 16—后窗台板 17—上边梁 18—顶盖 19—中立柱 20—前立柱 21—前围侧板 22—前围挡板 23—前围上盖板 24—前挡泥板 25—发动机罩 26—门窗框

断、翻边、冲孔等。其中最关键的工序是拉深工序。在拉深工序中，毛坯变形复杂，其成形性质已不是简单的拉深成形，而是拉深与胀形同时存在的复合成形。拉深成形受到多方面因素的影响，仅按覆盖件零件本身的形状尺寸设计工艺不能实现拉深成形，必须在此基础上进行工艺补充，形成合理的压料面形状，选择合理的拉深方向、合理的毛坯形状和尺寸、冲压工艺参数等。因为工艺补充量、压料面形状的确定，冲压方向的选择直接关系到拉深件的质量，甚至关系到拉深成形的成败。拉深是覆盖件冲压成形的核心技术，标志着冲压成形工艺设计的水平。如果拉深件的结构或冲压工艺设计不合理，就会在拉深过程中出现冲压件破裂、起皱、折叠、面畸变等质量问题。

在制订冲压工艺流程时，要根据具体冲压零件的各项质量要求来考虑工序的安排，以最合理的工序分工保证零件质量，如把最优先保证的质量项的相关工序安排到最后一道工序；同时必须考虑复合工序在模具设计时实现的可能性与难易程度。

7.1　覆盖件的结构特征与成形特点

了解覆盖件的特点，对于覆盖件模具的设计具有重要意义。一般来说，无论什么车型的汽车同一个部位很难出现形状完全相同的工件，但是其主要特征类似，这给模具工程技术人员带来了方便，只要了解其主要特征的成形特点，便能较好地解决工件的成形问题。

7.1.1　覆盖件的结构特征

从总体上来说，覆盖件的总体结构特点，决定了其冲压成形过程中的变形特点。由于其结构复杂，形状不规则，难以从整体上进行变形特点分析，如图 7-2 所示。为了能够比较科学地分析判断覆盖件的变形特点，以便生产出高质量的冲压件，必须以现有的冲压成形理论为基础，对这类零件的结构组成进行分析，把一个覆盖件的形状看成是由若干个“基本形状”（或其一部分）组成的。这些“基本形状”有：直壁轴对称形状（包括变异的直壁椭圆形状）、曲面轴对称形状、圆锥体形状及盒形形状等。而每种基本形状都可分解成由法兰形状、轮廓形状、侧壁形状、底部形状组成，如图 7-3 所示。这些基本形状零件的冲压变形特点、主要冲压工艺参数的确定已经基本可以定量化计算，各种因素对冲压成形的影响已基本明确。通过对基本形状零件的冲压变形特点的分析，并考虑各种基本形状之间的相互影响，就能够分析出覆盖件的主要变形特点，判断出各部位的变形难点。

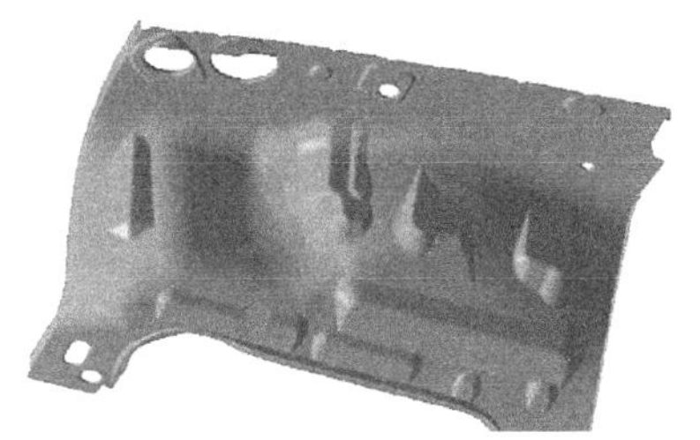

图 7-2　覆盖件示例

对于具体单个覆盖件零件，往往可以拆分成上述基本特征的若干个形状，从而便于在成形过程中找到成形难点，有针对性地解决。总体上这些零件都有如下特点：

（1）结构尺寸大　如顶盖、侧围等零件的长度、宽度基本都在 2000mm 以上。

（2）相对厚度很小　覆盖件普通板料厚度一般介于 0.8～1.2mm 之间，日系车型普通板料甚至可达 0.65mm，相对厚度最小可达万分之三。

（3）形状复杂　覆盖件形状复杂主要是针对内覆盖件而言，一方面型面局部不规则形状多；另一方面其轮廓形状也不规则，因而不能简单地判定为盒形类、圆形类零件。

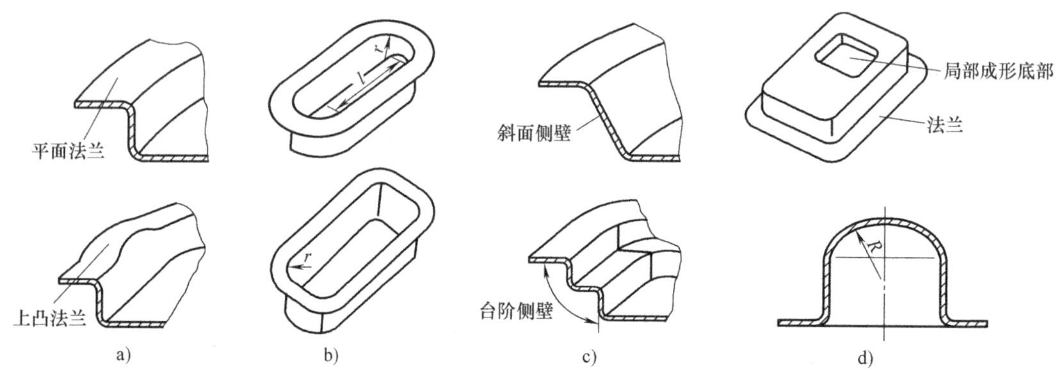

图 7-3 覆盖件的基本形状

a）法兰形状 b）轮廓形状 c）侧壁形状 d）底部形状

7.1.2 覆盖件的成形特点

覆盖件对零件的表面质量要求很高，特别是外覆盖件，不允许有二次压印、划痕，保证光顺的曲率等验收要求，因而对零件的成形要求也相应提高。

（1）变形路径变化　覆盖件冲压成形时，由于型面复杂，内部的毛坯不是同时贴模，而是随着冲压过程的进行而逐步贴模。这种逐步贴模过程使毛坯保持塑性变形所需的成形力不断变化；毛坯各部位板面内的主应力方向与大小、板平面内两主应力之比等受力情况不断变化；毛坯（特别是内部毛坯）产生变形的主应变方向与大小、板平面内两主应变之比等变形情况也随之不断地变化；即毛坯在整个冲压过程中的变形路径不是一成不变的，而是变路径的。

（2）成形工序多　覆盖件的冲压工序一般为 4~6 道工序。要获得一个合格的覆盖件，通常要经过下料、拉深、修边（或有冲孔）、翻边（或有冲孔）、冲孔等工序才能完成。

（3）一次拉深成形　覆盖件拉深往往不是单纯的拉深，而是拉深、胀形的复合成形。不论形状如何复杂，常采用一次拉深成形，以保证拉深件的表面质量。

（4）常用工艺补充面和拉深筋　由于覆盖件多为非轴对称、非回转体的复杂曲面形状零件，拉深时变形不均匀，主要成形障碍是起皱和拉裂。为此，常采用增加工艺补充面和拉深筋等控制变形的措施。

7.1.3 覆盖件的质量要求

覆盖件由于其使用特点的要求，除了从外观上的宜人性外，还要求有合理的强度与刚度，在焊装组装时有良好的配合精度。一般而言有如下要求：

（1）表面质量　表面不允许出现畸变的波纹、褶皱、擦伤、压痕等缺陷。

（2）尺寸精度　用于保证汽车零件装配的良好工艺，便于实现焊装自动化以及车身形状的一致性。

（3）刚性好　经过拉深工序后的工件，在得到充分的塑性变形后，零件的强度和刚度得到了一定提高，从而使汽车不会过早产生损坏或在使用过程中产生较大的噪声。

（4）形状精度高　覆盖件（特别是外覆盖件）形状精度要求相当严格，除了本身反映设计的要求外，更关键的是能够在喷涂后体现车辆的美观和质感。

(5) 工艺性好　要求有可靠的拉深性能，方便冲压工艺的设计与模具设计，从而以最经济、稳定的工艺方法获得高质量产品。

7.1.4　覆盖件的主要成形障碍及防止措施

由于覆盖件形状复杂，多为非轴对称、非回转体的复杂曲面形状零件，覆盖件拉深时的变形不均匀，所以拉深时的起皱和开裂是主要成形障碍。

另外，覆盖件成形时，同一零件上往往兼有多种变形性质。例如直边部分属于弯曲变形，周边的圆角部分为拉深，内凹弯边属于翻边，内部窗框以及凸、凹形状的窝和埂则为拉胀成形。不同部位产生起皱的原因及防止方法也各不相同。同时，由于各部分变形的相互牵制，覆盖件成形时材料被拉裂的倾向更为严重。

1. 覆盖件成形时的起皱及防皱措施

覆盖件的拉深过程中，当板料与凸模刚开始接触时，板面内就会产生切向压应力，随着拉深的进行，当压应力超过允许值时，板料就会失稳起皱。

薄板失稳起皱的实质是由于板面内的压应力引起的。但是，失稳起皱的直观表现形式是多种多样的，常见的拉深变形起皱有圆角凸缘上的拉深起皱、直边凸缘上的诱导皱纹、斜壁上的内皱等。解决的办法是增加工艺补充材料或设置拉深筋。

除了材料的性能因素外，各种拉深条件对失稳起皱也有如下影响：①拉深时板料的曲率半径越小，越容易引起压应力，越容易起皱；②凸模与板料的初始接触位置越靠近板料的中央部位，引起的压应力越小，产生起皱的危险性就越小；③从凸模与板料开始接触到板料全面贴合凸模，贴模量越大，越容易起皱，且起皱越不容易消除；④拉深的深度越深，越容易起皱；⑤板料与凸模的接触面越大，压应力越靠近模具刃口或凸模与板料的接触区域，由于接触对材料流动的约束，所以随着拉深成形的进行而使接触面增大，对起皱的产生和发展的抑制作用将增加。

在生产实际中，可结合覆盖件的几何形状、精度要求和成形特点等情况，根据失稳起皱的力学机理及拉深条件对失稳起皱的影响等因素，从覆盖件的结构、成形工艺及模具设计多方面采取相应的防皱措施。对于形状比较简单、变形比较容易的零件，或相对厚度较大的零件，采用平面压边装置即可防止起皱。对于形状复杂、变形比较困难的零件，则要通过设置合理的工艺补充面和拉深筋等方法才能防止起皱。

2. 覆盖件成形时的开裂及防裂措施

覆盖件成形时的开裂是由于局部拉应力过大造成的，即由于局部拉应力过大导致局部大的胀形变形而开裂。开裂主要发生在圆角部位、压窝和窗框四角凸模圆角处厚度变薄较大的部位。同时，凸模与坯料的接触面积过小、拉深阻力过大等，都有可能导致材料局部胀形变形过大而开裂。由于拉深阻力过大、凹模圆角过小，或凸模与凹模间隙过小等原因，也会造成整圈破裂。

为了防止开裂，应从覆盖件的结构、成形工艺以及模具设计多方面采取相应的措施。在覆盖件的结构上可采取的措施有：各圆角半径最好大一些、曲面形状在拉深方向的实际深度应浅一些、各处深度均匀一些、形状尽量简单且变化尽量平缓一些等。在拉深工艺方面可采取的主要措施有：拉深方向尽量使凸模与坯料的接触面积大、合理的压料面形状和压边力使压料面各部位阻力均匀适度、降低拉深的深度、开工艺孔和工艺切口（图 7-4）等。在模具设计方面可采取的措施有：设计合理的拉深筋、采用较大的模具圆角、使凸模与凹模间隙合理等。

对于防皱和防裂措施所涉及的一些具体内容，将在后面的工艺和模具设计中进行介绍。

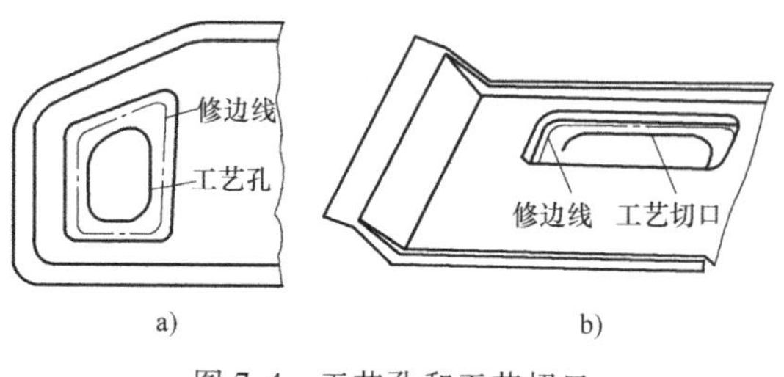

图 7-4　工艺孔和工艺切口

7.2　覆盖件冲压工艺设计

覆盖件冲压工艺设计涵盖的内容较多，包括零件冲压方向的确定、压料面的设计、工艺补充的制作、各工序内容的排布、压力机选用及顶杆布置、废料分块、废料刀设置、毛坯预估、修边线与翻边线的提取等。一般来说，在汽车坐标系下的覆盖件大多需要将冲压方向进行调整后再进行工艺设计，冲压方向一旦变化，将引起压料面的变化，压料面的调整又会影响工艺补充的调整，从而影响后续工序的内容排布。

7.2.1　冲压方向的确定

覆盖件的冲压工艺包括拉深、修边、翻边等多道工序，确定冲压方向应从拉深工序开始，然后确定以后各工序的冲压方向。应尽量将各工序的冲压方向设计成一致，这样可使覆盖件在流水线生产过程中不需要进行翻转，以便于流水线作业，减轻操作人员的劳动强度，提高生产效率，也有利于模具制造。

（1）拉深冲压方向对拉深成形的影响　拉深方向是否合理，将直接影响凸模能否进入凹模、毛坯的最大变形程度、是否能最大限度地减小拉深件各部分的深度差、变形是否均匀、能否充分发挥材料的塑性变形能力、是否有利于防止破裂和起皱；同时还会影响工艺补充部分的多少，以及后续工序的方案。

（2）拉深方向选择的原则

1）保证能将拉深件的所有空间形状（包括棱线、肋条和鼓包等）一次拉深成形，不应有凸模接触不到的死角或死区。

如图 7-5a 所示，若选择冲压方向 A，则凸模不能全部进入凹模，造成零件右下部的 a 区成为“死区”，不能成形出所要求的形状。选择冲压方向 B 后，则可以使凸模全部进入凹模，成形出零件的全部形状。图 7-5b 是按拉深件底部的反成形部分最有利于成形而确定的拉深方向，若改变拉深方向，则不能保证 90°角。

2）各型面拉深深度尽量均匀。拉深深度均匀是保证压料面各部位进料阻力均匀的决定性因素。拉深过程中若进料阻力不均匀，坯料可能在成形过程中发生窜动，造成表面质量缺陷，严重的可能导致板料破裂或起皱。

3）尽量使拉深深度差最小，以减小材料流动和变形分布的不均匀性。图 7-6a 所示深度差大，材料流动性差；而按图 7-6a 中的点画线改变拉深方向，结果如图 7-6b 所示，则两侧的深度相差较小，材料流动和变形差减小，有利于成形。图 7-6c 所示是对一些左右件可利

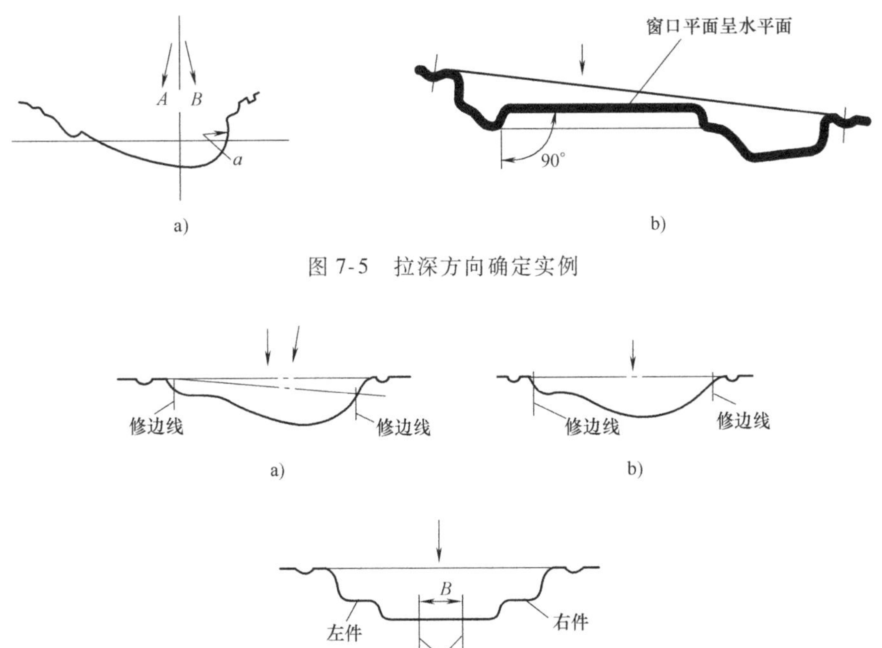

图 7-5　拉深方向确定实例

图 7-6　拉深深度与拉深方向

用对称拉深一次两件成形，便于确定合理的拉深方向，使进料阻力均匀。

4）保证开始拉深时凸模与拉深毛坯有良好的接触状态，即开始拉深时凸模与拉深毛坯的接触面积要大，接触面应尽量靠近冲模中心。

图 7-7 所示为开始拉深时凸模与拉深毛坯的接触状态示意图。图 7-7a 所示上图由于接触面积小，接触面与水平面夹角 α 大，接触部位容易产生应力集中而开裂。所以凸模顶部最好是平的，且成水平面。可以通过改变拉深方向或压料面形状等方法增大接触面积。图 7-7b 所示上图由于开始接触部位偏离冲模中心，在拉深过程中毛坯两侧的材料不能均匀拉入凹模，而且毛坯可能经凸模顶部窜动，使凸模顶部磨损加快并影响覆盖件表面质量。图 7-7c 所示上图由于开始接触的点既集中又少，在拉深过程中毛坯可能经凸模顶部窜动而影

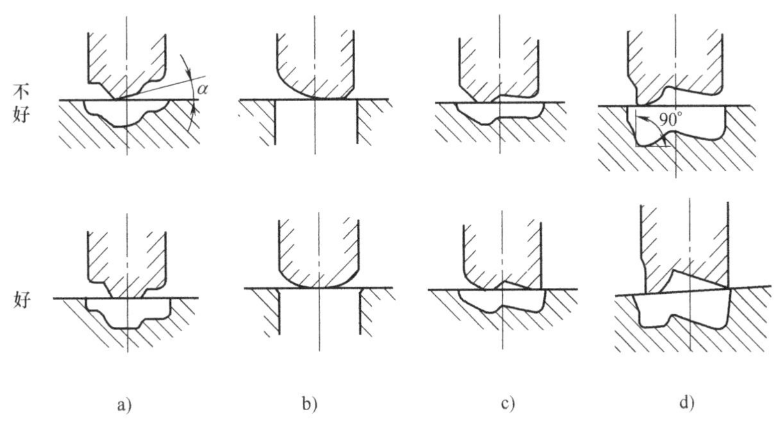

图 7-7　开始拉深时凸模与拉深毛坯的接触状态示意图

响覆盖件表面质量。同样可以通过改变拉深方向或压料面形状等方法增大接触面积。图7-7d所示凸模由于形状上有90°的侧壁要求，拉深方向不能改变，只有使压料面形状为倾斜面，才可增大接触面积。

还应指出，拉深凹模里的凸包必须低于压料面，否则在压边圈还未压住压料面时凸模会先与凹模里的凸包接触，毛坯因处于自由状态而引起弯曲变形，致使拉深件的内部形成大皱纹，甚至材料重叠。

7.2.2 压料面的设计

压料面是工艺补充部分的一个重要组成部分，即凹模圆角半径以外的部分。压料面的形状不但要保证压料面上的材料不皱，而且应利于凸模下的材料下凹，以降低拉深深度，更重要的是要保证拉入凹模里的材料不皱不裂。压料面的形状应由平面、圆柱面、双曲面等可展面组成，如图7-8所示。压料面与冲压方向的关系如图7-9所示。

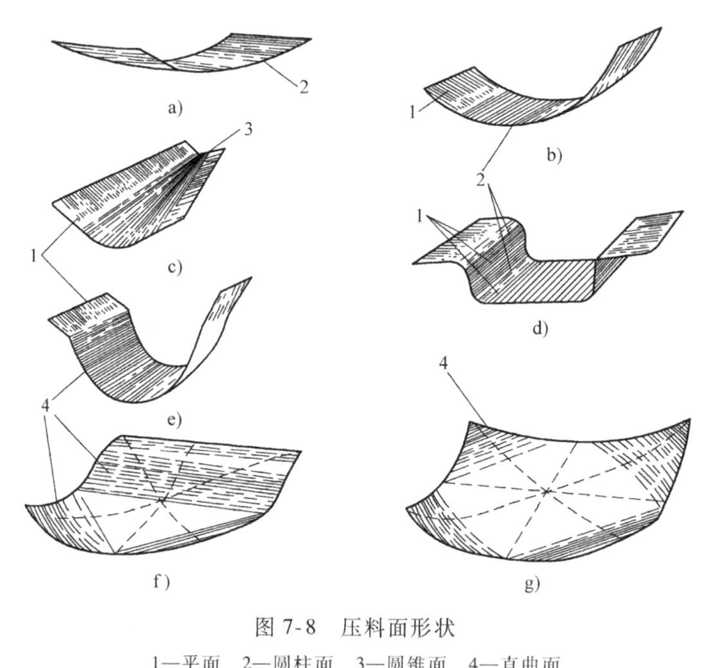

图7-8 压料面形状

1—平面 2—圆柱面 3—圆锥面 4—直曲面

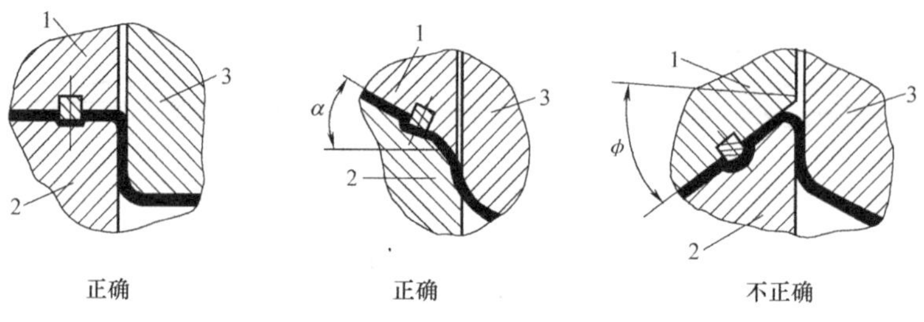

图7-9 压料面与冲压方向的关系

1—压边圈 2—凹模 3—凸模

压料面有两种：一种是压料面就是覆盖件本身的一部分；另一种是由工艺补充部分补充而成。压料面就是覆盖件本身的一部分时，由于形状是既定的，为了便于拉深，虽然其形状

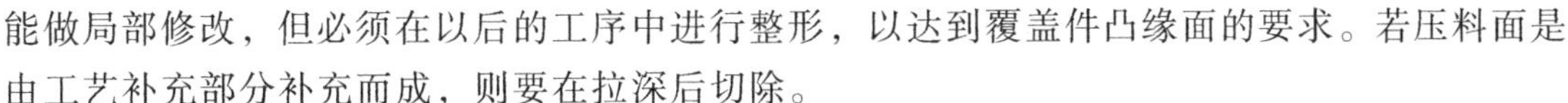

能做局部修改，但必须在以后的工序中进行整形，以达到覆盖件凸缘面的要求。若压料面是由工艺补充部分补充而成，则要在拉深后切除。

确定压料面形状必须考虑以下几点：

（1）降低拉深深度　降低拉深深度有利于防裂。如果压料面是由工艺补充部分补充而成，必要时就要考虑降低拉深深度的问题。图 7-10a 是未考虑降低拉深深度的压料面形状，图 7-10b 是考虑降低拉深深度的压料面形状，图中斜面与水平面的夹角 α 称为压料面的倾角。对于斜面和曲面压料面，压料面倾角 α 一般不应大于 45°；对于双曲面压料面，压料面倾角 α 应小于 30°。$\alpha=0°$时，是平的压料面，压料效果最好；但对于覆盖件，此类情况较少，且此时拉深深度最大，容易拉皱和拉裂。压料面倾角太大时，也容易拉皱，还会给压边圈强度带来一定的影响。

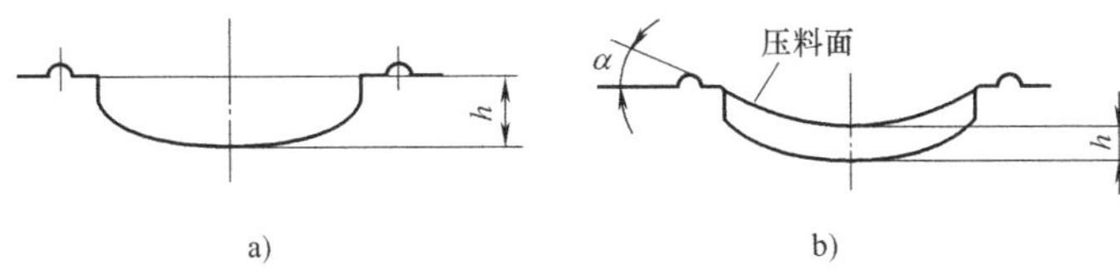

图 7-10　降低拉深深度的示意图

（2）压料面形状应尽量简单　压料面曲率应平缓，在冲压方向上的高度变化越小越好，以使压料面的材料受到的阻力尽量均匀。

（3）凸模对毛坯一定要有拉伸作用　只有使毛坯各部分在拉深过程中处于拉伸状态，并能均匀地紧贴凸模，才能避免起皱。只有当压料面的展开长度小于凸模表面的展开长度时，凸模才对毛坯产生拉伸作用。如图 7-11a 所示，只有当压料面的展开长度 $A'B'C'D'E'$ 小于凸模表面的展开长度 $ABCDE$ 时，才能产生拉伸作用。

对于有些拉深件，虽然压料面的展开长度比凸模表面的展开长度短，可是并不一定能保证最后不起皱。如图 7-11b 所示的压料面形状，虽然压料面的展开长度比凸模表面的展开长度短，可是压料面夹角 β 比凸模表面夹角 α 小，因此在拉深过程中因“多料”产生了起皱。所以在确定压料面形状时，还要注意使 $\alpha<\beta<180°$。

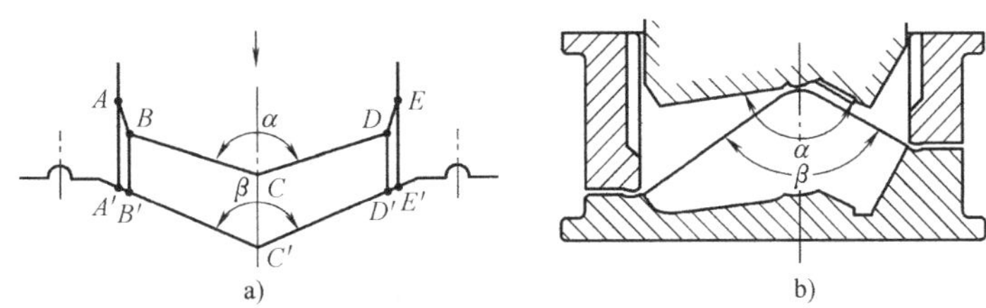

图 7-11　凸模对毛坯产生拉伸作用的条件

7.2.3　拉深工序的工艺处理

拉深件的工艺处理包括设计工艺补充、压料面形状、翻边的展开、冲工艺孔和工艺切口等内容，是针对拉深工艺的要求对覆盖件进行的工艺处理措施。

（1）工艺补充部分的设计　为了实现覆盖件的拉深，需要根据拉深工序的要求对覆盖件的孔、开口、压料面等结构进行工艺处理，这样的处理称为工艺补充。工艺补充是拉深件不可缺少的部分，工艺补充部分在拉深完成后要被修切掉，过多的工艺补充将增加材料的消耗。因此，应在满足拉深工艺要求的条件下，尽量减少工艺补充部分，以提高材料的利用率。图 7-12 为工艺补充示意图。

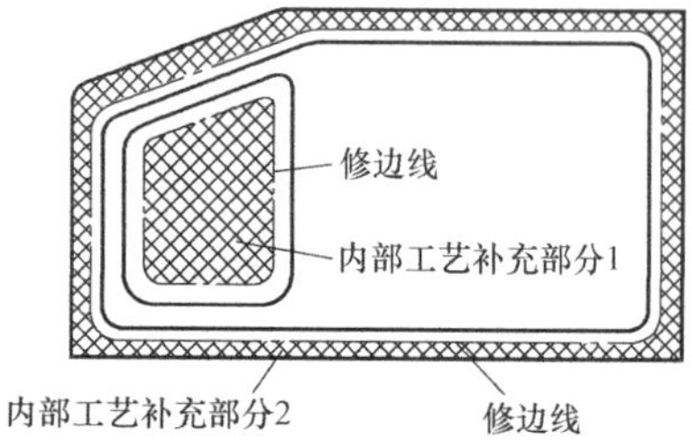

修边线
内部工艺补充部分1
内部工艺补充部分2
修边线

图 7-12　工艺补充示意图

（2）工艺补充设计的原则

1）内孔封闭补充原则（为防止开裂而采用的冲孔或工艺切口除外）。

2）简化拉深件结构形状原则（图 7-13）。

3）对后续工序有利原则（如有利于修边、翻边定位可靠，模具结构简单）。

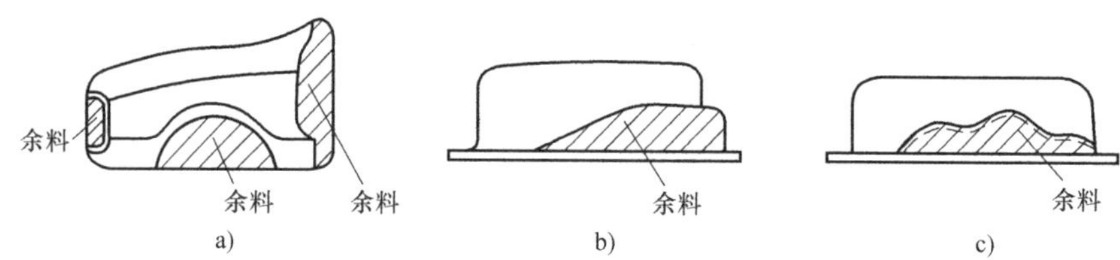

图 7-13　简化拉深件结构形状

a）简化轮廓形状　b）增加局部侧壁高度　c）简化压料面形状

图 7-14 是根据修边位置的不同常采用的几种工艺补充部分。

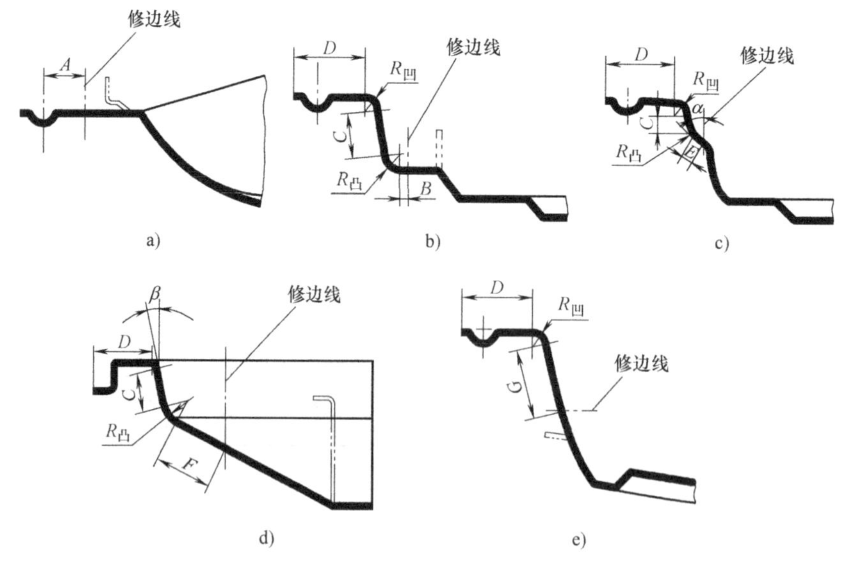

图 7-14　常用的几种工艺补充部分

a）修边线在压料面上，垂直修边　b）修边线在拉深件底面上，垂直修边

c）修边线在拉深件翻边展开的斜面上，垂直修边　d）修边线在拉深件斜面上，垂直修边

e）修边线在拉深件侧壁上，水平修边或倾斜修边

修边线在压料面上、垂直修边时，如图 7-14a 所示。为了在修磨拉深筋时不影响修边线，修边线与拉深筋应保持一定距离 A。一般取 $A=15\sim25\text{mm}$，拉深筋宽时取大值，窄时取

小值。

修边线在拉深件底面上、垂直修边时，如图 7-14b 所示。修边线距凸模圆角半径 $R_{凸}$ 的距离 B，应保证不因凸模圆角半径的磨损而影响修边线，一般取 $B=3\sim5\text{mm}$。$R_{凸}=3\sim10\text{mm}$，拉深深度浅时取小值，深时取大值。如凹模圆角半径 $R_{凹}$ 是工艺补充的组成部分，一般取 $R_{凹}=6\sim10\text{mm}$。$R_{凹}$ 以外的压料面部分 D，可按一根拉深筋或一根半拉深筋确定。

修边线在拉深件翻边展开的斜面上、垂直修边时，如图 7-14c 所示。修边线距凸模圆角半径 $R_{凸}$ 的距离 E 与图 7-14b 中的 B 值相似。修边方向与修边表面的夹角 α 不应小于 $50°\sim60°$，若 α 过小，垂直修边时，会使切面过尖，且刃口变钝后修边处容易产生毛刺。

修边线在拉深件斜面上、垂直修边时，如图 7-14d 所示，因修边线距凸模圆角半径 $R_{凸}$ 的距离 F 是变化的，一般只控制几个最小尺寸。为了便于从拉深模中取出拉深件和放入修边模，拉深件的侧壁 C 的斜度 β 一般取 $3°\sim10°$。考虑拉深件定位稳定、可靠和压料面形状的需要，一般取 $C=10\sim20\text{mm}$。

水平修边或倾斜修边主要应用在修边线在拉深件的侧壁上时，如图 7-14e 所示。当侧壁与水平面的夹角接近或等于直角时，采用水平修边。当侧壁与水平面的夹角较大时，特别是侧壁与水平面的夹角在 45°左右时，则采用倾斜修边。此时，因修边线距凹模圆角半径 $R_{凹}$ 的距离 G 是变化的，一般只控制几个最小尺寸。由于修边模要采用改变压力机滑块运动方向的机构，为了保证修边模的凹模强度，修边线距凹模圆角半径 $R_{凹}$ 的距离 G 应尽量大，一般取 $G>25\text{mm}$。

7.2.4 覆盖件冲压工艺设计内容

1. 拉深件图

拉深件图不同于产品图，它是在产品图的基础上经过工艺补充后适合于冲压加工的工序图，包含以下特殊要求：

1）按照拉深件的零件坐标系绘制，而不是像产品图那样按照汽车坐标系来绘制，但零件坐标系原点以及坐标旋转的方向，要在汽车坐标系中标注。

2）拉深件图上不仅要标注拉深件的轮廓尺寸、不同位置的深度、料厚等，还包括冲压基准、拉深筋、后面工序示意线及尺寸、送料方向，有时还标注后面工序的冲压方向等。

3）有凸模轮廓线或凹模轮廓线的表达，材料厚度是靠近凹模部分还是靠近凸模需在图上说明。

4）拉深件图一般以三维实体曲面形式存在，一般是经过工艺补充处理并进行 CAE 分析或成形可靠性论证后的数据，它将作为拉深模及后续模具设计的数据基础，同时也是这些模具进行 NC 加工编程的基础数据。

图 7-15b 是某汽车零件的拉深件的三维图，是依据图 7-15a 中的产品进行展开，内孔、外缘补充，添加储料包、台阶等形状后得到的。

2. 冲压工序图（方案设计）

由于覆盖件零件在设计拉深模时会将翻边、弯曲部分展开再进行工艺补充的制作，在拉深件图制作时就需要考虑修边、翻边、弯曲等冲压内容，因此在拉深件图制作完成后基本的冲压工序排布基本上就确定了。

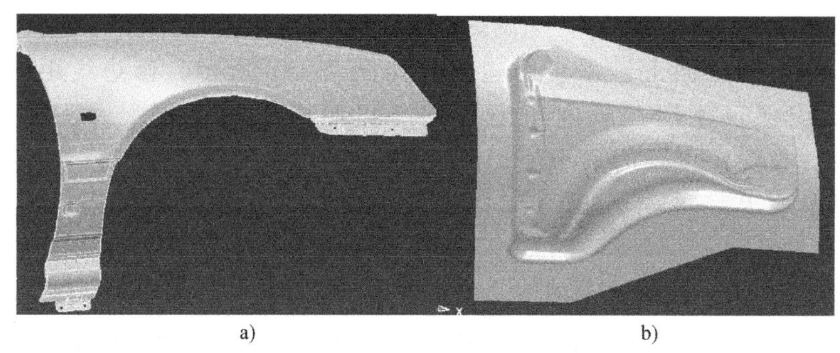

图 7-15　某汽车零件的拉深件图

a）产品图　b）拉深件图（此件采用等效拉深筋）

冲压工序图涵盖了各个工序的冲压内容、冲压方向、送料方向、机床信息、毛坯给定状态及轮廓尺寸、凸（凹）模轮廓线、修边线、翻边线、冲孔位置和大小和冲孔角度、废料分块及废料刀的布置、整形区域表达等。图 7-16 为某汽车零件（后底板中横梁托板）的冲压工序图。

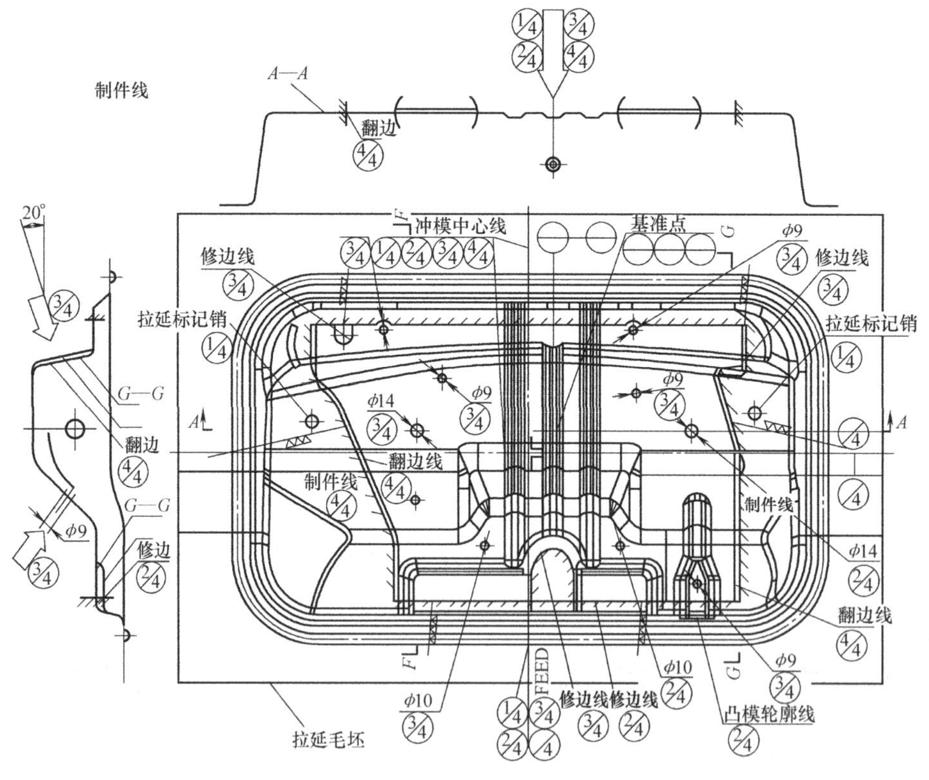

图 7-16　冲压工序图

7.3　覆盖件模具的典型结构和主要零件设计

覆盖件模具主要有拉深模、修边模、冲孔模、翻边模、整形模等类别。其中拉深模、修边模和翻边模是主要的模具结构形式。从成本考虑，冲孔、整形工序往往是复合在修边、翻边或其他工序内。因此，掌握拉深模、修边模、翻边模几类典型的模具结构及其主要零部件设计是覆盖件模具从业人员的基本要求。

7.3.1　覆盖件拉深模

1. 拉深模的典型结构

覆盖件拉深的设备有单动压力机和双动压力机。形状复杂的覆盖件必须采用双动压力机拉深。根据设备使用不同，覆盖件拉深模也可分为单动压力机上使用的单动拉深模和双动压力机上使用的双动拉深模。其典型结构如图 7-17、图 7-18 所示。

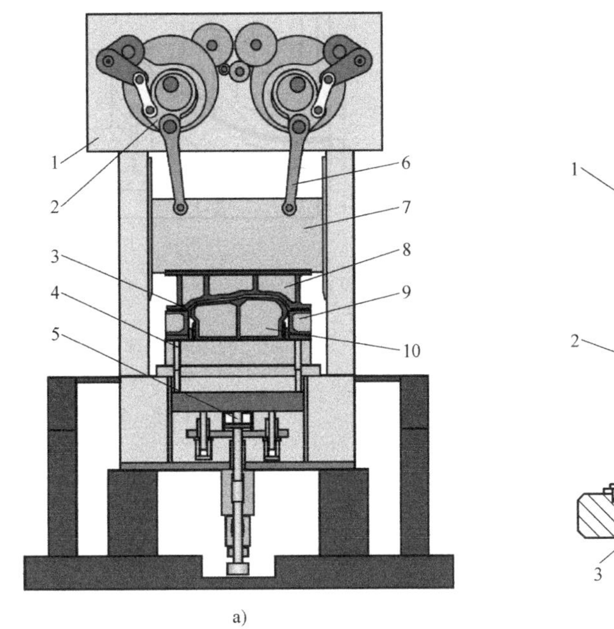

a)

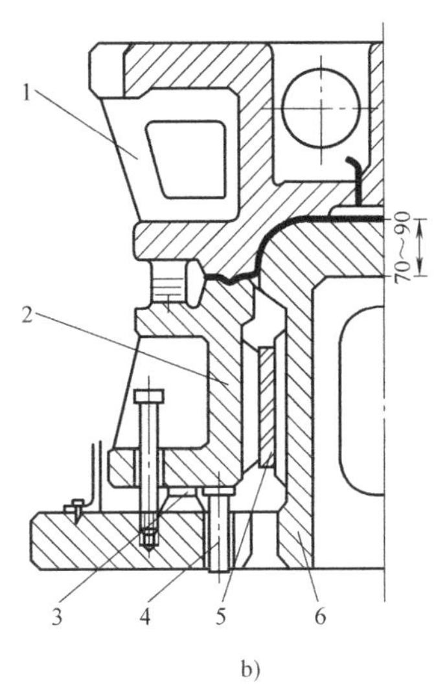

b)

图 7-17　单动压力机上的拉深模

a）单动压力机工作原理示意图
1—横梁　2—传动系统　3—拉深件
4—顶杆　5—液压杆　6—连杆
7—滑块　8—凹模　9—压边圈　10—凸模

b）单动拉深模结构示意图
1—凹模　2—压边圈　3—调整垫
4—顶杆　5—导板　6—凸模

单动拉深模结构如图 7-17b 所示，凸模 6 安装在工作台面上，凹模 1 固定在压力机的滑块上，为倒装结构。压边圈 2 由顶杆 4 和调整垫 3 所支承，气垫压紧力只能整体调整，压紧力在拉深过程中基本不变，压紧力较小。

双动拉深模结构如图 7-18b 所示，凸模 4 固定在与内滑块相连接的固定座 5 上，凹模 3 安装在工作台面上，为正装结构。压边圈 1 安装在外滑块上，可通过调节螺母调节外滑块四角的高度使外滑块成倾斜状，进而调节拉深模压料面上各部位的压紧力，压紧力大。

覆盖件拉深模的凸模和压边圈之间、凹模和压边圈之间设有导向结构，如图 7-17b 中的导板 5 和图 7-18b 中的导板 2。导向结构采用各种结构形式的导板或导块，由于一般拉深模对精度要求不太高，可不用导柱。若在拉深的同时还要进行冲孔等工作，则最好导块与导柱并用。

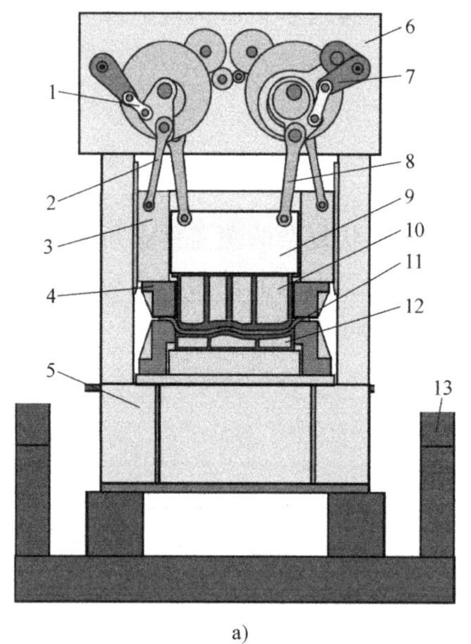

a)

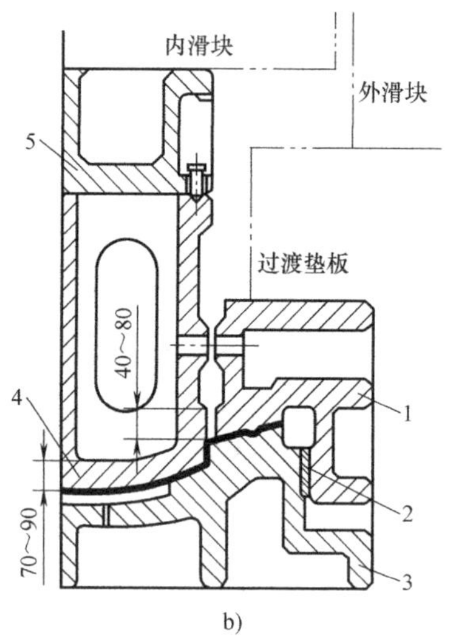

b)

图 7-18　双动压力机上的拉深模

a）双动压力机工作原理示意图
1—外滑块传动系统　2—外滑块连杆　3—外滑块　4—压边圈
5—工作台　6—横梁　7—内滑块传动系统　8—内滑块连杆
9—内滑块　10—凸模　11—拉深件　12—凹模　13—床身

b）双动拉深模结构示意图
1—压边圈　2—导板　3—凹模
4—凸模　5—固定座

2. 拉深模主要零件的设计

（1）拉深模结构尺寸　表 7-1 是拉深模壁厚尺寸。由于覆盖件拉深模形状复杂，结构尺寸一般都较大，所以凸模、凹模、压边圈和固定座等主要零件，都采用带加强筋的空心铸件结构。

表 7-1　拉深模壁厚尺寸　（单位：mm）

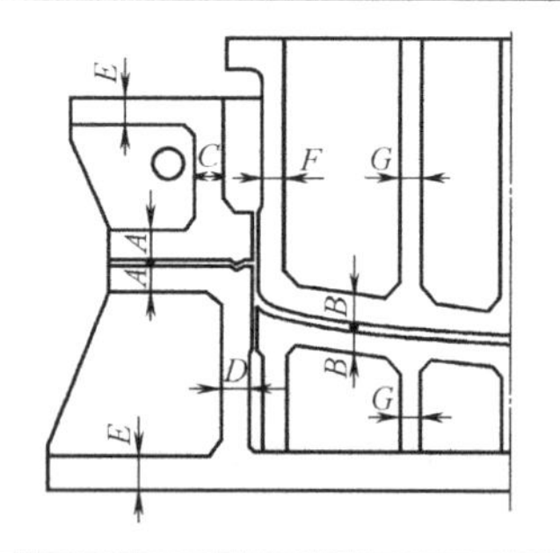

模具大小	*A*	*B*	*C*	*D*	*E*	*F*	*G*
中、小型	40~50	35~45	30~40	35~45	35~45	30~35	30
大型	75~120	60~80	50~65	45~65	50~65	40~50	30~40

（2）凸模设计　除工艺补充、翻边面的展开等特殊工艺要求部分外，凸模的外轮廓就是拉深件的内轮廓，其轮廓尺寸和深度即为产品图尺寸。凸、凹模的分模，一般情况下取拉深件侧壁与压料面的交线，参考图 7-19a。拉深件侧壁为垂直面时，为防止轮廓加工伤及侧壁，轮廓外（内）移 1~2mm，参考图 7-19b。凸模工作表面和轮廓部位处的模壁厚比其他部位的壁厚要大一些，一般为 70~90mm（参见图 7-17 和图 7-18）。为了保证凸模的外轮廓尺寸，在凸模上沿压料面有一段 40~80mm 的直壁必须加工（图 7-19c）。为了减少轮廓面的加工量，直壁向上采用 45°斜面过渡，缩小距离为 15~40mm。

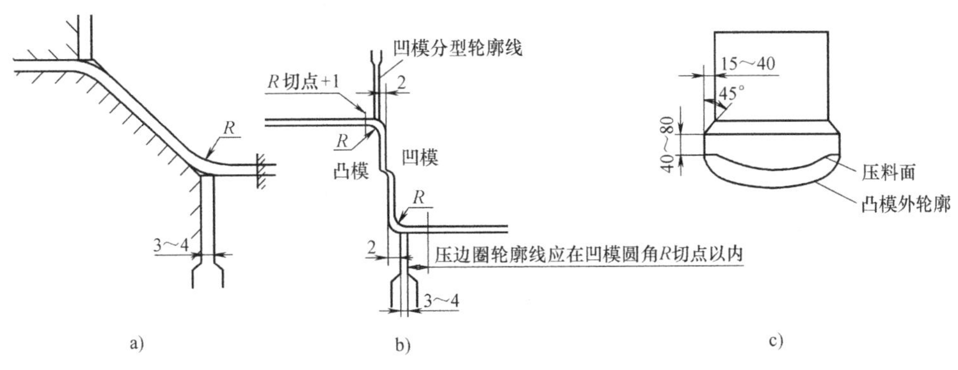

图 7-19　凸模外轮廓

a）凸模为斜壁时的轮廓设计　b）凹模为直壁时的轮廓设计　c）凸模安装面与躲避面加工

（3）凹模设计　拉深毛坯是通过凹模圆角逐步进入凹模型腔，直至拉深成凸模的形状的。拉深件上的装饰棱线、装饰筋条、装饰凹坑、加强筋、装配用凸包、装配用凹坑以及反拉深等一般都是在拉深模上一次成形的。凹模圆角半径大小一般为料厚的 6~10 倍。凹模结构除了凹模压料面和凹模圆角外，在凹模里设置的成形上述结构的凸模或凹模也属于凹模结构的一部分。凹模结构可分为闭口式凹模结构和通口式凹模结构。

闭口式凹模结构的凹模底部是封闭的，在拉深模中，绝大多数采用闭口式凹模结构。如图 7-20 所示为微型汽车后围拉深模，该模具采用闭口式凹模结构，在凹模的型腔上直接加工出成形用的凸、凹槽部分。

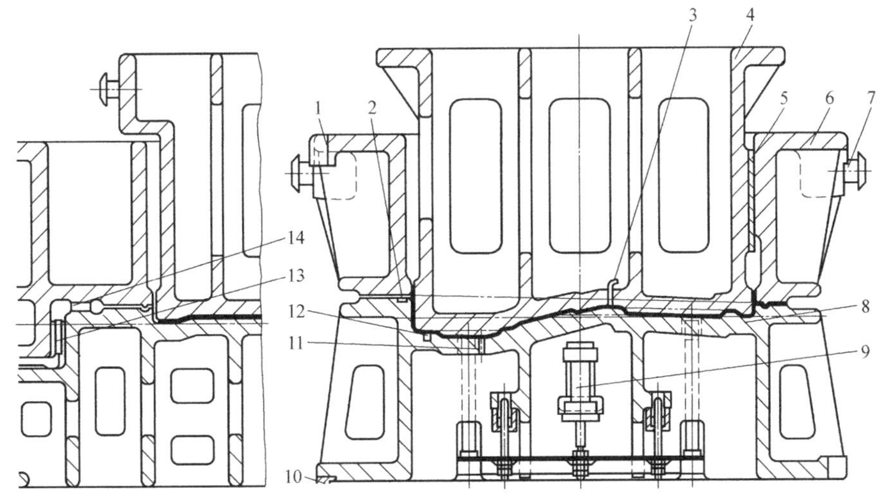

图 7-20　采用闭口式凹模结构的微型汽车后围拉深模

1、7—起重棒　2—定位块　3、11—通气孔　4—凸模　5—导板　6—压边圈

8—凹模　9—顶件装置　10—定位键　12—到位标记　13—耐磨板　14—限位板

图 7-21 是汽车门里板拉深模，模具的凹模底部是通的，通孔下面加模座，反成形凸模紧固在模座上。这种凹模底部是通的凹模结构称为通口式凹模结构。通口式凹模结构一般用于拉深件形状较复杂、坑包较多、棱线要求清晰的拉深模。凹模中的顶出器的外轮廓形状是工件形状的一部分，且形状比较复杂。

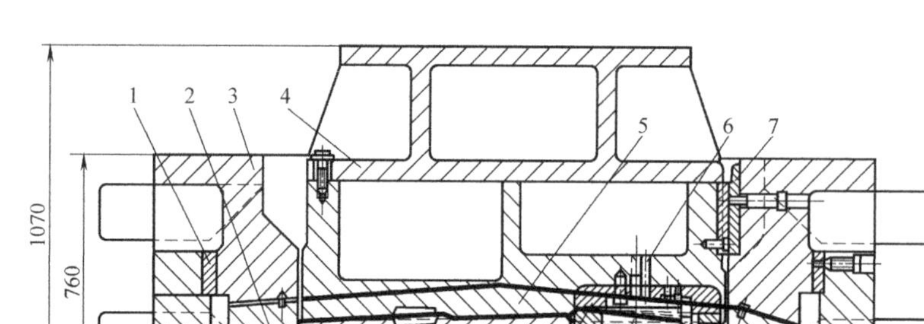

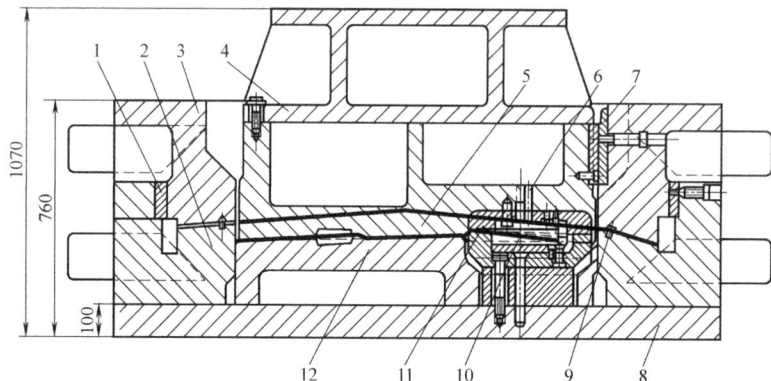

图 7-21　采用通口式凹模结构的汽车门里板拉深模

1、7—耐磨板　2—凹模　3—压边圈　4—固定板　5—凸模　6—通气孔　8—下底板　9—拉深筋　10—反成形凸模镶块　11—反成形凹模镶块　12—顶出器

（4）压边圈的设计　压边圈的主要功能是用于压料面压料，保证拉深材料在拉深过程中有足够的进料阻力，使材料进行塑性变形，从而保证拉深件有良好的形状冻结性能。单动拉深模压边圈一般要设置毛坯定位装置，以防止拉深过程中零件位置的窜动。图 7-22a 是拉深模压边圈示意图，图 7-22b 是双动结构压料面经验尺寸，图 7-22c 是单动结构压料面经验尺寸，其高度和宽度可按照下式计算

$$H \geqslant (0.12 \sim 0.15)L + h$$

式中　h——工件最大拉深深度；

L——工件的最大长度。

$$H_{\min} = 150\text{mm}$$

$$W \geqslant (0.75 \sim 0.8)H$$

$$W_{\min} = 130\text{mm}$$

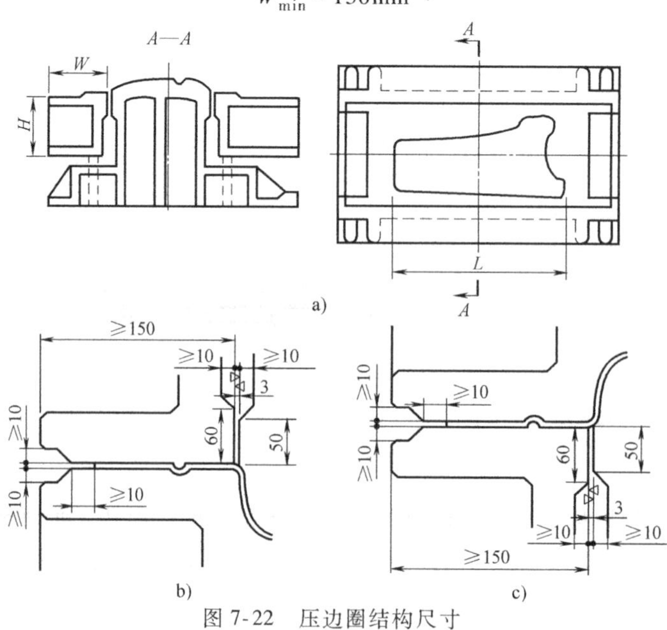

图 7-22　压边圈结构尺寸

a）压边圈示意图　b）双动结构压料面经验尺寸　c）单动结构压料面经验尺寸

3. 拉深筋设计

拉深筋的作用是增大全部或局部材料的变形阻力，以控制材料的流动，提高工件的刚度；同时利用拉深筋控制变形区毛坯变形的大小和变形的分布，控制破裂、起皱、面畸变等质量问题。

如图7-23所示，拉深筋设置在压料面上，通过不同数量、不同位置、不同的结构尺寸，以及拉深筋与槽之间松紧的改变，以调节压料面上各部位的阻力，控制材料流入，提高工件的刚度，防止拉深时起皱和开裂。拉深筋可设置在压边圈压料面上，也可以设置在凹模压料面上。

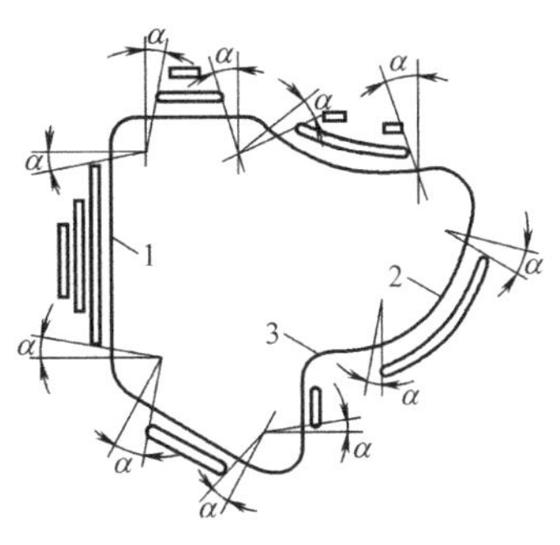

图7-23　拉深筋布置示意图

拉深筋在压料面上的布置，应根据零件的几何形状和变形特点确定。在拉深变形程度大、因而径向拉应力也较大的圆弧曲线部位上，可以不设或少设拉深筋。在拉深变形程度小、因而径向拉应力也较小的直线部位或曲率较小的曲线部位上，则要设或多设拉深筋。若在拉深件的周边各位置上径向拉应力的差别很大，则在径向拉应力小的部位上应设置两排或三排拉深筋。拉深不对称零件时，由于在拉深过程中变形小（需要拉应力也较小）的部分比变形大（需要较大拉应力）的部分更容易变形，造成不均匀单向进料的拉偏现象，可以在容易拉入凹模的部位上设置拉深筋，以平衡各部位的径向拉应力。图7-24所示为拉伸筋在模具中的结构，其中图7-24a为单筋结构，图7-24b为双筋结构。

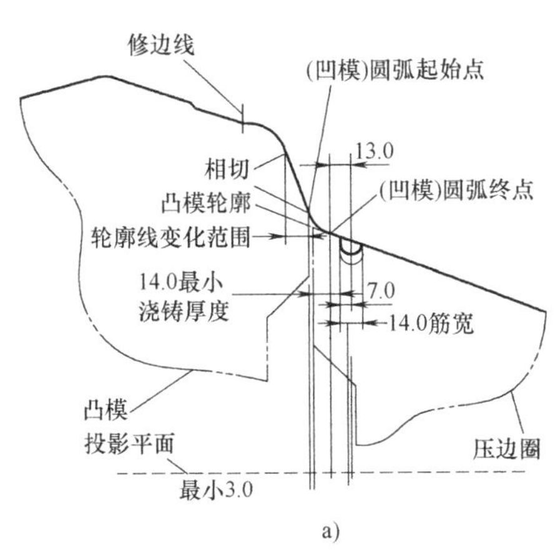

a)

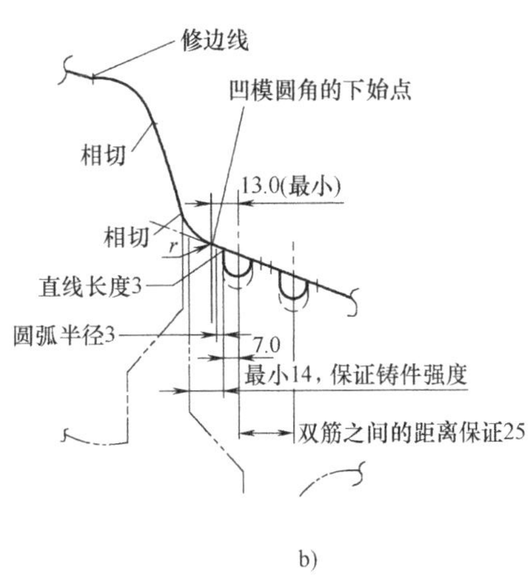

b)

图7-24　拉深筋的剖面结构
a）单筋结构　b）双筋结构

拉深筋有圆形、半圆形和方形三种结构，如图7-25所示。某些深度较浅、曲率较小的比较平坦的覆盖件，由于变形所需的径向拉应力的数值不大，工件在出模后回弹变形大，或者根本不能紧密地贴模，这时要采用拉深槛才能保证拉深件的质量。拉深槛也可以说是拉深筋的一种，能增加进料阻力。拉深槛的剖面呈梯形，类似门槛，设置在凹模入口。有关拉深筋、拉深槛的尺寸结构参数可参考有关设计资料。

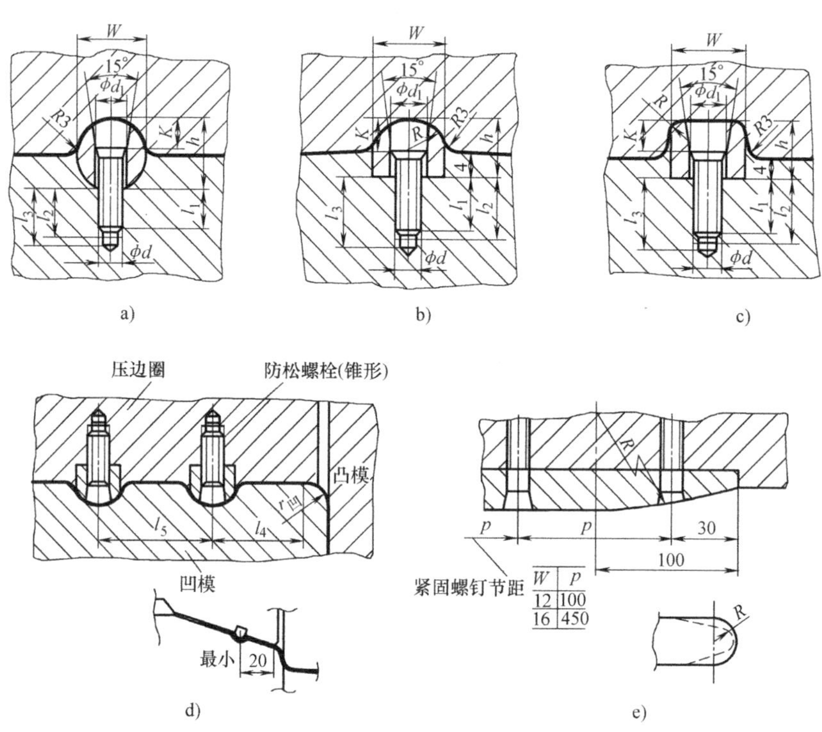

图 7-25　拉深筋结构图

a）圆形　b）半圆形　c）方形　d）双筋结构　e）纵向剖面图

4. 覆盖件拉深模的导向

根据工艺方法的不同，模具对导向精度和导向刚度的要求也不同，模具的导向形式也不同。覆盖件冲压模具中，常用的导向元件有导柱导套导向、导板导向、导块导向及背靠块导向四种基本形式。

（1）导柱导套导向　导柱导套导向不能承受较大的侧向力，常用于中小型模具的导向。

（2）导块导向　导块导向与导板导向的使用方式相同。导块设置在模具对称中心线上时，导块应为三面导向；设置在模具的转角部位时，导块应为两面导向。

导块导向常用于单动压力机上的拉深模。如图 7-26 所示，导块导向的结构相对简单，比导板导向刚度好，可以承受一定的侧向力。根据侧向力的大小和模具的大小，可以使用 2 个或 4 个导块。导块导向的拉深模适用于平面尺寸大、深度小的拉深件及中大批量生产，模具结构如图 7-27 所示。

（3）导板导向　导板导向常用于覆盖件拉深、弯曲、翻边等成形模具。其结构相对简单，造价低，常安装在凸模、凹模、压边圈上，应用比较广泛。

凸模和压边圈之间的导向，一般布置 4~8 对导板导向，如图 7-28 所示。导板应布置在凸模外轮廓直线部分或曲线最平滑的部位，并且与中心线平行。图 7-29a 为凸模导板结构，图 7-29b 为压边圈导板结构。

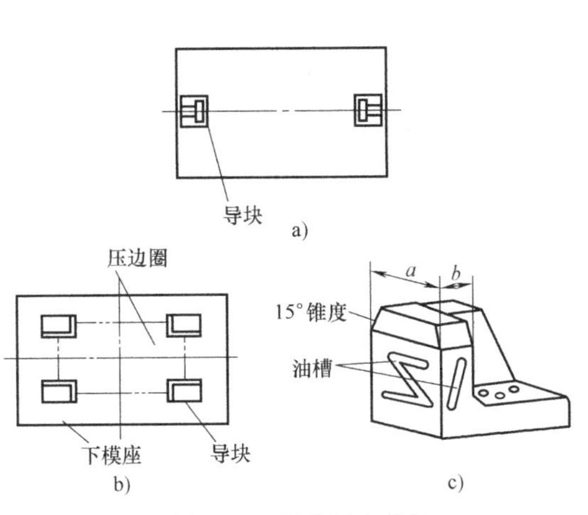

图 7-26　导块导向结构

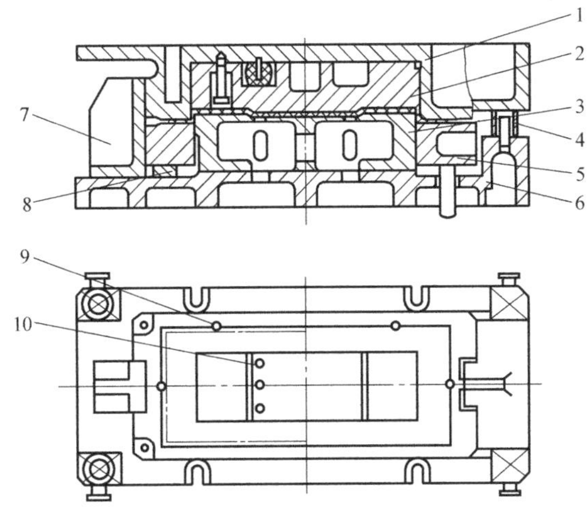

图 7-27　导块导向模具

1—凹模　2—卸料板　3—凸模　4、8—限位块　5—压边圈　6—下模座　7—导块　9—定位销　10—气孔

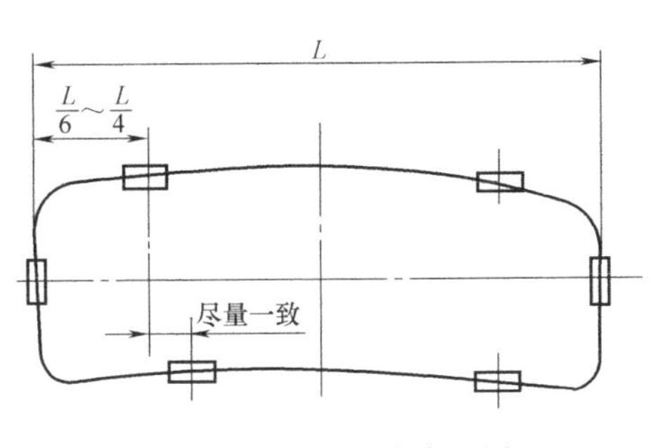

图 7-28　导板导向布置图

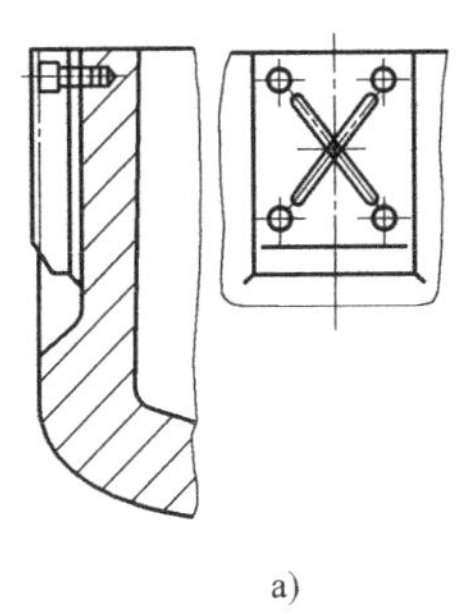

图 7-29　凸模和压边圈之间的导向

a）凸模导板结构　b）压边圈导板结构

凹模和压边圈之间的导向如图 7-30所示。这种导向方式称为外导向，它的结构特点是凸台与凹槽的配合。其作用与一般冲模导柱与导套相似，但间隙较大，一般为 0.3mm。凸台和凹槽上安装导板有利于调整间隙，导向面可考虑一边装导板，另一边精加工，磨损后可在导板后加垫片调整。

导板材料为 T8A 或 T10A，淬火硬度为 52～56HRC。为使导板能容易地进入导向面，其一端制成 30°。导板可根据标准选用（图 7-31）。

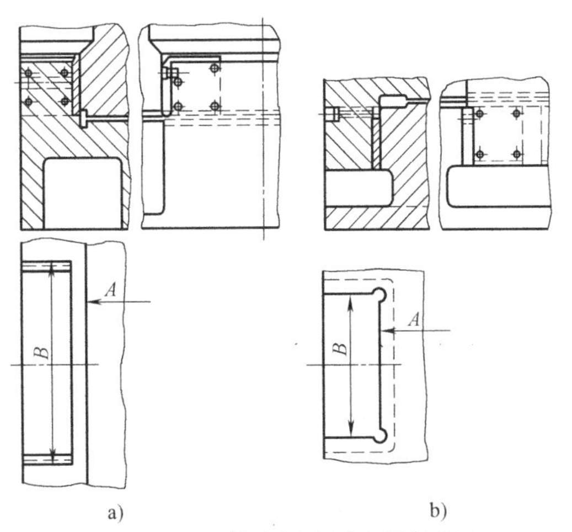

图 7-30　凹模和压边圈之间的导向

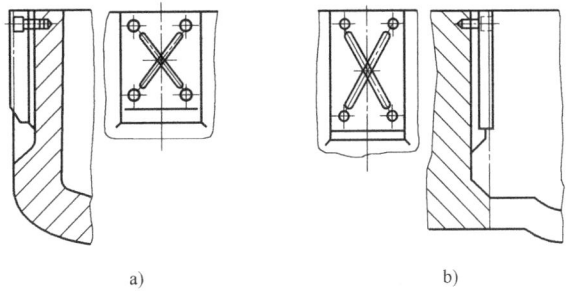

a）凸台在凹模上　b）凸台在压边圈上

5. 拉深模的排气

拉深时，凹模中的空气若不排出，拉深时被压缩的气体将产生很大的压力，把坯料压入凹模空隙处而产生多余的变形，形成废品。同时，凸模和工件间的空气也应排出，否则工件可能因空气负压贴紧凸模而被带出，导致变形。因此，凸模和凹模都应该设置适当的排气孔。排气孔位置以不破坏拉深件表面为宜。凸模表面必须要钻排气孔时，对于内覆盖件，孔径一般为6~8mm；对于外覆盖件，孔径一般为4~6mm，并应均匀分布在型面质量要求不高的部位。上模设置排气孔时，要加出气管或加盖板，以防止杂质落入，如图7-32所示。

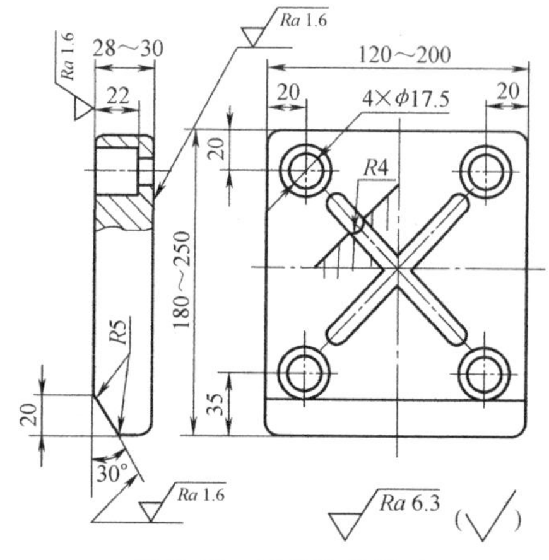

图7-31 导板结构尺寸

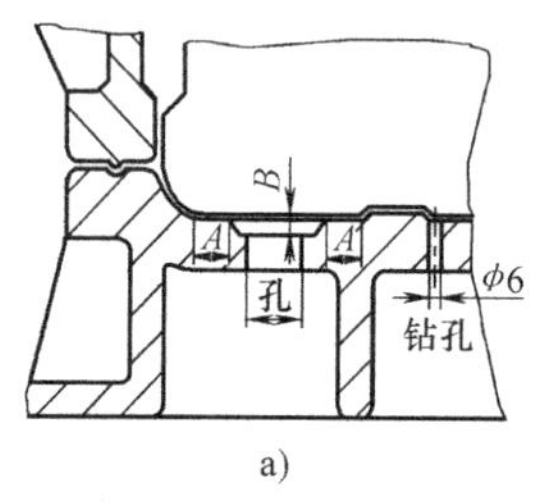

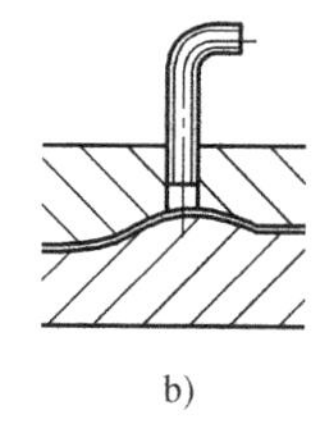

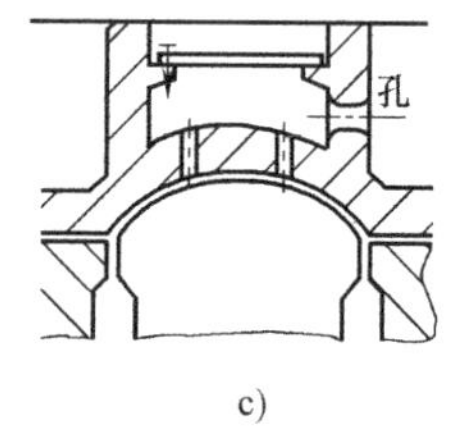

图7-32 排气孔的设置

7.3.2 覆盖件修边模

覆盖件修边模就是特殊的冲裁模，与一般冲孔、落料模的主要区别是：所要修边的冲压件形状复杂，模具分离刃口所在的位置可能是任意的空间曲面；冲压件通常存在不同程度的弹性变形；分离过程通常存在较大的侧向压力等。因此，进行模具设计时，在工艺上和模具结构上应考虑冲压方向、工件定位、模具导正、废料排除、工件取出、侧向力的平衡等问题。

1. 修边模的结构

（1）修边模的分类　覆盖件修边模可分为垂直修边模（图7-33）、水平修边模和倾斜修边模（图7-34）。垂直修边模的修边方向与压力机滑块运动方向一致，由于模具结构简单，是最常用的形式，修边时应尽量为垂直修边创造条件。水平修边模和倾斜修边模均需一套将压力机滑块运动方向转变成工作镶块沿修边方向运动的斜楔机构，所以结构较复杂。

（2）典型的修边模　图7-35是汽车后门柱外板垂直修边冲孔模。模具的修边凹模6安装在上模座上，凸模12安装在下模座上。废料刀组13顺向布置于修边刃口周圈，用于沿修边线剪断拉深件的废边。

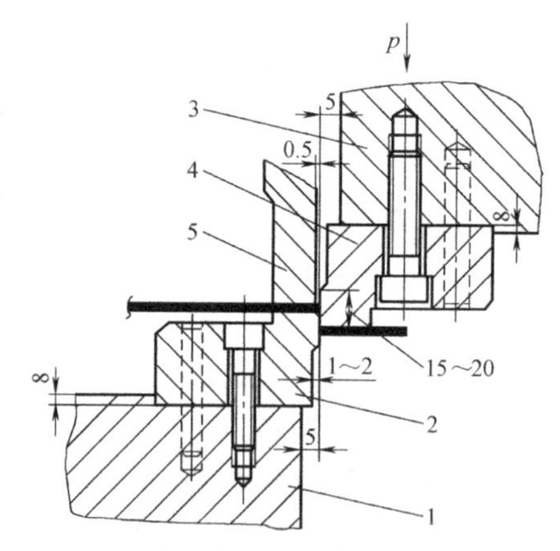

图7-33 垂直修边模

1—下模　2—凸模镶块　3—上模

4—凹模镶块　5—卸件器

卸料板 4 安装于上模腔内，在导板 5 的作用下，沿导向面往复运动。当压力机滑块在上死点时将工件放入凹模，工件依靠周边废料刀及型面定位。压力机滑块下行，卸料板 4 首先将工件压贴在凸模上，弹簧 3 被压缩。当将卸料板压入凹模时，凸、凹模刃口进行修边、冲孔。上模座 1 与安放于下模座 9 上的限位器接触时，压力机滑块正好到下死点，此时废料被完全切断并滑落到工作台上。滑块回程，气缸 11 通过顶出器 10 将工件从凸模中托起，取出工件。在滑块到达上死点时顶出器回位，则完成整个工件的修边、冲孔过程。该模具采用的是垂直修边结构，模具设计的重点是凸模及凹模镶块设计和废料刀设计。

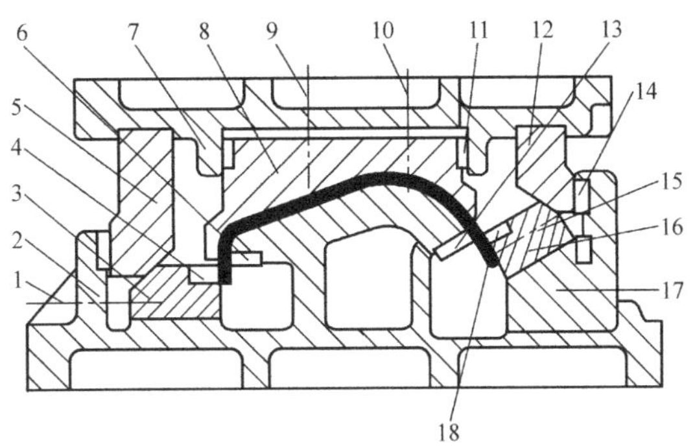

图 7-34　水平修边模和倾斜修边模

1、15—复位弹簧　2—下模　3、16—滑块　4、18—修边凹模　5、12—斜楔　6、13—凸模镶块　7—上模　8—卸件器　9—弹簧　10—螺钉　11、14—防磨板　17—背靠块

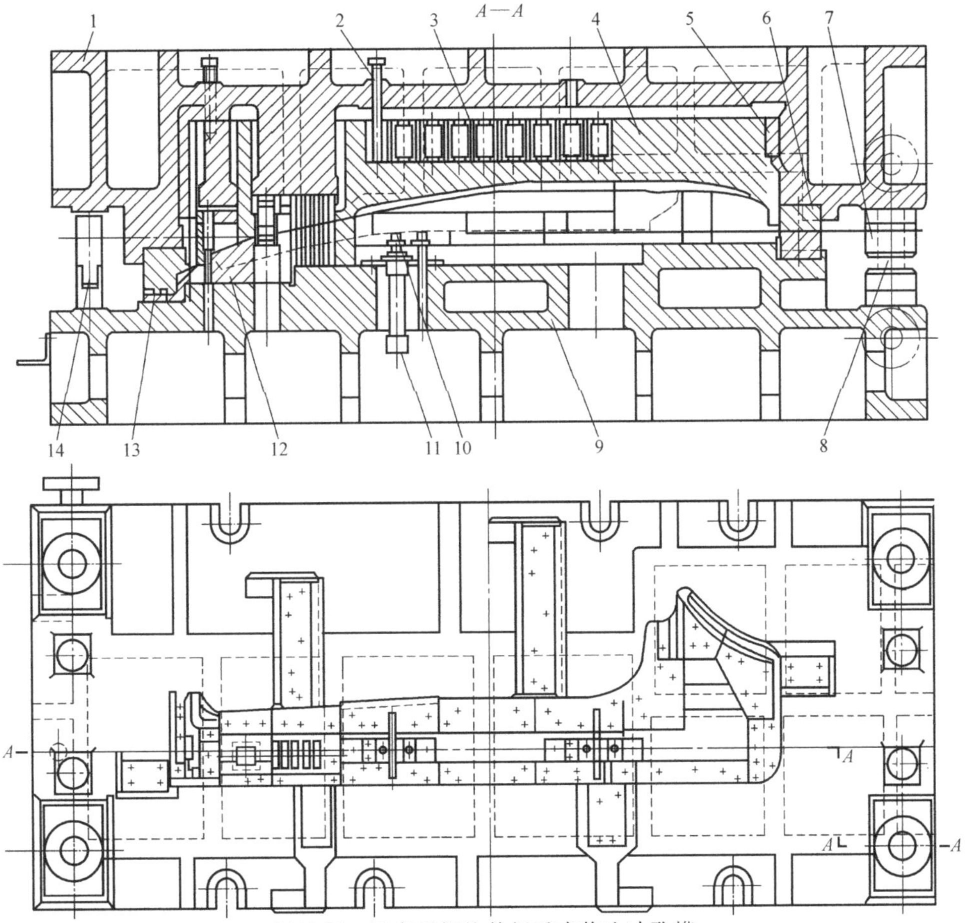

图 7-35　汽车后门柱外板垂直修边冲孔模

1—上模座　2—卸料螺钉　3—弹簧　4—卸料板　5—导板　6—凹模镶块组　7—导柱　8—导套　9—下模座　10—顶出器　11—顶出气缸　12—凸模镶块组　13—废料刀组　14—限位器

2. 修边凸模与凹模镶件

覆盖件多为三维曲面，修边轮廓形状复杂且尺寸大，为了便于制造、维修与调整，并满足冲裁工艺要求，修边凸模和凹模的刃口结构形式有两种：一是采用堆焊形式，即在主模体或模板上堆焊修出刃口；二是采用凸模、凹模镶件拼合而成。当采用拼合结构时，镶件必须进行分块设计。

按修边工件图绘制凸模和凹模镶件图时，不标注整体尺寸。在凸模镶件图上注明“按修边样板加工”；在凹模镶件图上，则注明“按凸模镶件配制，考虑冲裁间隙”。

（1）镶件分块的原则

1）小圆弧部分单独做成一块，接合面距切点5~10mm。大圆弧、长直线可以分成几块，接合面与刃口垂直，并且不宜过长，一般取12~15mm。

2）凸模上和凹模上的接合面应错开5~10mm，以免产生毛刺。

3）易磨损比较薄弱的局部刃口，应单独做成一块，以便于更换。

4）凸模的局部镶块用于转角、易磨损和易损坏的部位，凹模的局部镶块装在转角和修边线带有突出和凹槽的地方。各镶块在模座组装好后，再进行仿形加工，以保证修边形状和刃口间隙的配制要求。

5）若考虑降低整个冲裁力的大小，选用低规格的压力机可以使用波纹刃口，波纹刃口要求有较大的行程，由于一般零件在型面上有高低起伏的形状，若再采用波纹刃口对镶件的寿命有影响，因此波纹的高点和低点设置应该合理，具体设置可以参考相应设计手册。

（2）镶件的固定与定位　图7-36所示为修边镶件的一般结构，镶件间的拼合面不能太大。修边镶件的长度一般取150~300mm。镶件太长，则加工和热处理不方便；镶件太短，则螺钉和柱销不易布置。为保证镶件的稳定性，镶件高度 H 与宽度 B 应有一定的比例，一般取 $B=(1.2\sim1.5)H$。

当作用于刃口镶块上的剪切力和水平推力较大时，将使镶件沿受力方向产生位移和颠覆力矩，所以镶件的固定必须稳固，以平衡侧向力。图7-37所示是两种常用的镶件固定形式的示意图。图7-37a所示结构适用于覆盖件材料厚度小于1.2mm或冲裁刃口高度差变化小的镶块；图7-37b所示结构适用于覆盖件材料厚度大于1.2mm或冲裁刃口高度差变化大的镶件，该结构能承受较大的侧向力，装配方便，被广泛采用。

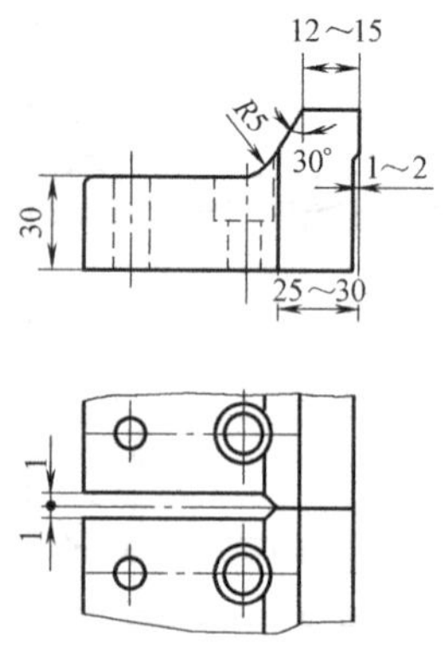

图7-36　修边镶件结构及刃口拼合面

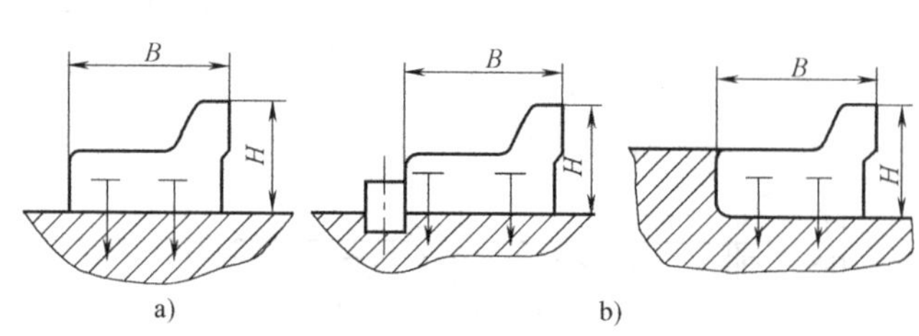

图7-37　镶件的固定形式

（3）修边镶件的材料　修边镶件经常使用的镶件材料为 T10A、SKD11、D2 等工具钢，热处理硬度为 58～62HRC。因镶件是整体加热淬火，变形大，因此镶件需留有淬火后的精加工余量。目前 7CrSiMnMoV 空冷钢使用很普遍，它属于铸造空冷钢，用于复杂形状的修边（即冲孔凸凹模镶件）时，直接按照形状浇铸并空冷后只需要加工刃口部分，而刃口部分也只需要火焰淬火，变形小。这种材料制作的镶件在使用过程中坏掉时，还可以通过堆焊、补焊维修，使用很方便。

3. 修边角度

倾斜角 15°以下可直接垂直修边，不需采取特殊措施；倾斜角大于 15°时，要考虑在凸、凹模刃口处设 2mm 宽平台，如图 7-38a 所示。倾斜角最大不得超过 30°，以免影响刃口强度。

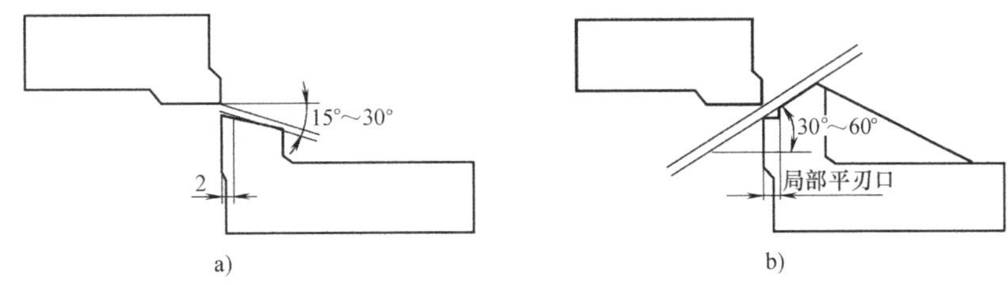

图 7-38　修边角度

a）锐角修边　b）钝角修边

如在修边面倾斜 30°以下，修边刃口不需要特殊处理，冲裁间隙要取小一些，一般取正常间隙的 50%为宜。如倾斜角为 30°～60°，此时刃口很钝不易冲裁，凸模刃口需要制出空刀，形成局部平刃口。空刀量取三倍料厚，但不得超过 5mm，冲裁间隙要尽量小，甚至要配成零间隙，如图 7-38b 所示。

当凸凹模冲切达到如图 7-39 所示状态时，被称为立刃修边，由于上模镶块在下行时并没有完全切除板料但与下模镶块产生干涉，此时需要将上、下模镶块进行合理改造，即修边镶块刃口圆角应比被修工件圆角大 3mm，保证上、下模完全闭合时，修边刃口切入 1～3mm，并缓慢过渡；刃口立边与修边件立边呈一个合适的夹角（夹角大小一般选用 10°，可参考相关设计手册）；刃口受侧向力，需增加导向块 。

4. 废料刀设计

覆盖件的废料外形尺寸大，修边线形状复杂，不可能采用一般卸料圈卸料，需要先将废料切断后卸料才方便和安全。废料刀的位置决定了废料的形状和大小。废料过小，因其自重过小，无法克服废料刀或滑槽上的摩擦力滑出模体，易造成废料阻塞；废料过大，往往需要人工干预，达不到减轻工人劳动强度的目的。因此，废料刀设计也是修边模设计的重点内容之一。

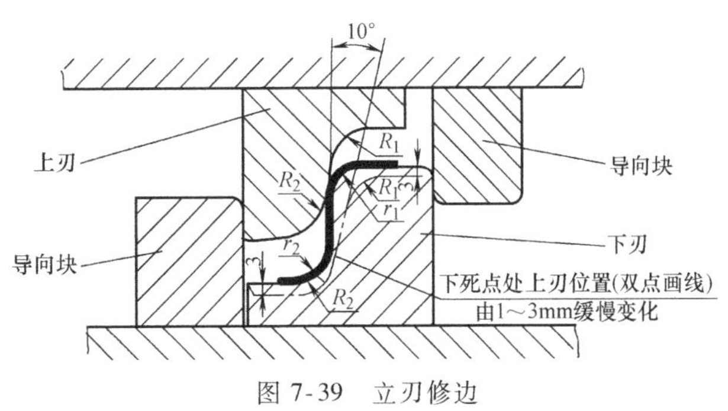

图 7-39　立刃修边

（1）废料刀的结构　废料刀也是修边镶件的组成部分，镶件式废料刀是利用修边凹模镶件的接合面作为一个废料刀刃口，相应地在修边凸模镶块外面安装废料刀作为另一个废料刀刃口，如图 7-40、图 7-41 所示。

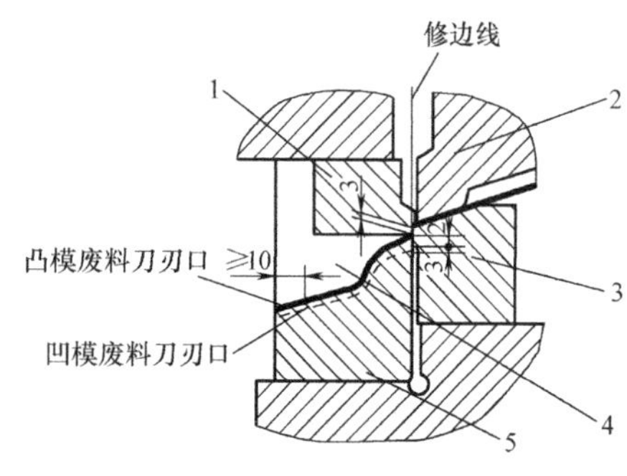

图 7-40　弧形废料刀

1—上模凹模　2—卸料板　3—下模凸模

4—凹模废料刀　5—凸模废料刀

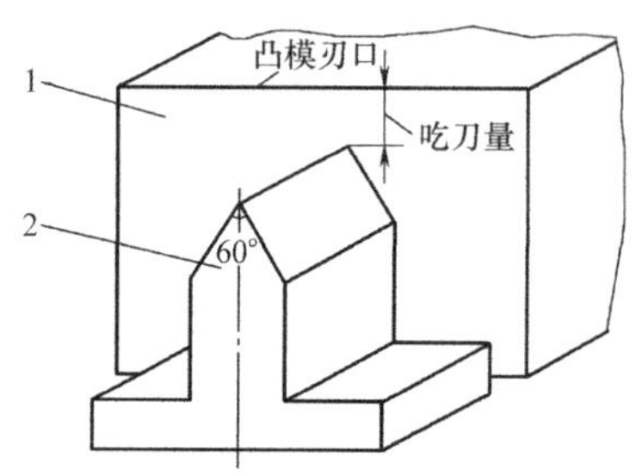

图 7-41　丁字形废料刀

1—凸模　2—废料刀

（2）废料刀的布置

1）为了使废料容易落下，废料刀的刃口开口角通常取 10°，且应顺向布置，如图 7-42 所示。

2）修边线上有凸起部分时，为了防止废料卡住，要在凸起部位配置切刀，如图 7-42 所示。

3）为了使废料容易落下，废料刀的垂直壁应尽量避免相对布置。当不得不相对布置时，可改变刃口角度，如图 7-43 所示。

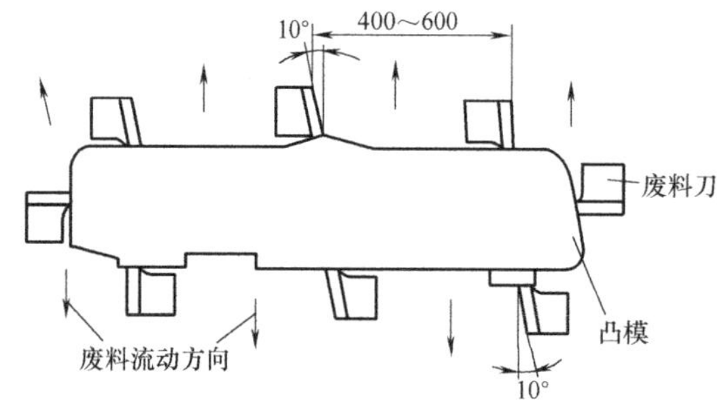

图 7-42　废料刀顺向布置

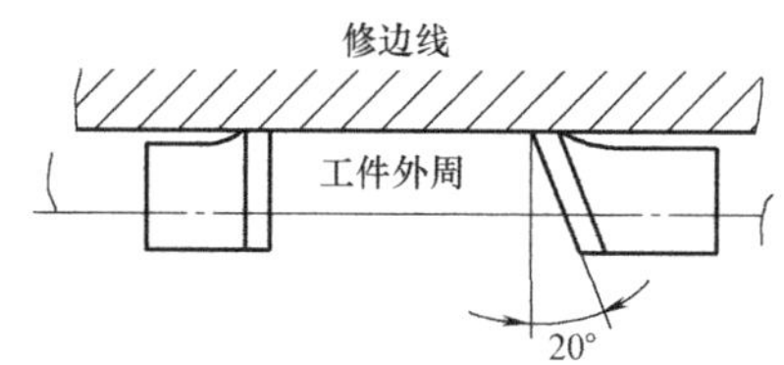

图 7-43　废料刀相对布置

5. 斜楔机构的设计

在覆盖件的修边模设计中，经常会遇到要将压力机滑块的上、下垂直运动改变成刃口镶件的水平或倾斜运动，才能完成修边或冲孔。采用斜楔机构可很好地解决上述问题。

斜楔机构由主动斜楔、从动斜楔和滑道等部件构成，如图 7-44 所示。

按斜楔的连接方式，可分为以下两类。

（1）斜冲　如图 7-44c 所示，主动斜楔 1 固定在上模上，从动斜楔 2 安装在主动斜楔 1 上，它们之间可相对滑动但不脱离，并装有复位弹簧。工作时，主、从动斜楔一同随滑块下降，当遇到固定在下模座上的滑道 3 时，从动滑块沿箭头方向向右下方运动，使凸模完成冲压动作。

（2）水平冲　如图 7-44d 所示主动斜楔 1 固定在上模上，从动斜楔装在下模上，可在下模的滑道中运动，并装有复位弹簧。工作时，主动斜楔向下运动，推动从动斜楔向右运动，使凸模完成冲压动作。

斜楔机构目前已经标准化，设计时可参见有关标准设计手册。但在设计时要注意以下几点：

① 为平衡主、从动斜楔的侧向力，一般要考虑耐磨侧压块，通常设置在下模座上。

② 为使从动斜楔充分复位，复位弹簧要有预压力；为保证复位的可靠性，可增加强迫复位装置。

③ 在同时完成垂直修边和水平修边的组合模具中，应首先完成斜楔修边。

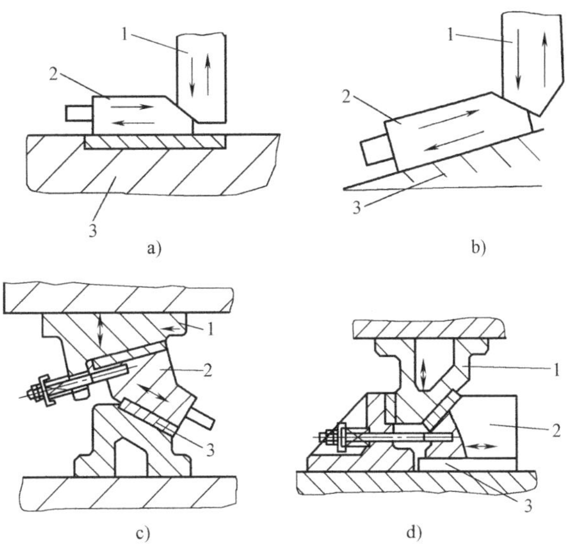

图 7-44　斜楔机构

a）水平斜楔　b）倾斜斜楔　c）斜冲　d）水平冲

1—主动斜楔　2—从动斜楔　3—滑道

7.3.3　覆盖件翻边模

根据翻边材料的成形特性，可以将翻边分为直线翻边、伸长翻边、收缩翻边。直线翻边实质上就是弯曲，此处不再赘述。对于伸长类翻边，可能出现的缺陷是破裂。对于收缩类翻边，可能出现的缺陷是起皱。因此破裂、起皱与拉深工艺一样是翻边类成形工艺的主要成形障碍。

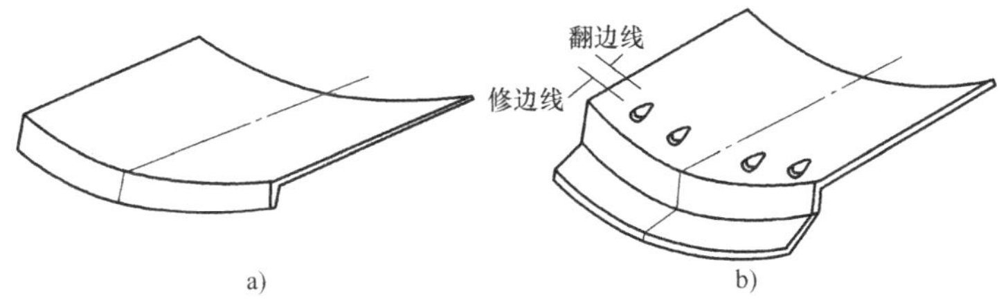

图 7-45　伸长翻边

a）工件　b）成形工艺措施

图 7-45a 是伸长翻边的最终产品。实际成形过程中，可能翻边后因材料不足在中间位置容易破裂，此时可以通过图 7-45b 所示的结构工艺进行改进，先将成形的工件在需要下翻的合适位置“补充”材料，此处以储料包的结构形式制作；修边以后下翻时，该处材料随着翻边伸长而拉直进行补料。

图 7-46a 是收缩翻边的最终工件。实际成形过程中，由于翻边后材料过多，从中间位置开始会逐渐起皱，可通过采用图 7-46b 所示的结构工艺改进，直接在前工序拉深（或其他成形工序）的时候将其深度通过增加台阶人为加深，修边后再翻边。

1. 翻边模的分类

根据翻边模的结构特点和复杂程度，覆盖件的翻边模可分为以下 6 种类型。

（1）垂直翻边模　翻边凸模或凹模做垂直方向运动，对覆盖件进行翻边。该类模具结构简单，翻边后工件包在凸模上，退件时退件板需顶住翻边边缘，以防工件变形。

（2）斜楔翻边模　翻边凹模单面沿水平方向或倾斜方向运动，完成向内的翻边工作。

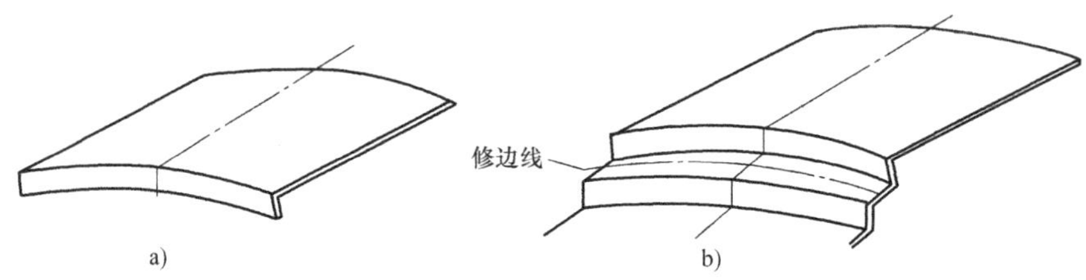

图 7-46　收缩翻边

a）工件　b）成形工艺措施

由于单面翻边工件从凸模上取出比较方便，可采用整体凸模。

（3）双面对称斜楔翻边模　翻边凹模在对称两面沿水平或倾斜方向运动，完成向内的翻边工作。这类翻边模翻边后工件包在凸模上，不易取出，所以翻边凸模需采用扩张结构。翻边时凸模扩张成形，翻边后凸模缩回，便于取件，模具结构较为复杂。

（4）圆周斜楔翻边模　结构与前两类有相似之处，但翻边凹模沿周边封闭式向内翻边，同样不易取件，凸模也需要采用扩张结构，转角处的凸模靠相邻的凸模镶块运动挤出，结构上比较复杂。

（5）斜楔两面外翻边模　凹模两面向外做水平方向或倾斜方向运动完成翻边动作，翻边后工件比较容易取出。

（6）圆周外翻边模　该类模具翻边后，工件包在凸模上不易取出。凸模必须做成活动的，缩小时成形翻边，而扩张时取件；凹模正好相反，扩张时成形翻边，缩小时取件。角部镶块由相邻的镶块带动，该类模具结构相当复杂。

2. 翻边模结构

覆盖件的翻边一般都是沿着轮廓线向内或向外翻边。由于覆盖件平面尺寸很大，翻边时只能水平方向摆放，其向内向外翻边应采用斜楔结构。覆盖件向内翻边包在翻边凸模上，不易取出，因此必须将翻边凸模做成活动的，此时翻边凸模是扩张结构，翻边凹模是缩小结构。覆盖件向外翻边时，翻边凸模是缩小结构，翻边凹模是扩张结构。

（1）双斜楔窗口插入式翻边凸模扩张模具结构　图 7-47 所示为利用覆盖件上的窗口，插入凸模扩张斜楔。其翻边过程是：当压力机滑块行程向下时，固定在上模座的斜楔穿过窗口将翻边凸模扩张到翻边位置停止不动；压力机滑块继续下行时，外斜楔将翻边凹模缩小进行翻边。翻边完成后，压力机滑块行程向上，翻边凹模借弹簧力回复到翻边前的位置，随后翻边凸模也回弹到最小的收缩位置。取件后进行下一个工件的翻边。

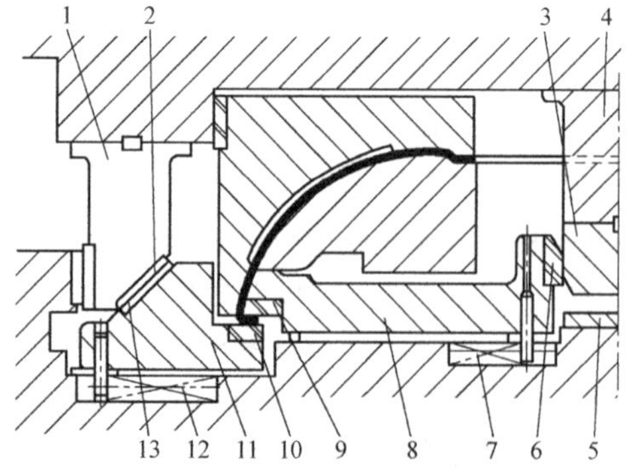

图 7-47　窗口插入式翻边凸模扩张结构

1、4—斜楔座　2、13—滑板　3、6—斜楔块　5—限位板　7、12—复位弹簧　8、11—滑块　9—翻边凸模　10—翻边凹模

（2）翻边凸模缩小与翻边凹模扩张的模具结构　图 7-48 所示为覆盖件窗口向外翻边的模具结构。翻边凸模 8 固定在滑块 5 上，当压力机滑块行程向下时，压块 2 将活动底板 13 压下，斜楔块 3、4 斜面接触，使翻边凸模收缩到

翻边位置不动。压力机滑块继续下行，在斜楔 10 作用下，翻边凹模扩张完成翻边动作。翻边后上模开启，活动底板受顶件缸顶杆 7 作用抬高，翻边凹模首先收缩返回原来位置，继之翻边凸模扩张脱离工件，行至能够取件的原始位置，即可取出翻边件。

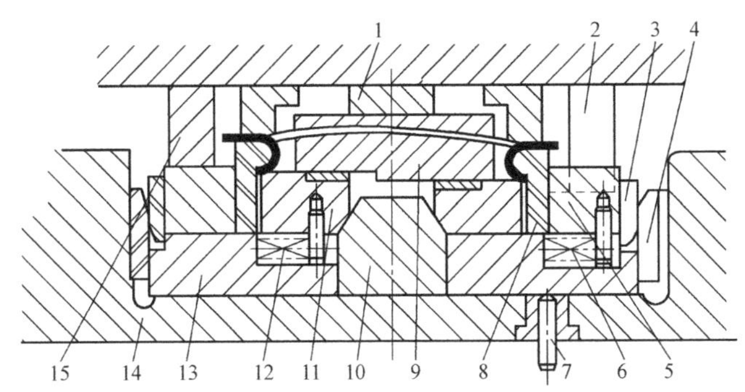

图 7-48　翻边凸模收缩与翻边凹模扩张结构

1、15—限位块　2—压块　3、4—斜楔块　5—滑块　6、12—弹簧　7—顶杆　8—翻边凸模　9—压板　10—斜楔　11—翻边凹模　13—活动底板　14—下模座

（3）斜楔两面开花翻边模　图 7-49 所示为翻边模属于两面开花式结构。翻边件上方的窝槽用作初定位（四方形），合模后压件器 13 把工件牢牢压在凸模座 14 上。接着翻边凸模扩张到翻边位置不动，翻边凹模收缩进行翻边。开模后凹模扩张，凸模缩小，取出工件。

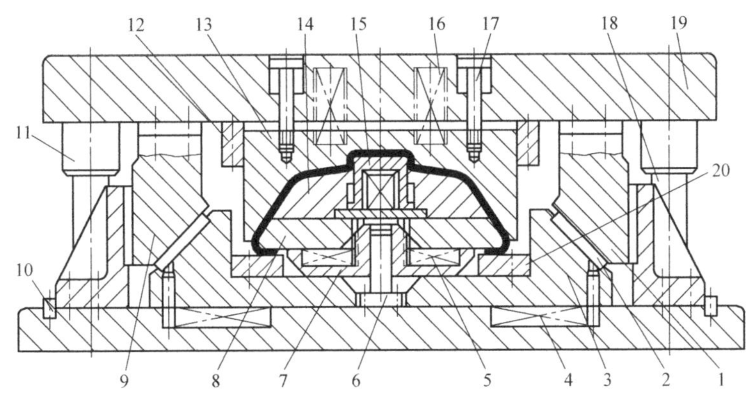

图 7-49　斜楔两面开花式结构

1、7、9—斜楔　2—滑板　3—滑块　4、5、16—弹簧　6—轴销　8—活动翻边凸模　10—键　11—导套　12—固定块　13—压件器　14—凸模座　15—定位块　17—螺钉　18—导柱　19—上模座　20—翻边凹模

（4）气缸复位的翻边模　图 7-50 所示为气缸复位的翻边模。复位用的气缸装在滑块内，可使模具结构紧凑，但气缸一定设计成可拆卸结构。复位气缸选用两件，位于滑块 4 和滑块座 5 之间的空间内，不占用面积是一种值得推广的方案。

3. 镶件设计

（1）轮廓设计　翻边镶件的分块设计基本上可以参考修边镶件的分块方法，以零件的外形轮廓分块如图 7-51a 所示。如果圆弧比较大（$R>5t$）时，可将圆弧的切点处作为分块的依据。翻边直线部分小于料厚的 2 倍时，在 R 切点处分块，如图 6-51b 所示。而简单压弯时，则可以选用弯曲点分块，如图 7-51c 所示。

(2) 凹模镶块分块设计　为使模具制造容易，转弯 R 都在直线部分分块。α 与 R 特别小的情况，在 R 的切点附近分块。如图 7-52a 所示；凹模的端点为尖角时，为保证成形、调整铸件尺寸误差，要加一富裕量，如图 7-52b 所示。翻边线的变化大，在一个方向上不能成形时，应从两个方向成形。分为两个工序时，应避免急剧变化的部分外凸变形，如图 7-52c 所示。

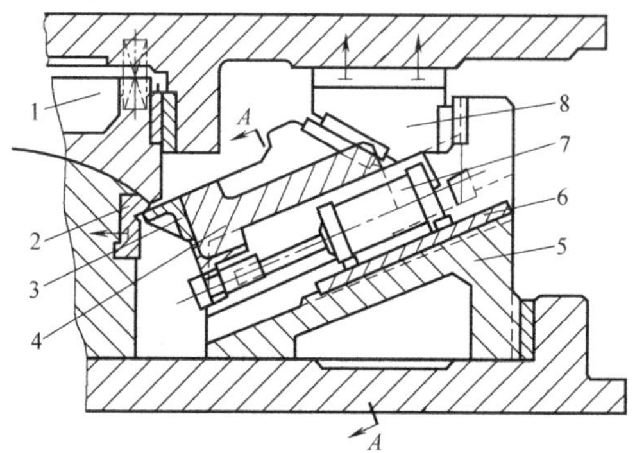

图 7-50　气缸复位的翻边模

1—压件器　2—翻边凸模　3—翻边凹模　4—滑块　5—滑块座　6—气缸固定板　7—气缸　8—斜楔

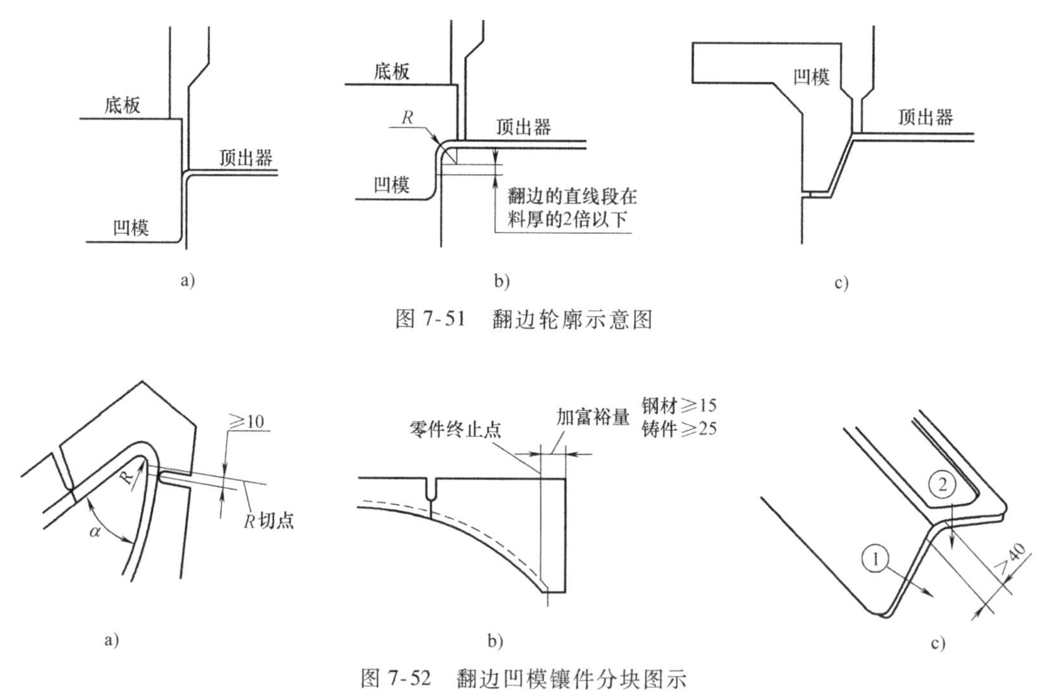

图 7-51　翻边轮廓示意图

图 7-52　翻边凹模镶件分块图示

斜面很陡时，板料容易发生偏移，应先成形比较陡的倾斜部，如图 7-53a 所示，从 A 到 B 逐渐进入（前端进入量 A 最大）。

宽度小的冲压件，两侧有翻边、形状平滑时，两侧模口必须同时接触，如图 7-53b 所示。

镶块的强度较弱时，凹模的模口形状尺寸如图 7-53c 所示。

(3) 凹模镶件的交接　当翻边轮廓是连续的封闭形状时，一般不可能由某一个翻边方向的动作来完成，而是由两个或两个以上不同的运动方向的翻边凹模镶件进行翻边，此时就需要考虑不同方向运动的凹模镶件的交接和运动问题。如扇形轮廓件翻边时，拐角处的材料

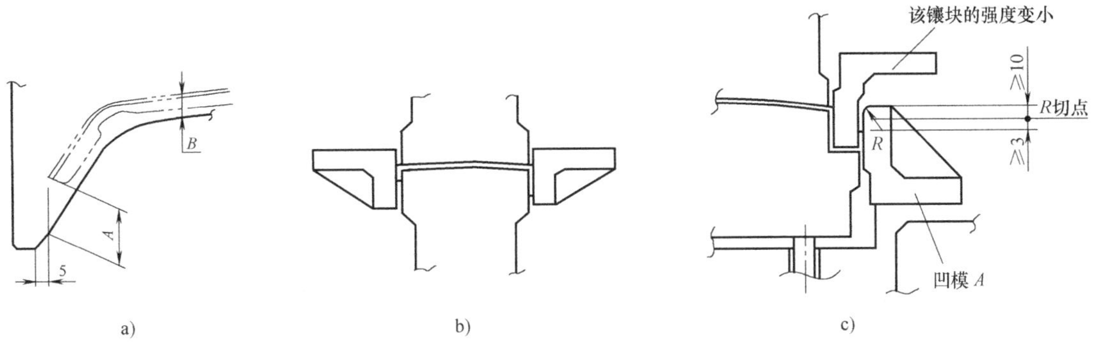

图 7-53　翻边凹模分块图示

在切向受压，产生压缩变形，一般不在此设单独的凹模镶件，而是在此处设置成交接区。

图 7-54 所示为避免堆料出现的工艺缺口，同时对凹模镶件也有相应的限制，如镶块 1 和镶块 2 之间需要空开一个合适的距离。

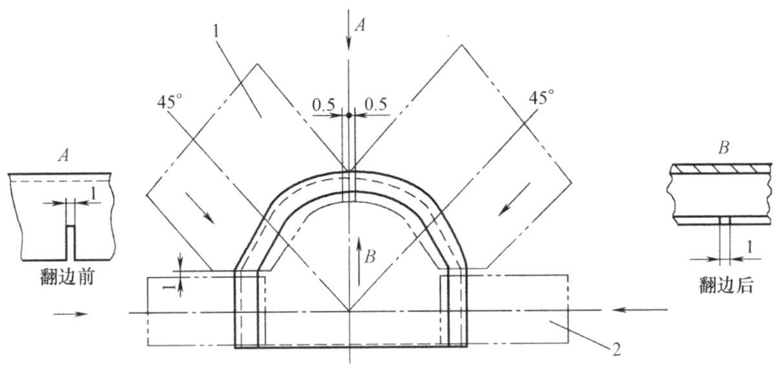

图 7-54　翻边凹模镶块的交接

1—45°翻边镶块　2—水平翻边镶块

另外一种是不同翻边上凹模镶块的交接。相邻的两个翻边凹模镶块在不同的翻边方向翻边时，先翻边的凹模镶件在交接处成凹形，然后空开；后翻边的凹模镶块在交接处成凸形，在交接处空开的一段又重复翻边一次，使交接处衔接起来，不留材料积瘤，如图 7-55 所示。

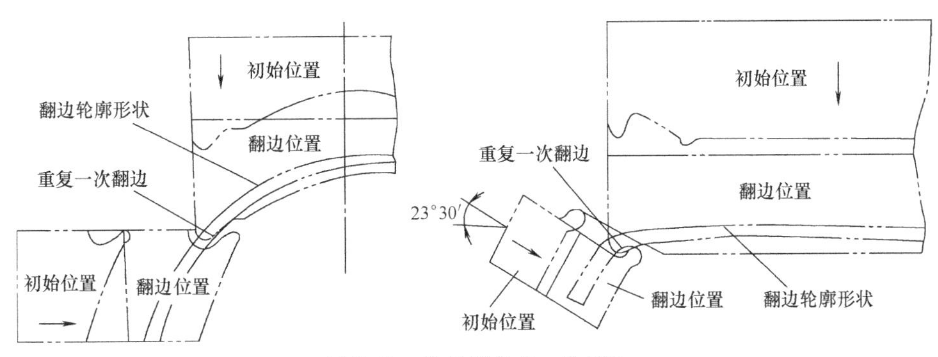

图 7-55　重复部分多一次翻边

4. 翻边模的材料

1）翻边凸模的材料。整体翻边凸模多用铸造结构，材质可以根据产量的大小选用球墨铸铁 QT500-7 或 QT600-3、铬钼钒合金铸铁或铜铬铸钢。铜铬铸钢可以进行局部表面淬火，空冷后硬度可以达到 50~55HRC。

对于凸模镶件，材料可以选 T10A、5CrNiMo 或 Cr12MoV，热处理硬度能够达 54~58HRC 或 58~62HRC，但材料的选取要根据工件的量产需要来确定。

2）翻边凹模的材料。由于翻边凹模一般受力较大，磨损也大，特别是在曲线轮廓翻边处更为严重，因此在大批量生产中，应设计成镶件结构。一般翻边凹模镶块采用 T10A、Cr12MoV、D2、SKD11 等，热处理硬度为 58~62HRC。

习题与思考题

7-1　覆盖件是如何分类的？各有什么样的特点？

7-2　覆盖件的成形工序有哪些？这些工序的冲压内容是只有一种吗？

7-3　覆盖件的拉深工序有哪些变形特点？覆盖件拉深时如何防止起皱和拉裂？

7-4　覆盖件的修边工序与一般的冲孔落料有何不同？覆盖件的修边模设计有哪些特点？

7-5　覆盖件的翻边模结构有哪些特点？

7-6　某型号的客车驾驶室门内蒙皮零件如图 7-56 所示，试分析并提出该零件的冲压加工工序方案。

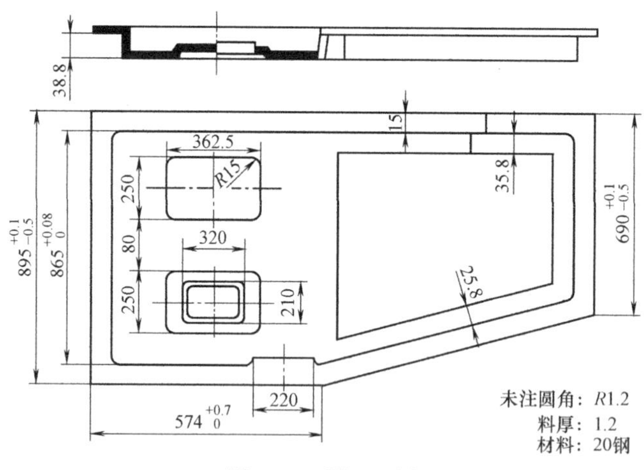

图 7-56　题 7-6 图

第8章 特殊冲压成形技术

学习目标

了解热冲压成形技术和液压成形技术在汽车钣金成形零件中的应用；了解加热冲压工艺流程、成形特点和主要成形装备；了解液压成形的分类和内高压成形的工作原理、工艺过程。

8.1 热冲压成形技术

8.1.1 热冲压成形技术的应用

通常热冲压用于金属厚板冲压。目前，随着对汽车的二氧化碳排放量限制越来越严格，人们不得不努力寻求一种质量较轻，同时强度又较高的汽车覆盖件生产工艺。开发制造高强度和轻量化的汽车已成为一种趋势。而车身轻量化发展的途径之一是在车身制造上采用高强度材料，如高强度和超高强度钢板。但是，高强度钢板在常温下采用普通的冲压方式，材料变形的塑性差、变形抗力大，容易开裂，并且冲压成形后零件的回弹大，导致零件尺寸和形状稳定性差，模具的磨损也大。因此，传统的冲压方法难以解决超高强度钢板的成形问题，而热冲压成形技术是能够解决上述问题的一种新型冲压工艺成形技术。

高强度钢板热冲压成形技术是由瑞典的 Hard Tech 公司于 20 世纪 80 年代最早提出的。它是将高强度钢板加热到奥氏体温度范围，当钢板奥氏体化后，快速移到压力机上，利用模具进行快速冲压，在压力机保压状态下，通过模具中的冷却系统保证一定的冷却速度，对零件进行淬火，最后获得超高强度的冲压件（组织为马氏体，抗拉强度为 1500MPa，甚至更高）。

近年来，世界各国汽车行业投入了大量精力进行高强度或超高强度钢板和热冲压成形技术的研究。欧美和日本的主要汽车制造企业已经开始尝试使用热冲压成形技术生产超高强度钢板构件，如车门防撞梁、保险杠加强梁、门框加强梁等，如图 8-1 所示。

热冲压成形的优点是可得到超高强度的车身零件。高强度或超高强度的车身零件，可以减轻车身重量、提高车身安全性和舒适性。热冲压成形工艺改善了材料的冲压成形性（塑性好、成形极限高、变形抗力小），能够生产具有复杂几何形状的工件，成形零件的尺寸精度高，回弹小，强度高，表面硬度高；还可提高工件的焊接性、抗凹性和耐蚀性，降低成形设备的吨位要求和模具材料强度要求。

热冲压成形的缺点是，由于原材料需要加热，因此需要加热设备，工艺较为复杂，加热后的金属材料容易氧化，对工件的表面质量有不良影响。

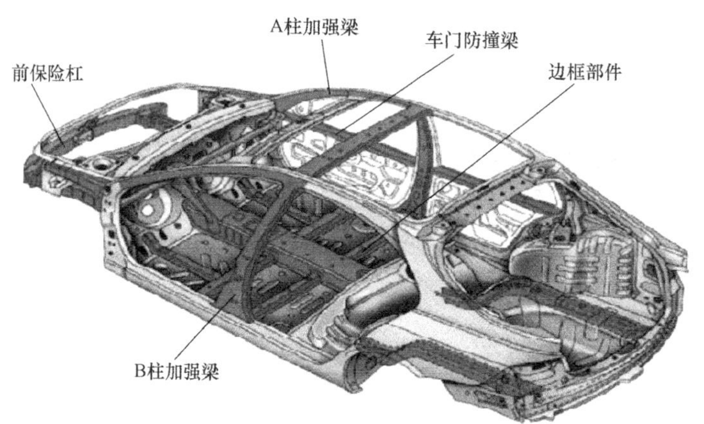

图 8-1　超高强度钢板汽车构件

8.1.2　热冲压成形工艺

1. 热冲压成形工艺流程

热冲压成形工艺流程为下料→预成形→在步进炉中加热到奥氏体相变温度，充分奥氏体化→快速移到压力机上→快速合模→成形→保压冷却到 100~200℃，使组织变为马氏体→冷却到室温→激光切边、冲孔→去氧化皮→涂油。图 8-2 为热冲压成形工艺流程图。

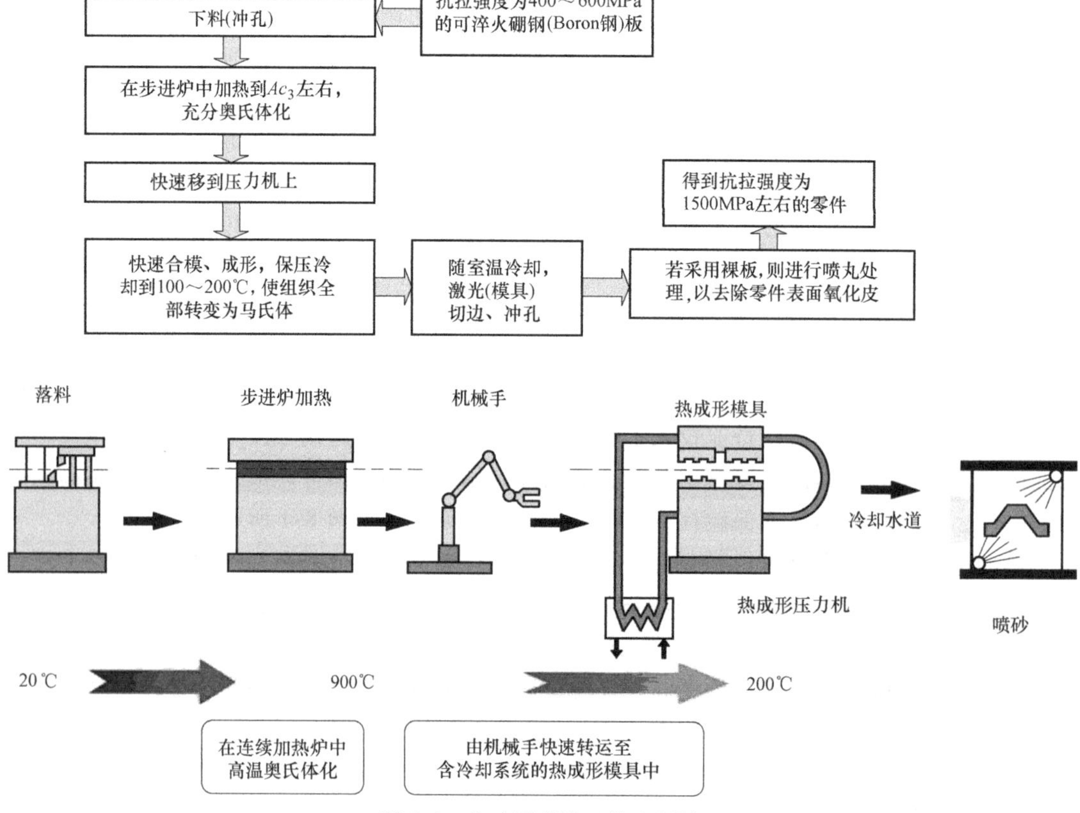

图 8-2　热冲压成形工艺流程图

将板料加热至奥氏体化温度后保温，以保证奥氏体组织的均匀化；然后将工件放入冲压模具中冲压成形，成形温度要保持在奥氏体区，以使工件材料具有优良的塑性。冲压成形后，进行保压和淬火处理，从而在保证零件形状、尺寸精度的同时获得均匀的马氏体组织。图 8-3 为成形周期和组织相变时间-温度图。

由此可见，热冲压成形工艺过程包含板材的加热成形、传热及热处理等相关内容。因此，影响热冲压零件质量的主要因素，除了常规冲压的影响因素外，还应特别注意与传热及热处理相关的热冲压工艺参数和模具结构设计对传热和热处理两个方面的影响。

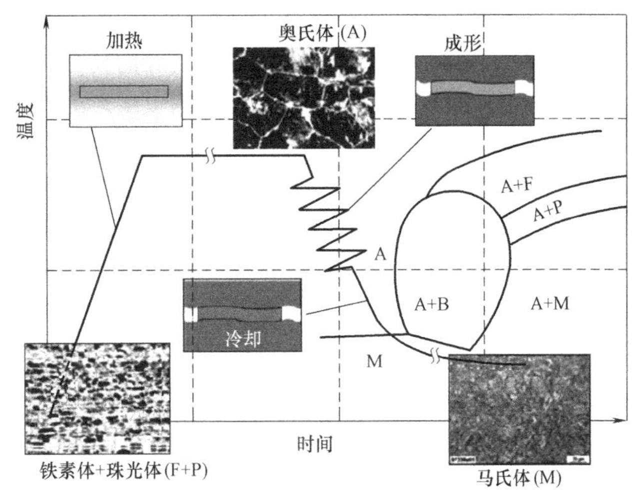

图 8-3 热冲压成形时间-温度图

2. 热冲压工艺参数

(1) 奥氏体温度 热冲压成形过程中，板料必须加热到奥氏体状态下的适当温度。适当高的温度，可以显著降低金属的变形抗力，提高金属的塑性，从而可减少冲压成形所需的冲压力。在成形过程中，如果板料一边成形一边降温，可能诱发材料组织发生相变，由奥氏体转变为贝氏体，最终得不到所需的马氏体组织，从而不能满足组织性能要求。

(2) 保温时间 板料加热到奥氏体状态后，要经过适当时间的保温（图 8-3），以保证板料成形前具有均匀的奥氏体组织。若保温时间短，则奥氏体晶粒大小不均匀，在成形过程中，板料内部变形不均匀，经过淬火后得到的马氏体组织也不均匀，从而会影响热冲压件性能的均匀性。若保温时间过长，则板料内的奥氏体晶粒会过大，会降低板料的成形性能，从而影响零件的质量。

(3) 冷却速度 热冲压成形工艺中，保压冷却的目的是保证钢板在成形后能够快速冷却，获得在室温下具有均匀马氏体组织的高强度零件。若选用的淬火介质不当或模具冷却系统设计不合理，热成形后冷却速度慢，则奥氏体会转变为珠光体或贝氏体而得不到马氏体组织，从而使成形件的强度大大降低，故冷却速度是影响成形件力学性能的关键工艺因素。

(4) 保压时间 热冲压零件的优点之一是成形零件的形状和尺寸精度高，而成形后的保压冷却是决定该质量的关键。如果保压冷却时间长，则零件形状和尺寸精度高，但会增加冲压作业时间，从而降低生产率；如果保压时间短，零件没有充分冷却就从模具中取出，由于零件与室温温差大，将会出现冷却收缩现象，导致零件的强度和形状尺寸精度下降。

8.1.3 热冲压用超高强度钢板

汽车覆盖件热成形钢板，一般分为带涂层钢板及不带涂层钢板两种。不带涂层钢板加热时需要保护气体保护，成形后一般需要喷丸处理，以消除表面的氧化皮。

由于在热冲压成形过程中，板料冲压成形并进行了淬火处理，故加热冲压用钢板的化学成分要适应加热冲压过程并达到加热冲压的目的。例如，含硼钢板在钢的组织转变时，可以延迟铁素体和贝氏体的形成，从而可以保证获得高强度的成形件。此外，钢板被加热至较高温度，在空气中不可避免地会出现表面的氧化和脱碳，进而影响钢板的强度。因此，加热冲压成形钢板应具备抗高温和耐腐蚀的镀层。

目前，安赛乐米塔尔公司开发了热冲压成形钢板 USIBOR1500，该钢板为镀锌板，淬火后抗拉强度可达到 1600MPa，并保持了良好的韧性，冲击韧度达到 800J/m^2。此外，该钢的低温脆性和焊接性能也较好。采用此种钢板生产的汽车零件，可以使同等强度、刚度的零件减重 50%以上。

德国蒂森克虏伯开发了锰硼合金钢板，其加热冲压淬火后最高强度可达 1600MPa。此外，美国西渥斯托公司和戴姆-克莱斯勒公司共同开发了热冲压硼钢，用于取代载重车架横梁，以减轻重量，而且提高了耐疲劳性能。对汽车大梁的研究表明，由硼钢制成的零件比用原有模式制成的零件更加耐用，质量减轻了 20%。

图 8-4 为目前国内外常用的热冲压用钢板。

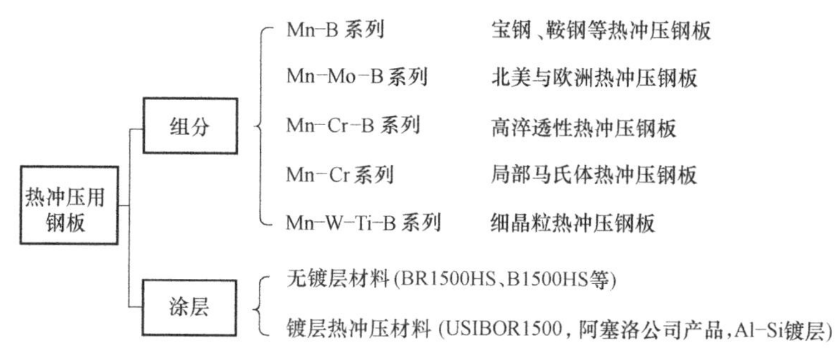

图 8-4 国内外常用的热冲压用钢板

8.1.4 热冲压成形主要设备

目前国内热冲压成形生产线主要以引进为主，主要的外商是：德国本特勒（BENTELER）、西班牙海斯坦普（GESTAMP）、日本新日铁（NIPPON STEEL）、瑞典 AP&T 等。主要设备包括加热炉、伺服压力机（或液压机）、模具及切割设备等。

1. 加热炉

加热炉的功能是将钢板加热到奥氏体状态，同时为了保证钢板表面质量，炉内需要通入保护气氛，以避免钢板在加热过程中氧化。为满足连续大批量生产的需要，加热炉需配备自动进出料装置。图 8-5 所示为加热炉，加热炉加热温度约为 950℃左右，在炉时间取决于钢板尺寸，采用电加热或燃气加热，可用于裸板和涂层板，裸板加热需要保护气氛，炉长取决于生产节拍，炉中的传递采用陶瓷辊棒。

图 8-5 加热炉

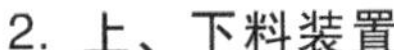

2. 上、下料装置

处于高温状态的钢板，只能依靠机器人或机械手快速、平稳、准确地将钢板送到冲压模具上，以避免钢板在夹送过程中发生表面氧化和局部降温。热冲压成形后，经保压淬火后的零件温度尚有 200℃左右，也需要用机械手或机器人卸件。

3. 热冲压压力机

钢板热冲压压力机既要保证快速合模冲压，又要具有保压功能。

4. 激光切割机

热冲压成形后的零件强度高，需要用激光切割机完成切边和冲孔。

5. 热冲压模具

在热冲压成形过程中，模具集板料成形与冷却淬火功能于一身，所以热冲压模具设计是热成形技术的关键。

（1）模具材料的选择　热冲压的模具材料要求具有良好的热硬性、高的耐磨性和耐热疲劳性能，而且要保证成形件的尺寸精度，能够稳定地在剧烈的冷热交替环境下工作。一般应根据模具可能达到的温度选用热作模具钢。

（2）模具凸、凹模的设计　由于热胀冷缩的影响，零件最终尺寸与冲压成形时的尺寸会存在一定的误差，为保证零件的尺寸精度，在确定凸、凹模尺寸时必须考虑热胀冷缩效应。

（3）冷却系统的设计　模具冷却系统不仅要保证成形件的冷却速度足够快，而且还要避免零件和模具因冷却速度过快而引起开裂。设计时，要充分考虑冷却回路的大小、冷却孔的间距和布置方式、冷却孔中心与模具型面的距离，以及冷却水的流动方式等。

（4）支承机构　对于热冲压而言，为最大限度地避免毛坯在冲压之前过早地与模具型面接触，以减少降温，提高热冲压成形性，需要设置专门的支承机构支承毛坯。

由于热冲压成形模具的工作条件较差，冲压模具容易失效，模具使用寿命降低，热冲压成形工艺的应用受到了一定的限制。但是，随着热冲压成形技术的进一步发展，这些问题是可以解决的。

8.2　液压成形技术

利用流体介质来代替模具传递力，以实现金属塑性加工成形，称为液压成形（又称液力成形）。液压成形分为两种：一种是金属板料的液压成形，它利用高压液体代替一般模具，使板料成形，获得工件。由于液压成形的应力状态良好，可以比其他成形工艺获得更大的变形程度，可以与弯曲、冲孔、压印等工序复合。它不仅简化了模具结构，缩短了产品的生产周期，还可以制造出其他工艺方法不能制造的复杂工件。另一种是内高压成形，即在金属管内充满高压液体，并利用模具施压使其成形。

8.2.1　板料液压成形

1. 板料液压成形过程

板料液压成形一般分为两类：液体代替凸模和液体代替凹模。液体代替凸模时，板料在液压的作用下直接被压入凹模，并紧贴凹模成形；液体代替凹模时，刚性凸模将板料压入液压室，板料在液压的作用下紧贴凸模而成形。前者只需控制液体压力和压边力；后者在成形过程中要控制液体压力、压边力和凸模行程。从参数控制上看，后者比前者要多，可是前者在成形时对板料流动不太容易控制，且板料变薄量较后者大。目前生产中用得较多的是液体代替凹模，其原理如图 8-6 所示。

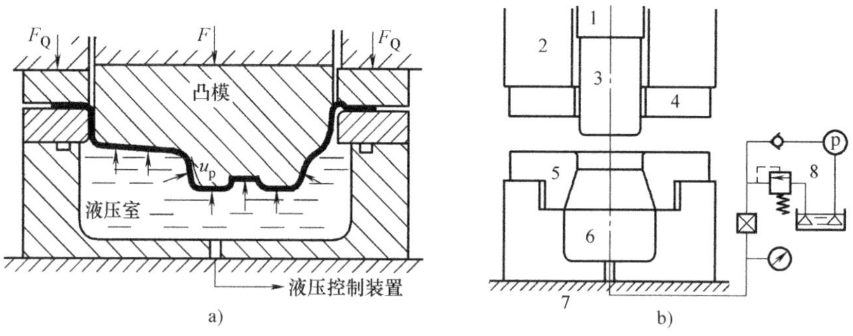

图 8-6 液压拉深成形

a）液压拉深成形示意图 b）液压拉深工艺装置

1—内滑块 2—外滑块 3—凸模 4—压边圈

5—凹模 6—液压室 7—工作台 8—液压控制系统

图 8-6a 是液体凹模液压拉深工作图，图 8-6b 是成形的基本工艺装置图。与普通拉深成形装置所不同的是增加了液压室及调节、控制液压室内液体压力的液压控制系统。液压室液体的压力变化，因零件形状、材料性能、成形条件及变形特点等诸因素的不同而差异很大。一般来说，对于铝及铝合金板成形，液压室液体压力为 10～30MPa，低碳钢板为 40～60MPa，不锈钢甚至达到 70～100MPa。

根据法兰部位（压边圈与凹模之间）是否使用密封，可将液压拉深分为不使用密封成形方式和使用密封成形方式。不使用密封成形方式的特点是，不但液体直接作用于板料上，而且法兰部位不采用密封，液压室液体可强行从板料与凹模面之间流出而形成液体润滑状态，从而大大减小了法兰与凹模面间的摩擦，可显著提高成形极限。随着成形的进行，靠近凹模圆角处的毛坯，因变形及压边力的作用自然形成密封状态。使用密封成形方式在法兰部位采用密封，液体便无法从法兰处稳定流出，不能很好地形成液体润滑，但此时却可用溢流阀在成形初期自由地调节液压室液压。这两种方式除了成形初期法兰部位液体润滑效果差异之外，几乎具有同样的成形特点。故实际生产中常采用法兰部位无密封方式。但是，对于曲面压边圈或凹模圆角处难于形成密封状态的形状，往往在法兰处采取密封措施。

液压拉深的成形过程如图 8-7 所示。首先开泵将液体（油或水等）一直充至凹模面后停泵，在凹模面上放好板料（图 8-7a），施加压边力（图 8-7b），然后凸模开始下行进入凹模，使液压室的液体建立起压力，并将板料紧紧压贴在凸模上（图 8-7c），直至成形结束（图 8-7d）。

2. 液压拉深的成形特点

（1）摩擦保持效果　液压拉深成形时，在液压室内产生液体压力，毛坯受液体压力作用紧紧地贴向凸模，并在毛坯与凸模之间产生很大的摩擦力，从而缓和了板料在凸模圆角附

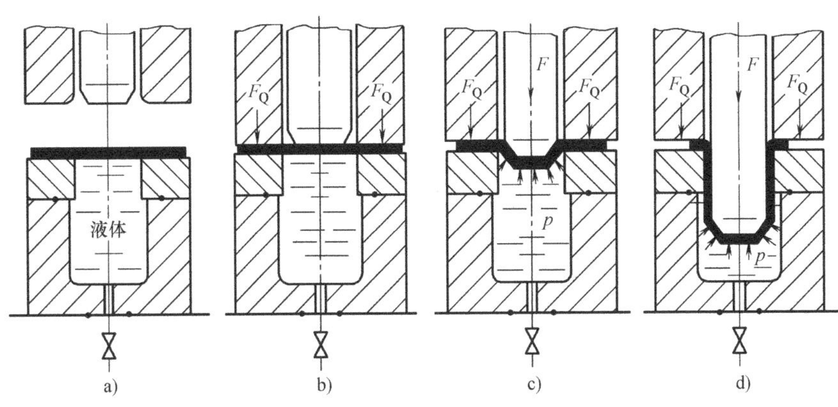

图 8-7　液压拉深成形过程

近（危险断面）的径向拉应力，提高了传力区的承载能力。

（2）流体润滑效果　如果法兰部位不采取密封，液压室内的高压液体从法兰处流出，毛坯在凹模圆角和法兰部位处于一种流体润滑状态，从而可减小法兰及凹模口附近的摩擦，使法兰处（变形区）的径向拉应力减小，有利于提高成形极限。

（3）初始预胀形效果　完全依靠凸模进入凹模的自然增压方式往往造成成形初期的液压力不足，此时可采用强制增压方法，就是将凸模固定在毛坯上方一定距离（数毫米或数厘米）后进行压边，起动高压泵向液压室注入液体增压，使毛坯反向胀形，然后凸模进入凹模开始拉深（图 8-8）。由于初始胀形的部分在径向受到压缩，可部分地增加凸模圆角附近的料厚，使成形极限进一步得到提高。

3. 液压拉深成形的优点

（1）大大提高成形极限，减少拉深次数　上述三种效果的综合作用，使得凸模圆角附近板料的局部变薄大大缓和，成形极限显著提高。对于圆筒形件，极限拉深比提高 1.3~1.4 倍；对于盒形件则提高 1.2~1.3 倍。采用充液拉深方法，可以一次实现普通拉深需要 2~4 道工序完成的成形。

（2）抑制内皱的产生　对于锥形、抛物线形等曲面零件，由于成形时毛坯存在悬空部分，普通拉深时极易内皱。采用液压拉深成形时，悬空部分由充液一面贴向凸模，产生与凸模运动方向反向的胀形变形（图 8-9），起到了拉深筋的作用，增加了径向拉应力值，使切向压应力相应减小，起皱趋势大大降低。

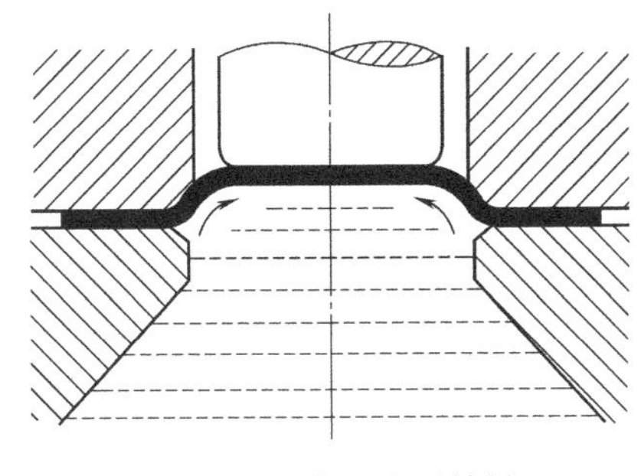

图 8-8　初始预胀形效果

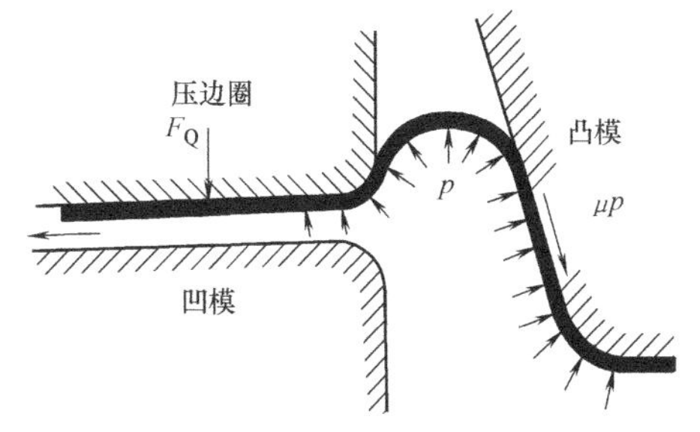

图 8-9　锥形件液压拉深示意图

（3）提高零件的形状和尺寸精度　液压拉深成形时，坯料易沿反向胀形，使径向拉应力提高。因此，液压力越高，零件的尺寸、形状精度及定形性越好。

（4）提高内、外表面精度　由于反向液压力的作用，板料紧紧贴压在凸模上，液压拉深件内表面精度提高。另外，因反向液压形成的反向胀形，成形零件外表面在凹模圆角处不与模具接触，避免了划痕等缺陷，可以获得很好的零件外表面精度。

（5）板厚分布均匀　由于“摩擦保持效果”，使得变形易于分散，尤其是凸模圆角处的变形集中得到缓和，板料的局部变薄得以控制，厚度分布均匀。

（6）简化模具结构、降低模具成本、缩短模具制造周期　液压拉深成形中，板料是由液压力紧紧地贴向凸模的外表面。因此，即使形状比较复杂的零件，也无须采用带底凹模，甚至采用圆形凹模或压边圈也可成形出多角形横断面的零件，模具结构大大简化。同时，由于成形极限提高，拉深次数和模具数量减少，模具成本降低。另外，凸模与板料之间的“摩擦保持效果”和法兰部位的“流体润滑效果”作用，使得因板料的移动引起的模具表面的磨损、划伤等问题得到解决，模具材料等级可大大降低。

8.2.2　内高压成形

内高压成形工艺属于液力成形技术范畴。其工作原理是通过内部加压和轴向加力补料，把管状坯料压入到模具型腔，使其形成各种所需零部件。目前，内高压成形工艺主要用于整体成形变径管、弯曲轴线异形截面空心零件和薄壁多通管零件。这类零件的传统制造工艺是先冲压成形两个或两个以上半片冲压件再焊接成整体零件，为减少焊接变形，一般采用点焊工艺，因而得到的零件不是封闭的截面。此外，冲压件截面形状相对比较简单，难以满足结构设计的需要。与传统工艺制造的零件相比，内高压成形工艺制造的零件质量减轻很多，为汽车的轻量化做出了贡献。汽车上的内高压成形零件包括汽车副车架、散热器支架、底盘构件、车身框架、座椅框架、前轴、后轴、驱动轴、凸轮轴及排气系统异形管件等。

内高压成形工艺作为一种整体成形薄壁结构件的塑性加工方法，最近几十年在德国、美国、日本及韩国的汽车制造业、航空航天业及卫生洁具业中得到了广泛应用。

1. 内高压成形工艺的发展现状

在国外汽车行业，内高压成形技术得到了迅速推广和广泛应用。据统计资料，国外现有内高压成形生产线近百条，其中多数分布在美国、德国和日本等国家的汽车制造企业。我国也开展了内高压成形工艺技术的研究工作。典型的汽车内高压成形零件如图 8-10 所示。

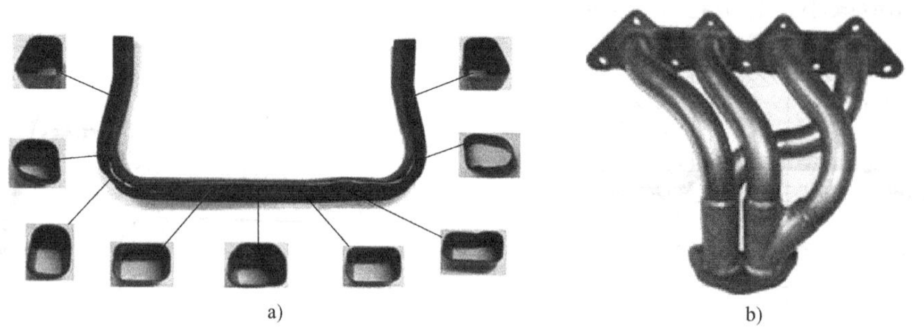

a)　　b)

图 8-10　典型的汽车内高压成形零件

a）轿车副车架（有 18 个不同的截面形状和尺寸）　b）排气歧管

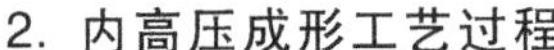

2. 内高压成形工艺过程

内高压成形工艺过程可分为 3 个阶段，见图 8-11。

（1）初始充填阶段（图 8-11a）　将管坯放在下模内，闭合上模，将管的两端用水平冲头密封，使管坯内充满液体并排出气体，实现管端冲头密封。

（2）成形阶段（图 8-11b）　对管内液体加压胀形的同时，两端的冲头按照设定加载曲线向内推进补料，在内压和轴向补料的联合作用下使管坯基本贴靠模具，这时除了过渡区圆角以外的大部分区域已经成形。

（3）整形阶段（图 8-11c）　提高压力，使过渡区圆角完全贴靠模具，从而成形所需的工件，这一阶段基本没有补料。

通过内高压成形，可把管材的圆截面变为矩形、梯形、椭圆形或其他异形截面，如图 8-11d 所示。

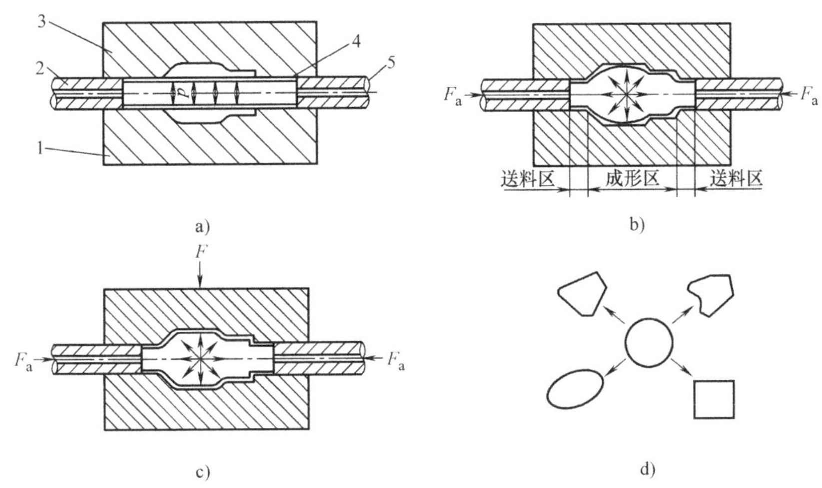

图 8-11　内高压成形工艺过程

a）管坯放入并合模　b）管坯末端密封、加载成形　c）贴模、整形　d）截面变化

1—下模　2—左冲头　3—上模　4—坯管　5—右冲头

根据受力和变形特点，零件分为成形区和送料区两个区。成形区是管材发生塑性变形、直径和形状发生变化的部分；送料区是在模具内限制管材外径不变，主要作用是向成形区补充材料。内高压成形的主要工艺参数包括初始屈服压力、开裂压力、整形压力（成形压力）、轴向进给力、合模力和补料量。初始屈服压力是指管材开始发生塑性变形所需要的内压。开裂压力是指管材发生开裂时的内压。整形压力是指在成形后期，为保证过渡圆角和尺寸精度所需要的内压。轴向进给力是水平液压缸选择的主要工艺参数，由冲头的高压反力、摩擦力和保持管材塑性变形的力三部分组成。合模力（F）是在成形过程中使模具闭合不产生缝隙所需要的力，是合模压力机选型的主要参考指标。补料量是确定水平液压缸行程的重要参数，理想补料量是建立在管坯壁厚不变的假设下，根据体积不变原则，成形前后工件表面积相等计算的补料量。但在实际情况下，由于摩擦和加载路径的影响，补料量不能完全送到成形区，成形区壁厚要减薄，因此实际补料量必然小于理想补料量，一般为理想补料量的 60% ~ 80%。内高压成形时，管端密封是由冲头和模具挤压形成的刚性密封。因此，该处模具容易磨损。通常在模具密封段采用耐磨镶块，以提高模具寿命。

目前，汽车工业常用的低碳钢和低合金高强度钢管材，抗拉强度为 300 ~ 450MPa。随着汽车对减重的进一步要求，内高压成形采用的管材抗拉强度将达到 500 ~ 600MPa。不锈钢主要有奥氏体不锈钢 304 和 1Cr18Ni9Ti 等，用于发动机歧管的管材采用耐热抗氧化的铁素体不锈钢，如 429、309 等。汽车用铝合金管材多为 6000 系列。

3. 内高压成形工艺缺陷形式及其控制措施

内高压成形是在内压和轴向进给联合作用下的复杂成形过程。如果内压过高，会导致减薄过度甚至开裂。如果轴向进给过大，会引起屈曲或起皱。只有给出内压力与轴向进给的合理匹配关系，才能获得合格的零件。

屈曲是当管材成形区长度过长，在成形初期还没有在管材内建立起足够大的内压时，施加了过大的轴向力造成的。这种缺陷可通过合理地选择管材长度、增加预成形工序和控制工艺参数解决。

当轴向力过大时，工件在成形初期产生的皱纹数量、位置和形状，与管材的几何尺寸和加载条件有关。皱纹可以分为两类，一类是后期加压整形无法展平，这类皱纹称为死皱，它是一种缺陷，可通过调节加载路径防止这类皱纹产生，但是工艺复杂；另一类皱纹通过后期加压可以展平，称为“有益皱纹”，这类皱纹不仅不是缺陷而且还可作为一种预成形的手段，即在成形初期将管材推出皱纹以补充材料，但前提条件是后续整形压力能将皱纹展开。

对于低碳钢材料，当管件的膨胀率大于 40%时，内压过高容易使管件发生开裂。破裂由管壁的局部减薄所引起，减薄开始的时刻取决于管壁厚度、材料性能和加载条件。为避免开裂，必须保证管壁在发生缩颈前贴靠模具。对于膨胀率较大的零件，采用中间预成形坯或退火是避免开裂的主要方法。在实际工艺控制过程中，由于摩擦等因素的影响，很难准确控制轴向力，因此在生产中通常采用的是内压和轴向进给量或轴向补料量之间的关系参考示意图，如图 8-12 所示。

成形区间和加载曲线之间的关系，称为加载曲线或加载路径。确定加载曲线的关键问题是如何确定内压的上、下限，通常的办法是先通过数值模拟获得初步加载曲线，然后通过工艺试验确定正式的加载曲线。在成形区间内的任何加载曲线都可获得合格的零件；但是因加载曲线位置不同，获得零件的壁厚减薄程度就不同。靠近上限时，壁厚减薄大；靠近下限时，壁厚减薄小。对于一种零件，成形区间的内压宽度越大越好，这样容易实现工艺控制。

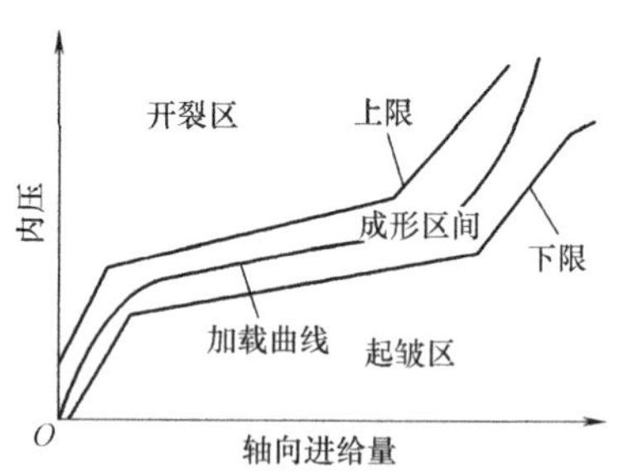

图 8-12　内压和轴向进给量（轴向补料量）之间的关系

摩擦对内高压成形的壁厚分布和缺陷形式有着重要的影响，采用合适的润滑来减少摩擦对成形的影响是内高压成形工艺的一个关键问题。内高压成形中常用的润滑剂有固体润滑剂（如 MoS_2 和石墨），润滑油和石蜡，乳化剂及高分子基润滑剂。在实际生产中，固体润滑剂约占 40%，润滑油约占 30%，乳化剂及高分子基润滑剂约占 30%。润滑剂通过喷洒或浸泡方式涂在工件表面。

4. 内高压成形工艺的技术特点

在副车架等零件的成形方面，内高压成形的加工工艺与传统的冲压焊接工艺相比有着较大的优势，其特点如下。

（1）节约材料，减轻质量　表 8-1 是汽车上采用的内高压成形件与冲压焊接件的质量对比。对于框、梁类结构件，内高压成形件比冲压焊接件质量减少 20%～40%；对于空心轴类件，质量可减少 40%～50%。

表 8-1　车用冲压焊接件与内高压成形件的质量对比

名称	冲压焊接件/kg	内高压成形件/kg	减轻质量(%)
散热器支架	16.5	11.5	24
副车架	12	7.9	34
仪表盘支架	2.72	1.36	50

（2）减少零件和模具数量，降低模具费用　内高压成形件通常仅需要一套模具，而冲压件生产一般需要多套模具。例如，通过采用内高压成形，生产副车架的模具可由 6 套减少到 1 套，散热器支架模具可由 17 套减少到 10 套。

（3）减少后续机械加工和组装焊接的工作量　以散热器支架为例，内高压成形件的散热面积增加了 43%，焊点由 174 个减少到 20 个；装配工序由 13 道减少到 6 道，生产率提高了 66%。

（4）提高零件的强度和刚度　以散热器支架为例，内高压成形件的疲劳强度在垂直方向提高 39%，在水平方向提高 50%。

（5）降低生产成本　根据德国某公司的对比分析，内高压成形件的成本比冲压焊接件平均降低 15%～30%，模具费用降低 20%～30%。表 8-2 为两种零件分别采用不同成形方法的成本比较。

表 8-2　冲压焊接件与内高压成形件成本比较

零件名称	成本项目	冲压焊接件/美元	内高压成形件/美元	成本降低(%)
副车架	工件成本	51.00	42.83	19.1
	模具成本	5359.00	3712.60	44.3
车体横梁	工件成本	28.36	23.67	19.8
	模具成本	3666.60	2007.35	82.7

5. 内高压成形设备

一条完整的内高压成形生产线，主要由切管机、弯管机、预成形压力机、内高压成形压力机等设备组成。其中最重要的设备是内高压成形压力机，它由合模压力机、高压源、水平缸、液压系统、水压系统和计算机控制系统等 6 部分组成，其组成和工作原理如图 8-13 和图 8-14 所示。

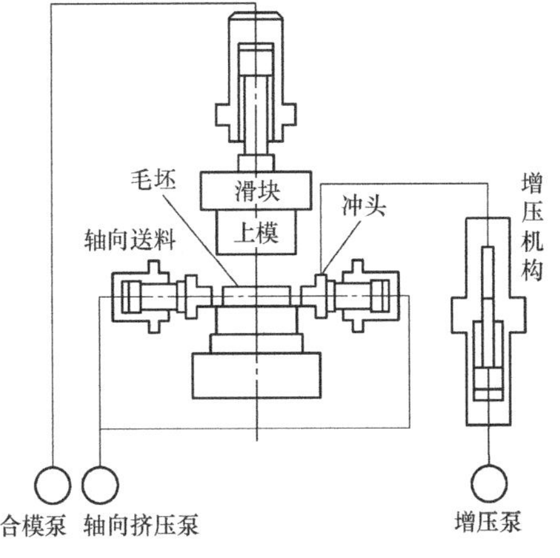

图 8-13　内高压成形压力机工作原理

内高压成形压力机的作用是提供合模力、高压液体介质和轴向推力等，并按照设定的曲线控制内压和轴向推力。内高压成形压力机一般工作过程是：闭合模具→施加合模力→对管坯内填充加压介质→管端密封→按加载曲线施加内压和轴向进给→增压整形→泄压→去合模力→退回冲头→开模。由于内高压成形过程中要求合模压力机在任意位置输出最大压力，并便于调压和保压，目前多采用液压机作为合模压力机。最大合

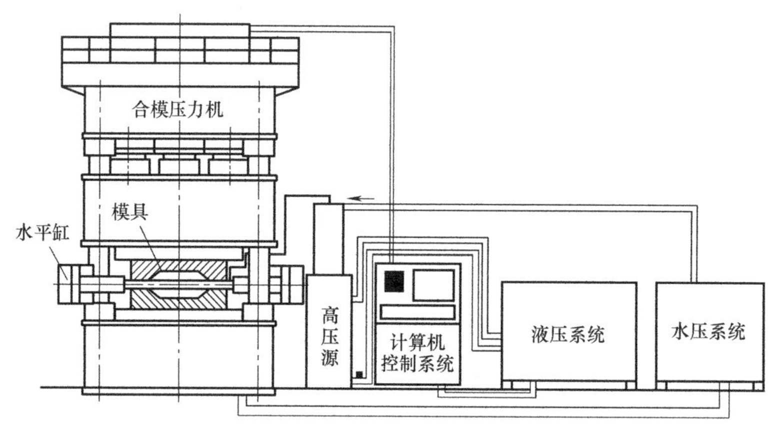

图 8-14　内高压成形压力机组成

模力是影响设备加工能力与结构的主要参数，应根据最大内压和零件的投影面积等因素确定。目前生产应用的内高压成形压力机的高压源最高压力为 400MPa。用于轿车零件生产的内高压成形机吨位多为 5000～6000t；用于载货车零件的内高压成形机吨位达 12000t，台面尺寸为 6m×2.5m，水压系统流量达 400L/min，设备均采用 PLC 或计算机控制。

6. 内高压成形工艺应用实例

副车架的内高压成形工艺过程包括数控弯管、预成形、内高压成形等主要工序。

副车架内高压成形工艺流程为：毛坯下料（外协）→数控弯管（数控弯管机）→预成形（2000kN 液压机）→成形（35000kN 液压成形机）→检验→零件存放。成形过程中各工序零件形状变化情况如图 8-15 所示。

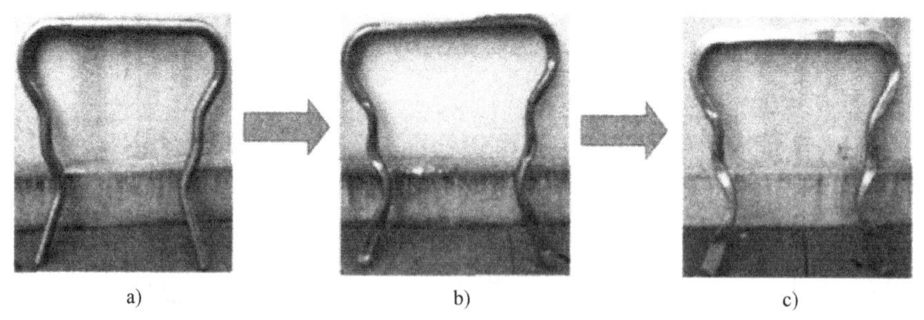

a)　　b)　　c)

图 8-15　副车架成形过程中零件形状的变化

a）弯管　b）预成形　c）内高压成形

从图 8-15 可知，副车架成形过程中的成形工艺如下：

（1）数控弯管　管子的弯曲工序将管材弯曲到轴线与零件轴线形状相同或相近。由于副车架零件轴线多为复杂空间曲线，为了保证弯曲件精度，需要采用数控弯曲。弯曲工艺的关键问题是控制外侧减薄和内侧起皱，同时要掌握回弹量控制。对于外侧减薄，主要通过在绕弯的同时在轴向加推力，抑制轴向拉伸变形，以防止过度减薄。如果外部减薄严重，在较低压力下就会引起角部开裂，导致整个零件无法成形。

（2）预成形　对于形状和尺寸相差较大的复杂截面零件，很难直接通过内高压成形获得最终的零件，一般需要预成形工序。预成形是内高压成形工艺中最关键的工序，预成形管坯形状是否合理直接关系到零件的形状和尺寸精度及壁厚分布。预成形不仅要解决将管材顺利放到终成形模中的问题，更重要的是通过合理截面形状预先分配材料，以控制壁厚分布、降低成形压力，并避免终成形合模时在分模面处发生咬边和形成飞边。

（3）内高压成形　预成形管坯在终成形模具内，通过冲头引入高压液体加压，使管坯产生塑性变形，进而成形为所设计的零件。在内高压成形过程中，如果预成形管坯形状不合理，减薄主要发生在圆角与直边过渡区域，导致最小壁厚不满足设计要求，甚至开裂。最终成形压力主要取决于截面过渡圆角半径和材料性能。

习题与思考题

8-1　高强度钢板热冲压成形的工艺流程是什么？

8-2　热冲压成形时主要的工艺参数是什么？

8-3　板料加热保温时间长和成形保压时间短，对工件的成形质量有何影响？

8-4　一般液压成形技术有哪几种？

8-5　液压拉深成形的优点是什么？

8-6　内高压成形的工艺过程是什么？

8-7　内高压成形的工作原理是什么？

第9章

冲压工艺规程的编制

学习目标

了解冲压工艺规程编制的主要内容和步骤；熟悉冲压件工艺分析，确定冲压件成形工艺方案；掌握冲压工艺过程卡的编制。

9.1 冲压工艺规程编制的主要内容和步骤

冲压工艺规程是指导冲压件生产过程的工艺技术文件。编制冲压工艺规程通常针对某一具体的冲压零件，根据其结构特点、尺寸精度要求及生产批量，按照现有设备和生产能力，拟定出保证产品质量、降低生产成本、提高生产率、最为经济合理、技术上切实可行的生产工艺方案。方案包括模具结构形式、使用设备、检验要求、工时定额等内容。

为了能编制出合理的冲压工艺规程，不仅要求工艺设计人员本身应具备丰富的冲压工艺设计知识和冲压实践经验，而且还要在实际工作中与产品设计、模具设计人员以及模具制造、冲压生产人员紧密结合，及时采用先进经验和合理化建议，并将其融会贯通到工艺规程中。

冲压工艺规程一经确定，就以正式的冲压工艺文件形式固定下来。冲压工艺文件一般指冲压工艺过程卡片，是模具设计及指导冲压生产工艺过程的依据。冲压工艺规程的编制，对于提高生产率和产品质量、降低损耗和成本，以及保证安全生产等具有重要的意义。冲压工艺规程的设计流程如图9-1所示。

9.1.1 分析冲压件的工艺性

1. 冲压件工艺分析

冲压件的工艺性是指冲压件对冲压工艺的适应性。工艺分析就是针对提供的冲压件在结构、形状、尺寸及公差、尺寸基准及材料性能等各方面是否符合冲压加工的工艺要求进行分析。冲压件的工艺性好坏，直接影响冲压加工的难易程度。工艺性差的冲压件，材料损耗和废品率会大量增加，甚至无法采用冲压工艺生产出合格的产品。

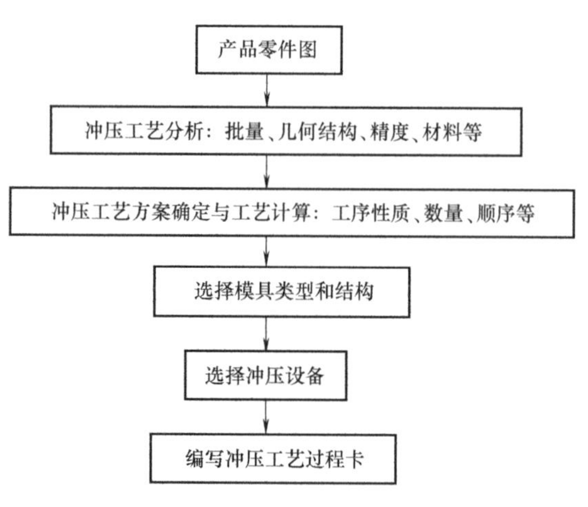

图9-1 冲压工艺规程的设计流程图

产品零件图是编制和分析冲压工艺方

案的重要依据。首先可以根据产品的零件图样，分析研究冲压件的形状特点、尺寸大小、精度要求，所用材料的力学性能、冲压成形性能、使用性能及其对冲压加工难易程度的影响。分析冲压件可能产生回弹、畸变、翘曲、歪扭、偏移等质量问题的可能性。特别要注意零件的极限尺寸（如最小孔间距和孔边距、窄槽的最小宽度、冲孔最小尺寸、最小弯曲半径、最小拉深圆角半径）及尺寸公差、设计基准等是否符合冲压工艺的要求。若冲压件的工艺性很差，则应会同产品的设计人员协商，提出建议，并在不影响产品使用要求的前提下，对产品图样做出适合冲压工艺性的修改。

分析过程中要判断该零件成形所需要的基本的冲压工序。各道冲压工序成形的中间半成品的形状和尺寸是否能满足工件的质量要求。

2. 经济性分析

在冲压可行的前提下，根据产品的生产批量分析产品成本，阐明采用冲压生产可以获得的经济效益。

9.1.2　确定冲压件成形工艺方案

在对冲压件进行工艺分析的基础上，拟定出几套可行的冲压工艺方案。通过对各种方案的综合分析和相对比较，从企业现有的生产技术条件出发，确定出经济上合理、技术上切实可行的最佳工艺方案。确定冲压件的工艺方案时，需要考虑冲压工序的性质、数量、顺序、组合方式以及其他辅助工序的安排。

1. 工序性质的确定

工序性质是指冲压件所需的工序种类。如分离工序中的冲孔、落料、切边；成形工序中的弯曲、翻边、拉深、胀形等。工序性质的确定主要取决于冲压件的结构形状、尺寸精度，同时需考虑工件的变形性质和具体的生产技术条件。

在一般情况下，可以根据冲压件的形状特征，判断出它的主要属性，如为冲裁件、弯曲件、拉深件等，再确定出它的冲压加工性质。如平板状零件的冲压加工，通常采用冲孔、落料等冲裁工序；弯曲件的冲压加工，常采用落料、弯曲工序。拉深件的冲压加工，常采用落料、拉深、切边等工序。

但在某些情况下，需要对工件图进行计算、分析比较后才能确定其工序性质。如图 9-2a、b 所示分别为油封内夹圈和油封外夹圈，两个冲压件的形状类似，但高度不同，分别为 8.5mm 和 13.5mm。经计算分析，油封内夹圈的翻边系数为 0.83，可以采用落料冲孔复合和翻边两道冲压工序完成。若油封外夹圈也采用同样的冲压工序，则因翻边高度较大，翻边系数超出了圆孔翻边系数的允许值，一次翻边成形难以保证工件质量。因此，考虑改用落料、拉深、冲孔和翻边四道工序，利用拉深后再冲底孔翻边得到较高的竖直直边。

对于拉深件，每一次拉深的变形程度是有限的，还需进一步计算拉深次数，以确定拉深工序数。

2. 工序数量的确定

工序数量是指冲压件生产过程中所需要的工序数目（包括辅助工序数目）的总和。冲压工序的数量，主要根据冲压件的几何形状及其复杂程度、尺寸精度和材料性质确定。在具体情况下，还应考虑生产批量、制造模具的水平和能力、冲压设备条件以及工艺稳定性等多种因素的影响。在保证冲压件质量的前提下，为提高经济效益和生产率，工序数量应尽可能

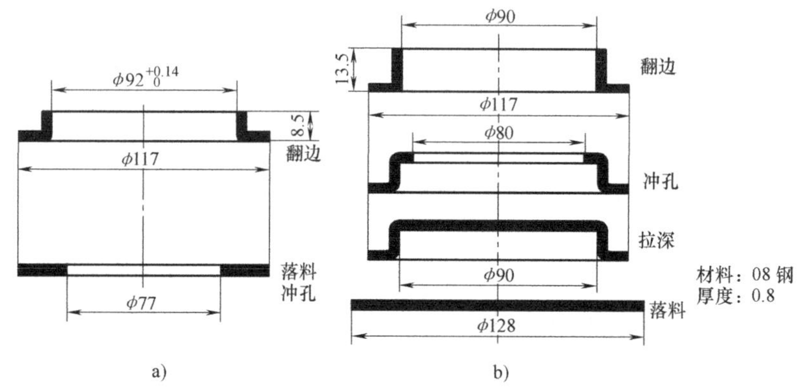

图 9-2　油封内夹圈和油封外夹圈的冲压工艺过程

a）油封内夹圈　b）油封外夹圈

少些。

工序数量的确定，应遵循以下原则：

1）冲裁形状简单、小批量的工件，宜采用单工序模具完成。冲裁形状复杂的工件，由于模具的结构或强度受到限制，其内外轮廓应分成几部分冲裁，需采用多道冲压工序冲压，往往可以采用复合工序模和级进冲压工序模冲压。对于平面度要求较高的工件，可在冲裁工序后再增加一道校平工序。

2）弯曲件的工序数量主要取决于其结构形状的复杂程度，根据弯曲角的数目、相对位置和弯曲方向而定。当弯曲件的弯曲半径小于允许值时，则在弯曲后应增加一道整形工序。

3）拉深件的工序数量与材料性质、拉深高度、拉深阶梯数以及拉深直径、材料厚度等条件有关，需经拉深工艺计算才能确定。当拉深件的圆角半径较小或尺寸精度要求较高时，则需在拉深后增加一道整形工序。

4）当工件的断面质量和尺寸精度要求较高时，可以考虑在冲裁工序后再增加整修工序或者直接采用精密冲裁工序。

5）工序数量的确定还应符合企业现有制模能力和冲压设备的状况。制模能力应能保证模具加工、装配精度相应提高的要求，否则只能增加工序数目。

6）为了提高冲压工艺的稳定性，有时需要增加工序数目，以保证冲压件的质量。例如，弯曲件的附加定位工艺孔冲制；成形工艺中增加的变形减轻孔冲裁，以转移变形区等。

7）一个完整的冲压规程中，有时还包括一些非冲压的辅助工序，如备料、焊接、去毛刺、清理（酸洗）、表面处理（润滑）、检验等。

3. 工序顺序和组合安排

工序顺序是指冲压加工过程中，各道工序进行的先后次序。冲压工序的顺序应根据工件的形状、尺寸精度要求，工序的性质以及材料变形的规律进行安排。一般遵循以下原则：

1）对于带孔或有缺口的冲压件，选用单工序模时，通常先落料再冲孔或缺口。选用级进模时，则落料安排为最后工序。

2）如果工件上存在位置靠近、大小不一的两个孔，则应先冲大孔后冲小孔，以免大孔冲裁时的材料变形引起小孔的形变。

3）对于带孔的弯曲件，在一般情况下，可以先冲孔后弯曲，以简化模具结构。当孔位于弯曲变形区或接近变形区，以及孔与基准面有较高要求时，则应先弯曲后冲孔。对于带孔的拉深件，一般先拉深后冲孔。当孔的位置在工件底部且孔的尺寸精度要求不高时，可以先冲孔再拉深，这样有助于拉深变形，可减少拉深次数。

4）对于多角弯曲件，应从材料变形影响和弯曲时材料的偏移趋势安排弯曲的顺序，一般应先弯外角后弯内角。

5）对于复杂的旋转体拉深件，一般先拉深大尺寸的外形，后拉深小尺寸的内形。对于复杂的非旋转体拉深件，应先拉深小尺寸的内形，后拉深大尺寸的外部形状。

6）整形工序、校平工序、切边工序，应安排在基本成形以后。

7）冲压的辅助工序，可根据冲压基本工序的需求、零件的技术要求等具体情况，穿插安排在冲压的基本工序间进行。

8）大批量生产时要提高生产率，考虑工序组合；若零件形位精度高，需避免不同模具定位误差的影响，考虑工序组合。

经过工序组合和顺序的安排，就形成了冲压工艺方案。对于可能的冲压工艺方案，必须从技术、经济的角度对它们各自的优点、缺点进行客观分析，从而选定一个符合现有生产条件、满足质量和生产率要求的最佳方案。

4. 冲压工序件（半成品）形状与尺寸的确定

冲压工序件（半成品）是坯料到工件之间的过渡件。冲压工序件（半成品）都可以分为两个组成部分，即已成形部分和待成形部分。待成形部分是过渡性的，这些过渡性的尺寸和形状在加工完成后就完全消失。但它对每道冲压工序的成形和最终冲压件的质量都有较大的影响。正确地确定冲压工序间半成品的形状与尺寸，可以提高冲压件的质量和精度。确定时应注意下述几点：

1）当零件的变形程度超过极限变形参数而需要多次成形时，应根据具体的工艺计算来确定半成品的尺寸。如多次拉深时，各道工序的半成品直径、拉深件底部的翻边预冲孔直径等，都应根据各自的极限拉深系数或极限翻边系数计算确定。如图9-3所示为出气阀罩盖的冲压过程。该冲压件需分六道工序进行，第一道工序为落料拉深，该道工序拉深后的半成品直径为ϕ22mm是根据极限拉深系数计算出来的。

2）确定半成品尺寸时，应保证已成形的部分在以后各道工序中不再产生任何变形，而待成形部分必须留有适当的材料余料，以保证以后各道工序中形成工件相应部分的需要。如图9-3中的第二道工序为再次拉深，拉深直径为ϕ16.5mm，该成形部分的形状、尺寸与工件完全成形后的相应部分相同，所以在以后各道工序中必须保持不变。假如第二道工序中拉深底部为平底，而第三道工序中成形的凹坑直径为ϕ5.8mm，拉深系数（$m=5.8/16.5=0.35$）过小，周边材料不能对成形部分进行补充，导致第三道工序无法正常成形，已成形部分ϕ16.5mm也会变形。因此，只有按面积相等的计算原则储存必需的待成形材料，把半成品工件的底部拉深成球形，才能保证第三道工序成形凹坑时能顺利进行。

3）半成品的过渡形状，应具有较强的抗失稳能力。如图9-4所示为第一道拉深后的半成品形状，其底部不是一般的平底形状，而做成外凸的曲面。在第二道工序反拉深时，当半成品的曲面和凸模曲面逐渐贴合时，半成品底部所形成的曲面形状具有较高的抗失稳能力，从而有利于第二道拉深工序的进行。

4）确定半成品的过渡形状与尺寸时，应考虑其对工件质量的影响。如多次拉深工序中凸模的圆角半径，或宽凸缘边工件多次拉深时的凸模与凹模圆角半径，都不宜过小，否则会在成形后的零件表面留下经圆角部位弯曲变薄的痕迹，使表面质量下降。

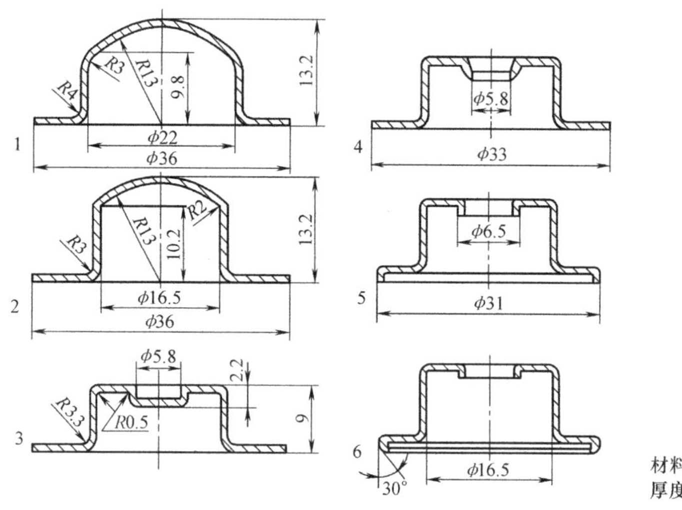

图 9-3　出气阀罩盖的冲压过程

1—落料拉深　2—再拉深　3—成形　4—冲孔切边　5—内孔、外缘翻边　6—折边

9.1.3　确定冲压模具的类型和结构形式

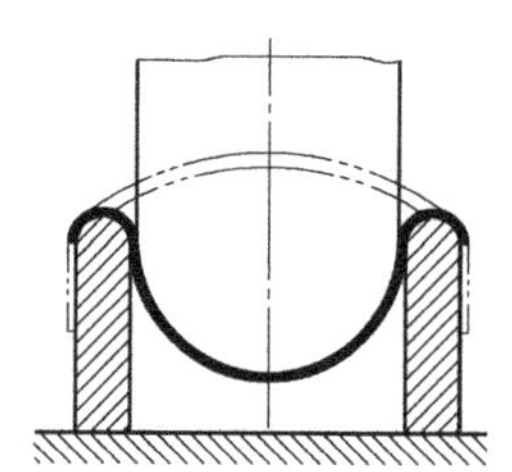

图 9-4　曲面零件拉深时的半成品形状

在制订冲压工艺规程时，可以根据确定的冲压工艺方案和冲压件的生产批量、形状特点、尺寸精度，以及模具的制造能力、现有冲压设备、操作安全方便的要求，选择模具的结构类型。

模具的类型主要取决于生产批量。表 9-1 所列为冲压生产批量的划分及其与模具类型的关系，可供参考。如果冲压件的生产批量很小，可以考虑工序分散的方案；采用单工序的简单模具，按冲压工序的顺序逐步成形，以降低冲压件的生产成本。若生产批量大，应尽量考虑将几道工序组合在一起的工序集中方案；采用在一副模具中可以完成多道冲压工序的复合模或级进模结构。如图 9-2 a 所示的油封内夹圈零件，在大量生产时，可以把落料、冲孔、翻边三个工序合并成一道工序，用一副复合模冲压完成；如果为小批量生产，则可分为三道工序或两道工序冲压完成。

复合模可以冲制尺寸较大的零件，但材料厚度、孔心距、孔边距有一定限制；级进模适用于冲制小型零件，尤其是形状复杂的异形件，但级进模轮廓尺寸受压力机台面尺寸的限制；单工序模不受零件尺寸和板厚的限制。复合模冲压比单工序模冲压的冲件质量好；而级进模的冲压件质量一般介于单工序模与复合模之间。

值得注意的是，在使用复合模完成类似零件的冲压时，必须考虑复合模结构中的凸凹模壁厚的强度问题。当强度不够时，应根据实际情况改选级进模结构或者考虑其他模具结构。

采用级进模连续冲压，可以完成冲裁、弯曲、拉深及成形等多种性质工序的组合加工，但是工位数越多，可能产生的累积误差越大，对模具的制造精度和维修提出了较高的要求。

表 9-1　冲压生产批量与模具类型的关系　　　（单位：千件）

项　目	生产批量				
	单件	小批	中批	大批	大量
大型件		1～2	2～20	20～300	>300
中型件	<1	1～5	5～50	50～100	>1000
小型件		1～10	10～100	100～500	>5000
模具类型	单工序模 组合模 简易模	单工序模 组合模 简易模	级进模、复合模 单工序模 半自动模	单工序模 级进模、复合模 自动模	级进模 复合模 自动模
设备类型	通用压力机	通用压力机	通用压力机 高速压力机	通用压力机 高速压力机 专用压力机	通用压力机 高速压力机 专用压力机

注：表内数字为每年班产量数值。

模具类型确定后，还要确定模具的具体结构形式。主要包括送料与定位方式的确定、卸料与出件方式的确定、工作零件的结构及其固定方式的确定、模具精度及导向形式的确定等。对于复杂的弯曲模及其他需要改变冲压力方向和工作零件运动方向的模具，还要确定传力和运动的机构。

冲模的结构形式很多，设计时要将各种结构形式的特点及适用场合与所设计的工艺方案及模具类型的实际情况做全面的比较分析，在满足质量与工艺要求的前提下，还应考虑模具的维护、操作方便与安全性，最终选用最合适的模具结构形式。

9.1.4　选择冲压设备

冲压设备的选择直接关系到设备的安全以及生产率、产品质量、模具寿命和生产成本等一系列重要问题。冲压设备的选择主要包括设备的类型和规格参数两个方面。

1. 冲压设备类型的选择

主要根据所要完成的冲压工序性质、生产批量的大小、冲压件的几何尺寸和精度要求等选择冲压设备的类型。

1）对于中小型冲裁件、弯曲件或浅拉深件的冲压生产，常选用开式曲柄压力机。虽然 C 形床身的开式压力机刚度不够好，冲压力过大会引起床身变形而导致冲模间隙分布不均，但是它具有三面敞开的空间、操作方便且容易安装机械化的附属装置和成本低廉的优点，目前仍然是中小型冲压件生产的主要设备。

2）对于大中型和精度要求高的冲压件，多采用闭式曲柄压力机。这类压力机两侧封闭，刚度好、精度较高，但是操作不如开式压力机方便。

3）对于大型或较复杂的拉深件，常采用上传动的闭式双动拉深压力机。对于中小型的拉深件（尤其是搪瓷制品、铝制品的拉深件），常采用下传动式的双动拉深压力机。闭式双动拉深压力机有两个滑块，即压边用的外滑块和拉深用的内滑块。压边力可靠、易调，模具结构简单，适合于大批量生产。

4）对于大批量生产的或形状复杂、批量很大的中小型冲压件，应优先选用自动高速压力机或多工位自动压力机。

5）对于批量小、材料厚的冲压件，常采用液压机。液压机的合模行程可调，尤其是施力行程较大的冲压加工，与机械压力机相比具有明显的优点，而且不会因为板料厚度超差而过载。但生产速度慢，效率较低，可用于弯曲、拉深、成形、校平等工序。

6）对于精冲零件，最好选择专用的精冲压力机。否则要利用精度和刚度较高的普通曲柄压力机或液压机，且添置压边系统和反压系统后才能进行精冲。

2. 冲压设备规格的选择

在冲压设备类型选定以后，应进一步根据冲压加工中所需要的冲压力（包括卸料力、压料力等）、变形功，模具的结构形式和闭合高度、外形轮廓尺寸等，选择冲压设备的规格。必须要保证模具的冲压力、工作行程和安装空间的要求。

（1）公称力　压力机的公称力，是指压力机滑块离下死点前某一特定距离，即压力机的曲轴旋转至离下死点前某一特定角度（称为公称压力角，约为30°）时，滑块上所允许的最大工作压力。在选用压力机时，不仅要考虑公称力的大小，而且还要保证完成冲压件加工时的冲压工艺力曲线必须在压力机滑块的许用负荷曲线之下。如图 9-5 所示，图中 F 为压力，α 为压力机的曲轴转角。

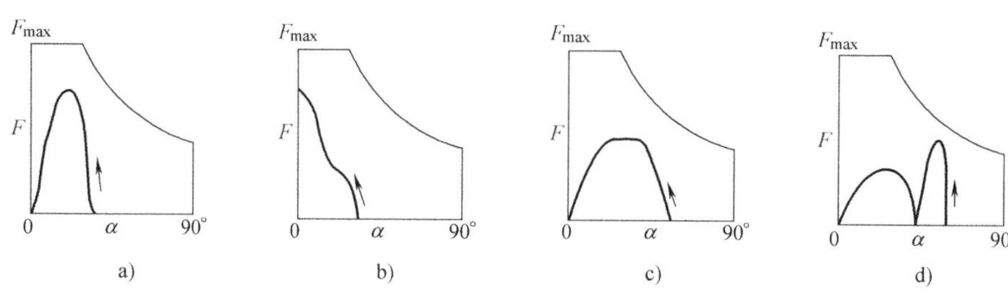

图 9-5　曲柄压力机许用负荷曲线与不同的冲压工艺力曲线的比较
a）冲裁　b）弯曲　c）拉深　d）落料与拉深复合

一般情况下，压力机的公称力应大于或等于冲压总工艺力的 1.3 倍。

在开式压力机上进行精密冲裁时，压力机的公称力应大于冲压总工艺力的 2 倍。对于拉深工序，可以考虑适当的安全系数，近似地取值为：

浅拉深时，最大拉深力≤（0.7~0.8）压力机公称力。

深拉深时，最大拉深力≤（0.5~0.6）压力机公称力。

（2）滑块行程　压力机的滑块行程是指滑块从上死点到下死点所经过的距离。压力机行程的大小应能保证毛坯或半成品的放入及成形零件的取出。一般冲裁、精压工序所需行程较小；弯曲、拉深工序则需要较大的行程。拉深件拉深的行程，至少应大于或等于成品零件高度的 2.5 倍。

（3）闭合高度　压力机的闭合高度，是指滑块在下死点时，滑块底平面到工作台面之间的高度。通过调节压力机连杆的长度，就可以调整闭合高度的大小。当压力机连杆调节至最上位置时，闭合高度达到最大值，称为最大闭合高度。当压力机连杆调节至最下位置时，闭合高度达到最小值，称为最小闭合高度。模具的闭合高度必须适合于压力机闭合高度范围的要求。如图 9-6 所示，它们之间的关系一般为

$$(H_{max}-h_1)-5\text{mm}\geqslant h\geqslant(H_{min}-h_1)+10\text{mm} \tag{9-1}$$

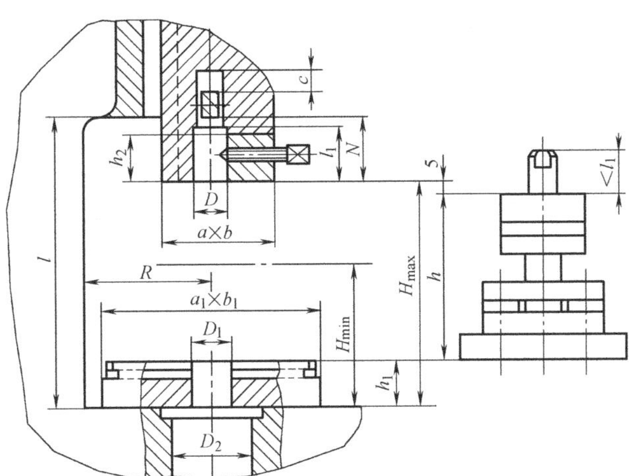

图 9-6　模具闭合高度与压力机闭合高度的配合关系

（4）其他参数

1）压力机工作台尺寸。压力机工作台上垫板的平面尺寸应大于模具下模的平面尺寸，并留有固定模具的充分余地，一般每边留 50~70mm。

2）压力机工作台孔尺寸。模具底部设置的漏料孔或弹顶装置尺寸，必须小于压力机的工作台孔尺寸。

3）压力机模柄孔尺寸。模具的模柄直径必须和压力机滑块内模柄安装用孔的直径相一致，模柄的高度应小于模柄安装孔的深度。

9.1.5　冲压工艺文件的编写

冲压工艺文件一般以工艺过程卡的形式表示，它综合地表达了冲压工艺设计的具体内容，包括工序序号、工序名称或工序说明、加工工序草图（半成品形状和尺寸）、模具的结构形式和种类、选定的冲压设备、工序检验要求、工时定额、板料的规格及毛坯的形状尺寸等。

冲压件的批量生产中，冲压工艺过程卡是指导冲压生产正常进行的重要技术文件，起着生产的组织管理、调度、工序间的协调以及工时定额核算等作用。工艺过程卡尚未有统一的格式，一般按照既简明扼要又有利于生产管理的原则制订。冲压工艺过程卡的格式可参考冲压工艺设计实例。

设计计算说明书是编写冲压工艺卡及指导生产的主要依据。对于一些重要冲压件的工艺制订和模具设计，应在设计的最后阶段编写设计计算说明书，以供今后审阅备查。其主要内容包括冲压件的工艺分析，毛坯展开尺寸计算，排样方式及其经济性分析，工艺方案的技术和经济综合分析比较，工序性质和冲压次数的确定，半成品过渡形状和尺寸计算，模具结构形式分析，模具主要零件的材料选择、技术要求及强度计算，凸模和凹模工作部分尺寸与公差确定，冲压力计算与压力中心位置的确定，冲压设备的选用，弹性元件的选取和校核等。

9.2 典型冲压件冲压工艺设计实例

图 9-7 所示冲压件为托架，材料为 08F，年产 8 万件，要求表面不允许有明显的划痕，孔不允许变形，试设计该零件的冲压工艺方案。

9.2.1 冲压件的工艺分析

1. 零件的结构工艺性分析

该零件是某机械产品上的一个支撑托架，托架的中心孔（ϕ10mm）用于安装心轴，通过 4 个 ϕ5mm 孔与机身连接。5 个孔的尺寸公差等级均为 IT9，其余可考虑 IT13，表面不允许有明显的划痕。工件弯曲半径 $R1.5$mm 均大于材料的最小弯曲半径。工件精度没有特殊要求，不需要整形。工件年产 8 万件，属于中批量生产，外形简单对称，材料冲压性能好，因此该零件可采用冲压方法进行加工。

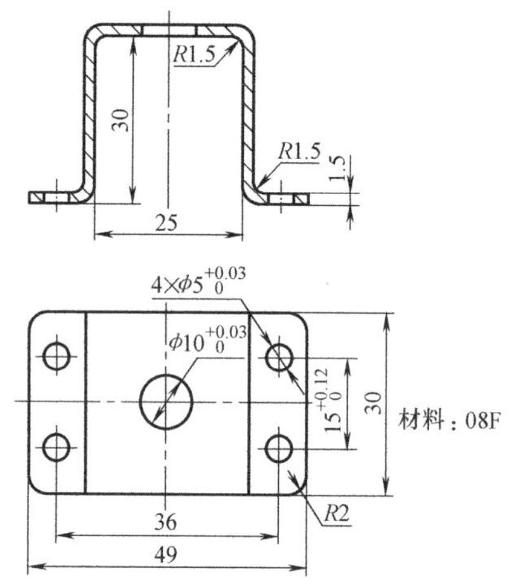

图 9-7 托架零件图

零件尺寸精度较高的部位是 5 个孔，其孔径均大于允许的最小孔径，因此可以进行冲裁。由于 4 个 ϕ5mm 孔的孔边距离弯曲变形区较近，弯曲时容易使孔变形，因此 4 个 ϕ5mm 孔应在弯曲后加工。ϕ10mm 孔离圆角变形区较远，为简化模具结构同时也利于弯曲时坯料的定位，考虑在弯曲前进行孔加工。

2. 工艺方案的确定

通过冲压工艺性分析，该托架零件从结构形状、技术要求来看，所需的基本冲压工序为落料、冲孔、弯曲三种，零件的弯曲成形可采用图 9-8 所示的四种工艺方案实现。

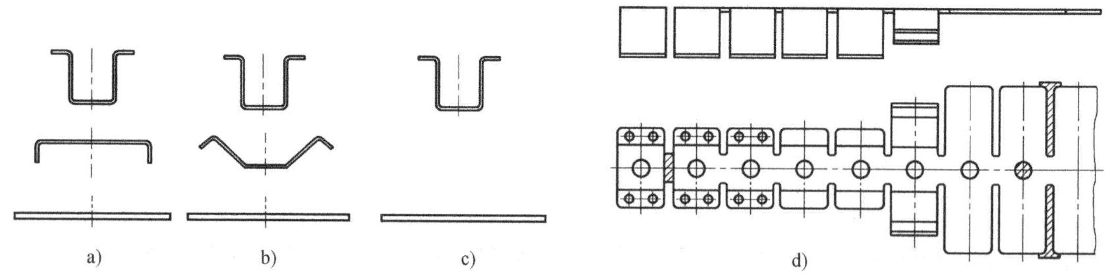

图 9-8 托架冲压成形工艺方案

（1）工艺方案分析

方案一：将弯曲工序分两次完成（图 9-8a)，第一次将工件两端弯曲成 90°，第二次再将工件中间部分弯曲成 90°。该弯曲方案的弯曲变形程度较小，弯曲力也较小，可有效提高模具的使用寿命，缺点是回弹不易控制。

方案二：弯曲工序也分两次（图 9-8b)，先将中间与两端材料预弯成 45°，再用一副弯曲模将其弯曲成 90°。此方案采用了校正弯曲，因此可得到精确尺寸的工件，模具工作条件也较好，可有效提高模具寿命，也可防止工件表面产生划伤。

方案三：采用一副弯曲模一次弯曲成形（图 9-8c）。此方案的优点是少投入一副弯曲模，生产率较高。缺点是弯曲半径较小（$R=1.5$mm），导致材料在凹模口容易被划伤，凹模口也容易磨损，降低了模具的使用寿命，工件的回弹和畸变也较严重。

方案四：采用级进模在两个不同的工位上级进弯曲（图 9-8d），生产率高。

（2）工艺过程分析

方案一（图 9-9）：冲 ϕ10mm 孔与弯曲毛坯落料复合（图 9-9a）→弯曲两端成 90°角（图 9-9b）→弯曲中间成 90°角（图 9-9c）→冲 4×ϕ5mm 孔（图 9-9d），需要一副复合模、两副弯曲模、一副冲孔模。此方案的优点是模具结构简单，使用寿命长，制造周期短，投产快；缺点是工序较分散，需用的模具、设备和操作人员较多，工人劳动强度也较大。

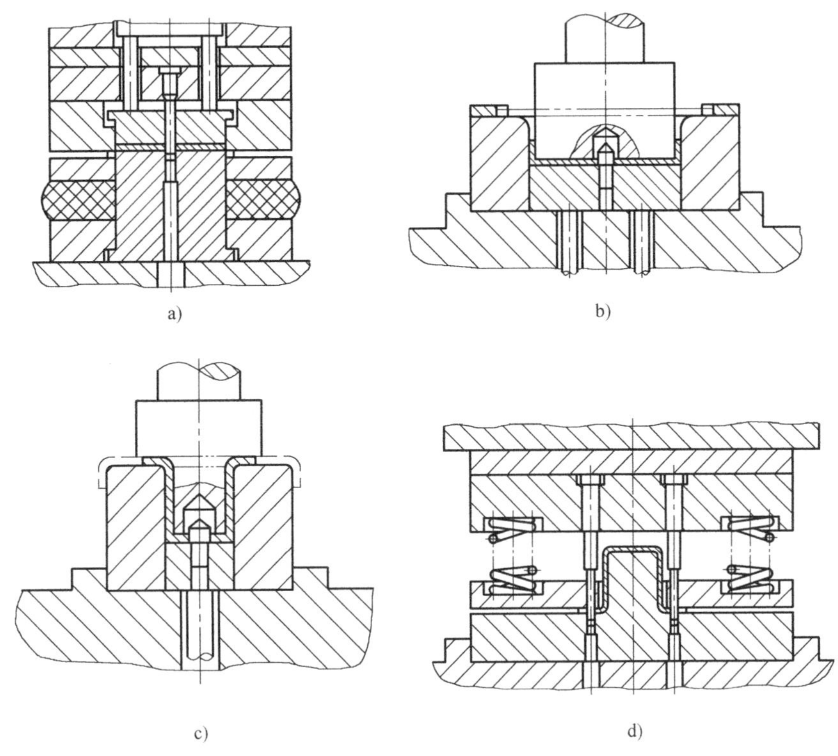

图 9-9　方案一工艺过程

a）冲孔落料复合模　b）弯两端 90°　c）弯中间 90°　d）冲孔模

方案二：冲 ϕ10mm 孔与落料复合（图 9-9a）→弯曲两端与中间成 45°（图 9-10a）→校正弯曲中间成 90°角（图 9-10b）→冲 4×ϕ5mm 孔（图 9-9d）。该方案与方案一同样需要一副复合模、两副弯曲模、一副冲孔模。区别在于弯曲部位的弯曲分两次成形，第一次预弯，第二次校正弯曲，工件的弯曲能有效地控制回弹，保证弯曲尺寸精确，表面质量也能得到保证。

方案三：冲 ϕ10mm 孔与落料复合（图 9-9a）→四角同时弯曲成 90°（图 9-11a）→冲 4×ϕ5mm 孔（图 9-9d）。此方案工序集中，可减少模具、设备及操作人员，但弯曲摩擦较大，模具寿命短，工件弯曲过程中的摩擦产生的畸变等质量问题较难控制。

方案四：全部工序组合，采用带料级进冲压（图 9-12）。此方案的优点是工序集中，生产率高，操作安全，适用于大批量生产。但模具结构相对复杂，安装、调试与维修比前三种方案困难。

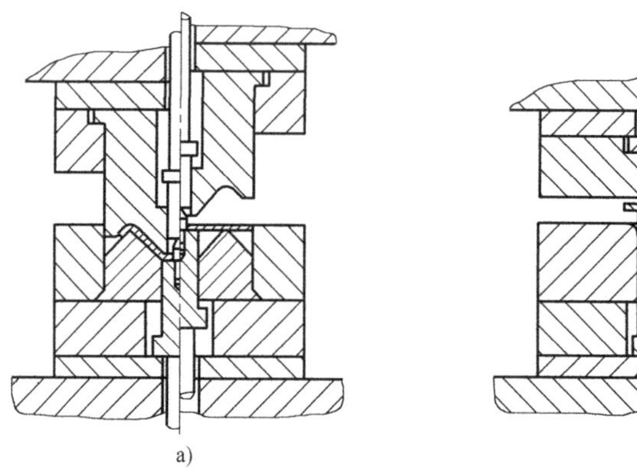

图 9-10　方案二工艺过程

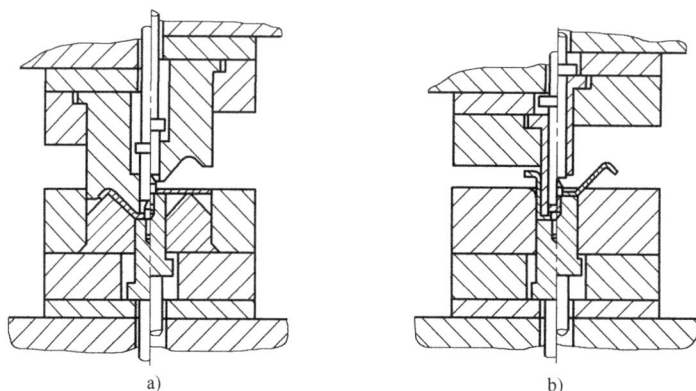

a）弯曲两端与中间成 45°　b）弯曲中间成 90°

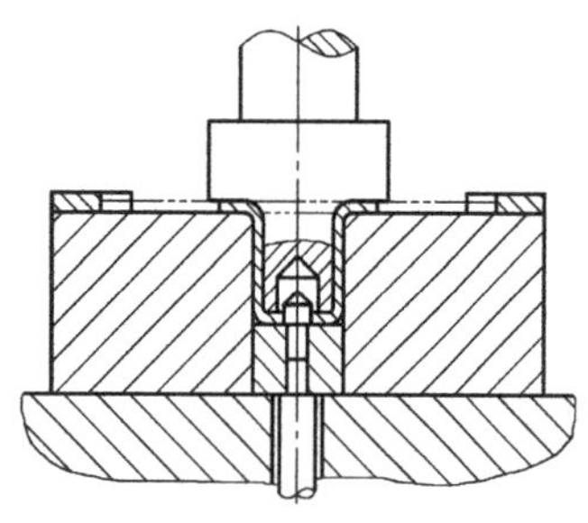

图 9-11　方案三工艺过程

图 9-12　方案四工艺过程

综合上述分析，考虑到工件的生产批量为中批量生产，选择方案二能获得较高的弯曲精度。如果工件的生产批量是大批量生产，选择方案四能获得较高的生产率和较低的人工成本，具有较好的经济效益。

9.2.2　编制冲压工艺卡片

表 9-2 为托架采用方案二的冲压工艺文件（工艺过程卡）。

表 9-2　托架冲压工艺过程卡（方案二）

（厂名）	冲压工艺过程卡	产品型号	ZJ006	零(部)件名称	托架	共　页
		产品名称	支架	零(部)件型号	TJ002	第　页
材料牌号及规格/mm		材料技术要求	坯料尺寸/mm	每条坯料可生产件数	坯料重量	辅助材料
08F 钢 (1.5±0.11)×1800×900			条料 1.5×1800×108	57 件		
工序号	工序名称	工序内容	加工简图	设备	工艺装备	工时
10	备料					
20	下料	剪板机上裁板至 1800mm×108mm		剪板机		

（续）

工序号	工序名称	工序内容	加工简图	设备	工艺装备	工时
30	冲孔落料	冲 φ10mm 孔与落料复合	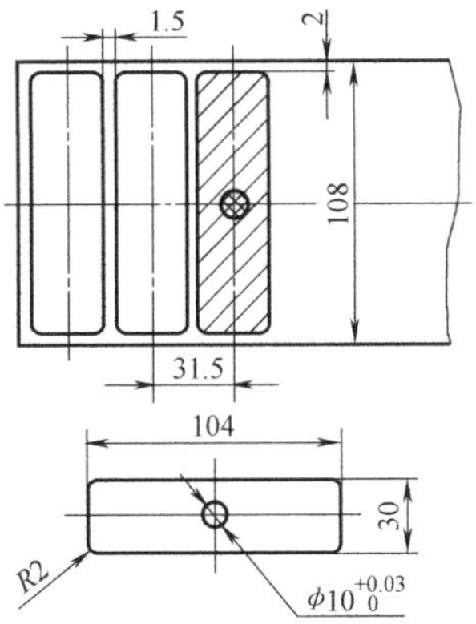	J23-25	冲孔落料复合模	
40	弯曲	弯两端并使两内角预弯成 45°	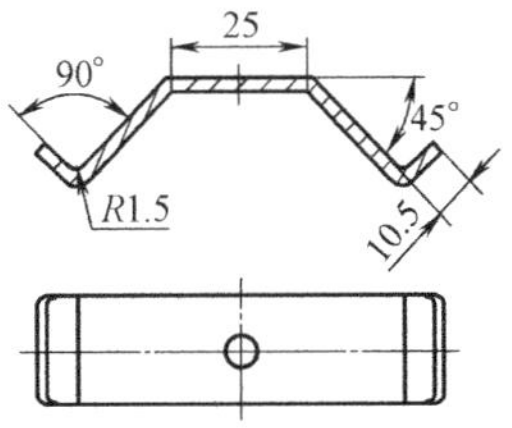	J23-16	弯曲模	
50	弯曲	弯两内角成 90°	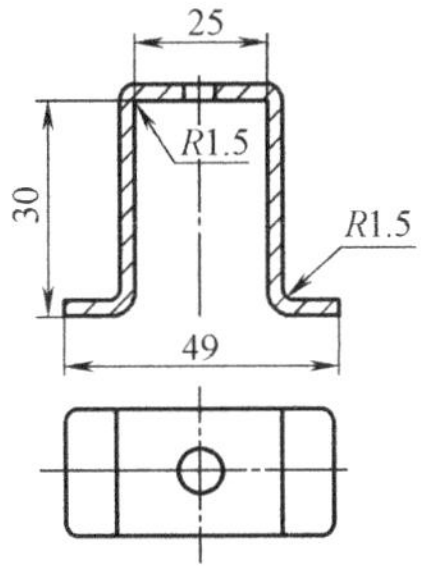	J23-16	弯曲模	
60	冲孔	冲 4×φ5mm 孔	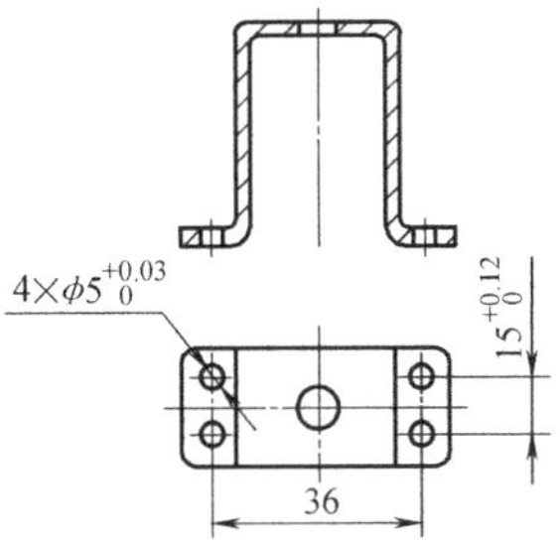	J23-16	冲孔模	
70	检验	按零件图样检验				

										编制（日期）	审核（日期）	会签（日期）	
标记	处数	更改文件号	签字	日期	标记	处数	更改文件号	签字	日期				

表 9-3 为托架采用方案四的冲压工艺文件（工艺过程卡）。

表 9-3　托架冲压工艺过程卡（方案四）

（厂名）	冲压工艺卡	产品型号	ZJ006	零（部）件名称	托架	生产批量	共　页
材料牌号及规格：08F 钢带	坯料尺寸/mm：1.5×108×L（钢带）	产品名称	支架	零（部）件型号	TJ002	20 万件/月	第　页

工序	工位号	工序（工位）名称	模具数量	压力机吨位	生产方式	模具尺寸（长×宽×高）/mm	模具重量/t	产品简图
级进冲压工序	OP10	冲裁边料、冲孔	1	SP-50CS（50t）	自动化	420×250×300	0.5	
	OP20	空工位						
	OP30	弯外侧（预弯）						
	OP40	弯内侧						
	OP50	空工位						
	OP60	冲孔						
	OP70	空工位						
	OP80	切断，出件（CUT OFF）						

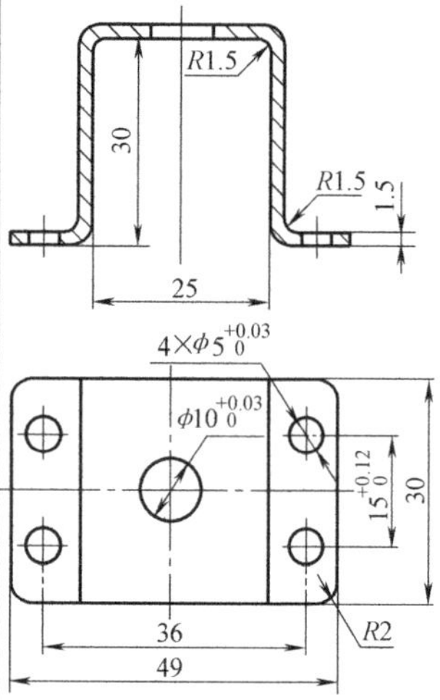

工艺简图（级进冲压排样图）

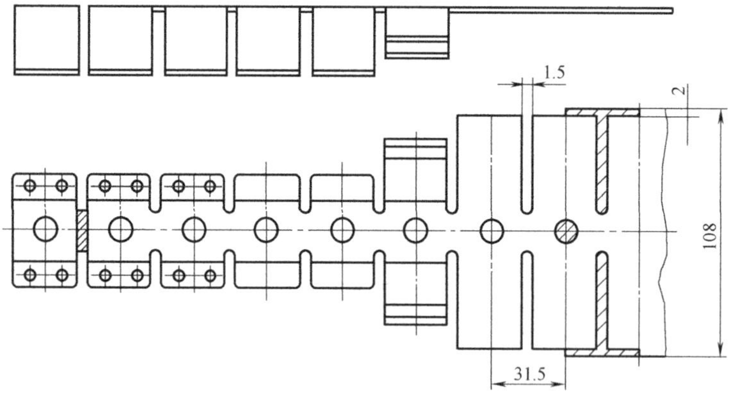

毛坯简图及尺寸

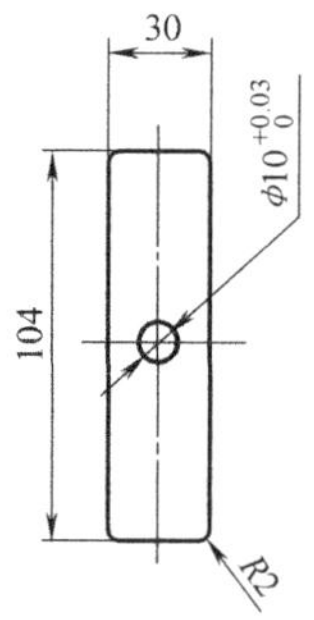

习题与思考题

9-1　冲压工艺过程制订的一般步骤有哪些？

9-2　确定冲压工序的性质、数目与顺序的原则是什么？

9-3　确定冲压模具的结构形式的原则是什么？

9-4　怎样确定工序件的形状和尺寸？

9-5　怎样选择冲压设备？

9-6　汽车车门玻璃升降器外壳件的形状、尺寸如图 9-13 所示，材料为 08 钢，年产量

50000 件，要求无严重划伤、无冲压毛刺，孔不允许变形。试编制该工件的冲压工艺方案。

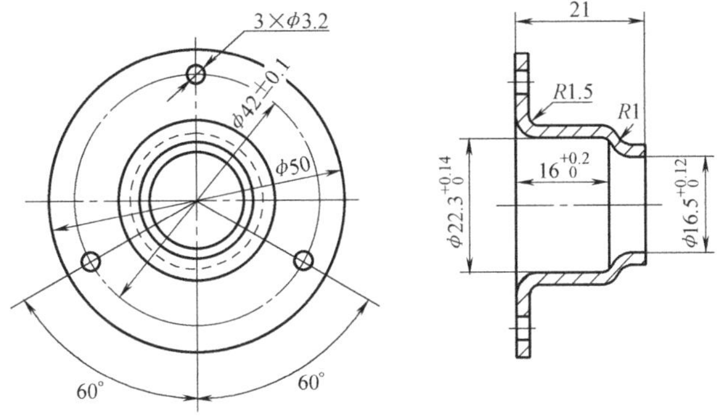

图 9-13　题 9-6 图

附录A 几种常用的冲压设备规格

附表 A-1 压力机的主要技术参数

名称		开式双柱可倾式压力机			单柱固定台压力机	开式双柱固定台压力机	闭式单点压力机	闭式双点压力机	闭式双动拉伸压力机	双盘摩擦压力机
型号		123-6.3	JH23-16	JG23-40	J11-50	JD21-100	JA31-160B	J36-250	JA45-100	J53-63
公称力/kN		63	160	400	500	1000	1600	2500	内滑块 1000 外滑块 630	630
滑块行程/mm		35	50 压力行程 3.17	100 压力行程 7	10~90	10~120	160 压力行程 8.16	400 压力行程 11	内滑块 420 外滑块 260	270
行程次数/(次·min^{-1})		170	150	80	90	75	32	17	15	22
最大闭合高度/mm		150	220	300	270	400	480	750	内滑块 580 外滑块 530	最小闭合高度 190
最大装模高度/mm		120	180	220	190	300	375	590	内滑块 480 外滑块 430	
闭合高度调节量/mm		35	45	80	75	85	120	250	100	
立柱间距离/mm		150	220	300		480	750		950	
导轨间距离/mm							590	2640	780	350
工作台尺寸/mm	前后	200	300	150	450	600	790	1250	900	450
	左右	310	450	300	650	1000	710	2780	950	400
垫板尺寸/mm	厚度	30	40	80	80	100	105	160	100	
	孔径	140	210	200	130	200	430×430		555	80
模柄孔尺寸/mm	直径	30	40	50	50	60	打料孔 $\phi75$		50	60
	深度	55	60	70	80	80			60	80
电动机功率/kW		0.75	1.5	4	5.5	7.5	12.5	33.8	22	4

附表 A-2 SP 系列小型压力机的主要技术参数

压力机型号	SP-10CS	SP-15CS	SP-30CS	SP-50CS
公称力/kN	100	150	300	500
行程长度/mm	40~10	50~10	50~20	50~20
行程次数/(次·min^{-1})	75~850	80~850	100~800	150~450

（续）

压力机型号	SP-10CS	SP-15CS	SP-30CS	SP-50CS
滑块调节量/mm	25	30	50	50
垫板面积/(mm×mm)	400×300	450×330	620×390	1080×470
垫板厚度/mm	70	80	100	100
滑块面积/(mm×mm)	200×180	220×190	320×250	820×360
工作台孔尺寸/mm	240×100	250×120	300×200	600×180
封闭高度/mm	185~200	200~220	250~265	290~315
主电动机功率/kW	0.75	2.2	5.5	7.5
机床质量/kg	900	1400	4000	6000
机床外形尺寸(L×B)/mm	935×780	910×1200	1200×1275	1625×1495
机床高度 H/mm	1680	1900	2170	2500

注：SP 系列小型高速压力机为小型 C 形机架（国际上称为 OBI 型机架）的开式压力机，为日本山田公司生产，适用于工业用接插件、电位器、电容器等小型电子元件的零件生产。

附录 B　冲压模具零件的常用公差配合及表面粗糙度

附表 B-1　冲压模具零件的加工精度及相互配合

配合零件名称	精度及配合	配合零件名称	精度及配合
导柱与下模座	$\frac{H7}{r6}$	固定挡料销与凹模	$\frac{H7}{n6}$或$\frac{H7}{m6}$
导套与上模座	$\frac{H7}{r6}$	活动挡料销与卸料板	$\frac{H9}{h8}$,$\frac{H9}{h9}$
导柱与导套	$\frac{H6}{h5}$或$\frac{H7}{h6}$、$\frac{H7}{f7}$	圆柱销与凸模固定板、上下模座等	$\frac{H7}{n6}$
模柄(带法兰盘)与上模座	$\frac{H8}{h8}$,$\frac{H9}{h9}$	螺钉与螺杆孔	0.5mm 或 1mm(单边)
		卸料板与凸模或凸凹模	0.1~0.5mm(单边)
凸模与凸模固定板	$\frac{H7}{m6}$或$\frac{H7}{k6}$	顶件板与凹模	0.1~0.5mm(单边)
凸模(凹模)与上、下模座(镶入式)	$\frac{H7}{h6}$	推杆(打杆)与模柄	0.5~1mm(单边)
		推销(顶销)与凸模固定板	0.2~0.5mm(单边)

附表 B-2　冲压模具零件的表面粗糙度

表面粗糙度 Ra/μm	使用范围	表面粗糙度 Ra/μm	使用范围
0.2	抛光的成形面及平面	1.6	(1)内孔表面——在非热处理零件上配合用 (2)底板平面
0.4	(1)压弯、拉深、成形的凸模和凹模工作表面 (2)圆柱表面和平面的刃口 (3)滑动和精确导向的表面	3.2	(1)磨加工的支承、定位和紧固表面——用于非热处理的零件 (2)底板平面
0.8	(1)成形的凸模和凹模刃口 (2)凸模、凹模镶块的接合面 (3)过盈配合和过渡配合的表面——用于热处理零件 (4)支承定位和紧固表面——用于热处理零件 (5)磨加工的基准平面 (6)要求准确的工艺基准表面	6.3~12.5	不与冲压工作及冲模零件接触的表面
		25	粗糙的不重要的表面

附录 C　中外主要模具用材料对照表

附表 C-1　中外主要模具钢号对照表

序号	类别	中国（GB）	日本（JIS）	美国（ASTM）	德国（DIN）	法国（NF）	英国（BS）	俄罗斯（ГОСТ）
1	优质碳素钢	40	S40C	1040	CK40	XC42	080M40	40
2		45	S45C	1045	CK45	XC45	080M46	45
3		50	S50C	1050	CK50	XC48	080M50	50
4		55	S55C	1055	CK55	XC55	080M55	55
5	合金结构钢	35CrA	SCr435	5135	37Cr4	34C4	530A36	35X
6		40CrA	SCr440	5140	41Cr4	42C4	530M40	40X
7		35CrMo	SCM435	4137(P21)	34CrMo4	35CD4	708A37	35XM
8		42CrMo	SCM440	4140(P20)	42CrMo4	42CD4	708M40	38XM
9	弹簧钢	50CrVA	SUP10	6150	50CrV4	50CV4	735A51	50XΓΦA
10		62Si2MnA	SUP6	9260	65Si7		250A58	60C2
11		63Si2MnA	SUP7		66Si7	61SC7	250A61	60C2Γ
12	优质碳素工具钢	T8A	SK6	W1-7	C80W1	1104Y175		Y8A
13		T9A	SK5	W1-8	C80W1		BW1A	Y9A
14		T10A	SK4	W1-9		1103Y190	BW1A	Y10A
15		T11A	SK3	W1-10	C105W1	1102Y1150	BW1B	Y11A
16		T12A	SK2	W1-11$\frac{1}{2}$	C125W1	1101Y1120	BW1C	Y12A
17	低合金工具钢（冷作）	9Mn2V		O2	90MnCrV8	90MV8	BO2	
18		9CrWMn	SKS3	O1	100MnCrW4	90MnWCrV5	BO1	9XBΓ
19		CrWMn	SKS31		105WCr6	105WCr5		XBΓ
20		CrW	SKS2	O7	105WCrV7	105WC13		XB
21		GCr15	SUJ2	E52100	106Cr6	100C6	535A99	BLX15
22		GCr9(轴承钢)	SUJ1	E51100	105Cr4	100C5		BLX9
23		7CrSiMnMoV	SX105V		X3NiCoMoTi			
24		6CrNiMnSiMoV	G04	L6	1895			ли56
25		6Cr3VSi			75CrMoNiW6			
26	中合金钢（冷作）	Cr2Mn2SiWMoV	HPM31	A6				7XΓ2BΦM
27		Cr4W2MoV		A4				
28		Cr5Mo1V	SKD12	A2	X100CrMoV51	X100CrMoV5	BA2	9X5BΦ
29	高合金工具钢	Cr12	SKD1	D3	X210Cr12	Z200C12	BD3	X12
30		Cr12W	SKD2	D6	X210CrW12			
31		Cr12MoV	SKD11	D2	X165CrMoV12	Z160C12	BD2	X12MΦ
32	高强度基体钢	5Cr4Mo3SiMnVA1						
33		6Cr4Mo3Ni2WV						
34		65Cr4W3Mo2VNb						
35		7Cr7Mo3V2Si	AUD11					X4B2Mo1Φ
36	钨系与钨钼系高速工具钢	W18Cr4V	SKH2	T1	S18-0-1	HS18-0-1	BT1	P18
37		W12Cr4V5Co5			S12-1-4-5	HS12-1-5-5	BT5	P14Φ4
38		W9Cr4V2	SKH6	T7	S9-1-2	HS9-1-2	BT7	P9
39		W12Mo3Cr4V3N						
40		W10Mo3Cr4V3	SKH57	T42	S10-4-3-10	HS10-4-3-10		
41		CW6Mo5Cr4V3	SKH53	M3-2	S6-5-3	HS6-5-3	BM3-2	
42		W6Mo5Cr4V2	SKH9	M2	S6-5-2	HS6-5-2	BM2	P6M5
43		W6Mo5Cr4V2Co5	SKH55		S6-5-2-5	HS6-5-2-5		P6M5K5
44		W6Mo5Cr4V5-SiNbAl	(B201)					

附表 C-2　中外常用硬质合金牌号对照

类别	中国(YB)	日本(JIS)	美国(JIC)	德国(DIN)	俄罗斯(ГОСТ)
钨钴钛类硬质合金	YT5(P40)	P40	C5	S4	T5K12
	YT5-7(P30)	P30	C5-7	S3	T5K10
	YT14(P20)	P20	C6	S2	T14K8
	YT15(P10)	P10	C7	S1	T15K6
	YT30(P01)	P01	C8		T30K4
钨钴类硬质合金	YG6(K20)	K20	C2	G1	BK6
	YG8(K30)	K30	C1		BK8
	YG8C				BK8B
	YG11C(G20)	E2		G2	BK10
	YG15(K40)	K40	C1	G2	BK15
	YG20(G40)	E4		G4	BK20
	YG20C(G40)	E4		G4	BK20
	YG25(G50)	E5		G5	BK25

附录 D　冲压工艺与模具设计课程教学指南

课程名称：冲压工艺与模具设计

课程英文名称：Stamping Forming Technology and Die Design

参考学时：课内（60~80）/课外（建议 80）

参考学分：4~5

先修课程：机械制图、机械设计、机械制造技术、工程材料与热处理、互换性与技术测量

相关课程：模具制造工艺学

适用专业：材料成型及控制工程、模具设计与制造、机械制造与自动化等

教学参考书：教材所列的参考文献

一、本课程的性质、地位、任务

冲压技术是一门具有极高实用价值的基础技术，涉及装备制造、电子信息、航空航天、汽车、轻工产品零件成形及日常生活中的许多必需品制造，同时在新材料成形技术、微电子技术、通信技术等方面也有广泛应用。冲压工艺与模具设计是冲压技术中的主要内容。世界上许多经济发达的国家都把它列为重点发展的应用科学技术。

“冲压工艺与模具设计”是为材料成型及控制工程、模具设计与制造等专业开设的一门专业核心课；也可作为机械制造、机电专业的专业选修课。本课程首先介绍了有关金属塑性成形的一些基本概念，阐述了冲压工艺与冲压模具设计的分类和基本内容。然后根据分类，分别讲述各种冲压工艺的主要应用，变形和受力特点；工艺技术路线的制订；模具设计的基本方法及其在生产中的应用。

课程的任务是使学生了解冲压技术的应用、现状和今后的发展方向，并掌握冲压工艺与模具设计的基本方法，并能运用本课程所学的内容，正确设计出中等复杂程度的冲压模具。本课程应强调理论联系实际，教学中要求加强实验和科技活动等实践性环节的训练，实践中

要注重产教融合，拓展学生的创新能力。

二、本课程的教学内容和基本要求

本课程大致分为以下四部分：（1）课堂教学；（2）课程实验（4 个，建议学时 8 学时）；（3）科技活动；（4）另安排 3~4 周（课程设计与模具拆装）实践训练专周。

本课程的考试与评分：课程的考试与评分建议由以下四部分构成：（1）笔试 60 分；（2）课堂教学与讨论 20 分；（3）平时作业和专业社会实践专题报告（综述）10 分；（4）实验 10 分。

本课程的教学内容及学时分配如下：

第 1 章：冲压变形的基本原理。本章简述了金属塑性变形的基本概念和力学规律，同时对金属板料的力学性能和成形性能做了简要介绍（建议 6 学时）。

第 2 章：冲裁工艺与冲裁模设计。本章首先从冲裁变形过程入手，详细地阐述了冲裁件的工艺性、冲裁工艺设计和冲裁模设计。本章要求学生掌握冲裁模的刃口尺寸计算、排样设计、冲裁模结构及零部件设计和冲裁工艺设计。在讲解过程中还应扼要介绍凸模和凹模的加工及材料选择问题（建议 22 学时）。

第 3 章：弯曲工艺与弯曲模设计。本章通过对弯曲工艺变形过程的分析，引入了弯曲中性层、弯曲半径、弯曲回弹等弯曲工艺问题。同时详细讲述了弯曲工艺设计和模具结构设计（建议 6 学时）。

第 4 章：拉深工艺与拉深模设计。本章通过对拉深网格试验的观察，说明拉深变形过程的受力和变形情况，并根据圆筒形件的拉深变形特点，引入拉深系数和拉深工艺参数的设计计算。然后按零件的形状分类进行剖析和比较，讲述各类拉深工件工艺设计和模具设计的特点（建议 12 学时）。

第 5 章：其他成形工艺与模具设计。本章主要讲解局部成形工艺的技术特点，重点介绍翻边、胀形和缩口（建议 4 学时）。

上述五章是冲压工艺与模具设计的基本内容。在教学上，主要通过选择典型案例、阐述各种工序的基本原理和工艺方法，介绍相关设备、工艺、检测、应用以及其他辅助技术。从而使学生对这些基本内容有具体的、较为深入的理解，达到培养学生分析和解决问题以及创新的能力。教学中要完成各章的习题，完成一个专业社会实践报告（或综述）、2 次课堂讨论、4 个教学实验。

第 6 章：多工位精密级进冲压工艺与模具设计。该章的内容是根据冲压技术的发展引入的较新的内容。特别是电子信息技术的发展，多工位精密冲压技术发展十分迅速，越来越受到企业的重视。本章重点阐述了多工位级进成形工艺方法、排样设计及工位的布置方法；介绍了级进模中常用的特殊装置及装置的设计方法、自动送料机构及冲模的安全保护措施等；同时介绍了典型的多工位精密级进模的结构设计。在该章教学中，由于内容涉及先进的制造技术，教学时要配以许多教学图片、录像及说明，使学生有较为直观的认识（建议 10 学时）。

第 7 章：汽车覆盖件成形工艺与模具设计。本章是根据汽车工业在我国的发展、汽车模具国产化的需要而编写的。主要讲述了汽车覆盖件的成形工艺和模具设计的基本方法。重点阐述覆盖件的成形特点和成形障碍，介绍了覆盖件的拉深模、修边模、翻边模的模具设计要点和工艺特点（建议 6 学时）。

第 8 章：特殊冲压成形技术。本章是针对汽车轻量化节能减排的战略发展要求而编写的，目的是让学生了解针对汽车轻量化要求，汽车钣金零部件成形的新技术——热冲压成形和内高压成形技术在钣金件冲压生产中的应用（建议 2 学时）。

第 9 章：冲压工艺规程的编制。本章要求学生通过对以上内容的学习，学会编制一般冲压零件的工艺规程，制订出冲压工艺过程卡（建议 2 学时）。

在以上章节完成后要安排一定的社会实践，加强学生课外科技活动，培养学生的创新能力。实践结束后要求学生完成一篇关于冲压技术的综述。

三、实验内容

实验在本课程教学中占有重要的地位。为此，本课程开设 4 个实验。根据学生在实验时的表现、能力和实验报告的质量进行评分。其成绩占本门课程的 10%。实验内容如下：

1）板料冲裁间隙实验（2 学时）。

2）冲压模具装机试模实验（2 学时）。

3）弯曲回弹实验（2 学时）。

4）拉深网格实验（2 学时）。

四、专周内容（建议 4 周）

1）冲模的拆装分析实训周。

2）简单冲裁模课程设计专周（初级）。

3）中等复杂程度的冲压零件冲模设计专周（建议两周）。

五、对学生能力培养的要求

课内教学活动要求如上所述。

课外教学活动要求如下：

1）引导学生阅读教学参考书及查阅有关文献，深入学习和了解冲压技术的动态，写出综述。

2）开放各实验室和陈列室，鼓励学生提出新的设想，开展科技活动，撰写科学论文。

3）安排好各专周内容和社会实践实习。

参考文献

[1] 李硕本. 冲压工艺学［M］. 北京：机械工业出版社，1982.

[2] 日本塑性加工学会. 压力加工手册［M］. 江国屏，等译. 北京：机械工业出版社，1984.

[3] 日本材料学会. 塑性加工学［M］. 陶永发，于清莲，译. 北京：机械工业出版社，1983.

[4] 肖景容，姜奎华. 冲压工艺学［M］. 北京：机械工业出版社，1990.

[5] 周开华，等. 简明精冲手册［M］. 2 版. 北京：国防工业出版社，2006.

[6] 张均. 冷冲压模具设计与制造［M］. 西安：西北工业大学出版社，1993.

[7] 肖景容，等. 板料冲压［M］. 武汉：华中工学院出版社，1986.

[8] 叶列涅夫. 冷冲压技术［M］. 叶文丰，袁名炎，译. 北京：航空工业出版社，1992.

[9] 卢险峰. 冲压工艺模具学［M］. 北京：机械工业出版社，1998.

[10] 杨玉英. 大型薄板成形技术［M］. 北京：国防工业出版社，1996.

[11] 许发樾. 模具结构型式与应用手册［M］. 北京：机械工业出版社，2006.

[12] 王孝培. 冲压手册［M］. 北京：机械工业出版社，2012.

[13] 张春水，祝俊昶. 高效精密冲模设计与制造［M］. 西安：西安电子科技大学出版社，1989.

[14] 中国机械工程学会锻压学会. 锻压手册：第 2 卷　冲压［M］. 北京：机械工业出版社，1993.

[15] 万胜狄. 金属塑性成形原理［M］. 北京：机械工业出版社，1995.

[16] 吴诗淳，等. 冲压工艺学［M］. 2 版. 西安：西北工业大学出版社，2002.

[17] 《现代模具技术》编委会. 汽车覆盖件模具设计与制造［M］. 北京：国防工业出版社，1998.

[18] 模具实用技术丛书编委会. 冲模设计应用实例［M］. 北京：机械工业出版社，1999.

[19] 肖祥芷，王孝培. 中国模具设计大典，第 3 卷　冲压模具设计［M］. 南昌：江西科学技术出版社，2003.

[20] 王鹏驹，成虹. 冲压模具设计师手册［M］. 北京：机械工业出版社，2009.

[21] 洪慎章. 冲压成形设计数据速查手册［M］. 北京：化学工业出版社，2015.

[22] 王新华. 冲裁模典型结构图册［M］. 北京：机械工业出版社，2011.